马克思传

萧灼基 著

中国社会科学出版社

图书在版编目(CIP)数据

马克思传 / 萧灼基著 . —北京：中国社会科学出版社，2008.10
(2011.11 重印)
ISBN 978 - 7 - 5004 - 7102 - 8

Ⅰ. 马… Ⅱ. 萧… Ⅲ. 马克思，K.（1818～1883）—传记
Ⅳ. A711

中国版本图书馆 CIP 数据核字（2008）第 111233 号

策划编辑	冯　斌
责任编辑	冯　斌
责任校对	修广平
封面设计	郭蕾蕾
技术编辑	戴　宽

出版发行	中国社会科学出版社		
社　　址	北京鼓楼西大街甲 158 号	邮　编	100720
电　　话	010—84029450（邮购）		
网　　址	http://www.csspw.cn		
经　　销	新华书店		
印　　刷	北京君升印刷有限公司	装　订	北京盛天行健印刷有限公司
版　　次	2008 年 10 月第 1 版	印　次	2011 年 11 月第 2 次印刷
开　　本	710×1000　1/16		
印　　张	34.5		
字　　数	600 千字		
定　　价	98.00 元		

凡购买中国社会科学出版社图书，如有质量问题请与本社发行部联系调换
版权所有　侵权必究

马克思

作者近照

萧灼基,男,汉族,现任北京大学经济学院教授、博士生导师,中国民主建国会会员,中国民主建国会中央委员会常务委员,中国民主建国会中央经济委员会主任,北京市海淀区政协副主席,第九届全国政协委员,第十届全国政协常委、社会和法制委员会副主任,中国国际贸易促进会特邀顾问、中国市场经济研究学会理事、北京市场经济研究所所长、中国城市金融学会常务理事、《经济界》杂志社理事会名誉理事长、中国人民外交协会理事、中国名人协会副主席、中国基本建设优化研究会副会长、中国马克思经济学说史学会副会长、中国资本论研究会理事、中国国有资产学会理事，《经济学家》杂志副主编，兼任中山大学、国防大学、对外经贸大学等10多所大学的名誉教授或客座教授，《中国改革》、《管理世界》等数十家报刊的学术委员或顾问，北京市、武汉市、成都市、吉林省、云南省等政府顾问，还担任香港《南华早报》、新加坡《联合早报》等多家报刊的特约撰稿人和专栏作家等。

1933年12月生于广东省汕头市，1953年9月考入中国人民大学经济系政治经济学专业，因品学兼优于三年级就被推荐读政治经济学专业研究生，师从我国著名经济学家宋涛教授。1959年7月研究生毕业后分配到北京大学经济系任助教，1979年6月晋升为讲师，1980年12月晋升为副教授，1985年9月晋升为教授。1986年7月被评为博士生导师。1992年开始享受国务院有突出贡献专家津贴。

主要研究方向是经济体制改革的理论问题和《资本论》，至今已出版专著15部，发表论文数百篇。其主要著作有《萧灼基选集》、《萧灼基文集》、《中国经济热点问题研究》、《中国宏观经济纵论》、《社会主义再生产理论研究》、《提高经济效益，实现宏伟战略目标》、《中国经济建设与体制改革》、《恩格斯传》、《马克思青年时代》、《马克思恩格斯著作中的历史人物》，还主编《中国证券全书》（500万字）、《中国经济概论》、《哲学社会科学名人名著辞典》、《中国证券市场1991、1992、1994—2007年的《中国经济分析与预测》等。

主要获奖项目有首届孙冶方优秀论文奖（1984）、辽宁省优秀理论文章奖（1984）、北京大学首届优秀教学奖（1985）、北京大学首届优秀科研著作奖（1986）、全国改革与发展优秀论文金三角奖（1988）、北方十三省市区优秀图书一等奖（1986）、北京市改革十年优秀论文奖（1989）、全国省级刊物（政治理论）优秀文章一等奖（1993）、首届陈岱孙经济学著作奖（1996）、北京市新闻奖一等奖（2003）、全国十大财经英才奖（2004年，由联合国教科文组织、北京大学、中央教育电视台等单位评选）、北京大学改革开放30周年百项精品奖（2008）等。

作者拜谒马克思墓

作者参观特利尔马克思故居

在德国特利尔市马克思故居前留影

作者在马克思 1820—1835 年故居前

作者在大英博物馆前

作者参观马克思文件、著作手迹

作者在布鲁塞尔街头留影

作者参观特利尔马克思研究室

再版序言

2008年是伟大的无产阶级革命导师马克思诞辰190周年，是我国改革开放30周年，也是西方新自由主义经济理论和政策因全球金融危机而破产的一年。

很长一段时间以来，人们普遍认为马克思的经济理论已经过时了。但是，随着美国次贷危机的全面爆发，马克思的《资本论》在西方发达国家又骤然热销。实践再次证明，150年前的马克思主义经济理论仍然具有不朽的价值。

而我自始至终是一个坚定的马克思主义者。我个人倾注50年心血的《马克思传》的出版（同时出版的还有《恩格斯传》第二版），便是我个人坚持学术信仰的成果体现，同时也是我对当下甚嚣尘上的"《资本论》过时论"的有力回击，更重要的是想借此向诞辰190周年的革命导师马克思致敬。这可以说是我出版此书的初衷。但是，本书的出版得到了政府、学界乃至社会大众的普遍关注，因此，应社会大众与各界同人的普遍要求，《马克思传》第二版如约与大家见面了。

从个人总结的角度来讲，我认为本书有以下四个特点：

第一，《马克思传》和《恩格斯传》这两部书，均是中国学者撰写的第一本学术研究性的传记，可以说是我国社会科学研究领域的重大突破。由一个人独立完成两位革命导师的单独个人学术传记，这在世界马克思主义研究史上是前所未有的。资料显示，以往只有苏联著名学者梁赞诺夫、法国学者科尔纽撰写过两部马克思恩格斯合传，民主德国学者格列奇夫、前苏共中央党校校长虽然曾经主编过，但都是多人参加的集体编写。其他学者有的只写过马克思传，如德国的梅林、英国的麦克莱伦，有的只写过恩格斯传，如德国的迈耶尔、苏联的斯捷潘诺娃。因此，由我一个人独立撰写的学术研究性的《马克思传》、《恩格斯传》，这在世界马克思主义研究史上是第一次，可以说是填补了世界马克思主义研究史的空白。这两本书称得上是国内首创，国际罕见。

第二，《马克思传》和《恩格斯传》这两部书，在内容上各有重点并且互相补充，成为一个统一不可分割的整体。在《马克思传》中描写比较详细的内容，在《恩格斯传》中就相对简略；在《马克思传》中描写比较简略的内容，在《恩格斯传》中则有比较详细的记叙。两者互相参照、互相补充。例如，《马克思传》详细记述了马克思写作《资本论》三大手稿的整个过程，精练归纳了《资本论》四大卷的理论体系、核心内容等；《恩格斯传》则详细记述了恩格斯在整理《资本论》2、3卷过程中所付出的辛勤劳动，以及为捍卫《资本论》的科学性等方面与敌人进行的艰苦卓绝的斗争。

第三，《马克思传》和《恩格斯传》这两部书，每一部都是对两位革命导师全景式的描写。书中既讲述他们的革命活动，更描写他们的理论成果。在《马克思传》里，我重点突出了"马克思首先是一个革命家"的形象，全面记述了革命的理论与革命的实践在伟大导师身上的完美结合。同时，我用了两大章的篇幅详细描述了马克思写作《资本论》的过程，对他的三部手稿进行了详细的比较分析，并对《资本论》的核心内容进行了精练的概括。在《恩格斯传》里，我重点讲述了恩格斯的理论成果，如《反杜林论》、《自然辩证法》等，同时着重描述了恩格斯全力协助马克思领导革命活动的过程，体现了革命导师恩格斯甘愿"拉第二小提琴"的谦虚品质与博大胸襟。

第四，《马克思传》和《恩格斯传》这两部书，在理论概括上进行了大胆的创新。例如在《马克思传》中，我对《资本论》创作史的分期提出了有别于其他学者的观点。根据马克思主义剩余价值理论的成熟程度和《资本论》整个科学体系的完善程度，我把《资本论》创作史分为三个阶段：第一阶段（1843—1849）是创作《资本论》的准备阶段，马克思经济学说基本形成。这个阶段，马克思奠定了《资本论》的方法论基础，并且已经知道了剩余价值的存在以及如何产生的。第二阶段（1850—1865）是写作《资本论》手稿，马克思经济学说基本建立。这个阶段，马克思写了《资本论》的三部手稿，研究了《资本论》理论部分和剩余价值学说史部分的所有重要问题，建立了《资本论》的科学体系。第三阶段（1866—1883）。《资本论》第1卷于1866年出版，马克思主义经济学说广泛传播，随后继续修改《资本论》第2、3卷。本书的历史分期，既不同于苏联学者列昂捷耶夫的划分，也有别于国内孙开镛等学者的划分，可以说是一种新见解。

自从马克思、恩格斯逝世以后，许多人都尝试写两位革命导师的传记，但是，正像国际工人运动的著名活动家威廉·李卜克内西所说"写马克思这样的人必须承担重大的责任"，因此好多学者自知能力不够，难以承担这个责任，也就打消了这个念头。而我的两部作品——《马克思传》和《恩格斯传》，则是从经济学的角度把马克思、恩格斯的革命活动与其理论创造结合起来，这种写法在国内尚属首次，在国际上也不多见。这些都算是我本人对世界马克思主义学术史的一点点贡献。在这里，我没有任何自夸的意思，相反，最终能够完成两位革命导师的学术传记，恰恰是在前人做出的许多有益尝试和探索的基础之上，在前人的启发和鼓舞之下，我吸收国内外诸多学者研究成果的结果。因此，这两部作品的出版，也可以说是我国学术界对马克思主义史的集体贡献，是集体智慧的结晶。

在这里，我要感谢长期给予我关心、帮助的专家、学者。特别是要感谢宋涛教授、高放教授、王珏教授和顾锦屏局长，感谢他们对我两部作品的深刻、中肯、全面的评论，才使我的书能够有机会获得政府出版奖。同时，我要感谢中国社会科学出版社责任编辑冯斌先生，感谢他给予我的鼓励与帮助，尤其是他不辞辛苦，积极安排本书适时再版。同时，也要感谢我的学生们，特别是要感谢董继华博士，在工作之余挤时间做了大量工作。

总之，这两部作品是集体力量的体现，衷心感谢大家的支持与帮助！

是为序！

萧灼基
2011年4月于中海紫金苑

目　录

自序 …………………………………………………………… (1)

第一章　为人类服务才是最幸福的人 ……………………… (1)
 一　19世纪三四十年代的德国 ……………………………… (1)
 二　亨利希·马克思一家 …………………………………… (2)
 三　在特利尔中学 …………………………………………… (5)
 四　《青年在选择职业时的考虑》 …………………………… (9)
 五　从波恩大学到柏林大学 ………………………………… (11)
 六　一个灿烂辉煌的名字——燕妮 ………………………… (15)
 七　年轻时的诗歌创作 ……………………………………… (20)
 八　参加青年黑格尔派的博士俱乐部 ……………………… (25)
 九　《博士论文》 ……………………………………………… (28)
 十　走向社会 ………………………………………………… (32)

第二章　以"批判的热情"反对封建专制制度 ……………… (34)
 一　在舆论上揭露最伪善的封建专制君主——威廉四世 … (34)
 二　第一篇政论文:《评普鲁士最近的书报检查令》 ……… (36)
 三　在《莱茵报》上发表的评论 ……………………………… (39)
 四　关于林木盗窃法的辩论 ………………………………… (45)
 五　查封《莱茵报》事件 ……………………………………… (50)
 六　从社会舞台退回书房 …………………………………… (54)
 七　奔向新世界的新首府 …………………………………… (58)

八　创办一种主张彻底改造社会的定期刊物
　　　　——《德法年鉴》……………………………………（64）
　　九　政治解放和人类解放………………………………（68）
　　十　在巴黎的研究工作…………………………………（71）
　　十一　清算青年黑格尔派………………………………（76）
　　十二　《论犹太人问题》…………………………………（87）
　　十三　《神圣家族，或对批判的批判所作的批判》……（90）
　　十四　西里西亚织工起义和《评"普鲁士人"的
　　　　〈普鲁士国王和社会改革〉一文》…………………（93）
　　十五　巴黎《前进报》……………………………………（96）

第三章　新世界观天才萌芽的最初文献………………（100）
　　一　两位伟大导师的历史性会晤………………………（100）
　　二　在布鲁塞尔的研究工作……………………………（106）
　　三　人的异化与劳动异化………………………………（111）
　　四　历史活动是群众的事业……………………………（118）
　　五　新世界观天才萌芽的第一个文件…………………（127）
　　六　写作《德意志意识形态》……………………………（128）
　　七　《哲学的贫困——答蒲鲁东先生
　　　　〈贫困的哲学〉》………………………………………（133）

第四章　致力于无产阶级的组织与联合………………（137）
　　一　布鲁塞尔共产主义通讯委员会……………………（137）
　　二　魏特林粗陋的共产主义……………………………（141）
　　三　批判德国的或真正的社会主义……………………（150）
　　四　批判蒲鲁东新救世主社会主义……………………（157）
　　五　《反克利盖的通告》…………………………………（161）
　　六　改组正义者同盟……………………………………（164）
　　七　共产主义者同盟第一次代表大会…………………（168）
　　八　布鲁塞尔区部和共产主义宣传……………………（171）
　　九　《雇佣劳动与资本》…………………………………（176）
　　十　关于自由贸易的演说………………………………（179）

十一　团结小资产阶级民主派 ………………………………… (182)
十二　共产主义者同盟第二次代表大会 ………………………… (184)
十三　《共产党宣言》——第一个完备的理论与
　　　实践的党纲 ……………………………………………… (187)

第五章　在欧洲革命高潮中初露锋芒 ………………………… (192)
一　欧洲燃起革命的火焰 ………………………………………… (192)
二　从布鲁塞尔到巴黎 …………………………………………… (194)
三　创办《新莱茵报》 …………………………………………… (197)
四　一个坚强的战斗集体 ………………………………………… (204)
五　在民主协会的活动 …………………………………………… (208)
六　科伦工人联合会 ……………………………………………… (213)
七　反对哥特沙克和波尔恩 ……………………………………… (215)
八　为德国的统一而斗争 ………………………………………… (218)
九　资产阶级与反革命 …………………………………………… (219)
十　批判"议会痴呆症" …………………………………………… (221)
十一　反对封建农奴制度 ………………………………………… (222)
十二　高举六月革命的旗帜 ……………………………………… (224)
十三　为被压迫民族的解放斗争辩护 …………………………… (227)
十四　向欧洲各国反动势力开火 ………………………………… (230)
十五　在敌人的法庭上 …………………………………………… (233)
十六　别了！只是并非永别 ……………………………………… (237)
十七　德国维护帝国宪法运动 …………………………………… (240)
十八　反动派的胜利是暂时的 …………………………………… (242)
十九　欧洲恢复了反动的"秩序" ………………………………… (243)
二十　青年马克思的光辉形象 …………………………………… (246)

第六章　研究重大的历史事件和历史进程 …………………… (248)
一　在伦敦定居下来 ……………………………………………… (248)
二　聚集革命力量 ………………………………………………… (250)
三　《中央委员会告共产主义者同盟书》 ……………………… (252)
四　创办《新莱茵报——政治经济评论》 ……………………… (254)

五　剖析法国阶级斗争的辉煌杰作 …………………………（259）
　　六　以无与伦比的历史洞察力描绘波拿巴政变 ……………（262）
　　七　提出一个大胆的革命战斗口号 …………………………（266）
　　八　反对维利希—沙佩尔的分裂活动 ………………………（269）
　　九　反对流亡中的大人物 ……………………………………（272）
　　十　普鲁士政府对科伦共产党人的迫害 ……………………（279）
　　十一　《揭露科伦共产党人案件》…………………………（283）
　　十二　同盟已完成自己的历史使命 …………………………（288）

第七章　动荡生活简记 …………………………………………（289）
　　一　贫困与饥饿 ………………………………………………（289）
　　二　死亡的威胁 ………………………………………………（291）
　　三　贫病交困的战友 …………………………………………（294）
　　四　恩格斯的伟大友谊和自我牺牲 …………………………（299）
　　五　动荡生活中的小块绿洲 …………………………………（303）

第八章　塑造一个完整的艺术品 ………………………………（306）
　　一　钻研经济和历史资料 ……………………………………（306）
　　二　精心设计科学大厦的蓝图 ………………………………（313）
　　三　《资本论》第一部手稿 …………………………………（319）
　　四　《政治经济学批判》的总导言 …………………………（325）
　　五　政治经济学理论的第一次科学表述 ……………………（329）
　　六　《资本论》第二部手稿 …………………………………（337）
　　七　《资本论》第三部手稿 …………………………………（342）

第九章　工人阶级的圣经《资本论》…………………………（350）
　　一　研究政治经济学和撰写《资本论》的动因 ……………（350）
　　二　《资本论》第1卷整理和修订 …………………………（353）
　　三　资本的生产过程 …………………………………………（357）
　　四　资本的流通过程 …………………………………………（364）
　　五　资本主义生产总过程 ……………………………………（372）
　　六　《剩余价值理论》 ………………………………………（378）

七　资本主义经济危机理论 …………………………………… (383)
　　八　理论创作的光辉典范 ……………………………………… (385)
　　九　恩格斯对《资本论》的贡献 ……………………………… (389)
　　十　维护《资本论》科学性的斗争 …………………………… (392)
　　十一　《资本论》在全世界的传播 …………………………… (399)
　　十二　《资本论》在中国的传播 ……………………………… (404)

第十章　第一国际——从事社会活动的最重要时期 ………… (408)
　　一　19世纪50—60年代欧美工人运动
　　　　重新兴起 ……………………………………………………… (408)
　　二　第一国际的灵魂 …………………………………………… (412)
　　三　总委员会的实际领导者 …………………………………… (417)
　　四　日内瓦、洛桑和布鲁塞尔代表大会 ……………………… (423)
　　五　在讲台上扮演"哑角"的特殊贡献 ……………………… (428)
　　六　英国工联、《工资、价格和利润》 ……………………… (432)
　　七　支持普选权斗争 …………………………………………… (435)
　　八　美国南北战争、波兰和爱尔兰民族
　　　　独立运动 ……………………………………………………… (438)

第十一章　反对拉萨尔主义 …………………………………… (445)
　　一　装腔作势、爱好虚荣的人 ………………………………… (445)
　　二　与拉萨尔主义的斗争——第一国际成立之前 …………… (449)
　　三　与拉萨尔主义的斗争——第一国际成立之后 …………… (458)
　　四　德国社会民主工党的诞生 ………………………………… (464)
　　五　哥达纲领批判 ……………………………………………… (467)

第十二章　反对巴枯宁主义 …………………………………… (473)
　　一　《忏悔书》与"革命者" ………………………………… (473)
　　二　粉碎巴枯宁派篡夺"国际"领导权的阴谋 ……………… (477)
　　三　巴塞尔代表大会上的斗争 ………………………………… (479)
　　四　与巴枯宁主义的持续斗争 ………………………………… (485)
　　五　海牙代表大会上的胜利 …………………………………… (494)

六　对巴枯宁主义的彻底清算 …………………………… (502)
　　七　第一国际的解散 …………………………………… (507)

第十三章　向巴黎工人致敬 ………………………………… (512)
　　一　援助法国工人运动 ………………………………… (513)
　　二　普法战争与德国统一 ……………………………… (516)
　　三　对法国工人运动的指导 …………………………… (519)

附录1　推荐信(一) ………………………………………… (524)
附录2　推荐信(二) ………………………………………… (526)

参考文献 …………………………………………………… (529)

后记 ………………………………………………………… (534)

自　序

2008年5月5日，是伟大的无产阶级革命导师马克思诞辰190周年纪念日。在这个非常具有纪念意义的日子里，拙著《马克思传》的出版，是我本人向伟大的革命导师致以崇高敬意的最好方式。

写一部关于马克思的个人传记，是我近50年的最大心愿。1953年9月，我从广东汕头考入中国人民大学计划经济系，主修政治经济学专业，开始了我的求学生涯。三年后我被推荐读研究生，在著名经济学家宋涛教授、苏星教授、张朝尊教授以及苏联马克思主义学说史权威卡拉达耶夫教授的悉心指导下，潜心钻研《资本论》，系统地学习了经济学。从那时起，我就把学习、研究、宣传马克思主义经济理论作为终生任务，从此踏上了毕生追随革命导师马克思、恩格斯的人生旅程。

博大精深的马克思主义深深吸引了我，马克思个人纯洁高尚的品格时刻感染着我，因此，我还在读研究生时，便产生了要写一部关于马克思个人传记的想法，以借此向伟大的革命导师致敬。尤其是20世纪50年代初，当弗·梅林的《马克思传》中文版成功问世之后，我的这一想法更加坚定——要写一部中国人自己的《马克思传》。

于是，无数个日日夜夜，我沉浸在《马克思恩格斯全集》、《资本论》等相关文献资料中。在那里，我愈发领略到马克思主义的博大精深，愈发强烈地感受到马克思熠熠生辉的思想。我仿佛回到了那个充满战火与激情的革命年代，感受到了历史巨轮滚滚前进的波澜壮阔，看到了两位革命导师对人类社会发展的巨大推动作用。我似乎身临其境，亲眼目睹了马克思是如何在海牙代表大会上义正词严地驳斥巴枯宁分子，亲耳聆听了马克思在共产主义者同盟代表大会上喊出的那响彻云霄的口号——"全世界无产者，联合起来！"在《马克思恩格斯通讯录》中，我看到了一封封闪烁着智慧光芒的信件，字里行间透露着两位革命导师对历史与现实、理论与实践的精辟见解。

20多年的苦心孤诣，终于有了一个初步的成果。1983年，在马克思逝世100周年时，拙作《马克思的青年时代》出版了，这本书主要记录了马克思在年轻时代的学习、工作以及进行理论创作和参加革命斗争的情况。这既是对我前期研究马克思主义的一个小小的奖励，也是对我继续努力以最终完成《马克思传》的一种鞭策，它就像一部戏的前奏，鼓励着我再接再厉完成这部戏剧的主体。但是，要把马克思丰富多彩的传奇人生和他那以严密的逻辑贯穿起来的革命思想完整地记录下来，如果没有时间的浇铸，是难以想象的。于是，在《马克思的青年时代》带来的短暂喜悦之后，我又回到了堆积如山的资料当中，再次踏上了追寻马克思生活、思想和斗争足迹的路程。我还在1998年专程赴欧洲进行了一次考察，沿着革命导师当年走过的路程，从特利尔到波恩、从科隆到布鲁塞尔、从巴黎到伦敦，在他每一处曾经学习、工作和战斗过的地方，我都尽可能地去寻找他所遗留下来的历史痕迹。在这一过程中，我再一次深刻地感受到这位伟大的思想家和革命家留给人类的精神遗产无处不在，他那睿智而坚毅的目光似乎仍然在统摄着多元化的欧罗巴大地，仍然对人类社会发生着巨大的影响。

正像梅林在其《马克思传》序言中所写的："马克思之所以无比伟大，主要是因为思想的人和实践的人在他身上是密切地结合着的，而且是相辅相成的。"因此，在写作《马克思传》的过程中，除了搜集资料、从书本中研究马克思主义之外，我还积极地参加社会实践，利用所掌握的马克思主义相关理论来指导我的个人实践与理论研究，以期能更好地把握马克思主义的精髓。

恰好中国在1978年开始了改革开放这一伟大的社会主义试验，这就为马克思主义与中国实践相结合提供了更为广阔的历史舞台。

改革开放是一场伟大的革命。在从传统社会主义向有中国特色社会主义转变，从计划经济体制向市场经济体制转变，从封闭经济向开放经济转变过程中，有许多重大理论问题需要深入探讨，重新认识。而我本人有幸参加了改革开放以来我国经济理论界关于多个重大理论问题的讨论。

在这一过程中，我再一次深深感受到马克思主义对中国实践所具有的巨大指导意义。例如，在20世纪80年代初期，国内关于国有企业改革的问题始终纷争不断、难有定论。我本人在1981年发表了《关于改革经济管理体制的若干设想》，在国内学术界最早提出了"国有企业两权分离理论"，即所有权归国家，使用权（经营权）归企业。这在今天虽然已经是市场经济的常识，但在当时确实是一个比较重要的理论突破。而这一思想的来源便是马克思的巨著《资本论》第3卷中关于借贷资本两权分离的理论。也正是因为这一成果对国有企业改革所具有的重要意义，我本人有幸获得了首届孙冶方经济学奖以及全国改革与发展金三角奖。另外，1989年，我在《商品经济是我国改革与发展的基本思路》等文稿中，提出了有计划商品经济本质上是商品经济，必须突破劳动力和国有企业不是商品的理论；1991年，我发表了《商品经济就是市场经济》一文，并对市场经济的特征、功能作了详尽的论述。这些观点及另外一些观点，当时曾被有些人视为异端，现在已经被实践证明是正确的。而这些观点，恰恰是我本人在较深入地研究马克思主义之后，结合中国实际提出来的。

在这里，我没有任何炫耀自己所取得的成绩的意思，我只是想说明马克思主义是完全能够正确指导中国实践的。因此，在改革开放、实行市场经济以后，国内一些人对马克思主义的态度从之前的盲目崇拜转为有意贬低，这是极端轻率的，也是极端错误的。这一切都不会也丝毫不能动摇我对马克思主义的信仰，反而使我更加坚信马克思主义能够为中国的改革和发展提供思想资源，在中国改革开放中具有不可替代的价值。

通过这些实践活动，加深了我对马克思主义的理解，让我更加深刻地体会到马克思主义那巨大的生命力。从而也能让我更有信心完成《马克思传》。

相对于其他作者撰写的《马克思传》，在本书中，我做了一些新的尝试，因此具有以下几个特点：

1. 本书注重把马克思的革命活动和理论创造结合起来。这就突出了"马克思首先是一个革命家"[①]的形象，革命的理论来自革命的实践。马克思既是学者，又是革命家。当革命需要的时候，他会立即放下研究工作，从事实际活动。例如，书中分析马克思从革命民主主义到共产主义转变时，强调了马克思参加工人运动，直接与工人结合的作用。

2. 本书注意从重要理论著作的内容和写作的历史背景出发，阐述马克思的思想发展，特别注意对过去研究和介绍较少的一些著作进行较详细的分析、介绍。例如，《中学论文》、《博士论文》、《莱茵报》上发表的文章、《神圣家

---

① 恩格斯：《卡尔·马克思的葬仪》，《马克思恩格斯全集》第19卷，第379页。

族》等。这些不仅能使读者了解马克思的思想发展，而且有助于全面了解马克思著作的内容。

3. 本书对马克思传记本身进行了一些新的探讨。如第一章学生时代，我从当时历史条件、理论斗争等方面的分析，解答了马克思在大学时代为什么要专攻哲学的问题。又如在第四章对正义者同盟改组原因提出了自己的看法。

4. 本书重点介绍了马克思的理论创作，尤其是对《资本论》作了全面细致的介绍。正如《马克思传》作者梅林所说："对《资本论》惊讶的人多，读它的人少；惊叹的人多，理解的人少。"因此，我用了两大章篇幅详细描述了马克思写作《资本论》的过程，对他的三部手稿进行了详细的比较分析，并对《资本论》的核心内容进行了精练的概括，如资本一般、资本的生产过程、资本的流通过程、资本主义生产总过程以及剩余价值理论等。希望通过这种方式，加深人们对马克思《资本论》的理解。

5. 从宏观上来看，本书对《资本论》创作史的分期也提出了自己的观点。关于《资本论》创作史分期，国内外学者存在不同看法。本人根据马克思主义剩余价值理论的成熟程度和《资本论》整个科学体系的完善程度，把《资本论》创作史分为三个阶段：第一阶段（1843—1849）是创作《资本论》的准备阶段，马克思经济学说基本形成。这个阶段，马克思奠定了《资本论》的方法论基础，并且已经知道了剩余价值的产生和如何产生的。第二阶段（1850—1865）。写作《资本论》手稿。马克思经济学说基本建立。这个阶段，马克思写了《资本论》的三部完整的手稿，研究了《资本论》理论部分和学说史部分的所有重要问题，建立了《资本论》完整的科学体系。第三阶段（1866—1883）。《资本论》第1卷出版，马克思主义经济学说广泛传播。

6. 在结构方面，本书基本上按照马克思一生的革命历程安排章节，但又不完全拘泥于时间顺序，而是把一些内容相关的事件和活动适当集中。这就使有关问题的联系较紧密，重点突出，阐述较充分。另外，本书在马克思传记的结构中做出了若干新的尝试。例如，我认为对青年黑格尔派的清算是马克思思想发展中不容忽视的重要一环。为了突出这一点，本书进行了专门研究。又如过去一般的传记都把1848年《共产党宣言》的发表作为马克思青年时代的下限。而我个人认为，1848—1849年是马克思运用科学社会主义理论指导革命运动的重要实践，是马克思的革命理论又回到实践中去，与实践相结合的过程，尤其是通过对马克思在

《新莱茵报》上发表的大量文章进行分析后，我把这个时期作为马克思青年时代的下限。

7. 另外，本书在参考材料的使用上，运用了很多新的研究资料，如马克思在1844年左右写了很多哲学手稿，通过对这些手稿的分析，我们就能够更好地把握马克思唯物史观和科学社会主义的形成。同时，对《马克思恩格斯通讯录》的发掘利用，对于完善本书也起到了积极作用。

目前出版的这本《马克思传》，包括十三章内容，而我在开始构思这本传记的章节结构时，原本打算写十五章。其中，在第七章"动荡生活简记"和第八章"塑造一个完整的艺术品"的中间，还包括一章内容，即"突破资产阶级的精神封锁"。主要是要记录革命导师马克思在面对资产阶级和封建贵族的政治迫害和精神封锁时，依然不屈不挠、顽强地坚持理论创作和政治斗争。在第十三章"向巴黎工人致敬"之后，还准备再写一章——"向伟大的革命导师致敬"，主要是要记录在马克思逝世之后，资产阶级和封建贵族对马克思进行了疯狂的反扑，对其个人进行了极其恶劣的人格诬蔑，而革命导师恩格斯领导国际共产主义战士坚决维护马克思的个人声誉，捍卫马克思的思想。

但是，2007年初的一场疾病，让我不得不暂时停止写作工作，导致这两章内容至今尚未完稿。虽然，已经出版的十三章内容已经能够较为完整地表达我的写作意图，缺少的两章内容也并不影响全书的整体性，但这依然让我感到十分遗憾，我为没有能够将一本更加完整的《马克思传》呈献给广大读者而感到遗憾。

经过一年多的积极治疗，目前，我的身体已经得到很大的恢复，相信再过一段时间，就可以恢复中断已久的写作工作。到那时候，我首先要做的事情就是将《马克思传》中未写完的两章内容补充进来，从而使我的这部作品在结构上能够更加完整。

2008年是不同寻常的一年，因为在这一年，我国实行改革开放政策整整30周年，同时我们也将迎来无产阶级革命导师马克思诞辰190周年纪念日。在这个具有纪念意义的重要日子里，能够实现我50年来的最大心愿，将我的《马克思传》呈现给大家，我感到非常的荣幸与莫大的欣慰。

由于本书写作时间很长，大部分资料是"文化大革命"期间整理的，参考文献版本较早，现在已无力按照新版本更新了。另外，考虑到读者的阅读习惯，脚注中一律未注明版本，只在书后的参考文献中加以注明。特此说明。

敬请读者批评指正！

是为序！

萧灼基

2008年3月于中海紫金苑

第一章　为人类服务才是最幸福的人

一　19世纪三四十年代的德国

伟大的无产阶级革命导师、科学社会主义创始人卡尔·马克思，于1818年5月5日诞生在德国普鲁士邦莱茵省特利尔城。

马克思的学生时代，正是德国资产阶级民主革命的前夜。那时，英、法等国资产阶级已取得国家政权，资本主义生产方式已占统治地位，无产阶级与资产阶级的矛盾已成为社会的主要矛盾，无产阶级反对资产阶级的斗争正在蓬勃发展。1831年和1834年的法国里昂工人起义，1836年开始的英国宪章运动，表明工人阶级已经作为独立的政治力量登上历史舞台。

19世纪三四十年代，在马克思的祖国德意志，资本主义经济也有所发展。19世纪初，全国只有极少数工厂；到40年代，仅普鲁士就拥有大小工场和工厂7.8万家，雇佣工人55万人；1837—1838年，蒸汽机的数目从419台增至1138台；1840—1850年，铁路长度增加10倍以上。随着经济的发展，出现了第一批工商业城市。

莱茵省是德国资本主义最发达的地区。这里由于靠近法国，受到法国资产阶级革命的深刻影响，农奴制度较早被废除；同时，由于有着丰富的煤铁矿资源，又有着莱茵河这条水路交通动脉，为资本主义发展提供了有利条件。19世纪初期，莱茵地区已经出现用机器装备起来的大型资本主义企业。30年代开始，金属加工、煤炭采掘、纺织印染等工业又有较大发展，水陆交通四通八达，科伦、巴门、爱北斐特等工商业城市人口日益增加，生产规模不断扩大。

但是，同英、法等国比较起来，德国的社会经济发展状况相当落后。1848年以前，在农村中，封建土地所有制仍占统治地位；农奴制度虽然名义上已经取消，但领主实际上仍拥有许多特权，农奴仍没有人身自由。在城市中，以手工劳动为基础的手工业和家庭工业占优势，中世纪的行会制度严重束缚生产力的发展，现代工业由于缺乏原料、市场和劳动力，发展非常缓慢。当英、法等国资本主义制度已遭到空想社会主义者的尖锐批判时，德国正在为发展资本主义而努力，"在法国和英国行将完结的事物，在德国才刚刚开始。这些国家在理论上反对的、而且依旧当做锁链来忍受的陈旧的腐朽的制度，在德国却被当做美好未来的初升朝霞而受到欢迎"①。同时，德国在政治上四分五裂。1815年维也纳会议后，全国分为36个大小不等的邦国，各个邦国都有自己的政府、法律、海关、货币制度和度量衡制度。国内关卡林立，赋税苛重。1834年成立的"关税同盟"也没有改变这种状况。国家的分裂，妨碍了统一的民族市场的形成，束缚了资本主义经济的发展，也阻碍了无产阶级的革命活动，"因为革命活动只有在集中的条件下才能发挥自己的全部力量"②。

在德国各邦中，封建贵族把持国家政权，实行专制统治。书报刊物受到检查，集会结社没有自由，政府颁布专制法令，设置秘密法庭，雇用反动法官，惩办一切胆敢用任何方式进行革命活动的人。广大人民群众被剥夺一切政治权利。工人阶级身受封建主义和资本主义的双重压榨，普遍处于可怕的贫困境地。

随着有增无减的政治压迫和经济剥削，德国国内阶级矛盾日益尖锐。革命一触即发，"资产阶级准备推翻政府，无产阶级则准备随后推翻资产阶级"③。在这场革命风暴即将到来的前夜，各个阶级都在制造舆论，争取群众，积聚力量，思想政治领域的斗争十分剧烈。马克思就是在这样的历史条件下，开始自己的生活、学习和革命活动的。

二 亨利希·马克思一家

马克思出身于一个"富裕的文明的，但不是革命的"④家庭。父亲亨利

---

① 马克思：《黑格尔法哲学批判导言》，《马克思恩格斯全集》第1卷，第457页。
② 马克思、恩格斯：《中央委员会告共产主义者同盟书》，《马克思恩格斯全集》第7卷，第297页。
③ 恩格斯：《德国的革命与反革命》，《马克思恩格斯全集》第8卷，第24页。
④ 列宁：《卡尔·马克思》，《列宁选集》第2卷，第576页。

希·马克思是一位犹太血统的律师，曾经担任政府法律顾问和特利尔律师公会会长，在社会上素有名望。他生长在资本主义比较发达的莱茵省，受到法国资产阶级革命的影响，具有资产阶级民主思想，崇拜法国启蒙思想家卢梭、伏尔泰的学说，十分熟悉他们的著作，能够背诵这些著作中最精彩的段落。马克思少年时候，父亲经常向他讲述这些著作的内容，使他从小就受到资产阶级民主教育。

在政治上，亨利希具有进步倾向。他对普鲁士专制统治有所不满，曾经参加特利尔自由主义团体"文学俱乐部"的活动，希望在德国建立代议制政府，取消出版检查，实行民主改革。但他并不是一个革命者。他对普鲁士国王抱着幻想，认为国王是"善良的"、"公正的"、"高尚的"人，能够倾听臣民的意见，把自由幸福赐给臣民。因此，他不主张推翻霍亨索伦王朝，更不同意采取革命手段反对封建统治。

长期从事律师工作的亨利希学识渊博，精通业务，"以自己的纯洁品格和法学才能出众"①。他的文学修养也很高，对德国著名作家歌德、席勒和英国大文豪莎士比亚的作品有精湛的研究，并经常向子女们介绍这些作家的著作。在马克思家里，每个人都非常熟悉和热爱这些作家及其作品。马克思特别喜爱莎士比亚，连莎士比亚剧本中最不引人注意的人物都十分熟悉。

亨利希非常喜爱仅次于长女的马克思，很早就发现马克思具有非凡的才能，深深为这个"头脑清晰、感情纯洁、品行端正"的儿子感到自豪。他十分关心儿子的前途，希望儿子像自己一样成为一个受人尊敬的学者和律师。他本能地预感到，这个情操高尚、学习勤奋的年轻人，不仅将为自己造福，"也将为全人类造福"②。晚年的时候，亨利希看到儿子在探索真理的过程中越来越强烈的革命倾向，内心甚感不安，经常告诫儿子要谨慎从事，无论在政治上和学术上都不要引起风波。有一次，在谈到马克思的法学观点时，亨利希恳切地对儿子说："你的观点不是没有道理，但如果把这些观点建立成体系，它们却可能引起一场风暴，而你还不知道，学术风暴是何等剧烈。"

马克思的母亲罕丽达·普列斯堡，出身于荷兰一个犹太法学家家庭。她是一位慈祥的母亲，对儿女的生活体贴入微，对马克思更是关怀备至。她的

---

① 亨·马克思：《致卡·马克思》（1838年11月9日），《马克思恩格斯全集》第30卷，第499页。

② 罕·马克思：《致卡·马克思》（1836年2—3月），《马克思家书集》，第10页。

一生整个儿贡献给了爱与忠诚。保存下来的罕丽达1836年2月给马克思的一封信中,母亲得知儿子生病,感到十分忧伤。她在安慰儿子的同时,也希望儿子去掉一切有害健康的习惯:"不要急躁,不要喝过多的酒或咖啡,不要吃辣椒,不要食用过多的胡椒或香料,不要抽烟,不要迟睡,要早起。"① 母亲对马克思的深情关怀,跃然纸上。但母亲并不了解马克思所从事的革命工作和创作活动的意义,常常抱怨马克思不该为了写作《资本论》而弄得生活十分困难,认为马克思如果不去写作《资本论》而去弄点资本可能更为明智。

马克思对父母都很尊敬。1836年父亲诞辰时,他献给父亲一首充满激情的诗:

> 我独个儿置身友侣丛中,
> 心底荡漾着无限的风光,
> 蓦地看见,缪斯走近身旁,
> 用美妙的旋律暖我心房。
>
> 我轻声说:"女神,送我支歌,
> 让我尽情讴唱,尽情吟哦;
> 唱我深情称他爸爸的人,
> 表达我热情奋发的心儿。
>
> 他的生涯就是一曲旋律,
> 黑暗势力感到惶恐畏惧,
> 一碰上他的勇敢与豪情,
> 罪恶在他面前低头卷曲。
>
> 我对他怀着万般感情,
> 可语难达意,笔不从心!"②

亨利希·马克思对儿子的成长影响颇大。马克思从父亲身上吸取了资产

---

① 罕·马克思:《致卡·马克思》(1836年2—3月),《马克思家书集》,第10页。
② 马克思:《父亲诞辰献诗(1836)》,《马克思恩格斯全集》第40卷,第744页。

阶级的民主精神，学到了古典文学等方面的丰富知识，继承了从事科学研究的严谨作风。

但他并没有被父母的旧思想所束缚，从走向社会的最初时期开始，他就自觉地摆脱和抵制来自家庭和社会的种种旧影响，坚定不移地奔向革命的目标。

三　在特利尔中学

1830年秋天，12岁的马克思进入特利尔高级中学，在这个学校学习了五年。

马克思入学前，莱茵地区学校的教学水平很低。学校里没有固定的教学计划，也没有严格的考试制度，每个学生愿意上什么课就上什么课，愿意在什么钟点上课就在什么钟点上课，学年终了照例升级。马克思求学年代，情况有所好转。特利尔中学校长维登巴赫是一位进步学者，学识丰富，治学严谨。他聘请了一些优秀教师，建立了正规教学秩序，对学生提出了严格要求，教学水平大有提高。

在中学读书的时候，马克思非常关心祖国前途和人民命运。他进入中学那一年，法国爆发了推翻波旁王朝的七月革命，巴黎人民的胜利在欧洲引起强烈震动。德国境内许多地方先后发生反对封建专制统治的人民起义，"证明人民和资产阶级的运动的新纪元已经来到"[①]。

1832年5月，德国各地群众两万多人，齐集普法尔茨的汉巴哈宫，举行全德人民大会。许多革命民主人士在会上发表演说，批判德国封建专制制度，要求实现民主、自由和国家统一。汉巴哈大会的革命呼声传遍全国。特利尔中学的学生们密切关注大会的活动，秘密传阅大会的文件，讨论大会的革命要求。这次活动，唤起了马克思对德国专制制度的痛恨。

这个时候，马克思已经自觉地培养自己研究问题和分析问题的能力。在学习中遇到问题，他不是照抄书本上的现成答案，而是进行独立思考，以便对问题有透彻的了解。有一次，教师出了一道作文题：《奥古斯都的元首政治应不应当算是罗马国家较幸福的时代？》，马克思认真地研究了古代罗马的历史，分析了奥古斯都元首统治时期与前两个历史时期的具体情况，做出了独

---

① 恩格斯：《德国状况》，《马克思恩格斯全集》第2卷，第651页。

立的结论。他指出，在奥古斯都统治时期，独裁代替了民主，曾经存在于平民中的自由，甚至自由的外表都完全消失了。全部国家权力完全集中于元首一人手中，法律和制度完全根据元首的命令而改变。但是，如果与前两个时期比较，第一个时期文化水平低下，第二个时期又由于道德堕落和暴政统治，使国家力量大大削弱，而在奥古斯都统治时期，人们在军事方面表现出崇高的美德，创造了辉煌的文化。因此，它是古代罗马历史上的最重要、最幸福的时期。他写道：在奥古斯都元首统治时期，在国家供职的都是些英勇和智谋卓著的人物。那时，国家疆土日益扩大，社会讲究文明风尚，艺术和文学繁荣，统治者比自由的共和政体更好地保障人民的自由，因此，"奥古斯都所确立的国家，我认为是最符合他那个时代的国家"①。在这里，马克思初次显示了从具体历史条件出发评价历史事件和历史人物的才能。

又有一次，教师出了一道作文题：《根据约翰福音论信徒和基督的一致、它的绝对必要及其影响》。按照圣经的说教和当时社会上流行的观点，上帝是万物的主宰，具有超人的力量；人们信仰上帝，同基督结合，是为了赎清身上的罪孽，追求天国的幸福。这当然是荒谬的。虽然这时马克思还不可能用唯物主义无神论的观点批判圣经，也还没有摆脱社会、家庭和学校对他施加的宗教影响，但他对社会上流行的观点并不盲从，而是采取批判的态度。在这篇作文中，他不是从宗教迷信的角度论述信徒与基督的一致，而是从道德的角度探讨问题。他写道：人们对宗教的信仰，同基督的一致，是为了探索真理，追求正确的认识。使内心变得高尚，在苦难中得到安慰，有坚定的信心和一颗不是出于爱好虚荣，也不是出于荣誉欲，而只是为了基督而献给了博爱和一切伟大和高尚万物的心。可见，和基督一致所得到的是这样一种快乐，这种快乐"能使生活变得更加美好和崇高"②。马克思这种观点，在当时是很独特的。它说明马克思已经对宗教的神秘性质和上帝的超人力量产生怀疑。这篇作文也同其他许多作文一样，由于"思想丰富，叙述精彩有力"而得到教师的好评。③

马克思十分重视学习文化知识。他说：没有知识从来也不能帮助任何人。

---

① 马克思：《奥古斯都的元首政治应不应当算是罗马国家较幸福的时代?》，《马克思恩格斯全集》第 40 卷，第 826 页。
② 马克思：《根据约翰福音第 15 章第 1—14 节论信徒和基督的一致，这种一致的原则和实质，它的绝对必要及其影响》，《马克思恩格斯全集》第 40 卷，第 823 页。
③ 参阅《马克思恩格斯全集》第 40 卷，第 949 页。

他所以能够创立科学社会主义理论，固然主要是因为积极参加革命实践，但同时也是长期孜孜不倦地研究自然、历史、吸取人类先进文明遗产的结果。正如梅林所说："马克思不是出于一时的热情，而是由于深刻地认识了事物的内部联系才成为革命家。"①

根据中学毕业证书的记载，马克思学习非常用功，各门功课成绩优良，历史和地理知识"相当令人满意"。毕业证书指出，马克思有很好的数学知识。他终生对数学保持浓厚的兴趣，认为一种科学只有在成功地运用数学时，才算达到了真正完善的地步。后来他经常利用休息时间，演算代数和微积分，对高等数学进行深入的专门研究，写成了许多篇具有高度科学价值的数学论文，遗留下来的数学手稿达一千多页。

马克思认为，"外国语是人生斗争的一种武器"②。在中学读书时，他非常喜欢古代和现代语言。根据毕业证书记载，他除了精通德文，掌握丰富的德文语法知识以外，还很好地掌握了法语，稍加帮助就可以阅读比较难的东西，口头叙述也较熟练。他能够相当流畅地用拉丁语会话，"不经准备也能做得流畅而有把握；如经过适当准备或稍加帮助，即使较难的地方，特别是那些不是语言特点而是内容和思想的一般联系方面难于理解的地方，也常常做得流畅而有把握"。马克思参加革命后，为了了解各民族的语言、历史、文学以及社会制度的特点，几乎一辈子都十分重视学习外国语。他精通十多种古代和现代语文，能够熟练地用德、英、法三国文字写作。③

除了认真学习中学课程外，马克思还利用各种机会扩展自己的知识领域。课余时间，他经常拜访当时担任特利尔政府顾问的威斯特华伦男爵。这位以对真理的热情和严肃态度欢迎时代的每一个进步的"充满青春活力的老年人"，学识丰富，阅历很深，具有很高的语言才能和文学修养，能讲流畅的法语、西班牙语、拉丁语和希腊语，能用德语和英语背诵莎士比亚的许多剧本台词和整段整段的荷马史诗。傍晚的时候，在威斯特华伦住宅中宁静的花园或宽敞的客厅里，男爵常常给马克思朗诵诗歌，讲述故事，谈论法国启蒙学者的著作。在这些难忘的时刻里，马克思获得了关于文学、语言、历史和哲学方面的丰富知识。威斯特华伦男爵后来成为马克思的岳父。马克思一直对

---

① 梅林：《德国社会民主党史》第1卷，第213页。
② 拉法格：《忆马克思》，《回忆马克思恩格斯》，第72页。
③ 《特利尔中学学生毕业证书》，《马克思恩格斯全集》第40卷，第827页。

他非常敬佩。他的《博士论文》就是献给这位"敬爱的父亲般的朋友"的，他认为这位长者"深怀着令人坚信不疑的、光明灿烂的理想主义，唯有这种理想主义才知道那能唤起世界上一切心灵的真理；他从不在倒退着的幽灵所投下的阴影面前畏缩，也不被时代上空常见的浓云密雾所吓倒，相反的，他永远以神一般的精力和刚毅坚定的目光，透过一切风云变幻，看到那在世人心中燃烧着的九重天"①。

课余或假日，马克思经常与同伴们到城市各处游览。他的故乡特利尔是一座古老的城市，中世纪时曾经是一个小国的首都和大主教的活动中心，城里保存着许多古代和中世纪的历史遗迹，如建筑雄伟的罗马"黑门"、皇帝行宫、露天大剧场和古色古香的修道院。马克思很熟悉这些建筑的历史，能够详细地向同伴们作介绍，有时他们也到郊外旅行，在种满葡萄的园子里做游戏。

马克思非常善于讲故事。他讲的故事内容丰富、情节动人，使大家听得入迷。马克思的幼女爱琳娜·艾威林回忆道："我常听姑母们说，摩尔（即马克思——引者）小的时候对姐妹们简直就像一个可怕的暴君。他把她们当作驾车的马，驱使她们从马克山上飞奔下来，更糟糕的是，他用一双脏手把很脏的生面团做成'饼子'，一定要她们吃下去。她们毫无怨言地一一照办，于是卡尔就给他们讲故事作为奖励。"②

许多年后，马克思又给自己的孩子们讲故事，作为对孩子们进行革命教育、传授知识的一种方式。他经常给他们朗读荷马史诗、《堂吉诃德》、《一千零一夜》、《尼贝龙根之歌》和莎士比亚的剧本，更多的是讲述自编的故事和民间的传说。有时，马克思与孩子们一面散步，一面讲故事。这些往往是自编的故事，不是以题目分段而是以路程计算。孩子们被奇妙的故事情节所吸引。后来，孩子们都已长大，成为工人运动的活动家了，马克思仍然喜欢给他们讲故事。有一次，马克思在给次女劳拉的信中，讲了一个非常发人深思的故事：

有一个船夫准备好在激流的河水中驾驶小船，上面坐着一个想渡到河对岸去的哲学家。于是发生了下面的对话：

---

① 马克思：《博士论文》，《马克思恩格斯全集》第40卷，第187页。
② 爱琳娜·艾威林：《卡尔·马克思》，《回忆马克思》，第208页。

哲学家：船夫，你懂得历史吗？

船夫：不懂！

哲学家：那你就失去了一半生命！

哲学家：你研究过数学吗？

船夫：没有！

哲学家：那你就失去了一半以上的生命！

哲学家刚刚说完这句话，风就把小船吹翻了，哲学家和船夫两人都落入水中，于是，船夫喊道：你会游泳吗？

哲学家：不会！

船夫：那你就失去了你的整个生命！①

马克思这些幽默而朴素的故事，直到现在，仍然给我们以深刻的启示和教育。

四 《青年在选择职业时的考虑》

1935年秋天，马克思中学毕业前夕，写了一篇题为《青年在选择职业时的考虑》的作文，发表了一些重要见解，表达了为人类服务的崇高理想。

当时，马克思和他的同学就要毕业，面临着升学和就业的问题，大家都在考虑自己的前途。有的人希望成为诗人、科学家和哲学家，献身于文艺和学术事业；有的人打算充当教士和牧师，幻想天堂的幸福；有的人一心想当官吏，把高官厚禄作为奋斗目标；有的人则羡慕资产者的豪华生活，把舒适享乐作为自己的理想。总之，他们从利己主义出发，以个人幸福作为选择职业的标准。

马克思与其他同学的想法不同，他没有考虑选择哪种具体职业，而把这个问题提高到对社会的认识和对生活的态度上加以考虑和回答。

在毕业作文中，马克思写道：人与动物不同，动物完全依赖自然的生活条件，只能在自然提供的一定范围内活动，而人却能掌握自己的命运，有选择的自由。这正是人比动物优越的地方。但是，如果认为生活在社会中的人

---

① 马克思：《致劳·拉法格》（1882年4月13—14日），《马克思恩格斯全集》第35卷，第303—304页。

们能够不受任何限制，随心所欲地自由选择职业，那就完全错了。人们在选择职业时，正如人们在社会上的其他活动一样，并不是完全取决于自己的希望和志愿，而要受到自己所处的社会地位和社会中的关系的限制。他说："我们并不总是能够选择我们自认为适合的职业；我们在社会上的关系，还在我们有能力对它们起决定性影响以前就已经在某种程度上开始确立了。"① 这是一个非常深刻的思想。在这里，马克思已经把人们的活动、人们的职业与人们在社会上的关系联系起来。后来马克思在许多著作中进一步发展了这一思想。

马克思认为，选择职业是关系到个人生活目的和生活道路的重大问题。因此，不应该为一时的兴趣、渺小的激情、个人的虚荣心所左右，而必须采取严肃的态度，"选择一种使我们最有尊严的职业；选择一种建立在我们深信其正确的思想上的职业；选择一种能给我们提供广阔场所来为人类进行活动……的职业"②。

在选择职业时，还必须清醒地估计自己的能力。那些较多地研究抽象真理，而不大深入生活本身的职业，对青年来说是危险的，因为这会使他们脱离现实，一事无成。只有那些能深入生活，把理想与现实、思想与行动紧密结合起来的职业，才是一个有为的青年所向往的。只有这样的职业，才有可能发挥自己的才能，对人类作出有益的贡献。

马克思认为，在选择职业时必须考虑的最重要的原则，是生活和工作的目标。一个人如果仅仅从利己主义的原则出发，只考虑如何满足个人的欲望，虽然也有可能成为出色的诗人、聪明的学者、显赫一时的哲学家；可是，他决不能成为伟大的人物，也不能得到真正的幸福。他的事业是渺小的，他的幸福是自私的。一个人只有选择为人类服务的职业，只有为人类最大多数人的幸福而工作，才是高尚的人，才能得到真正的幸福，才有不可摧毁的精神力量。马克思说："历史承认那些为共同目标劳动因而自己变得高尚的人是伟大人物；经验赞美那些为大多数人带来幸福的人是最幸福的人"③，"如果我们选择了最能为人类福利而劳动的职业，那么重担就不能把我们压倒，因为这是为大家而献身；那时我们所感到的就不是可怜的、有限的、自私的乐趣，

---

① 马克思：《青年在选择职业时的考虑》，《马克思恩格斯全集》第40卷，第5页。
② 同上书，第6页。
③ 同上书，第7页。

我们的幸福将属于千百万人,我们的事业将默默地但是永恒发挥作用地存在下去,而面对我们的骨灰,高尚的人们将洒下热泪"①。

为人类服务,这是少年马克思的崇高理想,也是马克思在中学毕业作文中所阐述的主要思想。在漫长的斗争岁月中,他始终不渝地忠实于少年时代的誓言。他的一生,就是为人类服务的最光辉的榜样。

在为人类服务的光辉历程中,马克思作出了卓越的贡献,取得了辉煌的成就。他几十年如一日,从事革命的理论创造,创立了科学社会主义;他以毕生精力,从事革命的实践活动,"斗争是他得心应手的事情。而他进行斗争的热烈、顽强和卓有成效,是很少见的"②。

在为人类服务的光辉历程中,马克思始终坚定不移,勇往直前。各国反动派的疯狂迫害,资产阶级的残酷报复,庸俗民主派的诽谤攻击,丝毫没有动摇他的坚定信念。革命事业的暂时挫折,昔日盟友的背信弃义,革命组织的涣散分裂,丝毫没有动摇他的必胜信心。艰苦的思想劳动,贫困的物质生活,多年疾病的折磨,丝毫没有动摇他的钢铁意志。正如他的战友和学生威廉·李卜克内西所说,"他不像《一千零一夜》里的王子那样由于周围的叫嚷和恐怖情景便吓坏了,胆怯地回头一看就失去了胜利和胜利的报偿;马克思却一直向前,目光总是盯着前面光辉灿烂的目标……"③

五 从波恩大学到柏林大学

1835年10月17日,马克思怀着探索真理、掌握科学和艺术的理想与愿望,进入波恩大学法律系。

大学第一年,马克思学习很用功,读了不少科学专著,听了十门课程,得到"勤勉和用心"、"十分勤勉和经常用心"的好评语,知识领域大为扩展。课余时间,他热情奔放地参加大学生的各种活动,饶有兴趣地创作诗歌,参加诗歌比赛。他与同学关系很好,第二学期被选为特利尔学生同乡会主席。

马克思在勤奋学习的同时,也像当时许多年轻大学生一样,生活散漫,缺乏条理,有一次甚至准备与人决斗。这种不负责任的想法,遭到父亲极其

---

① 马克思:《青年在选择职业时的考虑》,《马克思恩格斯全集》第40卷,第7页。
② 恩格斯:《马克思墓前演说》,《马克思恩格斯文集》两卷集第2卷,第167页。
③ 威廉·李卜克内西:《纪念卡尔·马克思:生平与回忆》,《回忆马克思恩格斯》,第60页。

严厉的批评和指责。父亲在给马克思的一封信中愤慨地写道:"难道决斗也与哲学密切有关吗?要知道这是对舆论的迁就,甚至是对它的恐惧。而那是谁的舆论呢?决不总是正经人的,可你还是!!!……你得设法不让这种爱好——即使不是爱好,也是欲望——在你的心里扎下根。否则,你终究会使你自己和你父母的最美好的愿望遭到毁灭的。我相信,一个有理智的人,是能够很容易地面对这一套不予理睬的,让人尊重自己。"①

1836年10月22日,马克思转学到柏林大学。

柏林大学是德国学术活动的中心,是在政治方面和宗教方面争夺德国舆论统治权,因而也是争夺德国本身统治权的舞台。学校里有许多著名学者,代表各种不同的政治和学术派别,思想政治争论很激烈,学术研究的气氛也较浓厚。马克思入学前,德国古典哲学大师黑格尔曾在这里讲学。

马克思进入柏林大学后,按照父亲意见继续研究法律。但他对法律的兴趣不大。他最喜欢哲学,其次是历史,而把法律当做附属修业。

马克思"专攻哲学"并不是偶然的。那个时候,德国处在威廉三世的反动统治下,革命群众运动遭到残酷镇压;反对专制制度的斗争,主要在哲学领域中进行。正如18世纪的法国一样,在19世纪的德国,"哲学革命也做了政治变革的前导"。马克思"专攻哲学",正是适应当时革命斗争的需要。同时,哲学是其他科学的理论基础,没有正确的世界观和方法论,就不可能深入研究法律和其他科学。马克思写信对父亲说:"没有哲学我就不能前进。"②

在柏林,马克思过着非常紧张和刻苦的学习生活,专心致志于科学和艺术。与同时代的一般大学生不同,他厌恶庸俗的礼节和应酬,不愿为了生活琐事而大费精神,不愿碌碌无为、虚度时光。他决心把全部精力用来占有人类所创造的一切有用知识,"专心致志于科学和艺术"③。像一位出征的勇士,他发出了铿锵的誓言:

> 我在打破所有的锁链,
> 我要向万里长空飞翔,
> 我燃烧着烈焰般激情,

---

① 亨·马克思:《致卡·马克思》(1836年5—6月),《马克思恩格斯全集》第40卷,第13页。
② 马克思:《给父亲的信》(1837年11月10—[11]日)《马克思恩格斯全集》第40卷,第13页。
③ 同上书,第9页。

要把全世界紧紧拥抱。①

在学校里，马克思听了一些著名教授的课。其中对他影响较大的是爱德华·甘斯教授。甘斯是黑格尔的学生，在政治上具有进步的倾向，常常利用课堂发出要求自由的呼声；他也赞同空想社会主义者的学说，同情工人阶级的疾苦，指责资本主义是原封未动的奴隶制。马克思认真地听甘斯的刑法课，研读甘斯刚刚出版的《人物与事件的回顾》，十分欣赏甘斯下面这个思想："正如先前是主人和奴隶，稍后是贵族和平民，后来又是领主和家仆相互对立一样，目前则是游手好闲的人和劳动者的对立。"②

除甘斯外，学校里主持各种科学讲座的教授，大多是一些政治保守、思想僵化、徒有虚名的人物，在他们迂腐隐晦的思想和笨拙枯燥的言论中，很难找到新鲜的、富有创造性的东西。马克思对这种学究式的课很不满意，特别讨厌那个"以昨天的卑鄙行为来为今天的卑鄙行为进行辩护"③ 的法的历史学派的代表人物萨维尼讲授的课程。在9个学期中，他只注册选读了12门功课，其中多数是法律系必修课。即使是这些课程，他也没有经常去听讲。

自学是马克思的主要学习方式。他自学的范围很广，涉及哲学、历史、法学、文学、艺术和外语。他读书非常用心，每本书都做提要和摘录，写上自己的心得和体会。过了一些日子，还要翻阅笔记，写上新的评语。他学习非常刻苦，工作时间很长，有时甚至彻夜不眠。

这个时期，马克思已显示出具有独立工作的惊人才能。他一边学习，一边进行创作，打算先在哲学方面试一试自己的力量。为此，他深入研究德国古典哲学家康德、费希特、黑格尔的著作，写了一系列专题论文。

马克思认为，哲学和法学这两门科学是彼此交织在一起的。他在研究哲学的同时，也读了大量法学著作。其中有海涅克茨的《民法基础》、蒂保的《罗马法体系》、萨维尼的《所有权》、温林格—茵根海姆的《罗马法体系》、米伦布鲁赫的《关于罗马法全书的学说》、克拉茨安的《互相矛盾的法规的一致性》、郎捷洛蒂的《法典》、培根的《论科学的进步》以及其他学术文献。他深入研究法学与哲学的关系，力图建立一个新的法哲学体系，用新的哲学

---

① 马克思：《暴风雨之歌》，《马克思恩格斯全集》第40卷，第778页。
② 转引自科尔纽《马克思恩格斯传》第1卷，第87页。
③ 马克思：《黑格尔法律哲学批判导言》，《马克思恩格斯全集》第1卷，第454页。

体系贯穿整个法的领域。

1837年初，马克思计划写作一部包括《法形而上学》和《法哲学》的巨著。他打算在这部著作中叙述若干哲学原理，确立一系列原则、思维、概念的定义，发表自己关于法哲学的见解。经过几个月的紧张劳动，写了约300印刷页，但是发现自己的观点并不正确，便没有继续写下去。

第一次尝试虽然没有成功，马克思并不气馁，决心"再钻到大海里"，以便通过概念、宗教、自然、历史这些具体形式揭示哲学的本质。为此，他又夜以继日地工作，不仅研究哲学、历史和法学，还研究各种自然科学，写了一部对话体的长篇哲学著作：《克莱安泰斯，或论哲学的起点和必然的发展》，但这部没有保留下来的著作也写得不成功。

不久，马克思在给父亲的信中，对自己最初的写作尝试作了严格的自我批评，指出这些作品的内容并不充实，文字也不够通俗。很显然，这个时候马克思认识社会还不深，知识积累还不够，并且缺乏革命实践，因而，还不具备建立一个新的法哲学体系的条件。但是，他那种敢于创新的精神是十分可贵的。正如他自己所说，这些不成熟的作品，在某种程度上则是新的伟大诗篇的序曲。

马克思多半利用休息时间，大量阅读各种文艺作品，研究艺术和艺术史，欣赏"缪斯的舞蹈和萨蒂尔的音乐"。他兴趣盎然地研究黑格尔的《美学》、莱辛的《拉奥孔》、左尔格尔的《叶尔文》、辛克尔曼的《艺术史》，听了一些著名艺术史教授关于希腊罗马神话、关于荷马和普罗波士的哀歌、关于新艺术史等专题讲座。

同时，马克思还借助语法课本，自修英语和意大利语，将巴塔西佗的《日耳曼尼亚志》、奥维德的《哀歌》、亚里士多德的《修辞学》翻译成德文。

马克思这位"不知疲倦的旅行者"，熬过了许多不眠之夜，经历了不少斗争，体验了许多内心和外在的冲动，在短短一年中通过自修得来的知识，也许比大学课堂上几年所得的知识还要多。

紧张的工作，过度的用功，严重损害了马克思的健康。1836年底，他的健康状况已经不好。1837年4月，在医生的坚持下，他不得不放下工作，到柏林郊外一个小村子休养。当健康稍微恢复，他就回到柏林，重新投入紧张的学习和工作之中。

六 一个灿烂辉煌的名字——燕妮

1836年，马克思度过了一个极不平凡的夏天。当时，他从波恩回到故乡特利尔度暑假。少年时代的同伴燕妮经常与他在一起研究学问，探讨人生的意义。他们之间产生了真挚的感情。结束假期离开特利尔前，两人正式订婚。

燕妮·威斯特华伦具有"极其明确的批判智能，卓越的政治才干，充沛的精力，伟大的忘我精神"[1]。1814年2月14日，她诞生于特利尔一个名门望族。父亲路德维希·威斯特华伦男爵当时担任特利尔枢密顾问。燕妮高贵的出身、高尚的品格、温柔的性格和秀丽的容颜，使人们羡慕不已。不少年轻人登门向她求婚，都被她婉言谢绝。

马克思与燕妮从少年时期就经常来往，互相爱慕。马克思好学的精神、聪慧的天资、探索真理的勇气和坦率热情的性格，博得了姑娘的钦佩和真挚的感情。于是她冲破根深蒂固的封建门第观念的束缚，毅然与这个平民出身的大学生缔结婚盟，这在当时是很了不起的。马克思的双亲对这门亲事一开始就十分赞成，对燕妮高尚的品格和纯真的感情十分欣赏。亨利希一再告诫马克思，为了报答这个姑娘的挚爱之情和难以估量的牺牲，必须以自己模范的品行和事业的成就使自己成为受人尊敬的男子汉。他对儿子说："你应当证明，你虽然年轻，但是一个值得社会尊敬、很快就使世人折服的堂堂男子；是一个保证始终如一、保证将来认真努力"的人。[2] 马克思的母亲写信告诉他："亲爱的燕妮每次到咱们家来，通常总是在这里待一整天，还设法同父亲聊天。她是一个深情的孩子，将来她会使你幸福的，这也是我的希望。"[3] 但订婚前他们没有征求燕妮双亲的同意，因而他们的关系暂时不能公开。不过燕妮的双亲很快就赞同了这门亲事，一切的顾虑和恐惧都烟消云散了。

订婚不久，马克思就离开特利尔到柏林求学。像所有年轻的恋人一样，马克思沉溺在一个"新的世界，爱情的世界"里。他由于远离"无限美好的燕妮"，内心很不平静。于是，他把自己对恋人的爱慕和思念之情，倾注在1836—1837年献给燕妮的《诗歌集》中。保存下来的诗歌集使我们清楚地看

---

[1] 恩格斯：《在燕妮·马克思墓前的讲话》，《马克思恩格斯全集》第19卷，第323页。
[2] 亨·马克思：《致卡·马克思》（1836年12月18日），《马克思家书集》，第21页。
[3] 罕·马克思：《致卡·马克思》（1838年2月15—16日），《马克思恩格斯全集》第40卷，第71页。

到，这些诗歌感情真挚，情操高尚，字里行间洋溢着青春的激情。在一首题为《魔女》的舒情诗里，燕妮光彩夺目的形象，萦绕在年轻的马克思的心坎上：

> 一个纯洁美丽的形象，
> 在闪闪发亮，放射光芒，
> 她萦绕在我的心坎上。
> 见到她真是三生有幸，
> 见到她就会钟情，
> 永为她迷恋倾心。
>
> 她是那么温柔可爱，
> 站在那里焕发光彩，
> 卷发绕着脖子披盖。
> 对着这美景，
> 她羞羞答答，
> 出神地遐想。
>
> 话语悄悄从口中流露，
> 像甜蜜的歌声在倾诉，
> 是无意中轻声谈肺腑；
> 像一场极妙的梦境。
>
> 那声音——是上帝意旨，
> 那声音在呼唤爱情。
>
> 上帝给她的身体
> 披上轻柔的罗纱，
> 她全身闪闪发亮。
> 她身上燃烧起了
> 崇高美好的理想
> 和那爱情的火光。

是上帝创造了你，
塑造了你的模样——
使你体现了理想。
在美丽的闪光中，
天上征服了人间，
大地屈服于上天。①

在一首题为《思念》的诗里，马克思对燕妮表达了烈火一样的激情：

燕妮，即使天地翻覆迷茫，
你比天空晴朗，比太阳明亮。
即使天下人把我淋漓诅咒，
只要你属于我，我都能忍受。

思念比天上官殿还高，
比永恒的天地更久长，
比理想国还更美妙，
忧心似海，深胜海洋。

思念无穷无尽永无止境，
像上帝亲自塑的一样，
你留给我的形象，
我永远无限向往。

你就是思念的化身，
思念两字犹未能表达深情，
可以说它像一团火，
永远不断燃烧我激荡的心。②

---

① 马克思：《魔女》，《马克思恩格斯全集》第 40 卷，第 547—549 页。
② 马克思：《思念》，《马克思恩格斯全集》第 40 卷，第 403—404 页。

像所有年轻的恋人一样，20岁的马克思把燕妮的名字当做爱情的化身。在许多篇《致燕妮》的诗作中，马克思表达了自己对恋人的深情挚爱：

(一)

燕妮！笑吧！你定会觉得惊奇：
为何我的诗篇只有一个标题，
全部都叫做《致燕妮》？
须知世界上唯独你
才是我灵感的源泉，
希望之光，慰藉的神。
这光辉照彻了我的心灵，
透过名字就看见你本人。

燕妮这名字——个个字母都神奇！
它的每个音响都使听觉者着了迷，
它的音乐，借助金弦三角琴
委婉的音响，随处向我唱吟，
像玄妙的神话里的善神，
又宛如春宵月色荡波心。

(二)

我能够把千卷万册的书
写满你的名字，不计页数。
愿思念的火焰在里面呼呼燃烧，
愿意志和行动的喷泉涌流滔滔。
愿生活的永恒面目显露，
而整个幻想的境界现出，
愿其中闪耀天国无穷的光辉，
众神的欢乐，还有人间的苦味。

我能在群星之中
看到燕妮的名字，

天上和风把它带给我，
仿佛吹来幸福的信息。
我将永远反复歌唱它——愿大家知道，
燕妮的名字本身就是爱情的化身。①

像马克思一样，燕妮也对自己的恋人无限思念，渴望在一起共同生活。在给马克思的一封信中，燕妮心情激动地写道："卡尔，如果你现在能和我在一起，如果我能依偎在你胸前，和你一起眺望那令人心旷神怡的亲切的谷地、美丽的牧场、森林密布的山岭，那该有多好啊！"② 在另一封信中，燕妮写道："你的形象矗立在我面前，是那样光辉，充满着胜利的力量，我的心渴望着时刻跟你在一起，每当想到再见到你，我便欣喜若狂，这颗心担忧地到处追随着你。"③

但是，他们还要经过漫长的七年才能结婚。在这期间，十分同情他们的亨利希·马克思去世了，具有开明思想的威斯特华伦男爵去世了。两个家庭的亲戚中都有一些人对他们采取不友好的态度。他们不得不与家庭里的一些人进行许多不必要的冲突。1843年3月13日，马克思写信对友人说："我正在十分热烈地而且十分严肃地恋爱。我订婚已经七年多，我的未婚妻为了我而进行了极其激烈的、几乎损害了她的健康的斗争，一方面是反抗她的虔诚主义的贵族亲属，这些人把'天上的君主'和'柏林的君主'同样看成是崇拜的对象，一方面是反抗我自己的家庭，那里盘踞着几个牧师和我的其他敌人。因此，多年来我和我的未婚妻经历过许多不必要的严重冲突，这些冲突比许多年龄大两倍而且经常谈论自己的'生活经验'的人所经历的还要多。"④

所有这一切的报偿，就是他们两人忠贞不贰的爱情。在他们结婚20年后，马克思为了处理母亲的遗产返回特利尔。旧地重游，感慨万千。他是这样写信告诉已经是三个孩子的母亲"亲爱的燕妮"的："每天我都去瞻仰威斯特华伦的旧居（在罗马人大街），它比所有的罗马古迹更吸引我，因为它使我

---

① 马克思：《致燕妮》，《马克思恩格斯全集》第40卷，第558—559页。
② 燕妮：《致马克思》（1846年6月24日），《马克思家书集》，第75页。
③ 燕妮：《致马克思》（1843年3月初），《马克思家书集》，第98页。
④ 马克思：《致阿·卢格》（1843年3月13日），《马克思恩格斯全集》第27卷，第441—442页。

回忆起最幸福的青年时代,它曾收藏过我最珍贵的瑰宝。此处,每天到处总有人向我问起从前'特利尔最美丽的姑娘'和'舞会上的皇后'。做丈夫的知道他的妻子在全城人的心目中仍然是个'迷人的公主',真有说不出的惬意。"①

七 年轻时的诗歌创作

马克思喜欢说,"风格就是人"②。每个人都有自己独特的写作风格。作为伟大的科学社会主义的创始人,马克思最主要的成就是在科学理论方面。但他也喜欢诗歌。在大学读书时,他不仅读了一些伟大诗人的作品,收集了欧洲各国许多优秀的民歌,而且还创作了不少诗篇。

1835年冬,马克思在波恩大学参加一个学生诗歌小组,开始诗歌创作活动。1836—1837年,他创作了献给燕妮的《诗歌集》、《爱情集之一》、《爱情集之二》和一本献给父亲55岁寿辰的诗集,还创作了幽默小说《蝎子和弗里克斯》、幻想剧本《奥兰尼姆》。

那个时候,在封建专制统治下,诗歌是进行革命斗争的重要武器。在一些民主主义者的诗歌中,"响着警钟的声间,音韵里夹着兵器的铿锵之音"③。德国革命民主主义诗人海涅,正是运用诗歌的形式,向封建专制主义发射猛烈的排炮。马克思在青年时期,也运用了这种形式,表达对封建专制制度和一切反动势力的憎恨,抒发为革命事业而斗争的决心。早在中学读书的时候,马克思就已经认识到这个制度的反动性。几年来对社会的深入观察和了解,使他更加认识到,"旧制度是无法医治的"④。《奥兰尼姆》中,他形象地指出,旧制度就是一条缠在人们身上的毒蛇,决不能对它表示温存、怀抱幻想,而必须对它进行斗争,把它扼死。

在《人的自豪》这首诗里,马克思用诗的语言,暗喻旧制度必将灭亡。他蔑视"浮华加贪婪的生活",蔑视"青云直上"的人,认为他们没有前途,而自己正在模糊追求的理想则"前途无量":

---

① 马克思:《致燕妮》(1863年12月15日),《马克思恩格斯全集》第30卷,第640页。
② 马克思:《评普鲁士最近的书报检查令》,《马克思恩格斯全集》第1卷,第7页。
③ 梅林:《德国社会民主党史》第1卷,第213页。
④ 马克思:《摘自〈德法年鉴〉书信》,《马克思恩格斯全集》第1卷,第414页。

等待着你们的当然是灭亡,
你们都得在华丽的宫殿腐烂精光,
不管你们是否保持着无忧无虑的神采,
还是直截了当地化为尘土飞扬。

我们怎么样?我们前途无量,
我们的视野开阔,道路通畅。
我们所需要的是勇往直前,
只求在遥远的地方稍事休息,静养。①

马克思也用诗歌的形式,批判麻木不仁、软弱无能的德国庸人。本来,反对封建专制制度是资产阶级的历史使命,但德国资产阶级害怕无产阶级和广大人民群众,因而在反对封建斗争中软弱无能,畏缩怯弱;人数众多的小资产阶级则保守落后,无所作为。马克思把他们轻蔑地称为德国庸人。他们全都缺乏彻底、尖锐、勇敢、无情的品质,缺乏与人民群众共命运的广阔胸怀,缺乏进行政治变革的觉悟和胆识,缺乏投身革命洪流的大无畏精神。他们"固步自封,而且希望别人也能固步自封"②。在他们看来,正如地球和天体永远按照常轨在太空翱翔一样,德国专制制度也将永世长存;因此,任何革命发动都是不必要的。马克思非常厌恶这些庸俗市侩。在一首小诗中,痛斥他们安于现状、麻木不仁、对祖国前途和人民命运无动于衷的态度:

德意志人在安乐椅上,
痴呆呆地坐着,一声不响。
四周的急风暴雨在发怒,
天上的阴霾黯黯,浓云密布,
雷声隆隆,闪电蜿蜒似蛇舞,
他们的脑海里却风平浪静,安之若素。

---

① 马克思:《人的自豪》,《马克思恩格斯全集》第 40 卷,第 666 页。
② 马克思:《黑格尔法哲学批判导言》,《马克思恩格斯全集》第 1 卷,第 464 页。

>但只要太阳在晴空里露面,
>暴风雨的怒吼声刚听不见,
>黎明即起,他们就跑出来高呼,
>还写下一本书:《灾患已告消除》。①

同德国庸人相反,刚刚诞生的、人数不多的无产阶级,正威风凛凛地登上历史舞台。这个阶级要摧毁衰朽的旧社会,在废墟上建立新社会。虽然这时马克思还不了解这个阶级的优秀品质和伟大历史使命,但是他在《人的自豪》里描写了一个具有宽广的胸怀、大无畏的革命精神,决心以火焰和行动摧毁旧世界的勇士。

>面对着整个奸诈的世界,
>我会毫不留情地挑战,
>让世界这庞然大物塌倒,
>它自身扑灭了这火苗。
>
>那时我就会像上帝一样,
>在这宇宙的废墟上漫步;
>我的每一句话都是行动,
>我是尘世生活的造物主。②

在诗歌集里,有几首讽刺诗,是批判宗教虔诚主义者的无知和偏见的。宗教是德国封建专制制度的思想支柱。反动统治阶级拼命鼓吹宗教迷信以维护自己摇摇欲坠的统治。革命民主主义者则"把神学问题化为世俗问题"③,把对宗教的批判变成对反动专制统治的批判,把批判宗教虔诚主义当做政治斗争的重要内容。马克思也利用讽刺诗这种幽默的形式,尖锐地嘲笑宗教虔诚主义者把世界一切都看做上帝的创造和恩赐的荒谬观点。

在一首关于歌德的诗里,马克思模仿虔诚主义者的口吻写道:

---

① 马克思:《讽刺短诗集》,《马克思恩格斯全集》第40卷,第649—650页。
② 马克思:《人的自豪》,《马克思恩格斯全集》第40卷,第668—669页。
③ 马克思:《论犹太人问题》,《马克思恩格斯全集》第1卷,第425页。

对女人来说，歌德是个讨厌鬼，
因为他的书不适合老太婆念。
他把本性描写得赤裸裸，
也不设法用宗教伦理来遮掩。
他该学一学路德的教义问答，
而后才能写得出优美的诗篇。
咳，歌德有时也能写出一点好东西，
可惜他忘记加上"是上帝创造的"。①

在一首关于席勒的诗里，他用同样的笔调写道：

席勒这个诗人好是好，
糟的是他圣经读得少！
在他的《钟》里，真可惜，
连复活节都没提到，
也没有提到那耶稣基督
怎样骑着毛驴进城堡。
真遗憾，在《华伦斯坦》一剧里，
竟只字也不提大卫的功劳。②

马克思创作的诗歌，既鲜明地反映了时代的要求，也逼真地反映了自己的生活景况和思想情绪。在《海上船夫歌》里，主人公满怀战斗的激情，英勇地向旧世界挑战，即使"冒着莫大危险"，也决不妥协，决不后退，战斗到底。这首诗中贯穿着无所畏惧的精神和必胜的信心，为我们展示了一位即将出现的革命家的生动形象：

我不能安安静静地生活，
我常常在深夜里被唤醒，

---

① 马克思：《讽刺短诗集》，《马克思恩格斯全集》第40卷，第655页。
② 同上书，第649—650页。

> 我经常听见警钟敲响,
> 还有大风的咆哮呻吟。
>
> 那时我很快就离开
> 舒适而温暖的家,
> 驾着船儿来到汪洋大海,
> 那里狂风呼啸雷电交加。
>
> 我在与风浪搏斗中锻炼成长,
> 并不指望上帝来给我帮忙,
> 我扬起船帆信心满怀,
> 仰赖可靠的星辰引航。
>
> 在漫长的决死战斗里,
> 我浑身是喜悦的活力,
> 我充满了粗犷的热情,
> 我唱出了豪迈的歌声。
>
> 你们尽可以在我的船儿四周,
> 有气无力地喧嚣,
> 哀求我的宽大饶恕,
> 但船还得开到目标。①

马克思对自己创作的诗歌是不满意的,他写这些诗并不是为了发表。他认为这些诗虽然也许还有"某种热烈的感情和对蓬勃朝气的追求"②,但还存在不少缺点。他非常谦虚地指出,这些诗内容不够充实,语言不够洗练,过多地考虑修辞等。许多年以后,马克思的次女劳拉把这些诗集交给德国社会民主党理论家梅林时说:"我的父亲非常看不起这些诗;无论哪一次,当我的父母谈到这些的时候,他们都不禁大笑这种青年时

---

① 马克思:《海上船夫歌》,《马克思恩格斯全集》第40卷,第469—470页。
② 马克思:《致亨·马克思》(1837年11月10—[11]日),《马克思家书集》,第47页。

代的愚蠢。"①

除自己创作诗歌外，马克思还是诗歌鉴赏家，特别喜欢搜集各国民歌。1839 年，他从德国、西班牙、希腊、拉脱维亚、爱沙尼亚、阿尔巴尼亚等国丰富的民歌宝藏中，精心挑选了 81 首，亲手抄录在八开本精美纪念册上送给燕妮。

在《民歌集》中，马克思收集了许多首歌颂为正义和进步事业而斗争的诗篇。他热爱自由，赞赏为自由而斗争的英雄们：

> 用坚强的手推翻了暴君，
> 把自由重新献给了祖邦。②

他深深为各个民族中那些不畏强暴、坚持斗争的勇士所感动，赞扬他们像娇艳的玫瑰花一样：

> 在冬天他也仍然盛开，
> 严寒不能使他畏缩。③

八　参加青年黑格尔派的博士俱乐部

研究黑格尔哲学，参加青年黑格尔派的博士俱乐部，是马克思探索真理过程中的重要事件。

黑格尔（1770—1831）是德国古典哲学的主要代表。他集以往哲学发展的大成，创立了一个庞大的客观唯心主义哲学体系。他认为精神是第一性，自然界是第二性，是从精神中派生出来的。他把"宇宙精神"或"绝对观念"看做自然界和人类社会一切现象的基础，是自然界和人类社会的创造本原。在黑格尔哲学中，也包含着辩证法这个"合理的内核"。黑格尔论证了量变到质变、矛盾是事物发展的源泉、否定的否定等辩证法基本规律，第一次把整个自然的、历史的和精神的世界描写为一个过程，即把它描写为处在不断的

---

① 马克思生前只是在 1841 年 1 月 23 日《雅典神殿》上发表过两首诗：《小提琴手》、《夜恋》。当时一家报纸以赞许的态度评论道："这两首诗确实是很狂的，但是显示了独特的才能。"
② 《马克思所收集的民歌》，《马克思恩格斯收集的民歌》，刘锡诚译，第 32 页。
③ 同上书，第 5 页。

运动、变化、转变和发展中，并企图揭露这种运动和发展的内在联系。

黑格尔在政治上是保守的。马克思说："德国的国家哲学和法哲学在黑格尔的著作中得到了最系统、最丰富和最完整的阐述。"① 他关于行政权所讲的一切，可以原封不动地载入普鲁士的法典。他在《法哲学》中提出的"凡是合乎理性的东西都是现实的，凡是现实的东西都是合乎理性的"② 命题，可以被用来为普鲁士专制制度的一切反动措施作辩护。他认为君主制度是国家制度的最高形式，完全适应理性的要求，更是直接为普鲁士统治阶级服务，因而受到国家支持，被尊为国家哲学。黑格尔本人也以官方哲学家身份，长期主持柏林大学哲学讲座。他的哲学，在德国精神生活和政治生活中发生了强烈影响，特别是在1830—1840年，黑格尔主义的独占统治达到顶点。但是这种全线的胜利，不过是内讧的序幕。不久，黑格尔主义分化为老年黑格尔派和青年黑格尔派。

马克思进入柏林大学，开始研究黑格尔哲学。起初，他读了黑格尔哲学的一些片断。由于不喜欢黑格尔哲学的思辨性质和它的晦涩文字，而没有深入研究。不久，他抱着探索真理的愿望，再度研究黑格尔哲学，打算在太阳光下试验珍珠的纯洁。同时，他还研究康德、费希特等德国哲学家的著作，把黑格尔哲学与康德、费希特的学说进行比较。他认为，康德、费希特的哲学太空洞、太抽象、太脱离实际，喜欢在太空翱翔，飞到遥远的国土。黑格尔哲学比它们较为实际，接触到一些现实问题。从此，马克思改变对黑格尔哲学的冷漠态度。1837年4月，马克思在柏林郊外斯特拉劳夫村休养的时候，再一次研究黑格尔哲学。这一次，他认真阅读了黑格尔的主要著作，还读了一些研究黑格尔哲学的著作。通过这番认真研究，他深入黑格尔哲学的大厦中去了。他在那里发现了无数的宝藏，特别是那闪烁着天才光芒的辩证法，决心紧紧抓住刚刚"被发现的东西"：

发现了最崇高的智谋，领会它深邃的奥秘，
我就像神那样了不起，像神那样披上晦暗的外衣，
我长久地探索着，漂游在汹涌的思想海洋里，

---

① 马克思：《黑格尔法哲学批判导言》,《马克思恩格斯全集》第1卷，第459页。
② 黑格尔：《法哲学原理》（序言），第11页。

在那儿我找到了表达的语言，就紧抓到底。①

在斯特拉劳夫休养的时候，马克思结识了青年黑格尔派的一些成员，加入了青年黑格尔派的博士俱乐部。这个团体的成员是一些年轻的大学和中学教师、新闻记者和著作家。其中主要人物有《耶稣传》作者施特劳斯，《约翰福音批判》、《新约翰福音批判》作者布鲁诺·鲍威尔，历史学家、《弗里特利希大帝和他的敌人》作者卡尔·科本等。马克思与科本的关系较密切。在马克思离开柏林后，科本是他"所愉快地怀念的唯一的一个柏林人"②。

马克思参加博士俱乐部后，更加专心致志地研究哲学。这个时期，他读了大量哲学著作，其中有黑格尔的自然哲学、亚里士多德的《论灵魂》、斯宾诺莎的《书信集》，以及莱布尼茨、休谟、康德和其他哲学家的著作。他还积极参加青年黑格尔派批判封建专制制度和反对宗教的斗争，写了一些批判老年黑格尔派的论文，探讨了哲学与现实斗争的关系等。

参加博士俱乐部的时候，马克思刚满20岁，是俱乐部中最年轻的成员。鲍威尔、科本都比马克思大十岁左右，而且已经是出名的理论家。但是，马克思"在这些人中很受尊敬"③。像他后来参加的任何团体一样，在博士俱乐部中，他很快就成为真正的思想领袖。科本说，马克思是"一座思想的仓库"，"制造厂"，或者按照柏林的说法，是"思想的巨人"。科本指出，鲍威尔这个时期写成的一些优秀的文章，是从马克思那里来的。他自己也受到了马克思深刻的思想影响。他毫不讳言地承认，同马克思在一起时，他是在马克思指导下考虑问题、进行写作的；只是同马克思分离后，他才"有了自己的、可以说是自己想出来的思想"。鲍威尔也认为，同马克思在一起，对他有着重大意义。他与马克思分离后，经常怀念过去相处的生活。1839年12月，他从波恩写信对马克思说："在这里我经常去娱乐场和特利尔旅馆的教授俱乐部。但是哪方面也没有咱们的俱乐部强，咱们的俱乐部以前总是充满着精神生活的乐趣，过去那种岁月是一去不复返了。"不久，他又写信对马克思说："我在这里饱享着愉快、欢乐等，可是像在柏林我同你即使只是漫步街头的情景再也没有了。""噢，玫瑰花还在那个地方，只有你到你的布·鲍威尔这儿

---

① 马克思：《黑格尔》，《马克思恩格斯全集》第40卷，第651页。
② 马克思：《论科本》（1848年9月1日），《马克思恩格斯全集》第27卷，第509页。
③ 恩格斯：《致李·西尔德布兰德》（1889年10月22日），《马克思恩格斯全集》第37卷，第285页。

来，它们才会对我重新开放。"①

但是，博士俱乐部不过是马克思偶尔参加的活动。他无论在思想上和才能上都远远超过这个团体的一切成员。不久，他与鲍威尔等人分道扬镳。

九 《博士论文》

1841年春，马克思经过9个学期的学习，读完全部大学课程，写成毕业论文《德谟克利特的自然哲学和伊壁鸠鲁的自然哲学的差别》，于3月30日毕业于柏林大学。

当时柏林大学被一些反动学者所把持。马克思不愿把论文提交柏林大学，不愿"跟那些精神的臭鼬，那些只是为了到处寻找新的死胡同而学习的家伙打交道"②。因此，他把论文寄给耶拿大学。耶拿大学哲学系主任巴赫曼教授对论文评价极高，认为它证明作者"兼备智慧聪敏的思想和渊博的知识"，授给他哲学博士学位。4月15日，马克思收到耶拿大学哲学博士证书。

《博士论文》是马克思青年时期理论研究的重要成果。这篇论文的准备工作于1839年初就已经开始。他原来计划写作一部关于古代希腊的伊壁鸠鲁哲学、斯多葛哲学和怀疑论哲学的巨著，《博士论文》是其中的一部分。

马克思研究古希腊哲学，不是为了远离现实斗争，恰恰相反，而是为了解决实际斗争中提出的问题。我们知道，伊壁鸠鲁哲学和怀疑论哲学，是古希腊奴隶制解体时期主要的哲学派别，曾经对当时的社会生活和政治斗争发生过重大影响，在一定程度上为基督教的产生做了思想准备。马克思研究这些哲学派别，首先是为了探讨哲学和现实的关系，研究哲学在改造社会中的作用；其次是为了透彻了解基督教产生的历史，以便对宗教进行更深入的批判；最后是为了发扬古希腊唯物主义思想家的战斗精神，把理论批判与现实斗争结合起来。

为了研究古希腊哲学，马克思以严肃认真的态度，进行了长期的工作。他收集了大量古代史料、古典文献、古代和现代作家的有关论著。例如，他读了亚里士多德、塞克斯都·恩披里柯、第欧根尼·拉尔修、欧瑟比等古代

---

① 布·鲍威尔：《致卡·马克思》（1840年4月初），转引自科尔纽《马克思恩格斯传》第1卷，第186页。

② 马克思：《致阿·卢格》（1842年3月20日），《马克思恩格斯全集》第27卷，第424页。

作家的著作，利用了辛普利修、约翰·斯托贝、约翰·菲洛朋的注释，研究了伽桑狄、斯宾诺莎、莱布尼茨、霍尔巴赫、谢林和黑格尔的有关论著。尽管这个问题以前研究的人不多，材料既不足又分散，但经过长期的收集、整理、研究，马克思还是取得了很大成就，"根据一些残篇阐述了整个体系"①。现在遗留下来的，除《博士论文》外，还有一份内容丰富的《伊壁鸠鲁派、斯多葛派和怀疑论派哲学史笔记》。

在《博士论文》中，马克思研究了德谟克利特和伊壁鸠鲁自然哲学的差别，对它们作了深刻的论述和评价。

德谟克利特（约公元前460—前370）是古希腊伟大的唯物主义者，"经验的自然科学家和希腊人中第一个百科全书式的学者"②。他认为自然界的变化是由本身的规律所支配，而不是由什么"神"的意志所决定。他说，一切事物的原始基础是原子和虚空。原子是永恒存在的、本质上相同的微小物体，虚空是某种场所。世界万物都由原子构成。原子在虚空中不断做直线降落和互相冲击的运动，在运动中互相结合，使自然界千变万化。这是一种朴素的唯物主义观点。但是，按照他的观点，事物的变化，都是由特定的原则所造成，都是必然的，没有任何偶然的因素。这是一种宿命论观点。

伊壁鸠鲁（公元前341—前270）是"最伟大的希腊启蒙思想家"③，他赞同德谟克利特的原子论，认为在虚空中不断运动着的原子是万物的基础，一切自然现象都可以用原子的各种结合来解释。但是他认为，原子不仅具有物质属性，而且具有精神本质。原子在虚空的运动，不仅有直线降落和互相冲击两种形式，还有脱离直线偏斜的形式。这种偏斜运动表明原子具有独立的性质，可以脱离必然性，自由地进行活动。他不同意德谟克利特的宿命论，认为自然规律的必然性决不意味着人们在自然面前无能为力。伊壁鸠鲁说：我们所以服从自然界，是为了实现必要的愿望，也是为了实现自然的愿望，只要它们不是有害的；如果它们是有害的，那就要严加制止。

马克思对古代哲学家的原子论中所包含的唯物主义思想作了肯定的评价。虽然从物理学上说，伊壁鸠鲁关于原子脱离直线的偏斜运动是没有根据的；但从哲学上说，它是有意义的。马克思说："……卢克莱修很正确地断言，偏

---

① 马克思：《致斐·拉萨尔》（1858年5月31日），《马克思恩格斯全集》第29卷，第540页。
② 马克思、恩格斯：《德意志意识形态》，《马克思恩格斯全集》第3卷，第136页。
③ 马克思：《博士论文》，《马克思恩格斯全集》第40卷，第242页。

斜运动打破了'命运的束缚'。"① 这个理论强调人们具有自由的意志和反抗命运的能力，在古代反对暴政统治和神灵崇拜中有着重大意义，而在当时则是反对封建专制统治和宗教的有力武器。

马克思也批判了伊壁鸠鲁哲学的错误。按照原子脱离直线进行偏斜运动的理论，伊壁鸠鲁强调个性的绝对自由，认为人们只有脱离世界，脱离集体，才能得到自由和幸福。对于伊壁鸠鲁及其信徒来说：他自己的声音压倒了天上的雷声轰鸣，使闪电黯然无光。

马克思指出，人们不能脱离世界、脱离周围环境而孤立存在；人们只有在社会中，通过相互作用，发生一定关系，才能得到自由。也就是说，只有在集体中，个人才能获得全面发展其才能的手段；只有在集体中，才能有个人的自由。

马克思说："哲学研究的首要基础是大胆的自由精神。"这种精神要求否定任何宗教迷信和教义束缚。宗教妨碍自由的研究，妨碍人们对真理的探求和认识。宗教宣传的东西，不是空洞的同义语反复，就是毫无根据的谬论。一切证明神灵存在的理由，都可以用来证明神灵并不存在，都可以用来驳斥一切关于神灵的概念。"要是你把你所信仰的神带到信仰另一些神的国家去，人们就会向你证明，你是受到幻想和抽象概念的支配。这是公正的。"②

在《博士论文》中，马克思援引卢克莱修的《物性论》，热烈赞扬伊壁鸠鲁反对宗教黑暗势力的无畏精神：

> 当大地满目悲凉，
> 人类在宗教的重压下备受煎熬，
> 而宗教则在天际昂然露出头来，
> 凶相毕露地威迫着人们的时候，
> 是一个希腊人首先敢于抬起凡人的目光
> 挺身而出，与之抗争。
> 任是神道，任是闪电，或者天空
> 吓人的雷霆都不能使他畏惧……
> ……

---

① 马克思：《博士论文》，《马克思恩格斯全集》第40卷，第213页。
② 同上书，第285页。

> 如今轮到宗教被我们踩在脚下,
> 而我们,我们则被胜利高举入云。①

马克思号召人们,像古希腊唯物主义者一样,坚决反对宗教迷信,把无神论贯彻到底。

从古代哲学对社会生活的影响中,马克思深刻地认识到,哲学与现实世界之间的关系,不是绝对对立,而是互相作用。哲学是现实世界的反映,又会变成改造世界的"实践的力量"。哲学与现实世界这种相互关系,并不是自发实现的,而是通过对立、冲突、斗争实现的。这种对立、冲突和斗争,又必然反映到哲学内部,产生对立的哲学派别。其中一个派别要批判现存世界,改变现存世界;另一个派别则要替现存世界辩护,用"哲学思考"来转移对现存世界的革命斗争。很显然,前一派是进步的;后一派是保守的,只有自由派这个概念的一派,能够带来真正的进步。

当然,马克思这时还不可能彻底解决哲学与现实斗争的关系问题。但是,仅仅提出这个问题,就是难能可贵的。

在写作《博士论文》过程中,马克思深入研究了黑格尔的辩证法,了解了辩证法的革命意义,强调指出:辩证法也是湍急的洪流,它把无数的和有限的事物击破,把独立的形式推翻,把一切都沉没于一个永恒的大海中。他从这一点出发,论证了革命对改造现实的作用。他在《博士论文》中"熟练地运用着辩证法,他的语言表现出那种为黑格尔所特有而他的学生们早已失去了的活力"②。

但是,马克思并没有被黑格尔唯心主义哲学体系所束缚。他根据自己的独立研究,在许多问题上与黑格尔发生分歧。例如,黑格尔对古代唯物主义者采取轻蔑的态度,指责德谟克利特是"坏的"唯心主义者,认为伊壁鸠鲁哲学"没有思想"、"武断和无聊"。同黑格尔哲学相反,马克思高度评价这些伟大的唯物主义者,认为他们的哲学"是理解希腊哲学的真正历史的钥匙"。马克思选择他们作为研究对象,并对他们大加赞扬,同黑格尔的态度形成鲜明对照。

《博士论文》表明马克思对黑格尔哲学有着精湛的研究,是"这位黑格尔

---

① 马克思:《博士论文》,《马克思恩格斯全集》第 40 卷,第 242 页。
② 梅林:《马克思传》,第 42 页。

的学生授给自己的毕业证书"①,但也表明马克思已经比黑格尔哲学和青年黑格尔派大大前进了。

马克思这个时期在科学、艺术、个人生活中全面地展示出来的精神活动,使我们清楚地看到,早在学生时代,他"就已经是一个了不起的人,他把自己的全部身心献给了争取真理的斗争。他表现出如饥似渴的求知欲,无穷无尽的精力,无情的自我批评精神和那种只要情感迷失方向就能压倒情感的战斗精神"②。这对于他后来所走的革命道路,有着重大的影响。

追求真理和坚持真理的道路是艰难的。这一点,青年马克思在研究古希腊哲学中已经十分深刻地意识到。但他并不畏缩和气馁,而是用大无畏的精神迎接未来的挑战。他说:"对于那些以为哲学在社会中的地位似乎已经恶化因而感到欢欣鼓舞的懦夫们,哲学再度以普罗米修斯对众神的侍者所说的话来回答他们:

你好好听着,我决不会用自己的痛苦
去换取奴隶的服役;
我宁肯被缚在崖石上,
也不愿作宙斯的忠顺奴仆。"③

十 走向社会

1841年4月中旬,马克思结束了大学生活,走向广阔的社会舞台,开始了新的生活。

那时,马克思刚刚23岁,还非常年轻,但在德国革命民主主义阵营中已享有很高声誉,人们对他非常尊重。

马克思的战友恩格斯,在马克思离开柏林后不久来到这个城市。虽然他们错过了见面的机会,但从人们的介绍和谈论中,恩格斯对马克思的革命品质、战斗精神和渊博学识,留下了深刻的印象。在《信仰的凯旋》中,他对这位未曾见面的战友作了这样的描述:

---

① 梅林:《马克思传》,第42页。
② 同上。
③ 马克思:《博士论文》,《马克思恩格斯全集》第40卷,第190页。

谁……风暴似的疾行？
是面色黝黑的特利尔之子，他有一颗暴烈的心。
他不是在走，不是在跑，而是风驰电掣地飞奔。
鹰隼般的眸子，大胆无畏地闪烁，
紧攥拳头的双手，愤怒地向上伸，
好像要把苍穹扯下埃尘。
不知疲倦的力士一样猛冲，
如似恶魔缠了身！

马克思不仅以"十足的奋不顾身的革命者"出名，而且以他的聪明才智和渊博学识给每一个接触过他的人留下了极其深刻的印象。当时著名的民主主义政论家莫泽斯·赫斯同马克思第一次见面后，立即写信对朋友说：马克思是一位非常了不起的人物，是"一位伟大的、也许是现在还活着的唯一真正的哲学家。不久他将公开露面（不论是在著作中，还是在讲台上），那时，他将引起德国的关注。不论就他的趋向来说，还是就他的哲学思想的形成来说，他不仅超过了施特劳斯，而且也超过了费尔巴哈。我所崇拜的马克思博士还是一个很年轻的人（大概不到 24 岁）。他将给中世纪的宗教和政治以最后的打击。他把最机敏的才智与最深刻的哲学严肃性结合起来。你想一想，卢梭、伏尔泰、霍尔巴赫、莱辛、海涅和黑格尔在一个人身上结合起来（我说的是结合，不是混合），这就是你将得到的关于马克思博士的概念"①。

---

① 莫·赫斯：《一位真正的哲学家》，《回忆马克思》，第 270—271 页。

第二章 以"批判的热情"反对封建专制制度

一 在舆论上揭露最伪善的封建专制君主——威廉四世

马克思说:"生活中往往会有这样的时机,它好像是表示过去一段时期结束的界标,但同时又明确地指出生活的新方向。"① 马克思从大学毕业走向社会,就是他生活道路上一个重要的界标,展示了他的生活的新方向。

马克思大学毕业时,普鲁士正处在国王威廉四世的反动统治时期。批判和反对威廉四世是民主革命运动的主要内容。

如前所述,19世纪上半期,德国是一个政治上四分五裂、经济上十分落后的国家。为了改变这种状况,德国人民进行了长期的斗争。19世纪30年代初,在法国七月革命的影响下,德国人民开展了声势浩大的政治运动,要求民主、自由和国家统一。运动很快被镇压下去,德国从此进入了一个黑暗的反动统治时期。正如恩格斯所说:"从1834年到1840年,德国的一切社会运动都沉寂下去了。1830年和1834年的活动家不是在狱中,就是亡命国外。"②

1840年春,普鲁士国王威廉三世逝世,他的儿子威廉四世继承王位。当时,资产阶级自由主义分子欢欣鼓舞,认为这是一个政治转机,严酷的专制统治即将过去,自由的时代就要来临。资产阶级通过自己的代言人,热烈要求出版自由和人民代议制,渴望参加对国家的统治。

---

① 马克思:《给父亲的信》([1837年]11月10—[11]日),《马克思恩格斯全集》第40卷,第8页。

② 恩格斯:《法国状况》,《马克思恩格斯全集》第2卷,第652页。

威廉四世是一位"最伪善、最狡猾"① 的封建专制君主。他登位初期摆出一副开明的姿态,但不久便"转向封建主义,最后建立起警察密探统治体制"②。他想扮演一切角色——封建的和官僚的、专制的和立宪的、独裁的和民主的角色。他不仅不打算进行任何政治改革,而且表示要维护和加强专制制度,并公开宣布:"请相信我这个国王的话,在我的时代,未经我事先许可,没有一个公爵,没有一个雇农,没有一个邦议会,没有一个犹太学校能够擅自取得现在根据法律或不根据法律属于王权的东西。"③

在威廉四世统治下,书报检查制度十分苛刻。那些敢于发表共和主义言论的大学教授受到暗探的监视,不少大学生由于发表政治讲演而遭到逮捕和起诉,甚至杜塞尔多夫一年一度的狂欢节公众化装舞会,也由于有一些政治色彩而遭到警察的禁止。

政府的迫害很快落到青年黑格尔派身上。威廉四世继位后,任命封建专制主义者艾希霍恩为文化大臣。老朽的哲学家谢林被聘请到柏林大学任教,担负批判黑格尔学说、反对青年黑格尔派的任务。哈雷大学学生因要求国王任命青年黑格尔派成员施特劳斯到该校任教而被申斥,青年黑格尔派成员鲁滕堡因为给自由主义报刊写稿而遭革职,卢格主编的《哈雷年鉴》等青年黑格尔派刊物被迫停刊,布鲁诺·鲍威尔由于写了批判福音书、反对基督教、宣传无神论的著作,遭到了反动政府和教会的敌视。1841年秋天,文化大臣艾希霍恩解除了鲍威尔波恩大学的教授职务,并动员一批反动文人和神学家来围攻他,一些大学也撕下"学术自由"的假面具,拒绝给他提供讲坛。

但是,威廉四世的专制统治和镇压措施并没有使人民屈服。相反,"它们把人民从政治上的昏睡状态中唤醒,使人民为此激愤,以致连这位'基督教国王'最老和最忠实的拥护者都开始为现行制度的稳固性担忧了。不满情绪到处都在增长,而且在莱茵省,在东普鲁士、波森、柏林和所有的大城市中,已经几乎成了普遍现象。人民决心首先要争得出版自由和宪法"④。

普鲁士的政治状况,对马克思的生活道路发生了重大影响。

本来,马克思打算大学毕业后,发表《博士论文》,在波恩大学担任副教授,与布·鲍威尔共同编辑《无神论文库》。为此,他进行了认真的准备,阅

---

① 马克思:《致阿·卢格》(1842年11月30日),《马克思恩格斯全集》第27卷,第435页。
② 恩格斯:《普鲁士局势》,《马克思恩格斯全集》第42卷,第194页。
③ 转引自科尔纽《马克思恩格斯传》第1卷,第179页。
④ 恩格斯:《普鲁士局势》,《马克思恩格斯全集》第42卷,第195页。

读和摘录了许多哲学论著，如特伦德伦堡的《逻辑研究》、亚里士多德的《论灵魂》、斯宾诺莎的《神学政治论文》和《通讯集》、休谟的《人生论》、罗生克兰茨的《康德哲学史》以及许多艺术史和宗教史作品。按照马克思当时的学识、才能和在学术界的影响，他担任副教授是不成问题的。鲍威尔预言，如果马克思在大学讲课，必然会"引起极大的轰动"。但由于政治形势发生变化，一些进步学者被迫离开大学，因此，马克思不得不放弃在大学执教的计划。他不愿意与波恩的那些思想僵化、政治反动的教授们在一起工作，甚至与他们离得太近都觉得难受。

于是，马克思就把"批判的热情"①转到舆论界，利用报刊做武器，对专制制度进行斗争。

二 第一篇政论文：《评普鲁士最近的书报检查令》

马克思在舆论上反对封建专制的斗争，是从反对普鲁士书报检查制度开始的。1842年1—2月，马克思写成了第一篇政论文章《评普鲁士最近的书报检查令》，尖锐地抨击了普鲁士政府刚刚颁布的书报检查令。

早在1819年，普鲁士政府就颁布过一个书报检查令，"给德意志精神的发展带来了不可弥补的惨重损失"②，遭到人民群众的强烈反对。为了缓和人民的反对情绪，造成自由的假象，政府又于1841年底颁布了一个新的书报检查令，虚伪地表示："坚决反对加于写作活动的各种无理的限制……承认公正而善意的政论是重要的而且必需的。"③政府企图通过这种欺诈手段，继续保持和进一步加强书报检查制度。

新的书报检查令公布后，确实在一部分知识分子中起了欺骗作用。有人错误地认为，这个法令有利于争取自由和进步的斗争，是走向出版自由的第一步。《莱茵报》在1842年1月发表的一篇文章中写道："新的书报检查令使我们充满了巨大的快乐，也充满了新的勇气和信心；虽然我们还没有获得出版自由，但是我们已经有了一个法令，这个法令如果得到正确理解和运用，

---

① 马克思：《致阿·卢格》（1842年2月10日），《马克思恩格斯全集》第27卷，第419页。
② 马克思：《第六届莱茵省议会的辩论（第一篇论文）》，《马克思恩格斯全集》第1卷，第45页。
③ 参阅马克思《评普鲁士最近的书报检查令》，《马克思恩格斯全集》第1卷，第3页。

就将对政治生活的发展起无限的促进作用。"①

马克思以自己特有的政治敏感和对事物的深刻洞察力，看穿了这个新书报检查令的虚伪性和欺骗性。他在《评普鲁士最近的书报检查令》中指出，新的书报检查令与旧的书报检查令没有根本的区别，它们都是代表封建贵族的意志和利益，以扼杀出版自由为目的的。

马克思指出，新检查令要求人们在探讨真理时必须严肃和谦逊。这是对出版物的严重束缚。因为，所谓严肃，就是不许人们用自己的风格去写作。但是，"风格就是人"，如果人们不能用自己的风格写作，还有什么自由呢？这种用行政命令的办法由上司给人们指定写作风格，即指定精神的表现方式的做法，只能造成出版界的死气沉沉和思想僵化。所谓谦逊，就是不许人们探讨、发现和阐明真理。因为，"真理像光一样，它很难谦逊"②。要求人们谦逊地探讨真理，实质上就是害怕真理，不许人们探讨真理，是"一种对付真理的预防剂"③。

由此可见，所谓严肃和谦逊，就是反动政府对人们探讨真理的"阻挠"，就是对作家的"无理的限制"。这是完全违反精神的自由的。马克思严正指出："你们赞美大自然悦人心目的千变万化和无穷无尽的丰富宝藏，你们并不要求玫瑰花和紫罗兰散发出同样的芳香，但你们为什么却要求世界上最丰富的东西——精神只能有一种存在形式呢？我是一个幽默家，可是法律却命令我用严肃的笔调。我是一个激情的人，可是法律却指定我用谦逊的风格。没有色彩就是这种自由唯一许可的色彩。每一滴露水在阳光的照耀下都闪耀着无穷无尽的色彩。但是精神的太阳，无论它照耀着多少个体，无论它照耀着什么事物，却只准产生一种色彩，就是官方的色彩！精神的最主要的表现形式是欢乐、光明，但你们却要使阴暗成为精神的唯一合法的表现形式；精神只准披着黑色的衣服，可是自然界却没有一枝黑色的花朵。"④ 这样的法令，是荒谬和反动的。

同旧法令比较起来，新书报检查令对写作活动增加了新的限制。这个法令以追求倾向作为主要标准和基本思想，要求检查官密切注意出版物的倾向，

---

① 转引自科尔纽《马克思恩格斯传》第1卷，第303页。
② 马克思：《评普鲁士最近的书报检查令》，《马克思恩格斯全集》第1卷，第6页。
③ 同上书，第7页。
④ 同上。

规定:"如果作品因热情、尖锐和傲慢而带有有害的倾向时,应禁止其发表。"① 这样一来,书报检查官就完全可以根据统治阶级的利益,以所谓"有害倾向"为罪名,对一切进步的、革命的出版物任意摧残。马克思深刻地揭露这种法律的反动性。他指出,反对倾向的法律,即没有规定客观标准的法律,乃是恐怖主义的法律,是对非法行为的公开认可。实行这种法律,"作家就成了最可怕的恐怖主义的牺牲品,遭到了怀疑的制裁"②。

新书报检查令是虚伪自由主义的杰作。它既要在表面上扩大出版自由,又要在实际上加强控制,因而不能不自相矛盾。马克思以无比锋利的笔调,尖锐地揭露了这个法令中矛盾百出和"头足调置"的条文。例如,法令禁止使用侮辱别人人格、毁坏别人名誉的词句,但它却允许检查官侮辱和毁坏作家的名誉;法令声明反对流言飞语,但它却允许检查官听流言飞语,并且根据流言飞语来判断每个作家的思想倾向;法令强调作家必须谦逊,但它本身的出发点却是骇人听闻的不谦逊,因为它"竟把个别官员说成是最了解旁人和无所不知的人,说成是哲学家、神学家、政治家,并把他们同德尔斐城的阿波罗相提并论"③。

马克思接着详细分析法令的主要条文,深入地揭露它的欺骗性和反动性。

例如,法令规定:"凡怀疑个别人的或者……整个阶级的思想方式的作品……不得发表。"④ 马克思指出,这一条剥夺了报刊对政府官员和国家各种制度进行任何监督的可能性。

法令规定,检查官应当采取措施,制止报刊登载所谓"内容贫乏和耸人听闻的新闻,或者……各种流言飞语和人身攻击的议论"。马克思指出,这一条使检查官拥有无上权力,可以为所欲为,"毫不踌躇地删去不合他的口味的东西"⑤。

法令规定,报刊编辑必须由那些具有"学术才能、地位与品性"的完美无缺的人担任。马克思指出,这一条剥夺了报刊出版人挑选编辑的权利。而且,这一条使社会地位成为编辑的决定性条件,因为学术才能和品性都是极不确定的东西,而社会地位却是极其确定的东西。有了这一条,政府就可以

---

① 马克思:《评普鲁士最近的书报检查令》,《马克思恩格斯全集》第1卷,第16页。
② 同上。
③ 同上书,第19页。
④ 同上书,第20页。
⑤ 同上书,第23页。

通过检查官挑选一些有社会地位的,也就是拥有土地、财产和特权的贵族及其代理人充当报刊编辑,使报刊在受到官方检查以前,先受编辑的检查。但是,马克思问道,既然政府拥有一批能够判断各种学术才能的人才——检查官,这些人必然具有更高的学术才能;那么,政府为什么不让这群人数众多、博学多才的官员去当作家,用他们的声势去压倒那些官方还没有承认其学术才能的作家呢?马克思讽刺地问道:让这些博学多才的人变成充满缺点的报刊的看守人是否值得?"使一种完善的东西沦为对付不完善的东西的工具,这样做是不是适当呢?"①

最后,马克思指出:普鲁士书报检查制度是扼杀一切进步出版物的一无是处的制度。这个制度不需要放宽或改变,而需要根本废除。他写道:"治疗书报检查制度的真正而根本的办法,就是废除书报检查制度。"② 在这里,马克思的评论实际上告诉人们,普鲁士的整个社会政治制度,正像书报检查制度一样,是反动腐朽的,它需要的不是局部的改善,而是根本的推翻。他把攻击的矛头对准了封建专制制度,表明自己是一个坚定的革命民主主义者。

马克思把这篇论文寄给了青年黑格尔分子、政论家阿尔诺德·卢格主编的《德国年鉴》,希望能够尽快刊印。但他也担心,这篇文章可能遭到书报检查机关的查禁而不能发表。事实果然如此。为了打破书报检查制度的束缚,卢格计划在瑞士出版《德国现代哲学和政论界轶文集》,选编一些在德国国内不能发表的政论文章。马克思完全赞同这个计划。他的《评普鲁士最近的书报检查令》,于1843年发表于这部论文集的第一卷上。

三 在《莱茵报》上发表的评论

马克思完成了第一篇政论文章后,立即把斗争阵地转移到刚刚创刊的《莱茵报》,通过这家报纸,继续进行反对普鲁士专制制度的斗争。

创刊于1842年元旦的《莱茵报》,编辑大权掌握在青年黑格尔派手中。当时,青年黑格尔派活动家代表资产阶级的利益,而且都是精明强干、笔锋锐利的人,因而得到资产阶级的信任,成为这份莱茵地区资产阶级机关报的编辑和主要撰稿人。

---

① 马克思:《评普鲁士最近的书报检查令》,《马克思恩格斯全集》第1卷,第25页。
② 同上书,第31页。

马克思非常重视《莱茵报》的编辑和出版工作，认为这是一个反对普鲁士专制制度、宣传革命民主主义观点的重要阵地。因此，他积极参加报纸的筹备和出版。创刊初期，经他推荐，青年黑格尔派成员鲁滕堡担任报纸主编。但在办报过程中，鲁滕堡表现出"毫无批判的能力，又缺乏独立性和才能"①，不能胜任主编工作。因此，从1842年8月底，马克思成了报纸实际的组织者和领导者；1842年10月15日正式担任主编。他具有极高的批判能力、鲜明的政治立场和编辑工作方面惊人的组织才能。他主持编辑部期间，报纸的"革命民主倾向表现得愈益浓厚"②，在社会上的影响迅速扩大。1842年8月报纸只有885个订户；同年11月订户增至1820个；1843年1月又增至3400个。这在当时是个很大的数目。报纸的影响不仅超出莱茵省，而且超出普鲁士。正如当时的《曼海姆晚报》所说："这家报纸的订户在德国和国外每天都在增加，进步和自由的朋友……有了一份保卫他们利益的机关报。"

马克思在《莱茵报》上发表了不少出色的文章，论述了当时最重要的政治问题和社会问题。其中评论第六届莱茵省议会活动的论文，占着主要地位。

莱茵省议会同普鲁士其他各省议会一样，是由王室设立的假民意机关，主要代表贵族和地主阶级的利益。1841年5—7月，第六届莱茵省议会在杜塞尔多夫召开，主要讨论出版自由、教会纠纷和所谓林木盗窃等问题。这些都是当时社会上普遍关心的重要问题。

马克思参加《莱茵报》工作后，立即对省议会的辩论情况进行评论。因为评论省议会的活动，能够深刻揭露普鲁士政府和议会的阶级实质，破除人们对议会的幻想，击中统治阶级的要害。为此，他根据省议会公布的记录，对出版自由、教会纠纷和所谓林木盗窃等问题，写了三篇评论文章。③ 这些

---

① 马克思：《致阿·卢格》（1842年11月30日），《马克思恩格斯全集》第27卷，第435页。
② 列宁：《卡尔·马克思》，《回忆马克思恩格斯》，第14页。
③ 马克思评论第六届莱茵省议会辩论的三篇文章，只发表了两篇。其中评论省议会关于教会纠纷的辩论一文，当时被检查官禁止发表，手稿也遗失了。所谓教会纠纷，系指普鲁士政府和天主教会关于不同宗教通婚所生子女信教问题所引起的冲突。1837年，科伦大主教因不服从普鲁士国王威廉三世的要求而被捕，冲突就此开始。威廉四世继位后，政府作了让步，冲突遂告结束。马克思的第二篇论文，就是评论莱茵省议会关于这一事件的辩论。论文的内容，马克思于1842年7月9日给卢格的信中曾作如下说明："我在这篇论文中指出了国家的拥护者怎样站在教会的立场上，而教会的拥护者又怎样站在国家的立场上。……同时您也难以想象，这些暴虐的家伙是何等的卑劣，他们在对付正统的糊涂虫时又是何等的愚蠢。可是事情却顺利地这样结束了：普鲁士在全世界面前亲吻教皇的鞋子，而我们的执政的奴才则走在大街上，脸都不红一下。"（马克思：《致阿·卢格》（1842年7月9日），《马克思恩格斯全集》第27卷，第429页。）

文章十分出色,构思广泛而深刻,文笔有力而生动,逻辑严密,论据充足,具有很强的说服力。

马克思在《莱茵报》上发表的第一篇论文,评论了省议会"关于出版社自由和公布等级会议纪录的辩论"。这篇文章与《评普鲁士最近的书报检查令》一样,都是为了捍卫出版自由、反对书报检查制度的。他在这篇文章中,已经把出版自由与各个等级的利益联系起来,从不同等级的态度来考察问题了。

马克思指出,在出版自由的问题上,参加辩论的不是个别的人,而是一定的等级代表;每个发言人对出版自由的态度,是由他们的等级利益所决定的;在省议会关于出版自由问题的辩论过程中,每个人都为自己的等级利益而斗争,因而,"某个集团的精神、一定等级的个体利益、先天的片面性都表现得极其强烈、凶狠,露出一副狰狞的面孔"①。

根据各个等级代表在莱茵省议会上的发言材料,马克思卓越地分析了诸侯、贵族、市民和农民代表对出版自由的不同态度。

诸侯等级坚决反对出版自由,热烈欢迎书报检查制度。他们认为,在有出版自由的国家,例如荷兰,出版物不仅"未能防止沉重的国债,并且在极大的程度上促使了革命的爆发";而在实行书报检查制度的普鲁士,"真实而高尚的精神发展"并没有受到限制。②这种荒谬的论调遭到马克思的痛斥。

马克思指出,出版自由并不是万能博士,不是包医百病、有求必应的医生;因此,要求出版自由来防止国债,这是毫无道理的。"这种要求正像一位大发雷霆的作家怪他的医生只是给他治好了病,却没有同时使他的作品不印错字一样。"③ 至于说荷兰的出版物促进了比利时的革命,这更不能成为反对出版自由的理由。比利时脱离荷兰,完全合乎历史情况和人民要求。自由出版物参加了这个革命,正说明它是人民革命的一部分。而在实行书报检查制度的德国,精神的发展遭受了不可弥补的惨重损失。"当时著作界中唯一还有生命跳动的领域——哲学思想领域,已不再说德国话,因为德意志的语言已

---

① 马克思:《第六届莱茵省议会的辩论(第一篇论文)》,《马克思恩格斯全集》第 1 卷,第 42 页。

② 参阅马克思《第六届莱茵省议会的辩论(第一篇论文)》,《马克思恩格斯全集》第 1 卷,第 46、43 页。

③ 同上书,第 48 页。

经不再是思想的语言了。"① 虽然这个时期德国也产生过一些优秀的著作,但这并不是书报检查制度的功劳,恰恰相反,它们是由于违背了这个制度才产生的。诸侯等级的代表援引这些情况来说明书报检查制度存在的必要性,真是荒唐可笑。马克思指出,法国革命时期最伟大的演说家米拉波虽然是在监狱里受教育的,但是,难道可以由此而认为监狱是培养演说家的高等学校吗?

贵族等级也坚决反对出版自由。他们认为,自由是"个别人物和个别等级的个体属性",因而,普遍自由是有害的。从这个观点出发,他们捏造出种种理由来反对出版自由。例如,他们说,人一生下来由于不完善不成熟而需要教育,自由出版物广泛传播坏的原则,进一步鼓励坏的思潮,从而造成道德败坏。

马克思逐点驳斥贵族等级的谬论。他首先指出,用所谓人类不完善作为反对出版自由的理由,是荒谬的。如果一种东西的不完善是反对另一种东西存在的理由,那么,人根本就没有生存的权利。因为不仅人本身是不完善的,而且世界上所有存在的事物都是不完善的,"我们的辩论人的议论是不完善的,政府是不完善的,省议会是不完善的,出版自由是不完善的,人类生存的一切活动范围都是不完善的……只要有任何一种活动范围由于这种不完善而不应当存在,那就是说,其中没有一种活动范围是有权存在的,就是说,人根本没有生存权利"②。

所谓出版自由会传播坏的思想和影响,败坏社会的道德,也是毫无根据的。马克思指出,不是自由的出版物传播坏的思想和影响,造成道德的败坏;恰恰相反,传播坏的思想和影响,败坏社会道德的,正是经过检查的出版物。因为这种出版物宣传伪善,欺骗自己和欺骗人民,而且要求人民拥护这种欺骗。它使整个民族的道德败坏,使人民"不是在政治上有时陷入迷信有时又什么都不信,就是完全离开国家生活,变成一群只管私人生活的人"③。

自由出版当然也有缺点,但它在自己的发展过程中能够自己克服,根本没有必要由检查制度来"预防"或"纠正"。检查制度不是一个对症下药的医生,而是残害人类精神发展的庸医。它"治疗一切病症都用那唯一的万能工具——刀子。……它是一个施行外科手术的唯美主义者;我身上的一切,只

---

① 马克思:《第六届莱茵省议会的辩论(第一篇论文)》,《马克思恩格斯全集》第1卷,第45页。
② 同上书,第61页。
③ 同上书,第78页。

要它不喜欢的它就认为都是多余的，它认为不顺眼的地方就都砍掉。它是一个江湖医生，为了不看见疹子，就使疹子憋在体内，至于疹子是否将伤害体内纤弱的器官，他是毫不在意的"①。

马克思接着分析城市等级即资产阶级的态度。城市等级中的一部分人，也反对出版自由。他们说，出版自由本来是很"美妙的东西"，可惜它被"坏人"参与了；因此，除了把它扼杀之外，没有其他可靠的办法。他们举例说，在法国由于存在出版自由，因而造成"事态的变动和对未来毫无信心"②。这是那些被人民群众要求自由的呼声吓破了胆，特别是对法国刚刚出现的无产阶级斗争感到恐惧的"资产者反对派"的态度。他们是典型的德国庸人，惯于用"琐碎的理由来解释伟大的事情"③。这些谬论的荒唐可笑是一目了然的。马克思甚至不屑于用较多的笔墨去批驳它，只用辛辣的笔调，给人们勾画出这些"城市反动派"的嘴脸。他讽刺地写道："宇宙科学发现地球是恒动的物体时，不少安闲的德国庸人曾紧紧抱住自己的睡帽，对祖国的永恒变动唉声叹气；而对未来的毫无信心，使他们对随时能倒立的房屋也发生憎恶。"④ 这就是城市反动派的写照。他们反对出版自由的理由，也与憎恶房屋的理由一样荒谬可笑。

资产阶级中的另一部分人赞成出版自由。他们从维护行业自由的角度出发，为出版自由作辩护。他们认为出版自由和行业自由，都是一般自由的不同种类，既然行业自由可以存在，为什么出版自由就不能存在呢？

马克思对这种论调作了精辟的分析。他指出，这种观点虽然"比德国自由主义派那种内容空洞、含糊其辞、模棱两可的议论来得高明"⑤，但是，把出版自由降低为行业自由，这是"在未保护之前先行扼杀的一种对出版自由的保护"⑥。因为所谓行业自由，不过是买卖的自由，追逐利润的自由。如果把出版自由降低为行业自由，把出版物当做挣钱的手段，这样的出版物，即使摆脱书报检查的束缚，也决不是自由的。他写道："作家当然必须挣钱才能

---

① 马克思：《第六届莱茵省议会的辩论（第一篇论文）》，《马克思恩格斯全集》第 1 卷，第 73 页。
② 同上书，第 81 页。
③ 同上书，第 82 页。
④ 同上书，第 81 页。
⑤ 同上书，第 84 页。
⑥ 同上书，第 86 页。

生活、写作，但是他决不应该为了挣钱而生活、写作。"① 因此，"出版的最主要的自由就在于不要成为一种行业"②。

上述几个等级的代表，虽然对出版自由持不同的态度：有的人反对出版自由，有的人充当出版自由辩护人的角色，但是他们只有倾向的不同，并没有什么本质的区别。他们之中，"一部分人以等级狭隘性反对出版物，另一部分人则以同样的狭隘性为出版物辩护"③。

在省议会中，只有少数几个农民等级的代表反映了人民的要求。他们主张"人类精神应当根据它固有的规律自由地发展，应当有权将自己取得的成就告诉别人"④。他们指出，德国人民对出版自由的要求，比任何国家的人民都更加殷切。马克思认为这是一种"英勇果敢的可贵观点"⑤。可惜这种观点在议会中非常孤立，从这里也可以反映出议会的阶级实质。

马克思也热情歌颂自由的出版物，认为自由出版物是人民精神的慧眼和英勇喉舌。他指出，虽然反动派对自由出版物横加摧残，但是，正如屠杀不能发现真理、拷问台上拉长脊骨不能使人丧失刚强一样，扼杀出版自由的书报检查制度既不能改变人们争取出版自由的决心，也不能阻止人类文化的发展。他庄严地号召作家为维护出版自由而斗争。他指出，作家不应该把作品当做达到个人目的的手段，而应该用自己的作品为革命服务。在必要的时候，作家应该勇敢地"为了作品的生存而牺牲自己个人的生存"⑥。

通过对出版自由问题的分析，马克思深刻揭露了省议会的实质。指出：出版自由的辩论，像一面镜子一样，反映了省议会并不是真正的人民代表机关，而是欺骗人民的"故意摆弄的幌子"。它根本不反映人民的意志，不代表人民的利益，因此，不应该对它存在任何幻想。

《第六届莱茵省议会的辩论（第一篇论文）》，表明马克思的观点已前进了一步。他不仅一般地反对普鲁士专制制度，而且已经看出这个制度的阶级实

---

① 马克思：《第六届莱茵省议会的辩论（第一篇论文）》，《马克思恩格斯全集》第 1 卷，第 87 页。
② 同上。
③ 同上书，第 92 页。
④ 转引自马克思《第六届莱茵省议会的辩论（第一篇论文）》，《马克思恩格斯全集》第 1 卷，第 94 页。
⑤ 马克思：《第六届莱茵省议会的辩论（第一篇论文）》，《马克思恩格斯全集》第 1 卷，第 93 页。
⑥ 同上书，第 87 页。

质，指出所有剥削阶级实质上都是出版自由的敌人。特别值得指出的是，他已经看出资产阶级所谓"出版自由"的虚伪性，认为资产阶级虽然主张出版自由，但它不过是以物质束缚代替精神束缚。实际上，像法国那样的资产阶级出版物，不是自由太多，而是自由太少。因此，真正的出版自由必须既摆脱精神束缚，又摆脱物质束缚。

马克思这篇论文写得非常出色，得到当时先进的德国人士的热烈赞扬。政论家卢格写道："对于出版自由，再不能有比这说得更深刻透彻的了。我们的报纸能够首先发表这样成熟、这样卓越、这样善于清除混乱思想的权威作品，确是可以自豪的。"

四 关于林木盗窃法的辩论

马克思的《第六届莱茵省议会的辩论（第三篇论文）》，评述了省议会关于林木盗窃法的辩论。这是一个"极其重要的真正的现实生活问题"①。在这篇文章和随后发表的《摩赛尔记者的辩护》等文章中，马克思公开捍卫政治上、社会上受压迫的贫苦群众的利益。

当时，德国正处在资本原始积累阶段。德国资本原始积累的主要形式之一，就是地主阶级对森林、草地和从前由农民公共使用的土地进行大规模掠夺。农民为了反对掠夺，便到处砍伐树木。1836年，在普鲁士邦所有20万件刑事案件中，与私伐林木、盗捕鱼鸟有关的就有15万件，即达3/4。

在第六届莱茵省议会中，对所谓"林木盗窃"问题进行了激烈的辩论。地主阶级和新兴资产阶级的代表，在省议会中坚决维护林木占有者的利益，要求对一切私伐林木的行为处以重刑，甚至要求把捡拾枯枝的行为也当做"盗窃"来惩治。

马克思利用省议会的辩论记录，揭露了林木占有者的贪图私利和省议会维护剥削者利益的阶级实质。指出，林木占有者的本性是："愚蠢庸俗、斤斤计较、贪图私利"。他们为了自己的利益，一方面，把斧头和锯子区分开来，要求对用锯子代替斧头砍伐林木者加重治罪；另一方面，又把捡拾枯枝和盗窃林木这两个根本不同的行为混为一谈，要求对捡拾枯枝的人也按"盗窃"

---

① 马克思：《第六届莱茵省议会的辩论（第三篇论文）》，《马克思恩格斯全集》第1卷，第135页。

论罪。他们为了幼树的权利而牺牲人的权利,为了枯死的树枝,不惜把许多无辜的贫苦群众"从活生生的道德之树上砍下来,把他们当作枯树抛入犯罪、耻辱和贫困的地狱"①。

马克思坚决捍卫"政治上和社会上备受压迫的贫苦群众的利益"②,反对剥夺群众使用公共树木的权利。他指出,许多世纪以来,贫苦群众都在利用自然界的产物,这是他们的习惯权利。这种习惯权利是完全合法的,它比法律更有力量。贫苦群众使用林木,就是这种习惯权利之一。因此,禁止贫苦群众使用林木,就是损害他们的习惯权利,也就是对他们赤裸裸的剥夺。他坚决要求保留贫苦群众的习惯权利,"但并不是限于某个地方的习惯权利,而是一切国家的穷人所固有的习惯权利"③。

通过分析"林木盗窃法的辩论",马克思指出,等级国家的法律,是为了剥削阶级的利益服务。在等级国家里,"法律不但承认他们的合法权利,甚至经常承认他们的不合理的欲求"④。等级国家不过是大私有者统治和掠夺人民的工具,私人利益就是国家机关的灵魂,一切国家机关都不过是大私有者的耳、目、手、足,为大私有者的利益探听、窥视、估价、守护、逮捕和奔波。⑤

等级议会也是保护私人利益的工具。马克思写道:"我们的全部叙述指出,省议会是怎样把行政当局、行政机构、被告的生命、国家的思想、罪行和惩罚降低到私人利益的物质手段的水平。"⑥ 省议会对待每个问题的态度,都是以剥削阶级的利益为转移的,它践踏了法律,袒护了特定的私人利益,并把私人利益作为最终目的。

一切剥削阶级都是自私的、虚伪的两面派。马克思通过分析地主、资产阶级的代表在省议会的发言,深刻揭露了他们两面派的嘴脸。马克思写道:"(从省议会的辩论中,)我们看到,自私自利用两种尺度和两种天平来评价人,它具有两种世界观和两副眼镜,一副把一切都染成黑色,另一幅把一切

---

① 马克思:《第六届莱茵省议会的辩论(第三篇论文)》,《马克思恩格斯全集》第1卷,第137页。
② 同上书,第141—142页。
③ 同上书,第142页。
④ 同上书,第144页。
⑤ 参阅马克思《第六届莱茵省议会的辩论(第三篇论文)》,《马克思恩格斯全集》第1卷,第160页。
⑥ 同上书,第176页。

都染成粉红色。当需要别人充当自己工具的牺牲品时,当问题是要粉饰自己的两面手法时,自私自利就戴上粉红色的眼镜,这样一来,它的工具和手段就呈现出一种非凡的色彩;它就用轻信而温柔的人所具有的那种渺茫、甜蜜的幻想来给自己和别人催眠。它脸上的每一条皱纹都闪耀着善良的微笑。它把自己敌人的手握得发痛,但这是出于信任。然而突然情况变了:现在已经是关于本身利益的问题……这时,精明而世故的自私自利便小心翼翼而疑虑重重地戴上深谋远虑的黑色眼镜,实际的眼镜。自私自利像老练的马贩子一样,把人们细细地从上到下打量一遍,并且认为别人也像它一样渺小、卑鄙和肮脏。"①

评论莱茵省议会关于林木盗窃法辩论情况的论文,虽然主要的不是从经济方面,而是从政治和法律方面揭露剥削阶级的本性,但是,在这篇文章中,马克思已经初步按照人们的经济地位来研究他们之间的相互关系,并且看出国家和法不过是大私有者的工具,公开表明自己站在备受压迫的贫苦人民一边。这就说明,他对社会的观察已前进了一步。

像其他论文一样,马克思这篇文章也得到德国先进人士的热烈赞扬。1843年2月28日,《曼海姆晚报》对这篇文章作了如下评论:"这篇长文的读者还都很清楚地记得,作者在钻入代表们的空论以后从内部加以摧毁时所表现的那种机敏和果断的智慧,那种真正令人敬佩的辩证法;具有这样的势如破竹的摧毁力的批判的智慧是不常见的。"

马克思担任《莱茵报》主编的第二天,就与一家反动报纸《奥格斯堡总汇报》在共产主义问题上展开论战。

在马克思担任主编前,《莱茵报》曾转载魏特林《年轻一代》上一篇关于柏林家庭私宅的短评,又曾在关于斯特拉斯堡社会学家会议的报道中加上如下一段按语:"……现在,一无所有的等级要求占有目前掌握法国大权的中等等级的一部分财产。现代的中等等级在免遭突然袭击方面比1789年的贵族优越得多,它应该相信,问题会通过和平的方式求得解决。"《奥格斯堡总汇报》在德国以至欧洲有一定影响,而它关于共产主义的攻击完全是无中生有,是对共产主义的歪曲,因此,马克思立即对它进行批驳。

马克思指出,共产主义是当前具有欧洲意义的重要问题。《奥格斯堡总汇

---

① 马克思:《第六届莱茵省议会的辩论(第三篇论文)》,《马克思恩格斯全集》第1卷,第156页。

报》鼓吹把共产主义放在君主政体的控制之下，这完全是异想天开。随着中等等级战胜封建贵族而成为社会的统治阶级，它也面临着享有特权的贵族在法国革命时的情况。那时中等等级要求享有贵族的特权，现在一无所有的等级要求占有中等等级的一部分财产，这是"曼彻斯特、巴黎和里昂大街上引人注目的事实"①。英国的宪章运动，法国1831年和1834年的工人起义，就是这种要求的反映。《奥格斯堡总汇报》企图以愤恨和沉默来推翻和规避眼前的事实，是根本办不到的。

但是，当时流行的共产主义，无论是圣西门、傅立叶、欧文及其弟子的空想社会主义，还是魏特林的平均共产主义，或者是蒲鲁东的理论，都不是科学的社会主义，都存在许多空想的、不科学的内容。例如，傅立叶竟宣告私有财产是一种特权。这个结论当然不能同意。因此，马克思明确指出："《莱茵报》甚至在理论上都不承认现有形式的共产主义思想的现实性，因此，就更不会期望在实际上去实现它，甚至都不认为这种实现是可能的事情。《莱茵报》彻底批判了这种思想。"②

马克思说，我们没有本事用一句空话来解决那些正在由英法等民族解决的问题。要解决这些问题，必须进行深入的研究。像勒鲁、孔西得朗的著作，尤其是蒲鲁东的著作，不能仅凭一时的想象做出肤浅的批判；要对它进行批判，必须进行不断的、深入的研究。后来马克思回顾这段历史时写道："当时他对共产主义理论的实际知识远远不够，不容许他对这些理论加以评论。"③

于是，马克思开始认真研读各种社会主义、共产主义理论，参加关于社会主义问题的讨论会，不久就获得了这方面的丰富知识。1845年初，他计划与恩格斯共同编辑出版一套《外国杰出的社会主义者文丛》。从保存下来的关于出版文丛的计划中可以看出，马克思那时已经熟悉包括圣西门、傅立叶、欧文、摩莱里、马布利、巴贝夫、邦纳罗蒂等许多社会主义理论家的著作。④

1843年初，马克思在《莱茵报》上连续发表《摩塞尔记者的辩护》，对封建社会制度和普鲁士官僚国家进行无情的批判，再一次捍卫贫苦农民的利益。

在此之前，《莱茵报》未加署名发表该报记者科布伦茨的通讯，叙述摩塞

---

① 马克思：《共产主义和〈奥格斯堡总汇报〉》，《马克思恩格斯全集》第1卷，第131页。
② 同上书，第133页。
③ 参阅马克思《政治经济学批判——序言》，《马克思恩格斯全集》第13卷，第8页。
④ 马克思：《外国杰出的社会主义者文丛》，《马克思恩格斯全集》第42卷，第272页。

尔河沿岸葡萄种植者的贫困处境,批评政府对他们不加任何帮助。莱茵省总督冯·莎培尔对这篇通讯十分不满,指责记者造谣中伤、诽谤政府和引起敌意。官方对《莱茵报》提出直接的挑战。作为《莱茵报》主编,马克思立即起而应战。1843年1月15—20日,《莱茵报》发表了他的重要论文:《摩塞尔记者的辩护》。

马克思指出:"在研究国家生活现象时,很容易走入歧途,即忽视各种关系的客观本性,而用当事人的意志来解释一切。但是存在着这样一些关系,这些关系决定私人和个别政权代表者的行动,而且就像呼吸一样地不以他们为转移。只要我们一开始就站在这种客观立场上,我们就不会忽此忽彼地去寻找善意或恶意,而会在初看起来似乎只有人在活动的地方看到客观关系的作用。"① 这就是说,摩塞尔河农民的贫困状况,既不是由自然原因造成,也不应该从个别官员的过失中找到解释;国家对摩塞尔河农民的贫困处境无动于衷,不加任何帮助,也不应该归罪于个别官员的恶意。这一切都是由"各种关系的客观本性",首先是由当时的封建生产关系和普鲁士专制制度所决定的。这样,马克思就把批判的矛头直接指向普鲁士的社会政治制度。

针对莱茵省总督莎培尔关于"歪曲事实、诽谤政府"的指责,马克思列举大量材料,说明摩塞尔河农民的贫困状况是无法否认的:"谁要是明白葡萄酒酿造者目前的悲惨境况已经在他们的家庭生活中、在他们的业务活动中,甚至在他们的精神状态上引起了怎样的(愈来愈厉害的)变化,那末,当他想到这种贫困状况将继续保持下去,甚至还会变本加厉时,他一定会大吃一惊。"② 但官员们不愿承认农民的贫困,认为这是夸大其词。当这贫困状况已尽人皆知的时候,则把过错推给农民,好像贫困和灾难是由他们自己造成的;在官僚们看来,农民的贫困与政府无关,不必进行帮助。这样,他们就充分暴露了自己的利益与农民利益相对立的真面目。

这篇文章是尖锐的。马克思对遭受压迫的贫苦农民十分同情,对傲慢的官僚进行严厉的鞭挞。当他亲自接触农民,深入了解了他们的贫困状况的时候,更坚决地摒弃了德国哲学那种喜欢幽静孤寂、闭关自守并醉心于淡漠的自我直观和玄妙的自我深化的风格。他说:"谁要是经常亲自听到周围居民因贫困压在头上而发出的粗鲁的呼声,他就容易失去美学家那种善于用最优美

---

① 马克思:《摩塞尔记者的辩护》,《马克思恩格斯全集》第1卷,第216页。
② 同上书,第221页。

最谦恭的方式来表述思想的技巧。他也许还会认为自己在政治上有义务暂时用迫于贫困的人民的语言来公开地说几句话,因为故乡的生活条件是不允许他忘记这种语言的。"① 作为人民的代言人,他的文章从内容到形式,都反映了人民的呼声。他的文章受到人民的欢迎,却吓坏了反动派。②

为了写作这篇文章,马克思收集和查阅了大量文献资料,到摩塞尔河沿岸农村进行实地调查。同以往其他文章比较起来,这篇文章更多地接触了经济问题。后来他一再说过,关于摩塞尔河农民状况的论战,是促使他从纯粹研究政治转而研究经济问题的重要原因。

五 查封《莱茵报》事件

马克思认为,报刊应该是人民日常思想和感情的表达者。它必须生活在人民之中,"真诚地和人民共患难、同甘苦、齐爱憎"③。他参加《莱茵报》的工作,尤其是担任该报主编以后,始终坚持这个办报原则。报纸有计划地发表一系列文章,揭露普鲁士专制制度对人民的剥削和压迫,引导人民群众关心国家的前途,为民主革命运动制造舆论,积蓄力量。

报纸是一个复杂的有机体。办报工作既需要坚定的立场,又需要高度的组织能力。马克思担任《莱茵报》主编时,把报纸的编辑工作组织得井井有条。每个编辑和记者,都是这个复杂有机体的一部分,都在这个人数众多的团体中担任一定的工作。比如说,在报道农民状况时,"一个人多描写些他和人民来往时人民的贫困状况所给他的直接印象;另一个人,譬如历史学家,就研究造成这种情况的历史;感情丰富的人就描写贫困状况本身;经济学家就研究消灭贫困所必须采取的办法……"④ 由于进行了严密的分工协作,报纸就能把各种材料集中起来,完整地报道事实的真相。

作为《莱茵报》主编,马克思努力发动各界进步人士为报纸写稿,支持报纸的工作。著名民主派诗人海尔维格就曾经在《莱茵报》上发表过许多作品,反对专制统治,歌颂光明和自由。

---

① 马克思:《摩塞尔记者的辩护》,《马克思恩格斯全集》第1卷,第210页。
② 关于《摩塞尔记者的辩护》,马克思原计划写五篇长文。但只发表了两篇,其余各篇被书报检查官禁止发表,手稿也没有保存下来。
③ 马克思:《〈莱比锡总汇报〉的查封》,《马克思恩格斯全集》第1卷,第187页。
④ 马克思:《摩塞尔记者的辩护》,《马克思恩格斯全集》第1卷,第211页。

马克思坚持由编辑部领导撰稿人，而不是由撰稿人领导编辑部。对于那些不符合编辑方针的文章，他毫不犹豫地加以淘汰。当时爱·梅林等"自由人"集团曾经给编辑部寄来大量稿件。这些稿件写得极其草率，调子唱得很高，内容空洞无物，他便不客气地把稿子退了回去。虽然为此引起一些熟人的不满，他也决不妥协。

在普鲁士这个没有警察局发的牌号连狗也不能生存的地方，要把《莱茵报》这样的政治机关报办下去，"需要最坚强的毅力"[①]。报纸从早到晚都要忍受最可怕的书报检查的折磨，对付总督的指控、省议会的责难和股东的埋怨。为了不给书报检查机关找到查封报纸的借口，不让暴力破坏自己的计划，马克思十分重视斗争策略，尽量避免在报上发表一些没有实际意义的"过激"言论。他认为，"正确的理论必须结合具体情况并根据现存条件加以阐明和发挥"[②]。他反对离开具体情况，不顾现存条件而大唱高调。为此，他一再警告"自由人"集团："宣布自己忠于解放事业是一回事，这是正大光明的；但事先就作为宣传而大嚷大叫，则是另外一回事，这就有点吹牛的味道，就会激怒庸人。"[③]他坚决表示，为了保障《莱茵报》的生存，不惜与几个柏林吹牛家决裂。

同书报检查官的斗争，耗费了马克思大量精力。政府为了对付《莱茵报》，对它实行严格检查。除了检查官以外，报纸每天付印前还要由行政区长官亲自审定。政府以为这样一来，《莱茵报》发表的文章就不至于超出官方允许的范围。但这不过是反动派的如意算盘。为了冲破书报检查制度的束缚，马克思施展了巧妙的斗争手腕，使那些不学无术的检查官束手无策。后来，马克思曾以愉快的心情回忆他当年捉弄检查官的情形。

普鲁士政府早已对《莱茵报》的革命民主倾向表示不满。1842年秋天，在当局强烈的要求下，《莱茵报》解除了鲁滕堡的编辑职务。但鲁滕堡既不是一位真正的革命者，也不是决定报纸方向的重要角色。只是由于普鲁士国王的极度昏庸，他才"有幸被认为是一个危险人物，尽管除了《莱茵报》和他本人以外，他对谁都不危险"[④]。不久当局看出，整个报纸的"灵魂"和"报

---

① 马克思：《致阿·卢格》（1842年7月9日），《马克思恩格斯全集》第27卷，第429页。

② 马克思：《致达·奥本海姆》（1842年8月25日左右），《马克思恩格斯全集》第27卷，第433页。

③ 马克思：《致阿·卢格》（1842年7月9日），《马克思恩格斯全集》第27卷，第430页。

④ 马克思：《致阿·卢格》（1842年11月30日），《马克思恩格斯全集》第27卷，第435页。

纸理论的活的源泉"是年轻的主编马克思。在马克思的主持下，报纸影响不断扩大，当局的不满也随之增长。

1842年10月20日，《莱茵报》刊载普鲁士政府秘密制定的《离婚法草案》，在人民群众中引起了强烈反响。许多报刊就此问题展开讨论，使政府的处境十分狼狈。《莱茵报》还发表马克思的专文，对离婚问题作了全面论述，指出：几乎任何离婚都是家庭的离散，对子女有着重大的影响，因而不能采取轻率的态度，不能听从夫妻的任性。但婚姻也是可以离异的，当这婚姻关系实际已经死亡时，离婚就是必然的。"离婚仅仅是对下面这一事实的确定：某一婚姻已经死亡，它的存在仅仅是一种外表和骗局。"① 对于政府的《离婚法草案》，马克思马上采取批判的态度，指出："（1）草案只是以简单的修正代替了改革，因而普鲁士法就被当作根本法保留了下来，这样便表现出非常显著的不彻底和不稳固；（2）立法不是把婚姻看作一种合乎伦理的制度，而是看作一种宗教的和教会的制度，因此，婚姻的世俗本质被忽略了；（3）草案所提出的程序缺点很多，而且是互相矛盾的各种因素的缀合；（4）应该承认，草案一方面存在着和婚姻概念相抵触的警政一样的严峻性，而另一方面，对所谓的公正的见解却又表现出过分的软弱；（5）整个草案的逻辑性很差，论点也不够明确，不够凿凿有力。"② 由于《莱茵报》公布了政府秘密制定的《离婚法草案》，又拒绝向政府提供草案投稿人姓名，并对草案作了批判，使政府十分恼火。

1843年1月初，《莱茵报》连续发表马克思的专文，指责政府查封《莱比锡总汇报》事件。马克思指出，《莱比锡总汇报》是由于讨论德国内部事务而被查封的，这就说明，在书报检查制度下，报刊不可能自由地讨论国家内部的问题，由此也"足以打破轻信者对行将来临的巨大让步所抱的各种洋洋自得的幻想"③。政府对《莱比锡总汇报》的责难，实际上是对一切真正的人民报刊的攻击。因此，查封《莱比锡总汇报》的做法，预示着人民报刊将不断遭受非难和摧残。为了保卫人民报刊存在的权利，就必须进行斗争。由于这篇文章用实际事例揭穿了书报检查令的骗局，反击了当局对人民报刊的迫害，又一次触怒了普鲁士反动政府。

---

① 马克思：《论离婚法草案》，《马克思恩格斯全集》第1卷，第184页。
② 同上书，第182页。
③ 马克思：《〈莱比锡总汇报〉的查封》，《马克思恩格斯全集》第1卷，第186页。

《莱茵报》发表的关于摩塞尔河地区农民状况的文章，特别是马克思的《摩塞尔记者的辩护》，深刻地批判了普鲁士的社会政治制度。这篇文章仅仅发表了两个部分，政府就已无法容忍。文章的其余部分：《摩塞尔河沿岸地区的毒疮》、《摩塞尔河沿岸地区的吸血鬼》、《有关改善这种状况的办法的建议》被禁止发表。《莱茵报》与政府的对立公开化了，政府容许《莱茵报》存在的时间已经屈指可数。

1843年1月19日，普鲁士内阁会议指责《莱茵报》是一家倾向极坏的报纸；认为它的"倾向显然是散布对教会和国家的现存秩序的仇恨，破坏它们，煽动不满情绪，恶意诽谤国家行政机关，侮辱友好国家"；决定从1843年4月1日起禁止该报出版。在停刊以前，对它实行双重检查，除原来的检查官外，政府还直接从柏林派来一名检查官。每天"报纸编好以后必须送到警察局去，让他们统统嗅一遍，只要警察的鼻子嗅出一点非基督教的、非普鲁士的东西——报纸就不能出版"[①]。

查封《莱茵报》的决定在莱茵省以至整个普鲁士引起强烈的反对。一些进步报刊正确指出，这个决定是对出版物讨论国家迫切的社会问题的最低限度权利的公然侵犯。几千人签名上书国王，要求撤销决定。摩塞尔河农民的请愿书写道："《莱茵报》确实写过关于我们的家园和我们的状况，关于我们的权利和我们的命运的真实情况"，表达了对曾经捍卫他们利益的《莱茵报》的感激心情。

面对反动政府的迫害，《莱茵报》的股东表现出德国资产阶级的软弱性。他们不去同反动派作斗争，却抱怨马克思的革命民主倾向，指责在马克思担任主编以后，才发生了报纸与政府的冲突，"引起了目前这场没有预料到的灾难"。他们以为只要把报纸的态度放温和些，就有可能换取政府撤销对报纸的"死刑判决"。

政府的迫害和股东的软弱，并没有使马克思感到惊奇。他对普鲁士政府和书报检查制度的反动性早有深刻认识，查封《莱茵报》进一步表明，在书报检查制度下，自由只是存在于幻想之中。查禁、封闭就是为了对付敢于自由发表意见的报刊的。他对德国资产阶级的软弱性也早已透彻了解。因此他决定退出《莱茵报》编辑部。1843年1月25日，他写信对卢格说："我从《莱茵报》被查封一事看到了政治觉悟的某些进步，因此我决定不干了。而

[①] 马克思：《致阿·卢格》(1843年1月25日)，《马克思恩格斯全集》第27卷，第438页。

且，在这种气氛下我也感到窒息。即使是为了自由，这种桎梏下的生活也是令人厌恶的，我讨厌这种小手小脚而不是大刀阔斧的做法。伪善、愚昧、赤裸裸的专横以及我们的曲意奉承、委曲求全、忍气吞声、谨小慎微使我感到厌倦。总之，政府把自由还给我了。"①

1843年3月17日，马克思发表声明："本人因现行书报检查制度的关系，自即日起，退出《莱茵报》编辑部。"②次日，《莱茵报》刊登了这个声明。同一天，检查官圣保尔向柏林报告："整个报纸的精神领导者马克思博士昨天终于离开了编辑部……我对这种情况感到十分高兴，因为现在我在这份报纸上所花费的时间还不到先前的四分之一。"

马克思在《莱茵报》工作虽然仅仅一年，其中担任主编仅仅五个月，但对他今后的生活和思想却发生了重要的影响。

在大学读书的时候，马克思只是研究哲学和历史，对经济学一无所知。报纸的编辑工作使他接触到德国现实生活的各个方面，了解到许多从书本上无法了解的实际情况，推动着他去研究以前没有研究过的问题。这个时期的实际工作，使他越来越深刻地认识到："人们奋斗所争取的一切，都同他们的利益有关。"③ 即使像出版自由这样的问题，表面上好像与物质利益的关系不大，实际上也是由物质利益所决定；如果不从物质利益关系的角度进行考察，就不能正确了解为什么不同等级的人对这个共同问题的态度竟然如此不同；至于林木"盗伐"和农民状况的问题，更是直接涉及人们的物质利益。正是为了解答这些问题，推动着他去研究经济学。后来恩格斯回忆道：他曾"不止一次地听到马克思说，正是他对林木盗窃和摩塞尔河地区农民处境的研究，推动他由纯政治转向研究经济关系，并从而走向社会主义"④。

六　从社会舞台退回书房

离开《莱茵报》，使马克思重新获得自由，从社会舞台退回书房，探讨他

---

①　马克思：《致阿·卢格》（1843年1月25日），《马克思恩格斯全集》第27卷，第439—440页。

②　马克思：《声明》（1843年3月17日），《马克思恩格斯全集》第1卷，第244页。

③　马克思：《第六届莱茵省议会的辩论（第一篇论文）》，《马克思恩格斯全集》第1卷，第82页。

④　恩格斯：《致理·费舍》（1895年4月15日），《马克思恩格斯全集》第39卷，第446页。

在办报过程中碰到的难题。

1843年5月中旬,马克思回到故乡特利尔。同年6月19日,他与燕妮在克罗茨纳赫结婚。他们两人已经订婚七年,现在多年的愿望实现了。从此以后,他们在反对旧世界的斗争中共患难,同辛劳。他们的爱情,成了革命伴侣最光辉的典范。正如他们的幼女爱琳娜所说:在整整一生中"无论是在幸福和不幸福的时刻,这对毕生相亲相爱的伴侣都患难相依,忠贞不渝,直到生命完结,甚至死后他俩也没有分离"①。

在特利尔和克罗茨纳赫,马克思大约住了半年,利用这段时间进行了广泛的研究工作,以极大的兴趣研究费尔巴哈哲学。

路德维希·费尔巴哈是伟大的唯物主义哲学家,德国古典哲学的杰出代表。他于1841年发表主要著作《基督教的本质》,以唯物主义观点解释了精神与物质的关系,批判了关于上帝创造世界的谬论。1843年3月,他发表了另一部主要著作《关于哲学改革的临时纲要》,批判黑格尔唯心主义哲学,进一步阐述自己的唯物主义观点。费尔巴哈指出,在黑格尔看来,思维就是存在,思维是主体,存在是宾词,但这是不对的;"思维与存在的真正关系是这样的:存在是主体,思维是宾词。思维是从存在而来的,然而存在并不来自思维"②。因此,只要把唯心主义的"思辨哲学颠倒过来,就能得到毫无掩饰的、纯粹的、显明的真理"③。

马克思认真研读了费尔巴哈的著作,赞成他的唯物主义观点,认为他的《未来哲学》等著作"超过了目前德国的全部著作"④。在马克思从唯心主义转向唯物主义的过程中,费尔巴哈的著作对他有着重大影响。恩格斯曾经说过,费尔巴哈的《基督教的本质》,对当时的知识界起着思想解放的作用,"那时大家都很兴奋:我们一时都成为费尔巴哈派了"⑤。但马克思对费尔巴哈的观点并不完全同意。1842年3月,他写信告诉卢格,在宗教问题上,他"同费尔巴哈有些争论"⑥。1843年3月,他读了《关于哲学改革的临时纲要》

---

① 爱琳娜:《关于青年马克思的一封信》,《回忆马克思》,第215页。
② 路·费尔巴哈:《关于哲学改造的临时纲要》,《费尔巴哈哲学著作选集》上卷,第115页。
③ 同上书,第102页。
④ 马克思:《致路·费尔巴哈》(1844年8月11日),《马克思恩格斯全集》第27卷,第450页。
⑤ 恩格斯:《路德维希·费尔巴哈和德国古典哲学的终结》,《马克思恩格斯选集》第4卷,第218页。
⑥ 马克思:《致阿·卢格》(1842年3月20日),《马克思恩格斯全集》第27卷,第424页。

之后，又写信对卢格说："费尔巴哈的警句只有一点不能使我满意，这就是：他过多地强调自然而过少地强调政治。然而这一联盟是现代哲学能够借以成为真理的唯一联盟。"① 后来在《德意志意识形态》中，马克思对费尔巴哈作了深刻的批判。

尽管马克思并不完全同意费尔巴哈的观点，但费尔巴哈把黑格尔唯心主义哲学"颠倒过来"的思想，却给他很大的启发。于是，他决定对黑格尔的法哲学进行批判性的研究。

还在《莱茵报》工作时期，马克思已经越来越深刻地认识到，黑格尔把君主立宪制吹捧为"最完美的国家形式"是错误的。因此他决定写一篇文章批判黑格尔，"主要内容是同君主立宪制作斗争"②。这篇文章没有保存下来。1843年，他在特利尔和克罗茨纳赫继续进行这一研究，写成《黑格尔法哲学批判》。这部著作在马克思生前没有发表，直至1927年才第一次公之于世。

《黑格尔法哲学批判》是马克思从唯心主义转向唯物主义过程中的一部重要著作。在批判黑格尔哲学的同时，马克思阐述了一系列基本上是唯物主义的原理。

我们知道，黑格尔认为国家决定着市民社会，而不是市民社会决定着国家。他"把家庭和市民社会看做国家的概念领域，即把它们看做国家的有限性的领域，看做国家的有限性"。马克思把这种头足倒置的观点颠倒过来，指出："实际上，家庭和市民社会是国家的前提，它们才是真正的活动者。"③这样，马克思确立了以社会生产关系作为国家现实基础的观点。这个观点具有重大意义。恩格斯说："马克思从黑格尔的法哲学出发，得出这样一种见解：要获得理解人类私事发展过程的锁钥，不应当到被黑格尔描绘成'大厦之顶'的国家中去寻找，而应当到黑格尔所那样蔑视的'市民社会'中去寻找。"④

按照黑格尔的观点，国家政权统治着私有财产，使私有财产服从自己和整体的普遍利益。这又是头足倒置。马克思说：私有财产是国家政治制度的保障，国家制度在这里成了私有财产的国家制度。这就是说，私有财产是规

---

① 马克思：《致阿·卢格》（1843年3月13日），《马克思恩格斯全集》第27卷，第442—443页。
② 马克思：《致阿·卢格》（1842年3月5日），《马克思恩格斯全集》第27卷，第421页。
③ 马克思：《黑格尔法哲学批判》，《马克思恩格斯全集》第1卷，第250—251页。
④ 恩格斯：《卡尔·马克思》，《马克思恩格斯全集》第16卷，第409页。

定者，国家制度是被规定者。只有从私有财产关系中，才能了解现代国家的本质。

黑格尔把君主立宪制作为理想的国家制度，认为君主的主权体现了人民的主权。马克思反对这种观点。他说，人民的主权与君主的主权是根本不同的，"不是君主的主权，就是人民的主权——问题就在这里"①。凡是君主拥有主权的地方，人民就没有主权。这种人民没有主权的君主制，不符合国家的概念，"君主制则只是国家制度的一种，并且是不好的一种"②。只有人民拥有主权的国家，即民主制国家，才符合国家的概念，是国家发展的理想的最终目的。在民主制中，人民是国家的主人，国家不再与人民相对立，而成为"人民的特殊存在形式"③。马克思在这里提出的民主制，与资产阶级民主制根本不同。这是真正的民主制，是对资产阶级虚假的民主制的否定。

黑格尔不仅美化君主立宪制，而且赞同官僚国家体制。与此相反，马克思对官僚制作了严肃的批判。他认为，官僚制的基础是社会上分裂为利益不同的同业公会。社会上创造了同业公会的那种精神，即由于财产私有和利益不同而互相对立的精神，在国家中创立了官僚制度。在官僚制度下，国家政权成为一部分人反对另一部分人的工具。官僚政治是一个谁也跳不出的圈子。这里各个等级互相依赖，每个人都在一定等级中占据一个位置，"上层在各种细小问题的知识方面依靠下层，下层则在有关普遍物理解方面信赖上层，结果彼此都使对方陷入迷途"④。

在批判黑格尔法哲学的过程中，马克思深入地考察了黑格尔法哲学的唯心主义基础，认为用唯心主义方法研究问题，"不是从对象中发展自己的思想，而是按照做完了自己的事情并且是在抽象的逻辑领域中做完了自己的事情的思维的样式来制造自己的对象"⑤是错误的。他认为，研究任何问题，不应从抽象的概念出发，而必须从实际出发，分析具体的、实际的材料，从中作出科学的结论。为此，他在写作《黑格尔法哲学批判》手稿的同时，研读了大量的历史著作。

---

① 马克思：《黑格尔法哲学批判》，《马克思恩格斯全集》第1卷，第279页。
② 同上书，第280页。
③ 同上书，第282页。
④ 同上书，第302页。
⑤ 同上书，第259页。

现在保留下来的五本《克罗茨纳赫笔记》，大约写于1843年6—8月。笔记大量摘录了意大利思想家马基雅弗利、法国启蒙学者孟德斯鸠和卢梭、德国历史学家瓦克斯穆特等的著作，并根据材料的形式进行分类。从《一般国家》、《官僚政治，官吏的本质》、《市民社会》、《财产及其后果》等分类目录中，可以看到他对历史著作的研究与他对黑格尔法哲学的批判和唯物主义观点的形成有着密切的关系。摘录中特别着重收集政治对所有制的依赖关系和法国资产阶级革命史的材料，前者以具体的历史事实说明所有制关系对社会阶级结构和政治机构的决定作用，后者表明了资产阶级革命的局限性。这对于马克思唯物主义和共产主义观点的形成，有着重大的影响。但他从革命民主主义到共产主义的转变，是此后不久在巴黎完成的。

七　奔向新世界的新首府

1843年10月底，马克思和夫人燕妮，从克洛茨纳赫来到法国首都巴黎。马克思决定离开祖国并不是偶然的，自从参加《莱茵报》工作以来，他已看透普鲁士政府的反动本质，深深感到在那里不可能进行任何积聚革命力量、宣传革命理论的工作。《莱茵报》被查封后，他就决定离开祖国，为革命力量寻找一个新的集合地点。1843年3月，他在给卢格的信中写道："德国已深深地陷入泥坑，而且一天天的越陷越深。"[①] 同年9月，他又对卢格说："……这里的空气会把人变成奴隶，我在德国根本看不到一点可以自由活动的余地"，"在德国一切都受到了强力的压制，真正的思想混乱的时代来到了，极端愚蠢笼罩了一切……所以事情越来越明显：必须为真正独立思考的人们寻找一个新的集合点。"[②]

当时，法国首都巴黎是一个比较理想的新集合地点。巴黎有着光荣的革命传统，自18世纪法国资产阶级革命以来，巴黎一直是革命运动的中心。1830年，以巴黎为中心的七月革命粉碎了法国封建势力的复辟阴谋，沉重地打击了欧洲封建势力的国际组织神圣同盟，推动了欧洲其他国家的资产阶级革命运动和自由主义运动的发展。同时，巴黎是无产阶级和资产阶级激烈斗争的地方，因而也是研究和吸取法国人民政治斗争的经验、训练革命队伍的

---

① 马克思：《致阿·卢格》（1843年3月），《马克思恩格斯全集》第27卷，第407页。
② 同上书，第415页。

理想城市。

　　巴黎还是当时流行的各种社会主义和共产主义理论的策源地。这里有着丰富的社会主义理论文献和大量的社会主义出版物，聚集着许多社会主义学派的活动家。布朗基、卡贝、蒲鲁东等人，都曾经在这里从事著作和活动。因此，在这里研究社会主义理论，具备许多有利的条件。

　　另一个不可忽视的事实是，巴黎是德国政治流亡者集中的地方，当时住着8.5万德国人。他们和德国各地有着广泛的联系。因此，在这里可以有效地积聚一直反对德国专制制度的革命力量，并通过他们把革命的影响扩展到德国。

　　马克思充分考虑了上述有利条件，因而决定不顾一切艰难险阻到巴黎去。他在1843年秋天写信对卢格说："到巴黎去吧，到这个古老的哲学大学……和新世界的新首府去吧！必须做的事情一定可以做到。所以我毫不怀疑，一切困难都能克服，困难之大我是完全知道的。"①

　　马克思到巴黎后不久，就与德法两国工人群众和工人组织建立了联系，开始走上与工人运动相结合的道路。

　　19世纪三四十年代，法国经历了产业革命，工业迅速发展。巴黎是法国主要工业中心。与德国不同，这里已经出现了一支人数众多的现代工人队伍，工人阶级反对资产阶级的革命斗争日益激烈。1835年，巴黎出现了一些以工人和手工业者为主的秘密革命团体，其中主要的有布朗基的"家族社"和"四季社"。1839年5月，四季社在巴黎举行武装起义，这次起义虽然由于没有依靠广大人民群众而失败，但是40年代初期，巴黎工人仍然怀有强烈的革命情绪。他们阅读和热烈讨论一些有关革命的书籍，企图从那里找到进行革命的启示。

　　在《莱茵报》工作时，马克思开始注意工人阶级的斗争。他在与《奥格斯堡总汇报》的论战中指出，英法两国工人阶级的斗争，已经成为不容忽视的事实。离开《莱茵报》后，他认识到只有社会主义革命才能使人类真正获得解放。但是，当时他还不知道应该依靠哪个阶级来进行社会主义革命。

　　来到巴黎后，马克思投身于工人阶级火热的斗争中。为了了解工人阶级斗争的情况，他和他的夫人深入到工人群众中去。他们经常到工人家庭进行访问，和普通工人交朋友。有许多夜晚，马克思在工人住宅里，或者在工人

---

① 马克思：《致阿·卢格》（1843年9月），《马克思恩格斯全集》第27卷，第415页。

们聚集的小酒店中，与他们促膝谈心。工人们把他当做自己的知心人，向他叙述了自己所受的剥削和压迫，以及资产阶级的贪婪残酷和资本主义制度的罪恶；他们也向他讲到自己的斗争和斗争失败后的困难处境，以及自己对共产主义的向往和自己想象中的新世界的图案；他们还向他表达了斗争的决心和对革命理论的渴望。

马克思还经常参加德法两国工人的集会和工人秘密团体的活动。这个时候，德国流亡者在巴黎的秘密组织"正义者同盟"已经引起他的注意。他与同盟建立了联系，并且"经常同那里的同盟领导人以及法国大多数工人秘密团体的领导人保持私人交往"①。但是，他当时"没有加入其中任何一个团体"②。因为所有这些团体都不是建立在科学的革命理论的基础上的，他们有的以圣西门、傅立叶的空想社会主义学说为基础，有的信奉魏特林的平均共产主义，有的崇拜布朗基的密谋暴动学说。这些团体几乎都保存着宗派主义的、密谋活动的组织形式。马克思对他们的理论观点、组织原则和活动方式并不赞成。这就是他不愿加入其中任何一个团体的原因。但马克思积极与他们保持联系。在他看来，空想的、平均的共产主义对工人团体的影响，不过是暂时的现象，它反映了工人运动还不成熟。因此，与这些团体保持联系，不仅可以从它们那里吸取工人运动的经验教训，而且可以用科学的革命理论影响它们的成员，使他们逐步放弃空想观点，走上真正革命的道路。

同工人阶级直接联系和参加工人的活动，对于马克思从一个革命民主主义者转变为共产主义者发生了重大作用。在资本主义制度下，工人阶级受到残酷剥削，过着贫困的生活。与工人阶级直接联系，参加工人运动，他已经明确认识到，在资本主义制度下，无论是法国、英国还是德国，工人阶级的贫困是必然的，"工人的贫困不是个别的现象，而是普遍的现象"③。这种贫困现象，"既在时间上周期性地重复着，又在空间上广泛地扩展着，而且根本无法消除"④。

工人阶级和中世纪的无产者根本不同，它是与大生产相联系的，现代社会化大生产锻炼了工人阶级。与工人阶级直接联系，参加工人运动，使马克

---

① 马克思：《福格特先生》，《马克思恩格斯全集》第14卷，第464页。
② 同上。
③ 马克思：《评"普鲁士人"的〈普鲁士国王和社会改革〉一文》，《马克思恩格斯全集》第1卷，第472页。
④ 同上书，第474页。

思深刻了解了工人阶级的优秀品质。1844年，马克思在《经济学哲学手稿》中谈到法国工人时，激动地写道："从他们口中所说出的人类友谊不是空话，而是真理。"同年底，马克思在《神圣家庭》一书中，再一次热烈赞扬工人阶级的高尚性，"就必须知道英法两国工人对科学的向往、对知识的渴望、他们的道德力量和他们对自己发展的不倦的要求"①。

工人阶级具有彻底的革命性。与工人阶级直接联系，参加工人运动，使马克思了解到无产阶级的伟大创造力量，认识了无产阶级作为资本主义制度的掘墓人和新社会制度的创造者的伟大历史作用。在这里，他找到了领导社会主义革命的阶级力量——无产阶级。他在巴黎写成的《黑格尔法哲学批判导言》一文中，明确指出了无产阶级是人类解放即社会主义革命的领导者。他写道：人类解放的头脑是哲学，"它的心脏是无产阶级"②。

由此可见，与工人阶级直接联系，参加工人阶级的活动，是马克思从革命民主主义者转到共产主义者的决定性的一步。如果说，他在《莱茵报》工作期间还处在从革命民主主义者到共产主义者的转变阶段的话，那么，当他于1844年初在《德法年鉴》上发表文章的时候，就已经是一个革命的共产主义者了。

马克思在巴黎期间，积极参加各种社会活动。德国和其他国家的民主主义者、社会主义者熟悉马克思在《莱茵报》的斗争，把他看做德国革命民主阵营的杰出人物，对他非常尊敬。流亡在巴黎的德国革命者艾韦贝说："卡尔·马克思具有非凡的才智、钢铁般的性格和敏锐坚定的头脑，而且学问十分渊博，他埋头于经济、政治、法律和社会问题的研究。"当时与马克思来往比较密切的有海尔维格和海涅等人。

乔治·海尔维格（1817—1875）是德国革命民主派诗人。1841年，他发表了革命诗集《生者的诗》，受到德国进步人士的热烈欢迎。1842年发表了著名的《党之歌》，反对诗歌超越党派、脱离政治的主张，提倡诗歌为政治服务：

　　党啊！党啊！谁能不要党，
　　它是一切胜利的源泉。

---

① 马克思、恩格斯：《神圣家族》，《马克思恩格斯全集》第2卷，第107页。
② 马克思：《黑格尔法哲学批判导言》，《马克思恩格斯全集》第1卷，第467页。

诗人怎能摒弃这个，
产生一切美景的字眼？

要坦率的像个男子：你赞成还是反对？
它的口号是：你选择奴隶还是自由？
即使神灵从天空下降，
也要在党的尖顶上战斗。

早在1842年，马克思就与海尔维格认识。他赞赏海尔维格的《党之歌》中反对诗歌脱离政治、脱离党派的主张。他在同年7月发表的《第179号〈科伦日报〉社论》中写道："没有党派就没有发展，没有区分便没有进步。"① 在巴黎期间，马克思和海尔维格来往比较密切，有一个时期曾经住在一起。马克思把他看做一个有才能的革命诗人。海尔维格对马克思也非常尊敬。但是他们的友谊并没有保持长久。1848年法国二月革命后，海尔维格企图从巴黎组织志愿军开赴德国。这个"以革命为儿戏"的冒险计划遭到马克思的反对，他们的友谊也从此结束。

伟大的德国革命诗人亨利希·海涅（1797—1856）是马克思在巴黎的亲密朋友。从20年代开始，海涅就用诗做武器，向德国封建制度进行猛烈的攻击。40年代初，海涅的革命思想进一步发展，并逐渐接近工人群众，同情工人的斗争，希望有一个"最进步的思想家、最伟大的哲学家"作为工人阶级的领袖。

在《德法年鉴》上，海涅发表了《国王路德维希的颂歌》，从此开始了他与马克思的友谊。在马克思的影响下，他对社会的认识更加深刻，革命立场更加坚定，创作的诗篇具有更高的政治气息。在这个时期出版的政治诗集《时代的诗》里，诗人愤怒地控诉了德国统治者的专制和野蛮，无情地鞭挞那些对统治者奴颜婢膝的德国庸人，尖锐地揭露和嘲笑封建神秘主义和各种宗教骗局。在《等着吧》一诗中，诗人预言革命即将来临，并向反动派进行公开挑战。正是在同马克思密切交往的1844年，诗人写出了不朽的诗篇《德国——一个冬天的童话》。在这篇作品里，诗人不仅反对封建主义的专制统治，而且反对资本主义的原则，还表达了自己对人类美好未来的向往，号召

---

① 马克思：《第179号〈科伦日报〉社论》，《马克思恩格斯全集》第14卷，第129页。

人们去实现美好的理想：

> 新的歌，更好的歌，
> 啊，朋友，让我替你们制作——
> 我们要在地上，建筑起天国。
>
> 我们要在地上得到幸福，
> 再不愿老是饥肠辘辘，
> 再不愿把勤劳的两手得到的东西，
> 拿去饱那吃闲饭的肚腹。
>
> 为着一切的人们，
> 这地上有足够的面包产生。
> 玫瑰花呀，常春树呀，美呀，乐呀，
> 甜豌豆呀，也能同样滋生。

在长诗的最后，诗人满怀信心，以无比的激情，欢呼一个新世纪的诞生：

> 一个新时代在生长，
> 全没有粉饰和罪恶，
> 它带来了自由思想、自由空气，
> 我要向它宣告一切。

马克思和燕妮都非常喜爱海涅这些革命的优美的诗篇，那时海涅差不多每天都要去拜访马克思夫妇，在他们家里共同度过了许多令人兴奋的时光。有时海涅兴高采烈地向自己的朋友朗诵新的作品，马克思夫妇非常热情和认真地帮助他修改。往往为了推敲一首小诗，要花上好几个钟头。有时诗人因遭到反动报刊的恶意攻击而心情不好，在这种情况下，马克思夫妇总是会耐心地安慰他，使他重新振作精神。在相处的过程中，他们建立了非常亲密的友谊。用海涅的话来说，他们"只需要些微暗示便能互相了解"。1845年初，马克思离开巴黎时，对海涅依依不舍。他在给海涅的信中写道："在我要离别的人们中间，同海涅离别对我来说是最难受的。我很想把您一起带走。"① 他们的友谊一直继续了许多年。虽然海涅在政治思想上从未达到共产主义的境界,但他对马克思的友谊始终不渝。他曾经写了下面的评论表达自己对马克思等共产主义领袖的敬意:"德国共产主义者的比较隐蔽的领袖大都是大逻辑学家,其中最有力的人物都出身于黑格尔学派。这些革命大师和他们那些坚决到不留情面的学生是德国仅有的一些有生气的人物,我看未来恐怕是属于他们的。"

除了与德国民主主义者往来之外,马克思还与法国和其他国家的民主主义者、社会主义者广泛接触,就许多政治和理论问题交换意见。例如,马克思曾经会见俄国政治活动家巴枯宁、波特金、托尔斯泰,法国民主主义者和社会主义者勒鲁、勃朗等人。1844年7月,马克思结识了著名的小资产阶级思想家蒲鲁东,费了许多时间向蒲鲁东解释黑格尔哲学。但马克思和上述这些人都未能建立起亲密的友谊,因为他们所主张和宣传的理论,与马克思正在形成的共产主义理论是格格不入的。这个时期所有接触过马克思的人,都对他的革命品质和渊博学识有着深刻的印象。巴枯宁后来成了马克思的敌人,但他在1871年也不得不承认:"马克思是一个不平常的人物。这是一位杰出的思想家,一个非常有学问的人,特别是在经济问题方面,而且这个人,从我在1844年同他在巴黎最初相识时起,据我所知,就一直真诚地、全心全意地和毫无保留地献身于无产阶级的解放事业。"

八 创办一种主张彻底改造社会的定期刊物
——《德法年鉴》

马克思来到巴黎的主要目的之一,是出版"一种主张彻底改造社会的定期刊物"②,由他与卢格共同主编。

卢格曾经主编过青年黑格尔派的文艺、哲学刊物《德国科学和艺术年鉴》(简称《德国年鉴》)。1843年初,《德国年鉴》被萨克森政府查封,这时正好马克思离开《莱茵报》。于是卢格就向马克思建议,共同在国外出版一个刊物,马克思赞同这个建议。在马克思看来,为了宣传革命观点,团结革命队伍,出版一个刊物是非常必要的。

---

① 马克思:《致亨·海涅》(1845年1月12日),《马克思恩格斯全集》第27卷,第457页。
② 恩格斯:《大陆上的运动》,《马克思恩格斯全集》第1卷,第595页。

但马克思不同意恢复已被查封多年的《德国年鉴》。他希望新的刊物走出抽象批判的圈子，具有更加鲜明的革命色彩。"应该向德国制度开火！"① 必须把德国先进哲学和法国政治斗争的精神结合起来。为此，他建议把新刊物定名为《德法年鉴》。他认为新刊物"是能够产生后果的事件，是能够唤起热情的事业"②。卢格同意这个意见，他也希望"通过自己的刊物使两个民族在精神上接近起来"。

《德法年鉴》的筹备工作，开始于1843年夏天。当时马克思住在克罗茨纳赫，他除了从事研究工作、为刊物撰写稿件外，还与一些著名作家联系，争取他们的合作。马克思曾经写信给费尔巴哈，要求他写一篇批判谢林的文章，认为对反动哲学家谢林的批判"就是间接的对我们全部政治的批判，特别是对普鲁士政治的批判"③。马克思在巴黎的头几个月，大部分时间都花在这件工作上。由于卢格生病，编辑的责任几乎完全由马克思独立承担。

经过马克思的认真准备，到1843年底，《德法年鉴》的出版工作已经获得很大进展。1844年1月，恩格斯在给英国一家报纸的报道说，《德法年鉴》得到了德法两国许多杰出的社会主义和共产主义活动家的支持，"就在创刊号出版以前，它的成就就已经是肯定的了"④。

1844年2月，《德法年鉴》出版了第1—2期合刊号。这一期撰稿人中虽然没有法国的优秀作者，但却包括德国民主主义阵营中最著名的人物，如卢格、费尔巴哈、海涅、赫斯、海尔维格等。马克思是这期刊物的主要撰稿人。他发表了给卢格的三封信和《论犹太人问题》、《黑格尔法哲学批判导言》等论文。恩格斯也发表了两篇论文：《政治经济学批判大纲》和《英国状况——评托马斯·卡莱尔的〈过去和现在〉》。马克思和恩格斯的文章使这期刊物具有不朽的价值，这也是马克思、恩格斯的名字首次并列在一个刊物上，表明这两位伟大革命导师共同事业的开始。

《德法年鉴》创刊号以马克思和卢格的通讯开头。卢格对德国革命前途抱着非常悲观的态度，他写道："德国是由一些卑鄙顺从的庸众组成的，他们以绵羊般的克制忍受着暴政，因此，不应该幻想着德国会发生革命。"他的结论

---

① 马克思：《黑格尔法哲学批判导言》，《马克思恩格斯全集》第1卷，第455页。
② 马克思：《致阿·卢格》（1843年3月13日），《马克思恩格斯全集》第27卷，第441页。
③ 马克思：《致路·费尔巴哈》（1843年10月3日），《马克思恩格斯全集》第27卷，第445页。
④ 恩格斯：《大陆上的运动》，《马克思恩格斯全集》第1卷，第595页。

是:"我们的人民没有前途。"很显然,这些观点是错误的。它不仅歪曲了德国的现状,而且会使人们感到悲观,放弃革命斗争。

马克思批评了卢格的观点。他指出,为德国革命唱挽歌是毫无根据的。的确,在德国笼罩着极端反动的气氛。封建专制制度的唯一原则就是轻视人,它使世界变为不是人的世界,使人不成其为人。而那些政治庸人们,却对这个制度无限忠顺,这不能不使人感到耻辱和愤慨。

但马克思与卢格根本不同。他既没有因反动统治的表面稳固而气馁,也没有因德国人民尚未觉醒而灰心。他仔细考察了国家的现状,从绝望中发现了希望。他指出,在这个反动制度下,随着政治压迫和经济剥削日益加强,阶级对立必然日益尖锐,从而,一次深刻的革命是绝对不可避免的。他写道:德国这条满载傻瓜的船虽然有时也能顺风而行,"但是它是向着不可幸免的命运驶去……这命运就是即将来临的革命"①。

在对待革命的态度上,马克思也与卢格不同,他不是采取消极态度,而是主张进行坚决的斗争,争取革命的早日胜利。他表示决心"最先朝气蓬勃地投入新生活",为批判旧世界、建立新世界而积极工作。

在即将到来的德国革命中,《德法年鉴》的任务、德国革命民主主义者的任务是什么呢?马克思指出:这个任务就是对现存的封建制度和普鲁士专制国家进行无情的批判。"所谓无情,意义有二,即这种批判不怕自己所作的结论,临到触犯当权者时也不退缩。"②同时,在批判旧世界中,不断总结斗争经验,给群众提出一个"真正的斗争口号"。

马克思指出,当时充斥社会的各种社会改革家脱离群众,脱离实际,教条式地预料未来,宣布一些据说是适合任何时候一劳永逸的决定,但是他们对未来却没有明确的认识。他们的理论也是错误的,像卡贝、德萨米等人的共产主义,"只不过是人道主义原则的特殊表现,他还没有摆脱它的对立面即私有制的存在的影响。所以消灭私有制和这种共产主义绝对不是一回事"③。马克思指出,新的刊物不是树立一面教条主义的旗帜,不是要像那些社会改革家一样预料未来,不是要向群众宣布一些一劳永逸、万古不变的决定,而是要研究社会发展的规律和政治斗争的经验,在批判旧世界中创造新世界。

---

① 马克思:《致阿·卢格》(1843年3月),《马克思恩格斯全集》第27卷,第408页。
② 马克思:《致阿·卢格》(1843年9月),《马克思恩格斯全集》第27卷,第416页。
③ 同上。

为此，新的刊物必须把理论批判和政治批判结合起来，同明确的政治立场结合起来，因而也就是同实际斗争结合起来。① 只有这样，这个刊物才不会变成空想家的说教，而成为指导和鼓舞群众革命斗争的旗帜。

马克思给卢格的信大约写于1843年3月至9月间，这些信件以其对革命形势的深刻分析和对革命前途的无比信心而高于同时代一切革命民主主义者。

《德法年鉴》的出版，是当时德法两国革命斗争中的重大事件。年鉴的内容，特别是马克思、恩格斯的论文，给人们留下了极深刻的印象。马克思的战友丹尼尔逊说：德国革命民主主义者把马克思的论文看做是"德国的天才人物给予法国人的最伟大和最优秀的礼物"。德国无产阶级诗人维尔特写信告诉他的兄弟威廉："几天前我收到……《德法年鉴》的头两期。如果可能，你最好把它们找来一读，因为那里面有一些出色的文章、作品，要比那已经停刊的《哈姆年鉴》上所刊载的最好的东西强千倍。"俄国革命民主主义者别林斯基读了马克思在《德法年鉴》上发表的文章后，写信对赫尔岑说："我找到了真理，我在神和宗教这两个词里看到黑暗、愚昧、锁链和鞭子。"当时在巴黎的俄国人几乎人手一份，在莱比锡、柏林、维也纳也有大批人要求订阅。直至1844年10月，恩格斯还写信告诉马克思：在德国，"对《年鉴》的需要量至今仍然很大"②。

德国的反动报刊也很快觉察到《德法年鉴》的革命倾向和广泛影响，因而开始对它进行攻击。1844年4月4日，莱比锡一家反动报纸写道：《德法年鉴》的编辑和作者的目的是"把各民族的无产阶级奉若神明，只对它寄予希望和信任"，因此，"德国自由主义报刊的神圣职责就是坚决表示自己的愤慨，毅然割断同他们的一切联系"。另一家保守的报纸则指责《德法年鉴》的批判毫不留情，"它的论战超出了一切美学的标准，它的讽刺笔调虽然不像匕首那样锋利，但却像一个粗壮的拳头的打击"。

《德法年鉴》只出了1—2期合刊号就停刊了。停刊的主要原因是马克思和卢格之间"存在着原则分歧"③。

如前所述，马克思在巴黎期间，已经实际参加工人运动，成为革命的共

---

① 马克思：《致阿·卢格》(1843年9月)，《马克思恩格斯全集》第27卷，第417页。
② 恩格斯：《致马克思》(1844年10月初)，《马克思恩格斯全集》第27卷，第6页。
③ 恩格斯：《致马克思》(1844年11月19日)，《马克思恩格斯全集》第27卷，第10页。

产主义者；而卢格却是一个市侩式的资产阶级民主主义者。他鄙视无产阶级和工人运动，害怕实行共产主义会使自己的财产蒙受损失，对共产主义极端憎恶，"他把共产主义看作一切愚蠢之中最愚蠢、看作头脑简单者所宣传的新基督教、看作一旦实现就会使人类社会退化为牧场的一种学说"①。马克思在《德法年鉴》上发表的文章，主张对现存的制度进行无情的批判，特别是进行武器的批判；而卢格却根本不打算进行革命斗争，他竭力宣扬自己"社会改良"的美妙幻想，完全拒绝对社会进行革命的改造。这就是他们的分歧所在。

马克思和卢格本来就有分歧，巴黎几个月的生活，对他们的思想发展有着不同的影响，因而分歧加深了。正如梅林所说："在马克思和卢格都置身于法国生活之中的时候，马克思像一艘劲艇，乘风破浪，终于驶到开阔的海域，而卢格则像一块核桃壳，畏畏缩缩地极想退回到岸边的浅滩。"②

此外，资金困难也是《年鉴》停刊的一个原因。《年鉴》出版时，普鲁士政府立即下令禁止它运入国境，在秘密运送途中损失很多，有的在边境就被没收。全部 3000 册杂志只有 1/3 到达读者手中。原来的资金用完了，继续出版发生了困难。这也是《年鉴》停刊的重要原因。

九　政治解放和人类解放

马克思在《德法年鉴》上发表的《论犹太人的问题》，大约写于 1844 年初。在这篇论文中，他深入考察了政治解放和人类解放的问题。

所谓政治解放就是资产阶级革命。政治解放使国家从中世纪的宗教束缚下解脱出来，并使国家完备化。但政治解放并不是人类解放。政治解放废除了人们在政治上的不平等，这是一个进步；然而它并没有废除人们在社会上的不平等。社会不平等的根源是私有制。政治国家不仅没有废除私有制，反而以私有制为前提，"国家……任凭私有财产、文化程度、职业按其固有的方式发挥作用，作为私有财产、文化程度、职业来表现其特殊的本质。国家远远没有废除这些实际差别，相反的，只有在这些差别存在的条件下，它才能存在，只有同它这些因素处于对立的状态，它才会感到自己是政治国家，才

---

① 梅林：《马克思传》，第 72 页。
② 梅林：《马克思和恩格斯是科学共产主义的创始人》，第 47 页。

会实现自己的普遍性"①。

在政治国家即资本主义国家中，所谓政治平等完全是虚假的，它"……只是一种假象，或者是本质和通则的瞬间例外"②。在那里，私有财产、金钱支配着一切。资产阶级的统治表现为金钱的统治，"虽然在观念上，政治权力凌驾于金钱势力之上，其实前者却是后者的奴隶"③。资产阶级的所谓人权，不过是资产阶级对私有财产的占有权和对劳动者的奴役权。"可见，任何一种所谓人权都没有超出利己主义的人，没有超出作为市民社会的成员的人，即作为封闭于自身、私人利益、私人任性、同时脱离社会整体的个人的人。"④

由此可见，政治解放既不要求人们放弃私有财产，也不要求人们放弃宗教；换句话说，私有财产和宗教在政治上的解放，既没有消灭私有财产，也没有消灭宗教。消灭私有财产，消灭宗教，这是人类解放的任务。

所谓人类解放，就是无产阶级的社会主义革命。它的任务是消灭私有产，使人们"从做生意和金钱中获得解放"⑤。当私有财产被消灭的时候，宗教产生和存在的基础也就消失了；那个时候，人们的宗教意识，也会"像烟雾一样，在社会的现实的、蓬勃的空气当中自行消失"⑥。

在人类解放的条件下，政治国家和市民社会的矛盾，即虚伪的政治平等和现实的阶级剥削的矛盾才能消失。那时候，"现实的个人同时也是抽象的公民，并且作为个人，在自己的经验生活、自己的个人劳动、自己的个人关系中间，成为类存在物"；那时候，"人认识到自己的'原有力量'并把这种力量组成为社会力量因而不再把社会力量当作政治力量跟自己分开"。⑦ 那时候，人类才获得了真正的解放。

马克思在《德法年鉴》上发表的另一篇论文《黑格尔法哲学批判导言》，与上篇文章题目虽然不同，内容却有着密切的联系。这篇文章继续考察政治解放和人类解放的问题，第一次把人类解放与无产阶级联系起来，探讨了无产阶级的历史使命。这篇文章写作于1843年底至1844年1月，是他实际参加工人运动后的第一篇作品。文章明显反映了参加工人运动对他的思想发展

---

① 马克思：《论犹太人问题》，《马克思恩格斯全集》第1卷，第427页。
② 同上书，第429页。
③ 同上书，第448页。
④ 同上书，第439页。
⑤ 同上书，第446页。
⑥ 同上。
⑦ 同上书，第443页。

的影响。

《黑格尔法哲学批判导言》从评论宗教批判开始。马克思首先指出,由于宗教是旧社会赖以存在的重要基础,因此,对宗教的批判是一切其他批判的前提;但是,社会革命决不能仅仅限于宗教批判。宗教批判之所以有意义,只是因为这个斗争"间接地也就是反对以宗教为精神慰藉的那个世界的斗争"①。宗教批判虽然摘去了那奴役人们的锁链上的虚幻的花朵,但更重要的是要粉碎锁链,扔掉锁链。因此,革命者的任务,不应该仅仅满足于宗教批判,而应该把"对天国的批判变成对尘世的批判,对宗教的批判变成对法的批判,对神学的批判变成对政治的批判"②。

马克思接着考察了对尘世的批判即政治解放和人类解放所依靠的阶级力量,指出政治解放是由市民社会的一个社会集团即资产阶级领导和完成的。资产阶级进行政治革命的出发点是自己的特殊地位和特殊利益。由于资产阶级在当时反映了社会发展的一定要求,因而能够取得胜利。但资产阶级的政治革命具有很大的局限性,根本没有触及私有财产的大厦,只不过用金钱的统治代替特权的统治。所以,政治革命的结果,人们最多只能得到部分的解放。与政治解放不同,人类解放是要彻底推翻那些使人成为受屈辱、被奴役、被遗弃和被蔑视的一切关系,彻底消灭私有制。它比政治解放深刻得多。这个革命只能由无产阶级来领导和完成。因为只有无产阶级才要求彻底否定私有制,只有这个阶级的利益,才符合整个社会发展的要求,这个阶级"……若不从其他一切社会领域解放出来并同时解放其他一切社会领域,就不能解放自己的领域"③。这个阶级与中世纪的穷人根本不同,它是大工业的产物,它的力量随着大工业的发展而不断壮大。

马克思深刻地论证了物质条件和精神条件在无产阶级革命中的作用。他指出,革命的对象是具体的、实在的物质力量,它不可能被批判的武器所摧毁。因此,物质的力量,武器的批判,在无产阶级革命中具有决定作用。但是,革命理论也具有很大的意义,"批判的武器当然不能代替武器的批判,物质力量只能用物质力量来摧毁,但是理论一经掌握群众,也会变成物质力量"④。在对旧世界进行武器批判时,无产阶级必须同时掌握和运用批判的武

---

① 马克思:《黑格尔法哲学批判导言》,《马克思恩格斯全集》第1卷,第453页。
② 同上。
③ 同上书,第466页。
④ 同上书,第460页。

器。因此，马克思要求先进哲学和无产阶级革命结合起来，"哲学把无产阶级当作自己的物质武器，同样的，无产阶级也把哲学当作自己的精神武器"①。只有这样，哲学才能发挥积极的作用，无产阶级也才能完成自己的历史使命。

根据上述理论观点，马克思详细地描述了德国革命的前景，指出德国的社会制度低于历史的发展水平。在英法等国已经腐朽的东西，在这里却被当做初升的朝霞而受到欢迎，在英法等国已经充分暴露的矛盾，在这里问题才刚刚提出来。德国缺乏一个能够领导和完成政治解放的资产阶级。德国的资产阶级既缺乏进行政治革命的物质力量，更缺乏大无畏的革命精神。当他们开始反对封建制度的时候，无产阶级的斗争已经开展起来了。因此，德国资产阶级革命不可能由资产阶级领导并取得胜利。德国资产阶级革命的任务，只有在社会主义革命的过程中才能完成："在德国，不消灭一切奴役制，任何一种奴役制都不可能消灭。彻底的德国不从根本上开始进行革命，就不可能完成革命。"②

对德国来说，彻底的、全人类的解放即无产阶级社会主义革命，是能够实现的。德国无产阶级正在随着工业的发展而不断壮大，德国有着比17世纪的英国和18世纪的法国成熟得多的无产阶级。当前最重要的问题是，必须把革命理论和无产阶级斗争结合起来，"思想的闪电一旦真正射入这块没有触动过的人民园地，德国人就会解放成为人"③。

马克思在《德法年鉴》上发表的文章，是他的思想发展中旧阶段的结束和新阶段的开始。这些文章从无产阶级立场出发，论述了社会主义革命和资产阶级革命的本质差别，揭露了资产阶级革命的局限性和资本主义社会的虚伪性，提出了无产阶级历史使命的思想，阐述了物质力量和革命理论在无产阶级革命中的辩证作用，主张把哲学和无产阶级斗争结合起来。这一切，表明马克思已经完成了从唯心主义到唯物主义、从革命民主主义到共产主义的转变。马克思已经成长为共产主义革命家了。

十　在巴黎的研究工作

《德法年鉴》停刊以后，马克思又获得了时间，来研究人类先进的文化遗

---

① 马克思：《黑格尔法哲学批判导言》，《马克思恩格斯全集》第1卷，第467页。
② 同上。
③ 同上。

产。巴黎学术界活跃的思想交流和丰富的图书资料，给他的科学研究提供了有利的条件。这期间，他投身于浩瀚的书海中，如饥似渴地研读各种著作，进行了广泛而深入的研究工作。

马克思对法国人民的革命斗争一直非常钦佩，他早就打算研究法国革命史，以法国人民的革命精神来激励尚未觉醒的德国人民，并且从法国革命中总结出对德国和世界革命有用的经验。来巴黎以前，马克思已对法国革命史进行了研究。他在《论犹太人问题》一文中，详细论述了法国人权宣言和1793年、1795年宪法的性质，指出他们所包含的人权内容，都没有超出资产阶级需要的范围。在巴黎期间，他详细研究了1789年法国革命史，特别研究了"第三等级"的历史，读了大量的历史著作，主要是当时著名历史学家基佐、梯也尔和米涅的著作。他原来打算写作一部法国议会史，但觉得议会斗争并不是理解法国革命的最主要东西，因而放弃了这个写作计划。

马克思研究法国革命史时，做了大量的摘录和笔记。他在这个时期写成的一些论文和著作中，曾经利用了这些研究成果。例如，在《评"普鲁士人"的〈普鲁士国王和社会改革〉一文》中，他通过分析拿破仑消灭赤贫计划的破产，指出劳动人民的贫困是资本主义制度不可避免的产物。① 在《神圣家族》一书中，他用专门的一节《对法国革命的批判的战斗》，总结了罗伯斯庇尔、圣茹斯特及其党失败的原因，探讨了法国革命后资本主义的发展以及1830年法国革命的意义，指出"1830年自由资产阶级终于实现了它在1789年的愿望，所不同的只是他们的政治启蒙运动现在已经完成……他们把这个国家看作自己的排他的权力的官方表现，看作自己的特殊利益的政治上的确认"②。

研究法国革命的历史，对马克思思想发展有着重要意义。法国历史文献的作者，多数具有杰出的才能，能够以阶级斗争的观点来叙述历史，把法国革命历史看做阶级斗争的不断连续。例如，弗兰斯瓦·基佐（1787—1874）曾经从财产关系，主要是土地关系的变化来说明阶级关系和政治制度的改变。他认为，阶级斗争是历史的主要内容，法国的历史就是第三等级反对僧侣和贵族这两个特权等级的斗争；18世纪的革命乃是"这一场斗争的结局"，"披

---

① 参见马克思《评"普鲁士人"的〈普鲁士国王和社会改革〉一文》，《马克思恩格斯全集》第1卷，第476—478页。

② 马克思、恩格斯：《神圣家族》，《马克思恩格斯全集》第2卷，第158页。

着党派外衣的阶级斗争"像一条红线一样贯穿着法国的历史。梯也尔在《第三等级的起源和胜利史》中,也以阶级斗争的观点研究法国历史,把第三等级与僧侣、贵族等级对立起来。当然,这些资产阶级历史学家对阶级和阶级斗争的理解是肤浅的。马克思研究了他们的著作,从中汲取了关于阶级斗争的历史知识。马克思常常否认自己首先发现阶级的存在和首创阶级斗争的学说。他认为在他以前,资产阶级历史学家已经叙述了阶级斗争的历史,自己的新贡献是证明了:"(1)阶级的存在仅仅同生产发展的一定历史阶段相联系;(2)阶级斗争必然要导致无产阶级专政;(3)这个专政不过是达到消灭一切阶级和进入无阶级社会的过渡。"①

在巴黎期间,马克思也系统地研究了英、法两国的空想社会主义理论。

昂利·圣西门(1760—1825)、沙利·傅立叶(1772—1837)、罗伯特·欧文(1771—1858)的空想社会主义理论,产生于18世纪末19世纪初的英法两国。这个时候,英法资产阶级已经取得政权,建立了政治上和经济上的统治地位。随着资本主义的发展,它所固有的矛盾也开始暴露出来:经济危机周期重演,工人生活贫困不堪,资产阶级所宣扬的"理性王国"的幻想破灭了。空想社会主义学说就是资本主义矛盾的产物,它在一定程度上反映了当时无产阶级和广大劳动人民对资本主义制度的不满和反抗。

空想社会主义学说包含有积极的因素,在历史上起过一定的进步作用。首先,空想社会主义者在历史上第一次指出资本主义并不是一个永恒的社会制度,而是社会发展的一个短暂阶段,对资本主义制度进行了严厉的批判。圣西门认为资本主义"是一个是非颠倒的社会";傅立叶指出资本主义制度是一种"每个人对全体和全体对每个人的战争"的制度,犯罪就是这个制度的灵魂;欧文进一步指出私有制是一切罪恶的根源,"私有制使人变成魔鬼,使全世界变成地狱"。他们抨击了资本主义制度的基础,"提供了启发工人意识的极为宝贵的材料"②。其次,空想社会主义者在描写未来的社会制度时,尽管有着许多空想的、错误的和荒诞的东西,但也包含着一些积极的思想和天才的预见,例如,圣西门提出"一切人都应当劳动"的原则和国家消亡的思想;傅立叶认为在未来社会中,劳动将由沉重的负担和谋生的手段变为乐生的要素;傅立叶和欧文还提出消灭旧的分工制度和城乡对立的方案,并且提

---

① 马克思:《致约·魏德迈》(1852年3月5日),《马克思恩格斯全集》第28卷,第509页。
② 马克思、恩格斯:《共产党宣言》,《马克思恩格斯全集》第4卷,第501页。

出教育必须和劳动相结合的原理。

但是，空想社会主义者既不懂得社会发展的规律和资本主义罪恶的根源，也不了解无产阶级的伟大历史作用。他们抹杀资本主义社会的阶级矛盾和阶级斗争，宣扬阶级调和论，反对暴力革命，主张通过和平的道路实现社会主义。他们的积极作用是有限的。随着资本主义矛盾的进一步尖锐，随着无产阶级的成熟和无产阶级反对资产阶级的阶级斗争的尖锐，空想社会主义者越来越阻碍工人运动的发展，空想社会主义的信徒也越来越成为反对革命运动的反动分子。

早在《莱茵报》工作期间，马克思就曾经读过空想社会主义的著作。在和《奥格斯堡总汇报》的论战中，马克思对空想社会主义的小型试验作了一定的批判。但是，正如他自己所说，当时他对这个问题还未进行系统深入的研究。

在巴黎期间，马克思系统深入地研究了19世纪初期伟大的空想社会主义者的著作，也研究了他们的继承者的著作。他从圣西门、傅立叶、欧文等人的著作中，吸取了科学的积极因素，批判了反科学的、空想的因素，为科学社会主义理论积聚了思想材料。

马克思在大学读书时，主要研究哲学和历史，对于经济学一无所知。在《莱茵报》工作期间，他经常碰到要对物质利益关系发表意见的事情，深切感到研究政治经济学的必要性。离开《莱茵报》后，在批判黑格尔哲学时，他又深切感到，对于市民社会的解剖，"应该到政治经济学中去寻求"[①]。因此，他到巴黎以后，便用主要精力研究政治经济学，特别是研究资产阶级古典政治经济学。

资产阶级古典政治经济学是资产阶级经济思想早期发展中的一个进步学派，它在英国从威廉·配第开始，到大卫·李嘉图为止；在法国从布瓦岐尔培尔开始，到西斯蒙第为止。资产阶级古典政治经济学者，代表工业资本家的利益，在反对封建主义的斗争中，起着一定的进步作用；在经济理论方面，有着一定的科学功绩。他们研究了资本主义制度内部的生产关系，奠定了劳动价值学说的基础，对于剩余价值的各种特殊形态和资本主义再生产等理论问题，作了一定的分析。

但是，资产阶级古典政治经济学的科学性是相对的。代表资产阶级利益

[①] 马克思：《政治经济学批判——序言》，《马克思恩格斯全集》第13卷，第8页。

的古典经济学家们,把资本主义制度当成是永恒的、唯一合乎人性的社会制度,把资本主义特有的经济规律,当成人类社会永恒的规律。这种阶级局限性,使他们在科学上不能继续前进。

资产阶级古典经济学产生于资本主义生产方式已经建立而无产阶级反对资产阶级的斗争还未发展的时期。当资本主义进一步发展,无产阶级和资产阶级的斗争已成为整个社会主要的阶级斗争的时候,科学的资产阶级经济学的丧钟敲响了。从此以后,"问题已经不是这个理论还是那个理论合于真理,而是它于资本有益还是有害,便利还是不便利,违背警章还是不违背警章。不为私利的研究没有了,作为代替的是领取津贴的论难攻击;公正无私的科学研究没有了,作为代替的是辩护论者的歪心恶意"[①]。这些领津贴者的辩护论者,就是庸俗的经济学者。

马克思在巴黎期间,研究了恩格斯发表于《德法年鉴》上的《政治经济学批判大纲》,按照恩格斯提供的线索,读了资产阶级古典经济学的主要代表亚当·斯密的《国富论》和大卫·李嘉图的《政治经济学及赋税原理》,还读了萨伊、斯卡贝克、麦克库洛赫、脱拉西、布瓦岐尔培尔等著作,做了大量的摘录和笔记。遗留至今的《巴黎笔记》共有九册,内容十分丰富。马克思所作的简要评注,包含着许多有价值的思想。

在《巴黎笔记》第二册关于麦克库洛赫《论政治经济学的起源、发展、特殊对象和重要性》一书的评注中,马克思对资产阶级经济学的虚伪性作了深刻批判,指出它以抽象的一般规律掩盖资本主义社会的矛盾。他写道:"对李嘉图学派来说,问题仅仅在于一般规律。至于这种规律怎样实现,千百人是否因此而破产,这对规律和政治经济学家是完全无关紧要的。"他指出,在为私有财产分开的利益对立的社会中,资产阶级经济学者关于不同生产部门利益一致的原理,关于劳动和资本统一的原理,关于生产和消费统一的原理,都是"无耻的诡辩"。

在关于李嘉图《政治经济学及赋税原理》一书的评注中,马克思对资本主义社会的矛盾作了进一步的阐述,指出资本主义不仅存在着生产过剩和劳动者的过度贫困,"而且也碰到一方面是资本和它的使用方式的扩大以及另一方面由于这种扩大而缺少生产机会的怪事"。这就说明,虽然资本在扩大,资本的使用方式也在扩大,但生产的机会却减少了,资本主义生产关系已经阻

---

① 马克思:《资本论》第1卷第二版的跋,第17页。

碍着生产力的发展。必须着重说明,积累的增加,资本的扩大,不仅不会造成劳动工资的提高,而且会使工资下降;"现在在一切工业国家中,工人数量都超过需求并且每天都会由失业的无产阶级补充,正像他们从自己方面每天补充失业的无产者一样。(同斯密所说的)相反,积累同竞争一起带来一个结果:工资越来越被压低"。

资产阶级经济学是为资本家服务的,他们关心的只是资本家的利益。在他们看来,工人不过是劳动的机器。由此可以做出结论:(1)政治经济学关心的完全不是国家的利益,不是人,而仅仅是纯收入、利润、地租;这些就是国家的最终目的。(2)人的生活本身完全没有价值。(3)特别是工人阶级的价值仅仅限于必要的生产费用,工人阶级仅仅是为纯收入即为资本家的利润和土地所有者的地租而存在。他们自己仍然是而且必定是劳动机器。

马克思在巴黎研究经济学的另一个主要成果,是大约写于1844年的《经济学哲学手稿》。关于这份手稿的内容,我们将在下节叙述。

马克思在巴黎的研究工作,是他一生研究工作的一个短暂阶段。但是这个阶段从研究范围的广泛、研究工作中贯穿的革命精神和批判精神、研究态度的勤恳踏实等方面来说,正是他一生研究工作的缩影。

在巴黎的研究工作,对于马克思共产主义世界观的形成,有着重要的意义。马克思这个时期以前和这个时期所特别着重研究的德国古典哲学、英国古典政治经济学、英法空想社会主义学说,为马克思主义的形成提供了思想来源。正如列宁所说:"在马克思主义里绝对没有与'宗派主义'相似的东西,它决不是离开世界文明发展大道而产生的固步自封、僵化不变的学说。恰巧相反,马克思的全部天才,正在于他回答了人类先进思想已经提出的种种问题。他的学说的产生正是哲学、政治经济学和社会主义的最伟大代表的学说的直接继续。"① 马克思的亲密战友和学生保尔·拉法格也写道:"马克思虽然深切地同情工人阶级的痛苦,但引导他信仰共产主义观点的并不是任何感情上的原因,而是研究历史和政治经济学的结果。"②

十一　清算青年黑格尔派

马克思在巴黎的时候,思想认识和政治态度发生了根本的变化,从一个

---

① 列宁:《马克思主义的三个来源和三个组成部分》,《列宁选集》第2卷,第441页。
② 保尔·拉法格:《忆马克思》,《回忆马克思恩格斯》,第68页。

革命民主主义思想家转变为共产主义者。在这个转变的过程中，他既要彻底摆脱青年黑格尔派的影响，又要与青年黑格尔派所宣扬的错误思想作斗争。清算青年黑格尔派是他在这个时期政治和思想斗争的重要内容。

我们知道，马克思并不是天生的唯物主义和共产主义者。他受过资产阶级教育，早年信仰过黑格尔唯心主义哲学，曾经参加青年黑格尔派反对德国封建专制制度和宗教统治的斗争，接近青年黑格尔派的主要代表人物布鲁诺·鲍威尔等人。

青年黑格尔派代表德国新兴资产阶级的利益，领导着"向旧世界的宗教、思想、政治开火的理论家大军"[1]。当黑格尔老一辈的门人抓住黑格尔唯心主义体系不放的时候，这些黑格尔年轻的学生们却已经考虑到，"黑格尔哲学的核心不是平静，而是不安；不是静止，而是发展；不是体系，而是方法"[2]。他们按照资产阶级的需要利用黑格尔哲学，力图"从黑格尔哲学中做出无神论的和革命的结论"[3]。

以布鲁诺·鲍威尔为代表的青年黑格尔派，用"自我意识"代替黑格尔的"绝对观念"，认为人的自我意识是自然界和一切社会现象的基础和本原，鼓吹资产阶级个性解放和自由主义，反对封建专制制度和封建等级束缚，要求实行资产阶级改革。他们把批判的锋芒指向封建专制制度的主要思想支柱——基督教。在施特劳斯的《耶稣传》和鲍威尔的《约翰福音批判》、《新约福音批判》、《末日的宣告》等著作中，青年黑格尔派的理论家们对基督教进行了尖锐的批判，指出不是神按照自己的形象创造人，而是人按照自己的形象创造神。他们深刻地揭露了基督教的反动性，指出基督教在改造古代世界上虽然曾经起过一定的积极作用，但是这种积极作用早已成为历史的陈迹；基督教所宣扬的迷信思想，使人变成了人所创造的偶像的附庸，从而束缚了人们的活动，阻碍了历史的发展，成为封建统治阶级欺骗和奴役人们的工具。他们公开声明，科学与宗教势不两立，彻底批判宗教是科学的重大任务，政教分离是革命民主派的要求。由于青年黑格尔派"对一切宗教信仰给予严酷的批评，使基督教的古老建筑根本动摇，同时又提出了德国人从未听到过的大胆的政治原则，并且企图恢复第一次法国革命时期的已故英雄们的应有的

---

[1] 马克思：《普鲁士状况》，《马克思恩格斯全集》第12卷，第727页。
[2] 梅林：《德国社会民主党史》第1卷，第93页。
[3] 列宁：《卡尔·马克思》，《论马克思恩格斯及马克思主义》，第1页。

荣誉"①，所以，它在资产阶级民主革命运动初期曾经起过一定的进步作用。

德国资产阶级的软弱性和反动性，在青年黑格尔派身上得到鲜明的表现。这个派别宣扬许多错误的反动的观点，为资产阶级反对无产阶级提供思想武器。

第一，坚持唯心主义，宣扬"精神创造众生"。

青年黑格尔派虽然曾经对黑格尔唯心主义哲学体系进行批判，但是他们并没有摆脱唯心主义，而是继续宣扬唯心主义。黑格尔认为，"绝对精神"或"绝对观念"是自然界和人类社会一切现象的创造本原。施特劳斯认为"实体"即民族的集体精神是创造本原。鲍威尔则认为"自我意识"即个别天才人物的思想是创造本原。其实，所谓"实体"和"自我意识"，不过是"绝对精神"发展的不同阶段。无论用"实体"还是用"自我意识"作为创造本原，都是坚持精神第一性、"精神创造众生"这个唯心主义的基本立场。施特劳斯和鲍威尔关于"实体"和"自我实现"的争论，实质上是唯心主义内部客观唯心主义和主观唯心主义的争论。尽管他们每一个人都断言自己已超出了黑格尔哲学，实际上他们都不仅没有超出黑格尔哲学，而且仍然以黑格尔哲学为基础，"他们和黑格尔的论战以及互相之间的论战，只局限于他们当中的每一个人都抓住黑格尔体系中的某一方面来反对它的整个体系，或反对别人抓住的那些方面"②。

第二，鼓吹英雄创造历史，否认人民群众是历史的主人。

青年黑格尔派鄙视无产阶级和人民群众，认为世界历史是由少数"英雄"人物创造的。按照鲍威尔等人的说法，只有那些具有"自我意识"、"批判头脑"的"英雄"人物的活动，才是世界上一切事物唯一的创造本原，推动着历史的发展。在他们看来，广大人民群众是没有知识、没有批判头脑、没有"自我意识"、不能"批判地思维"的群氓，是历史发展的绊脚石。布鲁诺·鲍威尔甚至狂妄地宣布，"批判的批判家在其存在的时候就支配并创造了历史"！这是一种"荒谬而有害的思潮"。③

第三，提倡理论脱离实际，反对哲学与革命实践活动相结合。

马克思、恩格斯指出：青年黑格尔派是一些"词句的英雄"。他们虽然一

---

① 恩格斯：《德国的革命与反革命》，《马克思恩格斯全集》第8卷，第16—17页。
② 马克思、恩格斯：《德意志意识形态》，《马克思恩格斯全集》第3卷，第21页。
③ 列宁：《弗里德里希·恩格斯》，《论马克思恩格斯及马克思主义》，第40页。

再表示反对封建专制制度,但却坚决拒绝用革命方式推翻封建统治;他们反对的只是现存世界的词句,而不是现存的、现实的世界;他们宣传所谓"纯理论的批判",鼓吹"置身于一切政党之外"、"把对于现存事物的纯理论的否定看成是……批判唯一值得完成的任务",而丝毫也不敢去触动封建反动统治的基础。这正是德国资产阶级害怕革命、害怕斗争、力图与封建统治阶级妥协的表现。他们自称为革命者,实际上不过是用另一种方式来解释和维护现存的一切东西。他们自称为狼,别人也以为他们是狼,其实他们不过是学着狼叫的绵羊,"他们的咩咩叫声只不过是以哲学的形式来重复德国市民的观念,而这些哲学评论家的夸夸其谈只不过反映出德国现实的贫乏"①。

第四,美化普鲁士王朝,鼓吹与封建统治阶级妥协。

从19世纪40年代开始,德国民主革命运动日益高涨,青年黑格尔派却逐渐走上背离革命的道路。1840年,普鲁士国王威廉四世继承王位。青年黑格尔派竭力散布对威廉四世这个"最伪善、最狡猾的普鲁士专制主义"②的幻想,说什么随着新国王的上台,资产阶级革命的要求就要实现,"春天回到每个人的心上,被埋藏的愿望重新苏醒了,麻痹了的希望重新燃起"。他们一再表示效忠普鲁士王朝,希望在政府支持下反对宗教,实行哲学革命。同黑格尔一样,他们也主张实现君主立宪制这个"彻头彻尾自相矛盾和自我毁灭的混合物"③。1840年,布鲁诺·鲍威尔在匿名发表的小册子《普鲁士福音教和科学》中,对封建统治阶级肆意吹捧,他"不仅把普鲁士国家奉为绝对,而且做得非常彻底,把普鲁士王室也奉为绝对"④。

后来,许多青年黑格尔分子投靠普鲁士专制政府,这是他们在政治上的必然归宿。

第五,鼓吹无政府主义,夸大个人的作用。

青年黑格尔派代表人物麦克斯·施蒂纳,是"现代无政府主义的先知"。他在1845年出版的《唯一者及其财产》一书中,狂热宣扬无政府主义理想。他认为,推动社会发展的主要动力是"个人"。他强调个人高于一切,"唯一的我"至高无上;为了个人自由,他反对国家、法律以及一切权力对个人的约束,要求"让每个人都有自主的权利,让每个人都成为国家,让每个人都

---

① 马克思、恩格斯:《德意志意识形态》,《马克思恩格斯全集》第3卷,第15页。
② 马克思:《致阿·卢格》(1842年11月30日),《马克思恩格斯全集》第27卷,第435页。
③ 马克思:《致阿·卢格》(1842年3月5日),《马克思恩格斯全集》第27卷,第421页。
④ 马克思、恩格斯:《神圣家族》,《马克思恩格斯全集》第2卷,第144页。

成为法律","除去自己的意志之外不愿意执行任何人的意志"。施蒂纳的无政府主义思潮,首先是针对共产主义的。他反对共产主义公有制,主张将来的社会应该是独立的自由手工业者的联盟。这种观点反映了当时德国破产的小资产阶级力图保持私有财产和个体经济的空想。

第六,诬蔑工人阶级,反对科学社会主义,主张对工人阶级实行"暴力制服"。

青年黑格尔派的反动性,集中地表现在他们反对科学社会主义和敌视工人阶级的态度上。布鲁诺·鲍威尔攻击科学社会主义关于阶级斗争的理论是"幻想",说什么工人阶级对资产阶级没有任何仇恨。他鄙视无产阶级,认为无产阶级不过是一群"贱民",永远也干不出什么名堂,即使他们对资产阶级怀有仇恨,也根本不能推翻资产阶级的统治。他否认无产阶级的革命性,说什么只要多给工人几文钱,就可以对他们"为所欲为"。他公开为统治阶级出谋划策,主张"用暴力和诡计"来对付工人,对付工人的反抗。① 青年黑格尔派这种敌视工人阶级、反对科学社会主义的态度,充分暴露了他们作为资产阶级辩护士的反动本质。

恩格斯说:"在任何一种运动、任何一种思想斗争中间,总有一些只有滚在污水里才会感到非常舒服的糊涂虫。在原则本身还没有确定以前,人们对这种人还可以容忍;当每个人还在竭力辨明原则的时候,要认清这种人的那副生就的糊涂相是不容易的。但是当各种成分分离开来、各种原则相互对立起来的时候,抛弃这些废物、清算他们的时机就到来了,因为这时他们的空虚已经骇人听闻地暴露了出来。"② 青年黑格尔派就是这样的糊涂虫。因此,当马克思从唯心主义转向唯物主义原则的时候,他与青年黑格尔派的分歧和决裂,对青年黑格尔派的清算,就是不可避免的了。

马克思、恩格斯认为,要反对一种哲学学说,仅仅宣布这种学说的错误,这是远远不够的,还制服不了它,而必须对它进行彻底的批判。

早在19世纪30年代末,马克思通过革命实践和理论研究,逐渐认识青年黑格尔派的错误。1841年初,马克思在《博士论文:德谟克利特的自然哲学与伊壁鸠鲁的自然哲学的差别》中,已经开始对青年黑格尔派的一些错误

---

① 马克思:《致恩格斯》(1856年1月8日),《马克思恩格斯全集》第29卷,第6页。
② 恩格斯:《评亚历山大·昔克的"德国现代文学讲义"》,《马克思恩格斯全集》第1卷,第519页。

观点进行初步的判断。虽然这个时候马克思还未摆脱唯心主义的影响,仍沿用黑格尔哲学的概念、术语和表达方式,仍与青年黑格尔派的领导人保持联系。但是他在一些重要问题上,已经与黑格尔哲学和青年黑格尔派有着明显的分歧。

我们知道,青年黑格尔派坚决反对理论联系实际,反对哲学与革命实践相结合,宣传所谓"纯思想的恐怖",鼓吹一种"超越一切现实、超越政党和政治,否认一切实际活动,而只是'批判地'静观周围世界和其中所发生的事情"① 的批判。同他们的主张相反,在博士论文中,马克思主张哲学必须与实际相结合,为现实的政治斗争服务。马克思选择古代希腊哲学作为研究对象,"与其说出于哲学的兴趣,不如说出于[政治的]兴趣"②。他的目的,是以古希腊哲学为例,深入探讨哲学与实践的关系,研究哲学在改造社会中的作用。

马克思在《博士论文》中指出,哲学与现实世界的关系是很密切的,哲学是现实世界的反映,又会成为改造现实世界的"实践的力量"③。参加实践斗争,是哲学的首要任务。进步的哲学家,必须是反对黑暗反动势力的勇士,必须永远以神灵般的精神和刚毅坚定的眼光洞察斗争的形势,在革命风暴中毫不畏惧,坚强不屈。马克思特地引用古代诗人爱斯奇拉斯的一首诗,热情歌颂为反对黑暗反动势力、为争取人类幸福而献身的"高尚的圣者"普罗米修斯。

布鲁诺·鲍威尔反对马克思上述革命观点,写信对马克思说:"你现在无论如何也不应当把爱斯奇拉斯的诗包括到你的论文中去。"他还坚决反对马克思"献身于实践的生涯"。马克思拒绝了鲍威尔的意见,坚持在博士论文中引用爱斯奇拉斯的诗。马克思对圣者普罗米修斯的歌颂,是他自己的自白和决心,也是对青年黑格尔派脱离现实,鼓吹哲学高高的君临于实践之上的谬论的批判。

青年黑格尔派活动家有时也表现得很"革命",满口讲的是"震撼世界"的词句,但是他们全都缺乏革命的勇气,害怕激烈的斗争,鼓吹"适度"、"温情",力图与封建反动势力妥协。

---

① 列宁:《弗里德里希·恩格斯》,《论马克思恩格斯及马克思主义》,第40页。
② 马克思:《致斐·拉萨尔》(1857年12月21日),《马克思恩格斯全集》第29卷,第527页。
③ 马克思:《博士论文:德谟克利特的自然哲学与伊壁鸠鲁的自然哲学的差别》,《马克思恩格斯全集》第40卷,第258页。

同青年黑格尔派相反，马克思在博士论文中强调指出，进步与反动之间的对立、冲突、斗争是不可避免的；进步的哲学家不应该惧怕斗争，不应该在斗争中半途而废，不应该幻想通过"和平谈判"改变局面，而必须从束缚自己的哲学体系中解放出来，投身到实践中去，"反对那存在于意志之外的地上的现实"①。必须在革命风暴面前镇定自若，毫不妥协。马克思写道："普通的竖琴在任何人的手里都能发出声音；风神的竖琴却只是在当风暴敲击它的琴弦时才能发出声音。"哲学也只有在革命风暴中，在进步和反动的对立、冲突、斗争中，才能成为改造世界的实践力量。

作为资产阶级思想家，青年黑格尔派强调个人的作用，把个人看得高于一切，主张个性的绝对自由。这种思想的渊源，可以追溯到古希腊哲学家伊壁鸠鲁的原子偏斜学说。伊壁鸠鲁无限夸大个人的作用，以为个人的声音能够压倒天上的雷声轰鸣，使闪电黯然无光。很显然，这种强调个性绝对自由、夸大个人作用的观点，正是青年黑格尔派的"自我意识"哲学的最初形式。伊壁鸠鲁的脱离直线而进行偏斜运动的原子，也就是青年黑格尔派的"自我意识"哲学的象征。

在博士论文中，马克思深刻分析了伊壁鸠鲁的原子理论，批判他夸大个人作用，宣扬脱离现实、置身于社会生活之外的观点。马克思指出，人们是不能脱离现实、脱离周围世界而孤立存在的。所谓脱离世界的自由，不过是唯心主义哲学家的幻想。人们只有在社会中，通过相互影响，发生一定关系，才能得到真正的自由，也才能对外部环境发生作用。马克思对伊壁鸠鲁原子理论的批判，实际上也就是对青年黑格尔派"自我意识"哲学的批判。

青年黑格尔派的活动家们为了标榜自己比老师更高明，对黑格尔哲学采取了错误的态度。他们既没有深入批判黑格尔哲学，更不能从它里面吸取科学的成分，只是简单地指责它，把它当做无用的东西抛在一边。

与青年黑格尔派不同，马克思认为，对待黑格尔哲学，必须采取严肃的、科学的态度，这就是"要批判地消灭它的形式，但是要救出通过这个形式获得的新内容"②。这时马克思虽然已经在许多问题上看出黑格尔哲学的局限性

---

① 马克思：《博士论文：德谟克利特的自然哲学与伊壁鸠鲁的自然哲学的差别》，《马克思恩格斯全集》第40卷，第258页。

② 马克思：《路德维希·费尔巴哈和德国古典哲学的终结》，《马克思恩格斯全集》第21卷，第314页。

和错误,但是他并没有把它当做无用的东西抛在一边,更没有对它全盘否定,而是细心地分析它的体系和方法,区别它的谬误和正确的因素,摒弃其中荒谬和错误的成分,继承和发扬其中合理的、科学的成分。通过认真的研究,马克思发现了黑格尔哲学中辩证法这个合理的内核。他特别强调辩证法的革命精神,指出"辩证法也是湍急的洪流,它把无数的和有限的事物击破,把独立的形式推翻,把一切都沉没于一个永恒的大海"。他从这一点出发论证哲学革命对改造现实世界的作用。他的态度,与青年黑格尔派的态度形成了鲜明的对照。

《博士论文》表明马克思比青年黑格尔派活动家已经大大前进,决心投身于实际的革命斗争。从此以后,他与青年黑格尔派的分歧越来越大。

马克思在参加《莱茵报》工作以前,曾经打算与布鲁诺·鲍威尔共同撰写一部著作,反对封建统治者和官方哲学家,"用明白易懂的语言同这些高谈阔论的混蛋们的治国才略争辩"①。1842年6月,布鲁诺·鲍威尔出版了《对黑格尔、无神论和反基督教者的末日的宣告》,以讽刺的文体对基督教和教会僧侣进行批判。按照原来的分工,马克思应该写作《末日的宣告》的第二部《论基督教的艺术》。他写了一份初稿,但是后来没有改写,初稿也没有发表。主要原因是他与青年黑格尔派在政治上产生严重分歧。

布鲁诺·鲍威尔在《末日的宣告》中虽然声称"哲学是对现存事物的批判",哲学"应以推翻现存事物为目标";但是,这部著作基本上仍然只是对宗教作抽象的批判,并没有针对反动的普鲁士专制国家,因而背离了当时民主革命运动的主要任务。这使马克思很不满意。马克思指出:宗教不过是现实世界的虚幻的反映;把斗争的矛头不是对准反动统治的主要支柱——国家政权,而仅仅局限于宗教,这不仅是不够的,而且是十分错误和有害的。马克思说:"宗教本身是并没有内容的,它的根源不是在天上,而是在人间,随着以宗教为理论的被歪曲了的现实的消灭,宗教也将自行消灭。"因此,为了推翻现实存在的封建专制统治,必须"联系着对政治状况的批判来批判宗教,而不是联系着对宗教的批判来批判政治状况"②。在当时的情况下,必须把斗争的矛头对准封建专制国家,批判国家问题上的反动观点,"同君主立宪制作

---

① 马克思:《致阿·卢格》([1842年]3月20日),《马克思恩格斯全集》第27卷,第422页。
② 马克思:《致阿·卢格》(1842年11月30日),《马克思恩格斯全集》第27卷,第436页。

斗争"①。《末日的宣告》把注意力从政治问题转向宗教问题,分散了民主革命运动的战斗力,客观上有利于封建反动统治。马克思没有出版《论基督教的艺术》,表明他在政治上已经与青年黑格尔派划清界限,不愿再与他们合作。

不久,马克思又在出版自由问题上与青年黑格尔派发生严重分歧。当时,德国反动政府对意识形态领域的控制特别严格,"一切知识的来源都在政府的控制之下,从贫民学校、主日学以至报纸和大学,没有官方的事先许可,什么也不能说,不能教,不能印刷,不能发表"②。经过广大人民群众的长期斗争,1841年12月普鲁士国王威廉四世颁布了一个新的书报检查令,以代替1819年的旧法令。新书报检查令是反动和伪善相结合的典型,它一方面表示要放宽书报检查,另一方面却对写作活动加上比旧法令更加无理的限制。

青年黑格尔派完全为新法令的虚伪词句所迷惑,对这个反动法令大加赞扬。青年黑格尔派分子布尔把颁布新法令称做"一个伟大的、美好的时刻"。青年黑格尔派的言论,客观上维护了封建专制统治,妨碍了民主革命运动的进展。

同青年黑格尔派相反,马克思对"把人兽化"的普鲁士王朝不抱任何幻想,对新检查令的反动本质有着深刻的认识。他先后在《德国现代哲学和政论界轶文集》和《莱茵报》上发表文章,彻底揭穿了新检查令的反动性和虚伪性,批判了青年黑格尔派美化新检查令、维护普鲁士王朝反动统治的论调。马克思指出:新检查令是"建立在骗人的假象之上的"③,是"一种隐藏着……施加新压迫的命令"。一个真正的革命者,决不应该对反动的书报检查制度加以赞扬,也不应该把争取放宽书报检查作为奋斗目标,而应该为彻底消灭书报检查制度而奋斗。因此,像青年黑格尔派那样吹捧新检查令,宣扬在书报检查制度下实现所谓"出版自由",完全是自欺欺人的幻想,是在替普鲁士王朝及反动法令涂脂抹粉!

《莱茵报》的工作使马克思广泛接触实际,更加认识到青年黑格尔派脱离现实政治斗争,埋头于"自我深化"的错误。他说:德国哲学,脱离现实斗争,脱离人民群众,缺乏经常的战斗准备,对当前迫切的政治问题和社会问

---

① 马克思:《致阿·卢格》(1842年3月5日),《马克思恩格斯全集》第27卷,第421页。
② 恩格斯:《德国的革命与反革命》,《马克思恩格斯全集》第8卷,第17页。
③ 马克思:《评普鲁士最近的书报检查令》,《马克思恩格斯全集》第1卷,第19页。

题漠不关心，而喜欢从事纯粹抽象的研究；它的内容艰深莫测，文字晦涩难懂；"它那玄妙的自我深化在门外汉看来正像脱离现实的活动一样稀奇古怪；它被当作一个魔术师，若有其事地念着咒语，因为谁也不懂得他在念些什么"①。这段话，也是对青年黑格尔派的深刻揭露和批判。

青年黑格尔派从唯心主义观点出发，认为哲学是不依赖于现实世界而存在的，哲学学说是纯粹思想的产物。马克思多次批判了这个错误观点。在《莱茵报》上，马克思针锋相对地指出：哲学是现实世界的反映，哲学思想是时代和群众的产物，"那种曾用工人的双手建筑起铁路的精神，现在在哲学家的头脑中树立哲学体系"②。因此，"哲学不是世界之外的遐想，就如同人脑虽然不在胃里，但也不在人体之外一样"③。马克思特别强调指出，哲学既然是现实世界的反映，它就必须从形式到内容都与现实世界接触并互相作用；只有这样，它才能表明自己是时代精神的精华，是客观现实的正确反映，是改造社会的实践力量。

1842年夏，柏林青年黑格尔派分子组成了一个脱离实际生活，沉醉于抽象的哲学争论的无神论小组。这个自称为"自由人"的小集团，在政治上自我吹嘘，在生活上放荡不羁，胡作非为，"做出种种'蠢事'"④。他们的胡闹，严重损害了革命事业。

"自由人"集团除了继续玩弄纯抽象的理论判断之外，有时又以最极端的面目出现，不顾客观实际情况，主张打倒一切，批判和否定一切现存事物，并且把任何反对他们这种错误倾向的人都斥之为"中庸主义者"。埃德加尔·鲍威尔在《论中庸》一文中宣称：任何原则都是极端彻底的，真正的政党只有两种：一种是极左的，另一种是极右的，其他都是没有原则的。埃德加尔·鲍威尔这种貌似革命的论调，实际上起着分裂革命阵营、涣散革命力量、维护封建反动统治的作用。

马克思严厉批判了"自由人"这种错误的理论。马克思指出："正确的理论必须结合具体情况并根据现存条件加以阐明和发挥。"⑤ 在当时的条件下，

---

① 马克思：《第179号〈科伦日报〉社论》，《马克思恩格斯全集》第1卷，第120页。
② 同上。
③ 同上。
④ 马克思：《致阿·卢格》（[1842年]7月9日），《马克思恩格斯全集》第27卷，第430页。
⑤ 马克思：《致达·奥本海姆》（1842年8月25日左右），《马克思恩格斯全集》第27卷，第433页。

德国人民面临着反对封建专制统治的资产阶级民主革命；为了取得革命胜利，不仅需要发动和依靠广大劳动人民，也需要联合包括资产阶级民主派在内的各种反封建力量，结成广泛的反封建统一战线。"自由人"的态度，实际上是把一切中坚力量推向敌人的营垒，从而削弱革命的力量。同时，这种不顾客观条件，不负责任地高喊打倒一切的态度，正好为反动政府提供镇压革命运动、加强书报检查的借口，这正是反动政府求之不得的。由此可见，这些以极端革命的面孔出现的青年黑格尔派分子，实际上是最大的保守分子。他们正以自己的行动为德国的封建反动统治效劳。

马克思非常重视革命报刊的工作。他认为《莱茵报》这家资产阶级民主派机关报，是当时反对德国封建专制统治的一个重要阵地。因此，决心在"顽强的、充满着责任感的斗争中坚守自己的阵地"[①]。

办报工作是在毫无出版自由的极端困难的条件下进行的。马克思每天从早到晚都要忍受最讨厌的书报检查制度的刁难和折磨。在这种情况下，为保存这块舆论阵地，既要坚持革命原则，又要掌握斗争策略。

在马克思担任主编以前，这家报纸的编辑鲁滕堡缺乏独立工作的才能，因此柏林的"自由人"完全控制了编辑部。马克思担任主编后，他们企图继续支配报纸，把报纸变成这个小集团唯命是从的工具。他们给编辑部寄来一大堆毫无意义却自命能扭转乾坤的肥料。所有文章都写得极其草率，有时唱唱高调，以最极端的方式批评国家制度；有时装腔作势，在偶然写成的剧评之类的东西中偷运一点共产主义；有时则大喊大叫，重弹一通无神论的老调。如果听任他们在报上胡言乱语，就不仅会为反动派提供迫害报纸的借口，而且会破坏报纸的革命原则，降低报纸的声誉，缩小报纸的影响和作用。

为了坚守《莱茵报》这块阵地，马克思不允许"自由人"支配和干涉报纸的编辑工作，制止他们在报纸上胡言乱语，淘汰他们寄到编辑部的那些毫无价值的文章，并且对他们作品中的恶劣倾向作了尖锐的批评。1842年11月30日，马克思写信告诉卢格说："我要求他们：少发些不着边际的空论，少唱些高调，少来些自我欣赏，多说些明确的意见，多注意一些具体的现实，多提供一些实际的知识。我声明说，在偶然写写的剧评之类的东西里偷运一点共产主义和社会主义的原理即新的世界观，我认为是不适当的，甚至是不道德的。我要求他们，如果真要讨论共产主义，那就要用另一种完全不同的

[①] 马克思：《致阿·卢格》（1842年11月30日），《马克思恩格斯全集》第27卷，第437页。

方式，更切实地加以讨论。我还要求他们更多地联系着对政治状况的批判来批判宗教，而不是联系着对宗教的批判来批判政治状况……最后，我向他们建议，如果真要谈论哲学，那么最好少炫耀'无神论'的招牌……而多向人民宣传哲学的内容。"① 马克思指出，如果按照"自由人"的原则办报，必然会断送报纸的前途。因此，反对"自由人"的斗争，实际上也是反对普鲁士反动政府对报纸的迫害、粉碎警察局和书报检查机关摧毁革命报刊的阴谋、坚持革命舆论阵地的斗争。

柏林"自由人"拒绝马克思的批评，对马克思采取蛮横无理的态度，甚至给马克思加上"保守分子"的罪名。从此，马克思和这伙吹牛家断了私人关系。

十二 《论犹太人问题》

1844年初，马克思在《德法年鉴》上发表了《论犹太人问题》，严厉地批判了鲍威尔在《犹太人问题》、《现代犹太人和基督徒获得自由的能力》这两本小册子中所宣扬的资产阶级理想主义、民族沙文主义和唯心主义观点。

犹太人问题是德国资产阶级民主革命的一个重要问题。信奉犹太教的犹太人是德国的一个少数民族，他们受到以基督教为国教的德意志国家的民族压迫和宗教歧视。自从1816年5月4日普鲁士政府颁布歧视犹太人法令以来，犹太人被剥夺了担任公职、从事各种社会活动的权利，遭到越来越严重的歧视和迫害。对犹太人的民族压迫，是由德国封建专制制度不断造成的。德国封建统治阶级为了维护自己的反动统治，不断制造、加深德意志民族和犹太民族、基督教和犹太教的民族矛盾和宗教矛盾。犹太人反对民族压迫和宗教歧视，要求民族平等和信教自由，是资产阶级民主革命的重要内容，在当时具有进步意义。

青年黑格尔派从民族沙文主义和唯心主义立场出发，对犹太人争取民族权利的斗争，采取完全否定的态度。布鲁诺·鲍威尔把犹太人问题当做纯粹的宗教问题，认为犹太人所遭受的民族压迫和宗教歧视，不是由德国封建专制制度的性质，而是由犹太人的宗教信仰所造成的。鲍威尔认为，由于犹太人坚持自己的宗教信仰和生活方式，自外于以基督教为国教的普鲁士国家，

---

① 马克思：《致阿·卢格》（1842年11月30日），《马克思恩格斯全集》第27卷，第436页。

所以不能不遭到歧视；只要他们不放弃自己的宗教信仰和生活方式，他们就必然要被以基督教为国教的德意志国家和社会所排挤，他们也没有理由要求与信仰基督教的德意志民族处于平等地位。鲍威尔进一步指出，宗教是一切社会压迫的根源，只有消灭宗教，才能消灭社会压迫。犹太人要获得政治解放就必须放弃犹太教，而犹太人放弃犹太教、一切人放弃宗教则是政治解放的前提。按照鲍威尔的观点，政治解放意味着宗教的彻底消灭，意味着人们获得真正的自由，意味着一切社会矛盾的根本解决。鲍威尔的上述观点，实质上维护了普鲁士政府的民族压迫和宗教歧视政策，掩盖了社会压迫的物质根源，混淆了政治解放（资产阶级革命）和人类解放（无产阶级革命）的界限。

马克思认为，犹太人争取民族平等和信教自由的斗争，不是宗教问题，而是政治问题。尽管犹太教与基督教同样是统治阶级用来麻醉人民的鸦片，因此必须同样进行彻底批判；但是作为一个政治问题，则必须支持犹太人争取民族平等和信教自由的斗争。早在1842年秋天，马克思就打算写一篇论犹太人的文章，批判各种反犹论调，使这个问题耳目一新。1843年3月13日，马克思从科伦写信给卢格说："本地的犹太教公会会长刚才到我这里来，请我替犹太人写一份给议会的请愿书，我答应给写。不管我多么讨厌犹太人的信仰，但鲍威尔的观点在我看来还是太抽象。应当在基督教国家上面打开尽可能多的缺口……"①

在《论犹太人问题》中，马克思把犹太人问题与资产阶级民主革命的任务直接联系起来。他指出，德国犹太人所受的压迫和歧视，原因在于德国还"没有政治国家、没有真正的国家"②。也就是说，德国现实存在的封建专制国家，与资产阶级民主国家比较起来，还是不完备的国家，或者说，还不是真正的国家。在完备的资产阶级民主国家里，实行政教分离和信仰自由政策；在德意志封建专制国家里，政治和宗教合二为一，实行宗教歧视政策。这个等级的和排他的基督教国家，"不仅是不完备的国家，而且也是不完备的基督教国家"③。只要推翻德国封建专制制度，建立资产阶级民主共和国，犹太人就能够与基督教一样，获得宗教信仰的自由。因此，犹太人争取信教自由，

---

① 马克思：《致路·费尔巴哈》（1843年10月3日），《马克思恩格斯全集》第27卷，第443页。
② 马克思：《论犹太人问题》，《马克思恩格斯全集》第1卷，第424页。
③ 马克思、恩格斯：《神圣家族》，《马克思恩格斯全集》第2卷，第111—112页。

反对宗教歧视和民族压迫的斗争,也就是反对德国封建专制制度,争取资产阶级民主国家的斗争。鲍威尔反对犹太人的斗争,实质上就是维护德国封建专制统治,背叛民主革命运动。

宗教并不是社会压迫的根源,而是社会压迫的表现形式。社会压迫的根源是生产资料私有制和建立在私有制基础上的剥削制度。因此,决不能把社会压迫的问题归结为宗教问题,决不应该以为消灭宗教就能够消灭一切形式的社会压迫,决不可以把批判宗教作为解决一切社会问题的根本途径;相反,只有消灭生产资料私有制以及建立在此基础上的剥削制度,才能消灭宗教、消灭宗教势力、消灭宗教意识对人们的影响。马克思写道:"在我们看来,宗教已经不是世俗狭隘性的原因,而只是它的表现。因此,我们用自由公民的世俗桎梏来说明他们的宗教桎梏……必须首先克服他们的宗教狭隘性。我们认为,他们只有消灭了世俗桎梏,才能克服宗教狭隘性。我们不把世俗问题化为神学问题。我们要把神学问题化为世俗问题。相当长的时期以来,人们一直用迷信来说明历史;而我们现在是用历史来说明迷信。"① 这段话深刻地说明了历史和神学、政治和宗教的关系。

批判宗教必须服从政治斗争的需要。在资产阶级民主革命中,由于宗教是封建专制制度的主要思想支柱,批判宗教间接地也就是反对以宗教为精神慰藉的那个世界的斗争,因而有着一定的积极意义。但是,社会革命决不能仅仅限于宗教批判,决不应该夸大宗教批判的作用。因为,宗教批判虽然摘去了那奴役人们的锁链上的虚幻的花朵,但更重要的是要打碎锁链、扔掉锁链。革命者的任务,不应该局限于宗教批判,更不应该把宗教批判和政治斗争割裂开来,而应该站在政治斗争的高度来批判宗教,并且应该把政治斗争放在首位,把对天国的批判变成对旧社会的批判,对宗教的批判变成对反动法制的批判,对神学的批判变成对封建专制统治的批判。

批判的武器是非常重要的。但是,批判的武器决不能代替武器的批判。整套的剥削制度,剥削阶级的国家机器,剥削阶级用来麻醉人民的宗教和其他各种精神支柱,构成了强大的物质力量。物质力量只能用物质力量来摧毁。无论批判的武器多么重要,更为重要的是革命的实际斗争,是用革命手段推翻剥削阶级的政治统治,是对剥削阶级进行"武器的批判"。

鲍威尔把政治解放和人类解放混为一谈,断言政治解放就是宗教的彻底

---

① 马克思:《论犹太人问题》,《马克思恩格斯全集》第1卷,第425页。

消灭，就是人们从包括宗教压迫在内的各种社会压迫中彻底解放出来，就是人类的彻底解放。这是非常荒谬的。

马克思指出：政治解放使国家从中世纪的宗教束缚下解脱出来，并使国家完备化，这是一个进步。犹太人所要求的就是这种解放。但是，政治解放既不是宗教的彻底消灭，更不是人类的彻底解放。政治解放既不要求犹太人放弃犹太教，也不要求一切人放弃宗教。政治解放并没有消灭产生宗教的物质根源和社会根源。政治国家虽然实现政教分离，但并不妨碍民间宗教活动的存在。例如，当时美国是一个资产阶级统治的典型政治国家，在那里，宗教不仅没有消灭，反而非常盛行。由此可见，"在政治解放已经完成了的国家，宗教不仅存在，而且表现了生命力和力量，这就证明，宗教的存在和国家的完备并不矛盾"①。在政治国家里，人并没有从宗教中解放出来，反而取得了信教自由。

人类解放与政治解放不同。它的使命是消灭私有财产和以私有财产为基础的社会制度。当私有财产消灭的时候，宗教产生和存在的基础也就消灭了。人们的宗教意识，也就会"像烟雾一样，在社会的现实的、蓬勃的空气当中自行消失"②。只有到那个时候，人类才获得了真正彻底的解放。

十三 《神圣家族，或对批判的批判所作的批判》

1844年8月，马克思和恩格斯在巴黎会晤，对各种社会问题、政治问题、理论问题深入交换意见，结果表明，他们在所有问题上的观点完全一致，在对待青年黑格尔派的问题上也完全一致。

被马克思、恩格斯讽刺地称为"神圣家族"的青年黑格尔分子，于1843年12月在柏林创办《文学总汇报》（月刊）。这家刊物所有文章的中心思想，是"'精神'和'群众'对立"。他们在评论宗教和哲学、基督教和犹太教、赤贫现象和社会主义、英国工业和法国革命等影响当时生活的一切重要现象时，贬低无产阶级和劳动人民的作用，宣扬少数英雄人物创造历史；鼓吹所谓"公正不倚"、"置身于一切政党之外"的超党派态度，反对革命理论与工

---

① 马克思：《论犹太人问题》，《马克思恩格斯全集》第1卷，第425页。
② 同上书，第446页。

人运动相结合。

恩格斯在巴黎逗留期间，同马克思一起深入分析了青年黑格尔派的性质、作用和危害性，共同研究批判内容、拟定批判提纲。恩格斯用十天时间写完自己分担的题目，马克思则集中几个月时间进行写作。

1845年2月，马克思、恩格斯第一部共同著作《神圣家族，或对批判的批判所作的批判。驳布鲁诺·鲍威尔及其伙伴》出版。这部主要由马克思执笔的著作，内容十分丰富，"写得非常精彩"①，在批判青年黑格尔派的谬论时，进一步发挥了在《德法年鉴》上初次论述的关于无产阶级伟大历史使命等光辉思想。

青年黑格尔派的理论基础，是思辨唯心主义哲学。同唯物主义反映论相反，思辨唯心主义否认理论来源于实践，否认主观意识是客观存在的反映。他们从概念推出存在，认为主观意识是客观存在的基础，企图使客观世界服从于主观创造的概念。

青年黑格尔派认为，精神、思维、概念是创造活动的主体，不依赖于客观世界而独立存在；历史活动是纯粹思维活动的结果，是概念的自我发展；历史的发源地不在现实的物质生活中，而在天上的云雾中。在他们看来，一切现实存在的、具体的、确定的东西都是微不足道的。社会上一切矛盾和斗争，只是"概念"、"范畴"的对立；只要改变"想法"、扬弃"范畴"，就可以消灭对立。他们认为，无产阶级和资产阶级的矛盾和斗争，是"拥有"和"不拥有"这两个范畴的对立；无产阶级要改变"不拥有"的地位，只需克服和扬弃这两个概念和范畴。这样，他们"就把一切外部的感性的斗争都变成了纯粹观念的斗争"。

马克思、恩格斯指出，把思维活动当做创造的主体，把外部世界变成纯粹的幻觉和幻想，变成自己头脑的单纯突发之念，这是完全错误的。事实正好相反，客观世界是不依赖于自我意识并存在于自我意识之外的。它不是自我意识的幻觉，不是幽灵，不是概念和范畴，而是实实在在的存在。马克思、恩格斯讽刺地写道：对于宣扬思辨唯心主义的青年黑格尔分子来说，"它的每一种感觉都迫使他相信世界和他以外的其他人的存在，甚至他那世俗的胃也每天都提醒他在他以外的世界并不是空虚的，而真正是把他灌饱的东西"②。

---

① 恩格斯：《致马克思》（1845年3月17日），《马克思恩格斯全集》第27卷，第30页。
② 马克思、恩格斯：《神圣家族》，《马克思恩格斯全集》第2卷，第154页。

青年黑格尔派离开群众的实践活动，不去研究具体的经济关系，不去认识一定历史时期工业和生活本身的生产方式，不去了解人对自然界的关系，排除自然科学和工业对历史发展的影响，因而根本不能对历史现实有起码的认识，也不能真正了解各个具体历史时期的性质和特点，更不能掌握历史发展的规律。他们那一套所谓思维创造历史的自满自足、自圆其说和自成一家的论调，不过是实践和历史中的胡言乱语罢了。

青年黑格尔派把现实事物归结为范畴和概念，从范畴和概念推出存在，表明了他们的思想贫乏和完全无知。马克思、恩格斯通过分析"果实"这一概念同具体果实的关系，具体而生动地揭穿了思辨唯心主义哲学的荒唐可笑。按照思辨哲学的观点，"果实"这一概念是各种果实（梨、苹果等）的真正的本质，某一具体果实（例如梨）则是"果实"这一概念的单纯存在形式，各种具体果实的本质不是它们那可以感触得到的具体特征，而是从各种果实中抽象出来的"果实"这个概念。虽然各种果实的具体特征是不同的，但在思辨哲学家看来，它们都是共同的东西，都是"果实"！这样一来，具有不同特征的现实的果实变成了观念上的"果实"。自然界丰富多彩的果实不见了。人们无须去认识各种果实的具体特征，只要知道它们都是"果实"就行了。但是，用这种方法是得不到内容特别丰富的规定的。"如果有一位矿物学家，他的全部学问仅限于说一切矿物实际上都是'矿物'，那末，这位矿物学家不过是他自己想象中的矿物学家而已。"[①]

思辨唯心主义哲学也是青年黑格尔派政治活动的理论基础。他们从思辨哲学的观点出发，把无产阶级和资产阶级的矛盾和斗争归结为"拥有"和"不拥有"这两个范畴的对立，用扬弃概念代替现实的阶级斗争，这不仅是荒谬的，而且是反动的。

马克思、恩格斯指出，无产阶级在资本主义制度下所遭受的剥削和压迫，决不是幻觉和幻想，而是"最完全的现实，是极其实际的拥有，即饥饿、寒冷、疾病、罪恶、屈辱、愚钝以及种种违反人性的和违反自然的现象的拥有"[②]。无产阶级与资产阶级的矛盾和斗争，决不是消除"拥有"和"不拥有"这两个范畴所能解决的。马克思、恩格斯在批判埃·鲍威尔时讽刺地说："如果社会所必须摆脱的只是拥有和不拥有这两个范畴，那末为社会'克服'

---

① 马克思、恩格斯：《神圣家族》，《马克思恩格斯全集》第2卷，第72页。
② 同上书，第52页。

和'扬弃'这两个范畴,对任何一个甚至比埃德加尔先生更低能的辩证论者来说,都该是一件多么轻而易举的事啊!"①

无产阶级非常清楚地知道,即使在思想上千百次克服、扬弃、铲除"拥有"和"不拥有"、"雇佣劳动"和"资本"这些范畴,也丝毫没有改变资本主义剥削这个活生生的现实;"要想站起来,仅仅在思想中站起来,而现实的、感性的、用任何观念都不能解脱的那种枷锁依然套在现实的、感性的头上,那是不行的"②。

因此,他们坚决抛弃思辨哲学的抽象说教,为了改变自己生存的现实条件,为了改变自己的非人景况,为了彻底解脱资本主义的枷锁,必须坚持进行革命的实践活动。

《神圣家族》一书,在反对青年黑格尔派的论战中,起了重大的作用,是马克思主义形成过程中一个重要的阶梯。

十四 西里西亚织工起义和《评"普鲁士人"的〈普鲁士国王和社会改革〉一文》

1844年6月,德国发生震撼整个欧洲的西里西亚纺织工人起义。这次起义并不是偶然的。19世纪40年代,德国资本主义已经有了一定的发展,工人阶级的人数也有所增加。在这个还存在着大量封建残余的国家里,工人阶级由于受到资本主义和封建主义的双重剥削,生活非常困苦。西里西亚是德国纺织工业的中心,这里的工人受到工场主、包买商的剥削,也受到封建地主的剥削,工资很低,劳动时间很长,劳动条件很恶劣。他们的生活还不如监狱中的"犯人"。40年代初,西里西亚的工场主为了与英国商品竞争,便用压低工资的办法来降低成本,这种情况引起工人的强烈不满。工人们在一首战歌中,愤怒地控诉了资本家的罪恶:

这个村子里有一个法庭,
它比弗迈还要凶狠,

---

① 马克思、恩格斯:《神圣家族》,《马克思恩格斯全集》第2卷,第51页。
② 同上书,第105页。

在这里法官不用宣判,
很快就夺走了人的生命。

这里的人被慢慢折磨,
这里是一个拷问室,
这里有很多人呻吟叹息,
证明着他们的不幸。

茨万齐格尔兄弟是刽子手,
他们的家仆是帮凶,
一个个都仗势欺人,
一点也不留情。

你们这些无赖,你们这些恶魔,
你们是地狱里的坏鬼,
你们夺取了穷人的财产,
你们应该受到诅咒!

  1844年6月4日,织工们唱着这首战歌,走过当地最大的工场主茨万齐格尔的住宅时,许多人遭到毒打并被拘留。工人们愤怒万分,当天就捣毁了茨万齐格尔的住宅。第二天,在彼特尔斯瓦达渥和兰根比劳两地,有三千多工人成群结队捣毁工场,烧掉债务票证。在政府调来大批军队进行镇压时,工人们立即举行武装起义,与军队展开血战。这次起义虽然很快被镇压下去,但是西里西亚工人阶级以自己英勇的战斗,在德国和国际工人运动史上写下了光辉的一页。恩格斯在1845年所写的《最近发生的莱比锡大屠杀——德国工人运动》一文中,对西里西亚的起义作了高度的评价:"1844年西里西亚的织工发出了信号,波希米亚和萨克森的印花工人和铁路建筑工人、柏林的印花工人以及几乎整个德国的产业工人都纷纷举行罢工和局部起义来响应……现在运动差不多扩展到了全国,并且还在继续平稳地发展。"①

---

  ① 恩格斯:《最近发生的莱比锡大屠杀——德国工人运动》,《马克思恩格斯全集》第2卷,第629—630页。

西里西亚织工起义向德国各阶级各阶层提出了一个尖锐的问题：如何对待刚刚兴起的工人运动。

马克思未来的战友威廉·沃尔夫，在起义发生后不久，写了《西里西亚的贫困和起义》一文，随后又写了《西里西亚状况》。在这些文章中，威廉·沃尔夫热烈赞扬了工人的英勇行动，阐述起义的真正原因，指出起义虽然被镇压下去，但是，"西里西亚的工人清楚地懂得自己的阶级利益同资产阶级利益的对立"，他们清楚地懂得，只有通过革命和斗争，才能改善自己的景况。

德国革命诗人海涅听到起义的消息后，立即写诗控诉德国封建主义和资本主义的罪恶。侨居在英国的德国无产阶级革命诗人格奥尔格·维尔特，也表明自己与德国工人站在一起。而阿尔诺德·卢格对西里西亚织工起义抱着敌对的态度。他在起义发生后不久，用"普鲁士人"这个可疑的笔名在《前进报》上发表了《普鲁士国王和社会改革》一文，竭力贬低西里西亚织工起义的意义，认为这次起义不过是单纯地方性的事件，"决不会引起国王和行政机关的丝毫'恐惧'"①。他否认织工起义的原因是资本主义的剥削，把工人的贫困状况曲解为非政治国家的特点；他肆意诬蔑德国无产阶级，说他们"除了自己的家庭、自己的工厂、自己住的那个地区以外，什么都看不见"②。他还公开反对无产阶级独立的政治活动，认为无产阶级保卫自己的阶级利益，会削弱人民反对专制制度的斗争。卢格的观点，反映了德国资产阶级仇视和害怕工人运动的反动本性，对于刚刚兴起的无产阶级革命运动极为有害。

为了揭露资本主义制度的罪恶，为了阐明西里西亚织工起义的原因、性质和意义，为了彻底批判卢格的反动观点，肃清卢格的观点在工人运动中和革命阵营中的影响，马克思于7月底在《前进报》上发表了《评"普鲁士人"的〈普鲁士国王和社会改革〉一文》，对西里西亚织工起义作了深刻的总结。

马克思说，西里西亚织工起义，是由资本主义制度所造成的工人阶级贫困状况引起的。工人阶级的贫困状况，并不是德国这个非政治国家的特点，而是一切政治国家即资本主义国家的特点，因为这种贫困状况是资本主义剥削的结果。例如在英国这个典型的资本主义国家里，"工人的贫困不是个别的现象，而是普遍的现象；贫困不只限于工场区，而且也扩展到了农业区"③。

----

① 马克思：《评"普鲁士人"的〈普鲁士国王和社会改革〉一文》，《马克思恩格斯全集》第1卷，第468页。
② 同上书，第482页。
③ 同上书，第472页。

工人阶级的斗争,就是对资本主义剥削制度的抗议。因此,西里西亚织工起义,决不是什么偶然的、纯粹的地方性的事件,而是由德国资本主义制度的发展所造成的,是德国无产阶级和资产阶级矛盾尖锐化的表现;虽然起义发生在局部地区,但它却包含着非常普遍的意义。

针对卢格诬蔑德国工人阶级的论调,马克思给德国工人阶级以极高的评价。他指出,西里西亚织工起义的事实,表明德国工人阶级政治上的成熟。他们在起义开始时就"毫不含糊地、尖锐地、直截了当地、威风凛凛地厉声宣布,反对私有制社会"①。他们在起义的过程中,不仅毁掉机器,而且毁掉账簿和财产契据;不仅打击明显的敌人——工业企业的老板,而且打击隐蔽的敌人——银行家,一开始就把整个资产阶级当做自己的敌人。起义的整个行动很有计划,职工们非常勇敢和坚强。所有这一切都说明了,"西里西亚织工起义一开始就恰好做到了法国和英国工人在起义结束时才做到的事,那就是意识到无产阶级的本质"②。

马克思认为,德国无产阶级在理论上比欧洲其他国家的无产阶级更成熟。他们是"欧洲无产阶级的理论家"。如果说德国资产阶级是无能的典型,没有能力进行资产阶级革命的话,德国无产阶级的强有力也是典型的,它完全能够担当社会主义革命领导者的任务。

在这篇论文的结尾,马克思提出了实现社会主义的道路问题。与空想社会主义和其他社会改革家不同,马克思没有幻想通过和平的道路,通过小型试验等办法来实现社会主义。他认为,社会主义必须通过革命才能实现;而革命就是"推翻现政权和破坏旧关系"③。

十五 巴黎《前进报》

马克思在巴黎的活动是多方面的。他在从事理论研究的同时,并没有忘记在适当时机"向德国制度开火"!为此,他从1844年夏天起,积极参加《前进报》的工作。

《前进报》是于1844年1月在巴黎出版的德文周刊。该报创办人是经营

---

① 马克思:《评"普鲁士人"的〈普鲁士国王和社会改革〉一文》,《马克思恩格斯全集》第1卷,第483页。
② 同上。
③ 同上书,第488页。

戏剧业和出版业的商人亨利·波恩斯坦。他办报的目的是做剧院广告和普通的投机生意。同年5月以后，民主主义政论家贝尔奈斯坦担任主编，报纸开始改变政治方针，发表了一些具有革命民主主义思想的作品。

马克思在《前进报》出版期间，特别在6月以后，起了巨大的作用。他亲自参加和指导报纸的编辑工作，使报纸保持正确的方向；他为报纸写了一些论文和短评，阐述自己刚刚形成的共产主义观点。有一段时期还参加该报的编辑工作，使报纸坚持正确的方向。

在马克思的指导下，《前进报》经常刊登法国资产阶级革命的历史材料，介绍法国革命斗争的状况。马克思力图通过介绍这些材料，来鼓舞革命传统比较薄弱的德国人民的斗志。《前进报》对德国工人阶级的斗争特别重视。西里西亚织工起义以后，报纸发表很多文章，对起义的参加者表示敬意，谴责反动派对工人的镇压，并且预言工人阶级的斗争必将获得胜利。在一篇题为《吃二十四个板子和十年苦役》的文章中，作者站在无产阶级立场上，骄傲地声言："德国的无产者遭受了失败，但这只是表面上的失败；正是这种失败的处境向西里西亚的织工预示着胜利的将来。"同时，报纸开始系统地介绍和论述德国工人的生活状况和他们的斗争。报纸用许多期的篇幅，连续刊载关于波希米亚、莱亨堡和柏林工人运动的通讯和评论，并刊载威廉·沃尔夫所写的《西里西亚状况》等文章。

《前进报》还经常刊载一些分析工人阶级经济地位、工人阶级和资产阶级经济关系的理论文章。这些文章力图阐明工人运动的原因和意义。例如，在一篇题为《黑人奴隶和自由奴隶》的论文中，作者维别尔写道：在资本主义社会，工人不过是自由的奴隶，他们"被降低到简单商品的地位"。他指出，工人所得到的工资，反映了资本家和工人的相互关系；工资的高度，是由双方的斗争决定的。

恩格斯也积极参加《前进报》的工作。他在这家报纸上发表了两篇重要的论文：《英国状况——十八世纪》和《英国状况——英国宪法》。此外，恩格斯还曾在德国积极推销报纸。

流亡在法国的许多德国民主主义者，也把《前进报》作为反对德国专制制度的舆论阵地。新闻记者贝尔奈斯、诗人海尔维格、政论家毕尔格尔斯等都曾为该报撰稿。海涅在《中国皇帝》等诗篇中，辛辣地讽刺了当时普鲁士国王威廉四世：

我父亲是个不喜欢饮酒的怪人,
他不喜欢喝得酩酊大醉;
但我却很爱喝烧酒,
我是个强大的统治者。

饮酒具有神奇的作用!
我心里对这一点认得清:
只要我把烧酒喝得痛快——
中国在世界上就能特别繁荣。

中华帝国蒸蒸日上,
到处是春天的芳香。
我自己几乎已长大成人,
我的妻子也有了身孕。

得病的人都获得健康,
所有的人既富足又幸福。
我的第一位大圣人孔夫子,
提出了最出色的思想。

士兵们吃的干粮,
比糖果味道还香;
而我的国家里的乞丐,
都穿着绸缎和丝绒的衣裳。

那些满大人,
我的那一只老弱残废的人们,
又恢复了令人羡慕的活力,
重返生气勃勃的青春。

……

叛逆的精神烟消云散，
满洲的老爷高声呼喊：
"我们不要什么宪法，
我们要的是抽打皮肉的竹竿。"

从1844年夏天开始，《前进报》在马克思、恩格斯的积极参加和指导下，逐渐具有共产主义性质。它在流亡法国的德国工人群众和进步人士中的影响越来越大。用威廉·沃尔夫的话来说，这张报纸清除了人们头脑中的垃圾。

参加《前进报》的工作，是马克思生平事业的一个重要事件。马克思不仅通过这家报纸宣传革命民主主义和共产主义观点，而且在自己周围团结了一批共产主义者，开始形成一个人数不多的革命小组。他们在《前进报》和其他进步报刊上，在自己的日常言论中，积极地宣传马克思正在形成的共产主义观点。

《前进报》存在的时间不到一年。由于他的革命民主主义立场和敢于讨论各种尖锐的社会问题，因而遭到一些反动报刊的攻击和反动政府的迫害。法国的《地球报》写道："这个报纸比第一次革命时期任何一种法国小报都坏。"《爱北斐特日报》鼓吹对这个"危险的报纸"采取最坚决的措施。1844年末，柏林当局要求法国基佐政府封闭报馆，驱逐编辑人员。反动政府最痛恨马克思，把他列为应该驱逐的第一批。在柏林政府的坚持下，法国政府撕下了出版自由的假面具，迫使《前进报》停刊。1844年12月28日，报纸出版了最后一期。接着，法国政府又下令驱逐编辑人员和主要撰稿人。1845年初，马克思接到法国政府的驱逐令，限他"必须在二十四小时内离开巴黎"。

在德法两国反动政府的迫害下，马克思于1845年2月初离开巴黎，来到比利时首都布鲁塞尔。随后，他刚刚结识的战友恩格斯也来到了这里。

第三章 新世界观天才萌芽的最初文献

一 两位伟大导师的历史性会晤

1844年，是马克思生平事业中具有重大意义的年份。这一年，他完成了从革命民主主义向共产主义的转变，与共同事业的终生战友恩格斯会晤，共同撰写第一部合著的著作，在国际共运史上写下了浓墨重彩的一笔。

科学社会主义是由马克思、恩格斯两位伟大导师共同创立的，国际共产主义运动也是由他们共同创建的。他们曾于1842年11月在科伦首次会晤。1844年8月恩格斯从英国返回德国途中，在巴黎再次拜访马克思。经过短暂交谈，发现两人观点完全一致。十天的共同生活和写作，为他们终生的友谊奠定了牢固的基础。

弗里德里希·恩格斯于1820年11月28日诞生于德国普鲁士邦莱茵省巴门市的一个资产阶级家庭，父亲是富有的工厂主。

恩格斯从小就是一个性格坚强、聪明活泼和求知欲旺盛的人。他先后在巴门和爱北斐特读中学。在学校读书时，他对各门功课都有广泛的兴趣。他具有特殊的语言才能，德语、拉丁语、希腊语、法语都学得很好；在历史、地理、数学、物理、化学等学科方面，也有坚实的知识，教师们认为他"不仅资质很高，而且表现了一种力求扩大自己的科学知识的值得赞许的愿望"[①]。他还喜欢写诗、绘画、音乐，也爱好骑马、击剑、游泳等体育活动。

1837年9月，在父亲的坚持下，恩格斯中断了中学学业，到他父亲的营业所学习经商。一年以后，父亲把他送到不来梅一家贸易公司工作，在这里

[①] 《中学高年级学生弗里德里希·恩格斯的肄业证书》，《马克思恩格斯全集》第41卷，第692页。

住了三年。

不来梅是德国北部一个大商港。恩格斯在这里可以看到英国、荷兰和其他国家的报纸，也可以观察到大城市各方面的生活。通过勤奋自学，他获得了哲学、文学等方面的丰富知识；通过对现实生活的细心观察，他逐渐了解到当时各种社会问题和政治问题。

恩格斯从巴门到不来梅不久，就读了青年黑格尔分子施特劳斯的《耶稣传》。这本书给他留下了深刻的印象，初步消除了他从家庭和社会所受到的宗教影响，并且推动着他去研究黑格尔哲学。1840年初，他写信告诉友人，自己正在精心研究黑格尔的《哲学史讲演录》，并且已被这部著作吸引住，决心要吸取这个宏伟体系的最本质的要素。

但是，恩格斯对脱离实际的黑格尔哲学并不满意。他认定自己不能成为一个"根深蒂固的黑格尔派"。他热烈赞扬"争取自由和权利的伟大战士"白尔尼，认为必须把黑格尔哲学和白尔尼的政治实践结合起来，建立科学和生活、哲学和政治之间的联系。

由于对社会生活各方面的观察和了解以及哲学上的钻研，恩格斯开始关心政治斗争。1839年4月，他写信告诉友人："每当我翻阅一本什么杂志时，我都注意寻求自由事业的进展情况。"① 同马克思一样，他是作为革命民主主义者走上政治舞台的。这个时期他所写的论文、诗歌和书信，表明他已站在革命民主主义的立场上，对封建专制制度采取不调和的态度。例如在《德意志的七月时光》中，他严厉谴责德国各邦统治者对人民背信弃义，指出他们的统治地位已经摇摇欲坠：

  洪流奔腾，波涛汹涌，
  暴风雨袭来，狂烈凶猛，
  ……
  我在飘摇的小舟中不由想到你们
    ——德意志的诸侯和国君，
  你们高居黄金宝座
    压在忍辱负重的人民头顶；
  人民又抬着你们走过祖国大地，

---

① 参阅恩格斯《致弗·格雷培》(1839年4月)，《马克思恩格斯全集》第41卷，第459页。

胜利地把占领者驱逐出境。
这时你们竟厚颜无耻，
背弃了原来的诺言保证。
现在法兰西的暴风雨袭来了，
人民群众像波涛汹涌。
君王的宝座摇摇欲坠，
像暴风雨中的孤舟，
权杖也颤抖在你们手中。
首先我把愤怒的目光
　　　　投向你恩斯特·奥古斯特①，
你这暴君肆意破坏法律，跋扈专横，
听吧，暴风雨已在咆哮，
看吧，人民怒目凝视，
　　　利剑也难在鞘中安静。
告诉我，你坐在像我的小舟那样颠簸
　　　的黄金座上，
是否安然无事？

恩格斯指出，所有的德国君主都是反动家伙，对他们决不应存任何幻想。只有进行坚决的斗争，才能迫使封建统治者承认人民的权利。国王"只有当他的脑瓜里响起人民扇他耳光声响的时候，只有当他的宫殿的玻璃窗被革命的投石击碎的时候，才会做点好事"。他热情地号召人们为推翻反动的封建专制制度而斗争。

在恩格斯开始进行政治斗争的年代，争取国家统一是德国资产阶级民主革命的基本任务。恩格斯对德国四分五裂的状况十分不满，提出建立一个统一的、不可分的资产阶级民主国家的口号。他写道，祖国的统一，是德国人民的第一需要，是未来自由的基础，只要当我们祖国仍然处在四分五裂的状态中的时候，那么我们就是政治上的渺小人物，那么社会生活、完善的立宪制度、出版自由以及我们的一切其他要求，都不过是一些良好的愿望而已，它们不可能得到彻底的实现。

---

① 当时的汉诺威国王。

恩格斯对反动的农奴制度极端痛恨。他认为，这个制度给德国人民造成严重的灾害，而受害最深的是广大农民。由于世代相传的人身依附地位和世袭法庭的专横，使农民们"饮食无味，睡梦不安"，许多人被迫离开祖国，流落异邦。

恩格斯生长在工业比较发达的莱茵省，有更多的机会看到资本主义的罪恶。他在自己最初的政论文章《乌培河谷来信》中，以无比愤怒的心情，揭露了资本主义制度的脓疮。他逼真地描写了资本主义制度给工人带来的灾难，揭露了资产阶级丑恶的生活方式和精神世界，痛斥了他们的贪婪和伪善。他写道：在乌培河谷，儿童大量失学，疾病到处蔓延，工人们由于繁重的劳动和恶劣的生活条件，失掉全部的力量和朝气。而那些工厂主们却靠着工人的血汗，养得脑满肠肥。他们轻松愉快，厚颜无耻，"虔诚派教徒的灵魂还不致因为一个儿童如何衰弱而下地狱，假如这个灵魂每个礼拜日到教堂去上两次，那就更没有事了"①。

这个时候，虽然黑暗笼罩着整个德国，但恩格斯像马克思一样，对德国前途充满信心。他知道，黑夜决不会长久地笼罩平川，大地也不会长久地在雾气中酣睡，自由的曙光一定要到来。到那时候，

  鲜花铺满了整个大地，
  一切植物都改换了生长的国家，
  和平的棕榈美化了北国，
  冰冻的原野开遍了玫瑰花。

1841年秋天，恩格斯到柏林服兵役。他认真研究军事，是一名出色的炮手。从这时起，军事科学成为他最喜爱的科学领域之一。他在以后数十年所写的军事论文，是无产阶级军事科学的辉煌杰作。

在柏林期间，恩格斯结识了青年黑格尔派的成员，参加了青年黑格尔派的哲学—政治活动。

1841年11月，普鲁士政府为了反对青年黑格尔派，聘请谢林到柏林大学讲学。恩格斯对谢林的讲学非常重视，他认为这不是一场学术论战，而是一场政治斗争。也就是说，是一场在政治方面和宗教方面争夺德国舆论统治

---

① 恩格斯：《乌培河谷来信》，《马克思恩格斯全集》第1卷，第499页。

权、因而也就是争取德国本身的统治权的斗争。他决定不放过这场斗争。因此，便以旁听生身份到柏林大学听他讲学。他认真地记下谢林讲学的内容，随后立即写出批判文章，逐一批驳谢林的谬论。

1841年12月，恩格斯用"弗·奥斯渥特"的笔名，在《德意志电讯》上发表了《谢林论黑格尔》一文，随后又出版了《谢林和启示》和《谢林——基督哲学家》两本著作。在这些论文和著作中，恩格斯捍卫了黑格尔哲学的进步方面，指责谢林放弃了理性和科学的原则，揭露了谢林为君主制度效劳的反动立场。

恩格斯反对谢林的著作，虽然基本上还是站在黑格尔唯心主义立场上写成的，虽然也赞同青年黑格尔派的观点，认为人类的自我意识是最伟大的创造力量，但是，在这些文章中，已经有着唯物主义的倾向。例如，他认为"……精神只能在自然界内部及和自然界一起而存在，而不是在与整个自然界完全隔绝的情况下存在"①。这个时候，费尔巴哈的《基督教的本质》一书，对于他的思想发展产生了重大的影响。

恩格斯反对谢林的著作，充满着战斗的、革命的精神。他把反对谢林的斗争，当做反对德国反动君主制度的政治斗争，他号召人们"勇敢地投入反对新敌人的战斗"②，"心甘情愿地在……最后一次圣战中献出自己的生命"③。他满怀激情地写道："让我们战斗和流血，让我们毫无畏惧地注视着敌人的愤怒的眼睛并战斗到最后一息吧！难道你们没有看见我们的旗帜怎样飘扬在山峰上吗？难道你们没有看见我们同志的剑怎样在闪烁，他们头盔上的羽毛怎样在颤动吗？他们的大军从四面八方开来，他们从山谷里赶到我们这里，他们在听到号角声时唱着歌跑下了山。最后判决的日子、人民决战的日子临近了，胜利一定属于我们！"④

批判谢林的著作轰动了整个德国学术界，人们对于这个用"实事求是的冷静态度和十分明确的立场"把著名哲学家谢林批得体无完肤的作者大加赞扬，并且对"弗·奥斯渥特"乱加猜测。有人认为是《德意志电讯》主编谷兹科夫，有人则认为是著名政论家卢格，有人又认为是俄国贵族巴枯宁。很少有人知道，作者不过是一个21岁的普鲁士炮手和大学旁听生。尽管赞扬之

---

① 恩格斯：《谢林和启示》，《马克思恩格斯全集》第41卷，第229页。
② 恩格斯：《谢林论黑格尔》，《马克思恩格斯全集》第41卷，第205页。
③ 恩格斯：《谢林和启示》，《马克思恩格斯全集》第41卷，第268页。
④ 同上书，第269页。

声从四面八方涌来,但恩格斯清醒地认识到,为了有效地促进进步事业,自己的知识还很不够,需要以更大的兴趣进行研究,以便越来越多地掌握那些不是先天赋予一个人的东西。

1842年秋天,恩格斯服役期满。同年11月,他从德国来到英国,在英国住了将近两年。这是他生活中的一个转折点。

英国是当时资本主义最发达的国家。在这个国家中,资本主义社会所固有的各种矛盾,无产阶级和资产阶级的斗争,都比欧洲大陆各国尖锐和激烈。

恩格斯在英国期间,非常关心工人阶级的状况。他"抛弃了社交活动和宴会,抛弃了资产阶级的葡萄牙红葡萄酒和香槟酒,把自己的空闲时间几乎都用来和普通的工人交往"①。他长期住在英国主要工业中心曼彻斯特,先后到过伦敦、里子、郎卡郡等工人阶级集中的城市,深入工人住宅区,观察工人们的日常生活,了解他们的疾苦和欢乐,亲眼看到他们反抗压迫者和剥削者的斗争。

长期深入工人群众,使恩格斯深刻了解了资本主义制度的罪恶。他在英国这样一个典型的资本主义国家中看到,"工业虽然可使国家富庶,但同时也造成了急速增长着的赤贫如洗、勉强度日的无产阶级"②。资本主义制度给这个阶级带来了过度的劳动、贫困、失业、挨饿等灾难。每当经济危机发生时,他们的情况就更加困难。严酷的现实使工人阶级具有坚强的斗争精神。英国工人反对资本主义的斗争,给年轻的恩格斯留下极其深刻的印象。他写道:可以肯定地说,"比郎卡郡的这些棉纺织业工人更忠于民主原则的人,比他们更有决心打碎折磨着他们的剥削者资本家的枷锁的人,在全世界的任何一个国家里,都是无法找到的"③。对于伪装博爱的英国资产阶级,恩格斯愤慨地说,他从来没有看到过一个阶级像英国资产阶级那样堕落,那样自私自利到不可救药的地步,那样腐朽,那样无力再前进一步。恩格斯一针见血地指出,"在资产阶级看来,世界上没有一样东西不是为了金钱而存在的,连他们本身也不例外,因为他们活着就是为了赚钱,除了快快发财,他们不知道还有别的幸福,除了金钱的损失,也不知道还有别的痛苦"④。通过亲身调查和研究大量的官方材料,恩格斯于1845年出版了《英国工人阶级状况》一书,对资

---

① 恩格斯:《英国工人阶级状况》,《马克思恩格斯全集》第2卷,第273页。
② 恩格斯:《国内危机》,《马克思恩格斯全集》第1卷,第549页。
③ 恩格斯:《英国的雇主和工人》,《马克思恩格斯全集》第4卷,第319—320页。
④ 恩格斯:《英国工人阶级状况》,《马克思恩格斯全集》第2卷,第564页。

本主义和资产阶级进行了极严厉的控诉。

在英国期间，恩格斯还与英国宪章派建立密切联系，与该派领导人哈尼和琼斯等经常往来，并结识了正义者同盟伦敦组织的领导人沙佩尔、莫尔、鲍威尔等。恩格斯通过实际参加工人运动，了解工人阶级状况，并且深入研究英国资产阶级经济学、空想社会主义文献和德国古典哲学，差不多与马克思同时完成从唯心主义到唯物主义、从革命民主主义到共产主义的转变。当他与马克思合著《神圣家族》一书时，已经以战斗的唯物主义者的身份出现了。

二　在布鲁塞尔的研究工作

1845年2月5日，马克思从巴黎迁居布鲁塞尔。几天以后，他的夫人带着女儿小燕妮也赶到这里。由于离开巴黎的时间紧迫，他们不得不廉价出售全部家具和部分衣物。到布鲁塞尔时经济十分拮据，为了不让德法统治当局用卑劣的手段使马克思陷入经济困境而高兴，恩格斯在友人之间进行募捐，为马克思筹措了一笔安家的款项。

比利时当局对马克思的到来不怀好意。保安人员接到命令，要把马克思当做危险的革命者加以严密监视。政府还多方刁难，不让马克思在布鲁塞尔长期居住。只是当马克思保证不在比利时发表有关政治问题的著作后，才取得了在布鲁塞尔的居住权。普鲁士政府对马克思在布鲁塞尔也不放心，企图勾结比利时政府继续对他进行迫害。为此，他不得不于1845年底声明放弃普鲁士国籍。

在布鲁塞尔，马克思展开了多方面的活动。他的家里经常聚集着德、法、比等国的社会主义者和进步人士。这个时期，与马克思经常交往的有来自德国的律师卡尔·梅因茨、政论家亨利希·毕尔格尔斯、诗人斐迪南·弗莱里格拉特、比利时民主主义活动家若特兰·日果。在马克思周围，已经逐渐形成一个人数不多的共产主义小组。马克思的渊博学识和献身精神，燕妮的热情好客和高尚品格，给每个拜访他们家庭的人留下了极其深刻的印象。

马克思还同英、法、德等国的社会主义者和进步人士建立广泛的联系。正义者同盟伦敦组织领导人卡尔·沙佩尔、巴黎组织领导人艾韦贝克等与马克思经常通信，交流工人运动的情况。

马克思刚刚把家安排妥当，就着手准备出版一套《外国杰出的社会主义者文丛》。这个主意最初是由恩格斯提出的。1845年3月初,恩格斯提出出版《文丛》的想法,马克思很快表示赞同。3月17日,恩格斯提出编纂《文丛》的具体设想。按照计划,这套丛书应出版那些对当时仍然具有积极意义的著作。每篇著作都写出评注。全书写一篇导言,简要介绍社会主义思想发展史。在马克思所拟的编纂计划中,《文丛》将包括著名空想社会主义者摩莱里、马布里、巴贝夫、邦纳罗蒂、圣西门、傅立叶、欧文、卡贝等人的著作;法国资产阶级大革命时期平民思想家的著作;法国小资产阶级思想家蒲鲁东的著作。虽然恩格斯对英国人葛德文有些保留,但由于他的著作在一些方面接近共产主义,所以也入选了。不过按照恩格斯的意见,也选了葛德文的补充者边沁的著作。出版这套《文丛》的计划表明,马克思在制定科学社会主义理论的过程中,非常重视利用人类优秀的文化遗产,汲取积极的思想资料。

由于找不到出版者,编纂《文丛》的计划没有实现。唯一完成的工作是恩格斯翻译的傅立叶《论三种运动的统一》一书的几章。这篇由恩格斯加上前言和结束语的译稿,以《傅立叶论商业的片断》为题单独发表。

自从在巴黎开始研究经济学以后,马克思终生把这门科学作为主要专业。1845年2月,他与达姆斯塔德的列斯凯出版社签订了出版《政治和政治经济学批判》(两卷本)的合同。来到布鲁塞尔后,他继续从事经济学研究,为这部书收集资料。

马克思非常注意收集资本主义经济活动的实际资料。他细心地阅读和摘录有关欧洲、美洲和亚洲经济发展史的大量论著,研究资本主义条件下机器的使用、价格的形成、货币流通和银行信贷等问题。他对人口问题很重视,特别注意无产阶级的状况。恩格斯的《英国工人阶级状况》提供了研究无产阶级劳动条件和生活条件的大量第一手资料。除此之外,马克思还收集了其他国家劳动人民生活状况的材料,丰富和加深了他对资本主义制度的认识。

科学社会主义的产生和发展,需要吸取人类文化的优秀成果。还需要与各种资产阶级理论进行斗争。在布鲁塞尔期间,马克思继续研读大量经济学文献,其中包括历史上各个时代经济学家的著作,也包括同时代各派经济学家的著作。凡是读过的著作,他都认真做摘录和笔记,加上必要的评语。

写于1845年3月的《评弗里德里希·李斯特的著作〈政治经济学的国民体系〉》,是马克思这个时期所作的许多笔记之一。李斯特是当时德国最著名的资产阶级经济学家,1841年出版的《政治经济学的国民体系》是他的主要著作,在社会上有着广泛的影响。马克思对这部著作做了详细摘录,对他的观点作了精辟的分析和评论。

《政治经济学的国民体系》的主要内容，是论证保护关税、反对自由贸易的必要性。李斯特认为，自由贸易只对先进国家有利，而后进国家为了发展本国工业，则必须实行保护关税。马克思指出，当英、法等国经济学家大力提倡自由贸易的时候，德国资产阶级代言人要求保护关税，这表明德国工业落后，资本主义经济不发展。德国资产者是愁容骑士，"在德国资产者还没有使工业发达起来以前，无产阶级已经存在，已经提出要求，已经令人生畏。……他恰恰在工业的统治造成的对大多数人的奴役已经成为众所周知的事实这样一个不合适的时机，企图建立工业的统治"①。

李斯特在自己的著作中对斯密、萨伊、西斯蒙第等英法经济学家大加攻击，说斯密的理论忽视了民族特性，是世界主义经济学；萨伊研究经济学是由于在其他行业混不下去；西斯蒙第则是"用肉眼把所有红色的东西都看成黑色的"。马克思一针见血地指出，李斯特攻击英法资产阶级经济学家的原因，是因为他们主张自由贸易；"既然德国资产者关心的是保护关税，那么对他来说，自斯密以来的经济学的全部发展当然也就没有意义了，因为这种经济学的所有最杰出的代表都把竞争和自由贸易的现代资产阶级社会作为前提条件"②。

保护关税论者口口声声说他们不追求物质利益，不要一己私利，只要国家利益。这完全是骗人的。马克思指出，资产阶级要求保护关税，目的就是为了发财。而只有对自己的同胞进行剥削，甚至比外国资本家对他们的剥削更加厉害，发财的目的才能达到。所谓"自我牺牲"、"禁欲主义"、"基督教的崇高灵魂"，无非是掩盖剥削的烟幕。马克思讽刺地写道："甲作了牺牲，而乙把牺牲品装入自己的口袋，这是纯粹偶然的事情。德国资产者太无私了。"③

李斯特强调自己的经济学具有民族的特性。但什么是资产阶级的民族性呢？马克思指出，资产阶级的民族性就是他们共同的剥削本性，"不管单个资产者同其他资产者进行多么激烈的斗争，资产者作为阶级是有共同利益的；这种共同性，正像它在国内是针对无产阶级的一样，在国外是针对其他国家

---

① 马克思：《评弗里德里希·李斯特的著作〈政治经济学的国民体系〉》，《马克思恩格斯全集》第42卷，第239页。
② 同上书，第241页。
③ 同上书，第250—251页。

的资产者的。这就是资产者所谓的他的民族性"①。工人的民族性是什么呢？它不是法国的、英国的、德国的民族性，而是各民族工人作为雇佣工人的共同特点：雇佣劳动、自由的奴隶制、自我售卖。他们的政府是资本，他们的领空是工厂的天空，他们的领土是地下若干英尺。李斯特借口所谓民族性而否认各个资本主义国家的共同规律，目的是为了抹杀各个民族内部的阶级矛盾。

资产阶级古典经济学创立了劳动价值学说，李斯特则以所谓生产力学说与价值学说相对立。他认为，古典经济学把价值的源泉仅仅归结为劳动是不对的，因为这样就把单纯的体力劳动作为唯一的生产力。在他看来，不仅水力、马力、蒸汽力是生产力，甚至基督教、一夫一妻制、王位的继承等也都是生产力，因而都是价值的源泉。这是荒谬的。马克思指出："为了破除美化'生产力'的神秘灵光，只要翻一下任何一本统计材料也就够了。那里谈到水力、蒸汽力、人力、马力。所有这些都是'生产力'。人同马、蒸汽、水全都充当'力量'的角色，这难道是对人的高度赞扬吗？"②

马克思写作评《政治经济学的国民体系》的笔记后不久，为了实地考察英国的经济情况，收集有关经济学方面的实际资料和思想资料，并与英国的工人组织和工人群众建立联系，在恩格斯的陪同下，于1845年7月12日至8月21日，到英国伦敦和曼彻斯特作了为期一个半月的访问。他在曼彻斯特一家私人图书馆里度过不少时光，读了大量经济学和其他方面的著作，收集到了一些新资料。以下作者的论著，仅仅是他这个时期笔记中摘录的一部分：托马斯·库佩《关于政治经济学的要素的讲稿》，托马斯·杜克《从1793年到1837年的价格与货币流通状况史》，詹姆斯·威·吉巴尔特《银行史与银行原理》，威廉·培特《关于人类增殖的研究》，埃·密塞尔登《自由贸易，或使贸易繁荣的方法》，达维南《关于在英国贸易政策下的公共利益问题的讲演》、《论在贸易平衡中使一国人民获利的可能的方法》，詹姆斯·安德逊《对造成目前英国谷物欠缺的环境的冷静考察》，威廉·寇白特《面对着黄金的纸币，或英国银行的历史和秘密》，米沙·托马斯·赛德勒《人口律》，勃朗宁《英国的国内和财政状况》，威廉·汤姆逊《最有助于增进人类幸福的财富分

---

① 马克思：《评弗里德里希·李斯特的著作〈政治经济学的国民体系〉》，《马克思恩格斯全集》第42卷，第257页。

② 同上书，第261页。

配的原则的研究》,等等。

在英国期间,马克思结识了英国宪章派和正义者同盟的领导人,考察了英国工人运动的状况。在马克思、恩格斯的努力下,英国宪章派与正义者同盟建立了联系。他们还参加了在伦敦举行的一次国际民主会议。恩格斯提出的在伦敦建立国际性革命组织的建议,得到与会人士的热烈支持。不久这个定名为"民主派兄弟会"的组织正式成立。无产阶级分子在该组织中起着主导作用。马克思在英国一个多月的活动,对于争取正义者同盟接受科学社会主义,对于建立民主派的国际联系,都有重大的意义。

从英国回来后,马克思继续研究和整理自己的经济学著作。他的许多亲密朋友都盼望着这部可以为共产主义宣传提供坚实基础的著作尽快出版。1846年3月7日,丹尼尔斯写信对马克思说:"我们热切地盼望你的《政治经济学》";4月30日,魏德迈也写信对马克思说:"你得设法尽快写好你的《政治经济学》。要知道,人们希望读到阐述共产主义的某种有条理的东西,因为他们不愿满足于一般的空话,也不相信通过普遍教育能建立共产主义,而对于他们,我们的确提供不出任何东西。"① 但这部著作却由于种种原因未能出版。

本来,这部著作第一卷的大部分手稿已于1846年初写成。但这时学术界新出了两卷集《重农学派》等重要著作。马克思认为必须给这部著作以充分注意,必须不断以新的材料丰富书稿,决定从内容到文字对书稿作较大修改。因此,著作完稿的时间一再推迟。

从1845年秋天开始,马克思认为首先批判流行的社会主义学说具有更重要的意义。他说:"我认为,在发表我的正面阐述以前,先发表一部反对德国哲学和那一时期产生的德国社会主义的论战性著作,是很重要的。为了使读者能够了解我的同迄今为止的德国科学根本对立的政治经济学的观点,这是必要的。"② 因此,他不得不暂时搁下《政治和政治经济学批判》的写作。

普鲁士反动政府的阻挠,是这部著作未能出版的主要原因。警察当局曾向出版商列斯凯施加压力,要求取消出版计划。在当局的压力下,出版商要求作者局限于纯学术问题,不要涉及现实的政治斗争。马克思驳斥了这个无

---

① 魏德迈:《致马克思》(1846年4月30日),《马克思恩格斯全集》第27卷,第467页。
② 马克思:《致卡·威·列斯凯》(1846年8月1日),《马克思恩格斯全集》第27卷,第473页。

理要求。他在给出版商的信中写道:"这本书是学术性的,但不是普鲁士政府所理解的那种意义上的学术。"① 马克思坚决拒绝为了迎合反动的书报检查制度而放弃自己的革命立场,胆怯的出版商却屈服于反动政府的压力。1846年9月19日,列斯凯通知马克思,由于严格的书报检查制度,这部著作不能出版了。

马克思的劳动并没有白费。这段时间对经济学的研究,为他日后写作《资本论》打下了深厚坚实的理论基础。他的许多研究成果,还被吸收进《德意志意识形态》一书。

三 人的异化与劳动异化

马克思新世界观天才萌芽和发展有一个逐步完成的过程。1844年他在巴黎研究工作的一个重要成果,是写于1844年4月至8月的一部以《1844年经济学哲学手稿》闻名的著作。保存下来的手稿有三份。第一手稿共有36页;第二手稿只有4页;第三手稿是用白线钉上的17大张纸(对折34张)。

《1844年经济学哲学手稿》是马克思预定要写的一部篇幅庞大的著作《政治和政治经济学批判》的一份草稿。1844年初,马克思在批判地研究法学和国家学的时候,发现需要探讨的题目非常之多,不是一本著作所能包括的。因此,"打算连续用不同的单独小册子来批判法、道德、政治等,最后再以一本专著来说明整体的联系、各部分的关系并对这一切材料的思辨加工进行批判"②。按照原定计划,这部著作主要是研究政治经济学的,其中涉及的"国民经济学同国家、法、道德、市民生活等的关系,只限于国民经济学本身所专门涉及的范围"③。当时马克思政治上的朋友们都盼望他尽快完成这部著作,以便在政治经济学方面建立一个"确定的支点"。1845年2月24日,荣克写信对马克思说:在《神圣家族》出版之后,"每个人都十分焦急地盼望着您的关于政治经济学和政治的著作。我对您有一点请求:不要再把精力转到其他工作上去;让这样一部著作问世是完全必要的。同宗教的斗争已经完结,而这样的斗争完全可以交给最广大的公众去做了。但是说到政治和政治经济

---

① 马克思:《致卡·威·列斯凯》(1846年8月1日),《马克思恩格斯全集》第27卷,第471页。
② 马克思:《1844年经济学哲学手稿》,《马克思恩格斯全集》第42卷,第45页。
③ 同上。

学,那末在这方面还根本缺少一个确定的支点。……您现在应该在全德国面前成为您在您的朋友眼中所已经成为的那种人物。以您的卓越的文采和高度明确的论证,您在这方面一定会获得而且实际上也正在获得成就并成为一等星"①。

虽然《1844年经济学哲学手稿》不是一部经过仔细加工、公开发表的完整著作,而是按照作者对有关问题的思想发展所作的记录,带有明显的手稿性质,而且从写作到发表经过了88年的漫长岁月,原稿不免有所缺损,但它却是一部内容丰富、论述深刻的著作。它在批判唯心主义哲学和资产阶级政治经济学的同时,初步阐述了唯物主义世界观的基本特征,建立了异化劳动的学说,对于了解马克思主义的形成过程有着重大意义。

《手稿》对资产阶级经济学作了深刻批判。马克思指出,斯密和李嘉图的"启蒙国民经济学"是这门科学发展过程中的最高阶段。资产阶级经济学家"把资本家的利益当作最后的根据"②,竭力美化资本主义,宣扬工人阶级与资本家的统一,用外部的原因来说明两者之间的矛盾和对立,力图永远保持资本主义制度;他们把虚构的情况作为理论的出发点,离开了具体的历史事实,不了解经济运动的相互联系和规律,因而"没有给我们提供一把理解劳动和资本分离以及资本和土地分离的根源的钥匙"③。

在批判资产阶级经济学的基础上,马克思为自己提出了研究资本主义经济关系的任务,即"弄清楚私有制,贪欲同劳动、资本、地产三者的分离之间的本质联系,以及交换和竞争之间、人的价值和人的贬值之间、垄断和竞争等之间、这全部异化和货币制度之间的本质联系"④。他以现实的经济事实为出发点,深入地研究了使工人陷于贫困并沦为机器的资本主义制度。

马克思指出,资本家战胜土地所有者是历史的必然。但这不过是高度发达的私有财产战胜不完全的、不发达的私有财产,私有制的本质并没有改变。资本主义不过是私有制发展的最高形式。在这个社会里,资本家的利益同整个社会的利益是敌对的。资本家之间进行着激烈的竞争,"在这种竞争中,商品质量普遍低劣、伪造、假冒、普遍有毒等等,正如在大城市中看到的那样,

---

① 莱克:《致马克思》(1845年2月24日),《回忆马克思恩格斯》,第360页。
② 马克思:《1844年经济学哲学手稿》,《马克思恩格斯全集》第42卷,第89页。
③ 同上。
④ 同上书,第90页。

都是必然的结果"①。在这个社会里，资本家和靠地租生活的人之间、农民和工人之间的区别消失了，整个社会分化为两个阶级：有产者阶级和没有财产的工人。有财产的工厂主的利益同他的工人的利益是敌对的。资本家凭借自己拥有的资本支配和奴役工人。工人被看做劳动的动物，他们得到的工资只能维持最必要的身体需要。他们只能得到劳动产品中最小的部分，就是说，他们得到的不是作为人而是作为工人的生存，不是为了繁衍人类而是为了繁衍工人这个奴隶阶级所必要的那一部分。在资本主义的压榨下，工人必然陷于贫困的境地，"即使在对工人最有利的社会状态中，工人的结局也必然是：劳动过度和早死，沦为机器，沦为资本的奴隶……发生新的竞争以及一部分工人饿死或行乞"②。

马克思对资本主义的发展作了科学的预言。他指出，资本家和工人之间的敌对的斗争，是由经济利益矛盾引起的。阶级矛盾尖锐化必然导致革命，其结局是资本主义私有制"成为全部私有财产关系的顶点、最高阶段和灭亡"③。

资本主义是商品经济发展的最高阶段。这里商品货币关系统治一切。资本首先表现为一定数量的货币。为了揭示"全部异化与货币制度之间的本质联系"④和资本对劳动的支配，马克思在《手稿》中引用了莎士比亚《雅典的泰门》中我们已经非常熟悉的诗句。

马克思指出，在这个把货币当做万能之物的资本主义社会里，有了货币就有了一切，金钱关系代替了封建社会的等级关系。货币的魔力起了颠倒黑白的作用。拥有大量货币的资本家，就是利用货币（资本）的力量雇佣工人，支配工人，剥削工人，把本来是劳动产品的主人变成了劳动产品的奴隶。这样，"货币作为现存的和起作用的价值概念把一切事物都混淆和替换了，所以它是一切事物的普遍的混淆和替换，从而是颠倒的世界，是一切自然的性质和人的性质的混淆和替换"⑤。

在《1844年经济学哲学手稿》中，马克思系统地论述了关于异化劳动的学说。

---

① 马克思：《1844年经济学哲学手稿》，《马克思恩格斯全集》第42卷，第69页。
② 同上书，第52—53页。
③ 同上书，第106页。
④ 同上书，第90页。
⑤ 同上书，第155页。

异化是德国古典哲学中相当流行的一个含义广泛而深刻的范畴，主要指主体在发展过程中，转化为与自己相对立并反对自己的异己力量。在黑格尔的哲学著作里，绝对精神异化为自然界和人类社会，然后又经过机械性、化学性、有机性三个发展阶段回复到自身。黑格尔的异化思想虽然包含着深刻的辩证法，但他颠倒了意识与存在的关系，把人的本质归结为自我意识，因而是唯心主义的。与黑格尔不同，费尔巴哈从人本主义出发研究了异化问题，认为上帝是人的本质的异化。不是上帝创造人，而是人按照自己的面貌创造上帝，但却把上帝当做世界的创造主。他说："上帝愈是主观，愈是属人，人就愈是异化他的主观性、自己的人性，因为上帝本来就是人的被异化了的，但同时又重新为人所占有的'自我'。"① 在这里，费尔巴哈把人作为异化的自然基础，深刻地批判了宗教的统治，具有积极的意义；但费尔巴哈的"人"，无疑还带着抽象概念的神学光环。正如马克思所说："费尔巴哈是从宗教上的自我异化，从世界被二重化为宗教的、想象的世界和现实的世界这一事实出发的"，"所以，他只能把人的本质理解为'类'，理解为一种内在的、无声的、把许多个人纯粹自然地联系起来的共同性"②。这种用脱离一切经济关系的抽象的"人"、人性和人本主义代替对不同社会制度、不同经济关系下人们的相互关系的分析，不仅掩盖了资本主义的剥削关系，而且抹杀了阶级斗争在历史发展中的作用。这是一种历史唯心主义。

马克思在创立自己的新世界观的过程中，批判地吸收了德国古典哲学关于异化的思想，赋予了这个概念崭新的内容。他不是从抽象思维出发，而是从经济关系，特别是从资本主义私有制出发，深入探讨了异化问题。1844年初，他在《德法年鉴》上明确指出，在"人的自我异化的神圣形象被揭穿以后，揭露非神圣形象中的自我异化，就成了为历史服务的哲学的迫切任务。于是对天国的批判就变成对尘世的批判"③。在巴黎写成的《詹姆斯·穆勒〈政治经济学原理〉一书摘要》中，他运用异化概念来研究经济问题，指出在货币中，"表现出异化的物对人的全面统治。过去表现为个人对个人的统治的东西，现在则是物对个人、产品对生产者的普遍统治"④。在《手稿》中，他

---

① 费尔巴哈：《基督教的本质》，第64页。
② 马克思：《关于费尔巴哈的提纲》，《马克思恩格斯选集》第1卷，第17—18页。
③ 马克思：《黑格尔法哲学批判导言》，《马克思恩格斯全集》第1卷，第453页。
④ 马克思：《詹姆斯·穆勒〈政治经济学原理〉一书摘要》，《马克思恩格斯全集》第42卷，第29—30页。

对异化劳动理论作了全面论述。异化劳动理论构成了《手稿》的主要内容。

马克思从资本主义私有制的经济关系出发，在分析资本主义社会的工资、利润和地租中引申出异化劳动的概念。他说："我们已经从经济事实即工人及其产品的异化出发。我们表述了这一事实的概念：异化的、外化的劳动。我们分析了这一概念，因而我们只是分析了一个经济事实。"① 这个经济事实就是："工人生产的财富越多，他的产品的力量和数量越大，他就越贫穷。工人创造的商品越多，他就越变成廉价的商品。物的世界的增值同人的世界的贬值成正比。劳动不仅生产商品，它还生产作为商品的劳动自身和工人，而且是按它一般生产商品的比例生产的。"② 他从这个经济事实中揭示出异化劳动的四种表现。

第一，劳动者同他的劳动产品相异化。在资本主义社会，生产资料归资本家所有，工人在资本家支配下从事劳动，劳动产品不属于工人而属于资本家，被资本家用来继续支配劳动者。在这里，劳动的产品作为一种异己的存在物与劳动者相对立："劳动为富人生产了奇迹般的东西，但是为工人生产了赤贫。……劳动创造了美，但是使工人变成畸形。劳动用机器代替了手工劳动，但是使一部分工人回到野蛮的劳动，并使另一部分工人变成机器。劳动生产了智慧，但是给工人生产了愚钝和痴呆。"③

第二，劳动者同他的劳动活动相异化。在资本主义社会，工人的劳动是在资本家支配下进行的。劳动不是自觉自愿的，而是被迫的，是一种自我牺牲和自我折磨。在劳动过程中，劳动已不属于劳动者自己，而属于别人。因此，劳动者"在自己的劳动中不是肯定自己，而是否定自己，不是感到幸福，而是感到不幸，不是自由地发挥自己的体力和智力，而是使自己的肉体受折磨、精神遭摧残。因此，工人只有在劳动之外才感到自在，而在劳动中则感到不自在，他在不劳动时觉得舒畅，而在劳动时就觉得不舒畅"④。资本主义只是靠着饥饿的纪律，才能维持这种强迫劳动。只要停止强制，人们就会像逃避鼠疫一样逃避劳动。正是劳动活动本身的异化，才决定了劳动产品的异化。

第三，劳动者同自己的人类本质相异化。人是自然界的一部分。自然界

---

① 马克思：《1844年经济学哲学手稿》，《马克思恩格斯全集》第42卷，第98页。
② 同上书，第90页。
③ 同上书，第93页。
④ 同上书，第93—94页。

不仅是人的生活资料的来源，而且为人的精神活动提供对象；从而也就夺去了作为人类的活动领域的自然界，使他失去了人的类生活。劳动本来是人类生命活动的多方面的需要，自觉的、有目的的活动是人类与动物的区别；而且，动物只生产自身，而人却再生产整个自然界。人通过实践创造对象世界，改造对象世界。正是在改造对象世界中，人才真正证明自己是类存在物，自然界才表现为他的作品和他的现实。但在资本主义条件下，劳动仅仅成为维持肉体生存的手段，这就使劳动者失去作为人类生活基本机能的劳动的兴趣。在这里，人的类本质变成异己的力量，同劳动者相异化。

第四，人同人相异化。马克思说，人同自己的劳动产品、自己的生命活动和自己的人类本质相异化，这一事实所造成的直接结果就是人同人相异化。在资本主义条件下，工人不仅生产了作为异己力量的劳动产品，而且生产了资本家这个不生产的人对生产和产品的支配。资本家不劳动，与劳动格格不入，但却占有劳动产品。工人与劳动产品的异化，必然导致与占有产品的资本家的异化。这样，异化劳动的结果，必然产生工人与资本家的对立。

私有财产是异化劳动的基础和原因，又是异化劳动的结果。正是资本主义私有制，使工人与生产资料相分离，使劳动产品成为与工人相对立的异己力量，使工人与资本家之间的关系成为尖锐对立的剥削关系。而异化劳动又为资本家生产了富有，使私有财产大大发展。这种劳动与资本的对立达到极限，就必然引起全部私有财产关系的灭亡。

共产主义代替资本主义是历史发展的必然。马克思说：共产主义是对资本主义的否定。资本主义私有制的发展，物质的和精神的富有和贫困的运动，已经为共产主义准备了必要的物质条件。要实现共产主义，就必须消灭私有制；"共产主义是私有财产即人的自我异化的积极的扬弃"[①]。资本主义私有制的消灭，工人的解放，同时也就是全人类的解放；"其所以如此，是因为整个人类奴役制就包含在工人同生产的关系中，而一切奴役关系只不过是这种关系的变形和后果罢了"[②]。

要消灭私有制，实现共产主义，必须通过无产阶级革命。马克思说："要消灭私有财产的思想，有共产主义思想就完全够了。而要消灭现实的私有财

[①] 马克思：《1844年经济学哲学手稿》，《马克思恩格斯全集》第42卷，第120页。
[②] 同上书，第101页。

产，则必须有现实的共产主义行动。"① 他预见到，共产主义的实现，将经历一个极其艰难而漫长的过程。而且，共产主义只是最近将来的必然的形式和有效的原则，人类社会则将不断地向前发展。

马克思关于共产主义的论述，与当时流行的各种共产主义有着根本的区别。在《手稿》中，马克思批判了粗陋的共产主义，指出这种共产主义只追求财产的平均化，"不仅没有超越私有财产的水平，甚至从来没有达到私有财产的水平"②，是私有财产的一种表现形式。马克思还批判了民主的或专制的共产主义，指出它也仍然受到私有财产的束缚和感染。马克思反复强调，共产主义与私有财产是不能并存的。共产主义就是私有财产的积极的扬弃。在消灭了私有财产的共产主义中，"活动和享受，无论就其内容或就其存在方式来说，都是社会的，是社会的活动和社会的享受"③。

《1844年经济学哲学手稿》从经济关系出发，深入地探讨了许多哲学问题，对德国古典哲学家黑格尔、费尔巴哈作了评介，阐述了唯物主义的许多原理，强调了实践的重要性。马克思写道：人们的认识依赖于实践，作为整个科学基础的感性，是人的能动的实践活动。"理论的对立本身的解决，只有通过实践的方式，只有借助于人的实践力量，才是可能的。"④ 理论难题的解决必须以实践为中介，真正的实践是理论的条件。他指出生产活动对于人类社会发展有着决定的作用，并支配着政治、宗教、艺术、科学等一切活动。全部世界历史不外是人通过人的劳动而诞生的过程。自然科学通过工业日益在实践上进入人的生活，改造人的生活，并为人类的解放即共产主义革命准备了物质条件。

《1844年经济学哲学手稿》是马克思主义形成过程中的一个重要文献。《手稿》全面揭露了资本主义社会工人阶级被压迫被剥削的处境，阐明了消灭私有制，实现共产主义的历史必然性，强调了实践和行动的决定作用。《手稿》的内容表明，马克思的世界观已发生了根本的转变。在异化劳动理论中，可以看到马克思经济理论的萌芽。

《1844年经济学哲学手稿》在马克思生前没有发表，1927年用俄文发表了手稿的部分内容。《手稿》全文于1932年第一次发表于苏联出版的《马克思恩格斯全集》德文版第3卷上。《手稿》出版后，在国际理论界引起很大反

---

① 马克思：《1844年经济学哲学手稿》，《马克思恩格斯全集》第42卷，第140页。
② 同上书，第118页。
③ 同上书，第121—122页。
④ 同上书，第127页。

响。西方一些资产阶级理论家混淆了马克思的异化理论与黑格尔、费尔巴哈的异化理论，对《手稿》断章取义，把青年马克思说成是资产阶级人道主义者，把《手稿》说成是"真正彻底完美的马克思主义"，并且制造所谓青年马克思与晚期马克思的对立。美国实用主义哲学家胡克写道："马克思第二次降世的时候，不是以《资本论》作者、风尘仆仆的经济学家的姿态出现，也不是作为革命的恐怖党、具有鼓舞力量的《共产党宣言》的作者出现的。他穿着哲学家和道德家的外衣走出来，宣告关于超阶级、政党或派别的狭隘界限的、人类自由的消息。"① 这个评论是完全错误的。应该指出，《手稿》虽然使用德国古典哲学的异化概念，但马克思的异化理论与黑格尔、费尔巴哈的异化理论有着根本的区别。马克思虽然使用费尔巴哈哲学中人道主义等概念，但这只是表明他当时正处在思想转变的过程中，还不能不像所有一切创新思想一样，利用历史形成的一些思想材料。从《手稿》到《共产党宣言》和《资本论》，是马克思思想和理论不断成熟、不断完善、不断发展的过程。把马克思思想发展的不同阶段对立起来，在理论上是错误的，在政治上是反动的。

另一些研究者认为，异化理论不是马克思主义的内容，应该从马克思主义理论宝库中加以抛弃。这种看法也是不对的。从历史和逻辑上看，马克思的早期思想，是成熟的马克思主义赖以形成和发展的基础。不应该割断马克思主义发展的脉络，把马克思主义看做既不经过形成阶段，又不需要发展的"终极真理"。不能够贬低马克思早期著作的科学意义，只看到马克思使用的某些旧哲学的术语，而忽视了其中所包含的全新的内容以及这些内容在马克思主义形成过程中的地位和作用。不允许把反映马克思早期研究成果的异化劳动理论等从马克思主义的宝库中加以抛弃。认真研究马克思的早期著作，学习马克思批判地继承人类优秀的文化遗产，了解马克思主义的形成发展过程，是我们的重要任务。

四　历史活动是群众的事业

《神圣家族》中的唯物主义思想

在马克思新世界观天才萌芽的最初文献中，《神圣家族》具有重大意义。

---

① 转引自苏联科学院哲学研究所《资本论：哲学与现时代》。

这部主要由马克思执笔写成的论战性著作中,在批判青年黑格尔派的同时,论述和阐明了一系列唯物主义思想。

青年黑格尔派同历史上一切剥削阶级思想家一样,鄙视人民群众,认为少数"有教养的"英雄人物是历史发展的唯一动力。他们把自己说成是"精神"、"绝对者",具有"批判的批判"大脑的"天才",是历史发展的积极因素;而把群众说成是粗野的、无知的、精神空虚的群氓,是历史发展的消极因素。布·鲍威尔说:"到现在为止,历史上的一切伟大的活动之所以一开始就是不成功的和没有实际成效的,正是因为它们引起了群众的关怀和唤起了群众的热情。换句话说,这些活动之所以必然得到悲惨的结局,是因为作为它们的基础的思想是这样一种观念:它必须……指望博得群众的喝采。"他竟然公开宣布:"群众"是"精神"的真正敌人,现在精神已经知道它应该到哪里去寻找自己的唯一的对头——就是要到群众……中去寻找。

马克思、恩格斯指出:"历史活动是群众的事业。"[①] 历史的真正创造者不是少数英雄人物,而是广大人民群众。从根本上说来,历史不过是追求着自己目的的人民群众的活动。广大劳动人民的生产活动是人类社会存在和发展的基础。自从人类进入阶级社会以来,正是被压迫阶级反对压迫阶级的阶级斗争,推动着历史的发展。随着社会革命越广泛、越深入,作为这个革命的名副其实的参加者的广大人民群众的自觉性将不断提高,因而对历史发展的推动作用也必然越来越大。因此,否认群众的作用,就是否定以往全部的历史,也是否定未来历史的发展。

同历史上一切唯心主义者一样,青年黑格尔派也认为:"精神创造众生,肉体则软弱无力。"在他们看来,少数"英雄"人物之所以能够推动历史发展,是因为他们具有批判的大脑。因此,历史发展的动力是精神,是那些天才人物的思想。这是非常荒谬的。

历史唯物主义认为,思想是客观实际的反映。先进的思想反映了社会发展的要求,代表着进步阶级的利益,指导了正在进行历史活动的群众,从而对社会发展起着促进作用。但是"思想根本不能实现什么东西。为了实现思想,就要有使用实践力量的人"[②]。离开了群众的实践活动,任何思想都是毫无作为的。在阶级社会里,思想又具有阶级性。只有代表先进阶级利益的思

---

① 马克思、恩格斯:《神圣家族》,《马克思恩格斯全集》第2卷,第104页。
② 同上书,第152页。

想，才能促进社会的发展；而代表没落阶级利益的思想，则不仅不能促进社会的发展，反而起着相反的作用。因此，抽象地谈论什么"思想"的作用，是完全错误的。

针对布·鲍威尔之流对群众运动的攻击，马克思、恩格斯明确指出，群众运动具有伟大的力量，是历史上一切伟大活动取得实际成效的重要原因。法国1789年的资产阶级大革命，正是由于广大群众的积极参加而取得胜利。这次革命对资产阶级来说并不是不成功的；它确立了资产阶级的政治统治，推动了资本主义经济的发展，为资产阶级提供了实际利益，"这种利益是如此强大有力，以至顺利地征服了马拉的笔、恐怖党的断头台、拿破仑的剑，以及教会的十字架和波旁王朝的纯血统"①。对于广大群众来说，这次革命虽然没有使他们获得实际利益，但这决不是因为他们参加了这次伟大的历史活动，而是因为这次历史活动按其性质来说是资产阶级的，革命的主导原则与广大人民群众的根本利益是不一致的，革命的果实又被资产阶级所窃取。"所以，如果说能够代表一切伟大的历史'活动'的革命是不成功的，那末，其所以不成功，是因为革命在本质上不超出其生活条件的范围的那部分群众，是并不包括全体居民在内的特殊的、有限的群众。如果说革命是不成功的，那末，并不是因为革命'唤起了'群众的'热情'，并不是因为它引起了群众的'关怀'，而是因为对不同于资产阶级的绝大多数群众来说，革命的原则并不代表他们的实际利益，不是他们自己的革命原则，而仅仅是一种'观念'，因而也仅仅是暂时的热情和表面的热潮之类的东西。"② 广大群众的实际利益，只有通过无产阶级革命才能实现。无产阶级革命是历史上规模最大的群众运动。由于它真正代表广大人民群众的实际利益，因而最大限度地引起群众的关怀，唤起群众的热情，这正是无产阶级革命必然胜利的一个重要原因。

青年黑格尔派的观点，反映了德国资产阶级的立场。马克思指出："德国资产阶级发展得如此委靡、畏缩、缓慢，以致当它同封建制度和专制制度对峙的时候，它本身已经是同无产阶级以及城市居民中所有那些在利益和思想上跟无产阶级相近的阶层相对峙的了。"③ 因而，这个阶级不相信群众，害怕革命的群众运动，特别害怕无产阶级革命运动。青年黑格尔派的观点正是德

---

① 马克思、恩格斯：《神圣家族》，《马克思恩格斯全集》第2卷，第103页。
② 同上书，第103—104页。
③ 马克思：《资产阶级和反革命》，《马克思恩格斯全集》第6卷，第126页。

国资产阶级这种立场的理论表现。但是，正如德国资产阶级这个没有眼睛、没有牙齿、没有耳朵、衰颓不堪的老头子必然要被革命群众运动所冲垮一样，青年黑格尔派这个"年老色衰、孀居无靠……干瘪得令人厌恶"① 的老太婆，也必然要被革命群众运动的洪流所淹没。

工人阶级是人类解放的实践因素

在英、法、德等欧洲主要国家中，随着资本主义的发展，一支产业大军不断成长壮大。青年黑格尔派这些被无产阶级革命运动"吓得心惊肉跳"的资产阶级思想家，竭力贬低和诬蔑无产阶级，胡说马克思关于无产阶级历史使命的学说是"神学教条"，宣称要对无产阶级进行"完全而充分的批判"！

青年黑格尔派反对无产阶级的观点，在埃德加尔·鲍威尔的《弗·特利斯坦的〈工人联合会〉》一文中表现得最为露骨。法国社会主义者特利斯坦说："工人创造一切，生产一切，但是他们既没有权利，又没有财产，简单地说，一无所有。"埃·鲍威尔在评论这个观点时写道："为了创造一切，就需要某种比工人的意识更强有力的意识。……工人什么东西也没有创造，所以也就一无所有；他们之所以什么都没有创造，是因为他们的工作始终是为了满足他们自己的需要的某种单一的东西，是平凡的工作。"②

马克思、恩格斯指出，青年黑格尔派的论点"简直就是疯话"③。在唯心主义者看来，精神的活动才是创造活动。由于工人创造的是可以感触到的、具体的、物质的东西，所以在他们看来是"无"；只有"批判的批判"的精神活动、思想创造，才是"一切"！事实正好相反。工人阶级不仅创造了物质财富，而且创造了精神财富。其实，真正什么也没有创造的，正是"批判的批判"自己。他们仅仅能玩弄一些抽象的公式，但是"公式除了公式便什么也没有"④。由此可见，"批判的批判什么都没有创造，工人才创造一切，甚至就以他们的精神创造来说，也会使得整个批判感到羞愧。英国和法国的工人就很好地证明了这一点。工人甚至创造了人，批判家却永远是不通人性

---

① 马克思、恩格斯：《神圣家族》，《马克思恩格斯全集》第 2 卷，第 22 页。
② 马克思：《体现为认识的宁静的批判的批判或埃德加尔先生所体现的批判的批判》，《马克思恩格斯全集》第 2 卷，第 21 页。
③ 马克思、恩格斯：《神圣家族》，《马克思恩格斯全集》第 2 卷，第 22 页。
④ 同上。

的人……"①

青年黑格尔派否认工人阶级创造物质财富和精神财富的作用,其目的是为了掩盖资本主义制度的剥削性质,抹杀工人阶级的伟大历史使命。在他们看来,由于工人阶级缺乏"更强有力的意识",只能从事物质生产这个"平凡的工作",因此"什么都没有创造"。既然工人"什么都没有创造",就应该受压迫、受奴役、一无所有。他们的贫困,不是资产阶级剥削所造成的。既然工人"什么都没有创造",就不配肩负伟大的历史使命;如果认为他们负有伟大历史使命,这就是对他们的"崇拜"和"神化"!

马克思、恩格斯指出,工人阶级一无所有,决不是因为他们什么也没有创造,而是资产阶级残酷剥削的结果。资产阶级由于占有生产资料,因而能够对工人阶级进行剥削,使自己发财致富;无产阶级由于失去任何生产资料,因此不得不遭受剥削,受着不可避免的、无可掩饰的、绝对不可抗拒的贫困的逼迫,过着非人的生活。因此,工人阶级的贫困,是资本主义制度的必然现象。

无产阶级的伟大历史使命,是由无产阶级的阶级地位决定的。在资本主义制度下,无产阶级不可能摆脱贫困的生活,不可能改变被剥削被奴役的地位,只有彻底消灭资本主义私有制,才能使自己获得解放。无产阶级是大工业的产物,资本主义大工业的劳动条件,使无产阶级具有高度的组织性、战斗性和大公无私的精神。这些受尽劳动折磨的人纯洁无瑕、心地高尚。他们"不是白白地经受了劳动那种严酷的但是能把人锻炼成钢铁的教育的"②。他们的生活条件和劳动条件,资产阶级社会的整个结构,都无可辩驳地说明了,推翻资本主义私有制,创建共产主义新社会的伟大使命,已经历史性地落在他们身上。无产阶级必须而且能够自己解放自己。无产阶级只有解放全人类才能彻底解放自己。无产阶级的解放,也就是人类从剥削制度下彻底解放出来。因此,"无产阶级执行着雇佣劳动因替别人生产财富、替自己生产贫困而给自己做出的判决,同样的,它也执行着私有制因产生无产阶级而给自己做出的判决。……随着无产阶级的胜利,无产阶级本身以及制约着它的对立面——私有制都趋于消灭"③。

---

① 马克思、恩格斯:《神圣家族》,《马克思恩格斯全集》第 2 卷,第 22 页。
② 同上书,第 45 页。
③ 同上书,第 44 页。

科学社会主义创始人把这种具有伟大历史意义的作用归之于无产阶级，决不是由于他们把无产阶级"神化"，而是由于他们亲身参加无产阶级运动，深切了解无产阶级的生活、斗争和他们的优秀品质，了解资本主义制度的剥削实质，了解人类社会的发展规律。因此，这是科学的论断。

实践是检验真理的唯一标准。英法等国工人阶级的斗争，巴黎、曼彻斯特工人革命组织的活动，生动地表明了，工人阶级的先进分子已经意识到自己的历史使命，而且正在用实际行动执行自己的历史使命。马克思说得好：无论如何，历史是会把工人阶级"变成人类解放的实践因素的"[①]。

必须用实际和具体的方式消灭雇佣劳动

在《文学总汇报》上，青年黑格尔派充当了资产阶级欺骗工人的工具。他们说什么资本家和工人之间的矛盾和对立，只是存在于"思维"和"想象"中，而据说实际上并不存在。他们主张劳资共同组织"工厂党"以代替工人阶级独立的阶级组织。他们仇视工人阶级反对资本主义制度的斗争，说什么只要工人在思想上不再认为自己是雇佣工人，就会摆脱雇佣劳动的地位；只要在思想上消除"资本"这个范畴，就会消除资本主义的剥削。他们还在评论欧仁·苏的小说《巴黎的秘密》中宣扬通过举办慈善事业，由国家教育儿童、组织劳动、建立贫民银行和模范农场等改良主义办法，来消除资本主义社会的罪恶。很显然，这完全是为维护资本主义剥削制度服务的。

在《神圣家族》中，马克思、恩格斯彻底驳斥了青年黑格尔派的谬论，深刻论述了无产阶级和资产阶级根本对立的根源，阐述了无产阶级革命的必然性和必要性，戳穿了资产阶级改良主义的欺骗宣传。

马克思、恩格斯指出，资本主义这个表面上看来自由的社会，盛行着最野蛮的奴隶制。在这个社会里，无产阶级和资产阶级都是资本主义私有制的产物，是同一个资本主义制度的两个对立的方面。但是，两者却处于完全不同的地位。资产阶级是对立的肯定方面。它拥有私有财产，窃取别人的劳动果实，处于特殊地位，因而竭力维护和巩固资本主义私有制。无产阶级是对立的否定方面。它在对立中受到压制，实际上是丧失了自由的奴隶；它为了摆脱自己的奴隶地位，就必须彻底消灭资产阶级这个对立面，必须彻底否定

[①] 马克思：《致路·费尔巴哈》（1844年8月11日），《马克思恩格斯全集》第27卷，第451页。

产生这种对立关系的资本主义私有制。"由此可见,在整个对立的范围内,私有者是保守的方面,无产者是破坏的方面。从前者产生保持对立的行动,从后者则产生消灭对立的行动。"① 所谓劳资之间的利益一致,是毫无根据的,其目的完全是为了欺骗工人阶级,维护资本主义剥削制度。

无产阶级与资产阶级的对立和斗争,决不是"纯粹思维"的结果,而是资本主义社会中活生生的现实。无产阶级决不能依靠发表一通空洞的议论,也不能依靠改变自己的"想法"来消灭资本主义制度。无产阶级从实际生活中认识到,"财产、资本、金钱、雇佣劳动及诸如此类的东西远不是想象中的幻影,而是工人自我异化的十分实际、十分具体的产物,因此也必须用实际的和具体的方式来消灭它们,以便使人不仅能在思维中、意识中,而且也能在群众的存在中、生活中真正成其为人"②。正如《德法年鉴》中已经论证的那样,无产阶级在反对资产阶级的斗争中,虽然必须充分运用批判的武器,但是武器的批判具有更加重大的意义,"物质的力量只能用物质力量来摧毁"。

青年黑格尔派竭力推崇的《巴黎的秘密》中所宣扬的改良主义主张,是资产阶级为了缓和阶级矛盾、麻痹工人思想、巩固资产阶级统治的欺骗宣传。马克思、恩格斯尖锐地指出,被青年黑格尔派看做"比人类在自己的历史上所获得的全部经验,比……一切知识都更有益处"的鲁道夫周游世界的故事,完全是资产阶级慈善家的道德说教。《巴黎的秘密》的主角鲁道夫医治资本主义社会的万应灵丹,实际上不过是资产阶级的惩罚手段和基督教的精神折磨的拙劣翻版。鲁道夫所鼓吹和推行的那些慈善事业,不过是金钱贵族和知识贵族消愁解闷的娱乐:"贫穷被有意识地用来使慈善家享受'风流韵事的乐趣,让他满足猎奇、冒险和乔装的欲望,使他陶醉于自己的超群出众,使他感到神经的激动'。"③ 所谓儿童教育、组织劳动、贫民银行、模范农场,不仅完全是不切实际的空想,而且其目的是为了宣扬劳资合作、缓和阶级矛盾,"用互相倾慕、互相感激的纽带把这两个阶级联系在一起,从而永远保证国家的安宁"④。资产阶级改良主义的反动性和虚伪性,是青年黑格尔派的诡辩所无法掩饰的。

---

① 马克思、恩格斯:《神圣家族》,《马克思恩格斯全集》第 2 卷,第 44 页。
② 同上书,第 66 页。
③ 同上书,第 247 页。
④ 同上书,第 251 页。

所谓"哲学超现实"是理论上的堕落

青年黑格尔派理论家们一贯鼓吹理论脱离实践，否认哲学家是一定阶级的思想代表，反对哲学服从于实际斗争的需要，宣扬所谓哲学"超实际"，"置身于一切政党之外"，"不偏爱也不憎恶任何东西。"布·鲍威尔公开宣称："批判既不与社会共患难，也不与社会共欢乐；他不知道友谊和爱情，也不知道憎恨和厌恶。他独自高踞于宝座之上，只是偶尔从他的口中发出奥林柏斯神对世上的嘲笑。"① 他们打着这种超阶级的幌子，妄图掩盖自己为资产阶级服务的真面目。

1844 年 8 月 11 日，马克思写信给路·费尔巴哈，指出鲍威尔的错误，表示将公开发表文章，"反对批判的这种堕落"②。同年 11 月 19 日，恩格斯在给马克思的信中，完全赞同马克思的看法，并尖锐地批判了青年黑格尔派脱离实际的抽象说教。恩格斯写道："所有这些理论上的废话一天比一天更使我感到厌倦；谈到'人'的问题而不得不说的每一句话，为反对神学和抽象概念及反对粗陋的唯物主义而不得不写的或读的每一行字，都使我非常恼火。如果人们不去研究所有这一切幻影……而去研究真实的、活生生的事物，研究历史的发展和结局，那末情况就完全不同。这样做至少是上策……"③

在《神圣家族》中，马克思、恩格斯进一步批判了"哲学超实际"这个资产阶级唯心主义观点。马克思、恩格斯指出，所谓"哲学超实际"，只是说它高高地君临于实践之上，完全脱离广大群众的利益，把全人类统统看做没有创造精神的群氓，把现实的人看得无限渺小，从而维护了一小撮剥削阶级的特权统治。

其实，所谓"哲学超实际"不过是唯心主义者的幻想，是他们的欺人之谈。哲学从来都是现实世界的反映，只是在想象中独立于世界之外。在社会分裂为阶级的时代，一定的哲学思想，总是一定阶级利益的反映，为一定阶级的利益服务。就以青年黑格尔派来说，他们口头上表示要超越无产阶级和资产阶级利益之上，既要批判资产阶级，又要批判无产阶级，好像态度非常

---

① 马克思：《致〈总汇报〉编辑部》（1844 年 4 月 14 日），《马克思恩格斯全集》第 27 卷，第 354 页。

② 马克思：《致路·费尔巴哈》（1844 年 8 月 11 日），《马克思恩格斯全集》第 27 卷，第 452 页。

③ 恩格斯：《致马克思》（1844 年 11 月 19 日），《马克思恩格斯全集》第 27 卷，第 13—14 页。

"公正"！但是，第一，他们故意抹杀无产阶级和资产阶级在资本主义社会中所处的根本不同的地位，从而掩盖了资本主义社会阶级压迫和阶级剥削的实质。第二，他们故意混淆革命阶级和反动阶级的界线，以阶级调和代替阶级斗争，转移革命斗争的目标。第三，他们所谓批判资产阶级，不过是想方设法修补资本主义的缺陷，以便保存和巩固摇摇欲坠的资产阶级统治。第四，他们把无产阶级当做批判的对象，否定无产阶级的伟大历史使命，是要从根本上消灭无产阶级革命运动。所有这些，难道是"超实际"的吗？这种所谓"超实际"、"公正不倚"、"置身于一切政党之外"的态度，正是资产阶级反动本性的最鲜明的表现。

所谓"哲学超实际"，也是青年黑格尔派逃避革命斗争、力图与封建统治阶级妥协的遁词。在"哲学超实际"的掩护下，他们不去触动封建制这个实际存在的剥削关系，不去打倒普鲁士王朝这个实际存在的反动国家机构，不去反对书报检查这个实际存在的反动制度。他们甚至公然宣布"不把自己同书报检查机关对立起来，不同它进行斗争"。这是"哲学超实际"的最好的注解。难怪普鲁士政府对《文学总汇报》大为满意，认为它的内容"没有任何违反书报检查制度的地方"。很显然，这种所谓"超实际"的态度，是非常实际的。当青年黑格尔派宣称不反对书报检查制度的时候，正是支持了实际存在的书报检查制度；当他们不去打倒反动国家机构的时候，正是支持了实际存在的普鲁士反动统治；当他们不去触动农奴制的时候，正是支持了这个实际存在的剥削关系；当他们把资本主义这个实际存在的剥削制度归结为抽象范畴，把现实斗争归结为思想斗争，用纯理论批判代替实际革命活动的时候，正是维护了资本主义剥削这个活生生的实际；而当他们挥舞着"超实际"的旗帜反对哲学为无产阶级政治服务的时候，他们为资产阶级服务的反动本性就非常实际地表现出来了。

无产阶级坚决反对"哲学超实际"的虚伪说教，公开宣布哲学的阶级性。无产阶级哲学的主要特点就是坚持理论与实践相结合、为无产阶级政治服务，"哲学把无产阶级当作自己的物质武器，同样的，无产阶级也把哲学当作自己的精神武器"①。无产阶级思想家决不是毫无阶级感情的、冷若冰霜的哲人，而是为无产阶级利益而斗争的战士。他们写作的目的，不是像青年黑格尔派所宣扬的为理论而理论，为批判而批判，而是为了群众的、现实的物质利益。

---

① 马克思：《黑格尔法哲学批判导言》，《马克思恩格斯全集》第1卷，第467页。

五　新世界观天才萌芽的第一个文件

恩格斯来到布鲁塞尔时，马克思在制定新世界观方面已取得了重大成就。1845 年春，马克思写成著名的《关于费尔巴哈的提纲》。这份仅仅 5 页的文件，内容丰富，思想深刻，批判了费尔巴哈等旧唯物主义的主要缺陷，阐明了马克思主义哲学的基本观点，提出了实践是检验真理的标准，强调了战斗唯物主义不仅要解释世界，而且要改变世界。它"作为包含着新世界观的天才萌芽的第一个文件，是非常宝贵的"[①]。

费尔巴哈唯物主义是旧唯物主义的最高成就。费尔巴哈《基督教的本质》等著作，对于马克思唯物主义思想的形成，曾经起了重要的作用。但是，马克思认为费尔巴哈过多地强调自然，过少地强调政治，对他持有一定的保留态度。

在《关于费尔巴哈的提纲》中，马克思指出，包括费尔巴哈在内的旧唯物主义的主要缺点是，它们把客观外界的事物、现实、感性，只当做单纯的客体形式，作为人类的感觉对象、认识对象，忽视了人对外界事物的作用。在它们看来，人们对客观事物的认识，完全是通过直观的形式，靠自己的感觉器官直接接触的结果。它们不了解实践在社会生活和认识过程中的作用。事实上，人们是通过自己的实践活动，在改造客观世界的过程中逐渐认识客观世界的。人们不是消极地、直观地反映客观世界，而是能够能动地改造客观世界，反作用于客观世界。

实践是检验真理的标准。马克思说，"人的思维是否具有客观的真理性，这并不是一个理论的问题，而是一个实践的问题。人应该在实践中证明自己思维的真理性，即自己思维的现实性和力量，也即自己思维的此岸性。关于离开实践的思维是否具有现实性的争论，是一个纯粹经院哲学的问题"[②]。一个理论是不是真理，是否正确反映了客观实际，只能靠社会实践来检验，而不能靠理论自身来检验。实践不仅是检验真理的标准，而且是唯一的标准。正是实践，也只有实践，才能完成检验真理的任务。

[①] 恩格斯：《路德维希·费尔巴哈和德国古典哲学的终结》，《马克思恩格斯选集》第 4 卷，第 208—209 页。

[②] 马克思：《关于费尔巴哈的提纲》，《马克思恩格斯选集》第 1 卷，第 16 页。

革命实践具有重要的意义。罗伯特·欧文曾经说过,人是环境的产物。但他忘记了,环境正是由人改变的。人们通过生产实践,改变客观环境。我们现在生活在其间的周围的环境,并不是某种开天辟地以来始终如一的东西,而是历史的产物,是人类世世代代实践活动的结果。人类的实践不仅改变着环境,而且在改变环境的过程中,也改变着人类自身。

费尔巴哈把人看做抽象的、孤立的、生物学意义上的个体。这是错误的。马克思说:"人的本质并不是单个人所固有的抽象物。在其现实性上,它是一切社会关系的总和。"① 人们的实践,首先是生产实践,从来都是社会性的。在生产实践中,人们不仅与自然发生一定的关系,而且人与人之间也发生一定的关系,即社会生产关系。人们只有在一定的社会生产关系下,才能从事生产实践活动。在特定的社会生产关系中,人们所处的地位是不同的。在阶级社会里,人们处于不同的阶级地位,每个人的活动都不能脱离特定的阶级关系,人们的思想无不打上阶级的烙印。

以往一切哲学,包括唯物主义哲学和唯心主义哲学,都是以不同的方式解释世界,新唯物主义不仅要解释世界,更重要的是要改变世界。新唯物主义是无产阶级的世界观,它武装无产阶级去推翻阻碍社会生产力发展的资本主义生产关系;在推翻旧的生产关系和建立新的生产关系以后,去发展社会生产力,改变物质世界和精神世界。

马克思《关于费尔巴哈的提纲》中的许多思想,后来在《德意志意识形态》中得到了进一步的阐述和发展。

六 写作《德意志意识形态》

从1845年秋天开始,马克思与恩格斯集中精力合作《德意志意识形态》。1845年夏秋,费尔巴哈发表文章,宣称自己是共产主义者;真正的社会主义者格律因、库尔曼、皮特曼等出版了《法兰西和比利时的社会运动》、《新世界或人间的精神王国》、《莱茵社会改革年鉴》第1卷等著作;青年黑格尔分子布·鲍威尔和施蒂纳在《维干德季刊》第3期上发表《路易·费尔巴哈的特点》、《施蒂纳的批判》等文章。这些论著的发表,是马克思改变写作计划的直接动因。马克思和恩格斯认识到,为了让广大群众能够更容易地了

---

① 马克思:《关于费尔巴哈的提纲》,《马克思恩格斯选集》第1卷,第18页。

解政治经济学观点，必须首先对以费尔巴哈和鲍威尔等人为代表的德国哲学和"以各式各样的先知"为代表的"真正的社会主义"进行批判。于是他们从1845年11月起夜以继日地研究材料和写作。从哈尼1846年3月30日给恩格斯的信中，可以看到他们当时工作的紧张情况。哈尼写道："当我告诉我的妻子说你们两人为创作一个非常哲学化的体系一直工作到清晨三四点钟的时候，她声称，这样的体系对她不适用，倘若她在布鲁塞尔，她就在你们的妻子中间发动'政变'。我的妻子并不是反对组织革命，只是希望按照缩短工作日的体系来进行这件工作。"①

虽然工作紧张，但却非常愉快。当他们抓住论敌无知愚蠢、前后矛盾和语无伦次的言论痛加批驳的时候，他们是多么快意。每天晚上他们在一起工作时，往往情不自禁地哈哈大笑，使得家里任何一个人都不得入睡。后来恩格斯回忆当时的情形时写道："我们那时都是大胆的小伙子，海涅的诗篇同我们的散文相比，不过是天真的儿戏而已。"② 工作进展很快，到1846年4月，这部篇幅达50个印张的巨著已经基本完成。

《德意志意识形态》共分两卷，第1卷《对费尔巴哈、布·鲍威尔和施蒂纳所代表的现代德国哲学的批判》，其中第一章《费尔巴哈·唯物主义观点和唯心主义观点的对立》，阐述了唯物主义历史观一系列重要原理。第二、三章分别批判布·鲍威尔和施蒂纳。后者在1844年11月出版的《唯一者及其所有物》成了重点批判的材料。第2卷《对各式各样先知所代表的德国社会主义的批判》，现在保存下来的只有第一、四、五章，分别批判了泽米希、马特伊、格律因、库尔曼等人的观点。

《德意志意识形态》从批判费尔巴哈开始。马克思、恩格斯指出，费尔巴哈在研究自然时是唯物主义的，但在研究历史时却不是这样，"当费尔巴哈是一个唯物主义者的时候，历史在他的视野之外；当他去探讨历史的时候，他决不是一个唯物主义者。在他那里，唯物主义和历史是彼此完全脱离的"③。

费尔巴哈宣称自己是共产主义者，其实他与共产主义者毫无共同之处。他所致力宣传的是人与人之间互相需要、互相依赖、永远相亲相爱这一套爱的说教。但共产主义者认为，在阶级社会里，阶级斗争是历史发展的动力。

---

① 哈尼：《致恩格斯》（1846年4月30日），《马克思恩格斯通讯集》第1卷，第37页。
② 恩格斯：《致劳·拉法格》（1883年6月2日），《马克思恩格斯全集》第36卷，第33页。
③ 马克思、恩格斯：《德意志意识形态》，《马克思恩格斯全集》第3卷，第51页。

要实现共产主义,必须推翻资本主义的统治。因此,"对实践的唯物主义者,即共产主义者说来,全部问题都在于使现存世界革命化,实际地反对和改变事物的现状"①。

批判青年黑格尔派的内容,占了《德意志意识形态》大部分篇幅。马克思、恩格斯指出,青年黑格尔派理论家们写了大量著作,讲了许多"震撼世界"的词句,但他们是最大的保守分子。他们虽然宣称自己反对社会压迫和政治压迫,但他们认为只要有消灭社会压迫和政治压迫的思想意识,这些实际存在的压迫就会烟消云散。因此,在他们看来,对反动统治制度不必用革命的斗争加以摧毁,只要进行理论批判就行了。他们所要求的不是改变反动统治的现实,而是改变意识。马克思、恩格斯一针见血地指出:"这种改变意识的要求,归根到底就是要求用另一种方式来解释现存的东西,也就是说,通过另外的解释来承认现存的东西。"②

"真正的社会主义"者是一小撮空谈家,他们力图用削弱无产阶级与资产阶级尖锐对立的词句来麻痹无产者的意识,调和无产阶级与资产阶级的矛盾。虽然马克思、恩格斯认为"一小撮德国空谈家是断送不了共产主义运动的"③,但也不能让他们的谬论广泛流传。在《德意志意识形态》中,马克思、恩格斯批判了这个流派的几个影响较大的人物,并对这个流派产生的历史条件和阶级根源作了深刻的分析,指出:"一切划时代的体系的真正的内容都是由于产生这些体系的那个时期的需要而形成起来的。所有这些体系都是以本国过去的整个发展为基础的,是以阶级关系的历史形式及其政治的、道德的、哲学的及其他的后果为基础的。……德国人没有英法两国人所有的那种发达的阶级关系。所以,德国共产主义者只能从他们出身的那个等级的生活条件中攫取自己的体系的基础。因此,唯一存在着的德国共产主义体系是法国思想在受小手工业关系限制的那种世界观范围内的复制,这是十分自然的事。"④

《德意志意识形态》内容极其丰富。马克思、恩格斯在批判以费尔巴哈、鲍威尔、施蒂纳为代表的德国哲学和以"各式各样的先知"为代表的"真正的社会主义"的同时,第一次对唯物主义历史观的一系列重要原理作了详尽

---

① 马克思、恩格斯:《德意志意识形态》,《马克思恩格斯全集》第3卷,第48页。
② 同上书,第22页。
③ 同上书,第554页。
④ 同上书,第544页。

的阐述和论证。

马克思、恩格斯指出，人类第一个历史活动，就是进行物质生活资料的生产。人们为了生活，为了创造历史，首先必须有衣服、食物、房屋等物质生活资料。这些物质生活资料只有通过生产活动才能获得。马克思、恩格斯在与费尔巴哈的论战中指出：连续不断的生产活动"是整个现存感性世界的非常深刻的基础，只要它哪怕只停顿一年，费尔巴哈就会看到，不仅在自然界将发生巨大的变化，而且整个人类世界以及他（费尔巴哈）的直观能力，甚至他本身的存在也就没有了"[①]。正是物质资料的生产活动，使人类与动物区分开来。人类通过自己的生产活动，既改变自然界，也改造人类自身。

一切历史冲突都根源于生产力和交往形式之间的矛盾。在《德意志意识形态》中，马克思、恩格斯第一次阐述了生产力与交往形式（生产关系）的矛盾运动规律。生产力决定生产关系。生产力发展到一定阶段，就与现存的生产关系发生矛盾，于是就必然要爆发革命。通过革命，"已成为桎梏的旧的交往形式被适应于比较发达的生产力……的新的交往形式所代替"[②]。由于新的生产关系适合生产力的性质，因而促进生产力的发展；随着生产力的继续发展，生产关系又逐渐成为生产力发展的桎梏，因而必然爆发新的社会革命。人类历史的发展，就是在生产力与生产关系的矛盾运动中进行的。

在人类历史上，与生产力水平相适应，曾经经历过部落所有制、古代公社所有制、封建的或等级的所有制、资本主义所有制。资本主义是人类历史上暂时的交往形式。社会生产力的发展，已经为消灭资本主义、用共产主义生产关系代替资本主义生产关系创造了物质条件。资本主义的灭亡和共产主义的胜利是历史发展的必然趋势。

为了向共产主义过渡，无产阶级必须夺取政权。马克思、恩格斯写道："……每一个力图取得统治的阶级，如果它的统治就像无产阶级的统治那样，预定要消灭整个旧的社会形态和一切统治，都必须首先夺取政权。"[③] 这一思想十分可贵，从这里已经可以看出无产阶级专政学说的萌芽。

马克思、恩格斯还概括地指出了未来共产主义的基本特征。与以往的空想社会主义者不同，他们没有去描绘未来社会的详情细节，而只是根据对社

[①] 马克思、恩格斯：《德意志意识形态》，《马克思恩格斯全集》第 3 卷，第 50 页。
[②] 同上书，第 81 页。
[③] 同上书，第 38 页。

会经济关系的深刻分析,对未来社会作出合乎逻辑的预见。他们认为,在未来社会中,将消灭生产资料私有制,代之以社会共同占有生产资料;阶级将要消灭,国家也将消亡;城乡之间、脑体之间的对立将消灭,劳动将成为自由人的真正自主的活动,每个人的才能和天资将会得到充分的和全面的发展;"在真实的集体的条件下,各个个人在自己的联合中并通过这种联合获得自由"①。

《德意志意识形态》在马克思、恩格斯生前没有出版。由于这部著作既具有高度的科学性,又具有强烈的革命性,很不容易找到一个甘冒风险的出版商。马克思的拥护者魏德迈曾经为此多方奔走,但是没有结果。原来威斯特伐利亚两位自称是共产主义者的富有的企业主迈耶尔和雷姆佩尔答应提供出版经费,但当他们了解著作内容后就完全改变态度,拒绝给予资金帮助。1846年12月28日,马克思在给安年柯夫的信中气愤地写道:"您很难想象,在德国出版这种书要碰到怎样的困难,这困难一方面来自警察,一方面来自代表我所抨击的一切流派的利益的出版商。至于我们自己的党,那末它不仅很贫困,而且德国共产党内有相当大的一部分党员由于我反对他们的空想和浮夸而生我的气。"② 这部著作在马克思、恩格斯生前没有完整出版,只有部分章节在《威斯特伐利亚汽船》上发表。对马克思、恩格斯来说,既然已经达到为自己弄清问题这个主要目的,也就"情愿让原稿留给老鼠的牙齿去批判了"③。

幸好,这部珍贵的手稿并没有完全被老鼠的牙齿批判掉。虽然手稿部分章节已经残缺,但在马克思逝世后恩格斯整理遗物时,发现这部手稿基本还是完好的。恩格斯非常高兴,把其中一些章节朗读给马克思的幼女爱琳娜和当时经常拜访他的伯恩施坦听,并且兴致勃勃地回忆将近四十年前的情景。他曾经打算整理出版,但由于种种原因未能实现。后来于1932年在苏联首次全文发表。这时距离写成已经86年了。

---

① 马克思、恩格斯:《德意志意识形态》,《马克思恩格斯全集》第3卷,第84页。
② 马克思:《致巴·瓦·安年柯夫》(1846年12月28日),《马克思恩格斯全集》第27卷,第488页。
③ 马克思:《〈政治经济学批判〉序言》,《马克思恩格斯全集》第13卷,第10页。

七 《哲学的贫困——答蒲鲁东先生〈贫困的哲学〉》

《哲学的贫困》是马克思从经济学角度对新世界观的阐述,这部著作在1847年春天用法文出版。

《贫困的哲学》出版前,蒲鲁东曾把该书即将出版的消息写信告诉马克思,说:"我等待着您的严格的批评。"1846年12月下旬,马克思得到了这本书。他用两天时间读了一遍,于同年12月28日写信给安年柯夫,指出这"是一本坏书,是一本很坏的书"①。马克思指出,蒲鲁东从唯心主义出发,完全颠倒了经济范畴与现实运动之间的关系。在他看来,范畴是动力;要改变范畴,不必改变现实生活;只要改变范畴,现实社会也会跟着改变。这样,"蒲鲁东先生用自己头脑中奇妙的运动,代替了由于人们既得的生产力和他们的不再与此种生产力相适应的社会关系相互冲突而产生的伟大历史运动,代替了一个民族内各个阶级间及各个民族彼此间准备着的可怕的战争,代替了唯一能解决这种冲突的群众的实践和暴力的行动,代替了这一广阔的、持久的和复杂的运动。总之,历史是由学者,即由有本事从上帝那里窃取隐秘思想的人们创造的。平凡的人只需应用他们所泄露的天机"②。

马克思指出,蒲鲁东完全不理解人类的历史发展。他无法探索出历史的真实进程,完全不理解"人们借以进行生产、消费和交换的经济形式是暂时的和历史性的形式。随着新的生产力的获得,人们便改变自己的生产方式,而随着生产方式的改变,他们便改变所有不过是这一特定生产方式的必然关系的经济关系"③。

蒲鲁东既反对资本主义私有制,又反对共产主义。他的"经济矛盾的体系",实际上就是他的矛盾的经济地位的反映。他"彻头彻尾是个小资产阶级的哲学家和经济学家。小资产者在已经发展了的社会中,由于本身所处的地位,必然是一方面成为社会主义者,另一方面又成为经济学家,就是说,他既迷恋于大资产阶级的豪华,又同情人民的苦难。他同时既是资产者又是人

---

① 马克思:《致巴·瓦·安年柯夫》(1846年12月28日),《马克思恩格斯全集》第27卷,第476页。
② 同上书,第486页。
③ 同上书,第478—479页。

民。他在自己的心灵深处引以为傲的，是他不偏不倚，是他找到了一个自诩不同于中庸之道的真正的平衡。这样的小资产者把矛盾加以神化。因为矛盾是他存在的基础。他自己只不过是社会矛盾的体现"。①

为了反驳蒲鲁东的谬论，马克思于1847年初用法文写成《哲学的贫困》，并于同年7月出版。这部主要研究政治经济学问题的著作，是第一批成熟的马克思主义著作之一，在马克思主义发展史上有着重要的地位。

马克思指出，任何经济范畴都不是永恒的，而是历史的暂时的产物，因为经济范畴不过是生产方面社会关系的理论表现；随着社会关系的发展变化，经济范畴也会不断变化。蒲鲁东像资产阶级经济学家一样，把经济范畴当做永恒不变的东西。他把每个经济范畴都分为好与坏两个方面；好与坏的综合，形成新的范畴。从一个范畴到另一个范畴的发展，形成人类社会发展的不同阶段。很显然，这是违背人类社会发展的历史的。

蒲鲁东以为资产阶级经济学家强调了资本主义制度好的方面，社会主义者则强调了资本主义制度坏的方面，只有他既批判了资产阶级政治经济学，又批判了共产主义，完成了好的方面与坏的方面的综合，找到了解决矛盾的科学公式；因此，他自以为超越资产阶级经济学家和社会主义者。马克思指出，恰恰相反，他不仅没有超越两者，而且远在两者之下，"说他在经济学家之下，因为他作为一个哲学家，自以为有了神秘的公式就用不着深入纯经济的细节；说他在社会主义者之下，因为他既缺乏勇气，也没有远见，不能超出……资产者的眼界"，"他希望充当科学泰斗，凌驾于资产者和无产者之上，结果只是一个小资产者，经常在资本和劳动、政治经济学和共产主义之间摇来摆去"②。

构成价值论是蒲鲁东经济学的基础。按照他的说法，如果某种产品的数量超过了按比例所需求的份额，多余的部分就不被列入社会财富。凡是产品能够在交换时得到社会承认，被列入社会财富之内，它就成为构成价值；反之，如果不被社会承认，就是非价值。从这一点出发，他提出建立人民银行，组织市场交换作为改造资本主义和建立新社会的工具。他自以为构成价值是自己的伟大发现，其实这不过是英国资产阶级古典经济学家李嘉图的劳动价

---

① 马克思：《致巴·瓦·安年柯夫》（1846年12月28日），《马克思恩格斯全集》第27卷，第487—488页。

② 马克思：《哲学的贫困》，《马克思恩格斯全集》第4卷，第158页。

值论的拙劣翻版。"李嘉图给我们指出资产阶级生产的实际运动，即构成价值的运动。蒲鲁东先生却撇开这个实际运动不谈，而'煞费苦心地'去发明按照所谓的新公式……来建立世界的新方法。李嘉图把现实社会当作出发点，给我们指出这个社会怎样构成价值；蒲鲁东先生却把构成价值当作出发点，用它来构成一个新的社会世界。……李嘉图的价值论是对现代经济生活的科学解释；而蒲鲁东先生的价值论却是对李嘉图理论的乌托邦式的解释。"①

蒲鲁东反对工人提高工资的理由是完全站不住脚的。提高工资决不会引起商品价格或多或少的普遍提高。实际上，普遍提高工资只会使利润普遍下降，而商品的市场价格却不会有任何变化，这就是说："利润和工资的提高或降低只是表示资本家和工人分享一个工作日的产品的比例，在大多数情况下决不致影响产品的价格。至于'导致提高工资的罢工引起价格的普遍上涨，甚至引起贫困的加剧'，这种思想只有不可理解的诗人的头脑里才能出现。"② 蒲鲁东反对工人组织工会的主张，完全迎合了资产阶级的需要。但是工人组织的出现，是资本主义社会的必然现象。这种组织最初是为了维护工资，后来逐渐具有政治性质。这是由资本主义的经济条件决定的，"经济条件首先把大批的居民变成工人。资本的统治为这批人创造了同等的地位和共同的利害关系。所以，这批人对资本说来已经形成一个阶级，但还不是自为的阶级。在斗争……中，这批人逐渐团结起来，形成一个自为的阶级。他们所维护的利益变成阶级的利益。而阶级同阶级的斗争就是政治斗争"③。

在与蒲鲁东论战时，马克思进一步发展了《德意志意识形态》所表述的唯物主义历史观的基本原理，指出生产方式是生产力与生产关系的统一，生产力的不断发展，必然引起生产方式的更替。马克思写道："社会关系和生产力密切相连。随着新生产力的获得，人们改变自己的生产方式，随着生产方式即保证自己生活的方式的改变，人们也就会改变自己的一切社会关系。手工磨产生的是封建主为首的社会，蒸汽磨产生的是工业资本家为首的社会。"④ 马克思在阐明"生产力"概念的内容时指出，生产力不仅包括生产资料，而且包括劳动者，"最强大的一种生产力是革命阶级本身"。这对于进一

---

① 马克思：《哲学的贫困》，《马克思恩格斯全集》第4卷，第92—93页。
② 同上书，第192页。
③ 同上书，第196页。
④ 同上书，第144页。

步认识人民群众在历史发展中的作用和无产阶级伟大历史使命,具有十分重要的意义。

在《哲学的贫困》中,马克思的经济理论初步形成。马克思指出,价值起源于生产和交换的一定历史阶段。人类劳动的产品,只有在特殊的社会条件下,即在生产具有社会性,而劳动还不是直接社会劳动的时候才成为商品。因此,价值体现着商品生产者之间的社会联系。在这部著作中,马克思也论述了剩余价值理论的一些基本点。虽然这时他还借用资产阶级古典经济学"劳动商品"、"劳动价值"等概念,但已给予全新的内容。他指出,"劳动商品"是一种特殊的商品,购买和使用这种商品,可以获得劳动剩余。资本主义私有制和雇佣劳动制是发展生产力和增加劳动剩余的必要条件。在雇佣劳动制度下,"一些阶级日益富裕,另一些则死于贫困"[①]。这是必然的现象。资本主义的发展必然产生两重结果:"在产生财富的那些关系中也产生贫困;在发展生产力的那些关系中也发展一种产生压迫的力量。"[②] 马克思这些深刻的思想是以论战的形式出现的。在这部著作中"还处于萌芽状态的东西,经过二十年的研究之后,变成了理论,在'资本论'中得到了发挥"[③]。

《哲学的贫困》的出版,是马克思主义反对冒牌社会主义的重大胜利。它大大地提高了无产阶级的觉悟,为创建无产阶级政党做了重要的准备。在欧洲革命高潮前夜问世的这部著作的结尾中,马克思强调指出,无产阶级与资产阶级的对立和斗争,是由资本主义的经济关系所决定的。工人阶级必须树立这样的思想:"不是战斗,就是死亡;不是血战,就是毁灭。问题的提法必然如此。"

马克思新世界观天才萌芽的最初文献,是科学社会主义新时期的伟大成果,也是成熟的马克思学说的基础和出发点,为创建无产阶级革命政党奠定了理论基础,意义十分重大。

---

① 马克思:《哲学的贫困》,《马克思恩格斯全集》第4卷,第135页。
② 同上书,第155页。
③ 马克思:《关于〈哲学的贫困〉》,《马克思恩格斯全集》第19卷,第248页。

第四章　致力于无产阶级的组织与联合

一　布鲁塞尔共产主义通讯委员会

恩格斯说:"要使无产阶级在决定关头强大到足以取得胜利,无产阶级就必须(马克思和我从1847年以来就坚持这种立场):组成一个不同于其他所有政党并与它们对立的特殊政党,一个自觉的阶级政党。"①

当马克思完成了从革命民主主义到共产主义的转变以后,创建无产阶级政党的任务,就提到重要的议事日程上来了。他在1845年到布鲁塞尔后,立即为创建政党进行了紧张的工作。当时,欧洲各国无产阶级的革命斗争还刚刚开始,无产阶级在组织上还很溃散,理论上也很不成熟,又缺乏一批有阶级觉悟、有组织能力而又密切联系群众的核心力量。为了创建革命的无产阶级政党,必须从思想上、理论上、组织上进行大量的准备工作。为此,马克思、恩格斯于1846年初在布鲁塞尔建立共产主义通讯委员会。

布鲁塞尔共产主义通讯委员会是一个具有国际性质的无产阶级组织。马克思、恩格斯创立通讯委员会的目的,是为了在各国共产主义和工人团体之间建立联系,批判各种冒牌社会主义,克服工人运动中组织涣散状态,使工人运动在科学社会主义的基础上统一起来,并把工人阶级中最革命最先进的分子团结在自己周围。培养一批革命的核心力量,为创建无产阶级政党准备条件。

马克思、恩格斯以布鲁塞尔共产主义通讯委员会为中心,在柏林、汉堡、莱比锡、肯尼斯堡等许多德国城市和英国、荷兰、丹麦等国建立了共产主义

---

① 恩格斯:《致格尔桑·特利尔》(1889年12月18日),《马克思恩格斯全集》第37卷,第321页。

通讯委员会。参加这些组织活动的,有德国、波兰、英国、比利时等国的共产主义者和工人运动活动家。

在马克思、恩格斯直接领导下,布鲁塞尔共产主义通讯委员会与各地共产主义通讯委员会、共产主义和工人运动活动家建立了经常联系。分散在各地的共产主义和工人运动活动家通过布鲁塞尔通讯委员会同马克思、恩格斯交流当地政治形势和工人运动情况;马克思、恩格斯也通过复信等方式,向他们宣传科学社会主义,帮助他们提高无产阶级觉悟,指导他们的革命实践活动。例如,1846年6月15日,马克思、恩格斯写信给爱北斐特社会主义者古·阿·克特根,对他们的活动作了详细指示。马克思、恩格斯批评他们对德意志联邦议会、普鲁士国王、地方等级会议抱有幻想的措施态度,指示他们必须把工作重点放在发动群众上,才能在反封建斗争中发挥强大的作用。马克思、恩格斯还指示他们,应该支持当地资产阶级关于出版自由等要求,因为这会给共产主义宣传提供有利条件,使"资产阶级和无产阶级的冲突……更加尖锐"[①]。

布鲁塞尔共产主义通讯委员会经常讨论各国工人运动和民主运动的情况。马克思、恩格斯结合当时发生的政治事件,精辟地阐述了科学社会主义原理。1846年7月17日,委员会讨论了英国宪章运动领导人奥康瑙尔在议会选举中获胜的事件,通过了马克思、恩格斯起草的《布鲁塞尔的德国民主主义者——共产主义者给菲格斯·奥康瑙尔先生的信》。这封信深刻地论述了资本主义社会阶级斗争的形势,指出当资产阶级战胜了土地贵族而成为国内的统治阶级时,"资本和劳动即资产者和无产者之间的伟大斗争就要进入决定性阶段。今后战场将由于土地贵族退出斗争而廓清。而斗争也只能在资产阶级和工人阶级这两个阶级之间来进行了。敌对双方各有自己的由本身的利益和地位所决定的战斗口号"[②]。马克思、恩格斯热烈赞扬英国工人阶级的阶级觉悟,指出在无产者与资产者的斗争中,宪章运动将发挥更加显著的作用,而宪章运动的胜利,"工人阶级就会成为英国的统治阶级"[③]。这封充满斗争激情的信通过英国宪章运动机关报《北极星报》,传播到英国和欧洲各国工人阶

[①] 马克思、恩格斯:《布鲁塞尔共产主义通讯委员会给古·阿·克特根的信》(1846年6月15日),《马克思恩格斯全集》第4卷,第25页。
[②] 马克思、恩格斯:《布鲁塞尔的德国民主主义者——共产主义者给菲格斯·奥康瑙尔先生的信》(1846年7月17日),《马克思恩格斯全集》第4卷,第27页。
[③] 同上书,第28页。

级中，教育和鼓舞了觉悟不断提高的工人群众。

在马克思、恩格斯直接领导和教育下，布鲁塞尔共产主义通讯委员会培养了威廉·沃尔夫、约瑟夫·魏德迈、罗兰特·丹尼尔斯、格奥尔格·维尔特等第一批积极献身于无产阶级解放事业的共产主义先锋战士。

威廉·沃尔夫（1809—1864）是一位勇敢的、忠实的、高尚的无产阶级革命家，诞生在当时德国西里西亚一个世袭农奴家庭，从小饱受容克地主的剥削和压迫。他于1829年进入布勒斯劳大学，1834年由于参加革命活动被反动政府逮捕判刑五年，出狱后，立即拜访马克思、恩格斯，从此与马克思、恩格斯建立了深厚的友谊。后来，恩格斯对他们第一次见面作了生动描写："这大约是1846年4月底的事情。……有人告诉我们说，一位德国来的先生想同我们谈话。我们看到了一个身材矮小但很健壮的人：他的面容说明他既善良而又沉着坚定，一副德国东部农民的样子，穿着一身德国东部小城市市民的衣服。……第一眼看到他，我们并没有料想到，这个外表并不出众的人，竟是一个十分难得的人物。没过几天，我们就同这位新的流亡伙伴建立了诚挚的友谊，而且我们相信，我们交结的不是一个平凡的人。"① 沃尔夫具有高尚的革命品质。他的一丝不苟的作风和谦虚诚恳的态度，受到人们的尊敬。马克思、恩格斯对他的评价极高，认为他是共产主义运动中出类拔萃的人物："他在古典学校里受到良好的培养的才智，他那丰富的幽默，他对艰深理论问题的清楚理解，他对人民群众的一切压迫者的强烈憎恨，他那刚毅而又沉着的气质，很快就展现了出来。但是，只有在斗争中，在胜利和失败的时候，在顺利和不利的时刻，经过多年的共同活动和友好交往，我们才能充分认识到他那坚韧不拔的性格，他那无可怀疑的忠诚，他对敌、对友、对己都同样严格的、始终如一的责任感。"②

在布鲁塞尔共产主义通讯委员会中，沃尔夫是马克思和恩格斯的主要助手。他积极参加对各种冒牌社会主义的斗争，经常为布鲁塞尔德国工人教育协会作时事政治报告，帮助工人群众掌握科学社会主义理论。他还通过自己的朋友和拥护者，在家乡西里西亚建立共产主义通讯委员会，指导当地的革命运动。他是共产主义者同盟第一次代表大会代表，在改组同盟中起了重要作用。

---

① 恩格斯：《威廉·沃尔夫》（1876年11月），《马克思恩格斯全集》第19卷，第63页。
② 同上。

约瑟夫·魏德迈（1818—1866）生于威斯特伐利亚，毕业于柏林陆军大学。40年代中期，他从事新闻记者工作，有一个时期受到"真正社会主义"的影响。后来在马克思直接教育下，逐渐与"真正社会主义"划清界限，转到科学社会主义立场上。在马克思、恩格斯为创建无产阶级政党而斗争的时期，他经常向马克思汇报威斯特伐利亚的政治情况，大力宣传马克思的著作和思想，为传播科学社会主义发挥了积极的作用。马克思、恩格斯合著的《德意志意识形态》一书写成后，他最早看到手稿，完全赞同手稿的观点，支持对青年黑格尔派和"真正社会主义"的批判，认为由于当时许多共产主义者还受到各种非无产阶级思潮的影响，因此马克思、恩格斯对各种错误理论的批判是十分必要的。他还积极为手稿寻找出版者。1847年他跟随马克思、恩格斯加入正义者同盟，成为同盟活动家。50年代初，他到了美国，成为马克思主义在美国的一位有理论修养的常驻代表和美国共产主义运动的奠基人。

罗兰特·丹尼尔斯于1819年1月20日生于科伦。40年代初他在科伦做外科医生。1844年他在巴黎会晤马克思，从此成了马克思最初的一批忠实的拥护者。他经常向马克思汇报德国国内政治形势和工人运动的状况，宣传科学社会主义理论。此后，他成为共产主义者同盟的积极活动家。1851年6月被反动政府逮捕，出狱后不久就去世了。丹尼尔斯在短促的生命中，曾与马克思保持亲密的友谊。马克思给丹尼尔斯以崇高的评价。当听到他去世的消息时，马克思无限悲痛，立即写信向丹尼尔斯夫人表示哀悼，指出丹尼尔斯"是一个温和、精细、高尚的人，坚定、才干和外表的美异常和谐地在他身上融为一体。……他的早逝，不仅对他的家庭和朋友来说是不可挽回的损失，而且对科学界以及受苦受难的广大群众来说也是一个不可挽回的损失。在科学界，人们对他抱有无限的希望，而受苦受难的群众则把他看成可靠的先进战士"[①]。

格奥尔格·维尔特，德国无产阶级最卓越的诗人之一，于1822年2月17日生于德特莫耳特城。1843年他在英国结识恩格斯，1845年在布鲁塞尔结识马克思，从此成了马克思、恩格斯的亲密战友，成了科学社会主义的最忠诚的拥护者和工人运动的积极活动家。1845—1847年，维尔特积极参加布鲁塞尔通讯委员会的工作，在《德意志—布鲁塞尔报》上发表了许多革命言

---

① 马克思：《马克思致阿马利亚·丹尼尔斯》（1855年9月6日），《马克思恩格斯全集》第28卷，第627页。

论和诗歌、散文，为传播科学社会主义作出了贡献。维尔特对马克思、恩格斯终生怀着深厚的友情。1845年10月20日他在给马克思、恩格斯的信中写道："这一个月中间，我对你们的思念是按几何级数增长的，可是我却只能按算术级数安慰自己。"在创建第一个无产阶级政党和1848—1849年革命斗争年代，维尔特成了马克思、恩格斯的有力助手，发挥了积极的作用。

反对冒牌社会主义的斗争，是布鲁塞尔共产主义通讯委员会的一项重要任务。1846年3月30日，布鲁塞尔共产主义通讯委员会批判了魏特林的粗陋共产主义；5月11日，批判了以欧洲共产主义代表的身份在美国活动的"真正社会主义"者克利盖；在这期间，马克思、恩格斯还在许多著作中批判了以新救世主名义出现的普鲁东小资产阶级社会主义，提高了工人阶级的觉悟，扩大了科学社会主义的影响，为创建无产阶级政党做了重要的组织、理论和思想的准备。

二 魏特林粗陋的社会主义

19世纪40年代中叶，当马克思的科学社会主义刚刚诞生的时候，在德国和欧洲其他国家的工人运动中，流行着各种冒牌的社会主义，其中影响较大的有魏特林的平均共产主义、德国的或真正的社会主义、蒲鲁东主义。

为了传播科学社会主义，为了准备创建无产阶级政党的条件，马克思开展了反对各种冒牌社会主义的斗争，首先对魏特林的平均共产主义进行了严肃的批判。

威廉·魏特林（1808—1871），德国马格德堡人，裁缝工人出身，是德国早期工人运动的著名理论家。1835年，他在巴黎参加流亡者同盟。不久，这个组织的左派分子组成正义者同盟，魏特林是同盟的领导成员和主要理论家。1838年，他受正义者同盟的委托，写成第一部著作《人类的现状及其未来》，论证财产共有共享的可能性，为该同盟制定了纲领。1840年，他在瑞士的日内瓦、洛桑等地，建立正义者同盟地方支部，组织工人学习小组，创办共产主义集体食堂，主编《德国青年的呼吁》和《年轻一代》等杂志，向工人宣传平均共产主义。1842年出版主要著作《和谐与自由的保证》，全面叙述平均共产主义理论。1843年，发表《贫苦罪人们的福音》，宣扬共产主义与早期基督教的学说完全一致。

魏特林早期的活动，对德国工人运动作出了一定的贡献。在《人类的现状及其未来》、《和谐与自由的保证》及早期的一些文章中,他对资本社会作了深刻的批判,指出资本主义社会对于劳动者来说,是"一个苦难的深渊,一个血泪斑斑的水火坑"[①]。在这个社会里,虽然不再把人钉在十字架或者分尸车上,但是资产阶级的残酷压榨和奴役,使劳动者慢慢地饿死、冻死或者在过度劳动的折磨下慢慢地死去。资本家则从苦难的劳动者的骨髓中榨出蜜来,过着逸乐、奢侈、浪费和游手好闲的生活。他认为,私人财产是一切罪恶的根源。私人财产与劳动者的需要是完全对立的。当千百万人没有半分土地、没有任何私人财产的时候,土地的私人占有就成为一种违反社会利益的不公正的制度,成为一种不可饶恕的、可耻的盗窃行为。因此,为了从资本主义的罪恶中摆脱出来,他要求在未来的革命中消灭私人财产,把剥削阶级"用来危害我们的手段夺取过来"[②]。

魏特林对统治阶级及其政治采取敌视的态度。他指出,统治阶级的政治和法律,是盘剥和压迫劳动者的工具,对它不应存在任何幻想,如果把自己的希望和利益寄托在有钱有势的人们身上,"社会情况就永远不会改善"[③]。他赞同通过革命的方式推翻旧制度,认为"进步只有通过革命才可以实现"[④],甚至不反对"把实现好事情的希望,寄托在一种通过暴力的颠覆上"[⑤]。他公开对工人们说:"你们不要相信,通过和你们敌人的和解,你们可以有什么成就。你们的希望只是在你们的宝剑上。"[⑥] 他强调指出,历史已经证明,真理不得不通过血的河流来为自己开辟道路。因此,"街垒战是我们的口号,革命就是我们的战斗号角"。

魏特林深受法国空想社会主义学说的影响,他的理想是建立一个财富共有共享的平均共产主义社会。他认为:人们生来就是平等的。私人财产使少数富人游手好闲,生产阔绰,而使人数最多、最有作为的劳动阶级衣食不足,处于低下、贫困、屈辱的地位。必须废除私有财产,实现财富的共有共享。他认为在平均共产主义社会里,没有穷人,没有犯罪,没有尊重和卑贱,没有奴役和压迫,没有对劳动的轻视和讥笑,没有对进步的限制,没有对知识

---

① 魏特林:《和谐与自由的保证》,第115页。
② 同上书,第267页。
③ 同上书,第115页。
④ 同上书,第244页。
⑤ 同上书,第282页。
⑥ 同上书,第8页。

和言论的压制，"任何人都不比别人受到较好的或较差的照顾，而是大家分担共同的负担、劳累、愉快和享受，也就是过共同生活"①。在这样的社会里，劳动不再是一种苦役，而成为一种享受；妇女将从一切野蛮的压迫中解放出来，儿童将受到良好的教育；人们可以充分享用必需的东西，过着无忧无虑的美满生活。

但是，魏特林平均共产主义是德国手工业工人落后思想的反映。当时的德国手工业者还有许多流传下来的行会观念，"每当问题涉及具体批判现存社会，即分析经济事实的时候，他们的手工业者旧有的成见对于他们就成为一种障碍"②。魏特林理论的措施主要表现在：

第一，魏特林从唯心主义出发，用人们的主观欲望来说明历史的发展。他认为，人的欲望有三类：知识欲、占有欲和享受欲。所谓欲望，按照他的说法，包括人的一切欲念、要求、企图、盼望、希望和需要。满足欲望的手段是能力。能力是欲望的自然界限。大自然把它的一切魅力都放到享受欲方面，这些魅力刺激感官，产品新的欲望，从新的欲望中产生新的能力。这就是人类社会进步的原因。从这种历史唯心论出发，他认为，现在资本主义社会一切罪恶，都是由人类的欲望与能力失去和谐造成的。他说："从全体人的欲望和能力的自由与和谐中，产生出一切好的东西；反之，由于为了若干少数人的利益而压抑和克制这种欲望和能力，则产生出一切坏的东西。"③

第二，魏特林共产主义理论的中心内容，是绝对平等观念。在他看来，"一个人只有感到满足才能感到幸福，而一个人只要别人所具有的他也都能具有，他就能感到满足"④。他所追求的目标是财产的共有共享，是"一切人的平等地位"，是一个既没有国家疆界，也没有语言隔阂的"人类的大家庭联盟"。这种绝对平均主义是小生活者的幻想。

第三，魏特林歪曲共产主义的阶级内容。他不是把共产主义者看做为消灭资本主义制度而奋斗的无产阶级革命战士，而是把共产主义者与资产阶级慈善家混为一谈。在他看来，一切对贫苦群众进行施舍的人，都是共产主义者。他写道：共产主义者是把自己的一小块面包分给饥饿的手工业工人和勤劳的农民，是不虐待自己的雇工，是从公共劳动的收益中给雇佣工人和勤劳

---

① 转引自梅林《德国社会民主党史》第1卷，第104页。
② 恩格斯：《关于共产主义者同盟的历史》，《马克思恩格斯选集》第4卷，第192页。
③ 魏特林：《和谐与自由的保证》，第163页。
④ 同上书，第61页。

的手工业者以相当的报酬,是把自己的剩余财富用来为受苦的人类造福的富人,是为最贫穷的、人数最多的阶级制定法律的皇帝、国王或诸侯等等。①

第四,在实现改造社会的途径上,魏特林虽然同意通过革命的方式,但也不反对使用暴力,他的观点是极不彻底和矛盾的。首先,他一方面赞同革命,一方面又鼓吹通过和平的方式,通过"纯粹精神的力量去取得胜利"②。他并且为此向统治阶级求援,希望他们帮助他实现自己的理想。在实践活动中,他企图通过集体食堂、交换银行等小型实验的办法去改造社会,企图把无产阶级引向脱离革命斗争的道路。其次,他的所谓"革命"和"暴力",不过是法国布朗基分子密谋暴动理论的翻版。他认为,只要依靠少数人的密谋暴动,人类就能够在 24 小时内过渡到共产主义!他竭力宣扬群众的自发斗争,贬低无产阶级政党及其领袖在革命斗争中的领导作用,认为当群众自发地起来与旧制度作斗争的时候,"不容许还四处去寻觅一个领导人,那时候不容许在领导人的选举中再多费挑剔。谁第一个首先站起来,谁就第一个带头往前冲,谁勇敢地坚持下去,并且在坚持斗争中把他的生活放在和其他一切人平等的地位上,他就是领导者"③。

第五,魏特林把共产主义与早期基督教等同起来,宣称在基督教的《圣经》中找到了共产主义的依据,认为共产主义与基督教的精神一致,为了解放人类,必须利用宗教。他说:"一切民主观念都是由基督教产生的","基督是自由的先知",基督的原则"是共产主义的至善尽美状态的前提"。他宣称,一个新的救世主即将来临,"这个人以最大的热忱倾心于我们的原则,他将领导那旧制度的破坏和新制度的建立"。④ 其实,这个新的救世主就是他自己。1853 年,他在纽约的一次讲话中,就说:"耶稣基督是第一个共产主义者,而他的继承人不是别人,正是大名鼎鼎的威廉·魏特林。"⑤ 正如恩格斯所指出的,由于魏特林"把共产主义归结为早期基督教,这就使瑞士的运动多半起初是掌握在阿尔勃莱希特这种蠢货手中,后来又掌握在库尔曼这种榨取钱财的骗人预言家手中"。⑥

---

① 参阅梅林《德国社会民主党史》第 1 卷,第 228 页。
② 魏特林:《和谐与自由的保证》,第 260 页。
③ 同上书,第 269 页。
④ 同上书,第 272 页。
⑤ 马克思:《致恩格斯》(1853 年 3 月 22—23 日),《马克思恩格斯全集》第 28 卷,第 233 页。
⑥ 恩格斯:《关于共产主义者同盟的历史》,《马克思恩格斯选集》第 4 卷,第 195 页。

很显然，魏特林所主张和宣传的，是一种粗陋的共产主义。在实际活动中，魏特林大搞宗派主义。他从小手工业者的行会观念出发，对马克思、恩格斯和其他革命知识分子采取怀疑、敌视和排斥的态度。他荒谬地声称，由于马克思、恩格斯出身于资产阶级家庭，"不是通过自己的困苦而走向共产主义"①，因而是不可信赖的。他还把这种狭隘的行会观念传播给其信徒。所以，那些魏特林信徒们，同他们的宗师一样，对于所有的教员、新闻记者，总而言之，一切不是手工业工人的人，都像对待那些想要剥削他们的"学者"一样，抱有一种难以根除的怀疑态度。

魏特林早期的著作，特别是《和谐与自由的保证》，在揭露资本主义制度的弊病和启发工人的觉悟方面，曾经起过一定的作用，有一定的意义。因此，马克思、恩格斯对他的早期理论活动，曾经给予肯定的评价。恩格斯称他为"德国共产主义的创始者"②。马克思则认为《和谐与自由的保证》一书，超出资产阶级的一切政治论著："资产阶级及其哲学家和科学家哪里有一部论述资产阶级解决（政治解决）的著作能和魏特林的《和谐与自由的保证》一书媲美呢？只要把德国的政治论著中的那种俗不可耐畏首畏尾的平庸气拿来和德国工人的这种史无前例光辉灿烂的处女作比较一下，只要把无产阶级巨大的童鞋拿来和德国资产阶级的矮小的政治烂鞋比较一下，我们就能够预言德国的灰姑娘将来必然长成一个大力士。"③ 40 年后，恩格斯在《关于共产主义者同盟的历史》中，再一次肯定了魏特林的著作"作为德国无产阶级的第一次独立理论运动所具有的意义"④。

但是，马克思对魏特林等人的粗陋的共产主义，从来都持批判态度。1843 年秋，他在给卢格的信中明确提出："这种共产主义只不过是人道主义原则的特殊表现，它还没有摆脱它的对立面即私有制的存在的影响。所以消灭私有制和这种共产主义绝对不是一回事。"⑤ 在《1844 年经济学哲学手稿》中，马克思进一步指出，粗陋的共产主义不过是对较富裕的私有财产者占有

---

① 魏特林：《和谐与自由的保证》，第 347 页。
② 恩格斯：《大陆上社会改革运动的进展》(1843 年 10 月 23 日和 11 月初)，《马克思恩格斯全集》第 1 卷，第 586 页。
③ 马克思：《评"普鲁士人"的〈普鲁士国王和社会改革〉一文》，《马克思恩格斯全集》第 1 卷，第 483—484 页。
④ 恩格斯：《关于共产主义者同盟的历史》，《马克思恩格斯选集》第 4 卷，第 189 页。
⑤ 马克思：《摘自〈德法年鉴〉的书信》(1847 年 12 月底)，《马克思恩格斯全集》第 1 卷，第 416 页。

的一切都消灭，想用强制的方法把才能等等舍弃，想对整个文化和文明世界加以否定。这种共产主义"不仅没有超越私有财产的水平，甚至从来没有达到私有财产的水平"①。它是私有财产的卑鄙性的一种表现形式。

虽然马克思不同意魏特林的主张，但对这个工人出身的理论家十分关心。马克思曾经接受魏特林的要求，与他进行友好的通信，希望他抛弃错误的观点，跟着革命的工人运动一道前进。1845年冬，马克思邀请魏特林到布鲁塞尔，吸收他参加布鲁塞尔共产主义通讯委员会，同他进行多次恳切的谈话，希望他放弃粗陋的共产主义。马克思对他进行十分耐心的帮助，但魏特林却对马克思采取敌对的态度。他妄自尊大，以救世主自居，对任何人都不信任，与任何人都不能团结合作。恩格斯后来回忆道：在布鲁塞尔时，魏特林"已经不再是一个天真年轻的帮工裁缝，被自己的才能所震惊，力求弄清共产主义社会究竟应当是什么样子了。这时他是一个由于自己卓越而受嫉妒者追逐的大人物，到处都觉得有竞争者、隐蔽的敌人和陷阱，这个从一个国家被赶到另一个国家的预言家，口袋里装有一个能在地上建成天堂的现成药方，而且觉得每个人都在打算窃取他的这服药方。他在伦敦时就已经和同盟盟员发生争吵，在布鲁塞尔……他也还是同任何人都合不来"②。因此，马克思与魏特林的决裂已经不可避免。

1846年3月30日，在布鲁塞尔共产主义通讯委员会会议上，马克思对魏特林的理论和活动作了严厉的批判。

这次会议在马克思家里举行，参加者除马克思、恩格斯外，有魏特林、魏德迈、埃德加·威斯特华伦、海尔堡、载勒尔、日果和安年柯夫，主要讨论组织共产主义宣传的问题。

当时，马克思、恩格斯正在为《德意志意识形态》一书物色出版人，并准备翻译出版一套《外国杰出的社会主义者文丛》。当布鲁塞尔共产主义通讯委员会讨论筹集资金出版《德意志意识形态》等著作时，魏特林插了进来，要求立即出版他的空想体系的东西及其他一些巨著，包括一部新的语法书。马克思坚决反对魏特林的计划，在会上直接责问："魏特林，你在德国大叫大嚷地鼓动，请你讲一讲，你根据什么来证明你的活动是正确的？你根据什么

---

① 马克思：《1844年经济学哲学手稿》（1844年1—8月），《马克思恩格斯全集》第42卷，第118页。
② 恩格斯：《关于共产主义者同盟的历史》，《马克思恩格斯选集》第4卷，第194页。

来确定将来的活动?"① 魏特林语无伦次地为自己的活动进行辩护。马克思当即指出,魏特林顽固坚持、拼命鼓吹的理论,同传教士们所玩的那些空洞无耻的把戏没什么区别;它不能给群众以任何可靠的、深思熟虑的行动依据,而是在欺骗群众;它不能拯救受苦受难的人们,而只会把他们引向最终的毁灭。马克思指出,必须给工人以严格的科学思想和正确学说,用科学共产主义教育工人,克服魏特林和其他冒牌社会主义对工人的影响。

在讨论无产阶级革命策略问题时,魏特林不顾德国的客观条件,反对无产阶级参加和支持资产阶级革命,主张直接进行共产主义革命。马克思、恩格斯反对魏特林这种策略思想,认为当时德国还不具备直接进行共产主义革命的条件。马克思、恩格斯在当时发表的许多文章中,曾反复说明这一点。他们分析了欧洲各国的历史经验和德国的现状,认为"只要资产阶级本身还在革命,还在进行,工人阶级就不可避免地要充当资产阶级手里的工具。所以,在这种情况下,工人阶级单独的运动始终只起着次要的作用。但是,从资产阶级取得了全部政权、金钱的势力消灭了一切封建的和贵族的特权、资产阶级不再进步和不再革命并且本身已经裹足不前的那一天起,工人阶级的运动就开始领先,并且成了全民的运动"②。从当时德国的情况看,无产阶级不应直接进行共产主义革命,而应积极参加正在兴起的资产阶级民主革命。马克思说,工人阶级非常清楚,资产阶级是自己的敌人,"任何人都没有我们这样不喜欢资产阶级统治"③。但由于当然德国社会的主要矛盾是封建统治阶级与广大人民群众的矛盾,因此,"只要资产阶级采取革命的行动,共产党就同它一起去反对君主专制、封建土地所有制和小市民的反动性"④。马克思、恩格斯的策略是完全正确的。魏特林的策略表面看起来似乎很"革命",实际上适应了德国封建专制制度的需要,背离了工人阶级的根本利益。

魏特林对马克思、恩格斯的批判非常不满,认为这是对他的无端攻击,是为了切断他的财源,说什么"他魏特林为了摆脱今天的攻击,会用回忆过去从祖国各地寄来的几百封感谢信来安慰自己"。他攻击马克思、恩格斯"抛开受难的世界和人们的疾苦来批评和进行闭门造车的理论分析",狂妄地宣称

---

① 安年柯夫:《随笔〈美妙的十年〉的片断》,《回忆马克思恩格斯》,第311页。
② 恩格斯:《德国现状》(1846年2月20日),《马克思恩格斯全集》第2卷,第648—649页。
③ 马克思:《孟德斯鸠第五十六》(1849年1月20—21日),《马克思恩格斯全集》第6卷,第230页。
④ 马克思、恩格斯:《共产党宣言》,《马克思恩格斯选集》第1卷,第285页。

自己的活动比马克思、恩格斯的理论创造对无产阶级事业的贡献还要大。马克思愤怒地反击说："无知从来也不能帮助任何人！"①

会议第二天，魏特林写信给赫斯，歪曲了马克思的观点，为自己受到批判大发牢骚。他写道："我看马克思的脑子里只有一部很好的百科，却全无天才。有钱人使他变成编辑——如此而已……当我看到，四面八方坚决反对我研究制定行动计划的著作，我就把它放弃了，但当我在布鲁塞尔得知，那些反对任何体系的人却开始以报酬优厚的译文形式进行宏伟的自我体系的著述，我也就把自己的著作写完并试图找个可靠的人安排出版。如果我的著作得不到支持，在只追求一个目的——所谓清洗的地方，这将是理所当然的。"② 许多年以后，恩格斯看了这封信后说："这封信表明，我们的论据在魏特林的头脑中反映出来的被歪曲成了什么样子。他所看到的到处只是职业上的嫉妒，只是企图扼杀他的天才，'切断他的财源'。"③ 但魏特林归纳的马克思如下的观点："必须同手工业共产主义、哲学共产主义作斗争"；"在最近的将来谈不上实现共产主义"，却相当明显地表明了马克思、恩格斯与他的观点在原则上的对立。

一个多月后的5月11日，在布鲁塞尔共产主义通讯委员会批判克利盖的会议上，马克思与魏特林再次发生分歧。"真正的社会主义"者海尔曼·克利盖，于1845年从欧洲到达美国后，以德国共产主义代表自居，创办《人民论坛报》，鼓吹一种以爱情为基础的、洋溢着爱情的、甜蜜温情的共产主义，对革命事业危害很大。因此，马克思、恩格斯在布鲁塞尔通讯委员会上对克利盖的言论进行了严厉的批判。会议通过了由马克思、恩格斯起草的《反克利盖的通告》，只有魏特林一人对这个文件投了反对票。在他看来，克利盖的《人民论坛报》是"完全适合美国情况的共产主义刊物"，批判克利盖的目的是为了反对他魏特林。会议结束后不久，他就给克利盖写了一封长信，对马克思、恩格斯进行了诽谤和攻击。他写道："你将受到这里针对你而写的批判，里面把你说成是伪君子、懦夫、头脑空虚的人等等，并嘲笑你的感情流露。只有我一个人投反对票……不管你写什么，我警告你考虑这一切，我已经学会看出这些人是老奸巨猾的阴谋家了。我只能设想，对你的攻击是为了

---

① 安年柯夫：《随笔〈美妙的十年〉的片断》，《回忆马克思恩格斯》，第311页。
② 魏特林：《致赫斯》（1846年3月31日），转引自魏特林《和谐与自由的保证》，第281页。
③ 恩格斯：《致奥古斯特·倍倍尔》（1888年11月24日），《马克思恩格斯全集》第37卷，第110—111页。

反对我而事先计划好的。……马克思和恩格斯同与他们通信的共产主义无产阶级结成一伙反对我。这在我们的宣传中由来已久，从一开始就发生了。……这是一个可怕的拥有金钱的集团，可能有十二个或二十个人，在他们的头脑中作祟的只有一个念头，那就是反对我这个'反对分子'。"①

马克思对魏特林的批判，决不是如他所说的出于个人的原因，更不是为了切断他的财源，而是由于魏特林的观点和主张，已经妨碍了德国工人接受科学社会主义，对德国革命起着有害的影响。既然魏特林顽固坚持自己的错误，拒不接受马克思的帮助和教育，马克思与他的决裂、对他的批判就是不可避免的。马克思还把魏特林在布鲁塞尔的表现和自己与魏特林的决裂通知正义者同盟巴黎和伦敦组织。

伦敦正义者同盟的领导人沙佩尔等，在此以前已经认识到魏特林许多观点的错误。1845年2月至1846年1月，他们在伦敦德国工人教育协会中曾经与魏特林就共产主义问题进行长时间的讨论，对魏特林歪曲共产主义性质和把共产主义革命当做儿戏的言论十分不满。沙佩尔说："用热烈的言词激发人们追求共产主义，这对我们来说毫无益处，这样激发上去的群众必然会跌回更糟糕的地步。民族激情和宗教激情很快就会使那往日的混乱状态重现。"当沙佩尔接到马克思的信，了解布鲁塞尔发生的情况时，立即复信表示支持马克思。沙佩尔写道："你们同魏特林的决裂，这是我们早已预料到的事，现在果然发生了，虽然他在上两封信里还一片兴高采烈。魏特林只能同那些盲目地唯他的命是听、唯他之书方读的人和睦相处。以前在我们这里发生的情况，同现在你们那里发生的一模一样。先是我们对他的极其殷勤的接待，然后是过那么一两个月，魏特林就产生怀疑，接着就是玩弄阴谋和进行诽谤，而当他在这方面遭到失败，而且看到全体无一例外地都讨厌他时，他就唠唠叨叨地退却，并终于离去。可惜魏特林毫无疑问以为自己是智囊人物，他坚信只有他一个人掌握真理，只有他一个人能够拯救世界，别人写的一切只不过是愚蠢的胡言乱语。因此他自己不学习，也不让他的信徒学习，要他们满足于他的福音就行了。……他在这里不会得到什么好处；我们已同他断绝任何通讯，不希望再同他有任何联系。"②

正义者同盟巴黎组织也支持马克思对魏特林的态度。这个组织的领导人

---

① 魏特林：《致克利盖》（1846年7月），转引自魏特林《和谐与自由的保证》，第291页。
② 《马恩列斯论历史人物评价问题之论魏特林》。

艾韦贝克写信告诉马克思："你写的有关魏特林的事，我并不感到十分意外。可惜事情这样发生了，但我早已预料到。……如果你们能够组织出版他写的荒谬的东西，那就请吧。他在德国工人中没有那么大的威望。特别是细木工……当中，他们近十个月在嘲笑这位独裁者。"①

上述信件表明，虽然魏特林的理论曾经在工人运动中发生过影响，但伦敦和巴黎有觉悟的工人已经认识到这种粗陋共产主义的缺陷。这表明马克思的科学社会主义在工人运动中正在发生越来越大的影响，也反映了欧洲工人运动正在逐渐成熟。

后来，魏特林离开欧洲去美国，不久脱离了工人运动。

三　批判德国的或真正的社会主义

马克思、恩格斯在反对魏特林的粗陋共产主义的同时，还对另一种冒牌的社会主义——德国的或"真正的社会主义"进行批判。

"真正的社会主义"是19世纪40年代在德国出现的一种小资产阶级社会主义，是法国社会主义与德国哲学的混合物，或者说，是用德国哲学语言翻译过来的、被歪曲了的法国社会主义。这一派别的成员主要是一些"委靡和堕落"的政论家、记者和诗人，其主要代表有墨泽斯·赫斯、卡尔·格律恩、奥拖·吕宁、海尔曼·克利盖。他们拥有许多报刊，如赫斯主编的《社会明镜》、吕宁主编的《威斯特伐利亚汽船》、皮特曼主编的《莱茵社会政治年鉴》、克利盖主编的《人民论坛报》（在美国出版）、格律恩控制的《特利尔日报》等。他们的主要观点是：

第一，反对阶级斗争，宣扬"爱"就是一切。

"真正的社会主义"从费尔巴哈人道主义哲学出发，大肆宣传一整套超阶级的人性论。他们抹杀阶级社会中人们的阶级区别，宣传所谓"纯粹的、真正的人"。他们离开一定的社会历史条件和阶级关系谈论人的本质，说什么"人的本质就是一切中的一切"。泽米希写道："共产主义和社会主义归根到底都消融在人道主义中了，在人道主义中一切关于名称的争论都解决了。为什

---

①　恩格斯：《致布鲁塞尔共产主义通讯委员会》（1846年8月19日），《马克思恩格斯全集》第27卷，第40页。

么要分什么共产主义和社会主义者呢？我们都是人。"①

从抽象的人性出发，"真正的社会主义"以关于泛爱的说教来反对阶级斗争。在他们看来，既然大家都是人，就应该彼此相亲相爱。他们把爱捧上了至高无上的地位，认为共产主义就是爱的表现；只要人们相亲相爱，不必经过阶级斗争，共产主义就能到来。赫斯写道："每个人所宣称赞同的共产主义思想就是应用于社会生活的爱的生活规律。"在他看来，只要人们"彼此相爱"，"在精神上联合起来"，就能够获得一切的精神财富和物质财富。

由此可见，在"真正的社会主义"那里，也像在费尔巴哈那里一样，"爱随时随地都是一个创造奇迹的神，可以帮助他克服实际生活中的一切困难——而且这是一个分成利益直接对立的阶级的社会里"。这样，在真正的社会主义哲学中，真像在费尔巴哈哲学中一样，留下了一个老调子："彼此相爱吧！不分性别、不分等级地互相拥抱吧——大家一团和气地痛饮吧！"②

第二，美化小私有制，反对资本主义的发展。

19世纪30年代中叶以后，德国资本主义有着较快的发展，摧毁着以手工劳动为基础的手工业和家庭工作，破坏着小资产阶级的生活方式。"真正的社会主义"者为了拯救濒于破产的小资产阶级，诅咒资本主义的发展。他们美化小生产者的私有制，认为只有在小私有制的条件下，人们才能过幸福的生活。克利盖写道："每个人只要有一小块土地，并且用自己双手的劳动使它肥沃起来，就可以在世界一切暴君面前自豪地声称：

> 这就是我的小屋，
> 而你们从来没有建造过，
> 这就是我的家园，
> 它使你们的心充满羡慕。"

第三，反对资产阶级民主革命，维护德国封建统治制度。

"真正的社会主义"由于害怕资本主义的发展，对当时德国日益成熟的资产阶级民主革命采取公然敌视的态度。赫斯在《社会明镜》创刊词中表示：

---

① 马克思、恩格斯：《德意志意识形态》，第540页。
② 马克思：《路德维希·费尔巴哈和德国古典哲学的终结》（1876年12月6日），《马克思恩格斯全集》第21卷，第333页。

"我们对于一切政治——自由主义的活动不仅毫不关心，而且确实感到厌恶。"泽米希号召无产阶级不要参加反对德国封建专制制度的民主运动。他写道："你们……这些无产者要当心呀！这个自由资产阶级曾经把你们煽动起来，唆使你们进行暴乱（请回想一下1830年吧！）。不要支持它的意图和斗争……永远不要参加政治革命，因此这种革命常常是心怀不满的少数人发动的，他们贪图权力，企图推翻现存政权，把它掌握在自己手里！"[①] 泽米希这一段话，非常明显地暴露了这一派的反对政治倾向。

第四，反对革命斗争，宣扬和平改良主义。

"真正的社会主义"是一些"奇谈怪论和抽象说教"的英雄。他们被欧洲刚刚兴起的工人运动吓得心惊胆战，对革命斗争百般指责。赫斯在回答"共产主义者是不是革命者？"的问题时说："革命是过了时的政治手段。叛乱是野蛮的举动，巷战的胜利也是不必要的。"并公开宣布："我们所介绍的不是我们自己就敌视和极厌恶的革命，而是循以应该避免革命的学说。"他们对用暴力的手段推翻旧世界更是深恶痛绝。在他们看来，暴力革命违背了"相亲相爱"的原则，是根本要不得的。"真正的社会主义"者库尔曼认为，在同享欢乐的未来时，"不要破坏和消灭挡着你们去路的障碍物，而要绕过和抛弃它们"；"不要用暴力，而要用自由的劝说"。这个受到某些善良的笨人称赞的"先知"写道："……很多人说：'当妨碍我们建设的旧制度还存在着的时候，我们怎能建设新的生活呢？难道不应该早些破坏它吗？'最有智慧、最有德行和最神圣的人回答说：'决不应当，如果你和别人共同住在一所房子里，它已经陈旧了，并且使你感到拥挤和不舒适，可是你的邻居仍然希望住在里面，那末你就不要拆毁它。'"[②]

第五，宣扬狭隘民族主义，把德意志民族标榜为模范民族。

"真正的社会主义"出现以后，在德国知识分子、小资产阶级和一部分工人中迅速传播开来。因为德国当时是一个小资产阶级人数众多的国家，资本主义的发展，破坏着小资产阶级的生活方式；工人运动的发展，又使他们对于自己的私有财产惴惴不安。他们希望找到一条既能避免资本主义的发展，又能避免无产阶级革命的出路。在他们看来，"真正的社会主义"能够一箭双雕。于是"真正的社会主义"就在德国广泛流行起来了。

[①] 恩格斯：《真正的社会主义者》，《马克思恩格斯全集》第3卷，第644页。
[②] 同上。

还在"真正的社会主义"开始出现时,马克思、恩格斯已经密切注意它的活动。1845—1846年,马克思、恩格斯收到从德国各地寄来的大量信件,得悉这派代表人物正在到处宣扬自己的观点,扩大自己的影响。

马克思、恩格斯充分了解"真正的社会主义"对德国革命的危害性。虽然他们相信这一小撮德国空谈家断送不了共产主义运动,革命斗争的实践将会彻底揭穿他们的反对面目和欺骗作用,但是他们认为:"在像德国这样的国家里,许多世纪以来哲学词句都占有一定的势力,这里没有其他民族所具有的那种尖锐的阶级对立,而这种情况本来就削弱着共产主义意识的尖锐性和坚定性,在这样的国家中毕竟应当反对一切能够更加冲淡和削弱对于共产主义同现存秩序的充分对立性的认识的词句。"① 由于这一派的思潮已经严重危害了日益激烈的德国人民反对专制制度的斗争和德国社会主义运动的发展,严重影响了科学社会主义的传播和创建革命的无产阶级政党的工作,因此,从1845年开始,马克思、恩格斯便把这一派当做最危险的派别,把它的代表人物当做最危险的人而进行了坚决的斗争。

从1845年开始,马克思、恩格斯在一系列的论文和著作中,特别是在《德意志意识形态》一书中,对真正的社会主义进行了系统深入的批判。

首先,马克思、恩格斯深刻地批判了"真正的社会主义"反对德国资本主义的发展,力图保存宗法的小资产阶级关系的观点。观点从历史唯物主义出发,认为资本主义的发展,是合乎社会发展规律的必然现象。无产阶级揭露和批判资本主义,不是为了倒退到小私有制,而是为了消灭资产阶级私有制,建立生产资料公有制。"真正的社会主义"不是从无产阶级立场出发,而是从小资产阶级立场出发来反对资本主义的;在德国当时的条件下,企图保全小私有制,不仅行不通,而且是反动的。因为,德国人数众多的小资产阶级,是德国封建制度存在的基础。因此,"保全这个小资产阶级,那无异就是保全德国的现存制度"②。

其次,马克思、恩格斯批判了"真正的社会主义"反对德国资产阶级民主革命,维护德国封建统治制度的谬论。马克思、恩格斯指出:资产阶级是无产阶级自然的敌人,无产阶级当然要反对资产阶级。问题在于,德国当时是一个经济政治落后的国家,德国资产阶级不仅没有取得政权,成为社会的

---

① 马克思、恩格斯:《德意志意识形态》,第544页。
② 马克思、恩格斯:《共产党宣言》,《马克思恩格斯全集》第4卷,第497页。

统治阶级,而且还是当时德国各邦封建专制政治的"最危险的敌人"。德国资产阶级反对封建专制制度的斗争才刚刚开始,德国社会的主要矛盾,还不是资产阶级和无产阶级的矛盾,而是包括资产阶级在内的人民大众和封建专制制度的矛盾。在这种情况下,德国无产阶级革命的主要对象不是资产阶级,而是封建统治阶级。因此,德国无产阶级及其政党,决不应该置身于资产阶级民主革命之外,更不应该把革命斗争的主要锋芒从封建统治阶级转向资产阶级。正如恩格斯所说:"如果说资产阶级是我们的自然敌人,只有把这个敌人打倒我们的党才能取得政权,那末德国的现状就是我们的更大的敌人,因为它横在我们和资产阶级之间,妨碍我们打击资产阶级。因此,我们决不置身于反对德国现状的广大群众之外。"①

"真正的社会主义"反对资产阶级的民主革命,充分暴露了它是为封建统治阶级服务的。这种社会主义,是"……德意志各邦专制政治及其一班随从——僧侣、学监、顽固守旧的容克和官僚顺手抓来吓唬那些资产阶级的稻草人"②。当"真正的社会主义"者泽米希之流声嘶力竭地攻击资产阶级,号召无产阶级"永远不要参加政治革命"、永远不要推翻"现存政权"的时候,他们完全有合法的权利领受反对政府的感谢和奖赏。但是,如果德国无产阶级听信了他们的谬论,德国反对专制制度就要"长久安如磐石了"。③

再次,马克思、恩格斯严厉批判了"真正的社会主义"反对阶级斗争、宣扬阶级调和的论调。

宣扬抽象的人性,用爱的梦呓反对阶级斗争,是"真正的社会主义"理论的核心。在"真正的社会主义"哲学中,也像在费尔巴哈哲学中一样,丝毫没有革命的气味,所留下的只是一句老调子:彼此相爱吧。

历史唯物主义认为,人们是不能离开一定的社会条件的;自从人类进入阶级社会以来,每个人都属于一定的阶级,每个人都是作为一定阶级的成员而存在,抽象的、超阶级的人是没有的。早在1844年初,马克思在《黑格尔法哲学批判导言》中就说:"人并不是抽象地栖息在世界以外的东西。人就是人的世界,就是国家、社会。"④ 1845年初,马克思在《关于费尔巴哈的提纲》中进一步指出:"人的本质并不是单个人所固有的抽象物,实际上,它是

---

① 恩格斯:《德国的制宪问题》(1847年3—4月),《马克思恩格斯全集》第4卷,第49页。
② 马克思、恩格斯:《共产党宣言》,《马克思恩格斯全集》第4卷,第496—497页。
③ 马克思、恩格斯:《真正的社会主义》,载《德意志意识形态》,第652页。
④ 马克思:《黑格尔法哲学批判导言》,《马克思恩格斯全集》第1卷,第452页。

一切社会关系的总和。"① 在阶级社会里，人们"不是作为个人而是作为阶级的成员处于这种社会关系中的"②。剥削阶级和被剥削阶级的利益是根本对立的，因而，根本不存在什么各个阶级"共同的人性"。正如恩格斯所说，工人阶级和资产阶级根本不同，"工人比起资产阶级来，说的是另一种习惯语，有另一套思想和观念，另一套习俗和道德原则，另一种宗教和政治。这是两种完全不同的人，他们彼此是这样地不同，就好像他们是属于不同的种族一样"③。针对"真正的社会主义"抹杀人们的阶级区别，用"我们都是人"来掩盖人们的阶级对立的谬论，恩格斯讽刺地写道：既然人和人的区别没有什么意义，那么，人和其他物体的区别又有什么意义呢？"为什么要分什么人、兽、植物、石头呢？我们都是物体！"④

在阶级社会里，爱是有阶级性的。剥削阶级决不能"爱"被剥削阶级，被剥削阶级也决不能爱剥削阶级。他们决不能"彼此相爱"、"普遍和谐"。共产主义只有通过无产阶级和反对资产阶级的阶级斗争才能实现，决不能通过被剥削阶级和剥削阶级"彼此相爱"而实现。马克思、恩格斯写道："对实践的唯物主义者，即共产主义者来说，全部问题都在于使现存世界革命化，实际地反对和改革事物的现状。"⑤ 因此，把共产主义说成是爱的世界，宣扬不分阶级彼此相爱，取消阶级斗争，这是根本违背无产阶级利益的。正如马克思、恩格斯所说："真正的社会主义""所关心的既然已经不是实在的人而是'人'，所以它就丧失了一切革命热情，它就不是宣扬革命热情，而是宣扬对人们的普遍的爱了。因此，它不是向无产者，而是向德国人数最多的两类人呼吁，就是向抱有博爱幻想的小资产者以及这些小资产者的思想家，即哲学家和哲学学徒呼吁；它一切是向德国现在流行的'平常的'和不平常的意识呼吁"⑥。

复次，马克思、恩格斯还批判了"真正的社会主义"反对暴力革命的谬论，指出无产阶级必须通过暴力革命，才能推翻资本主义的统治。马克思曾指出："批判的武器当然不能代替武器的批判，物质力量只能用物质力量来摧

---

① 马克思：《关于费尔巴哈的提纲》，《马克思恩格斯全集》第3卷，第5页。
② 马克思、恩格斯：《德意志意识形态》，第74页。
③ 同上。
④ 同上书，第541页。
⑤ 同上书，第38页。
⑥ 同上。

毁。"恩格斯在与"真正的社会主义"辩论时也指出，为了消灭私有制，建立生产资料公有制，共产主义者"除了进行暴力的民主的革命外，不承认有实现这一目的的其他手段"①。"真正的社会主义"反对暴力革命，目的是为了麻痹无产阶级的革命斗志，维护一切剥削者的利益。马克思、恩格斯在批判库尔曼反对暴力革命的谬论时写道："他把已经在所有文明国家中成为严峻的社会变革的先驱者的现实社会运动，变为安逸的、和平的改变，变为宁静的、舒适的生活，在这样的生活中世界上的一切有产者和统治者可以高枕无忧了。"② 在《共产党宣言》中，马克思、恩格斯一针见血地指出："这种社会主义不过是德意志各邦专制政府用鞭子枪弹给德国工人起义苦头吃的时候所加的甜味罢了。"③

最后，马克思、恩格斯还批判了"真正的社会主义"的狭隘民族主义观点。马克思、恩格斯指出，"真正的社会主义"把德意志民族标榜为模范民族，把德国市侩推崇为人的模范，这不过表明他们的"傲慢和无限的民族妄自尊大"。④ 马克思、恩格斯揭穿了"真正的社会主义"者所谓德国人超越于一切民族狭隘性和现实利益之上，它所追求的是不分民族的普遍利益等谬论的虚伪性。他们指出，夸大德意志民族的作用，反对其他民族人民捍卫自己的民族利益，这是极端狭隘的民族主义。

"真正的社会主义"的理论根源是费尔巴哈唯物主义的社会历史观，特别是费尔巴哈的人道主义。在德国共产主义者中，许多人是从黑格尔通过费尔巴哈转向辩证唯物主义和科学共产主义的。但是，"真正的社会主义"却不能摆脱费尔巴哈意识形态的羁绊，继续宣传费尔巴哈陈腐的哲学观点。因此他们不是无产阶级的共产主义者，而是小资产阶级的冒牌的社会主义者。当他们把法国社会主义翻译成德国哲学语言时，他们既不懂法国社会主义是法国现实阶级斗争的理论反映，又不懂德法两国社会经济状况的差别，因而抛弃了法国社会主义中批判现存制度的积极因素，而把社会主义和共产主义变为泛爱的说教，变成一种反动的理论。

真正的社会主义是小资产阶级的理论代表。由于资本主义的发展而面临破产威胁的德国小资产阶级，力图维护自己的阶级地位，这种情况，"不可避

---

① 恩格斯：《致布鲁塞尔共产主义通讯委员会》，《马克思恩格斯书信选集》，第14页。
② 马克思、恩格斯：《德意志意识形态》，第269页。
③ 马克思、恩格斯：《共产党宣言》，《马克思恩格斯全集》第4卷，第497页。
④ 马克思、恩格斯：《德意志意识形态》，第545页。

免地产生了想把共产主义和流行观念调和起来的企图"①。"真正的社会主义"正是代表了小资产阶级的利益和情绪。恩格斯在批判卡尔·格律恩时写道："他对革命的全部攻击就是小市民的攻击。他对自由主义者、对七月革命、对保护关税的憎恨极明显地表现出受压制的饱受小资产阶级独立的进步的资产阶级的憎恨。"②恩格斯这一段话，对整个"真正的社会主义"也是适合的。

四 批判蒲鲁东新救世主社会主义

比埃尔·约瑟夫·蒲鲁东（1809—1865）出身于法国一个农民兼手工业者的家庭，先后当过旅馆佣工和排字工人，开过小印刷所。1840年出版《什么是所有权》一书，对资本主义私有制作了尖锐的批判。指出在资本主义私有制下，地主和资本家以地租和利息等形式夺去劳动者一部分产品，这是一种盗窃行为。他说："能够造成所有权的，既不是劳动，又不是占有，也不是法律"，"所有权就是盗窃"！③他坚决要求消灭资产阶级财产所有权，认为"如果它存在，社会就将自趋消亡"④。由于这部著作"向经济学中'最神圣的东西'进攻的挑战性的勇气，用来嘲笑庸俗的资产阶级理性的机智的怪论，致命的批判，刻薄的讽刺，对现存制度的丑恶不时流露出来的深刻而真实的激愤，革命是真诚"⑤给读者留下了深刻的印象，在社会上发生较大的影响。但这时蒲鲁东并不真正了解什么是所有权。他不是从生产关系，而是从法权关系研究所有权问题，根本没有触及资本主义生产资料私有制的核心。因此，"在政治经济学的严格科学的历史中，这本书几乎是不值得一提的"⑥。

1846年，蒲鲁东出版《贫困的哲学》，试图从政治经济学方面批判资本主义制度。但由于他完全站在小资产阶级立场上，因而不仅不能科学地了解资本主义发展规律，反而歪曲了资本主义发展规律。在《贫困的哲学》和其他论著中，蒲鲁东宣扬了许多错误理论：

第一，反对工业革命和社会生产力的发展。

---

① 马克思、恩格斯：《对各式各样先知所代表的德国社会主义的批判：真正的社会主义》，《马克思恩格斯全集》第3卷，第539页。
② 恩格斯：《诗歌和散文中的德国社会主义》，《马克思恩格斯全集》第4卷，第267页。
③ 蒲鲁东：《什么是所有权》，第38页。
④ 同上书，第8页。
⑤ 马克思：《论蒲鲁东》（1865年1月24日），《马克思恩格斯选集》第2卷，第141页。
⑥ 同上。

蒲鲁东认为，"公平"是各社会衡量一切事物的共同标准，是"各社会中统治的、有机的、最高主权的、支配着其他一切原则的基本原则"。在他看来，机器劳动代替手工劳动，资本主义私有制摧毁了小私有制，财产日益集中在少数资本家手中，这就违背了"公平"的原则。为了维护"公平"原则，他反对工业革命，反对用机器代替手工劳动，反对资本主义制度下发展起来的社会生产力，企图使社会倒退到旧日落后的手工劳动状态。至于这样做会使社会丧失千分之九百九十九的生产力，整个人类会陷于极可怕的劳动奴隶处境，饥饿就要成为一种常规，那也没什么了不起。在蒲鲁东看来，只要搞好交换，使每个人都能得到"劳动的十足收入"，并使"永恒的公平"得以实现就行了。蒲鲁东的信条是：只要公平得胜，哪怕洪水滔天。但是，"如果这个蒲鲁东主义的反革命一切真能实现，世界是要消亡的"①。

第二，幻想把社会一切成员都变成小私有者。

蒲鲁东既反对资本主义私有制，也反对以公有制为基础的共产主义，把小私有制当做自己的最高理想。他认为，资本主义和共产主义都不平等。前者是强者剥削弱者，后者是弱者剥削强者；前者具有压迫性和反社会性，后者则反对独立性和相称性；前者通过专制主义侵犯自由意志，后者则"压制智力和感情上的自发性、行动和思想的自由"，"用相等的美好生活来酬报劳动和懒惰、才干和愚蠢，甚至邪恶和德行"。②他幻想把资本主义私有制和共产主义综合起来，建立以个人所有制为基础的第三种社会形式。在那个社会里，每个人制造出各自的产品，可以用来供自己消费也可以拿到市场上交换，以另一种产品的形式补偿自己劳动产品的十足价值。这样，"大人和小人、智者和蠢者、富人和穷人就可以在一种难以形容的友谊中团结起来"③。其实，这种社会制度不过是被理想化的小生产者私有制。蒲鲁东的目的无非是"要把社会一切成员都变成小资产者和小农"④。

第三，企图通过"无息贷款"改造资本主义社会。

蒲鲁东根本不了解资本主义的剥削实质和资本家榨取剩余价值的秘密。

---

① 恩格斯：《论住宅问题》（1872年5月至1873年1月），《马克思恩格斯选集》第2卷，第480页。
② 蒲鲁东：《什么是所有权》，第273页。
③ 同上书，第298页。
④ 恩格斯：《论住宅问题》（1872年5月至1873年1月），《马克思恩格斯选集》第2卷，第480页。

他把货币看做资本主义社会一切祸害的根源,把借贷关系看做资本主义社会基本的剥削形式,把利息看做资本主义社会主要的剥削收入。他认为,由于存在货币,便发生借贷行为。货币所有者贷款给借债的人,通过收取利息对他进行剥削。借债的人如果是资本家,就会把利息和工资加在一起,形成商品的价值,所以劳动者要买回他自己生产的东西,乃是不可能的。自食其力这样一个原则,在利息的支配下,包含着一个矛盾。从这种错误理论出发,他主张用无息贷款来改造资本主义社会。按照他的设想,劳动者集资成立的人民银行,对工人发放无息贷款,帮助他们开设小作坊,成为小业主;人民银行还用劳动证券收购劳动者的产品,劳动者用这种证券可以交换自己所需要的东西。他认为,通过这种方式,就可以消除资本主义的弊病,实现"永恒的公平"。但这是荒谬的。正如马克思、恩格斯所说:蒲鲁东"想把生息资本看作资本的主要形式,并且想把信贷制度的特殊应用和利息的表面说的废除变为社会改造的基础,这就完全是小市民的幻想了"①。蒲鲁东的整个银行制度和产品交换制度,"无非是小资产阶级的幻想"②。

第四,对无产阶级革命采取敌视态度。

19世纪中叶,欧洲各国无产阶级运动蓬勃发展。蒲鲁东虽然对资本主义制度采取批判的态度,但却坚决反对通过革命的途径消灭资本主义,主张对资本主义进行和平的改良。他在给马克思的信中说:"我认为,为了取得胜利……用不着提出革命的行为作为社会改革的手段,因为,这个轰动一时的手段并不是别的,而是诉诸强力,诉诸横暴。我对问题的提法是这样:经过经济的组合把原先由于另一种经济的组合逸出社会的那些财富归还给社会。……据我看来,用温火把私产烧掉总比对它施加新的力量实行大屠杀要好些。"他主张革命应该是"和平的和不流血的","为了胜利不应该损伤哪怕一个公民的头上的一根头发"。在这里,他表现出与无产阶级革命完全对立的态度。

第五,反对工人阶级组织工会和进行提高工资的斗争。

蒲鲁东不仅反对工人阶级进行推翻资本主义的政治斗争,而且反对工人阶级进行提高工资的经济斗争。他说,任何旨在提高工资的运动,除了使粮食、酒等涨价即引起贫困的加剧以外,不可能产生别的结果。因为工资就是

---

① 马克思:《论蒲鲁东》(1865年1月24日),《马克思恩格斯选集》第2卷,第480页。
② 《蒲鲁东反对梯也尔的演说》(1848年8月3日),《马克思恩格斯全集》第5卷,第358页。

粮食等的成本,就是一切物品的全部价格。进一步说,工资就是组成财富和工人群众每日为再生产而消费的各种要素的比例性。因此,将工资提高一倍,就等于把超过生产者消费需求的产品的部分发给每一个生产者。这是矛盾的,如果只是在少数生产部门内提高,就会使交换普遍混乱。总之,会引起贫困的加剧。因此,他断言:"导致提高工资的罢工不能不引起价格的普遍上涨,这同二加二等于四一样确实。工人们决不是依靠类似的收入就可以致富,更不会借此获得那比财富更宝贵万倍的东西:自由。工人们受到几家处理事情轻率的报纸的支持,要求提高工资,其实这样做法为垄断企业服务的成分要比为他们自己真正的利益服务的成分来得更多。"[1]

蒲鲁东还反对工人组织工会,用集体的力量与资本家进行斗争。他认为,工人们没有结社权。如果工人组织工会进行罢工,这就违背了社会道德准则。他说:"工人罢工是违法的;不仅刑法典上如此规定,而且经济体系、现存制度的必然性也说明这一点……每一个工人有单独支配自己的人身和双手的自由,这是可以容忍的,但是社会不能容许工人组织同盟来压制垄断。"[2] 蒲鲁东的观点,维护了资本家的利益,对于正在组织起来的工人阶级起着涣散的作用。

由此可见,蒲鲁东所宣扬的东西"是想从理论上拯救资产阶级的最后尝试"[3],"整个蒲鲁东主义首先是反对共产主义的一场论战"[4],对蒲鲁东主义进行严肃的批判和斗争,是争取工人运动在科学社会主义基础上团结起来的一项重要任务。

从19世纪40年代中叶开始,马克思就进行反对蒲鲁东主义的斗争。由于这个派别在欧洲一些国家长期发生影响,因此,马克思主义与蒲鲁东主义的斗争,持续了好几十年。

当马克思1843—1845年在巴黎居住期间,曾经与蒲鲁东有过私人交往。马克思帮助他学习黑格尔哲学。那时蒲鲁东刚刚发表了几部著作,获得了一些赞扬。他自命不凡,目空一切,"对他以前的一切权威——法学家、院士、经济学家和社会主义者都持同样的轻蔑态度,他把过去的全部历史一概贬为

---

[1] 蒲鲁东:《贫困的哲学》,第123页。
[2] 转引自《马克思恩格斯全集》第4卷,第194页。
[3] 恩格斯:《致马克思》(1851年8月21日),《马克思恩格斯全集》第27卷,第334页。
[4] 马克思:《致恩格斯》(1851年8月14日),《马克思恩格斯全集》第27卷,第329页。

荒诞无稽的东西，而把自己则誉为新的救世主"①。马克思同他进行了长时间的、常常是整夜的争论，希望他能够克服自己的小资产阶级观点。

1846年夏天，马克思、恩格斯在布鲁塞尔成立共产主义通讯委员会。同年5月5日，马克思写信给蒲鲁东，建议他以法国社会主义代表的身份与布鲁塞尔委员会保持联系，讨论理论问题，交流工人运动进展情况。蒲鲁东拒绝了这个建议。他在给马克思的信中，明确表示自己反对采取革命的方式改造资本主义社会。

不久，蒲鲁东在巴黎出版了《经济矛盾的体系，或贫困的哲学》1—2卷。1846年9月，恩格斯把蒲鲁东这本著作的内容写信告诉马克思，并且指出，蒲鲁东关于改造社会的"宏伟计划"，"是一件超出一切范围的荒唐事"。②马克思读完这部著作后认为它是一部坏书，并且很快写了《哲学的贫困——答蒲鲁东先生〈贫困的哲学〉》，对蒲鲁东理论和策略进行严肃的批判，指出蒲鲁东的社会主义不过是"救世主"拯救资产阶级的最终尝试。

五 《反克利盖的通告》

1846年5月11日，布鲁塞尔共产主义通讯委员会举行特殊会议，讨论"真正的社会主义"者克利盖在美国的活动，通过了由马克思、恩格斯起草的著名的《反克利盖的通告》。这是马克思、恩格斯反对"真正的社会主义"的斗争中的重大事件，也是布鲁塞尔共产主义通讯委员会的重要活动。

"真正的社会主义"者海尔曼·克利盖，于1845年秋天离开社会主义运动的蓬勃发展的欧洲到美国，以德国共产主义者代表的身份大肆活动。1846年1月，克利盖在美国发行《人民论坛报》，鼓吹一种以爱为基础的共产主义。仅在该报第13号中，他就宣扬了35种爱的表现，鼓吹在"大地上建设起充满天国的爱的村镇"，"一视同仁地把爱施舍给一切人"，"用爱把一切人团结起来"，使整个腐朽的恨的王国垮台而让位给新生的爱的王国。他把具有世界历史意义的革命运动，仅仅归结为几个字："爱和恨，共产主义和利己主义。"③

---

① 恩格斯：《蒲鲁东》(1848年12月初)，《马克思恩格斯全集》第6卷，第670页。
② 恩格斯：《致马克思》(1846年9月18日)，《马克思恩格斯全集》第27卷，第57页。
③ 马克思、恩格斯：《反克利盖的通告》(1846年5月11日)，《马克思恩格斯全集》第4卷，第8页。

与此同时，克利盖还与"青年美国"进行联系，成立社会改革协会，主张废除地租，实行小土地私有制。他把"美国民族改良派"这个资产阶级的改良运动看成是共产主义运动；在他看来，只要废除地租，分给每个公民一小块"不可让渡"的耕地，"欧洲人自古以来的梦想就会实现"，共产主义就会到来。①

在布鲁塞尔共产主义通讯委员会上，马克思、恩格斯揭露和批判了克利盖在美国的言行。会议通过了由马克思、恩格斯起草的著名的《反克利盖的通告》，指出克利盖在《人民论坛报》上所宣传的倾向不是共产主义的；他用以宣传这种倾向的幼稚而夸大的方式，大大地损害了共产主义在欧洲和美洲的声誉；他以"共产主义"的名义所鼓吹的那些荒诞的伤感主义的梦呓，如果被工人接受，就会使他们意志颓废。②马克思、恩格斯指出，克利盖不去研究现实关系的发展和实际问题，而大谈其"爱"和"克制"，把爱的理论捧到最高点，似乎世界上没有什么东西比这一点更高了。但世界上没有抽象的爱，只有具体的爱，实现共产主义决不是用爱把一切人团结起来，而必须通过无产阶级对资产阶级的革命斗争。

无产阶级不应附和资产阶级改良运动。马克思、恩格斯指出，虽然美国民族改良派运动有其历史的合理性，但它并不是共产主义运动，而纯粹是一种资产阶级运动。克利盖不去研究运动的内容，竟然用一些流行的社会主义术语和华丽的词句粉饰它的改良性质，把这个只有次要意义的运动说成是"一切运动的最终的最高的目的"。这显然是错误的。"如果克利盖把解放土地的运动看作无产阶级运动在一定条件下必要的初步形式，如果他认为这个运动由于发动它的那个阶级的生活状况必然会发展成为共产主义运动，如果他说明为什么美国共产主义最初应该以似乎和共产主义相矛盾的土地运动形式出现，那末他的意见也就没什么可反对的了。但克利盖却把某些实在的人的这种只有次要意义的运动形式夸大为一般人的事业。克利盖把这件事说成一切运动的最终的最高的目的（虽然他知道这是违反真实的），从而把运动的特定目标变成十分荒唐的胡说。"③

克利盖美化小私有制的幻想，也遭到马克思、恩格斯的严厉批判。他们

---

① 马克思、恩格斯：《反克利盖的通告》（1846年5月11日），《马克思恩格斯全集》第4卷，第11页。
② 同上书，第3页。
③ 同上书，第11页。

指出：以后只要把每一个人都变为拥有一小块土地的私有者，就可以解决一切社会矛盾，人类就将过着幸福的生活，这是纯粹的幻想。在私有制条件下，小生产者的分化是不可避免的。企图用一道法令来禁止财产集中和工业发展，维护土地私有制，是根本办不到的。

马克思、恩格斯揭穿了克利盖改良方案的阶级实质，指出主张使每个公民都成为拥有一小块土地的所有者，这决不是共产主义工人的愿望，而是"那些希望在美国碰上好运重新成为小资产者和农民的破产的小店主、师傅和农民"的愿望。但是，"这种梦想就像梦想把一切人变成帝王和教皇一样，既无法实现，也不是共产主义的。"①

像魏特林一样，克利盖还力图把共产主义与宗教结合起来。他关于爱的高谈阔论和对利己主义的攻击，完全浸透了宗教的思想。虽然克利盖在欧洲经常冒充无神论者，但他到美洲之后，却在共产主义的招牌下贩卖基督教的肮脏货色。在他的报纸上，经常充满了什么"共产主义者最隐秘的宗教"、"神圣的渴望"、"舍己为人的决心"、"急速传播的福音"、"永恒救世"等胡言乱语，说什么共产主义斗争的目的是"使爱的宗教成为真理，使人们期待已久的有福的天国居民的共同体变成现实"。马克思、恩格斯指出，把共产主义涂上宗教的色彩，这是对共产主义的歪曲。共产主义必须依靠无产阶级自觉的革命行动，但克利盖的新宗教却宣扬"自卑自贱"；共产主义要求进行推翻资本主义的实际斗争，但克利盖从宗教观点出发，使一切实际问题都变成"全人类"、"人道"、"人类"等虚幻的语句；共产主义要破坏旧世界，建设新世界，而克利盖的新宗教却说共产主义不是"破坏"，而是要实现现存的腐朽关系以及资产者对这种关系的一切幻想；共产主义要与一切旧观念旧传统决裂，而克利盖的新宗教却要求建立一种永恒的、无处不在的共性精神。"由此可见，这里克利盖是在共产主义的幌子下宣传陈旧的德国宗教哲学的幻想，而这种幻想是和共产主义截然相反的。"②

马克思、恩格斯把《反克利盖的通告》印成许多单行本，分发给与布鲁塞尔委员会有联系的社会主义和工人组织，也寄一份给克利盖，责成他必须在自己的报纸上全文发表。马克思、恩格斯的《通告》，对于揭露克利盖在美

---

① 马克思、恩格斯：《反克利盖的通告》（1846年5月11日），《马克思恩格斯全集》第4卷，第12页。
② 同上书，第14页。

国活动的实质,粉碎他所宣扬的小资产阶级的幻想,起了决定的作用。

克利盖接到马克思、恩格斯的《通告》以后,并没有认识和批判自己的错误,而是继续坚持自己的措施。他在被迫发表《通告》的同时,又发表了几篇冗长的文章,为自己的措施辩护,企图以此抵消《通告》的影响。

为了彻底驳斥克利盖的谬论,马克思、恩格斯决定对他作进一步的批判。1846年10月,恩格斯在巴黎看到克利盖的答辩文章后,立即写信对马克思说:"这样的愚蠢可笑的东西我还从来没有碰见过。……我……认为,应该回答克利盖和施特劳宾人的宣言,让他们清楚地看一看:他们否认曾经说过遭到我们谴责的话,而同时又在回答中再次重复他们所否认的蠢话。我还认为,正是那位充满高尚道德激情并且对我们的嘲笑满怀愤懑的克利盖,应该好好地教训一下。"[①] 不久,马克思起草了反对克利盖的第二篇通告,可惜这篇文章至今未找到。

《反克利盖的通告》产生了巨大的影响,克利盖所宣传的"爱"的说教,遭到了沉重的打击,他的报纸被迫停止出版;他在自己拥护者中的威信也大大下降。

六 改组正义者同盟

马克思、恩格斯通过布鲁塞尔共产主义通讯委员会的活动,通过批判各种冒牌社会主义,团结和教育一批工人运动活动家,为创建无产阶级政党做了思想和组织上的重要准备。在这个过程中,马克思、恩格斯改造正义者同盟,是创建无产阶级政党的重要组织部分。

正义者同盟原是侨居法国的德国手工业者的组织,1836年成立于巴黎。同盟的前身是1834年在巴黎成立的德国侨民秘密组织流亡者同盟。后来流亡者同盟内部发生分裂,其中具有无产阶级倾向的成员,主要是手工业工人,成立了正义者同盟。同盟的指导思想是魏特林和卡贝的空想平均共产主义。它的宣言写道:"我们希望世界上的一切人都是自由的,希望无论什么人生活得都一样:不比别人好,也不比别人坏,希望大家共同承受社会的重负、苦难、欢乐、喜悦……为此目的,我们建立了自己的同盟。"同盟企图用密谋的策略和发动少数人起义的手段来达到在德国建立"共产主义"。同盟与当时法

---

① 恩格斯:《致马克思》(1846年10月18日),《马克思恩格斯全集》第27卷,第67—68页。

国各秘密团体，主要是与布朗基领导的四季社有密切联系，实际上是四季社的德国人分部。1838年5月，同盟参加四季社在巴黎发动的起义。起义失败后，许多盟员和领导人逃亡到英国。40年代初，同盟领导人沙佩尔和鲍威尔到了伦敦，恢复了同盟组织。从此，伦敦成了同盟的领导机关所在地和同盟的活动中心。

自从活动中心从巴黎转到伦敦后，同盟内部开始发生变化，逐渐摆脱魏特林平均共产主义的统治，逐渐接受科学社会主义理论。促使同盟发生变化的主要原因是：

第一，马克思、恩格斯对同盟的影响。马克思、恩格斯通过自己的著作，通过布鲁塞尔通讯委员会的活动，通过与同盟领导人和部分盟员的选择接触，对同盟内部的思想观点发生重大影响。40年后，恩格斯回忆道：那时，"我们不仅同伦敦的盟员经常保持通讯联系，并且同巴黎各支部当时的领导人艾韦贝克医生有更为密切的交往。我们不参与同盟的内部事务，但仍然知道那里发生的一切重要事件。另一方面，我们通过口头、书信和报刊，影响着最杰出的盟员的理论观点。我们在问题涉及当时正在形成的共产党内部事务的特殊场合，向世界各处的朋友和通讯员分发各种石印通告，也是为了这个目的。这些通告有时也涉及同盟本身"[①]。同时，马克思、恩格斯还出版了一系列抨击性的小册子，有的是铅印的，有的是石印的。在这些小册子里，对构成当时同盟的秘密学说的那种英、法两国社会主义或共产主义同德国哲学这两者的杂拌儿进行了无情的批判。为了代替这种杂拌儿，马克思、恩格斯指出，必须把对资产阶级社会经济结构的科学研究作为唯一牢靠的理论基础，最后并用通俗形式说明：问题并不在于实现某种空想的体系，而在于要自觉地参加眼前发生的革命的改造社会的历史过程。

第二，同英国工人运动的结合。当时英国是世界工厂，英国有着一支强大的产业工人队伍，他们都是无产阶级，其阶级觉悟、组织性和斗争性都远远超过欧洲大陆各国。同盟活动中心转到英国后，通过恩格斯与英国宪章运动建立了联系，参加英国蓬勃发展的工人运动，从而提高了自己的阶级觉悟。这对于克服手工业者的狭隘性的宗派习气有着积极的意义。

第三，各国先进工人对同盟的影响。自从同盟中心由巴黎转到伦敦以后，

---

① 恩格斯：《关于共产主义者同盟的历史》（1885年10月8日），《马克思恩格斯全集》第21卷，第249页。

明显地出现了一个新的情况：同盟逐渐具有国际性。参加同盟活动的，除了德国人外，还有瑞士人、斯堪的那维亚人、荷兰人、匈牙利人、捷克人、南斯拉夫人、俄国人等。各国先进工人参加同盟的活动，给同盟增添了新的血液。

第四，革命实践的教育。1839年巴黎起义失败后，许多盟员从斗争实践中，已经越来越认识到平均共产主义理论和宗派的、密谋的活动方式，是不可能推翻资本主义统治、取得革命胜利的。为了取得斗争的胜利，必须彻底抛弃空想的理论和密谋的活动方式。

因此，同盟领导者和部分盟员逐渐接受科学社会主义。恩格斯说，当时同盟的许多领导人"越来越明白，过去的共产主义观点，无论是法国原始平均主义的共产主义还是魏特林共产主义，都是不够的。……过去的理论观念的毫无根据以及由此产生的实践上的措施，愈来愈使伦敦的盟员相信马克思和我的新理论是正确的"[①]。

自从同盟中心转到伦敦以后，卡尔·沙佩尔、亨利希·鲍威尔、约瑟夫·莫尔成了同盟领导者，他们在改组同盟的工作中起了积极的作用。

卡尔·沙佩尔（1818—1870）毕业于吉森大学林学系，曾在巴黎当过排字工人。1839年参加巴黎起义以后流亡伦敦，成了正义者同盟主要领导人。40年代中叶，他逐渐摆脱魏特林平均社会主义的影响，接受科学社会主义。他是一位杰出的革命者。恩格斯在伦敦与他初次会见后，对他有着十分深刻的印象："他身材魁伟，果决刚毅，时刻准备牺牲生活幸福以至生命，是三十年代起过一定作用的职业革命家的典型。正像他从'蛊惑者'到共产主义者的发展所证明的，他虽然思维有些迟缓，但决不是不能较深刻地理解理论问题，并且一经理解就更加坚定地举行。正因为如此，他的革命热情有时和他的理智是有距离的，但他事后总是发现自己的错误并公开承认这些错误。他是个纯粹的人，他在建立德国工人运动方面所做的一切是永远不会被遗忘的。"[②]

约瑟夫·莫尔（1813—1849）是一个不知疲倦的、无所畏惧的和可靠的无产阶级先锋战士，1836年在巴黎参加正义者同盟，1839年参加巴黎起义失

---

① 恩格斯：《关于共产主义者同盟的历史》（1885年10月8日），《马克思恩格斯全集》第21卷，第250页。

② 同上书，第242—243页。

败后流亡英国。40年代中叶，他结识了马克思、恩格斯，转向科学社会主义，在改组正义者同盟的斗争中起了重要作用。恩格斯在谈到莫尔时，十分赞扬地说："这是个中等身材的大力士——他同沙佩尔一起（屡次）胜利地抵挡住成百个企图闯进厅门的敌人——在毅力和决心方面无论如何不亚于他的两个同志，而在智慧上则胜过他们。他不仅是个天生的外交家，他多次作为全权代表出差获得的成功证明了这点，而且，对于理论问题也比较容易领会。"① 1849年，莫尔参加德国维护帝国宪法的运动，在一次战斗中英勇牺牲。

亨利希·鲍威尔是一个制鞋工人，他活泼、机警而果断。早在40年代中叶，就受到马克思、恩格斯的思想影响，认为革命是资本主义经济发展、政治压迫的必然结果，无产阶级是革命的主要力量。在改组正义者同盟中，他也起了重要的作用。

1845年秋天，马克思、恩格斯到伦敦，直接与正义者同盟领导者沙佩尔等人接触，帮助他们与英国宪章运动领导人哈尼、琼斯建立联系。1846年马克思写信给沙佩尔，建议他们在伦敦成立共产主义通讯委员会，与布鲁塞尔通讯委员会保持经常联系。这个建议，得到沙佩尔的赞同和支持。1846年6月6日，沙佩尔写信告诉马克思："我召集了当地几位积极的共产主义者开了一个会，把你的信读给他们听了，并提议赞同你的建议。就在这次会上决定在此地建立委员会，和你建立通讯联系，并全力支持你的创举。各国的共产主义者都将乐于为此事而助一臂之力。"② 此后，伦敦共产主义通讯委员会经常与布鲁塞尔通讯委员会进行联系，交流情况。

在马克思、恩格斯的教育和影响下，正义者同盟逐渐抛弃魏特林的平均共产主义理论。当马克思、恩格斯与魏特林进行斗争、批判"真正的社会主义"者克利盖时，沙佩尔等人完全赞同马克思、恩格斯的观点和立场。

1846年6月22日，马克思、恩格斯向伦敦正义者同盟领导人提出召开共产主义者代表大会的建议，得到同盟领导人热烈响应。特别在7月17日的回信中写道："你们的通讯委员会的建立和全部计划的内容都是我们极为赞成的，但是最使我们高兴的是你们所宣传取得力量和一致的唯一途径。"③ 同盟

---

① 恩格斯：《关于共产主义者同盟的历史》（1885年10月8日），《马克思恩格斯全集》第21卷，第243页。
② 沙佩尔：《致马克思》（1846年6月6日），《马克思恩格斯全集》第27卷，第360页。
③ 马克思：《致沙佩尔》（1846年7月17日），《马克思恩格斯全集》第27卷，第362页。

的领导人也日益相信马克思、恩格斯理论的正确性，认为只有以科学共产主义原则彻底改造同盟，才能使同盟真正成为带领无产阶级进行伟大战斗的组织。于是，同盟中央于1847年1月20日派遣中央委员莫尔为特使，到布鲁塞尔和巴黎邀请马克思、恩格斯入盟。莫尔随身带去的同盟中央的信写道：

> 布鲁塞尔共产主义通讯委员会鉴：伦敦通讯委员会授权约瑟夫·莫尔并委托他代表我们同布鲁塞尔共产主义通讯委员会进行谈判，并口头报告我们这里的工作情况。同时我们请求布鲁塞尔委员会就一切具有重要意义的问题向本委员会委员莫尔作精确的说明，并请将应该转交伦敦委员会的一切交给他。①

在此以前，马克思、恩格斯也曾被邀请参加正义者同盟，但他们婉言谢绝了。因为他们不同意在同盟中流行的空想社会主义理论和密谋活动的原则。这次同盟特使莫尔向他们明显表示，同盟领导者确信他们的理论具有普遍的正确性，如果参加同盟，可以在即将举行的代表大会上阐述自己的观点，然后作为同盟纲领发表。与莫尔的直接谈判，使马克思、恩格斯了解到同盟领导人的思想观点确实已经发生重大的转变，如果他们参加同盟，有可能对同盟发生更大的影响，按照科学社会主义原则彻底改组这个国际性的工人组织，使之成为无产阶级政党。在这种情况下，马克思、恩格斯接受了邀请，但要求从同盟章程中摒弃一切助长迷信权威的东西。②

七　共产主义者同盟第一次代表大会

1847年6月2—9日，在伦敦举行了共产主义者同盟第一次代表大会。这次大会负有全面改组正义者同盟的重大任务。

召开代表大会时，正义者同盟的组织虽然有所削弱，但却已经胜利地度过了一个分崩离析的时期。同盟中一些敌对分子已被清洗，马克思、恩格斯等新的成员已经加入，同盟的前途有了保证。

---

① ［苏］罗克加斯基：《〈共产党宣言〉是怎样产生的》，第13页。
② 马克思：《致威·布洛斯》（1877年11月10日），《马克思恩格斯全集》第34卷，第289页。

虽然同盟成员不多，但每个人都把共产主义的利益，把推翻资本主义及公有制的胜利作为自己切身的、最宝贵的利益；他们有足够的决心参加同盟，不怕因此而招致巨大的危险，也有足够的决心和毅力，敢冒这种危险，使同盟成为整个欧洲的一个强大组织。这些人遇到的障碍越大，他们就越勇敢、越积极、越受到激励。

同盟的组织规模不大，各个地方组织的情况也不同。伦敦的同盟组织最坚强有力，拥有一批有才干的盟员，有能力担任对同盟事物的中央领导责任。巴黎的同盟组织由于格律恩等人的破坏和捣乱而大大削弱，但自从恩格斯进行整顿后，情况大有好转。一些起阻碍作用的分子被清除了，一种新的精神、新的毅力出现了，人们振奋起来从事新的活动。在里昂和马赛，已经建立了同盟地方组织。在比利时，同盟已经站稳脚跟，前途令人鼓舞。在德国，柏林的支部遭到反动派的破坏，组织瓦解，思想混乱，但那里也有一些有才干、有毅力的盟员，很快就会着手改组同盟的工作。其他许多德国城市也已经建立同盟的组织。

马克思、恩格斯对代表大会非常重视。会前，马克思、恩格斯为改组同盟做了大量准备工作。经过激烈斗争，恩格斯当选为巴黎组织的代表，威廉·沃尔夫当选为布鲁塞尔的代表出席大会。马克思则因经济困难不能参加大会。1847年5月15日，他写信对恩格斯说："我不能去伦敦了……有你们两个人在那里，也就够了。"① 在大会上，沃尔夫被选为大会秘书，恩格斯则主持许多重要文件的草拟和审定工作。

这次大会决定把正义者同盟改名为共产主义者同盟，以共产主义者同盟第一次代表大会载入史册。更改同盟的名称意义重大，它鲜明地反映了同盟的无产阶级性质。当时"社会主义"是指社会主义说各种空想和各种各样的社会庸医，他们都站在工人阶级运动以外，是资产阶级的运动；而共产主义则是工人阶级的运动。同盟发给各地支部关于第一次代表大会的报告书中写道："因为旧的名称是在特殊的情况下，并考虑到一些特殊的事件才采用的，这些事件与同盟的当前目的不再有任何关系。因此这个名称已不合时宜，丝毫不能表达我们的意愿。许多人要正义，即要他们称为正义的东西，但他们并不因此就是共产主义者。而我们的特点不在于我们一切都要正义——每个人都能宣称自己要正义——而在于我们向现存社会制度和私有制进攻，在于

---

① 马克思：《致恩格斯》（1847年5月15日），《马克思恩格斯全集》第27卷，第96页。

我们要财产公有,在于我们是共产主义者。因此,对我们同盟来说,要有一个合适的名称。"共产主义者同盟这个名称"能表明我们实际是什么人"。①

大会通过了主要由恩格斯和沃尔夫起草的新章程。新章程第一条明确规定:"同盟的目的:通过传播财产公有的理论并尽快地求其实现,使人类得到解放。"这一条指明了同盟的政治方向,确定了无产阶级消灭私有制,建立共产主义公有制,实现人类彻底解放的伟大理想。

大会用"全世界无产者,联合起来!"的新口号,代替原来的阶级观点模糊的"人人皆兄弟"的口号。新的口号充分体现了无产阶级共同的阶级利益、共同的奋斗目标、共同的世界观,体现了无产阶级革命的国际性。从此,这个口号成了全世界无产阶级团结自己、打击敌人的战斗口号。40年后,恩格斯自豪地写道:"'全世界无产者,联合起来!'——当四十二年前我们……向世界上发出这个号召时,响应者还是寥寥无几。可是,1864年9月28日,大多数西欧国家中的无产者已经联合起来成为流芳百世的国际工人协会了。固然,国际(工人协会)本身只存在了九年,但它所创立的全世界的无产者永久的联合依然存在,并且比先前任何时候更加强固……今天的情景定会使全世界的资本家和地主知道:全世界的无产者现在已经真正联合起来了。"②

新章程以民主集中制代替原来的宗派的密谋的组织原则。章程规定:同盟分为四级:支部、区部、中央委员会、代表大会。代表大会是同盟的最高立法机关。两次代表大会之间,由代表大会选出的中央委员会领导同盟工作。章程规定各级委员会由选举产生,规定选举出的公职人员,其工作若不能令人满意,可以随时撤换。仅此一点,就已堵塞了任何要求独裁的密谋狂的道路。新章程还删去了接受盟员的复杂的、神秘主义的仪式,规定了盟员的条件和义务,要求入盟的人必须保证:相信财产公有的原则是真理;自愿加入为实现财产公有而建立的强有力的同盟;始终不渝地用语言和行动来传播财产公有的原则并促其实现;对同盟的存在及其一切事情保守机密;服从同盟的决议。

代表大会认为公开宣布同盟的原则是十分必要的,为此讨论了《共产主

---

① 海德、卡尔·席尔:《共产主义者同盟第一次代表大会致同盟盟员的通告信》(1847年6月),《马克思恩格斯全集》第42卷,第430—431页。

② 马克思、恩格斯:《共产党宣言》,《马克思恩格斯选集》第1卷,第244—245页。

义信条草案》。这份出自恩格斯手笔的文件共有 22 个问题[①]，用问答的形式回答了近代资本主义社会的基本特征和阶级关系、无产阶级的阶级地位、共产主义者的目的和实现共产主义的途径等问题。《信条》指出，共产主义者的目的是："把社会组织成这样：使社会的每一个成员都能完全自由地发展和发挥他的全部才能和全部力量，并且不会因此而危及这个社会的基本条件。"为了实现这个目的，必须"废除私有财产，代之以财产公有"。财产公有必须"建立在因发展工业、农业、贸易而产生的大量的生产力和生活资料的基础之上，建立在因使用机器、化学方法和其他辅助手段而使生产力和生活资料无限增加的可能性的基础之上"[②]。代表大会认为，公开宣布自己的原则必须特别慎重，不应操之过急。大会决定把《信条草案》发给各级地方组织进行讨论、修改、补充，使之具有更高的科学性和稳定性。

这个标志着共产主义者同盟正式诞生的代表大会，向全体盟员庄严宣布："我们代表着一个伟大壮丽的事业。我们正宣布历史上最伟大的变革，这个变革，无论就其彻底性还是就其成果的丰硕来说在世界史上是无与伦比的。"[③]大会指出，资本主义社会的阶级矛盾不断尖锐，历史的发展本身将引起一场伟大的革命。人民群众集结自己的队伍打垮资本家雇佣军的胜利时刻必将到来，"那时将显示出，我们的同盟是什么样的组织，它是怎样工作的！即使我们享受不到这场伟大斗争的所有成果，即使我们有千百人牺牲在资产阶级的霰弹之下，但是我们所有的人，甚至包括牺牲者，终究是经历了一场斗争，而这场斗争和这一胜利是值得为之奋斗终身的"[④]。

八　布鲁塞尔区部和共产主义宣传

共产主义者同盟第一次代表大会后，马克思进行多方面的活动，从思想上、组织上巩固大会成果，扩大同盟影响。

1847 年 8 月 5 日马克思成立了共产主义者同盟布鲁塞尔支部和区部，并

[①] 关于《共产主义信条草案》的作者，目前国内外学术界有不同看法。一种认为《信条草案》的作者是恩格斯；一种认为恩格斯是起草人之一；一种认为是由恩格斯抄录的，但恩格斯不是唯一的起草人。笔者认为，在未发现新证据以前，恩格斯应为作者。

[②] 恩格斯：《共产主义信条草案》，《马克思恩格斯全集》第 42 卷，第 373 页。

[③] 《共产主义者同盟第一次代表大会致同盟盟员的通告信》（1847 年 6 月），《马克思恩格斯全集》第 42 卷，第 436 页。

[④] 同上书，第 436—437 页。

当选为区部委员会主席。参加区部委员会的还有威廉·沃尔夫，比利时的社会活动家日果，德国工人荣克。

在马克思领导下，布鲁塞尔区部积极支持和参与伦敦中央委员会的活动，在经济上给中央委员会提供帮助。中央委员会对布鲁塞尔区部非常尊重，在处理一切重大问题时，往往首先征求布鲁塞尔区部的意见。实际上，布鲁塞尔区部同中央委员会一起，成了同盟的指导中心。

布鲁塞尔区部不仅领导布鲁塞尔地区同盟的活动，而且积极派出人员，在比利时其他地区和德国西部许多城市开展工作。马克思的拥护者魏德迈、丹尼尔斯、毕尔格尔斯等在组织和领导各地同盟的活动中发挥了重要的作用。

同盟成立后，迫切需要开展共产主义宣传，扩大共产主义影响。为此，马克思对《德意志—布鲁塞尔报》积极进行争取工作。这家在布鲁塞尔每周出版两次的德文报纸，创刊于1847年元旦。创办人是流亡比利时的德国小资产阶级民主主义者伯恩施泰德。报纸创办之初，思想政治倾向十分复杂，各派政治流亡者都在报上发表文章，荒诞无稽的观点屡见不鲜。3月份以后，威廉·沃尔夫开始在报上发表论文，马克思的拥护者对报纸的影响逐渐扩大。1847年8月，报纸的性质发生重大转变，伯恩施泰德为了争取马克思等著名理论家经常为报纸撰稿，提高报纸的质量和影响，避免经济上破产，同意在编辑方针上适应共产主义宣传的要求。1847年8月8日，马克思写信告诉海尔维格：《布鲁塞尔报》"虽然存在许多缺点，毕竟还有一些功绩，特别是现在，伯恩施泰德已经表示愿意在各方面都适应我们，报纸将会办得更好些"[①]。此后，报纸的编辑大权实际上掌握在马克思的拥护者手中，成了无产阶级的宣传工具。1848年元旦，沃尔夫在新年庆祝会上明确提出：《德意志—布鲁塞尔报》现在是充分表达无产阶级的观点、愿望、要求和期待的唯一的机关报。

从1848年9月起，马克思经常为《德意志—布鲁塞尔报》撰稿，宣传共产主义原理和无产阶级在即将到来的革命中的任务和策略。在《〈莱茵观察家〉的共产主义》一文中，马克思针对当时一家保守日报《莱茵观察家》对共产主义的攻击和宣传所谓德国反对政府是人民利益的代表、"王权和人民是一个统一的整体"的谬论，指出：无产阶级的利益与反动政府的利益没有任何共同的地方，他们决不会与政府联合，而是要推翻政府和国王的统治。对

---

① 马克思：《致格·海尔维格》（1847年9月2日），《马克思恩格斯全集》第27卷，第492页。

国王来说，一切政治因素中最唯心的就是真正的人民，即无产者、小农和城市贫民。在历史上，英、法等国的封建国王，在面临着高涨的资产阶级革命浪潮时，都曾经假惺惺地宣称自己是人民利益的代表，呼吁人民起来保卫反动统治制度。但结果是查理一世和路易十六都被人民送上了断头台。这就是国王呼吁自己人民的结果。

在即将到来的资产阶级民主革命中，无产阶级不应该站在王权的立场反对资产阶级，而应该联合资产阶级反对王权。无产阶级当然非常了解，资产阶级只关心自身的利益，决不会对人民表示同情。但问题在于，是目前的政治制度即官僚统治，还是资产阶级的统治能够为无产阶级的斗争提供有利条件。实践已经表明："资产阶级的统治不仅使无产阶级在反对资产阶级本身的斗争中得到崭新的武装，而且还给他们创造了一种和过去完全不同的地位——他们已成为一种公认的力量。"[①] 因此，无产阶级应该支持资产阶级建立自己的统治。无产阶级谴责资产阶级在议会中的表现，这与反动政府反对资产阶级的态度根本不同。无产阶级反对的是资产阶级在反封建斗争中的不坚定和妥协态度，而支持他们一切反封建的民主要求，"无产阶级谴责议会，是因为它执行防御策略，没有转入进攻，没有大踏步地前进。他们谴责它不够坚决，没有给无产阶级提供参加运动的机会。……但假如议会能够提出实行陪审制、实现法律面前人人平等、废除徭役、实现出版自由、结社自由和真正的人民代议制的要求……——这样的议会是可以指望得到无产阶级最热情的支持的"[②]。

反动统治阶级竭力用基督教来麻痹人民，说什么基督教可以使"人与人之间最大可能地团结和联系"，企图以此反对共产主义的传播。马克思对基督教的假仁假义进行了深刻的揭露，指出基督教的社会原则就是为压迫者的各种卑鄙龌龊的行为作辩护。共产主义与基督教的社会原则是根本对立的。马克思写道：

> 基督教的社会原则曾为古代奴隶制进行过辩护，它曾把中世纪的农奴制吹得天花乱坠，必要的时候，虽然装出几分怜悯的表情，也还可以

[①] 马克思：《〈莱茵观察家〉的共产主义》(1847年9月5日)，《马克思恩格斯全集》第4卷，第210页。

[②] 同上书，第215页。

为无产阶级遭受压迫进行辩解。

基督教的社会原则宣扬阶级（统治阶级和被压迫阶级）存在的必要性，它对被压迫阶级只有一个虔诚的愿望，希望他们能得到统治阶级的恩典。

基督教的社会原则把国教顾问答应对一切已使人受害的弊端的补偿搬到天上，从而为这些弊端的继续在地上存在进行辩护。

基督教的社会原则认为压迫者对待被压迫者的各种卑鄙龌龊的行为，不是对生就的罪恶和其他罪恶的公正惩罚，就是无限英明的上帝对人们赎罪的考验。

基督教的社会原则颂扬怯懦、自卑、自甘屈辱、顺从驯服，总之，颂扬愚民的各种特点，但对不希望把自己当愚民看待的无产阶级说来，勇敢、自尊、自豪感和独立感比面包还要重要。

基督教的社会原则带有狡猾和假仁假义的烙印，而无产阶级却是革命的。①

马克思不仅要反对封建反动势力对共产主义的攻击，而且还要与小资产阶级民主主义者歪曲共产主义的谬论进行论战。1847年秋天，小资产阶级民主主义者卡尔·海因岑发表文章，以一切非共产主义者的代表自居，对共产主义理论进行随心所欲的歪曲和诬蔑，对共产主义者进行毫无根据的责难，说什么共产主义者"在没有受过教育的人的头脑中制造混乱"、"公开同反动派联合起来"、"常常堕落为卑鄙的虚伪的阴谋家"等。这就使得恩格斯不得不对他进行批驳。在恩格斯的《共产主义者和卡尔·海因岑》一文发表后，海因岑词穷力竭，但却不甘心失败，又发表了《共产主义者的"一个代表"》，对恩格斯进行反扑。这时恩格斯已离开布鲁塞尔，马克思便起而应战，于10月底发表了《道德化的批评和批评化的道德》。

马克思指出，发表这篇文章的原因，并不是为了击退海因岑对恩格斯的进攻。因为海因岑的文章平淡无味、废话连篇、大言不惭，忽视问题的本质，把一知半解当做科学，把激昂之情同庸俗之气滑稽地结合在一起，因此根本不值得回答。但海因岑的宣言在许多理论问题上混乱不堪，提供了批判的材

---

① 马克思：《〈莱茵观察家〉的共产主义》（1847年9月5日），《马克思恩格斯全集》第4卷，第218页。

料。马克思利用这个便利的机会，在批判海因岑时深刻地阐述了经济基础与上层建筑等一系列重要理论问题。

海因岑认为，政治权力造成了财产关系上的不平等。这个观点是完全错误的，但却相当流行，具有一定代表性。马克思指出：财产上的不平等不是由政治权力造成的。资本主义社会财产关系上的不公平，不是来自资产阶级的政治统治，而是由一定的物质条件，例如现代分工、现代交换形式、竞争、积聚等等造成的。社会历史的发展表明，政治权力的性质取决于一定的生产关系。资产阶级政治统治是由资本主义生产关系所决定的。资产阶级要推翻封建君主专制，必须具备充分成熟的物质条件，同样的，无产阶级要推翻资产阶级的政治统治，也必须具备充分成熟的物质条件。要建立新社会，首先必须创造新社会的物质条件。这是不以任何强大的思想或意志力量为转移的。另一方面，政治上层建筑对财产关系也有密切关系。当新社会的物质条件已经在旧社会的孔隙中逐渐成熟壮大，旧的政治外壳就成了反自然的桎梏而必须加以撑破。资产阶级消灭王权，建立自己的国家权力，目的就是为了保卫自己的财产关系。无产阶级要消灭资本主义财产关系上的不公平，就必须消灭资本主义的国家权力。"因此，哪里的政权落到资产阶级手里，哪里的无产者就必须将它推翻。无产者本身必须成为权力，而且首先是革命的权力。"[①]

海因岑把解决社会问题仅仅归结为消灭君主制，实行共和制。他把君主和君主制看做一切灾难和贫困的祸首，认为只要消灭君主制，德国一切社会问题都会迎刃而解。这种论调看起来好像很激进，但却是错误的。德国的君主制产生于封建等级垮台以后，曾积极参加过破坏封建等级的活动，曾保护工商业，鼓励资产阶级的发展。由于新社会的物质条件已经成熟，君主制这个政治外壳与新社会的物质条件已发生尖锐的矛盾，到处成了工商业发展道路上的障碍。因此消灭封建君主专制制度已成为德国人民的迫切任务。但消灭封建君主专制和建立资产阶级统治，决不意味着一切社会问题的解决。马克思指出，财产不平等这样的社会问题，表现形式极不相同。对资产阶级来说，消灭一切封建财产关系，给竞争以广阔的自由，就是最重要的社会问题。但对无产阶级来说，最重要的社会问题是废除资产阶级财产关系。资产阶级战胜了封建君主专制制度之后，社会问题不仅没有解决，反而更加尖锐。已经完成资产阶级革命的法国、英国和北美的情况就是这样。由此可见，"现代

[①] 马克思：《道德化的批评和批评化的道德》，《马克思恩格斯全集》第4卷，第331页。

资产阶级社会……愈发达,一个国家的资产阶级在经济上就愈发展,因而国家的权力就愈具备资产阶级性质,那末社会问题就愈尖锐:法国比德国尖锐,英国比法国尖锐,君主立宪的国家比君主专制的国家尖锐,共和制的国家又比君主立宪的国家尖锐"[①]。要消灭财产的不平等,解决资本主义的社会问题,工人阶级的战斗口号根本不是以共和制代替君主制,而是以工人阶级的统治代替资产阶级的统治。

尽管无产阶级与资产阶级处于对抗地位,但无产阶级不仅能够而且应当参加资产阶级革命。因为这个革命的胜利可以加速无产阶级革命运动的发展。工人们清楚地知道,要消灭资产阶级的财产关系,是不能够通过保存封建财产关系来实现的。工人阶级同资产阶级的革命都是只有在资产阶级革命胜利之日才能开始。因此资产阶级革命是工人革命的前提。这就是他们积极参加资产阶级革命的原因。但是他们丝毫也不能把资产阶级革命当做自己的最终目的。他们必须与资产阶级继续进行斗争。

马克思在《德意志—布鲁塞尔报》上发表的上述论文,观点鲜明,说理透彻,把共产主义的基本原理与当前的革命运动密切结合起来,阐明了无产阶级在当时革命运动中的策略,无论在理论上和实践上都有重要意义。

九 《雇佣劳动与资本》

马克思认为,对工人阶级进行共产主义教育具有重大意义。为此,他于1847年8月底在布鲁塞尔成立德意志工人教育协会。参加协会的主要是流亡布鲁塞尔的德国工人,大约有一百人。威廉·沃尔夫当选为书记。协会成立图书馆,进行政治问题的讨论,开办各种专题讲座。会员每周集会两次,星期三晚上讨论有关无产阶级利益的重大问题,星期日晚则由沃尔夫作时事报告。这种由共产主义者同盟领导的工人群众团体,是扩大同盟影响,对工人群众进行共产主义教育的学校。后来马克思回忆道:"在这些公开的工人协会后面进行领导的同盟,既可以把协会用作进行公开宣传活动的极为方便的场所;另一方面,又可以从中吸收非常能干的成员来充实自己和发展自己。"[②]

从12月下旬开始,马克思在协会作了一系列关于政治经济学的讲演。这

[①] 马克思:《道德化的批评和批评化的道德》,《马克思恩格斯全集》第4卷,第335页。
[②] 马克思:《福格特先生》,《马克思恩格斯全集》第14卷,第464页。

部后来以《雇佣劳动与资本》闻名于世的著作,以通俗易懂的形式,揭示了"雇佣劳动对资本的关系,工人的奴役地位,资本家的统治"①,为无产阶级反对资产阶级提供了锐利武器。文章的主要观点如下:

生产活动是人类基本的实践活动。人们在生产中不仅与自然界发生一定的关系,而且相互之间也发生一定的关系和联系。只有在这些社会联系和社会关系的范围内,才会有人们对自然界的影响,才会有生产。人们之间的社会生产关系,随着生产力的发展而发展。生产关系总和起来,就构成一个处于一定历史发展阶段的、具有独特的特征的社会。奴隶社会、封建社会、资本主义社会,都是这样的生产关系的总和,都是人类历史发展中的一个特殊的社会。

在资本主义社会,存在着两个基本阶级——资产阶级和无产阶级,它们的关系是剥削和被剥削、奴役和被奴役的关系。

无产阶级靠出卖劳动力生活。在资本主义社会,劳动力成为商品。工人向资本家出卖劳动力,获得工资。工资是劳动力这种商品的价值或价格的转化形态。劳动力的价值或价格,就是维持工人生存和延续工人后代的费用。

劳动力成为商品,是资本主义特有的现象。在奴隶社会,奴隶是商品,但奴隶的劳动力却不是商品。奴隶不是把劳动力卖给奴隶主,而是把自己连同自己的劳动力一劳永逸地卖给自己的主人。在封建社会,农奴是土地的附属品,向土地所有者缴纳贡赋,而不是出卖劳动力,不是从土地所有者方面取得报酬。只有在资本主义社会,劳动力才成为商品,劳动者可以自由出卖自己的劳动力。从表面上看,劳动者是自由的,他们既不属于任何私有者,也不属于土地,实际上他们是整个资产阶级的奴隶。因为,"工人是以出卖劳动为其工资的唯一来源的,如果他不愿饿死,就不能离开整个购买阶级即资本家阶级"②。所以,"工人不是属于某一个资产者,而是属于整个资产阶级"③。

资本家拥有资本。资本包括原料、生产工具和各种生产资料;但这些东西并不是在任何条件下都是资本。"黑人就是黑人。只有在一定的关系下,他才成为奴隶。纺纱机是纺棉花的机器,只有在一定的关系下,它才成为资本。

---

① 马克思:《雇佣劳动与资本》,《马克思恩格斯全集》第6卷,第474页。
② 同上书,第479页。
③ 同上。

脱离了这种关系，它也就不是资本了。"① 所以，资本是一种生产关系，是资本主义社会的生产关系。只有资本家用自己掌握的交换价值购买了工人的劳动力，剥削了雇佣劳动，使原有的交换价值增殖，它才变成了资本。因此，"除劳动能力以外一无所有的阶级的存在是资本的必要前提"②。

无产阶级和资产阶级的利益是根本对立的。工资和利润互成反比。资本的所得份额（利润）愈增加，劳动的所得份额（按日工资）就愈降低，社会财富在资本和劳动之间的分配就愈不平衡。由此可见，"资本的利益和雇佣劳动的利益是截然对立的"③。资产阶级经济学者大肆宣扬的所谓劳资利益一致，完全是为资本主义制度辩护，是麻痹无产阶级意识的谎言。

随着资本主义的发展，资本迅速扩大，利润迅速增加，工人阶级日益贫困化。由于分工和使用机器的范围不断扩大，童工代替成年工人，女工代替男工，非熟练工人代替熟练工人，机器排挤用人的劳动，造成了越来越多的失业大军。小生产者的大批破产，使失业队伍增加，工资不断下降，"这样，伸出来祈求工作的手像森林似的愈来愈稠密。而这些手本身则愈来愈消瘦"④。

经济危机是资本主义的必然伴侣。资本家为了追求利润，日益扩大生产规模，增加产品总量。但是，世界市场却日益狭窄，可供榨取的新市场日益减少。因此，经济危机这种产业的地震，就愈来愈频繁和剧烈。危机到来时，资本家解雇工人，降低工资，使大批工人死亡。

《雇佣劳动与资本》一文，于1849年4月在《新莱茵报》上以社会论的形式分五次刊登。最后一次末尾注明"待续"。按照马克思的计划，将论述中等资产阶级和所谓的市民等级在现存制度下必然发生的灭亡过程；欧洲各国资产阶级在商业上受世界市场霸主英国奴役和剥削的情形。由于报纸停刊，这个计划未能实现。

马克思逝世后，在他的遗稿中发现了一篇写于1847年12月的手稿《工资》。这是一份未完成的提纲。从时间上看，《手稿》与《雇佣劳动与资本》的写作大体同时；从内容上看，《手稿》与《雇佣劳动与资本》有密切联系。有些内容已在《雇佣劳动与资本》中作了较详尽的论述；有些内容，是对

---

① 马克思：《雇佣劳动与资本》，《马克思恩格斯全集》第6卷，第486页。
② 同上书，第487页。
③ 同上书，第497页。
④ 同上书，第505页。

《雇佣劳动与资本》的补充。《手稿》着重批判资产阶级经济学家的辩护论调，揭穿马尔萨斯主义这个"十分愚蠢、卑鄙和虚伪的学说"[1]，批判小资产阶级社会主义者蒲鲁东、布雷关于通过储蓄银行改造资本主义的谬论。《手稿》以历史唯物主义观点，分析了资本主义剥削制度与无产阶级革命的关系，指出资本主义大工业、自由竞争和世界市场的出现，创造了解放无产阶级和建立新社会的物质条件，使无产阶级团结和发展到有能力对旧世界进行改造的程度。资本主义把劳动力变成商品，把一切都当做买卖的对象，把旧社会的一切关系变成了纯粹的金钱关系。现在，工人们认定："一切他们都能摆脱，都能割弃；因此，他们就第一次摆脱了对一定关系的依附。"[2] 这样，资本主义制度本身，就为自己的灭亡准备了条件。

《雇佣劳动与资本》一文，是对工人阶级进行科学共产主义教育的重要文献。马克思曾以该文的内容，在布鲁塞尔、科伦和维也纳的工人集会上作演讲，受到广大工人的热烈欢迎，对于提高工人阶级的觉悟有着重要的意义。科伦共识联合会把这篇文章指定为会员的学习材料，要求大家认真学习。

必须指出，《雇佣劳动与资本》是马克思政治经济学形成时期的作品。在这部著作中，马克思已经基本上阐明剩余价值的来源，揭示了自动化榨取雇佣工人的秘密。但是，像马克思其他早期作品一样，这部著作与马克思后来的作品比较起来，有的论点不够成熟，有的用语不够妥当，主要是还没有把劳动与劳动力区别开来，认为工人出卖的是劳动，因而还不能确立严格科学的剩余价值理论。这个工作，是在 50 年代完成的。1893 年，恩格斯在出版《雇佣劳动与资本》的通俗版本时，写了一篇导言，对该文内容作了重要的修改和补充。

十　关于自由贸易的演说

宣传科学社会主义理论，把新世界观传播到社会各界是这个时期的重要工作。1847 年 9 月 16—18 日，在布鲁塞尔举行的国际经济学家会议上，讨论自由贸易问题。出席会议的有英、法、荷、意等国著名的自由贸易派经济学家、工业家和商人，共 150 人。工人代表以观察员身份列席会议。

---

[1] 马克思：《雇佣劳动与资本》，《马克思恩格斯全集》第 6 卷，第 649 页。
[2] 马克思：《工资》，《马克思恩格斯全集》第 6 卷，第 660 页。

马克思、恩格斯和维尔特等参加了会议，决定利用这个会议的讲台揭露资产阶级经济学家的伪善面目，阐明无产阶级对保护关税和自由贸易问题的原则立场。

会议头两天，讲坛上充满着资产阶级经济学名流们的胡言乱语和连篇废话。这些学术界的巨子根本没敢深入到真正的政治经济学领域中去。会议第三天，在讨论"实行自由贸易是否对工人阶级有利"的问题时，无产阶级代表维尔特作了发言。他生动地描绘了资本主义的发展给工人带来的灾难，指出资本家是工人阶级天生的敌人。无产阶级虽然赞同自由贸易，但在根本上否认自由贸易会给自己带来好处。在无产阶级看来，保护关税制度根本不保护工人，自由贸易制度同样根本不能改变他们的悲惨处境。但自由贸易让资本家能充分地自由活动，从而加剧资本家与工人之间的矛盾，加速社会革命的到来。正是在这个意义上，无产阶级才赞同自由贸易。

维尔特的精彩发言，博得列席会议的工人代表的热烈欢迎，却吓坏了参加会议的资产阶级代表人物。本来马克思已经登记要求发言，但会议主持者突然宣布停止辩论，不给马克思发言的机会。他们意识到，如果让马克思发言，他们就无法把所讨论的问题交付表决。

会议闭幕后，恩格斯在《北极星报》上发表《讨论自由贸易问题的布鲁塞尔会议》，详细介绍了马克思和维尔特演说的内容。9月29日，比利时《民主工厂报》发表了马克思准备在会上发表的演说的一部分：《保护关税、自由贸易和工人阶级》。1848年1月9日，马克思在布鲁塞尔民主协会会议上作了《关于自由贸易的演说》，有力地驳斥了自由贸易论者的谎言，阐述了自由贸易与工人阶级的真正关系。

马克思指出，无论保护关税论或自由贸易论，都不代表工人阶级的利益。在资本主义发展初期，保护关税制度曾经保护了本国工商业和自由竞争的发展，成了资产阶级反对封建主义和专制政权的武器。19世纪40年代，在英、法等已经建立资本主义统治的国家，保护关税阻碍工商业的发展，影响国际生产力的增长，成了保守的制度。

自由贸易论者大肆宣扬：他们要求自由贸易，是为了改善劳动阶级的处境，因为自由贸易的结果是廉价的粮食、高额的工资。这完全是欺骗宣传。马克思指出，工人的工资不过是劳动（力）的价格。粮价下降，劳动（力）这种商品的价格也必然随之下降。在这种情况下，工人不仅没有得到好处，处境反而更加恶化。这一方面是自由贸易加速资本的积累和集中，促进分工的扩大和机器的更广泛的使用,从而加剧了工人之间的竞争;另一方面,当粮价和工资同样处于较高水平时,工人节省少许粮食就足以满足其他的需要,而当粮价下降因而工资也大大降低时,工人几乎不能用节约粮食的办法来购买其他东西了。工人们清楚地知道,资本家希望降低粮食价格的目的是为了降低工资;同时也知道,由于地租随着粮价的下降而下降,地租下降多少,资本的利润也就上升多少。他们非常正确地指出:"要是地主出卖我们的骸骨,那末,你们这些工厂主就会首先买去放到蒸汽磨中去磨成面粉!"[1]

在资本主义条件下,自由贸易的实质是什么呢?马克思深刻地指出:所谓自由贸易"就是资本的自由。排除一些仍然阻碍着资本前进的民族障碍,只不过是让资本能充分地自由活动罢了。不管一种商品交换另一种商品的条件如何有利,只要雇佣劳动和资本的关系继续存在,就永远会有剥削阶级和被剥削阶级存在"[2]。自由贸易论者喋喋不休地说什么,自由贸易使粮食价格下降,工人出卖劳动(力)商品的条件比以前有利,因而资本家与工人之间的对抗可以消除。马克思毫不留情地揭穿了这种骗人的谎言,指出:"先生们,不要用自由这个抽象的字眼来欺骗自己吧!这是谁的自由呢?这不是每个人在对待别人的关系上的自由。这是资本榨取工人最后脂膏的自由。"[3] 实行自由贸易,资本家与工人的对立不仅不会消除,反而更加尖锐。如果说,在保护关税制度下,谷物法、海关、城市进口税等曾经在一定程度上掩盖了工人贫困的真正原因,那么,在自由贸易制度下,这些偶然情况全部消失了,一向掩盖着工人阶级真正敌人的帷幕被揭开了。这就不能不使两个阶级的对立更加显著。

资本家不仅剥削本国雇佣工人,而且剥削其他国家的人民。但自由贸易论者却把这种剥削关系叫做友爱关系。正如马克思所说:"把世界范围的剥削美其名曰普遍的友爱,这种观念只有资产阶级才想得出来。"[4] 自由贸易论者所鼓吹的"国际分工",实质上就是使英国等工业国家永远统治世界市场,使西印度等地永远处于落后的经济地位。事实清楚地说明,资产阶级不仅靠牺牲工人阶级而致富,而且靠牺牲别国而致富。随着自由贸易的发展和世界市场的扩大,资本主义制度所引起的一切破坏现象,会在世界市场上以更大的

---

[1] 马克思:《关于自由贸易的演说》,《马克思恩格斯全集》第 4 卷,第 449 页。
[2] 同上书,第 456 页。
[3] 同上书,第 457 页。
[4] 同上。

规模再现出来。

但是，无产阶级并不反对自由贸易。无产阶级认为："总的说来，保护关税制度在现今是保守的，而自由贸易制度却起着破坏的作用。自由贸易引起过去民族的瓦解，使无产阶级和资产阶级间的对立达到了顶点。总而言之，自由贸易制度加速了社会革命。"① 正是在这种革命意义上，无产阶级才赞成自由贸易。

马克思的演说获得很大成功。虽然保护关税和自由贸易问题的讨论已进行多年，讨论双方发表的论著汗牛充栋，但马克思的演说内容新颖，论述精辟，无论对保护关税论还是自由贸易论的伪善言辞，都是最好的揭露，最有力的驳斥。马克思发表演说时，布鲁塞尔民主协会的会议大厅座无虚席，听众对这个精彩的报告十分赞赏，当场通过了由协会出钱出版这篇演说的建议。1848年2月初，演说全文在布鲁塞尔正式出版。

十一　团结小资产阶级民主派

1847年秋天，马克思积极参加和领导布鲁塞尔民主协会，把这个协会作为团结小资产阶级民主派的组织。

马克思、恩格斯认为，在即将到来的欧洲革命中，无产阶级必须与资产阶级和小资产阶级民主派结成同盟，共同反对欧洲各国反动派。因此，他们十分关心欧洲各国民主派的活动，曾经同英国、法国、瑞士等国民主派建立联系。

1847年9月27日，布鲁塞尔成立民主协会。参加协会的成员有比利时、波兰、法国、德国的民主主义和社会主义者。1830年比利时革命的参加者梅利奈将军当选为名誉主席，著名律师若特兰当选为主席。那天，马克思因事到荷兰而未出席大会。在布鲁塞尔的恩格斯参加大会并当选为副主席。当时一些住在比利时的德国流亡者，明知恩格斯即将离开布鲁塞尔，以为这就可以使他们掌握协会的领导权。恩格斯洞察了他们的阴谋，他在协会成立第二天的会议上指出，"这些先生们以为已经赢得一切，因为我，你们的副主席，要离开这里了。但是他们没有去想一下，在我们之中有一个人，他有充分理由占据这个位置，只有这个人才能够在布鲁塞尔这里代表德国民主主义者，

---

① 马克思：《关于自由贸易的演说》，《马克思恩格斯全集》第4卷，第459页。

这就是马克思。"① 恩格斯的发言获得热烈的掌声。在给民主协会主席若特兰的正式推荐书上,恩格斯明确提出,马克思最有资格担任民主协会中德国民主派的代表,"如果他当时参加了会议的话,会议本来会选他担任我的职务,由于他没有出席,大家委托我担任了这个职务。……因此,不是马克思先生将代替我的职务,而是我当时在会议上代替了马克思先生"②。

从荷兰回来后,马克思作为民主协会副主席积极参加活动。他认为,组织民主协会"目的只是为了交换意见和在能够团结各国人民建立兄弟友谊的原则方面达到互相了解"③。为此,他努力帮助民主协会与英国、法国、瑞士、荷兰等国民主主义组织建立联系。他在伦敦参加共产主义者同盟第二次代表大会时,还以布鲁塞尔民主协会代表的身份,参加"民主派兄弟会"在伦敦举行的纪念1830年波兰起义17周年的国际大会,在会上作了重要讲话。他揭穿了资产阶级所谓"各民族团结友爱"的谎言,把民族问题与阶级关系结合起来,指出:"一个国家中个别资产者之间虽然存在着竞争的冲突,但是资产阶级却总是联合起来反对本国的无产阶级;同样,各国的资产阶级虽然在世界市场上互相冲突和竞争,但总是联合起来反对各国的无产阶级。"④

马克思和恩格斯虽然赞同无产阶级革命者和小资产阶级民主派结成联盟,但同时也批判了后者的落后观点和幻想。在《路易·勃朗在第戎宴会上的演说》一文中,恩格斯写道:"没有批评就不能互相了解,因而也就谈不到团结。"⑤ 因此,恩格斯坚决驳斥了小资产阶级社会主义者路易·勃朗和其他法国小资产阶级活动家所宣扬的世界主义观点。

随后,在恩格斯的《共产主义者和卡尔·海因岑》及马克思的《道德化的批评和批评化的道德》里,两位革命导师继续揭露了德国小资产阶级激进派的狭隘性和不彻底的民主主义,尤其是他们对德国的集中和统一的必要性的无知。

在同海因岑的论战中,马克思、恩格斯既团结了小资产阶级民主派,又捍卫了科学共产主义的原则。

---

① 恩格斯:《致马克思》(1847年9月28—30日),《马克思恩格斯全集》第27卷,105页。
② 同上书,第106—107页。
③ 马克思:《驳阿·巴泰尔斯》(1847年12月17日),《马克思恩格斯全集》第4卷,第416页。
④ 马克思、恩格斯:《论波兰》,《马克思恩格斯全集》第4卷,第409页。
⑤ 恩格斯:《路易·勃朗在第戎宴会上的演说》,《马克思恩格斯全集》第4卷,第423页。

十二　共产主义者同盟第二次代表大会

1847年11月29日至12月8日,共产主义同盟第二次代表大会在伦敦举行。马克思、恩格斯出席大会,并在大会上多次发言,阐述和捍卫科学社会主义原理。

共产主义者同盟第一次代表大会以后,同盟中央委员会为改组各地组织做了许多工作。中央委员向各地组织寄发《通告信》和有关文件,要求他们对同盟章程和《共产主义信条草案》等进行讨论,并与中央保持联系。中央委员会还派出特使,到瑞典、瑞士和美国传达代表大会精神,帮助各地组织开展工作。中央委员会根据代表大会决定,还出版了《共产主义杂志》试刊号(由于经费不足,只出了一期)。在一些地方,组织逐步健全,工作有所开展。例如,伦敦区部组织盟员认真讨论了共产主义信条,通过了同盟章程。区部同志十分团结。在比利时,同盟的事业大有进展。马克思领导的布鲁塞尔区部成绩卓著。在美因茨、莱比锡等地,盟员们也进行了积极的活动。到处都有盟员以新的热情进行工作。

但总的说来,情况并不十分令人满意。同盟的改组遇到了各式各样的抵制和阻挠。同盟汉堡支部反对更改名称,反对代表大会对魏特林的批判,中止了中央委员会的通信联系。在瑞士,一些支部反对进行改组和整顿,伯尔尼支部领导甚至用同盟的经费去印刷反对共产主义的小册子。在巴黎,思想混乱的状况还未改变,许多人仍未摆脱真正社会主义和蒲鲁东主义的思想束缚。不少地方组织对同盟中央提出的要求不加理睬。

召开一次新的代表大会,巩固第一次代表大会的成果,是摆在同盟活动家面前的重要任务。1847年9月,中央委员会向各地组织发出《通告信》,提出于11月底召开第二次代表大会。认为这次"代表大会将具有特别重要的意义,因此这次大会不仅要拟定共产主义信条,而且还要作出关于同盟及其机关刊物的最终组织以及将来如何进行宣传的决定"[①]。

同盟中央的领导人认识到,要克服组织内部的思想混乱,要制定一个科学的纲领,要建立一个真正无产阶级的政党,必须依靠马克思和恩格斯。他

[①] 《中央委员会告共产主义者同盟书》(1847年9月),《马克思恩格斯全集》第42卷,第455页。

们从马克思、恩格斯的许多著作中,从布鲁塞尔共产主义通讯委员会和同盟布鲁塞尔区部的活动中,已经充分了解马克思、恩格斯在理论上的正确和组织工作上的坚强有力。同盟中央在9月份《通告信》中指出,必须用马克思《哲学的贫困》来帮助蒲鲁东和格律恩的信徒认识和克服自己的错误思想。10月8日,中央委员会又直接写信给布鲁塞尔区部,指出同盟中存在的思想混乱,迫切需要布鲁塞尔区部派遣代表参加即将举行的第二次代表大会,"倘若马克思能够出席大会,我们是很高兴的,我们将尽我们的力量所及,尽量减轻你们的费用负担。请你们拿出你们的全部力量来——如果我们克服了这次危机,那我们就胜利了"①。

马克思对代表大会的工作非常重视。他清楚地认识到,这将是用科学社会主义改组同盟的一次关键性大会。如果大会接受科学社会主义,将对今后国际工人运动产生不可估量的影响。

为了完全按照自己的方针掌握大会,马克思、恩格斯决定亲自参加代表大会。会上,马克思当选为布鲁塞尔区部的代表,恩格斯当选为巴黎区部的代表。大会召开以前,马克思组织布鲁塞尔区部盟员对同盟章程进行了认真的讨论,提出了重要的修改意见。他还与恩格斯就同盟的纲领进行研究,当时各个支部都在讨论《共产主义信条草案》。恩格斯根据各地的讨论情况,拟出一份《信条》的修改稿,即《共产主义原理》。他把这份手稿的内容写信告诉马克思,提出:"请您把《信条》考虑一下。我想,我们最好是抛弃那种教义问答形式,把这个东西叫做《共产主义宣言》。因为其中必须或多或少地叙述历史,所以现有的形式是完全不适合的。"② 11月27日,马克思、恩格斯在赴伦敦途中,于奥斯坦德"王冠"旅馆会面,共同商讨代表大会的有关问题,研究同盟纲领。第二天两人一起渡过拉芒什海峡到达伦敦。

代表大会于11月29日正式开幕。来自德、法、英、瑞、比等国的代表出席大会。会上,恩格斯当选为大会秘书。马克思在大会上就科学社会主义原理作了精彩的发言。经过长时间的辩论,马克思、恩格斯的观点获得了绝大多数与会者的赞同。马克思在"长时间的辩论中——大会至少开了十

---

① 《中央委员会致共产主义同盟布鲁塞尔区部分》(1847年10月8日),《马克思恩格斯全集》第42卷,第466页。

② 恩格斯:《致马克思》(1847年11月23—24日),《马克思恩格斯全集》第27卷,第123页。

天——捍卫了新理论。所有的分歧和怀疑终于都消除了,一致通过了新原则"①。马克思和恩格斯被委托起草共产主义宣言。

大会根据各地盟员讨论的情况,修改和通过同盟章程。新章程第一条以更加准确的文字表达了同盟的目的:"推翻资产阶级政权,建立无产阶级统治,消灭旧的以阶级对抗为基础的资产阶级社会和建立没有阶级、没有私有制的新社会。"②根据布鲁塞尔区部的意见,新章程把禁止盟员参加任何政治的或民族的团体改为"(盟员)不得参加任何反共产主义的(政治的或民族的)团体,并且必须把参加某团体的情况报告有关的领导机关"。这就使盟员有可能通过参加一些进步的政治的或民族的团体并对它们施加影响。根据布鲁塞尔区部的意见,新章程提高了代表大会的权力。

马克思在代表大会上的活动,充分显示了他作为革命领袖的高尚品质。他知识渊博,聪慧过人,阐述问题逻辑严密,具有无比的说服力。他热情奔放,诚恳朴实,平易近人,给每个接触过他的人以极其深刻的印象。当时第一次见到马克思的工人运动活动家列斯纳,对这位年轻人民领袖无比钦佩。多年以后,他在回忆这段经历时写道:"马克思当时还很年轻,约莫二十八岁到三十岁之间。他中等身材,结实有力,肩宽额高,满头密密的黑发,目光炯炯,能洞察一切。就在那时他的尖刻的讽刺已足以使他的论敌丧胆了。马克思是天才的人民领袖。他发表的演说简洁而有条理,逻辑性很强;他决不浪费笔墨,一字一句都有深刻的含义,都是整个论据中不可缺少的一环。在马克思身上嗅不到一点空想家的气息。"③他说:马克思是成熟的社会主义思想的代表,"当我看到马克思的时间,我立刻就感到这位非常杰出的人物的伟大和巨大的优点。我开始深信,工人运动必然会取得胜利"④。

在伦敦期间,马克思在百忙中抽出时间参加伦敦德国工人教育协会会议,向该会会员作了关于无产阶级运动和共产主义宣传的报告。1847 年 11 月 29 日,马克思以布鲁塞尔民主协会代表的身份,出席伦敦民主派兄弟协会为纪念 1830 年波兰起义而举行的国际大会。他在会上发表演说,阐明无产阶级国际主义原理。他指出,资本主义所有制关系是造成一些民族剥削另一些民族

---

① 恩格斯:《关于共产主义者同盟的历史》(1885 年 10 月 8 日),《马克思恩格斯全集》第 21 卷,第 252 页。
② 《共产主义同盟章程》,《马克思恩格斯全集》第 4 卷,第 572 页。
③ 列斯纳:《1848 年前后》,《回忆马克思恩格斯》,第 170 页。
④ 同上书,第 172 页。

的原因。无产阶级要消灭现存的所有制关系。无产阶级对资产阶级的胜利，克服了一切民族间和工作中的冲突，是一切被压迫民族获得解放的信号。因此，反对民族压迫和反对资本主义统治是一致的。他指出，整个旧社会已经过时，将要死亡了。这对于拥有财产的剥削者来说是一个损失，而对于广大劳动人民来说则不是如此。旧社会的灭亡将使一个不再以阶级对立为基础的新社会建立起来。这是历史发展的必然规律。

十三 《共产党宣言》——第一个完备的理论与实践的党纲

共产主义者同盟第二次代表大会的主要成果，就是大会完全接受马克思、恩格斯所阐述的科学社会主义学说，并被大会委托他们两人起草一个准备公布的完备的理论和实践的党纲。

制定科学的党纲，向全世界公开申明党的理论和策略，对于第一个无产阶级政党来说，具有极其重大的意义。早在第一次代表大会召开前，同盟领导人就感到制定一个简明的共产主义信条的必要性。为此，同盟中央于1846年11月和1847年2月，两次向盟员提出"应该拟定简明的共产主义信条，这个信条要以各种欧洲语言刊印出来，并散布于一切国家"。同盟中央要求盟员十分细心地讨论下列问题：(1) 什么是共产主义？共产主义者所向往的是什么？(2) 什么是社会主义？社会主义者所向往的是什么？(3) 用什么方法可以最迅速而可靠地实现集体的生活方式？

在第一次代表大会上，曾经就《共产主义信条草案》进行热烈讨论。代表大会认识到，公开宣布同盟的原则是极其重要的步骤，必须特别慎重，不应操之过急。因此，决定把《共产主义信条草案》发给各个支部讨论、修改。大会希望全体盟员对信条草案采取严肃认真的态度，既不应该符合一切粗制滥造体系的行为和庸俗的共产主义，也不应该重复多愁善感的共产主义者关于爱的粗俗无聊的呓语，而必须"力求通过对共产主义所产生的社会关系的不断考察，永远保持一块稳固的基地"[①]。

围绕《共产主义信条草案》，同盟各地组织在讨论中提出了修改意见。恩

[①] 《共产主义者同盟第一次代表大会致同盟盟员的通告信》（1847年6月），《马克思恩格斯全集》第42卷，第434页。

格斯根据讨论情况,于 1847 年 11 月写成《共产主义原理》。11 月 23—24 日,恩格斯把这部手稿的内容写信告诉马克思:"我开头写什么是共产主义,随即转到无产阶级——它产生的历史,它和以前的劳动者的区别,无产阶级和资产阶级之间的对立发展,危机,结论。其中也谈到各种次要问题,最后谈到了共产主义者的党的政策中应该公开说明的那些内容。"①《原理》与《信条》比较,结构更加严谨,表述更加精确,内容更加丰富。

第二次代表大会委托马克思、恩格斯起草宣言,表明科学社会主义已经获得重大胜利。大会闭幕不久,马克思于 12 月 13 日带着大会移交给他的有关修改信条的文件回到布鲁塞尔。12 月 17 日,恩格斯也来到布鲁塞尔。两位革命导师共同研究《宣言》的内容、结构和表达方式,拟定《宣言》大纲。12 月底,恩格斯赴巴黎。马克思则用了大约一个月时间完成《共产党宣言》这部伟大的著作的写作。在写作过程中,他充分利用了恩格斯《共产主义原理》中的思想材料,并且赞同恩格斯的意见,采用宣言的形式而不是传统教义问答的形式来阐述新原则,把新的宣言定名为《共产党宣言》。这部伟大的著作是两位革命导师共同劳动的结晶。它以"透彻鲜明的笔调叙述了新的世界观,即包括社会生活在内的彻底的唯物主义、最全面最深刻的发展学说辩证法以及关于阶级斗争、关于共产主义新社会的创造者无产阶级所负的世界历史革命使命的理论"②。

唯物主义历史观是《共产党宣言》中贯彻的基本思想。它的基本内容是:"每一历史时代的经济生产以及必然由此产生的社会结构,是该时代政治的和精神的历史的基础;因此,(从原始土地公有制解体以来)全部历史都是阶级斗争的历史,即社会发展各个阶级上被剥削阶级和剥削阶级之间、被统治阶级和统治阶级之间的斗争的历史;而这个斗争现在已经达到这样一个阶级,即被剥削与被压迫的阶级(无产阶级),如果不同时使整个社会永远摆脱剥削、压迫和阶级斗争,就不再能使自己从剥削它压迫它的那个阶级(资产阶级)下解放出来。"③

在《宣言》中,马克思、恩格斯论述了资本主义必然灭亡、共产主义必然胜利的客观规律。他们指出,人类社会总是从低级向高级发展。资本主义

---

① 恩格斯:《致马克思》(1847 年 11 月 23—24 日),《马克思恩格斯全集》第 27 卷,第 123 页。
② 列宁:《卡尔·马克思》,《列宁选集》第 2 卷,第 427 页。
③ 马克思、恩格斯:《共产党宣言》,《马克思恩格斯全集》第 1 卷,第 232 页。

是在封建社会解体的过程中产生和发展起来的。资本主义代替封建主义，使社会生产力空前发展起来，社会财富极大增长起来。这是历史的进步。但资本主义同以往的一切社会制度一样，它不过是人类历史发展过程中的一个过渡阶级。资本主义虽然创造了巨大的生产力，但生产力发展到一定阶段，便同生产关系发生尖锐矛盾。1825 年爆发的经济危机，不断地周期重演，表明了资产阶级已经没有能力驾驭这一庞大的社会生产力，没有办法支配自己用符咒呼唤出来的魔鬼了。只有用社会主义公有制代替资本主义私有制，才能消除经济危机，解决生产社会化与生产资料私人占有制这个资本主义社会的基本矛盾。由此可见，资产阶级用来推翻封建制度的武器，现在却对准资产阶级自己了，"资产阶级的灭亡和无产阶级的胜利同样是不可避免的"[①]。

推翻资产阶级统治，建立没有剥削、没有阶级的社会主义、共产主义，这是无产阶级的伟大历史使命。无产阶级是最彻底的革命阶级，它没有什么必须加以保护的东西。只有彻底废除私有制，摧毁压在自己头上的全部的上层建筑，它才能抬起头来，挺起腰来。它是资本主义死刑的执行人。《宣言》庄严表示："共产党人认为隐瞒自己的观点和意图是可鄙的事情，他们公开宣布：他们的目的，只有用暴力推翻全部现存的社会制度才能达到。让那些统治阶级在共产主义革命面前颤抖吧。无产阶级在这个革命中失去的只是自己颈上的项链。而他们所能获得的却是整个世界。"[②]

无产阶级革命和无产阶级专政是实现无产阶级伟大的历史使命的必由之路。《宣言》指出，无产阶级必须用暴力推翻资产阶级统治，使自己上升为统治阶级。工人革命的第一步，就是建立无产阶级专政。无产阶级必须"运用自己的政治统治，一步一步地夺取资产阶级所有的全部资本，把一切生活工具集中到国家手里，即集中在已组织成为统治阶级的无产阶级手里，并且尽可能更快地增加生产力的总量"[③]。无产阶级不仅要夺取国家政权，镇压剥削阶级的反抗，夺取资产阶级的生产资料，而且要大力发展生产力，创造极大丰富的社会产品，为最终消灭阶级，实现共产主义创造物质条件。

无产阶级为了在阶级斗争的决定性关头强大到足以取得胜利，就必须组成一个自觉的阶级政党。在阶级斗争的实践中，工人阶级越来越认识到组织

[①] 马克思、恩格斯：《共产党宣言》，《马克思恩格斯全集》第 4 卷，第 479 页。
[②] 同上书，第 504 页。
[③] 同上书，第 489 页。

起来的必要性。无产阶级政党在斗争中开始诞生，并且会在斗争中发展得更加强大、更加坚固、更有威力。用科学社会主义武装起来的无产阶级政党——共产党，具有不同于其他工人政党的显著特点："共产党人同其他无产阶级政党不同地方，只是：一方面，在各国无产阶级的斗争中，共产党人特别重视和坚持整个无产阶级的民族的共同利益；另一方面，在无产阶级和资产阶级的斗争所经历的各个发展阶段上，共产党人始终代表着整个运动的利益。所以，在实践方面，共产党是世界各国工人政党中最坚决的、始终鼓舞大家前进的一部分；在理论方面，他们比其余的无产阶级群众更善于了解无产阶级运动的条件、进程和一般结果。"① 共产党的最近目的，是使无产阶级形成为阶级，推翻资产阶级的统治，由无产阶级夺取政权；党的最终目的是消灭阶级和阶级差别，同传统的所有制关系和传统的观念实行最彻底的决裂，建立无阶级的共产主义社会。

共产主义社会是生产力和生产关系革命变革的结果。这里永远废除了资产阶级私有制，消灭了人对人的剥削，社会生产力将获得充分的发展，脑力和体力之间、城市和乡村之间的对立将消灭，人们的物质和文化需要将得到充分的满足。"在资产阶级社会里，活的劳动只不过是增殖已经积累的劳动的一种手段。在共产主义社会里，已经积累的劳动只不过是扩大、丰富和促进工人的生活过程的一种手段。"②

消灭资产阶级，实现共产主义的伟大理想，必须依靠无产阶级的国际团结。马克思、恩格斯指出，无产阶级反对资产阶级的斗争，从形式来看，最初总是一国范围内的斗争。每个国家的无产阶级首先应该打倒本国的资产阶级；但从内容来看，却是国际性的。因为现代的工作劳动，现代资本压迫，无论在哪个资本主义国家都是一样的，这就使无产者失去了任何民族形式，工人无祖国。各国无产阶级有着共同的敌人、共同的命运、共同的斗争目标。因此，在斗争中必须团结一致，互相支援。各国无产阶级的联合行动，至少是各文明国家无产阶级的联合行动，是无产阶级获得解放的首要条件之一。消灭民族压迫的根源，就必须消灭人剥削人的制度。人对人的剥削一消灭，民族对民族的剥削就会随之消灭。因此，消灭民族压迫与消灭资本主义是一致的。而要实现这一任务，必须"全世界无产者，联合起来"！

---

① 马克思、恩格斯：《共产党宣言》，《马克思恩格斯全集》第4卷，第479页。
② 同上书，第481页。

恩格斯指出："在全部社会主义文献中,《共产党宣言》是传播最广和最带国际性的著作,是从西伯利亚起到加利福尼亚止的千百万工人认识的共同纲领。"[①]《宣言》手稿于1848年12月底寄到伦敦,第一版于法国二月革命的时候问世。此后很快用各种欧洲文字出版。《宣言》出版没有署名。1851年第一个英译本在宪章派杂志《红色共和党人》上发表时,编者在序言中第一次提到作者的名字,从此马克思、恩格斯的名字与《宣言》紧密联系在一起。

《共产党宣言》最早的中译本(摘译)1906年发表于东京《民报》,译者朱执信。1920年社会主义研究社出版了由陈望道翻译的《共产党宣言》全译本。随着中国共产党的诞生和工人运动的发展壮大,《共产党宣言》在我国获得了广泛的传播,指导着中国无产阶级的革命斗争。

《共产党宣言》问世已经一百多年,但它的精神至今还鼓舞着、推动着全世界有组织的正在进行斗争的无产阶级。

---

① 马克思、恩格斯:《共产党宣言》,《马克思恩格斯选集》第1卷,第236页。

第五章 在欧洲革命高潮中初露锋芒

一 欧洲燃起革命的火焰

马克思刚刚写成《共产党宣言》，欧洲各国就爆发了轰轰烈烈的资产阶级民主革命运动。

马克思、恩格斯说："任何地方发生革命震动，总是有一种社会要求为其背景。"① 1848—1849年欧洲革命，是由革命前各国的社会经济状况引起的。

19世纪三四十年代，欧洲各国资本主义经济迅速发展。当时，英国已经完成产业革命，法国产业革命已取得重大成就，德国产业革命也已开始。资本主义经济的发展，与1815年维也纳会议以后欧洲各国的政治体制发生尖锐的矛盾。当时，法国七月王朝代表着金融贵族的利益，剥夺了工人、农民、小资产阶级的权利，并且"经常不断地威胁和损害商业、工业、农业、航业以及工业资产阶级的利益"②。德国国家分裂，经济落后，农村中盛行着封建农奴制，贵族诸侯实行专制统治，人民没有丝毫民主和自由的权利。奥地利是各民族的牢狱，帝国统治者对意大利人、匈牙利人、斯拉夫人实行野蛮的奴役和掠夺，阶级矛盾和民族矛盾都十分尖锐，现实的社会生活孕育着革命。革命的主要任务是推翻封建君主专制制度，争取民族独立，建立统一的民族国家，为资本主义发展扫清道路。

1845—1846年欧洲各国普遍发生农业歉收，1847年又发生遍及许多国家的经济危机，"从伦敦西蒂的巨贾到最末一个德国小店主"③，都遭到危机的冲击。这两个经济事件使广大劳动人民生活急剧恶化，不满情绪日益增长，

---

① 恩格斯：《德国的革命和反革命》，《马克思恩格斯选集》第1卷，第501页。
② 马克思：《1848年至1850年的法兰西阶级斗争》，《马克思恩格斯全集》第7卷，第14页。
③ 马克思、恩格斯：《卡·马克思和弗·恩格斯发表在〈新莱茵报〉上的文章》——《经济状况》(1849年3月)，《马克思恩格斯全集》第6卷，第387页。

促进了革命的爆发。

1848年1月12日，意大利的巴勒摩起义，揭开了革命的序幕。2月22—24日，巴黎发生革命，巴黎人民推翻了路易·菲力浦的七月王朝，"以武力控制着巴黎"①，迫使资产阶级临时政府宣布成立共和国。二月革命推动着欧洲各国革命的发展，巴黎成了"整个革命运动的中心"②。

二月革命在奥地利引起强烈的反应。3月13日，维也纳市民举行规模空前的示威，工人、小商人、资产阶级等各阶层人民一致行动，反对被一切人所嫌恶的梅特涅政府。在人民革命浪潮的冲击下，梅特涅被迫下台，成立了资产阶级自由派政府，革命取得了初步胜利。

在二月革命鼓舞下，德国西部各邦先后出现革命形势。1848年3月8—9日，恩格斯写信告诉马克思：德国来的消息很好，"在拿骚，是一次成功的革命；在慕尼黑，大学生、艺术家和工人正在进行真正的起义；在加塞尔，革命一触即发；在柏林，是极度的恐慌和动摇；在整个西德意志，已经宣布出版自由和建立国民自卫军。目前这样已经足够了"③。3月18日，柏林武装群众与军警发生冲突，包围王宫，迫使国王威廉四世下令撤军停战，任命大资产阶级代表康普豪森、汉塞曼组织内阁。人民革命的风暴，沉重打击着普鲁士的封建势力，"那时近卫军怀着切齿的仇恨撤出柏林，那时普鲁士亲王不得不换上邮差服装从柏林狼狈逃走，那时人民在王宫前面迫使国王向三月革命牺牲者的尸体脱帽致敬，而高等贵族和上层资产阶级不得不按住因国王受到这种屈辱而引起的愤怒……"④

欧洲各被压迫民族，也从二月革命的胜利中受到鼓舞。波兰、捷克、匈牙利、意大利等国普遍燃起民族解放的烈火。

欧洲沸腾起来了！恩格斯欢呼道："我们的时代，民主派的时代来到了。在土伊勒里宫和皇家之宫燃起的火焰，是无产阶级的朝霞。现在，资产阶级

---

① 恩格斯：《致艾米尔·布兰克》（1848年3月28日），《马克思恩格斯全集》第27卷，第501页。
② 《共产主义同盟中央委员会1848年3月3日的决议》，《马克思恩格斯全集》第4卷（附录），第586页。
③ 恩格斯：《致马克思》（1848年3月8—9日），《马克思恩格斯全集》第27卷，第132—133页。
④ 马克思：《卡·马克思和弗·恩格斯发表在〈新莱茵报〉上的文章》——《柏林〈国民报〉致初选人》（1849年1月），《马克思恩格斯全集》第6卷，第236页。

的统治到处都要崩溃，被推翻。"①

二　从布鲁塞尔到巴黎

二月革命爆发时，马克思和恩格斯都在比利时首都布鲁塞尔。

马克思以满腔热情欢迎法国革命。他同布鲁塞尔民主协会其他领导人一起，向法国人民表示热烈祝贺，感谢他们对人类作出了伟大贡献，坚信"同法兰西紧紧毗邻的民族将最先追随法兰西走上它刚刚走过的道路"②。

3月1日，马克思收到法国临时政府的邀请信，临时政府热烈赞扬马克思"为神圣事业和各国人民的友好事业而斗争"的精神，衷心欢迎这位"勇敢而正直"的自由之友重返巴黎。信中写道："暴政把您放逐，自由的法兰西向您……敞开着大门。"马克思接受了邀请，准备奔赴法国。

这时，比利时也出现革命形势。比利时王国政府一方面放出空气，好像只要人民愿意，国王利奥波德就准备逊位，"这是对比利时民主派设下的圈套，目的是使他们不要采取任何坚决的行动来反对这样慈祥的国王"③。另一方面把大批民主主义和共和主义者投入监狱。政府还故意挑拨比利时人民与侨居布鲁塞尔的外国人的关系，煽动民族沙文主义情绪，转移人民视线；并以所谓"身份证欠妥"或"没有工作"等为借口，把大批外国革命者逮捕入狱，驱逐出境。比利时政府的政治迫害，很快落到当时担任布鲁塞尔国际民主协会副主席的马克思身上。

1848年3月3日下午5时，比利时政府下令马克思必须在24小时内离境。当天晚上，马克思正在收拾行装，突然一个警官带着十名警察闯进他的住宅，搜查了整个房间，蛮不讲理地把他逮捕。

马克思被捕后，他的夫人立刻去找著名律师、国际民主协会主席若特兰，请他采取必要的措施。马克思夫人回家的时候，警察竟然在家门口把她逮捕，极其粗暴无礼地把她与一些流浪女人关在一个监狱里。她的全部"罪名"，就是她虽然出身于普鲁士贵族家庭，却赞成丈夫的民主信念！

比利时政府对马克思的迫害，特别是对马克思夫人的侮辱，激起了广大

---

① 恩格斯：《巴黎的革命》，《马克思恩格斯全集》第4卷，第548页。
② 《致法兰西共和国公民们和临时政府委员们》，《马克思恩格斯全集》第4卷（附录），第584页。
③ 马克思：《外国人在布鲁塞尔所受的迫害》，《马克思恩格斯全集》第4卷，第253页。

公众的愤怒和抗议，迫使政府不得不在第二天释放他们，并把逮捕他们的警官撤职。但是，当他们从狱中出来，24小时的期限已到。他们只好匆忙离开布鲁塞尔，连最必需的东西都来不及带走。

3月5日，马克思来到处于革命高潮中的巴黎，立即进行了紧张的活动，建立共产主义者同盟中央领导机构。

二月革命爆发时，共产主义者同盟诞生不久，是一个人数不多的秘密宣传团体。同盟在德国大约有30个小组和支部，在许多地方还有个别盟员，在国外领导着一些公开的工人教育协会。但是，"这个不大的战斗队，却拥有一个大家都乐于服从的第一流领袖马克思，并且赖有他才具备了一个至今还保留其全部意义的原则性的和策略的纲领——'共产党宣言'"①。

由于法国爆发革命，设在伦敦的共产主义者同盟中央委员会决定将自己的职权移交给马克思领导的布鲁塞尔区部委员会，以便就近指导欧洲大陆革命运动。当伦敦中央委员会的决定传到布鲁塞尔时，当地已实行戒严，不能从事任何活动。马克思、恩格斯已决定离开布鲁塞尔。3月3日，共产主义者同盟布鲁塞尔中央委员会通过决议：解散布鲁塞尔中央委员会，把中央委员会迁往巴黎；授权马克思独自实现中央委员会对同盟一切事务的领导，亲自选择人员成立新的中央委员会。3月11日，马克思在巴黎成立新的中央委员会。马克思当选为中央委员会主席，恩格斯、沃尔夫、沙佩尔等当选为中央委员会委员。

马克思、恩格斯非常关注德国形势。革命前夕，他们已经深深感到德国国内封建统治阶级和广大人民群众的矛盾十分激化："当时只有上层贵族和上层文武官员是现存制度的唯一可靠的支柱；下层贵族、工商业资产阶级、各大学、各级学校的教员甚至一部分下层文武官员都联合起来反对政府；在这些人后面还有心怀不满的农民群众和大城市的无产阶级群众，他们虽然暂时赞助自由主义反对派，但已在以异常的方式议论着要把事情掌握在自己手里；资产阶级准备推翻政府，无产阶级则准备随后再推翻资产阶级，而就在这样的时候，政府却顽固地沿着那条必然要引起冲突的道路走去。"② 这种情况表明，革命的形势日益逼近。马克思、恩格斯对德国革命寄予很大的期望，认

---

① 恩格斯：《马克思和〈新莱茵报〉（1848—1849年）》，《马克思恩格斯全集》第21卷，第17页。

② 恩格斯：《德国的革命和反革命》，《马克思恩格斯选集》第1卷，第517页。

为德国的资产阶级革命将要成为无产阶级革命的直接序幕。

现在德国革命已经爆发,马克思、恩格斯根据《共产党宣言》的原则和德国的情况,写了《共产党在德国的要求》,经过共产主义同盟中央委员会讨论通过,由全体中央委员署名发表。

《要求》共有17条,全面阐述了德国无产阶级在资产阶级革命中的具体政治、经济要求。

第一,"全德宣布为一个统一的,不可分割的共和国"。这是无产阶级和广大德国人民的共同要求,是德国资产阶级革命的主要任务。为了建立统一的国家,必须打倒各邦封建王朝,建立民主共和国。因此,争取国家统一和推翻封建王朝的任务是密切相关的。

第二,消灭封建制度。《要求》提出,必须取消一切封建贡赋、代役租和劳役,废除封建农奴制。只有消灭封建制度,才能为资本主义的发展扫清道路。

第三,改善群众生活。《要求》代表广大工人、农民和其他劳动人民的利益,提出立即实施普遍免费教育,取消食品税,组织国家工厂,保证所有工人都有生活资料,照顾丧失劳动力的人的生活等。

第四,保障人民民主权利。《要求》提出:建立代议制国家,凡年满21岁的公民享有选举权;发给议员薪金,使工人代表能够参加议会;实行全民武装,使人民掌握强大实力。

第五,限制私有财产,国家掌握运输工具。《要求》提出:没收各邦君主的领地和其他封建地产以及一切矿山、矿井等归国家所有,限制继承权,实施高额累进税;国家掌握一切运输工具,铁路、公路、运河、轮船、邮局等,全部归国家所有,归人民支配。这些措施,已经超过资产阶级革命的要求。

第六,《要求》向德国人民发出庄严的号召:"为了德国无产阶级、小资产阶级和小农利益,必须尽力争取实现上述各项措施。因为只有实现了这些措施,一直受少数人剥削,并且今后还有可能受少数人压迫的德国千百万人民,才能争得自己的权利和作为一切财富的生产者所应有的政权。"[①]

《共产党在德国的要求》是一个重要的文件。它作为中央委员会的指示发给每个回国的盟员和革命工人,并于4月初在许多民主报纸上发表。1848—1849年,这个文件在德国各地广泛流传,在许多群众集会上宣读和讨论,成

[①] 马克思、恩格斯:《共产党在德国的要求》,《马克思恩格斯全集》第5卷,第5页。

了新闻记者活动和人民演讲家讲话的重要材料。文件中提出的要求，得到人民群众的热烈拥护。

当时，在巴黎组织革命军团的风气很盛行。西班牙人、意大利人、比利时人、荷兰人、波兰人都结成队伍，准备解放自己的祖国。以海尔维格和伯恩施泰德为首的巴黎德国民主协会，也积极组织义勇军团，准备开进德国，从外面强行输入革命。德国民主协会这个实质上是反共产主义的组织，还在德国工人中煽动民族成见，分裂工人队伍，并且打着革命的旗号，向法国群众要服装、金钱和武器，败坏德国革命者的声誉。法国临时政府为了把外国革命工人赶出巴黎，积极支持组织义勇军团，并答应给予他们一些物质帮助。

马克思坚决反对组织义勇军这种"把革命当做儿戏"① 的做法，认为革命既不能输入，也不能输出，"正在德国发生骚动的时候侵入德国，以便从外面强行输入革命，那就等于破坏德国的革命，加强各邦政府"②。同时，法国资产阶级政府一开始就对外国革命工人采取敌视态度，它完全有可能把义勇军团出卖给德国反动派，把既缺乏训练、又没有武器的徒手工人送去听任德国反对军队摆布，这是对革命事业的犯罪。而且，当时维也纳、柏林的人民起义已取得胜利，组织军团已毫无意义。

海尔维格和伯恩施泰德顽固坚持自己的错误，并纠集一小撮无赖之徒，肆无忌惮地攻击马克思。由于拒不服从同盟的决议，不久伯恩施泰德被开除出同盟。

马克思为了反对海尔维格等人的活动，在巴黎成立德国工人俱乐部。他在共产主义者同盟巴黎区部和德国工人俱乐部多次发表演说，阐明革命既不能输入、也不能输出的道路，说服工人不要参加义勇军团。他主张工人单个地返回德国，分散到全国各地参加和领导运动。他还通过法国临时政府委员弗洛孔，为单个回国的工人取得一定的物质帮助。用这种方法回国的三四百名工人（其中多数是盟员），在德国革命中起了很大的作用；海尔维格、伯恩施泰德的义勇军团则遭到失败。

三　创办《新莱茵报》

1848年4月7日，马克思从巴黎回到德国，直接参加和领导德国革命运

---

① 恩格斯：《关于共产主义者同盟的历史》，《马克思恩格斯全集》第21卷，第254页。
② 同上。

动。恩格斯也同他一起回国,他们决定把科伦作为活动基地。

科伦是莱茵省省会,这里工业发达,拥有一支人数众多的工人队伍。这里又通行着资产阶级性质的拿破仑法典,享有比德国其他城市较多的言论和出版自由,为进行革命活动提供了有利条件。

马克思来到科伦后,认真分析了当时的形势,认为共产主义者同盟盟员虽然在各地运动中成了最积极、最活跃的分子,发挥了重大作用,但是他们人数很少,许多人由于种种原因与同盟中央失去了联系,因而不能通过同盟的组织担负起运动的领导责任。而且,由于革命形势变化很快,各地情况很不相同;在这种情况下,创办一家大型日报,是指导革命运动的好办法。因为,"报纸最大的好处,就是它每日都能干预运动,能够成为运动的喉舌,能够反映出当前的整个局势,能够使人民和人民的日刊发生不断的、生动活泼的联系"[①]。

在马克思来科伦以前,当地的小资产阶级民主派和一些共产主义者已经计划创办一家仅仅关心科伦地方事务的狭隘的地方性报纸。他们劝马克思、恩格斯到柏林去。但马克思、恩格斯认为科伦的条件比柏林好,因而同他们进行谈判。经过马克思的努力,在24小时内,就把这个阵地夺了过来,马克思把报纸定名为《新莱茵报》。

接着,马克思进行紧张的活动,制定报纸的纲领和方针,挑选编辑人员,组织全德和欧洲的通讯网,与各国民主报刊建立联系,安排各种出版事务等。

报纸在创办过程中遇到许多困难,最主要是缺乏必要的资金。那时,无产阶级生活困苦,没有可能为报纸提供资金,资产阶级则把共产主义者当做最危险的敌人,不肯出资办报。专程到巴门筹集资金的恩格斯写信告诉马克思:"很遗憾,认股的事,在这里很少希望。……我费了不少唇舌,使用了各种各样的外交手腕,仍然是不肯定的答复。……问题的实质是,在这里甚至连激进的资产者都把我们看成是他们的未来的主要敌人,不愿意把武器交到我们手里,因为我们很快会把它掉转过来反对他们自己。"恩格斯说,从他父亲那里也弄不到一点钱,老弗里德里希"宁愿叫我们吃一千颗子弹,也不会送给我们一千塔勒"[②]。盟员希凯尔写信告诉马克思,在美因茨筹款也很困

---

① 马克思、恩格斯:《〈新莱茵报——政治经济评论〉出版启事》,《马克思恩格斯全集》第7卷,第3页。

② 恩格斯:《致马克思》(1848年4月25日),《马克思恩格斯全集》第27卷,第142页。

难。那里的资产者也把共产主义者当做主要敌人，要是一个人在那里作为共产党出现，他一定会挨一顿石头，虽然这些资产者丝毫也没有关于共产主义的概念。当时，法国临时政府委员弗洛孔表示愿意提供办报经费。马克思严正地加以拒绝。他不允许"把革命变成摇钱树"①，"不愿意从即使是友好的法国政府那里领取津贴"②。马克思克服了无数困难，并把自己刚刚得到的一笔遗产几乎全部献了出来，才使报纸得以出版。

1848年6月1日，《新莱茵报》在欧洲革命高潮中诞生了。这是第一份革命工人政党的机关报，它的出版，具有极其重要的意义。恩格斯说："在每一个党、特别是工人党的生活中，第一张日报的出版总是意味着大大地向前迈进了一步！这是它至少在报刊方面能够以同等的武器同自己的敌人作斗争的第一个阵地。"③

《新莱茵报》以民主派机关报的身份活跃在德国革命舞台上，代表工人阶级和广大人民群众，对封建专制制度进行坚决的斗争。"但这个民主派到处在各个具体场合，都强调了自己的特殊的无产阶级性质，这种性质是它还不能一下子就写在自己旗帜上的。"④

《新莱茵报》也是欧洲民主派的喉舌。它支持各国人民反对封建专制制度和民族压迫，争取民主和独立的斗争；"由于编辑部和英国、法国、意大利、比利时、北美的民主派的领导人的私人联系，因此它能比任何别的报纸更正确更明白地给自己的读者报道国外的社会政治运动情况"⑤。

《新莱茵报》的政治纲领有两个要点：建立统一的、不可分割的德意志民主共和国，对欧洲反动势力的主要支柱——沙皇俄国进行一场普遍的战争。

从创刊号起，《新莱茵报》就决心"利用自由环境中的每一天"向封建反动势力和大资产阶级的背叛行为开火。报纸发表了马克思、恩格斯写的许多

---

① 马克思：《致法律顾问维贝尔》（1860年3月3日），《马克思恩格斯全集》第30卷，第503页。
② 同上书，第506页。
③ 恩格斯：《就"工人报"改为日报一事给奥地利工人的贺信》，《马克思恩格斯全集》第22卷，第590页。
④ 恩格斯：《马克思和〈新莱茵报〉（1848—1849年）》，《马克思恩格斯全集》第21卷，第19页。
⑤ 《〈新莱茵报〉1849年第一季度预订通知》，《马克思恩格斯全集》第6卷（附录），第683页。

社论、评论和论文①，论述了德国和欧洲各国革命运动中的一切重大问题，"从日常历史进程中去考察阶级斗争"②。

第一号报纸发表了马克思一篇文章，尖锐地批判资产阶级和小资产阶级的议会迷，指出法兰克福议会形同虚设，毫无作用。这篇文章吓坏了德国庸人，《新莱茵报》一半的股东声明退出；不久发生六月革命，《新莱茵报》坚决支持巴黎工人的斗争，其余股东纷纷退股。这样马克思不得不负担全部办报经费，为此而耗去了自己的全部财产，使生活陷于贫困境地。马克思不惜牺牲大量资金并冒着个人危险，"才得以把报纸一直维持到被普鲁士政府封闭的时候"③。

马克思说：《新莱茵报》的首要任务，"就是破坏现存政治制度的一切基础"④。报纸对各国的封建王朝，背叛人民的大资产阶级、法兰克福和柏林议会中的"国家栋梁"、欧洲各国的反动派——从俄国沙皇到法国资产阶级刽子手卡芬雅克，从梅特涅到康普豪森，从罗马教皇到科伦检察官，都进行了无情的揭露和批判。马克思非常善于运用讽刺的手法对付敌人，"一般说来，报纸的语调完全不是庄严、严肃或激烈的。我们的敌人全是卑鄙的，我们对他们都一律采取了极端鄙视的态度。进行密谋的君主、权奸、贵族、'十字报'——引起庸人极大的道义愤慨的整个'反动派'，我们只用嘲笑和讽刺来对待。但是，我们对那些由革命所创造的新偶像，如三月的大臣们、法兰克福议会和柏林议会（无论对其右派或左派），也没有采取较好的态度"⑤。

由于《新莱茵报》的革命立场和它在人民群众中日益增长的影响，普鲁士反动政府不断对它进行迫害。1848年9月底，反动派在科伦实行戒严，查封《新莱茵报》，下令逮捕《新莱茵报》编辑恩格斯、沃尔夫、德朗克，迫使

---

① 《新莱茵报》许多文章，是马克思、恩格斯共同研究写作的，有些文章虽然署着各自的名字，实际也是共同研究的成果。恩格斯后来回忆道："一般说来，在这一时期的文章，几乎不能同我分开，因为我们彼此有计划地作了分工。"（恩格斯：《致海·施留特尔》（1885年5月15日），《马克思恩格斯全集》第36卷，第312页）

② 马克思：《卡·马克思和弗·恩格斯发表在〈新莱茵报〉上的文章》——《雇佣劳动与资本》（1849年4月），《马克思恩格斯全集》第6卷，第473页。

③ 马克思：《致法律顾问维贝尔》（1860年3月3日），《马克思恩格斯全集》第30卷，第503页。

④ 马克思：《卡·马克思和弗·恩格斯发表在〈新莱茵报〉上的文章》——《〈新莱茵报〉审判案》（1849年2月），《马克思恩格斯全集》第6卷，第278页。

⑤ 恩格斯：《马克思和〈新莱茵报〉（1848—1849年）》，《马克思恩格斯全集》第21卷，第21—22页。

他们离开编辑部,同时对马克思进行威胁。马克思随时都有被捕的危险。面对反动派的迫害,马克思坚决表示,"在任何情况下都要坚守住这个堡垒,不放弃政治阵地"①。

10月12日,《新莱茵报》复刊。报纸公开声明,它将继续"以坚忍不拔的精神维护全体人民的民主利益"。报纸的销路倍增,影响扩大。正如恩格斯所说:"没有一家德文报纸——无论在以前或以后——像《新莱茵报》这样有威力和有影响,这样善于鼓舞无产阶级群众。"②

《新莱茵报》在群众中有着广泛的影响,得到人们的普遍赞扬和支持。一批革命群众在给编辑部的信中写道:"我们……以迫不及待的心情向深深敬爱的《新莱茵报》编辑部表示我们衷心的深厚谢意,因为编辑部以坚持不懈的努力……为我们争取了普遍的尊敬。马克思、沙佩尔、恩格斯、沃尔夫……的名字当然是我们永远不能忘记的。此外,我们还希望有朝一日能向这些人表示最热诚、最恳切的谢意。"

欧洲各国民主派也对《新莱茵报》热烈欢迎。比利时民主主义活动家、《社会辩论报》负责人若特兰写信对马克思说:"我非常高兴……获悉你准备在科伦出版《新莱茵报》……必须让这家报纸使我们能在比利时了解到德国民主事业的情况……我也希望就我们两国的共同事业和您交换信件。为了两国的利益,必须使比利时人和德国人彼此不致生疏。"③ 意大利《黎明报》在答复马克思关于建立联系的信件时,衷心感谢马克思对意大利革命事业的关怀,并表示"我们对于你们一贯遵行的那些原则深信不疑"④。

德国的贵族、官僚和军阀,对《新莱茵报》又怕又恨。他们在用警察、宪兵和法庭对报纸和编辑人员进行迫害的同时,还用卑鄙的手段造谣诽谤,妄图降低报纸的声誉和影响。但这除了暴露他们的愚蠢和反动外,对《新莱茵报》没有任何损害。德国革命诗人、《新莱茵报》编辑维尔特在《今晨我前往杜塞尔多夫》一诗中,对这伙人作了辛辣的讽刺和嘲笑:

---

① 马克思:《致恩格斯》(1848年11月中),《马克思恩格斯全集》第27卷,第147页。
② 恩格斯:《马克思和〈新莱茵报〉(1848—1849年)》,《马克思恩格斯全集》第21卷,第26页。
③ 转引自马克思《福格特先生》(附录),第350页。
④ 恩格斯:《卡·马克思和弗·恩格斯发表在〈新莱茵报〉上的文章》——《德国的对外政策》(1848年7月),《马克思恩格斯全集》第5卷,第179页。

今晨我前往杜塞尔多夫，
与一位可敬的枢密顾问同行，
一路上他肆意咒骂，
对《新莱茵报》忿忿不平。

他说："这家报纸的编辑，
统统都是魔鬼，
他们既不怕可亲的上帝，
连检察长魏茨费尔也不畏惧。

他们认为只有一个良方，
可治人间一切祸灾，
这就是成立玫瑰红色共和国，
把财产完全掌管起来。

整个世界要重新分配，
划分为亿万等份，
同样多的地亩，同样多的沙粒，
连海涛也得搭配均分。

人人都分得一个地段，
大家都特别高兴啦，
而最好的一块地方，
就归《新莱茵报》的编辑吧！

他们还要实行公妻，
一心想把婚姻关系废弃，
将来人人自由放任，
结对交配可以随意。

经过这番摩登改造，

整个世界必将改变面貌——
而《新莱茵报》的编辑们，
都要将最美丽的妇人拥抱。

他们简直要把一切毁灭扫空，
唉，全是亵渎神明的人，个个玩世不恭。
至于私有财产之神，
将来谁也不会供奉。……"

至此枢密顾问大人不再言语，
我却惊讶不已，
在我们这个疯狂的世纪，
您可真算是个明达之士。

尊贵的大人啊，有您同行，
真使我高兴。
说到《新莱茵报》的编辑，
我本人就是其中一名。

好啊，请继续起程吧，请将我们的名声
随着您传播到世界各地，
作为一个大人物和枢密顾问，
您真有无穷的智慧和无限的想象力。

我的好大人于是继续往前走，
我要在我们欢乐的小品栏里，
为他树立一座纪念碑，
读者会知道对荣誉如何估计。

是啊，并非每一个蠢材，
都挨到我们的脚踢，
亲爱的枢密顾问，

我算有幸向您表示敬意。

四 一个坚强的战斗集体

以马克思为主编的《新莱茵报》编辑部，实际上是1848—1849年革命时期共产主义者同盟的领导和组织核心。这个战斗集体的成员经常研究革命形势，参加和领导科伦工人联合会、科伦民主协会和一些群众集会，在运动中起了重大作用。在办报过程中，他们各展所长，密切合作。整个编辑部生气勃勃。

马克思是报纸的灵魂。他确定报纸的政治方向，撰写最重要的社论和文章，领导编辑部的日常工作，把各项工作组织得井井有条。他在同志们中间享有崇高威望，是大家衷心信服的真正革命权威。许多年以后，恩格斯回忆道："编辑部的制度简直是由马克思一人独裁。一家必须在一定时刻出版的大型日报，在任何别的制度下都不能彻底贯彻自己的方针。而在这方面马克思的独裁对我们来说是理所当然和毋庸置疑的，所以我们大家都乐于接受它。首先是有赖于马克思的洞察力和坚定立场，这家日报成了革命年代德国最著名的报纸。"[①]

恩格斯与马克思共同领导编辑部。马克思外出时，恩格斯代替马克思负责总编工作。他们两人共同分析形势，写作最重要的社论和文章。马克思非常赞赏恩格斯的智慧和才能，经常对其他同志说："他是一部真正的百科全书，不管在白天还是黑夜，不管是头脑清醒还是喝醉酒，在任何时候他的工作能力都很强，写作和思索都极快。"[②] 他们两人在工作上互相支持，密切配合。

后来，恩格斯以非常满意和自豪的心情，回忆这段办报的经历时，他说："我生平曾经有两次荣幸地为报纸撰稿而完全得到了出版工作中一般所能有的两个最有利的条件：第一，绝对的出版自由；第二，深信你的听众正是你想要同他们说话的人。"

"第一次是1848年到1849年为《新莱茵报》撰稿。这是革命的时期，在

[①] 恩格斯：《马克思和〈新莱茵报〉（1848—1849年）》，《马克思恩格斯全集》第21卷，第21页。

[②] 马克思：《致阿道夫·克路斯》（1853年10月中），《马克思恩格斯全集》第28卷，第604页。

这种时候从事办日报的工作是一种乐趣。你会亲眼看到每一个字的作用,看到文章怎样真正像榴弹一样地打击敌人,看到打出去的炮弹怎样爆炸。"①

除了马克思、恩格斯外,编辑部成员还有威廉·沃尔夫、格奥尔格·维尔特、恩斯特·德朗克、斐迪南·弗莱里格拉特等。

威廉·沃尔夫是共产主义者同盟中央委员。1848年4月初,他与马克思、恩格斯一起从巴黎回德国作为同盟特使,他在西里西亚进行广泛的活动,在当地威信很高,被群众选举为法兰克福联邦议会候补议员。《新莱茵报》创刊不久,他就到编辑部工作,负责《国内新闻》栏。他那坚定的革命立场,孜孜不倦的勤恳作风和严肃认真的工作态度,使他得到同志们的无比信赖。无论工作多忙,时间多紧,他总是设法使报纸按时出版。他把编辑工作做得很出色。在《国内新闻》的时事纪要栏里,他收集了德国各小邦的消息,以无可比拟的幽默描写了统治阶级和小市民的闭塞、狭隘和庸俗的习气,很受读者欢迎。

当时德国各地农民运动如火如荼。1849年初,普鲁士议会通过了一个维护封建贵族利益的所谓《赎免徭役法案》。马克思、恩格斯决定抓住这个时机,在报上公开揭露普鲁士农奴制度的罪行,促进农民运动的发展。沃尔夫是最适合做这个工作的人,"这不仅因为按出身来说,他是农奴的儿子,幼年服过徭役;也不仅因为他保持着这样的童年在他心里培养起来的对封建压迫者的强烈憎恨;而且因为没有谁象他那样清楚地了解封建奴役方式的各种细节,特别是在西里西亚这样一个有一整套不同的封建奴役形式的地区"②。于是,沃尔夫就写了八篇总标题为《西里西亚的十亿》的论文,在《新莱茵报》上连续发表。这些文章用大量具体事实揭露了封建领主对农民的剥削、掠夺和奴役,号召农民起来斗争,夺回被领主榨去的钱财。针对封建贵族和领主的猖狂叫嚣,沃尔夫对他们提出了严重的警告:"你们由于疯狂地渴求补偿而花了眼,碰上了人民要求补偿的黄蜂窝。如果这些被激怒到了极点的黄蜂有朝一日飞了出来,那末,除了一定的补偿以外,还有相当大的损害会很容易地落到你们头上!"③ 这些文章获得很大成功,刊载文章的报纸非常畅销;不少地区的农民团体把文章秘密翻印,广泛散发,在农民运动中起了很大的

---

① 恩格斯:《给〈社会民主党人报〉读者的告别信》,《马克思恩格斯全集》第22卷,第89页。
② 恩格斯:《威廉·沃尔夫》,《马克思恩格斯全集》第19卷,第73页。
③ 同上书,第85页。

作用。

在《新莱茵报》编辑部，维尔特负责小品栏。他是"德国无产阶级第一个和最重要的诗人"，他以诗歌、散文、随笔、讽刺小品等艺术形式，为报纸增添光彩。用他自己的话来说，《新莱茵报》是彗星，小品文是彗星的尾巴，"发着幽默的闪光，在彗星后面画着愉快的曲线"。后来，他经常以激动的心情，回忆与马克思、恩格斯一起战斗的难忘日子。1851年4月28日，他在给马克思的信中写道："我的写作活动已经随着《新莱茵报》的结束而永远结束了。……回忆起我们在科伦的相处却使我十分快乐。我们没有使自己丢脸，这是主要的！……我不愿意说这是我的功绩，不过我也曾做过一份……"①

马克思、恩格斯高度评价维尔特在《新莱茵报》的工作。恩格斯说："维尔特负责小品栏，我不相信在别的报纸上什么时候有过这样有趣而锋利的小品栏。"②

恩斯特·德朗克是一个才华出众的文学家和政论家。1848年初，他在布鲁塞尔认识恩格斯。恩格斯对他的印象很好，认为"这个人很谦虚，很年轻，并且看来很有领会能力；所以我认为，对他进行一些监督，再加上一些学习，他会好起来的"③。

在《新莱茵报》编辑部，德朗克负责报道议会消息。他作为有经验的编辑和记者，在报上发表了大量政论文章和通讯报道。他正确地领会马克思、恩格斯的观点和策略，在自己的文章中，无情地揭露了法兰克福议会背叛人民和无所作为，尖锐地批判那些在人民起义后"忽然像菌子一样"到处钻出来的所谓人民代表的夸夸其谈和脱离群众。

由于在《新莱茵报》和科伦的革命活动，德朗克遭到反动政府的迫害，不得不于1848年9月暂时离开编辑部。在流亡巴黎的短暂时期，他为报纸撰写了法国状况的文章。在关于巴黎六月革命的文章中，他高举《新莱茵报》的无产阶级国际主义旗帜，坚决拥护巴黎工人的革命斗争，痛斥资产阶级的行径；他深刻地指出：资产阶级的反革命行径，以活生生的事实使工人阶级懂得了拉马丁式的资产阶级博爱的真正内容，认识到资产阶级共和国的真正面目。他满怀信心地写道："巴黎工人阶级虽然遭到了失败，但决没有被征服。"

---

① 恩格斯：《格奥尔格·维尔特》，《马克思恩格斯全集》第21卷，第8页。
② 同上书，第6页。
③ 恩格斯：《致马克思》（1848年3月18日），《马克思恩格斯全集》第27卷，第138—139页。

斐迪南·弗莱里格拉特是德国小资产阶级民主派诗人。1848年前后，他写了许多革命的诗篇。在1846年出版的一本诗集中，他以无产阶级的名义宣布：

　　　　我们就是力量，我们这些过去的无产阶级，
　　　　能用神圣的仇恨把地狱毁灭，
　　　　然后建造起一个新的世界！

　　1848年10月初，弗莱里格拉特参加《新莱茵报》编辑部，把自己的才能和精力献给了这份革命报纸的工作。这个时期，在马克思、恩格斯的直接教育和影响下，弗莱里格拉特写出了自己最优秀的诗篇。在《维也纳》一诗中，诗人痛斥奥地利反动派的暴行，号召人民用起义和战斗来粉碎反动派的进攻：

　　　　我们片刻也不应当束手任人摆布。
　　　　应当右手抓住剑柄，左手抓住剑鞘！
　　　　左手扼住奴才和贱胚的喉咙，
　　　　右手持剑厮杀和战斗到底！
　　　　我们在这里用起义和战斗保卫维也纳，
　　　　不向世界历史祈祷哀求。
　　　　德意志，起来吧！起义的檄文已经发出！

　　马克思对弗莱里格拉特很尊重，认为"他是一个真正的革命者，是一个忠诚的人"①。马克思赞扬弗莱里格拉特的优秀诗作，鼓励诗人为革命而歌唱。后来，在马克思反对福格特的斗争中，弗莱里格拉特采取了错误的态度。马克思在严肃批评他的同时，也肯定了他的历史功绩，指出他曾经按照自己的方式，"抛开一切个人利益，并且从最纯正的动机出发，在许多年中间打起'最勤劳和最不幸的阶级'的旗帜，把它举到庸夫俗子所不可企及的高度"②，

------

　　① 马克思：《致约瑟夫·魏德迈》(1858年1月16日)，《马克思恩格斯全集》第28卷，第474页。
　　② 马克思：《致斐迪南·拉萨尔》(1860年2月23日)《马克思恩格斯全集》第30卷，第452页。

此后马克思仍然与他保持友好的关系。

由马克思、恩格斯亲自领导的《新莱茵报》编辑部，在革命年代发挥了重大作用。《新莱茵报》停刊后，编辑们又在各自的岗位上继续为革命事业进行有益的工作。

五 在民主协会的活动

在1848—1849年革命时期，马克思认为，工人阶级必须积极参加资产阶级民主革命，以革命民主派的旗帜发挥自己的作用；工人阶级可以与资产阶级、小资产阶级结成反对封建专制制度的联盟，争取资产阶级革命的胜利，为进行无产阶级的社会主义革命准备条件。但是无产阶级政党的政治活动与小资产阶级民主派的区别，主要在于："第一，对于法国革命运动的评价不同，民主派攻击巴黎的极端派，而无产阶级革命者却保护他们；第二，无产阶级政党宣布必须建立一个统一的、不可分割的德意志共和国，而民主派中最最激进的人也只敢把联邦共和国作为自己渴望的对象；第三，无产阶级政党在一切场合都表现了革命的勇气和行动的决心，而这却是以资产阶级为首并主要由他们领导的党永远不会有的。"① 马克思这个策略原则，是由德国当时的客观形势决定的。

第一，当时德国社会的主要矛盾是封建贵族和广大群众的矛盾，反对封建专制制度的斗争是工人阶级的主要任务。工人阶级十分了解，资产阶级是自己的直接敌人，"任何人都没有我们这样不喜欢资产阶级统治"②。但马克思是彻底的唯物主义者，他不是从抽象的理论出发，而是从客观实际出发，来考虑和确定革命的策略。当工人独立行动的场地尚未扫清，国家仍被分裂成无数小块的时候，"运动的直接要求和环境不允许把无产阶级党的特殊要求提到首位"③。事情非常清楚，只有推翻封建专制统治，才能为无产阶级革命创造必要条件。

第二，由于德国工业不发达，无产阶级政治上还不成熟，无产阶级政党力量非常薄弱，因而，无产阶级还不能作为独立的政党进行活动，而只能以

---

① 恩格斯：《德国的革命和反革命》，《马克思恩格斯选集》第1卷，第535页。
② 马克思：《卡·马克思和弗·恩格斯发表在〈新莱茵报〉上的文章》——《孟德斯鸠第五十六》(1849年1月)，《马克思恩格斯全集》第6卷，第230页。
③ 恩格斯：《德国的革命和反革命》，《马克思恩格斯选集》第1卷，第535页。

革命民主派的旗帜进行活动。恩格斯说:"如果我们当时不愿意这样做,不愿意站在已经存在的、最先进的、实际上是无产阶级的那一端去参加活动并推动运动前进,那我们就只好在某一偏僻地方的小报上宣传共产主义,只好创立一个小小的宗派而不是创立一个巨大的行动党了。但我们已经不适于做沙漠中的布道者:我们对空想主义者研究得太清楚了,而我们制定自己的纲领也不是为的这个。"①

第三,德国资产阶级软弱无能,不可能完成资产阶级革命的任务;德国小资产阶级动摇妥协,畏首畏尾,缺乏革命的决心和魄力;只有工人阶级作为民主运动中的左翼,即实质上是无产阶级一翼进行活动,在运动中不断与资产阶级和小资产阶级的动摇、妥协、叛卖活动作斗争,才有可能把资产阶级革命推向前进。

第四,资产阶级革命和无产阶级革命有着本质的区别,但又有联系。无产阶级参加资产阶级革命,在运动中不断使自己发展壮大,推动运动不断向前发展,就有可能使资产阶级革命发展为无产阶级革命的直接序幕。

第五,参加资产阶级民主革命,对于无产阶级是一次很好的实际革命斗争的锻炼,可以提高自己的阶级觉悟,发展和加强自己的阶级组织,为进行更加伟大的无产阶级革命准备条件。正如马克思所说:这一场"艰苦的锻炼……将是彻底革命的准备"②。

无产阶级参加资产阶级民主革命,与资产阶级、小资产阶级民主派结成反对封建专制制度的同盟,是无产阶级坚定的阶级政策。在运动中,无产阶级决不能成为资产阶级的附庸,而必须时刻坚持自己特殊的阶级立场和阶级利益,永远不能忘记自己伟大的历史使命:"不间断地进行革命,直到把一切大大小小的有产阶级的统治者都消灭掉,直到无产阶级夺得国家政权。"③ 在运动中,无产阶级必须坚决与资产阶级、小资产阶级的动摇、妥协、背信弃义和投降变节作斗争,必须"对民主党人进行最严格的监督"④。在运动中,

---

① 恩格斯:《马克思和〈新莱茵报〉(1848—1849年)》,《马克思恩格斯全集》第21卷,第19—20页。
② 马克思:《卡·马克思和弗·恩格斯发表在〈新莱茵报〉上的文章》——《柏林的反革命》(1848年11月),《马克思恩格斯全集》第6卷,第17页。
③ 马克思、恩格斯:《中央委员会告共产主义者同盟书》(1850年3月),《马克思恩格斯全集》第7卷,第292页。
④ 恩格斯:《卡·马克思和弗·恩格斯发表在〈新莱茵报〉上的文章》——《法兰克福关于波兰问题的辩论》(1848年9月),《马克思恩格斯全集》第5卷,第410页。

无产阶级还必须时刻警惕和反对资产阶级用甜言蜜语和小恩小惠的手段对工人队伍进行思想腐蚀、分化瓦解的阴谋；必须防止和粉碎资产阶级背叛革命，向工人阶级进行突然袭击的反革命行径。在运动中，无产阶级可以在一定条件下，与资产阶级建立联合的组织。但是，这种组织上的同盟是有条件的。当革命形势向前发展，工人阶级觉悟提高，而资产阶级和小资产阶级的动摇、妥协越来越明显的时候，就不应该与他们继续保持组织上的联系，而必须把创建工人阶级独立政党作为首要的任务。

马克思关于无产阶级在资产阶级民主革命中的策略，有着极其重大的理论意义和实践意义。列宁正确地指出："凡是愿意就无产阶级在资产阶级革命中的任务问题向马克思请教的人，都必须掌握马克思针对德国资产阶级革命时代所作的论断。"[①]

在革命实践活动中，马克思坚决贯彻无产阶级的策略原则，积极、热忱地参加和领导民主运动。1848年初，他回国不久，就参加科伦民主协会；在他的倡议和领导下，科伦民主协会、科伦工人联合会、科伦雇主协会三团体组成了民主主义莱茵区域委员会。《新莱茵报》和同盟其他活动家，也积极参加了科伦和其他城市的民主运动。

马克思在科伦民主协会中，进行了卓有成效的活动。他把科伦民主协会和民主主义莱茵区域委员会作为政治活动的重要场所，组织工人活动家和广大工人群众参加这些团体的活动。这个时期，"总体来说，在科伦，工人联合会和民主联合会是同心协力的"[②]。

1848年8月4日，马克思在科伦民主协会上发言，尖锐批判魏特林把政治运动和社会运动对立起来的观点，指出社会利益和政治利益是密切相关的；以反对封建专制统治为主要内容的政治运动，为争取无产阶级解放的社会运动创造了有利的条件。

8月11日，马克思主持科伦民主协会全体大会，通过了致法兰克福议会抗议书，反对把波兹南并入德国，宣布"争取本身自由的德国并不打算压迫其他民族，恰恰相反，而是想帮助其他民族争取自由和独立"；德国人民决不

[①] 《列宁全集》第12卷，第374页。
[②] 恩格斯：《致卡尔·哈肯贝尔格》（1895年3月16日），《马克思恩格斯全集》第39卷，第416页。

会为了反动派的利益"而参与任何镇压波兰人民的行动"①。

8月13—14日,马克思参加莱茵省民主主义者第一届代表大会,发表了重要讲话;在这次代表大会上当选为莱茵省民主主义区域委员会领导成员。

8月底,马克思到维也纳,代表科伦民主协会与维也纳民主协会建立联系。8月28日,他在维也纳民主联合会上发言,批判一些民主主义理论家在实践活动中力图与各邦反动君主妥协的背叛行为,号召维也纳人民用革命手段推翻奥地利帝国政府。他说:人民是最伟大的力量,"我们必须向人民呼吁,必须用一切力量来影响人民。我们必须掀起反对政府的风暴,为了达到这一目的,必须使用一切方法,甚至使用恶魔的方法。为了达到这一目的,我们必须利用报刊、招贴画和讨论会"。他指出,维也纳人民当时的斗争,实质上是无产阶级与资产阶级的斗争。他的发言"非常俏皮、尖锐而有教益"②,受到与会者的热烈欢迎。

9月,普鲁士政府与丹麦签订马尔摩停战协定,出卖什列斯维希—霍尔斯坦民族起义。法兰克福议会卑躬屈膝地批准协定,公开背叛革命。9月18日,法兰克福人民举行起义。不久普鲁士政府任命反动将军普富尔为内阁首相,激起人民更大不满。政治形势日益紧张,阶级斗争不断尖锐。在此期间,马克思、恩格斯不顾个人安危,经常在群众集会上发表演说,号召人民以坚决的斗争,打退反革命的进攻。9月13日,马克思、恩格斯在科伦组织了一次有2000人参加的民主集会,马克思被选入会上成立的安全委员会;9月17日,《新莱茵报》编辑部和科伦工人联合会在科伦附近的沃林根举行另一次群众大会,到会群众达一万人。恩格斯在会上发表演说,提出为建立"民主社会的红色共和国"而奋斗的口号。9月20日,《新莱茵报》编辑部与安全委员会联合举行群众大会,向科伦人民报道法兰克福起义事件,号召人民坚决支持法兰克福的斗争,坚决阻止反动政府派遣军队到法兰克福去。马克思、恩格斯在《新莱茵报》上庄严宣布:"即使起义者被打败,这也解决不了什么问题。反革命会变得愈益蛮横无耻,它会宣布戒严,取消出版自由,封闭俱乐部和禁止人民集会,从而会使我们处于奴隶地位,但这是不会长久的。高

---

① 《科伦民主协会抗议将波兹南并入德意志联邦》,《马克思恩格斯全集》第5卷(附录),第584—585页。
② 《关于1848年8月28日马克思在维也纳民主联合会上的发言》,《马克思恩格斯全集》第5卷(附录),第587页。

卢雄鸡的叫声会宣布解放的时刻，会宣布复仇的时刻。"① 这场斗争的结果，虽然《新莱茵报》被迫停刊，恩格斯、沃尔夫、德朗克遭到通缉，马克思受到逮捕的威胁，但马克思、恩格斯和《新莱茵报》在广大群众中的声誉却大大提高了。

11月，柏林国民议会与普鲁士国王发生冲突。国王强迫议会迁往勃兰登堡，议会号召人民拒绝纳税，形势十分紧张。

马克思密切注视形势的发展，号召人民警惕柏林的反革命阴谋。马克思指出，这场斗争实质上是资产阶级社会与封建社会的斗争，新兴的资产阶级与封建贵族、官僚地主的斗争，只有通过武力才能解决问题："谁的力量大，谁的权利就大。"②

马克思支持柏林国民议会拒绝纳税的决议。早在议会通过决议之前，他就在《新莱茵报》上号召人民用"饥饿疗法"对付野蛮的普鲁士反动官僚。从11月9日至12月17日，《新莱茵报》每天都用大号字体刊出"打倒捐税！！！"的口号。11月17日，马克思发表了《良心的忏悔》，力图通过拒绝纳税来发动群众，激发群众的革命情绪，调动包括资产阶级在内的各阶层人民的革命积极性，推翻王权的统治，实现资产阶级革命的任务。

为了动员群众掀起大规模抗税运动，马克思与莱茵省民主主义区域委员会其他领导一起，于11月14日、18日、20日先后发表《呼吁书》，号召人民用一切手段反对强行征税；成立安全委员会，代替旧的反动的政权机构；组织人民武装，凡是反动当局用暴力手段阻挠安全委员会成立和活动的地方，都必须坚决"用一切暴力手段来还击暴力"③。《呼吁书》表示："莱茵省将战斗到最后一滴血，决不向军刀统治屈服。"④

马克思坚决的革命立场和积极的革命活动，获得了广大人民群众的热烈拥护。马克思直接领导下的莱茵民主派的行动，为德国各地树立了榜样，鼓舞了人民的革命斗志。

---

① 恩格斯：《卡·马克思和弗·恩格斯发表在〈新莱茵报〉上的文章》——《法兰克福起义》（1848年9月），《马克思恩格斯全集》第5卷，第486页。
② 马克思：《卡·马克思和弗·恩格斯发表在〈新莱茵报〉上的文章》——《柏林的危机》（1848年11月），《马克思恩格斯全集》第6卷，第5页。
③ 同上书，第38页。
④ 马克思、沙佩尔和施奈德尔第二：《卡·马克思和弗·恩格斯发表在〈新莱茵报〉上的文章》——《呼吁书》（1848年11月），《马克思恩格斯全集》第6卷，第44页。

六　科伦工人联合会

1848年4月初，马克思、恩格斯回到德国后，亲自参加和领导了刚刚兴起的德国工人运动。虽然当时德国工人阶级还很不成熟，工人阶级的组织共产主义者同盟还很薄弱，不可能成为运动中的领导力量，但这只是暂时的现象。马克思、恩格斯认为，在革命斗争中，工人阶级的队伍将不断发展，工人阶级的觉悟将日益提高，工人阶级的革命积极性和领导作用将迅速增长。因此，他们非常重视工人运动，直接负起工人运动的领导责任。

革命初期，马克思派出同盟活动家威廉·沃尔夫、卡尔·沙佩尔、恩斯特·德朗克等人作为特使，分赴德国各地，了解同盟的组织和活动情况，发展盟员，建立支部。在整个革命时期，马克思与同盟各地方组织领导人和许多盟员保持密切联系，经常从他们的来信中了解各地运动的情况，指导他们的革命活动，把同盟当做培养和训练干部的学校。

三月革命后，柏林、维也纳、汉堡、美因茨、杜塞尔多夫、巴门、爱北斐特等城市出现了第一批工人联合会。马克思非常重视这些刚刚诞生的工人组织，指出它是"团结工人的手段，是准备推翻整个旧社会、彻底解决其阶级矛盾的手段"[①]。在《新莱茵报》编辑部举行的同盟中央委员会会议上，马克思、恩格斯和其他工人运动活动家详尽地研究了同盟对待工人联合会的态度和工人联合会的活动问题。马克思力图把工人联合会团结在同盟和《新莱茵报》周围。4月13日，根据同盟中央委员会倡议，成立了科伦工人联合会，会员开始时有4000人，一年后发展到7000人，成为莱茵地区一支最重要的革命力量。

马克思积极参加科伦工人联合会的活动，有一段时期，还直接领导联合会的工作。他经常出席全体会员大会和委员会，就革命运动的形势作重要讲话。例如，在1848年10月16日的会议上，他详细介绍德国工人在国外的革命活动，阐述维也纳十月起义时工人阶级的作用，提议向维也纳工人联合会致敬。在10月22日会议上，他论述了德国间接选举制的问题。在11月6日的会议上，他报道了维也纳陷落的消息，指出只是由于资产阶级的可耻背叛，反革命才能取得胜利。在1849年1月15日会议上，他发言阐述工人阶级对

---

① 马克思：《工资》，《马克思恩格斯全集》第6卷，第658页。

待议会选举活动的态度，指出工人阶级必须积极参加议会选举，与资产阶级自由主义派和小资产阶级民主派结成反对封建主义的联盟，以便"不让我们的共同敌人——专制王权获得胜利"①。

马克思在工人阶级中享有崇高的声誉。1848年10月中旬，科伦工人联合会派出代表团访问马克思，请求他亲自担任联合会主席。尽管这个时候马克思工作非常繁忙，还是满足了工人们的要求。在他担任主席期间，联合会的活动有很大进展。

马克思经常深入到工人群众之中，与他们一起讨论重大问题，倾听他们对运动的意见。老工人列斯纳回忆道："马克思认为同工人晤谈具有莫大的意义。同时，他找的是那些并非奉承而是真诚地对待他的人。他认为倾听工人们对于运动的意见对他说来非常重要。在任何时候他都愿意同工人们讨论重大的政治经济问题，并且他很快就能知道他们对这些问题的理解是否充分。他们对这些问题理解得越充分，他就越高兴。"②

为了工人阶级的解放事业，马克思进行了广泛的活动。1848年8、9月间，他亲赴德国大工业城市柏林和奥地利首都维也纳。在访问维也纳的两周时间里，他与维也纳工人联合会领导人多次晤谈，向工人群众作了关于雇佣劳动与资本的演讲。8月30日，他在维也纳工人联合会上，详细论述各国工人运动的状况。他谈到德国工人在国外的革命活动；英国宪章派；比利时、瑞士等国工人运动和工人状况；工人阶级彻底解放的条件。他热烈赞扬巴黎工人在六月革命时英勇斗争的精神，认为"德国工人能够以大批流放者是他们的同胞而感到骄傲"③。马克思在维也纳的活动，极大地教育和鼓舞了维也纳的工人阶级，为即将爆发的维也纳起义做了思想准备。

对工人阶级进行关于科学共产主义的教育，是马克思在工人联合会活动的主要内容之一。他和恩格斯多次向会员作报告，论述了雇佣劳动与资本的关系、资本主义制度下的分工和使用机器等问题，对于提高工人阶级的觉悟起了极大的作用。

马克思非常重视建立工人阶级独立的革命组织。革命初期，由于建立工

---

① 《科伦工人联合委员会1849年1月15日会议记录摘要》，《马克思恩格斯全集》第6卷（附录），第688页。
② 列斯纳：《1848年前后》，《回忆马克思恩格斯》，第181—182页。
③ 《关于1848年8月30日马克思在第一届维也纳工人联合会上的演说》，《马克思恩格斯全集》第5卷（附录），第588页。

人政党的条件还不具备，他发动工人阶级参加小资产阶级的民主协会。经过一年的斗争实践，一方面，工人阶级的觉悟大大提高了；另一方面，小资产阶级的动摇和妥协也充分暴露出来了。在这种情况下，如果继续留在民主协会中，将给工人阶级和广大人民群众的利益带来损失。革命形势的发展，已经把建立工人政党的问题提到重要的地位。1849年初，德国许多地方举行工人代表大会，通过建立全德工人联合会的决议。马克思认为，必须积极参加德国工人正在形成的全国性组织，以便使它成为德国无产阶级的政党。因此，1849年4月，马克思和他的战友退出了莱茵省民主主义区域委员会。他们在声明中指出："我们认为，各民主团体的现行组织成分过分庞杂，这势必将妨碍有利于事业的有效活动的开展。我们认为最好是建立一个由单一成分组成的工人联合会的更为严密的组织，因此我们声明：自即日起退出各民主团体莱茵区域委员会。"① 根据马克思的指示，科伦工人联合会退出德国民主协会总会。为了加强工人阶级内部团结，马克思积极筹备建立莱茵和威斯特伐利亚工人联合会，为建立独立工人政党准备条件。由于反革命的进攻和革命的失败，这个计划未能实现。

七 反对哥特沙克和波尔恩

在参加和领导工人运动中，马克思与哥特沙克和波尔恩的错误进行了斗争。

哥特沙克是共产主义者同盟盟员，曾经担任科伦工人联合会主席。1848年革命初期，他以"左"的面目出现，否认当时革命的资产阶级性质，认为工人阶级在革命中的直接任务是实现社会主义，建立工人共和国。他还反对无产阶级与民主力量联合，反对与农民结成联盟，反对无产阶级参加议会选举，反对工人参加一切政治活动，硬说工人对于"德国将仍然是君主国或者将变为共和国，是完全漠不关心的"。他主张通过合法与和平的方式，建立所谓"自由、友爱与劳动"的社会；把工人联合会的活动局限于向政府呈递请愿书，就一些琐碎的问题提出要求。在组织路线上，他实行个人独裁，把自己置于集体领导之上，破坏了民主集中制原则。他还在自己控制的科伦工人

---

① 马克思、沙佩尔等：《卡·马克思和弗·恩格斯发表在〈新莱茵报〉上的文章》——《声明》（1849年4月），《马克思恩格斯全集》第6卷，第509页。

联合会的报纸上，对《新莱茵报》进行诽谤。他企图把科伦工人联合会当做自己的工具，竟然在法兰克福民主主义者代表大会上表示，他能使科伦工人倾向于红色君主政体，就像倾向于红色共和国一样。

马克思、恩格斯对哥特沙克的错误言行进行了批判。在科伦工人联合会讨论工人阶级对待选举问题的一次会议上，马克思坚持了无产阶级在资产阶级革命中的策略，深刻地阐明了无产阶级对待选举问题的态度。马克思指出：考虑问题必须从实际出发，当前的问题在于起来反对政府，反对专制制度，反对封建君主的统治，而这也是资产阶级自由派和小资产阶级民主派的共同要求，因此，无产阶级就必须和可能与他们结成反对封建专制制度的同盟，以便打败王权这个共同的敌人。①

马克思、恩格斯反对哥特沙克引诱工人阶级脱离政治斗争的错误主张。马克思指出，工人联合会的任务不是为了解决日常的琐碎问题，而是为了准备推翻旧社会。马克思、恩格斯的战友莫尔着重指出，工人联合会必须"培养工人阶级使他们能够适应他们在最近的未来所占据的地位"。后来，威廉·李卜克内西在回忆与歌特沙克的斗争时写道："对于歌特沙克老爷来说，社会主义或者共产主义只是低级趣味的问题，因为它引诱工人脱离政治，在他们面前把日常的最迫切问题描绘成关于形式空洞的、毫无内容的争论，他作为一个反动家伙积极活动。"②

歌特沙克在组织上搞个人独裁、宗派主义、分裂工人队伍的错误，也遭到马克思、恩格斯的批判。他们指出，这个把自己打扮成先知圣人的人，不过是"一位出色的煽动家，他奉承那些刚刚觉醒的群众，纵容他们的种种传统偏见"③。

在马克思、恩格斯的领导下，科伦工人联合会通过了批判歌特沙克的决议，撤销他的工人联合会主席的职务，约瑟夫·莫尔当选科伦工人联合会主席，卡尔·沙佩尔当选为书记。

斯蒂凡·波尔恩是共产主义者同盟盟员，柏林工人中央委员会和工人兄弟会领导人。他反对工人阶级参加政治运动，认为反对封建专制制度的斗争

---

① 《科伦工人联合委员会1849年1月15日会议记录摘要》，《马克思恩格斯全集》第6卷（附录），第688页。
② 威廉·李卜克内西：《一个革命士兵的回忆》，第164页。
③ 恩格斯：《致威廉·李卜克内西》（1889年10月29日），《马克思恩格斯全集》第37卷，第292页。

与工人阶级毫无关系,把经济斗争作为工人运动的基本目标,公开宣称:"奢望容易获得难。德国工人们,愿你们以讲求实际的精神去对待你们的事业吧。"① 他公开宣扬在政府帮助下组织生产合作社和信贷机构,就能消灭资本主义制度。他与各色各样的坏家伙称兄道弟,叙讲友情,完全模糊了工人阶级组织的阶级性。波尔恩的错误言行,在工人运动中起着恶劣的作用。

马克思、恩格斯批判波尔恩引诱工人脱离政治斗争的错误,指出工人阶级的首要任务是:"通过政治上的胜利取得一个唯一能够牢固地可靠地实现这些东西的活动场所"②,然后用暴力革命的手段,而不是通过改良的道路,彻底消灭资本主义,离开革命斗争,鼓吹放弃革命,就是对工人阶级的背叛。

马克思、恩格斯反对和批判波尔恩鼓吹的通过生产合作社和信贷合作社消灭资本主义的改良主义主张,指出这种观点是把行会习气和行会愿望同路易·勃朗和蒲鲁东的观点混杂在一起的大杂烩。在《工资》这份手稿中,马克思尖锐地指出,所谓工人生产合作社,不过是要所有工人同时又是资本家,"这等于要保全资本而又不要雇佣劳动这个对立物,但是没有雇佣劳动,资本就不能存在"③。马克思又说,所谓通过政府帮助的信贷机构能够消除工人不幸的谬论,是非常荒唐的。他指出,掌握在专制制度和资本手中的信贷机构(储蓄银行),不仅不能消除工人的不幸,反而加强了资本主义剥削制度。因为:"1. 货币流回国家银行,银行再贷给资本家,赚取利润。2. 政府套在工人阶级很大一部分人的脖子上的一条金项链。3. 此外,经过这种途径,资本家本人又掌握了一种新武器。"④

波尔恩的主张不过是小资产阶级的幻想。马克思批判蒲鲁东的一段话,也完全适用于波尔恩。马克思说:"我们所批判的蒲鲁东先生的观点,是他的'空想的科学',他企图用这种科学来缓和资本和劳动的矛盾,无产阶级和资产阶级的矛盾。……他的整个银行制度,他的整个产品交换制度,无非是小资产阶级的幻想。"⑤

---

① 《共产主义者同盟》,第28页。
② 恩格斯:《关于共产主义者同盟的历史》,《马克思恩格斯全集》第21卷,第256页。
③ 马克思:《工资》,《马克思恩格斯全集》第6卷,第657页。
④ 同上书,第641页。
⑤ 马克思、恩格斯:《卡·马克思和弗·恩格斯发表在〈新莱茵报〉上的文章》——《蒲鲁东反对梯也尔的演说》(1848年8月),《马克思恩格斯全集》第5卷,第358页。

八 为德国的统一而斗争

国家统一是1848年德国民主革命的主要任务。资产阶级要求国家统一，是为了扫清发展资本主义的障碍；马克思、恩格斯则把国家统一问题与无产阶级革命直接联系起来。围绕着国家统一问题，在德国封建统治阶级和广大人民群众之间，在资产阶级和以工人阶级为代表的劳动人民之间展开了激烈的斗争。德国的统一，是社会发展的客观要求。当国家四分五裂的时候，资产阶级的发展既受到严重的阻碍，无产阶级也不能成长为一支强大的力量。在这种分裂为36个小邦的领土上，不可能解决劳动与资本的矛盾这个资本主义社会的基本问题。

德国的统一，必须打倒各邦的封建王朝，首先必须打倒奥地利和普鲁士这两个德国反动势力的主要支柱；"只有德国各个所谓的列强的崩溃，才能产生德国的统一。"①

在德国统一的道路问题上，资产阶级和小资产阶级民主派提出了两种主张，一种主张以普鲁士为首来统一德国，把德国融化于普鲁士；一种主张建立像美国或瑞士那样的联邦共和国。马克思、恩格斯坚决反对这两种主张，指出"不论是把德国普鲁士化，或者是把德国的小邦割据情况永远保存下去，都是同无产阶级利益相抵触的"②。以普鲁士为首统一德国，就是意味着把普鲁士的反动统治扩大到全德范围，继续保存和加强德国各邦反动势力，剥夺人民在革命初期所获得的一切成果。建立联邦制国家，实质上就是继续保持德国的分裂状态，不去触动各邦的封建经济关系和贵族特权。因此，"在德国，中央集权制和联邦制的斗争就是近代文明和封建主义的斗争"③。只有把德国建成一个统一的、不可分割的民主共和国，才能扫除封建残余，扫清无产阶级同资产阶级较量的战场。

马克思、恩格斯指出，决不能把德国统一的希望寄托在各邦的封建王朝

---

① 恩格斯：《卡·马克思和弗·恩格斯发表在〈新莱茵报〉上的文章》——《〈阅览室〉报论莱茵省》(1848年9月)，《马克思恩格斯全集》第5卷，第443页。

② 恩格斯：《马克思和〈新莱茵报〉（1848—1849年）》，《马克思恩格斯全集》第21卷，第21页。

③ 马克思、恩格斯：《卡·马克思和弗·恩格斯发表在〈新莱茵报〉上的文章》——《法兰克福激进民主党和法兰克福左派的纲领》(1848年6月)，《马克思恩格斯全集》第5卷，第48页。

身上，决不能幻想通过资产阶级议会的一纸命令来实现，而必须通过广大人民群众的暴力革命，自下而上地摧毁各邦封建王朝来实现。在德国各邦封建王朝正以反革命暴力反对德国统一的时候，幻想通过和平的道路自上而下地实现统一，这是极端错误和有害的。"历史事实证明，对于暴力反革命或者根本不能战胜，或者只有用革命来战胜。"① 只有在激烈的冲突、流血的战斗中，才能实现国家大统一。

九　资产阶级与反革命

　　柏林三月革命后上台的德国资产阶级，很快就与封建反动势力相勾结，背叛人民，背叛革命。为此，马克思对它进行了深刻的揭露和批判，指出，资产阶级的本性就是剥削工人阶级，追求剩余价值。德国资产阶级虽然由于缺乏勇气、智慧和毅力，比英国资产阶级落后；但是，它在剥削和奴役工人阶级方面，却"比英国资产阶级还要残酷"②。德国资产阶级代言人汉泽曼公开声称："在金钱问题上，是没有温情可言的。"③ 这句简单的话，赤裸裸地暴露了资产阶级的剥削本质。马克思在批判科伦建筑业资本家制定的《工人手册》这份"卑鄙无耻地对待工人阶级的历史文件"④ 的时候，对德国资产阶级的残暴贪婪的本性进行了无情的鞭挞。马克思指出，德国资产者由于自己的落后，成了英国资产者的奴隶；但它又把工人当做自己的奴隶，"而天下最可怕、最卑贱的事，莫过于做奴隶的奴隶"⑤。

　　1848年三月革命，充分暴露了德国资产阶级落后的反动的阶级本性。它为了自己的发展，希望摆脱封建专制制度的束缚。但英法两国工人阶级的斗争，特别是德国刚刚兴起的工人运动，又使它对工人阶级更加害怕。当革命把它推上历史舞台时，它一开始就蓄意背叛人民与封建专制统治者妥协；它

---

　　① 马克思：《卡·马克思和弗·恩格斯发表在〈新莱茵报〉上的文章》——《柏林〈国民报〉致初选人》(1849年1月)，《马克思恩格斯全集》第6卷，第243页。
　　② 马克思：《卡·马克思和弗·恩格斯发表在〈新莱茵报〉上的文章》——《资产阶级的文件》(1849年1月)，《马克思恩格斯全集》第6卷，第177页。
　　③ 马克思：《卡·马克思和弗·恩格斯发表在〈新莱茵报〉上的文章》——《资产阶级和反革命》(1848年12月)，《马克思恩格斯全集》第6卷，第134页。
　　④ 马克思：《卡·马克思和弗·恩格斯发表在〈新莱茵报〉上的文章》——《资产阶级的文件》(1849年1月)，《马克思恩格斯全集》第6卷，第178页。
　　⑤ 同上。

不相信自己，不相信人民，在上层面前嘟囔，在下层面前战栗，对两者都持利己主义态度；它没有负起自己的世界历史使命，害怕世界大风暴，但又利用这个大风暴来谋取私利；它因缺乏任何独特性而显得平庸，又因本身的平庸而显得独特；它"活像一个受诅咒的老头子，注定要践踏健壮人民的最初勃发的青春热情而使其服从于自己晚年的利益，没有眼睛，没有耳朵，没有牙齿，衰颓不堪——这就是普鲁士资产阶级在三月革命后执掌普鲁士国家政权时的形象"①。

由于资产阶级的软弱、落后，德国资产阶级革命具有很大的局限性和不彻底性，与17世纪的英国资产阶级革命和18世纪的法国资产阶级革命有着重大的区别。

1648年的英国革命和1789年的法国革命，是欧洲范围的革命，它们宣告了欧洲新社会政治制度的胜利，资产阶级对封建贵族的胜利，资本主义所有制对封建主义所有制的胜利，自由竞争对行会制度的胜利，教育对迷信的胜利，资产阶级法权对中世纪等级特权的胜利，反映了当时社会发展的客观要求。1848年的德国革命，不是欧洲范围的革命，而是欧洲革命在一个落后国家的微弱回声；它不仅没有超过自己的世纪，而且比自己的世纪落后了半个世纪以上，"这次革命的光芒好象遥远星球的光芒一样，在发出这种光芒的那个星球消逝了十万年以后，才达到我们地球上居民的眼中。……它的光芒是一个早已腐朽了的社会所发出的光芒"②。

德国资产阶级对革命事业的背叛，为封建贵族的复辟提供了条件。三月革命后担任政府首脑的资产阶级代言人的康普豪森和汉泽曼，不仅没有为了本阶级的利益而实现国家统一，反而竭力反对和阻碍统一的实现；不仅没有废除旧的官僚机构、法律、军队和警察，反而把这些东西当做圣物保存下来，给它们重整旗鼓的机会，使它们一天比一天更有能力来准备反革命复辟；不仅没有实行"强有力的专政"③，反而与王朝的维护者妥协、和解、避免冲突；不仅没有代表人民反对王权，反而公开声明："我们像盾牌一样护卫着王朝，承受了一切危险和攻击！"它用镇压和欺骗的两手策略来消灭革命的民主

---

① 马克思：《卡·马克思和弗·恩格斯发表在〈新莱茵报〉上的文章》——《资产阶级和反革命》(1848年12月)，《马克思恩格斯全集》第6卷，第127页。
② 同上书，第126页。
③ 马克思：《卡·马克思和弗·恩格斯发表在〈新莱茵报〉上的文章》——《危机和反革命》(1848年9月)，《马克思恩格斯全集》第5卷，第475页。

成果；为此而不惜与贵族政党结成同盟，成为贵族政党的反动工具，最后却被这个政党一脚踢开。正如马克思所说：三月内阁"根据大资产阶级的精神播种了反动的种子，而根据封建政党的精神收获了反动的果实"①。这就是资产阶级在三月革命后背叛人民所得到的结果。

资产阶级是无产阶级的直接敌人。但是，无产阶级当前的主要敌人是封建贵族。只有在资产阶级取得政权以后，无产阶级反对资产阶级的社会主义革命才能开始。不过，如果大资产阶级彻底背叛人民，与封建反革命势力完全勾结在一起，不仅不能完成自己的历史任务，反而镇压人民的革命，阻碍历史的发展，那么"你们等着吧，不久人民就要起来了，他们会一下子把你们连同现在软弱无力地对之猖猖吠叫的反革命一齐打倒！"②

十 批判"议会痴呆症"

三月革命后召开的普鲁士国民议会和法兰克福联邦议会，本应该为德国统一作出贡献，但这两个议会极端软弱无能，对实际革命运动毫无作用。"国民议会本来应该处处以专政的方法反对腐朽政府的反动企图，这样它就能在人民中间取得强大的力量，在这种力量前面任何反动势力都会碰得头破血流。可是它并没有这样做，却眼睁睁地让美因茨遭受暴兵们的肆意蹂躏，让其他地区的德国人成为法兰克福庸人的恶意挑剔的牺牲品。这个议会不是引导德国人民或者接受德国人民的引导，而是废话连篇，使人民感到厌倦。"③

马克思通过各种方式，希望柏林议会和法兰克福议会的左派议员中坚持革命立场。但当时许多议员都染上了"议会痴呆症"，整天关在议会的屋子里，发表空洞无物、烦琐无聊的议论，通过废话连篇、无人理睬的决议，像小学生做作业似的在议会制度上兜圈子，而对各邦政府的反革命活动却不闻不问。在《新莱茵报》上，马克思对这种"议会痴呆症"进行了严肃的批判，尖锐地指出："就算这个学术会议在充分讨论之后能够制定最好的议事日程和

---

① 恩格斯：《卡·马克思和弗·恩格斯发表在〈新莱茵报〉上的文章》——《康普豪森内阁的垮台》(1848年6月)，《马克思恩格斯全集》第5卷，第113页。
② 马克思：《卡·马克思和弗·恩格斯发表在〈新莱茵报〉上的文章》——《柏林〈国民报〉致初选人》(1849年1月)，《马克思恩格斯全集》第6卷，第240页。
③ 马克思、恩格斯：《卡·马克思和弗·恩格斯发表在〈新莱茵报〉上的文章》——《法兰克福激进民主党和法兰克福左派的纲领》(1848年6月)，《马克思恩格斯全集》第5卷，第46页。

最好的宪法吧。但是，如果德国各邦政府在这个时候已经把刺刀指向议事日程，那末，最好的议事日程和最好的宪法又有什么用呢？"①

可笑的是，在法兰克福的蛤蟆坑中，在柏林的庸人馆里，那些议会泰斗们却以为自己的演说和决议具有扭转乾坤、创造历史的伟大作用。他们根本不懂得："只要旧政权能占据一切真正有决定意义的阵地，它是能够放心地让左派在议会里获得小小的胜利和拟定大大的宪法草案的。只要在议会外解除了3月19日革命的武装，它是会在议会里大胆地承认这一革命的。"② "左派总有一天会相信，当它在议会里获得胜利的时候，它在实际上却遭到了失败。"③ 事实正是如此，当议会迷们在议会里喋喋不休地奢谈什么"基本权利"的时候，反革命分子却用磨得锋利无比的马刀、大炮和斯拉夫红斗篷把自己的"基本力量"巩固起来。而当反革命力量强大时，就把议会从一个地方赶到另一个地方，最后干脆把它解散。

马克思、恩格斯指出，议会迷的根源是脱离人民群众，脱离实际斗争，在他们的眼里，人民是不存在的；在他们的活动中，找不到人民生活的反映；因此，它"连革命运动的回声也够不上，更不用说是革命运动的中央机关了"④。这样的议会迷和这样的议会，实际上成了反革命势力麻醉人民、欺骗人民、瓦解人民革命斗志、维护自己反动统治的工具。

十一　反对封建农奴制度

在《新莱茵报》上，马克思、恩格斯强烈谴责德国封建农奴制度，批判资产阶级对农民的背叛，号召农民摧毁封建领主的奴役和统治。

19世纪40年代，德国是仍然盛行着封建农奴制的欧洲大国。农村中仍然保存着一大堆中世纪的封建义务和苛捐杂税，什么领主权、死亡权、治疗权、屠宰什一税等，名目繁多，应有尽有。这一大堆太古时代遗留下来的腐烂发臭的废物，毒化着社会的空气，阻碍着社会的发展。马克思讽刺地写道：

---

① 马克思、恩格斯：《卡·马克思和弗·恩格斯发表在〈新莱茵报〉上的文章》——《法兰克福激进民主党和法兰克福左派的纲领》(1848年6月)，《马克思恩格斯全集》第5卷，第45页。

② 马克思、恩格斯：《卡·马克思和弗·恩格斯发表在〈新莱茵报〉上的文章》——《逮捕》(1848年7月)，《马克思恩格斯全集》第5卷，第192—193页。

③ 同上。

④ 马克思、恩格斯：《卡·马克思和弗·恩格斯发表在〈新莱茵报〉上的文章》——《法兰克福激进民主党和法兰克福左派的纲领》(1848年6月)，《马克思恩格斯全集》第5卷，第46页。

"所有这一切野蛮的习俗，是基督教德意志的光荣的残余，是贯串着全部历史并把你同你们祖先的伟大，甚至同赫鲁斯克人居住过的森林联系起来的那条锁链的最后一环！"① 这种令人窒息的空气和发霉的封建烂泥，自古以来就是德国的特产。诗人海涅幽默地写道：

> 这正是我们祖国的空气，
> 我的脸颊感到了它那温暖而清新的气息。
> 一路上的粪土，
> 也就是我那亲爱的祖国的污泥。

1848年初，农民斗争蓬勃发展。在许多地方，起义农民摧毁领主庄园，废除封建义务，迫使封建领主立下放弃领主特权的字据，取得很大成果。但是，三月革命后组成的资产阶级内阁，却在所谓无偿地废除封建义务、通过赎买废除封建徭役的幌子下，维护封建领主的利益，继续保留那些最繁重、最普遍、最主要的封建义务，迫使农民遭受封建主义和资本主义的双重压迫，从而彻底背叛了农民。

马克思、恩格斯指出，农民是资产阶级的同盟者，消灭封建剥削制度是资产阶级革命的历史任务。"1789年的法国资产阶级片刻也不抛开自己的同盟者——农民。资产阶级知道：它的统治的基础就是消灭农村中的封建制度，就是创立自由的占有土地的农民阶级。"② 但是，德国资产阶级根本不能完成自己的历史任务，不能保卫自己的政治利益。与法国资产阶级不同，"1848年的德国资产阶级毫无良心地出卖这些农民，出卖自己的天然的同盟者"③，"保存封建权利，在（虚幻的）赎买的幌子下批准这些权利——这就是1848年德国革命的结果"④。

"在资产阶级放弃战场的地方，无产阶级的政党就要担负起斗争的责任。"⑤ 马克思、恩格斯在《新莱茵报》上发表了许多论述农民问题的文章，

---

① 马克思：《卡·马克思和弗·恩格斯发表在〈新莱茵报〉上的文章》——《废除封建义务的法案》（1848年7月），《马克思恩格斯全集》第5卷，第325页。
② 同上书，第331页。
③ 同上。
④ 同上。
⑤ 马克思：《威廉·沃尔夫》，《马克思恩格斯全集》第19卷，第73—74页。

坚决支持农民反对封建专制制度的斗争。

1848年德国革命表明，当资产阶级已经不能担当资产阶级革命的领导任务，当无产阶级已经以独立的政治力量登上历史舞台时，农民已不是资产阶级的同盟者，而是无产阶级的同盟者。在无产阶级领导的资产阶级民主革命和社会主义革命中，农民都是无产阶级最可靠的同盟军。工农联盟是无产阶级领导的民主主义和社会主义革命胜利的根本保证，是无产阶级专政的基础。

十二　高举六月革命的旗帜

1848年6月22日，巴黎爆发了工人阶级反对资产阶级的武装起义。经过四天的浴血奋战，起义被资产阶级和反动军阀的联合势力镇压下去。

马克思、恩格斯密切关注巴黎工人的革命斗争，高举巴黎工人的革命旗帜。从第一声枪响，他们便坚决站在起义者方面；起义失败后，马克思以《六月革命》这一篇"很出色的文章"向英勇的巴黎工人阶级致敬。

马克思、恩格斯指出：六月革命"是现代社会中两大对立阶级间的第一次大交锋，这是为保存或消灭资产阶级制度而进行的战斗"[①]。工人的怒火，直接喷向资产阶级政府和议会，因为它们天天采取有利于资产阶级而损害工人阶级的措施。它们解散卢森堡宫工人委员会，限制国家工厂的活动，把大批工人逐出巴黎，颁布禁止工人集会的反动法令。这次革命的矛头，直接指向资产阶级的统治，与1789年以来法国历次革命的性质迥然不同，"在1789年以来许多次法国资产阶级革命中，没有一次曾侵害过秩序，因为所有这些革命都保持了阶级统治和对工人的奴役，保持了资产阶级秩序，尽管这种统治和这种奴役的政治形式时常有所改变。六月革命侵害了这个秩序"[②]，这也正是它所具有的伟大历史意义。

巴黎工人英勇斗争的精神，得到马克思、恩格斯的高度赞扬。当时，4万名未经训练的、没有大炮和高射炮、缺乏弹药供应的武装工人，与一支武装到牙齿的30万人的反动军队进行殊死的搏斗。工人们不怕牺牲，前仆后继，表现了令人惊叹的英勇精神。资产阶级刽子手卡芬雅克以七倍的优势兵

---

① 马克思：《1848年至1850年的法兰西阶级斗争》，《马克思恩格斯全集》第7卷，第34页。
② 马克思：《卡·马克思和弗·恩格斯发表在〈新莱茵报〉上的文章》——《六月革命》(1848年6月)，《马克思恩格斯全集》第5卷，第155页。

力对工人最粗暴的镇压,"是历史上最可耻的胜利"①。无产阶级永远不会忘记六月革命的英雄们,"历史将给他们以特殊的地位,把他们看作是无产阶级第一次决战的牺牲者"②。

　　法国资产阶级对工人阶级极端残忍的屠杀和令人发指的暴行,遭到马克思、恩格斯无情的鞭挞。资产阶级在战场上疯狂杀戮起义工人,在工人住区杀害大批手无寸铁的工人家属,完全有意识地要把工人阶级赶尽杀绝。他们的反革命暴行,彻底戳穿了所谓"博爱"的谎言。在那染满了工人阶级鲜血的六月,资产阶级政客拉马丁之流反复宣扬的阶级和平的迷人烟雾,变成了反动军阀卡芬雅克射杀工人阶级的密集炮火。这就是博爱,"就是一方剥削他方的那些互相对立的阶级之间的博爱,这就是在二月间所昭示的、用大号字母写在巴黎的三角墙上、写在每所监狱上面、写在每所营房上面的博爱……用真实的、不加粉饰的、平铺直叙的话来说,这种博爱就是内战,就是最可怕的国内战争——劳动和资本间的战争。在 6 月 25 日晚间,当资产阶级的巴黎张灯结彩,而无产阶级的巴黎在燃烧、呻吟、流血的时候,这个博爱便在巴黎所有的窗户前面烧毁了"③。

　　马克思、恩格斯在分析六月革命失败的原因时,痛斥了小资产阶级民主派的可耻叛变。在六月革命时,没有一个著名的民主派活动家站到工人阶级方面。以赖德律—洛兰为代表的小资产阶级首领,卖身投靠资产阶级,成为镇压工人阶级的帮凶。那个时候,站在工人阶级对面的,有整个旧社会的反动势力:贵族、僧侣、军人、官僚和资产者,被收买的流氓无产阶级,还有受骗的城市小资产阶级和农民阶级。工人阶级不得不孤军作战。革命的失败,从反面教育了工人和农民,使工人阶级认识到农民同盟军的极端重要性;也使农民认识到,只有在工人阶级领导下,才能摆脱资产阶级的剥削与掠夺。

　　六月革命是欧洲各国革命与反革命围绕着旋转的轴心。六月革命失败后,欧洲各国反动势力"开始大摆人肉筵席"④,对革命人民进行更加野蛮更加疯狂的屠杀和迫害。但是工人阶级和革命人民却从巴黎工人的斗争中受到极大

---

　　① 马克思:《卡·马克思和弗·恩格斯发表在〈新莱茵报〉上的文章》——《意大利的革命运动》(1848 年 11 月),《马克思恩格斯全集》第 6 卷,第 91 页。
　　② 马克思:《卡·马克思和弗·恩格斯发表在〈新莱茵报〉上的文章》——《六月革命》(1848 年 6 月),《马克思恩格斯全集》第 5 卷,第 152 页。
　　③ 同上书,第 154 页。
　　④ 马克思:《卡·马克思和弗·恩格斯发表在〈新莱茵报〉上的文章》——《反革命在维也纳的胜利》(1848 年 11 月),《马克思恩格斯全集》第 5 卷,第 541 页。

的鼓舞，获得了丰富的经验和教训。六月革命用血的事实表明，无产阶级只有用革命的暴力，才能战胜资产阶级的反革命暴力，推翻资产阶级的统治；任何乞求资产阶级施舍的活动，任何调和阶级矛盾的幻想，任何妄图用和平的手段解决两大敌对阶级之间冲突的言行，都是完全错误的；"资产阶级社会条件本身所产生的冲突，必须在斗争中加以解决，靠空想是消灭不了的"①。

六月革命虽然失败了，但工人阶级的胜利是肯定无疑的。既然4万巴黎工人在同比他们多7倍以上的优秀敌人作战时能够显示出这样的强大和有力，那么，要是全体巴黎工人、全体法国工人团结一致、同心协力地行动起来，该有什么样的成就呵！

以马克思、恩格斯为首的《新莱茵报》，是欧洲唯一支持六月革命的报刊。当有人指责《新莱茵报》态度不公，没有为被革命工人消灭的反革命刽子手唱颂歌时，马克思严正地回答说：对他们的颂扬，是反动派的事情，"但是平民则受尽饥饿的折磨，遭到报刊的诬蔑，得不到医生的帮助，被'正直的人'叫做小偷、纵火者和流刑犯；他们的妻子儿女更是贫困不堪，他们的那些幸免于难的优秀代表被放逐海外。给这些脸色严峻阴沉的人戴上桂冠，是一种特权，是民主报刊的权利"②。马克思公开表明，六月革命的灵魂，就是《新莱茵报》的灵魂。《新莱茵报》将为无产阶级事业战斗到底。

《新莱茵报》关于六月革命的文章，特别是马克思的《六月革命》一文，出色地表达了无产阶级的观点和感情，受到广大无产阶级的热烈欢迎。老工人列斯纳回忆道："我记得很清楚，当时我把《新莱茵报》上马克思所写关于这一事情的文章读了二十来遍，因为这篇文章恰好表达了我们的感情。"③

许多年以后，恩格斯以自豪的心情回忆道：六月革命时，"当各国资产阶级和小市民对战败者施加龌龊诽谤的时候，在德国，并且几乎是在全欧洲，我们的报纸是高高举着被击溃了的无产阶级的旗帜的唯一报纸"④。

---

① 马克思：《卡·马克思和弗·恩格斯发表在〈新莱茵报〉上的文章》——《六月革命》（1848年6月），《马克思恩格斯全集》第5卷，第157页。
② 同上。
③ 列斯纳：《1848年前后》，《回忆马克思恩格斯》，第172页。
④ 恩格斯：《马克思和〈新莱茵报〉（1848—1849年）》，《马克思恩格斯全集》第21卷，第24页。

十三　为被压迫民族的解放斗争辩护

1848年的革命，唤醒了欧洲各个被压迫民族起来要求独立和自己管理自己事务的权利的意识。波兰、匈牙利、意大利、捷克等，纷纷爆发革命。民族独立运动如火如荼，冲击着各族人民的压迫者、欧洲三个最反动的国家——普鲁士、奥地利和沙皇俄国。

马克思、恩格斯高举无产阶级国际主义旗帜，坚决反对欧洲列强对弱小民族的侵略、掠夺和奴役，热烈支持各民族的解放斗争。《新莱茵报》庄严声明：“尽管几乎所有的德国报刊都发出了爱国主义的吼声，《新莱茵报》还是首先起来替波兹南的波兰人、意大利的意大利人和波希米亚的捷克人辩护。”①

波兰解放运动受到马克思、恩格斯的特别关注。他们认为解放波兰是对欧洲神圣同盟的沉重打击，是德国革命的一个重要条件。他们严厉谴责普鲁士反动政府在波兰犯下的罪行，坚决反对法兰克福议会吞并波兹南的决议，热烈支持波兰人民争取民族独立、反对本国封建专制统治的斗争，赞扬波兰人民在复兴波兰的斗争中，"表现得很坚定，忍受了很多痛苦，做了很多工作"②。

马克思、恩格斯满怀热情地捍卫意大利人民的解放事业。在给意大利《黎明报》的信中，马克思表示："我们要捍卫意大利争取独立的事业，要和奥地利在意大利以及德国和波兰的专制统治作誓死的斗争。我们向意大利人民伸出兄弟之手，并且要向他们证明，德国人民决不会参与那些在我国也经常反对自由的人们对你们所实行的压迫。"③

在匈牙利反对奥地利的民族解放斗争中，马克思、恩格斯坚决站在匈牙利起义人民一边，高度评价匈牙利革命人民在起义过程中采取的武装群众、镇压反革命等一系列革命措施，指出："在1793年以后，在1848年的革命运动中，一个被占优势的反革命包围的民族敢于用革命的激情来对抗怯懦的反

---

① 马克思、恩格斯：《卡·马克思和弗·恩格斯发表在〈新莱茵报〉上的文章》——《德国的对外政策和布拉格最近发生的事件》(1848年7月)，《马克思恩格斯全集》第5卷，第235页。
② 恩格斯：《卡·马克思和弗·恩格斯发表在〈新莱茵报〉上的文章》——《法兰克福关于波兰问题的辩论》(1848年9月)，《马克思恩格斯全集》第5卷，第424页。
③ 马克思：《给〈黎明报〉编辑的信》，《马克思恩格斯全集》第5卷，第8页。

革命的狂暴,用……〔红色恐怖〕来对抗……〔白色恐怖〕,这还是第一次。"① 马克思还非常准确地叙述了匈牙利战争的进程,并且出色地预测了战争的结局。

在布拉格起义的日子里,马克思、恩格斯愤怒谴责奥地利军阀的血腥罪行,支持波希米亚捷克人争取民族独立的斗争。

马克思、恩格斯深入地研究和总结了欧洲各国民族解放运动的经验,阐明了无产阶级关于民族问题的一系列重要理论:

第一,民族矛盾是由各国统治阶级、主要是由强国的统治阶级造成的。这些在国内压迫人民的统治者,"为了延长专制政权的寿命,唆使各民族相互残杀,利用一个民族压迫另一个民族"②。他们不仅调唆民族之间的关系,而且利用被压迫民族内部的阶级矛盾,实行分而治之。奥地利反动统治者梅特涅就利用每个民族的贵族反对资产阶级和农民,把它们分别置于自己的统治之下。于是,各种不同的阶级利益、阶级偏见和民族局限性,"使老奸巨猾的骗子手梅特涅有可能自由地施展他的伎俩"③。每当国内阶级矛盾尖锐化的时候,统治阶级更是故意制造民族矛盾,转移斗争目标,摆脱革命风暴的袭击,巩固自己的反动统治。因此,各国人民必须识破反动统治阶级的阴谋诡计,戳穿他们的爱国主义谎言,用反对封建专制统治的国内战争,来支持各国人民的解放运动。只有打倒剥削阶级的统治,建立真正的人民政府,才能消除民族压迫的根源,用国际主义的民主政策代替民族压迫政策。

第二,支持被压迫民族的解放斗争,是无产阶级和革命民主派的神圣职责。剥削阶级的对内政策和对外政策是一致的。他们在对外压迫其他民族时,不可能对内实行民主政策;反之,当国内民主备受压制时,也不可能希望他们对外实行民主政策。无产阶级反对剥削阶级的民族压迫政策,也就是争取自身民主权利的斗争。各国人民的革命斗争是互相支援的。"德国将来自由的程度要看它给予毗邻民族的自由的多少而定。"④ 如果德国人民竟然支持统治

---

① 恩格斯:《卡·马克思和弗·恩格斯发表在〈新莱茵报〉上的文章》——《匈牙利的斗争》(1849年1月),《马克思恩格斯全集》第6卷,第193页。

② 恩格斯:《卡·马克思和弗·恩格斯发表在〈新莱茵报〉上的文章》——《德国的对外政策》(1848年7月),《马克思恩格斯全集》第5卷,第177页。

③ 恩格斯:《卡·马克思和弗·恩格斯发表在〈新莱茵报〉上的文章》——《匈牙利的斗争》(1849年1月),《马克思恩格斯全集》第6卷,第196页。

④ 恩格斯:《卡·马克思和弗·恩格斯发表在〈新莱茵报〉上的文章》——《德国的对外政策》(1848年7月),《马克思恩格斯全集》第5卷,第178页。

阶级的民族压迫政策，这就是对革命事业的背叛，就是把自己放在各族人民的敌人的地位，就是堕落成旧制度的捍卫者；其结果，又必然要阻碍和破坏本国革命运动。正如恩格斯所说："只要我们还在帮助压迫波兰，只要我们还把波兰的一部分拴在德国身上……我们在国内就不能彻底摆脱宗法封建的专制政体。建立民主的波兰是建立民主德国的首要条件。"[①]

第三，被压迫民族必须把反对外国统治者和反对本国贵族阶级的斗争结合起来，把民族革命和社会革命结合起来。国内贵族阶级是外国统治者的社会基础。他们往往为了维护自己的特权地位，不惜勾结外国侵略者，出卖民族利益，成为民族败类。波兰的大贵族，就是压迫波兰民族的外国统治者的忠实盟友。革命实践使人民认识到，"他们的独立是和推翻大贵族阶级、和国内的土地改革根本分不开的"[②]。

第四，被压迫民族的解放斗争，必须通过武装革命，采取人民战争的形式。资产阶级和小资产阶级民主派代表人物，大肆宣扬所谓"各族人民的兄弟同盟"，妄图以此扑灭民族解放的怒火。革命人民决不能受骗。马克思、恩格斯指出，被压迫民族的解放，"不能依靠空洞的言词和美好的意愿，而必须通过彻底的革命和流血的斗争"[③]；在同强大的外国压迫者的斗争中，弱小民族不应该仅限于用一般的作战方法，而必须采取人民战争的形式："群众起义，革命战争，到处组织游击队——这才是小民族制胜大民族，不够强大的军队抵抗比较强大和组织良好的军队的唯一方法。"[④]

第五，必须坚决反对反动的民族主义。在1848—1849年欧洲革命时期，各国统治阶级一方面用武力镇压被压迫民族，一方面又大肆散布反动的民族主义。所谓日耳曼爱国主义和泛斯拉夫主义，就是主要的反动谬论。日耳曼爱国主义是德国封建统治阶级欺骗国内人民、奴役其他民族的工具，其目的是"麻痹民主力量，转移人们的视线，把革命的狂涛巨浪引向另一方面，制

[①] 恩格斯：《卡·马克思和弗·恩格斯发表在〈新莱茵报〉上的文章》——《法兰克福关于波兰问题的辩论》(1848年8月)，《马克思恩格斯全集》第5卷，第391页。

[②] 同上书，第390页。

[③] 恩格斯：《卡·马克思和弗·恩格斯发表在〈新莱茵报〉上的文章》——《民主的泛斯拉夫主义》(1849年2月)，《马克思恩格斯全集》第6卷，第323页。

[④] 恩格斯：《卡·马克思和弗·恩格斯发表在〈新莱茵报〉上的文章》——《皮蒙特军队的失败》(1849年4月)，《马克思恩格斯全集》第6卷，第461页。

造对国内进行压迫的武器"①。泛斯拉夫主义是圣彼得堡内阁的发明,是沙皇俄国进行领土扩张的工具,其直接目的是"建立一个由俄国统治的从厄尔士山脉和喀尔巴阡山脉直到黑海、爱琴海和亚得里亚海的斯拉夫国家"②。这种思想,按其基本倾向来说,"显然是反动的"③。在1848—1849年革命期间,泛斯拉夫主义者到处破坏民族革命,充当俄国沙皇镇压各族人民的帮凶。对于这些反动民族主义谬论,革命的人们不仅不应随声附和,而且要揭露其欺骗性和反动性,对它们进行批判和斗争。

十四　向欧洲各国反动势力开火

在1848—1849年革命时期,马克思进行了反对沙皇俄国、奥地利帝国和资产阶级英国的斗争。

俄国是欧洲反动势力的支柱。1815年维也纳会议以后,俄国是神圣同盟的魁首。它把维护欧洲各国的反动统治,镇压各国人民的革命斗争,侵略和掠夺弱小民族,作为自己既定的政策。在革命年代里,它竭力援助各国反动王朝,支持"天赋的"专制制度的代表,反对由革命而升到统治地位的人民。因此,要解放欧洲,解放各被压迫民族,就必须打倒这个各民族的共同敌人。

俄国也是德国统一的一个主要障碍。它害怕德国的统一影响其在东欧的统治,害怕德国统一后实行的民主制扩展到沙俄帝国的边缘和腹地,因而与普鲁士王朝密切勾结,阻碍德国统一,反对德国革命。因此,要实现德国统一,也必须打倒这个反动神圣同盟的盟主。

马克思、恩格斯号召各国人民起来对俄作战,指出这是反对野蛮专制制度的革命战争,也是在封建制度的废墟上和昙花一现的资产阶级统治的基础上建立统一的民主德国的真正的解放战争。马克思、恩格斯写道:"只有反对俄国的战争才是革命的德国的战争,只有在这个战争中它才能消除以往的罪过,才能巩固起来并战胜自己的专制君主……才能……用自己子弟的鲜血来

---

① 马克思、恩格斯:《卡·马克思和弗·恩格斯发表在〈新莱茵报〉上的文章》——《德国的对外政策和布拉格最近发生的事件》(1848年7月),《马克思恩格斯全集》第5卷,第235页。

② 恩格斯:《卡·马克思和弗·恩格斯发表在〈新莱茵报〉上的文章》——《匈牙利的斗争》(1848年12月),《马克思恩格斯全集》第6卷,第201页。

③ 同上书,第200页。

换取宣传文明的权利,并且在解放国外各民族的同时使自己在国内获得解放。"①

奥地利是各民族的牢狱,是由十个不同的民族和十种不同的语言拼凑起来的一堆乱七八糟的东西,帝国统治者对各国人民进行残酷压迫和奴役。在哈布斯堡王朝统治下,人民被剥夺了民主和自由的权利,资本主义很不发达,农村中仍然盛行着封建农奴制度。

马克思非常关心奥地利人民革命运动。1848年8月,他冒着极大危险,到达处在革命前夕的维也纳,向工人阶级和革命民主派进行宣传。他在维也纳民主协会中发表演说,主张发动革命起义,推翻反动政府。1848年10月维也纳起义时,他在《新莱茵报》上发表了许多文章,深刻地分析了起义的性质、意义和失败的原因。

马克思指出,维也纳的陷落,是资产阶级背叛的结果。奥地利资产阶级卑贱地做了君主专制制度的尾巴,为了暴君的利益而背叛人民。在反革命围攻维也纳时,他们进行了可耻的背叛活动;在刽子手们血洗维也纳时,他们充当了可耻的帮凶。奥地利资产阶级已经完全失去了革命性,成了革命的绊脚石了。

马克思指出,反革命虽然依靠武力取得了胜利,但这是暂时的。经济的发展必然要冲破封建桎梏的束缚,"就算武器能帮助反革命在全欧洲复活,金钱也会促使它在全欧洲死亡。欧洲的破产,国家的破产,注定要把它的胜利化为乌有。刺刀尖碰上了尖锐的'经济'问题会变得像软绵绵的灯芯一样"②。

血的教训表明,只有用暴力革命的手段才能取得革命的胜利,缩短新社会诞生的痛苦过程。"六月和十月以后的无结果的屠杀,二月和三月以后的无止境的残害——仅仅这种反革命的残酷野蛮行为就足以使人民相信,只有一个方法可以缩短、减少和限制旧社会的凶猛的垂死挣扎和新社会诞生的流血痛苦,这个方法就是实行革命的恐怖。"③

资产阶级君主制的英国,是欧洲革命的一个重要威胁。在当时各个资本

---

① 马克思、恩格斯:《卡·马克思和弗·恩格斯发表在〈新莱茵报〉上的文章》——《德国的对外政策和布拉格最近发生的事件》(1848年7月),《马克思恩格斯全集》第5卷,第235—236页。

② 马克思:《卡·马克思和弗·恩格斯发表在〈新莱茵报〉上的文章》——《反革命在维也纳的胜利》(1848年11月),《马克思恩格斯全集》第5卷,第542—543页。

③ 同上书,第543页。

主义国家中，无产阶级和资本主义的对立，都没有达到英国的程度。世界上任何一个国家都没有极端贫困和巨大财富之间的这种显著的对比。英国资产阶级不仅剥削本国工人阶级，而且压迫全世界。它通过工业和商业控制欧洲大陆各国，通过贸易控制亚洲、美洲和澳洲的市场，对爱尔兰进行掠夺、侵略和残暴的蹂躏，把许多民族变成自己的雇佣工人。英国也是欧洲反动势力的强大支柱，担负着各国反革命复辟的费用。如果说，沙皇俄国是欧洲的宪兵，资产阶级英国则是欧洲反动势力的银行家，它"好像是一座使革命巨浪撞得浪花四溅的岩石，它想用饥饿来扼杀还在母腹中的新社会"①。

英国也是德国统一的一个主要敌人，"德国要统一，英国则希望它分散；德国希望成为一个独立的国家，英国则力求在工业上奴役它"②。因此，打倒资产阶级统治的英国，是欧洲各国革命胜利和实现德国统一的重要条件。

英国资产阶级是欧洲力量最强大的统治阶级。二月革命后不久，它就摧毁了宪章派的革命实力，使二月革命的胜利影响遭到第一次打击。但是，英国革命形势的沉寂是暂时的现象。因为英国的社会矛盾特别尖锐，它是"现代资产阶级社会的矛盾，即资产阶级和无产阶级之间的阶级斗争充分发展和极端尖锐的国家"③。因此，无产阶级和资产阶级的大搏斗，是不可避免的。与欧洲大陆各国不同，英国革命的任务已经不是消灭封建主义，而是直接消灭资本主义。因此，马克思估计，英国有可能先于欧洲其他国家解决社会矛盾，"英国不向大陆抄袭革命——时机一到，它自己会把革命教给大陆"④。

马克思把英国的前途寄托在以宪章派为代表的工人阶级身上，"只有当宪章派成了英国政府的首脑的时候，社会革命才会由空想的领域进入现实的领域"⑤。宪章派要进行胜利的起义，又必须有欧洲各国无产阶级的援助。只有英、法、德等国无产阶级一齐反动，才能彻底摧毁欧洲的反动势力，打倒资本主义的统治，实现无产阶级伟大的历史使命。

---

① 马克思：《卡·马克思和弗·恩格斯发表在〈新莱茵报〉上的文章》——《革命运动》(1849年1月)，《马克思恩格斯全集》第6卷，第174—175页。

② 恩格斯：《卡·马克思和弗·恩格斯发表在〈新莱茵报〉上的文章》——《法兰克福关于波兰问题的辩论》(1848年9月)，《马克思恩格斯全集》第5卷，第426页。

③ 马克思：《卡·马克思和弗·恩格斯发表在〈新莱茵报〉上的文章》——《意大利的革命运动》(1848年11月)，《马克思恩格斯全集》第6卷，第89页。

④ 同上书，第90页。

⑤ 马克思：《卡·马克思和弗·恩格斯发表在〈新莱茵报〉上的文章》——《革命运动》(1849年1月)，《马克思恩格斯全集》第6卷，第175页。

十五　在敌人的法庭上

马克思的革命活动，引起普鲁士政府的恐慌，政府把他当做最危险的敌人，对他进行肆意迫害，多次把他交付法庭审判。

1848年11月17日，莱茵省总督艾希曼因马克思号召拒绝纳税，对他提出严重警告，并且威胁要使用法律所授予的一切权力，来反对所谓"破坏法律"、"侵犯公共利益"的行为。

11月20日，科伦检察院对《莱茵省民主主义区域委员会呼吁书》提出法律追究，控告马克思等人"煽动叛乱"，并把他们交付法庭审判。

科伦陪审法庭于1849年2月8日，对马克思公开审讯。马克思把反动派的法庭作为宣传革命原则的讲台，作了精彩的发言。他的发言根本不是替自己辩护，也完全不需要替自己辩护，而是公开申明无产阶级对待德国革命的态度，无情揭露普鲁士专制制度的腐化堕落，愤怒谴责资产阶级议会的无耻背叛。在这篇演说中，马克思结合当时情况，深刻地阐明了经济基础与上层建筑、经济状况和政治革命、阶级和阶级斗争等一系列唯物主义原理，是一篇理论联系实际的光辉著作。

马克思详细阐明了德国革命的性质。他指出，德国当前的革命，实质上是新的资产阶级社会与旧的封建官僚社会的斗争，是新兴资产阶级和封建官僚、容克地主、贵族僧侣和反动军官的斗争；这两个社会、两个阶级是建立在完全不同的基础之上，因而它们的斗争是不可避免的。封建社会的基础是农业，资产阶级社会的基础是工业和商业。随着生产力的发展，封建的土地所有权已失去了生存的条件，日益依赖于工业和商业；但是，这种生产方式的代表人物却仍然死死抱住旧的特权不放，竭力保持自己的专制统治，因而阻碍了商业和工业的发展。资产阶级代表新的生产方式，为了自己的发展，它需要从封建贵族手中夺取政权，于是就产生了革命。这个革命，"既反对专制王权，反对旧社会的这个最高政治表现，也反对等级代表制，因为等级代表制所代表的是一种早已被现代工业消灭了的社会制度"[①]。由此可见，"在这两个社会之间不可能有和平。它们的物质利益和需要使得它们进行你死我

[①] 马克思：《卡·马克思和弗·恩格斯发表在〈新莱茵报〉上的文章》——《对民主主义者莱茵区域委员会的审判》(1849年2月)，《马克思恩格斯全集》第6卷，第291页。

活的斗争。一个社会必然获得胜利，而另一个社会必然要遭到失败。这是它们之间唯一可能的和解"①。

国王和议会的冲突有着深刻的阶级根源和社会根源。马克思指出，国王是封建贵族社会的代表，议会是资产阶级社会的代表。这里发生的不是在一个社会基础上的两个派别的政治冲突，而是两个社会之间的冲突，"这是旧的封建官僚社会和现代资产阶级社会之间的斗争，是自由竞争的社会和行会制度的社会之间的斗争，是土地占有的社会和工业的社会之间的斗争，是信仰的社会和知识的社会之间的斗争"②。资产阶级不能接受等级特权，不能容忍农业受封建特权限制、工业受官僚制度监护；因此，它必然要反对天赋王权。这就是国王与议会冲突的实质。"不容置疑，在这两个权力机关中，必然是一个消灭另一个。"③任何其他的解决办法都是不存在的。

普鲁士政府是一个反动政府。国王从来把三月革命看做暴力行动，决心用反革命暴力对人民进行报复。他根本不把议会放在眼里，对议员大肆侮辱，最后竟把议会强行解散。而议会则表现了可耻的软弱。它不敢诉诸人民，不敢依靠人民的力量，不敢用革命的暴力来反击国王的迫害，而是一味热衷于协商、妥协与和解！正是这种可耻的妥协行为，使它脱离人民，丧失全部阵地，由于得不到人民的支持而遭到国王的打击。在这场你死我活的阶级斗争面前，"国民议会只得二者择一：或者对旧社会让步，或者作为独立的力量反对国王"④。不管议会选择哪条道路，其结果，"不是反革命的完全胜利，就是新的胜利的革命！也许，革命的胜利只是反革命完成之后才有可能"⑤。

马克思详细阐述了拒绝纳税的意义。他说，对于反革命的进攻，必须坚决"以暴力还击暴力"；拒绝纳税不过是人民的一种自卫手段。但是，这种办法可以激起人民的革命热情，导致革命运动的新高涨。在历史上，使查理一世上断头台的英国革命是从拒绝纳税开始的；北美的独立运动也是从拒绝纳税开始的。但是，仅仅消极拒绝纳税是不行的；必须采取包括武装人民、成立安全委员会、逮捕国王及其大臣等积极行动。只有这样，才能推翻反动政

---

① 马克思：《卡·马克思和弗·恩格斯发表在〈新莱茵报〉上的文章》——《对民主主义者莱茵区域委员会的审判》(1849年2月)，《马克思恩格斯全集》第6卷，第302页。
② 同上书，第301页。
③ 同上书，第296页。
④ 同上书，第303页。
⑤ 同上书，第306页。

府,推翻封建专制制度。

对于法庭强加给他自己和其他革命家的所谓"叛国罪",马克思作了严正的驳斥。他说:"这里根本不存在是否犯法的问题。法律是为了维护统治阶级的利益服务的。革命正是要消灭旧的法律和一切法律基础。"他义正词严地宣布:由于反革命政变暂时取得胜利,你们"可以绞死自己的敌人,但不能对他们作出法庭判决。可以把他们作为战败了的敌人清除掉,但不能把他们当作罪犯来审判"①。

马克思对革命胜利充满信心,预言了反革命末日的到来。他对法庭上那些反动家伙说道:反革命虽然获得了暂时的胜利,这不过是演完了第一幕。"在英国,斗争持续了二十多年。查理一世不止一次地获得胜利,但是,到头来还是上了断头台。诸位先生,谁又能向你们担保:现任内阁以及过去和现在都是现任内阁手中的驯服工具的那些官员,将来不会被……宣判为国事犯呢?"②

马克思的演说义正词严,具有无比的逻辑力,驳得那些反动家伙哑口无言,狼狈不堪。当时,法庭旁听席和整个院子里挤满了群众,人们非常钦佩马克思在反动法庭面前的英勇精神,拥护他的精彩演说,热情地向他欢呼致敬,甚至首席陪审员也代表全体陪审员对马克思的富有教益的说明表示感谢。

在马克思的坚决斗争下,法庭不得不宣布他无罪。反动政府迫害无产阶级革命家的阴谋破产了。这是对革命运动具有非常重要意义的事件。当时一份民主报纸写道:"整个德国都在欢欣鼓舞地欢迎这些卓越人物被宣告无罪的消息。"

1885年,恩格斯在《〈卡尔·马克思在科伦陪审法庭面前〉一书序言》中,指出马克思这篇演说是无产阶级革命策略的光辉典范。恩格斯写道:一个共产主义者,不得不在法庭上向资产阶级陪审员们说明,他所进行的,使他成为被告的这些事情,其实是陪审员先生们的阶级即资产阶级的事情。资产阶级一方面与反革命政府发生冲突,另一方面却审判革命的无产阶级的共产主义者,这是历史的讽刺,完全表明普鲁士资产阶级的软弱无能和对革命的背叛。但是无产阶级支持资产阶级反对封建专制制度,决不是为了资产阶

---

① 马克思:《卡·马克思和弗·恩格斯发表在〈新莱茵报〉上的文章》——《对民主主义者莱茵区域委员会的审判》(1849年2月),《马克思恩格斯全集》第6卷,第288页。

② 同上书,第289页。

级的利益,"问题是应当由谁来统治,是纠集在专制君主制周围的社会势力和国家势力——封建大地主、军队、官僚、僧侣——,还是资产阶级?正在形成的无产阶级之所以关心这一斗争,仅仅因为它将由于资产阶级的胜利而获得本身发展的场地,将在它总有一天会战胜其他一切阶级的斗争舞台上占有一席之地"①。恩格斯强调指出,马克思这篇演说具有重大的意义。

在莱茵省民主主义区域委员会审判案同时,检察机关又诬告《新莱茵报》"侮辱政府",把马克思、恩格斯交付科伦陪审法庭审判。

1849年2月7日,马克思、恩格斯在法庭上作了精彩的演说,利用反动派的法庭,对反对派进行审判,"用他们自己的武器来打击他们"②。

马克思在法庭上指出:"报刊按其使命来说,是社会的捍卫者,是针对当权者的孜孜不倦的揭露者,是无处不在的耳目,是热情维护自己自由的人民精神的千呼万应的喉舌。"③《新莱茵报》揭露反动政府的专横、暴虐、侵犯人权和肆意妄为,不过是履行了自己作为社会捍卫者和人民喉舌的职责。因此,对《新莱茵报》的控告是完全没有道理的;"帝国内阁在其起诉书中把《新莱茵报》称为一切'坏报刊'中最坏的报纸。我们则认为帝国政权是一切滑稽可笑的政权中最滑稽可笑的政权"④。

《新莱茵报》上发表的文章,即使按照资产阶级法律,也根本不存在犯法的问题。对《新莱茵报》进行审判,就是完全取消出版自由,抛开三月革命的成功。这样,法庭就是公开"批准官员们的恣意专横;给官方的一切卑劣行为大开方便之门,专门惩罚对这种卑劣行为的揭露。既然如此,何必还要虚伪地承认出版自由呢?"⑤

对《新莱茵报》的迫害,不是偶然的孤立的事件,而是反革命有计划地向人民进攻。问题在于由于资产阶级的背叛,三月革命失败了。三月革命没有触动旧社会的基础,原封不动地保存了旧官僚制度、旧军队、旧检察机关

---

① 恩格斯:《〈卡尔·马克思在科伦陪审法庭面前〉一书序言》,《马克思恩格斯全集》第21卷,第234页。
② 马克思:《卡·马克思和弗·恩格斯发表在〈新莱茵报〉上的文章》——《〈新莱茵报〉审判案》(1849年2月),《马克思恩格斯全集》第6卷,第265页。
③ 同上书,第275页。
④ 马克思:《卡·马克思和弗·恩格斯发表在〈新莱茵报〉上的文章》——《对〈新莱茵报〉提出的三个诉讼案》(1848年11月),《马克思恩格斯全集》第6卷,第71页。
⑤ 马克思:《卡·马克思和弗·恩格斯发表在〈新莱茵报〉上的文章》——《〈新莱茵报〉审判案》(1849年2月),《马克思恩格斯全集》第6卷,第274页。

和司法机关；只要时机一到，这些反革命的专政工具就露出凶恶的面目，对人民横加迫害。因此，人民必须立刻行动起来，粉碎普鲁士的反革命进攻；否则，人民在革命初期争得的权利将彻底丧失。

马克思庄严宣布："目前报刊的首要任务就是破坏现存政治制度的一切基础。"① 革命报刊有责任以极不信任的态度去注视政府的每一行动，公开揭露政府的任何一个微小的症状，为广大的被压迫者辩护；报刊不仅要一般地批判反动的国家制度、旧的社会关系和上层权力机关，而且要反对"某一具体的宪兵、某一具体的检查官、某一具体的行政长官"②。只有这样，才能起到教育人民、打击敌人的作用。

恩格斯也在法庭上作了精彩的发言。他详细驳斥了反动政府的诬告，指出《新莱茵报》的所谓"罪行"，不过是它报道了确凿的事实，并从事实中得出了正确的结论，而这正是每一个革命报刊所应该做的："如果禁止报刊报道它所目睹的事情，如果报刊刊载每一个有分量的问题上都要等待法庭的判决，如果报刊不管事实是否事实，首先得问一问每个官员——从大臣到宪兵——他们的荣誉或他们的尊严是否会由于所引用的事实而受到损失，如果要把报刊置于二者择一的地位：或者歪曲事件，或者完全避而不谈——那末，诸位先生，出版自由就完结了。如果你们想这样做，那你们就宣判我们有罪吧！"③

在马克思、恩格斯有力的批驳下，资产阶级法官和陪审员理屈词穷，狼狈不堪，不得不宣布他们无罪。当法庭宣布这个决定时，全场群众向马克思、恩格斯欢呼致敬，热烈祝贺他们的胜利。正如列斯纳所说："对《新莱茵报》的两次审讯是有利于革命运动的最好的宣传，并且极大地提高了马克思和恩格斯的威信。"

十六 别了！只是并非永别

1849年春天，革命与反革命的斗争日益激烈。《新莱茵报》的语调也一期比一期更加猛烈而热情，"每一号报纸，每一个号外，都指出一场伟大战斗

---

① 马克思：《卡·马克思和弗·恩格斯发表在〈新莱茵报〉上的文章》——《〈新莱茵报〉审判案》(1849年2月)，《马克思恩格斯全集》第6卷，第278页。
② 同上书，第277页。
③ 同上书，第285页。

正在准备中，指出了在法国、意大利、德国和匈牙利各种对立的尖锐化。特别是4月、5月两月间出版的号外，都是号召人民准备战斗的"①。

普鲁士反动政府早已下定决心搞掉《新莱茵报》，只等有利时机的到来。在此以前，他们使用了各种极端卑鄙的手段，派出大批特务，严密监视马克思的一举一动，扣留和检查马克思的信件，唆使暴徒到编辑部捣乱，向马克思和其他编辑写匿名恐吓信，妄图迫使他们屈服。但这完全是痴心妄想。

1849年5月，决定性的打击终于到来了。当时，德勒斯顿、爱北斐特的起义已遭到镇压，伊塞隆的起义已被包围，莱茵和威斯特伐利亚遍布军队，普鲁士反动派正向巴登—普法尔茨进军。反动政府认为自己的力量已经强大，可以对付《新莱茵报》了。

由于"按法律手续"对马克思进行迫害没有达到目的，普鲁士政府于5月16日颁布一道命令："查最近几号……《新莱茵报》愈益坚决地煽动居民蔑视现存政府，号召暴力革命和建立社会共和国。故该报编辑卡尔·马克思博士应予被剥夺其外人待遇法……令其于二十四小时内离境。"②

这是一道反动透顶而又荒唐无稽的命令。普鲁士政府找不到查封《新莱茵报》的借口，竟然把马克思当做"外国人"驱逐出境，以此迫使《新莱茵报》停刊。

关于马克思的国籍问题，是普鲁士政府对他不断迫害的证据。1843年，马克思离开普鲁士居住巴黎，由于他在巴黎的革命活动，政府指令边防警察在他过境时逮捕他，又伙同法国基佐政府于1845年1月把他驱逐出境。马克思居住在布鲁塞尔的时候，普鲁士政府又多次要求比利时政府驱逐他。为了免受诸如此类的迫害，马克思声明放弃普鲁士国籍，但他始终没有加入任何一个国家。1848年4月，马克思回到德国。当时科伦地方政府毫无阻难地给他公民权；警察局长又亲口向他保证，恢复国籍问题不会有任何困难；同时，他也取得了德国国民议会的选举权和被选举权。这就是说，他已在实际上恢复了德国国籍，行使了德国公民的权利。但是，由于他在德国的革命活动，由于他对普鲁士政府持反对态度，因此，1848年8月，政府就决定不准恢复他的国籍，把他"算作外国人"，为驱逐他做好准备。果然，1849年5月，

---

① 恩格斯：《马克思和〈新莱茵报〉（1848—1849年）》，《马克思恩格斯全集》第21卷，第25页。

② 马克思：《卡·马克思和弗·恩格斯发表在〈新莱茵报〉上的文章——〈新莱茵报〉被勒令停刊》（1849年5月），《马克思恩格斯全集》第6卷，第600页。

政府就用这个借口，迫使马克思离开了德国。

马克思在《〈新莱茵报〉被勒令停刊》一文中，揭露了反动政府的卑劣行径和荒谬借口，嘲笑这帮保皇恐怖主义者在实践上的残酷、卑鄙和下流，在理论上的胆怯、隐讳和虚伪。马克思说："我们铁面无情，但也不向你们要求任何宽恕。当轮到我们动手的时候，我们不会用虚伪的词句来掩饰恐怖手段。"① 马克思在总结该报一年活动的时候，特别强调了报纸的无产阶级性质，指出六月革命的灵魂，"就是我们报纸的灵魂"②。

由于马克思和其他编辑遭到驱逐和迫害，报纸不得不停刊。1849年5月19日，《新莱茵报》用红色油墨出版了最后一号。编辑部在《致科伦工人的告别信》中写道："《新莱茵报》的编辑们在向你们告别的时候，对你们给予他们的同情表示衷心的感谢。无论何时何地，他们的最后一句话始终将是：工人阶级的解放！"③

《新莱茵报》编辑、诗人弗莱里格拉特在报纸上发表了著名的《告别诗》：

别了，只是并非永别，
他们消灭不了我们的精神，兄弟们！
当钟声一响，生命复临，我还要生气勃勃地，回到你们身边！
当最后的王座倾覆，
当人民走上法庭，
喊出无情的声音："你们有罪！"
那时候我还要重新回到你们身边。
我这个被放逐的叛乱者，
作为一个忠实于到处起义的人民的战友，
将在多瑙河畔和莱茵河边，
用言语和武器参加战斗！

许多年以后，恩格斯在《马克思和〈新莱茵报〉》一文中写道：由于反动

---

① 马克思：《卡·马克思和弗·恩格斯发表在〈新莱茵报〉上的文章》——《〈新莱茵报〉被勒令停刊》(1849年5月)，《马克思恩格斯全集》第6卷，第603页。
② 同上书，第602页。
③ 莱茵报编辑部：《卡·马克思和弗·恩格斯发表在〈新莱茵报〉上的文章》——《致科伦工人的告别信》(1849年5月)，《马克思恩格斯全集》第6卷，第619页。

政府有整个军团作为后盾，我们不得不交出自己的堡垒，"但我们退却时携带着自己的枪支和行装，奏着军乐，高举着印有红色的最后一号报纸的飘扬旗帜……"①

《新莱茵报》停刊了，但《新莱茵报》高举的无产阶级革命旗帜，永远是无产阶级报刊的光辉榜样。

十七 德国维护帝国宪法运动

《新莱茵报》停刊后，马克思、恩格斯继续留在德国，积极参加德国维护帝国宪法运动。

帝国宪法是1849年3月27日法兰克福联邦议会通过的。宪法虽然有强烈的保守性，但规定德意志是统一的国家，人们享有资产阶级的自由，在一定程度上反映了人民的要求。根据帝国宪法，3月28日，议会选举普鲁士国王为帝国皇帝。

德国各邦反动王朝坚决反对帝国宪法。普鲁士国王拒绝接受帝国皇位，普鲁士内阁宣布"帝国宪法乃是一种极端无政府的行为和革命的文件"②。接着，奥地利、巴伐利亚许多邦也相继拒绝承认宪法。

德国广大人民群众发动了规模巨大的维护帝国宪法运动，决心"给所有的霍亨索伦，所有的大小王公贵人以应得的报偿"③。当奥地利和普鲁士王朝准备以武力来实现反革命的时候"起来反对反革命的新的革命一天比一天更加剧烈，更加广泛"④。

5月初，德国许多地方爆发了维护帝国宪法的起义。无产阶级站在斗争最前列，农民、小商人也参加斗争。小资产阶级窃取了运动领导权，它的软弱、动摇和叛卖活动，是运动失败的重要原因。

5月10日，恩格斯从科伦来到爱北斐特，领导建筑街垒，检查防御工事，调整军事部署，进行了紧张的活动。他还向安全委员会建议解除反革命

---

① 恩格斯：《马克思和〈新莱茵报〉（1848—1849年）》，《马克思恩格斯全集》第21卷，第25页。
② 北京师范大学历史系世界近代现代史教研组编著《世界近代史讲义》（1960年），第342页。
③ 马克思：《卡·马克思和弗·恩格斯发表在〈新莱茵报〉上的文章》——《霍亨索伦王朝的丰功伟绩》（1849年5月），《马克思恩格斯全集》第6卷，第575页。
④ 恩格斯：《卡·马克思和弗·恩格斯发表在〈新莱茵报〉上的文章》——《普鲁士军队和人民革命起义》（1849年5月），《马克思恩格斯全集》第6卷，第566页。

的爱北斐特自卫军武装,把武器分配给工人,向资产阶级强征起义经费。

恩格斯的革命活动,遭到小资产阶级分子的敌视;他们不顾广大工人的坚决抗议,迫使恩格斯离开起义地区。工人们决心以生命保卫恩格斯。但是为了顾全大局,恩格斯主动离开爱北斐特,并劝告工人不要轻举妄动。《新莱茵报》对工人的深情厚谊表示感谢,并庄严声明:"让那些对我们的编辑表示如此深厚的情谊和如此依恋不舍之情的贝尔格和马尔克的工人记住,现在这个运动只是另一个重要千百倍的运动的序幕,在那个运动中涉及的将是他们工人的切身的利益。这一新的革命运动将是现在这个运动的结果,而只要这个新的运动一开始,恩格斯便会——这一点工人们可以相信!——像《新莱茵报》的所有其他编辑一样,立刻出现在战斗岗位上,那时世界上再也没有任何力量能使他离开这个岗位。"①

5月20日,马克思、恩格斯来到莱茵河畔的法兰克福,马克思亲自建议国民议会采取坚决措施:号召武装起义;承认已经武装起义的地区;调集起义部队保卫议会;宣布拒绝承认宪法的各邦君主为叛徒;宣布帝国摄政王及其大臣为叛徒。这是一个坚决革命的计划。但是,法兰克福的小资产阶级议员拒绝马克思的建议。他们在汹涌澎湃的革命运动面前畏首畏尾,束手无策,坐失良机,成为运动的绊脚石。

法兰克福议会议员,马克思、恩格斯的战友威廉·沃尔夫,于5月26日在议会发表演说,痛斥小资产阶级民主派的软弱无能和动摇妥协,指出在革命的紧急关头,必须以革命暴力战胜反革命暴力,必须"直截了当地宣布帝国摄政王这个人民的主要叛徒不受法律保护……对所有的大臣也是一样!"②沃尔夫的演说,真正代表了人民的意志。正如恩格斯所说:"这几句话就像雷鸣一样响彻了受惊的议会。在这些老爷们面前清楚而公开地叙述实际情况,这还是第一次。帝国摄政王及其大臣们的叛卖活动已经是公开的秘密;它是在每一个出席会议者的面前进行的;但是谁也不敢把他所看到的说出来。而现在来了这么一位不客气的矮小的西里西亚人,一下子就把他们的纸房子似的虚伪全部推翻了!"③议会拒绝了沃尔夫的正确意见,并且毫不讲理地指责他破坏了议会礼节。这个可怜的议会,不久就被反革命军队赶出法兰克福,

---

① 恩格斯:《卡·马克思和弗·恩格斯发表在〈新莱茵报〉上的文章》——《爱北斐特》(1849年5月),《马克思恩格斯全集》第6卷,第598—599页。
② 恩格斯:《威廉·沃尔弗》,《马克思恩格斯全集》第19卷,第102页。
③ 同上。

并在斯图加特被强行解散。

6月初，马克思离开德国，前往巴黎。恩格斯则前往巴登起义部队，担任维利希志愿部队的参谋。恩格斯多次指挥和完成危险而复杂的战斗任务，四次亲自参加战斗，在战斗中非常勇敢，充分表现了无产阶级革命家的英雄气概。马克思为恩格斯的光荣业绩感到自豪。他写信对恩格斯说："你亲自参加这次战争，使《新莱茵报》赢得在民主派中的光荣地位。"① 巴登—普法尔茨起义失败后，7月12日，恩格斯与最后一批起义部队一同撤至瑞士境内。

十八　反动派的胜利是暂时的

1849年夏天，德国和欧洲各国革命运动先后被反动派镇压下去，极端野蛮的反动统治又恢复了。"华沙秩序井然，战败者遭殃！"这就是沉醉在胜利中的反革命所呼的口号。在那个时候"工人被放逐，被镇压，那些为了建立穷人和被压迫者的王国而用笔杆和宝剑进行斗争的人们如果能在异乡勉强生活下去就算是幸福了"②。

6月初，马克思到达巴黎。不久，法国政府把他驱逐出法国。他于8月到达伦敦，在这里过着极端困苦的流亡生活。无论在科伦、巴黎或伦敦，马克思都处在反动政府的严密监视下。恩格斯说，他虽然处在普鲁士的枪林弹雨中，但马克思的处境比他还要危险得多。这是确实的。在反动统治年代里，马克思不仅遭到反动政府的迫害，而且遭到民主派庸人们的诽谤，也就是说，遭到两个世界的同时攻击，"而这甚至连拿破仑都从来没有遇到过"③。

恩格斯在瑞士过了三个月困苦的生活，于11月到达伦敦。后来，为了维持自己和马克思一家的生活，支持马克思进行科学研究，他不得不被迫到曼彻斯特一家纺织厂工作，过着20年"倒霉的生活"。

革命失败后，马克思、恩格斯的战友，有的在战场英勇牺牲，有的被捕入狱，有的流亡国外，过着贫困的生活，但每个活着的人全都忠于无产阶级革命原则，在极端困苦的条件下，继续坚持革命斗争。正如马克思所说："任

---

① 马克思：《致恩格斯》（1846年8月17日），《马克思恩格斯通讯集》第27卷，第157页。
② 燕妮·马克思：《动荡生活简记》，《回忆马克思恩格斯》，第254页。
③ 马克思：《致恩格斯》（1849年8月），《马克思恩格斯通讯集》第1卷，第228页。

何一个革命者都不会这样轻率、这样幼稚、这样胆小，竟在反革命高奏凯歌的时候背弃革命。"①

马克思、恩格斯对革命前途充满信心。他们深刻地认为，任何地方发生革命的震动，总是有一种社会要求作为背景；只要这种社会要求没有得到实现，革命或迟或早总是要到来的。因此，虽然1848年革命失败了，但这又有什么关系呢？"为了争取社会的和政治的统治，英国资产阶级不是经过了四十八年、而法国资产阶级不是经过了四十年空前的斗争吗？资产阶级不正是在复辟了的帝制以为自己的地位比任何时候都巩固的时候最接近自己的胜利的吗？"② 因此，"如果我们被打败了，我们就只有再从头干起"③。

反革命的胜利是暂时的！更加伟大的斗争还在后头！

十九　欧洲恢复了反动的"秩序"

《新莱茵报》停刊后，马克思离开科伦，前往莱茵河畔的法兰克福。他与先期到达这里的恩格斯一起，试图影响全德国民议会的左派议员，劝说他们参加已经爆发的维护帝国宪法的人民起义。但这些小资产阶级左派议员疑虑重重，没有接受马克思、恩格斯的建议，失去了挽救德国革命的最后机会。

于是，马克思、恩格斯离开法兰克福，前往已经起义的巴登。虽然在卡尔斯卢厄成立的政府拥有军队、武器和经费，但领导政府的小资产阶级民主派优柔寡断，动摇不定，丧失时机。马克思、恩格斯从巴登来到另一个起义中心普法尔茨，发现那里的人们对革命和起义漫不经心，无所作为。

马克思、恩格斯在从普法尔茨到宾根的途中，被黑森士兵逮捕，押到法兰克福才获释。后来他们又来到宾根。两位战友在这里分手。恩格斯返回普法尔茨，参加维利希的起义部队，成为维利希的副官，"占据《新莱茵报》唯一能占据的地位——士兵的地位"④。马克思则带着德斯特尔交给他的民主主义者中央委员会的委托书前往巴黎。

马克思在1849年5月底离开德国时，对革命前途怀有一线希望。当时，

---

① 马克思：《卡·马克思和弗·恩格斯发表在〈新莱茵报〉上的文章》——《柏林〈国民报〉致初选人》(1848年1月)，《马克思恩格斯全集》第6卷，第244页。
② 恩格斯：《德国的革命和反革命》，《马克思恩格斯全集》第8卷，第5页。
③ 同上书，第6页。
④ 恩格斯：《德国维护帝国宪法的运动》，《马克思恩格斯全集》第7卷，第172页。

欧洲反革命列强同盟对各国争取民主和解放的革命人民进行了全面的十字军讨伐，沙皇俄国14万大军长驱侵入匈牙利，普鲁士军队正在向维护帝国宪法的革命军进攻，法国将军乌迪诺炮轰罗马，"欧洲危机显然已在接近决定性的转折点，全欧洲的目光都注向巴黎"①，马克思深切希望巴黎酝酿已久的反对封建贵族和金融寡头的斗争取得胜利，再次推动欧洲革命向前发展。

但是，当马克思在6月初重返巴黎时，发现巴黎已经与他在1843年第一次访问和1848年第二次访问时大不相同。他初次访问时，巴黎正处在革命前的准备阶段，各个阶层，各种政治派别的代表人物，进行着热烈的争论。巴黎沸腾的精神生活，使马克思感到惊奇和振奋。第二次访问时，巴黎刚刚经历二月革命的洗礼，充满了勃勃生机。同许多革命者一样，马克思怀着崇敬的心情来到这里，又从这里出发，把革命的火种带到欧洲大陆其他国家。现在，1849年6月虽然同上次相隔只有一年多，但巴黎的变化太大了。工人阶级由于六月革命的失败，创伤远未痊愈；小资产阶级民主派由于在革命的紧要关头抛弃了无产阶级而威信扫地；资产阶级两大保皇主义集团——正统主义者和奥尔良党人统治一切，法兰西共和国成了保皇党同盟的财产。

在一片阴沉气氛中，马克思发现，法国社会矛盾仍然十分尖锐，各派政治力量的斗争仍然十分剧烈，人民群众怀有强烈的革命情绪，"革命火山口的大爆发从来没有像现在的巴黎这样逼近"②。因此，他到巴黎后，很快同共产主义工人俱乐部和一些民主派活动家建立联系，努力争取和掌握一些革命报刊。

形势的发展比人们的预料还要快。被路易·波拿巴公然违犯宪法、出兵干涉罗马共和国激怒的巴黎人民，于6月13日举行和平示威。这次事件的主角是民主主义的小资产阶级及其代表山岳党。他们在议会中以"诉诸武力"恐吓波拿巴及其部长们，但事件发生前，却拒绝工人团体发动武装起义的计划，把运动限制在和平示威的框框里。工人阶级对小资产阶级及其代表一直存在怀疑。当民主主义的小资产阶级企图利用无产阶级，却不让无产阶级有行动自由的时候，无产阶级则力图在投入斗争后，"把革命推向前进，使革命超出强加于它的那些小资产阶级的目的"③。革命一旦胜利，无产阶级将成立

---

① 马克思：《1848年至1850年的法兰西阶级斗争》，《马克思恩格斯全集》第7卷，第74页。
② 马克思：《致弗·恩格斯》（1849年6月），《马克思恩格斯全集》第27卷，第154页。
③ 马克思：《1848年至1850年的法兰西阶级斗争》，《马克思恩格斯全集》第7卷，第78页。

与新政府并行活动的公社,作为工人自己的政权。

由于民主主义小资产阶级及其代表山岳党企图通过和平示威游行达到自己的目的,丧失了发动武装起义的时机;由于工人阶级对事件的发动者采取怀疑、保留的态度,并不积极支持山岳党人在游行队伍遭到驱散或发出的"拿起武器"的号召;而且波拿巴政府事先已经获悉全部秘密,出动了大批武装军警对付赤手空拳的示威群众。6月13日事件被武力镇压下去了,"贵族和资产阶级的党又得势了,于是所有那些躲起来的大人物包括他们的礼车和穿镶边制服的仆从14日起就爬出他们的洞穴,在豪华壮丽、五光十色的大街上晃来晃去"①。

马克思不仅是6月13日事件的目击者,而且是事件的直接参与者。他与巴黎的民主派人士和工人团体保持广泛的联系,十分了解事件的进程,对事件以失败告终并不感到意外。他认为,"总的说来,1849年6月13日只是1846年六月的一种报复。那时'山岳党'抛弃了无产阶级,现在无产阶级抛弃了'山岳党'"②。

虽然事件的主角是山岳党,事件失败的责任应由山岳党的领袖赖德律·洛兰等负责,但马克思认为,6月13日不仅是法国小资产阶级民主派的失败,而且对欧洲的革命者来说"也是十分沉痛的"。尽管如此,马克思对法国革命前途仍然抱有希望。在他看来,法国国内广大人民群众与保皇主义反动派的矛盾,建立了独裁统治的反革命秩序党内部的矛盾必然不断激化,保皇主义的极端派必然力图摆脱累赘的共和国外衣,那时,"二次革命又会重新到来,不过将具有更大的威力"③。

实践证明,马克思当时对革命形势的估计过于乐观。经历了一年多惊心动魄斗争的欧洲革命,到了1849年夏天,已处于强弩之末,难以坚持。在德国,各地维护帝国宪法运动被镇压下去,法兰克福帝国议会于5月底迁至斯图加特,6月18日被符腾堡政府军解散;战斗在德国境内的最后一支起义部队——巴登—普法尔茨革命军,经过激烈的战斗,于7月12日越过国境进入瑞士后被解除武装。在奥地利,弗兰西斯·约瑟夫于3月颁布反动的帝国宪法,封建专制统治笼罩全国。在意大利,4月中旬佛罗伦萨发生反革命政变,

---

① 燕妮·马克思:《致丽·舍勒尔》(1849年7月14日),转引自《卡尔·马克思夫人传》,第113页。
② 马克思:《六月十三日》,《马克思恩格斯全集》第6卷,第628—629页。
③ 同上书,第629页。

托斯坎尼共和政体被颠覆；5月1日，反动军队占领巴勒摩，恢复对西西里岛的统治；以马志尼为首的资产阶级民主派领导的罗马共和国，遭到国内外反动派的武装攻击；6月初，路易·波拿巴对罗马共和国采取军事行动；7月3日罗马陷落；8月22日威尼斯陷落，意大利革命失败了。在匈牙利，科苏特领导的民族解放运动，由于沙皇俄国的武装干涉和国内投降派的叛卖，于8月中旬以失败告终。在法国，巴黎工人六月起义失败后，二月革命的成果完全丧失，大资产阶级的统治进一步加强；1848年12月，拿破仑一世的侄子、封建贵族和大资产阶级的代表、政治冒险家路易·波拿巴当选为总统，组成了以巴罗为首的秩序党内阁。1848年革命的整个伟大时期结束。欧洲各国反动派兴高采烈地欢庆自己的胜利，曾经一度被赶下宝座的昔日统治者，又耀武扬威地登上舞台。欧洲恢复了反动的"秩序"。

二十　青年马克思的光辉形象

马克思在1848—1849年革命时期卓有成效的活动，使他在广大工人阶级和革命民主主义者中间享有崇高的威望，每个接触过他的人，每个读过他的文章的人，每个听说过他的理论和实践活动的人，对于他那伟大的无产阶级品质，坚定的革命立场，高贵的自我牺牲精神，渊博的知识，无比的洞察力和对革命事业极端认真负责的态度，都非常敬佩。许多同时代人的文件、书信和回忆录为我们再现了青年马克思的光辉形象。

1849年2月11日，科伦工人联合会在一次盛大的民主宴会上，与会者热烈赞扬马克思"早在二月革命以前很久就用自己的言行捍卫工人阶级权利"[①]，对他表示崇高敬意。

老工人列斯纳说："自从我在陪审法庭上的两次审判中，看到马克思和恩格斯的表现并注意听取了他们的卓越的辩护后，我就特别佩服他们了。""马克思和恩格斯在《新莱茵报》上所写的论文，明显地说明了武装着他们的不仅是丰富的知识，而且是百折不挠的意志。"[②]

马克思的朋友魏德迈、克鲁斯、雅科比在一份声明中高度赞扬了马克思在革命时期的自我牺牲精神。声明写道："马克思在二月革命之初，还从他私

[①]《民主宴会》，《马克思恩格斯全集》第6卷（附录），第692页。
[②] 列斯纳：《回忆恩格斯》，《回忆马克思恩格斯》，第142页。

人款项中拿出几千塔勒,其中一部分用于武装布鲁塞尔正在进行革命的工人……一部分用来遣送朋友到德国进行革命活动;最后,马克思把他剩余款项作为《新莱茵报》的创办费……马克思为党不仅贡献了毕生的劳动,而且牺牲了地位、财产和全家的安宁。"①

资产阶级民主主义者卡尔·叔尔茨,青年时期曾在莱茵省民主主义者第一届代表大会上见过马克思。他在回忆录中写道:"这次大会我记得很清楚,因为在那里我亲眼看到了当时最杰出的人物,包括社会主义者的领袖卡尔·马克思。那时他才三十岁,但他已经是公认社会主义派的领袖了。他个子不高,体格结实,前额宽大,黑头发,大胡子,眼睛又黑又亮。他很引人注意。他在政治经济学方面的发现和理论,我知道得很少。因此我幻想着要把这位卓越人物的每一句话都牢记在心里……马克思的言谈切实而有内容,清晰而合乎逻辑……我到现在都还记得他说到'资产者'这个字时的尖刻讽刺的声调。"②

一个名叫泰霍夫的中尉,在叙述他与马克思会晤的情形时写道:"马克思影响我不但由于他的非常卓越的思想,而且也由于他的杰出的人格。倘若他的心像他的脑一样伟大,他的爱像他的恨一样广博,我是愿意为他赴汤蹈火的……在我们之中我认为他是第一个而且是唯一有领袖品格的人,有才能支配大局而不受枝节问题的扰乱。"③

美国著名资产阶级报纸《纽约论坛报》撰稿人布里斯邦写道:"我见过卡尔·马克思,这人民运动的领袖。那时他的星运正在上升,他是一个大约三十岁的人,体格肥短而强壮,有着英俊的面孔和浓密的黑发。他的姿态表现着巨大的精力,而在他的谦和和沉静之后,我们能够窥见一种大无畏的热情之火。"④

青年马克思的光辉形象,不仅给同时代人留下深刻的印象,而且永远活在千千万万革命人民的心中!

---

① 佐尔格:《关于马克思》,《回忆马克思恩格斯》,第224、226页。
② 卡尔·叔尔茨:《1852年前的回忆》,《回忆马克思恩格斯》,第315页。
③ 梅林:《马克思传》,第192页。
④ 同上。

第六章　研究重大的历史事件和历史进程

一　在伦敦定居下来

随着革命的失败，欧洲进入了"工业狂热发展、道德败坏和政治反动的时代"①。在与封建贵族的较量中遭受失败的资产阶级，由于经济发展而增强了实力，高傲的贵族从骨子里变成唯利是图的投机家，工人阶级最先进的分子却被迫流亡异国他乡。马克思也不得不离开德国来到巴黎。

巴黎6月13日事件后，马克思处境越来越困难。那时，巴黎已经戒严，对革命者的大规模镇压已经开始，共产主义者同盟巴黎支部领导人艾韦贝克和一些盟员遭到迫害，巴登政府的代表许茨和布林德也被逮捕。

法国政府的迫害很快落到马克思身上。7月19日，一个警官通知马克思，要把马克思全家从巴黎驱逐到摩尔比亚省。那里是沼泽地带，气候潮湿，疟疾流行，有害健康。法国反动政府不仅企图把马克思放逐到远离政治中心和革命团体的地方，而且企图用这种"变相的谋杀"②把马克思一家置于死地。正如马克思的朋友、诗人弗莱里格拉特所说：这是一个十分恶毒的阴谋，是"丑行中的丑行"③。马克思坚决拒绝到摩尔比亚。大约有一个月时间，驱逐出境的命令既没有取消，也没有执行。这个命令就像达摩克利斯剑，悬挂在马克思的头上。8月23日，警官光临马克思住宅。送来了限令"马克思和他的夫人必须在二十四小时内离开巴黎"的通知。由于缺乏最必需的路费，马克思费了很大周折，才使当局同意燕妮和孩子们在巴黎住到9月15日。燕

---

① 马克思：《国际工人协会成立宣言》，《马克思恩格斯全集》第16卷，第10页。
② 马克思：《致弗·恩格斯》（1849年8月23日），《马克思恩格斯全集》第27卷，第160页。
③ 弗莱里格拉特：《致卡·马克思》，转引自米哈伊洛夫《共产主义者同盟》，第86页。

妮即将分娩，家中经济困难，社会环境险恶，马克思怀着惆怅的心情被迫离开巴黎。

马克思原来打算去瑞士，但没有搞到护照，于是决定去伦敦。这是他生活历程中一次十分重要、影响深远的抉择。做出这个抉择不是偶然的。首先，革命失败后，欧洲大陆各国重新占据统治地位的反革命势力，对革命者进行残酷的报复，用逮捕、监禁、放逐和杀害来惩罚献身于争取政治民主和民族独立事业的人们。英国1848年初也曾出现由宪章派领导的革命形势，但很快被镇压下去。自视统治稳固、实力雄厚的英国资产阶级，不需要采取大陆各国统治者那样赤裸裸的政治迫害手段，因而伦敦成了欧洲政治流亡者的避难所。到伦敦去，可以与战友们聚会，重新组织被打散的革命力量。其次，虽然欧洲大陆的革命运动陆续失败，但马克思认为即使革命戏剧的第一幕结束了，第二幕接着就会开始。因此，他打算以伦敦为基地，继续进行革命活动，出版革命报刊。离开巴黎前夕，他写信对恩格斯说："我在伦敦创办德文杂志有肯定的希望。"他要求恩格斯从瑞士"立即前往伦敦"[①]继续并肩战斗。伦敦工业发达，贸易繁荣，有着200多万人口，是观察资本主义经济运动和社会生活最合适的地方。四年前，为了研究资本主义经济运动规律，他曾经与恩格斯专程来到这里。现在重返故地，虽然形势不同，但总有一天，他是会重新恢复被中断的经济理论研究的；那时，伦敦又将为他提供方便的条件。

1849年8月24日，马克思到达伦敦。9月17日，燕妮和三个孩子以及琳蘅也从巴黎来到这里。在朋友们的帮助下，他们很快在切尔西找到一所住宅。11月5日，第四个孩子亨利希诞生。经过一年多紧张、动荡的生活后，现在总算暂时安定下来。马克思当时并未料到，从此以后，伦敦将成为他的永久流放地。

定居伦敦初期，马克思同所有流亡者一样，生活十分困苦。《新莱茵报》被迫停刊时，为了支付编辑酬金和报社房租，他卖掉快速印刷机，拿出自己所有的积蓄，还向友人借了300塔勒，不得不靠典当维持生活。他到伦敦时已经身无分文。伦敦生活费用较高，房租昂贵，维持一家七口的生活十分困难。[②]

[①] 马克思：《致弗·恩格斯》（1849年8月23日），《马克思恩格斯全集》第27卷，第160页。
[②] 参阅燕妮《动荡生活简记》，《回忆马克思恩格斯》，第256页。

生活琐事耗去马克思大量精力，并给全家增添不少烦恼。但正如马克思夫人对老朋友魏德迈所说的：："您不要以为这些小事所造成的烦恼已把我压倒，我非常清楚地知道，在我们的斗争中我们决不是孤独的……"①

二　聚集革命力量

马克思在伦敦定居下来后，立即着手恢复共产主义者同盟组织，为未来革命聚集力量。

在1848—1849年欧洲革命运动中，共产主义者同盟胜利地经受了考验。同盟盟员到处积极参加运动。不论在报纸上、街垒中以及战场上，都是站在唯一坚决革命的阶级即无产阶级的最前列。同盟的纲领《共产党宣言》和《共产党在德国的要求》等文件所阐述的无产阶级革命理论和策略，已被实践证明是正确的。

但是，与此同时，同盟的组织却削弱了。在运动中，同盟著名活动家莫尔等一些盟员光荣牺牲了；许多盟员遭受迫害，被捕入狱；有的盟员表现动摇，脱离革命运动；有的盟员由于地址变动和其他原因与组织失去联系；还有不少地方的组织和盟员认为，秘密结社的时代已经过去，现在只要进行公开活动就足够了，因而断绝了与同盟中央的联系。在比利时，由于许多盟员被捕和被驱逐出境，同盟组织已大大削弱；在法国，同盟领导人艾韦贝克认为自己的文学活动更为重要，宣布退盟；巴黎组织中还混进一些敌对分子，同盟中央与巴黎的组织联系已暂时中断；在德国，许多盟员在维护帝国宪法运动失败后，被迫流亡国外，同盟的组织也已瘫痪。总之，1849年底以前，同盟的工作一直陷于停顿。

1849年8月，马克思来到伦敦；不久，恩格斯也来到伦敦。年底，同盟大多数中央委员都已在伦敦重新聚会。马克思立即着手恢复同盟的组织。在马克思领导下，同盟进行整顿和改组，用新的力量补充了自己的队伍。

建立同盟领导核心，是改组工作的首要任务。1849年8—9月，马克思在伦敦重新建立同盟中央委员会。参加新的中央委员会的，除了原来的中央委员外，还有拉特·施拉姆和维利希。

为了恢复同盟中央与各地组织的联系，马克思向各地同盟领导人和盟员

---

① 燕妮：《致约·魏德迈》（1850年5月20日），《马克思恩格斯全集》第27卷，第629页。

发出大量信件。1850年初,他写信给科伦盟员勒泽尔,指示勒泽尔在莱茵省恢复和建立同盟支部,根据实际情况进行隐蔽的活动。

在伦敦,马克思加入德国工人教育协会,把这个协会作为培养和吸收盟员、宣传科学共产主义的公开组织。从1849年底至1850年9月,马克思在协会办了一个学习班,讲授政治经济学基本原理和《共产党宣言》的主要内容,对工人阶级进行科学共产主义教育。马克思的讲演,内容丰富、深刻而生动,受到工人们的热烈欢迎。当时亲身听课的威廉·李卜克内西回忆道:在工人教育协会的拥挤的大厅里"马克思显示了他具有从事科学普及工作的惊人天才。没有人比他更痛恨庸俗化,就是说伪造、阉割科学并使它庸俗化;可是也没有人具有比他更高明的明确表述自己思想的才能。语文的明确是由于思想明确,而明确的思想必然决定明确的表现方式"。又说:"马克思的讲授进行得很得法。中心问题提出时他力求简短,然后用较长的解释来说明,竭力避免使用工人们听不懂的话。然后他要听众提问题。如果没有人发问,他就开始提问。提问的技巧从教育学上来看是十分高明的,没有一处不懂或误解的地方能逃过他……从各方面来看,他具备了一个优秀教师的一切条件。"[1]

马克思还积极参加由同盟领导的《伦敦德国流亡者救济委员会》的工作。委员会除了在物质上帮助贫困的流亡者之外,还从政治上团结他们,用无产阶级革命理论和策略教育他们,帮助他们摆脱小资产阶级民主派的影响,培养他们成为未来革命斗争的战士。马克思还通过这个组织,加强盟员之间的联系,为恢复和重建同盟创造条件。

1850年初,马克思还先后与英国宪章派、法国布朗基派和匈牙利最进步的流亡者政党建立联系。1850年4月,共产主义者同盟与法国布朗基派缔结《关于组织世界革命共产主义者协会的协定》。在马克思的直接主持下,协定第一条规定:"协会的宗旨是推翻一切特权阶级,使这些阶级受无产阶级专政的统治,为此采取的方法是支持不断的革命,直到人类社会制度的最后形式——共产主义得到实现为止。"[2] 第二条规定:各国共产主义政党必须"加强团结合作"、"消除民族分立"。这个用科学共产主义精神写成的协定,是马克思争取和教育英、法社会主义者,提高他们的理论水平和思想水平,扩大

---

[1] 威廉·李卜克内西:《回忆马克思》,《回忆马克思恩格斯》,第103页。
[2] 《"世界共产主义者协会"协议》,《马克思恩格斯全集》第7卷(附录),第605页。

同盟国际影响的重要措施。

三　《中央委员会告共产主义者同盟书》

马克思、恩格斯于 1850 年 3 月起草的《中央委员会告共产主义者同盟书》，在改组同盟的工作中，起了重大的作用。这个文件全面阐述了同盟的状况，深刻分析了当前的革命形势、任务和策略，统一了盟员的思想，提高了盟员的觉悟。

《告同盟书》以历史唯物主义观点，深刻地分析了德国革命的性质和任务。马克思、恩格斯指出：1848—1849 年德国革命，由于资产阶级的背叛和小资产阶级的妥协，已经失败了。革命的任务一个也没有完成。即将来临的革命，仍然是资产阶级民主革命，而不是无产阶级社会主义革命。因此，工人阶级不可能提出纯粹的共产主义措施。但是，工人阶级应当迫使取得胜利的资产阶级尽可能多地触动资产阶级社会各个方面的制度，为未来社会主义革命创造条件。实现德国国家统一，仍然是革命的重要任务。无产阶级必须坚持建立统一而不可分割的中央集权制共和国，坚决反对以地方自治的联邦制代替中央集权制。因为，革命活动只有在集中的条件下才能发挥自己的全部力量。

《告同盟书》分析了德国社会各阶级以及它们对待革命的态度，指出：德国资产阶级虽有反封建的要求，但却敌视无产阶级；在革命运动中，他们宁愿与封建反动势力结成联盟，而不重视工人的力量；只要一旦掌握政权，他们就会利用这个政权来反对工人，迫使工人回到从前被压迫的地位。德国小资产阶级受到大资产阶级的压迫，但他们并不要求改变资产阶级剥削制度，只是企图在保持资产阶级剥削制度的条件下进行一些改良；只要实现上述要求，他们便赶快结束革命，害怕由于革命继续前进而影响他们的地位。德国无产阶级是唯一革命的阶级，他们要求彻底消灭私有制，消灭阶级和剥削，建立社会主义和共产主义社会。马克思、恩格斯写道：无产阶级的任务就是要"不间断地进行革命，直到把一切大大小小的有产阶级的统治都消灭掉，直到无产阶级夺得国家政权，直到无产者的联合，不仅在一个国家内而且在世界一切占统治地位的国家内都建立联系。直到那些有决定意义的生产力集中到了无产者手里的时候为止。对我们说来，问题不在于改变私有制，而在于消灭私有制，不在于掩盖阶级矛盾，而在于消灭阶级矛盾，不在于改良现存社会，而在于建立新社会"①。

《告同盟书》着重指出建立无产阶级独立政党的意义。无产阶级肩负的伟大历史使命，要求无产阶级政党尽量有组织地、一致地、独立地行动起来。无产阶级必须吸取1848—1849年革命的经验教训，不应该充当资产阶级民主派的随声附和的合唱队，而必须"认清自己的阶级利益，尽快地采取自己独立政党的立场，一时一刻也不要离开无产阶级政党保持独立组织的道路"②。根据德国当时的条件，无产阶级必须有秘密的和公开的组织。无产阶级的秘密组织共产主义者同盟是无产阶级的先锋队和领导核心；在同盟的领导下，应该建立有广大群众参加的公开的工人组织，作为共产主义者同盟联系工人群众的纽带，宣传科学共产主义的场所，进行思想教育和培养干部的学校。

《告同盟书》再一次阐明无产阶级的策略原则。指出：在资产阶级民主革命中，无产阶级与资产阶级结成联盟是必要的。但是，无产阶级处处都必须坚持自己独立的阶级利益，提出特殊的政治要求，建立"工人政府"，拥有和保持自己的武装力量，组成强大的无产阶级近卫军。无产阶级必须坚决击退资产阶级解除工人武装的阴谋，"无论如何都不应把武器和弹药交出去；对于任何一种解除工人武装的企图在必要的时候都应该予以武装回击"③。农村是无产阶级和资产阶级激烈争夺的场所。资产阶级力图在消灭封建制度以后，扶植农村的资本主义势力，把农村造成私有制的巩固基地。无产阶级为了自己和广大农民的利益，必须坚决反对资产阶级在农村发展资本主义的活动，坚决要求把没收的封建地产变成国家财产，变成工人农场，由联合起来的农村劳动者利用大规模农业的一切优点进行耕种，"这样，在资产阶级所有制关系发生动摇的情况下，公有制的原则就会获得巩固的基础"④。

无产阶级革命的目标是远大的，革命的道路是漫长的；无产阶级决不应该在革命的征途中停滞下来，决不应该为一时的胜利所迷惑，而必须把革命运动推向前进，直到实现共产主义的伟大理想；因此，无产阶级的战斗口号应该是："不断革命。"

1850年3月同盟中央委员会批准了《告同盟书》，并派出特使，携带这

---

① 马克思、恩格斯：《中央委员会告共产主义者同盟书》，《马克思恩格斯全集》第7卷，第292页。
② 同上。
③ 同上书，第295页。
④ 同上书，第297页。

个文件分赴各地，进行改组和重建同盟的工作。中央委员鲍威尔是派到德国去的特使。他在科伦、柏林、莱比锡、汉堡、法兰克福等地建立了同盟支部，吸收了新盟员，顺利地完成了改组同盟的工作。同盟活动家德朗克是派到瑞士的特使。他与威廉·沃尔夫一道，在瑞士同密谋组织"革命集中"进行斗争，粉碎了这个组织企图瓦解同盟瑞士支部的阴谋，并在瑞士各地普遍建立同盟组织。

到了1850年夏天，同盟组织已经恢复和发展起来了。6月，马克思、恩格斯所写的第二个《中央委员会告共产主义者同盟书》，详尽地报告了同盟各地组织的情况。

在第二个《告同盟书》中，马克思、恩格斯估计革命高潮即将到来，"新的革命一触即发"，号召盟员抓紧时机，加紧活动，迎接新的革命高潮。不久，马克思、恩格斯根据对资本主义经济状况的深入研究，认为资本主义经济已进入了繁荣时期，新的革命暂时不能发生；只有在新的危机到来时，才有可能发生新的革命。因此，无产阶级政党的任务，不是立即迎接革命，而是进行长期的组织工作和宣传工作，为未来革命准备条件。

四　创办《新莱茵报——政治经济评论》

马克思在《新莱茵报》工作时，曾经不无感慨地说："我宁肯去研究重大的历史事件，宁肯去分析历史的进程，也不愿意同当地的要人、宪兵和检察机关打交道。尽管这些先生们以为自己很伟大，但在现代的巨大的斗争中他们都算不了什么，根本算不了什么。"[①] 在伦敦定居以后，他立即着手研究重大的历史事件，分析历史的进程，总结1848—1849年欧洲革命的经验教训，"说明正在进行斗争的各政党的性质，以及决定这些政党生存和斗争的社会关系"[②]。

为了分析历史的进程，马克思来到伦敦后，就计划创办一份杂志，并且很快开展筹备工作。1849年9—11月，他先后写信给科伦、杜塞尔多夫、法兰克福、汉堡和巴黎等地的朋友，要求他们为即将创办的杂志筹集资金、物

---

① 马克思：《卡·马克思和弗·恩格斯发表在〈新莱茵报〉上的文章》——《〈新莱茵报〉审判案》，《马克思恩格斯全集》第6卷，第277页。

② 马克思、恩格斯：《〈新莱茵报——政治经济评论〉出版启事》，《马克思恩格斯全集》第7卷，第3页。

色作者、刊登广告、组织发行。11月10日,恩格斯从瑞士来到伦敦后,两位战友决定把出版杂志作为主要任务。为了表明杂志是《新莱茵报》的继续,他们决定将其定名为《新莱茵报——政治经济评论》。他们认为,虽然报纸每日都能干预运动,反映当前的局势,同人民群众发生不断的、生动活泼的联系,但杂志也有自己的优点。它能够更广泛地研究各种事件,只谈最主要的问题;可以详细地、科学地研究作为整个政治运动的基础的经济关系。① 这在当时尤为需要。因为,一场席卷欧洲的革命风暴刚刚过去,共产主义同盟迫切要求对革命运动进行深入的总结,提高共产主义者同盟盟员和广大革命者的思想认识和理论水平,揭露当时流亡伦敦的小资产阶级民主派分裂革命队伍、引诱工人离开革命立场的阴谋,为新的革命斗争做好思想理论准备。

《新莱茵报——政治经济评论》的创刊,得到当时已在伦敦恢复活动的共产主义者同盟中央委员会的积极支持。同盟中央要求各地盟员尽最大努力扩大杂志的影响;同盟活动家沃尔夫、魏德迈、埃卡留斯等人积极为杂志撰稿;同盟中央委员施拉姆担任杂志经理,负责出版事务;同盟的一些地方组织和盟员还利用各种关系,在报刊上报道杂志出版的消息。1849年10月17日,由同盟活动家魏德迈编辑的《西德意志报》在报道该刊即将出版的消息时写道:"我们满怀信心地期望,所有主张社会民主主义派的全体成员都来支持自己的开天辟地的天才领袖所创办的这个事业。"《评论》也得到德国进步人士的欢迎和支持。德国著名民主主义活动家阿曼德·戈克写信对马克思说:"从我的朋友布林德那里,获悉您将用自己的经费在伦敦出版《新莱茵报》月刊。每一个真正的民主的朋友,不仅应该完全赞同这个事业,而且要全力支持它。从我自己方面说,急忙汇给你100镑作为股金。……我将在巴登努力为您的机关报刊创造良好的基础。"②

《评论》第1期1850年3月初在德国汉堡出版,印数2500份;第2期于3月20日出版,第3期于4月中旬出版,第4期于5月20日前后出版,此后一直到同年11月底才出版第5—6期合刊号。虽然由于经费困难和德国警察的迫害,《评论》总共只出了6期,但它所取得的成就是巨大的。《评论》首次发表马克思的《1848年至1850年的法兰西阶级斗争》、恩格斯的《德国维

---

① 参阅马克思、恩格斯《新莱茵报——政治经济评论》,《马克思恩格斯全集》第7卷,第3页。
② 戈克:《致卡·马克思》(1849年12月28日),转引自米哈伊洛夫《共产主义者同盟》,第102页。

护帝国宪法运动》、《德国农民战争》，以及他们两人合写的《国际述评》、《书评》等，使这份杂志具有不朽的意义。

在《国际述评》中，马克思、恩格斯以唯物主义历史观论证了政治革命与经济状况的关系。1850年初，马克思、恩格斯曾经期待出现新的革命高潮。当时他们还不可能获得40年代末期的经济资料和统计材料，因而对形势的判断不够准确。不久，马克思系统研究了19世纪40年代欧洲经济史，认为1847年的世界贸易危机产生了二月革命和三月革命；从1848年中起逐渐到来而在1849年和1850年达到全盛的工业繁荣，是加强欧洲反动势力的振奋力量。因此，马克思、恩格斯在1850年秋天对革命形势做出新的估计，指出"在这种普遍繁荣的情况下，即在资产阶级社会的生产力正以在资产阶级关系范围内一般可能的速度蓬勃发展的时候，还谈不到什么真正的革命"[①]。他们认为，只有在现代生产力与资本主义生产关系这两个要素互相发生矛盾的时候，才有可能爆发革命。根据这个结论，他们批判了那些企图用道义的愤懑和热情的宣言阻止资本主义制度发展的空谈家，指出这些空谈家不仅对革命事业毫无帮助，而且起着败坏革命声誉的作用。另一方面，他们也从资本主义社会生产力的发展中，看到资本主义矛盾不断加深和社会革命必然到来的趋势，认为资本主义工业的发展，已经为新社会创造了物质基础；当资产阶级庆祝它在工业生产上的胜利的时候，也是它的整个威严快要丧失、它所创造的力量正在摆脱它的控制的时候。因此，决不应该被资本主义经济繁荣的景象所迷惑。正如新的危机的来临不可避免一样，新的革命的来临也是不可避免的。

马克思、恩格斯密切关注资本主义各国生产力的发展，论述了加利福尼亚金矿的发现对资本主义世界的意义，指出社会革命"可以创造出新的生产力"。他们在评论将于1851年在伦敦开幕的工业博览会时指出，资本主义工业的发展，已为新社会创造了物质条件。这个博览会证明："现代化大工业以这种集中的力量到处破坏民族性方面的地方性特点。正当现代资产阶级关系的各个方面遭到破坏的时候，博览会在一个不大的地方展出现代工业积累起来的全部生产力。这同时也就是展示在动荡不安的社会的深层已经创造了和正在一天天创造的建设新社会的物质基础。"[②]

[①] 马克思、恩格斯：《国际述评（三）》，《马克思恩格斯全集》第7卷，第513—514页。
[②] 同上书，第503页。

马克思、恩格斯还批判了小资产阶级流亡者否认阶级斗争,宣扬改良主义的理论。以金开尔为首的所谓欧洲民主派中央委员会,在自己的文件中,把1848—1849年革命失败的原因,归结为个别领袖的争权夺利和意见分歧,否定阶级斗争的事实;鼓吹各个阶级自由、平等、联合、友爱,反对无产阶级表述自己的特殊利益和要求;宣扬私有财产神圣不可侵犯,鼓吹通过信贷来改良社会。马克思、恩格斯指出,欧洲民主派中央委员会的建议和主张,是错误和反动的,"他们建议这些阶级忘记利益的对立在十分庸俗而又露骨的暧昧态度的旗帜下求得和解,其实这种暧昧态度是在调和一切政党利益的幌子下掩盖着仅仅一个政党——资产阶级政党的利益的统治"[①]。金开尔等人宣传的改良主义理论,实质上是"专门直接欺骗最受压迫的阶级"[②]。

马克思、恩格斯还在《新莱茵报——政治经济评论》上发表许多书评,通过评论一些资产阶级学者的著作,具体而深刻地阐明了科学共产主义的许多重要原理。

在《评艾米·德·日拉丹〈社会主义和捐税〉》一文中,马克思、恩格斯批判了资产阶级社会主义者日拉丹鼓吹通过税制改革来消灭资本主义的弊病,建立"酷似人们所想象的人间天堂那样的制度"的观点。马克思、恩格斯指出:捐税并不是资本主义经济的主要方面;捐税改革"最多只能在一些次要方面改变直接发展资产阶级生产为基础的分配关系……但是它丝毫动摇不了这些关系的基础。关于捐税的一切争论和探讨都是预先肯定这些资产阶级的关系是万古长青的"[③]。

所谓捐税改革,不仅不是包医百病的万灵药方,而且是大资产阶级发财致富的手段。不管是增加新税还是取消旧税,都不会增加工人的工资,而只会增加资本的利润;都不会减轻农民、手工业者及小店主的负担,而只会增加大资产者在竞争中的有利条件。所谓通过废除捐税把国家变为保险公司,从而废除国家,更是错误。国家是阶级统治的工具,只有消灭阶级,才能消灭国家。只有随着阶级的废除,才没有必要用一个阶级的有组织的力量去统治其他阶级。

在另一篇书评中,马克思、恩格斯严厉批判了当时在欧洲大陆上流行的

[①] 马克思、恩格斯:《国际述评(三)》,《马克思恩格斯全集》第7卷,第537页。
[②] 同上书,第538页。
[③] 同上。

密谋组织和密谋活动，指出那些自封为革命家的密谋分子，对革命理论一窍不通，既不了解革命的条件，又不愿意从事具体的革命工作，而是把革命当做儿戏。这些密谋分子要做的事情，"恰恰是要超越革命发展的进程，人为地制造革命危机，使革命成为毫不具备革命条件的即兴诗。在他们看来，革命的唯一条件就是他们很好地组织密谋活动。他们是革命炼金术士的邪说和狭隘的固定观念。他们醉心于发明能创造奇迹的东西，如燃烧弹、具有魔力的破坏器械以及越缺乏合理根据就越神奇惊人的骚乱等"①。马克思、恩格斯指出：密谋分子不是无产阶级的代表，而是流氓无产阶级的代表。他们对革命起着危害的作用，往往成为反动警察收买利用的对象，成为分裂工人队伍的野心家。这篇文章发表后不久，马克思、恩格斯就在共产主义者同盟内部，对主张密谋活动的维利希—沙佩尔集团进行斗争，从组织上与密谋分子划清界限。

恩格斯在《新莱茵报——政治经济评论》上发表的两部著作：《德国维护帝国宪法运动》和《德国农民战争》有着非常重大的意义。

恩格斯是德国维护帝国宪法运动的参加者。他于1849年6—7月参加了巴登—普法尔茨起义，为维护帝国宪法英勇斗争。战斗结束不久，马克思就写信对他说："你现在有一个决好的机会，可以对巴登—普法尔茨的革命写一部历史或一个小册子……我确信这一著作有吸引力。"② 恩格斯接受了建议，于1849年8月至1850年2月写成了这部辉煌的著作。在这部著作中，恩格斯以极其生动而深刻的文笔，分析了运动发生的原因、各个阶级和政党的立场，根据起义的经验，阐明了国内战争和武装起义的许多重要原理。恩格斯热情歌颂了工人阶级和劳动人民在斗争中的英勇表现，严厉抨击了当时窃取运动领导权的小资产阶级民主派动摇妥协、出卖革命的行径。恩格斯写道："德国人民不会忘记赖施塔特的执行枪决的刑场和监禁囚徒的牢房；他们不会忘记下达这些令人发指的命令的统治者，同时也不会忘记那些因自己的怯懦而导致这样恶果的叛徒——卡尔斯卢厄和法兰克福的布伦坦诺之流的人物。"③

---

① 马克思、恩格斯：《评科西迪耶尔公民从前的警备队长阿·谢努的〈密谋家，秘密组织；科西迪耶尔主持下的警备局；义勇军〉1850年巴黎版。评律西安·德拉奥德的〈1848年2月共和国的诞生〉1850年巴黎版》，《马克思恩格斯全集》第7卷，第321页。

② 马克思：《致恩格斯》（1848年8月1日），《马克思恩格斯全集》第27卷，第156—157页。

③ 恩格斯：《德国维护帝国宪法运动》，《马克思恩格斯全集》第7卷，第235页。

在《德国农民战争》一文中，恩格斯以历史唯物主义观点，阐述了德国历史上宗教改革和农民战争的社会经济根源，以具体的历史材料说明任何社会革命的发生都不是偶然的，而是由一定的社会经济原因引起的。恩格斯写作这本书的目的，是为了通过历史的事实，进一步总结1848—1849年革命的经验教训。因为1848—1849年革命所要反对的敌人，大部分与300年前农民战争时是相同的；而"1848年和1849年到处叛变的那些阶级和那些阶级中的某些集团其实早在1525年就已经是叛徒了"[①]。恩格斯写这本书的目的，也是为了对德国人民进行革命传统教育，扫除由于革命失败而产生的普遍悲观的情绪；用历史上农民起义领袖的英雄形象，来提高人民的革命意志。

五 剖析法国阶级斗争的辉煌杰作

《新莱茵报——政治经济评论》发表的最辉煌的著作，是马克思的《1848年至1850年的法兰西阶级斗争》。在这部著作和接着发表的《路易·波拿巴的雾月十八日》中，马克思通过对法国历史的剖析，透彻地阐述了政治事件与经济关系、阶级地位与阶级斗争、无产阶级革命与无产阶级专政等科学社会主义基本理论。

马克思一贯重视法国阶级斗争的历史。因为"法国是这样一个国家，在那里历史上的阶级斗争，比起其他各国来，每一次都达到更加彻底的结局，因而阶级斗争借以进行、阶级斗争的结果借以表现出来的变换不已的政治形式，在那里也表现得最为鲜明"[②]。从1843年以来，马克思花了很大工夫深入研究法国阶级斗争的历史，考察法国现实阶级斗争的一切细节，搜集有关阶级斗争的大量资料。他对1848—1850年这个时期法国阶级斗争的情况更是了如指掌，对历次政治变动的当事人十分熟悉。这使他能够在事件刚刚结束时，就写出了《1848年至1850年的法兰西阶级斗争》这部不朽的著作。

在《1848年至1850年的法兰西阶级斗争》中，马克思详尽地论述了法国1848—1849年革命的进程，指出这次革命虽然以失败告终，但它有着重大的意义。革命是历史的火车头，是社会进步和政治进步的强大发动机。在革

---

① 恩格斯：《德国农民战争》，《马克思恩格斯全集》第7卷，第385页。
② 恩格斯：《卡·马克思〈路易·波拿巴的雾月十八日〉一书德文第三版序言》，《马克思恩格斯全集》第21卷，第290—291页。

命的进程中，人民群众在短短的时间内，经历了胜利的喜悦、失败的痛苦、敌人的迫害、昔日盟友的背叛，受到严酷的锻炼和深刻的教育，"在这运动的旋涡中，在这历史的动荡的痛苦的进程中，在这革命的热情、希望和失望的惊心动魄的起落中，法国社会的各个阶级对于从前以半世纪为单位来计算的自己发展的时期，却必须以星期来计算了"①。革命虽然失败了，但在这些失败中陷于灭亡的不是革命，而是革命政党在二月革命以前没有摆脱的一些人物、观念和方案，是对资产阶级"自由、平等、博爱"和资产阶级共和国的幻想。革命虽然失败了，但无产阶级政党正是在与敌人的斗争中才发展成了真正革命的党；只有浸过六月起义者的鲜血之后，三色旗才变成了无产阶级革命的旗帜——红旗！

马克思根据二月革命以来法国阶级斗争的历史事实，深刻地阐明了无产阶级与资产阶级根本对立的阶级地位和历史作用。二月革命时，无产阶级曾经作为资产阶级的同盟者，推翻了七月王朝；但取得政权的资产阶级立即把矛头指向无产阶级。资产阶级的国民议会审判了巴黎无产阶级，资产阶级的临时政府剥夺了工人的自由和劳动的权利，资产阶级联合旧社会一切残余分子，用最残酷野蛮的手段镇压了巴黎工人的六月起义。曾经一度沉醉于资产阶级宣传的"博爱"，对资产阶级共和国怀着幻想的巴黎无产者，从资产阶级的血腥镇压中醒悟到：博爱就是内战，就是最可怕的战争——劳动与资本间的战争；资产阶级共和国就是资产阶级的全面统治，构成资产阶级共和国内容的正是资产阶级的利益，正是它的阶级统治和阶级剥削的物质条件；在资产阶级"无耻的专政"下，无产阶级根本不可能稍微改善自己的处境。只有用工人阶级专政代替资产阶级专政，工人阶级才能获得真正的解放。

秩序党统治时期，法国曾经出现各种各样打着社会主义招牌的派别和主张。那些攻击一般垄断的人们，从主张稍微改良旧社会紊乱状态到推翻旧社会秩序，从资产阶级自由主义到革命恐怖主义，都标榜自己是社会主义者。马克思指出，这些社会主义不是故意骗人，就是自我欺骗。资产阶级社会主义者只是力求推翻金融贵族的统治而使工商业免除旧有的束缚；小资产阶级社会主义者则想使全部运动服从运动的一个阶段，用个别学究的头脑活动代替全部社会生产，而且主要是幻想凭借一些细小手法和巨大伤感情怀来消除完全必要的阶级斗争，把现代社会理想化。与形形色色社会主义流派根本不

---

① 马克思：《1848年至1850年的法兰西阶级斗争》，《马克思恩格斯全集》第7卷，第70页。

同，无产阶级社会主义强调阶级斗争，实现彻底改造社会的历史任务。

在《1848年至1850年的法兰西阶级斗争》中，马克思还强调工农联盟的伟大意义。六月革命时，法国部分农民受了资产阶级的欺骗，站在资产阶级一边反对工人阶级。这是六月革命失败的一个重要原因。马克思认真总结了这个严重的历史教训，深刻地指出，工人和农民都是资产阶级剥削的对象；农民所受的剥削和工业无产阶级所受的剥削，只是形式有所不同，剥削者则是一个。单个资本家通过抵押和高利贷剥削单个的农民；资本家阶级则通过赋税剥削整个农民阶级。只有推翻资本家的统治，才能提高农民的地位；只有反对资本主义的无产阶级政府，才能结束农民经济上的贫困和社会地位的低下。没有无产阶级革命的胜利，农民不能得到彻底解放；而没有农民的支持，工人阶级就不能触动资本主义制度。因此，工农联盟是战胜资本主义的基础。

《1848年至1850年的法兰西阶级斗争》还阐述了无产阶级社会经济改造方面的历史任务，提出了生产资料归社会占有的观点。法国制宪议会在六月革命前拟定的最初宪法草案中，还提到劳动权；六月革命失败后制定的共和宪法，劳动权被取消了，代替它的是"享受社会慈善救济权"。马克思深刻地指出，在资产阶级统治下劳动权是一种根本不能实现的善良愿望，"其实劳动权是表示控制资本，而控制资本又表示占有生产资料，使其受联合的工人阶级支配，从而消灭雇佣劳动、资本及其相互间的关系"[①]。无产阶级要实现劳动权，必须"以六月起义为后盾"，以推翻资产阶级统治为前提。在这里，马克思第一次明确表达了一个既与那些企图维护私有制的资产阶级和小资产阶级社会主义截然不同，又与那些以模糊的财产公有为目标的空想共产主义截然不同的原理，从根本上划清了科学社会主义与形形色色社会主义的界限，为各国工人政党指出了社会经济改造的任务，具有重大的意义。

这本书是马克思运用唯物主义理论从一定经济状况出发来说明一定时期历史发展的初次尝试。在《共产党宣言》中，马克思、恩格斯曾用这个理论来研究全部近代历史；在《新莱茵报》发表的文章中，马克思、恩格斯则用这个理论来解释当时发生的政治事件；在这部著作中，马克思运用这个理论，目的在于把一个对全欧洲都很紧要同时又很典型的发展时期的内在因果联系揭示出来，把政治事件归结于终究是经济原因的作用。这部著作所阐明的基本观点，具有重要的意义。

[①] 马克思：《1848年至1850年的法兰西阶级斗争》，《马克思恩格斯全集》第7卷，第47页。

六 以无与伦比的历史洞察力描绘波拿巴政变

1851年12月2日，拿破仑一世的侄子、政治冒险家路易·波拿巴举行政变，解散议会，逮捕议员，在法国建立军事官僚独裁统治。政变震惊了整个法国社会。顷刻之间，宪法、国民议会、保皇党派、蓝色的和红色的共和党人、非洲的英雄、讲坛的雷鸣声、报刊的闪电、整个的著作界、政治声望和学者的荣誉、民法和刑法、自由、平等、博爱，所有这一切都像一片幻影，在一个人的咒文面前消失不见了。政变使人感到惊异和迷惑。有的人出于道义的愤懑对它大声诅咒，有的人把它看做避免革命的办法，有的人则认为它是对于革命误入歧途的惩罚。除马克思外，没有一个人真正理解政变的原因、性质和后果，更不可能从政变中吸取经验教训。

政变发生不久，著名法国作家维克多·雨果写了《小拿破仑》，小资产阶级社会主义者蒲鲁东出版了《从十二月二日政变看社会革命》。这两本书在当时的影响很大，但都没有对政变进行科学的分析。雨果只是对政变的主角路易·波拿巴做了辛辣的讽刺和严厉的抨击，但却把政变归因于个人的品质和阴谋。这样他就不是贬低，而是无意中夸大了波拿巴的作用。蒲鲁东则把政变描写成了纯粹是法国历史发展的必然结果，这样他在客观上为波拿巴开脱罪责。

马克思是唯一了解政变原因、性质和后果的人。他掌握了唯物主义历史观，并且对法国阶级斗争的历史和现状有研究，因而当政变刚刚发生时，他就能透彻了解全部情况。政变不久，他就写信告诉恩格斯，"波拿巴已经暂时取得了胜利，无产阶级则保全了自己的力量，并从这些乌七八糟的悲喜剧中吸取了教训"[①]。恩格斯回信建议马克思为魏德迈的《革命》周刊写一篇"划时代的文章"[②]，对法国局势作一个评论和阐述。马克思接受了这个建议，从1851年12月至1852年3月写成一部辉煌的历史著作：《路易·波拿巴的雾月十八日》。

根据法国二月革命以来阶级斗争的情况，马克思精辟地阐明了路易·

[①] 马克思：《致弗·恩格斯》（1851年12月9日），《马克思恩格斯全集》第27卷，第406页。
[②] 恩格斯：《致卡·马克思》（1851年12月16日），《马克思恩格斯全集》第27卷，第413页。

波拿巴政变的社会历史原因。二月革命后，夺得政权的资产阶级采取一系列反革命措施；工人六月起义时，它与旧社会一切反动势力，在维护"财产、家庭、宗教、秩序"的旗帜下联合起来，对无产阶级进行反革命镇压。资产阶级惧怕所谓"红色怪影"，不惜对波拿巴的复辟野心节节退让，使保皇党人逐步占据议会、军队、行政机构的一切重要位置。资产阶级与小资产阶级之间、代表土地贵族的正统派与代表金融贵族的奥尔良派之间无休止的争吵，经久不息的社会动乱，为波拿巴政变扫清道路。政治保守、文化落后、互相隔离的农民，对资产阶级的剥削强烈不满，对曾经使他们获得土地的老拿破仑虔诚追思，以为一个叫做拿破仑的人将会把一切福利送还给他们，这就使他们成为波拿巴的支柱。政治冒险家波拿巴，充分利用了法国历史发展所提供的有利条件。他既利用保皇党人与革命势力的对立，又利用保皇党内各派的矛盾，以貌似公正的态度把自己装扮成高居于各种政治力量之上的仲裁人。他抓住资产阶级对无产阶级的恐惧心理和恢复社会安宁的迫切愿望而向议会制共和派步步进逼，又为了迎合小资产阶级的"拿破仑观念"而请出伟大伯父的亡魂来给自己助威。他在流氓无产者身上找到自己个人利益的最好反映，又把这些由各个阶级中淘汰出来的渣滓、残屑和糟粕看做自己绝对能够依靠的唯一阶级。正是法国阶级斗争创造出来的一些条件和情势，使得波拿巴这个庸碌而可憎的人物能够扮演英雄的角色，使得3600万人的法兰西民族竟对这个衣冠楚楚的政治冒险家的突然袭击措手不及，毫无抵抗地做了俘虏。

马克思指出，波拿巴制度是反动的军事官僚统治制度。取得政权的波拿巴依靠一批来历不明和生计可疑的浪荡者组成自己的御用团体"12月10日会"，建立了一个庞大的官僚机构，培植了一个享有特权的官僚阶层；他创立了一支以流氓无产者为骨干的反动军队，专门以围捕群众来创立自己的英雄业绩；他利用宗教作为加强统治的工具，把教士当做涂了圣油的警犬；他抛掉资产阶级议会民主的伪装，采取露骨的诈骗、贿赂、煽动和血腥镇压的统治手段；他企图扮演一切阶级的家长似的恩人，实际上却维护一小撮上层剥削阶级的利益；他用廉价的许诺骗取农民小私有者的支持，却听任农民成为资本家高利贷盘剥的对象；他时而设法拉拢一个阶级，时而又公开侮辱另一个阶级，结果使各个阶级一致起来与他作对；他使整个资本主义经济陷于全盘混乱，又使整个国家机器失去圣光，成为可厌可笑的东西。这个制度充满着无法克服的矛盾。因此，"如果皇袍终于落在路易·波拿巴身上，拿破仑的铜像就将从汪多姆园柱顶上被推下来"①。历史证明马克思的预言多么正确!

波拿巴政变葬送了二月革命的成果,国家回到了宝剑与袈裟统治的原始状态。但马克思指出,二月革命与六月起义之间的这段时间并不是白白度过的。革命以速成的方式推动了社会的前进,为无产阶级积累了经验。资产阶级革命,例如18世纪的革命,总是突飞猛进、接连不断地取得胜利,革命的戏剧性效果一个胜似一个,人和事物好像是被五彩缤纷的火光所照耀,每天都充满极乐狂欢,但这种革命不过是以一种剥削形式代替另一种剥削形式,以一个剥削阶级代替另一个剥削阶级,因而为时短暂,很快达到顶点。以彻底消灭剥削制度,根本改造旧社会为目的的无产阶级革命,与资产阶级革命有着本质的区别。它必须进行长期的斗争,克服无数的艰难险阻,不断地进行自我批判,永不满足于已经取得的成就。只有与强大的敌人反复较量,才能实现无限宏伟的目标。英勇的六月起义,是无产阶级与资产阶级的第一次大搏斗,是欧洲各国内战史上最巨大的一次事变。资产阶级联合旧社会一切反动势力镇压了起义。3000多起义者被屠杀,15000多人未经审问被放逐。但"无产阶级至少是带着不愧进行过世界历史性的伟大斗争的光荣而失败的,不仅法国,并且整个欧洲都被六月的地震所惊动……"② 无产阶级从失败中吸取教训,为下一次革命积累经验;无产阶级的脚步暂时停了下来,为的是更好地前进!

纵观二月革命以来的法国阶级斗争史,议会不过是资产阶级专政的装饰品。所谓议会风暴不过是水杯中的风暴,议会斗争不过是阴谋和争吵。但是1848年以来,欧洲大陆却有不少人患了议会迷的病症,认为议会可以解决一切问题。马克思对议会迷作了辛辣的讽刺,指出这些人变成了幻想世界的俘虏,失掉一切理智和记忆,失掉对外界世俗事物的理解,其结果只能在暴力面前碰得头破血流。在法国,当议会迷把议会看做圣物,把议会胜利看得无比重要的时候,掌握官僚军事机器的波拿巴,毫不费力地解散议会,把议会迷们投入监狱或流放国外。他们的神殿被拆毁,他们的嘴被封住,他们的笔被折断,他们的法律被撕毁。这就是议会迷的下场。无产阶级必须从这幕活生生的闹剧中吸取教训,不能把实现宏伟目标的希望寄托在议会斗争中。马克思仔细考察了资产阶级国家机器的形成和演变、性质和职能,认为拥有庞

---

① 马克思:《路易·波拿巴的雾月十八日》,《马克思恩格斯全集》第8卷,第227页。
② 同上书,第129页。

大官僚和军队的国家机器是上层建筑的核心。无产阶级必须打碎它，才能取得真正的胜利。

继《1848年至1850年的法兰西阶级斗争》之后，在《路易·波拿巴的雾月十八日》中，马克思再次论述了农民问题的重要性。马克思指出，法国资产阶级革命虽然把农民从封建地主的奴役下解放出来，但农民并没有得到真正解放。在资本主义制度下，封建地主已被高利贷者所代替，贵族地主已被资本家所代替，农民的小块土地只是使资本家能够从他们身上榨取更多的利润。"拿破仑观念"曾使农民支持波拿巴王朝，但是不能阻止资产者吮吸他们的心血和脑髓，只有无产阶级才真正代表他们的利益；因此，"农民就把负有推翻资产阶级制度的城市无产阶级看做自己的天然同盟者和领导者"①。这对于无产阶级革命是极其重要的。当农民把自己的命运与无产阶级联系起来时，建立在农民小块土地基础上的全部国家建筑物将会倒塌下来，"于是无产阶级革命就会得到一种合唱，若没有这种合唱，它在一切农民国度中的独唱是不免要变成孤鸿哀鸣的"②。

《路易·波拿巴的雾月十八日》是一部辉煌的历史杰作。马克思对1848—1851年法国历史图画的描绘十分鲜明而准确。正如恩格斯所说：马克思绘制的这幅图画"如此精妙，以致后来每一次新的揭露，都只是提供出新的证据，证明这幅图画是多么忠实地反映了现实。他对当前的活的历史的这种卓越的理解，他在事变刚刚发生时就对事变有这种透彻的洞察，的确是无与伦比"③。这部著作也是罕见的政论、散文与报告文学的珍品。正如威廉·李卜克内西所说，全文分析冷静而严肃，语言精练而锋利，"字字是命中目标的利箭，句句是有理有据的有力控诉，是毫不虚构、无可辩驳的事实"；它"把塔西佗的严肃的忿怒，尤维纳利斯的尖刻的讽刺和但丁的神圣的怒火综合在一起了"④。

当人们惊叹这部著作所显示的无与伦比的历史洞察力时，难以想象它是在极其困苦的情况下写成的。那时，马克思"是在第恩街一间小房子里，在

---

① 马克思：《路易·波拿巴的雾月十八日》《马克思恩格斯全集》第8卷，第221页。
② 同上书，第665页。
③ 恩格斯：《卡·马克思〈路易·波拿巴的雾月十八日〉一书德文第三版序言》，《马克思恩格斯全集》第21卷，第290页。
④ 威廉·李卜克内西：《回忆马克思》，《回忆马克思恩格斯》，第103页。

孩子们的吵闹声和家庭琐事的搅扰下写完这本书的"①。当雨果的《小拿破仑》和蒲鲁东的《从十二月十日政变看社会革命》在欧洲名噪一时、一版再版的时候,马克思这部伟大著作的出版却碰到很大的困难。原来这部著作准备在魏德迈主编的纽约《革命》杂志连载,但《革命》由于缺乏经费而停刊。幸亏一个不知名的德国工人的帮助,才使这部辉煌杰作能以单行本的形式问世。

历史是最公正的证人。当雨果的《小拿破仑》和蒲鲁东的《从十二月十日政变看社会革命》早已被人遗忘的时候,《路易·波拿巴的雾月十八日》却继续散发着耀眼的光辉。

七 提出一个大胆的革命战斗口号

在总结1848—1849年革命的经验教训时,马克思反复强调和论证无产阶级专政的重要性。这在马克思主义学说史和国际共产主义运动史上具有极其重大的意义。

二月革命前夕,马克思、恩格斯在《共产党宣言》中,已经初步表达了无产阶级专政的思想,指出无产阶级必须通过革命斗争,推翻资产阶级统治,把自己组织成为统治阶级,并且运用自己的政治统治,夺取资产阶级的全部生产资料,增加生产力的总量。

在《1848年至1850年的法兰西阶级斗争》中,马克思第一次提出了无产阶级专政的概念,并作了深刻的论述。马克思指出,法国工人阶级曾经对自己反封建的同盟者资产阶级存在幻想,希望在资产阶级共和国的范围内稍微改善一下自己的处境。他们曾经沉醉于资产阶级宣扬的"普遍的和睦与博爱"的气氛中。但是,资产阶级逼迫巴黎工人阶级发动了六月起义。应该说,当时无产阶级还没有意识到用武力推翻资产阶级;他们是在若不甘愿饿死,就要进行斗争这种没有选择余地的情况下发动起义的。对六月起义的镇压,"迫使资产阶级共和国现出了原形:原来它是以巩固资本统治和劳动奴役为其公认的任务的国家"②。构成资产阶级共和国内容的正是资产阶级的利益,正是它的阶级统治和阶级剥削的物质条件。六月革命的失败,使工人阶级"认

---

① 燕妮:《动荡生活简记》,《回忆马克思恩格斯》,第257页。
② 马克思:《1848年至1850年的法兰西阶级斗争》,《马克思恩格斯全集》第7卷,第37页。

识了这样一条真理：它要在资产阶级共和国的范围内稍微改善一下自己的处境都只是一种空想，这种空想在一开始企图实现的时候就成为罪行。于是，原先无产阶级想要强迫二月共和国予以满足的要求……就由一个大胆的革命战斗口号取而代之，这个口号就是：推翻资产阶级！工人阶级专政！"①

无产阶级专政是科学社会主义与空想社会主义的根本区别。在法国革命进程中，出现许多打着社会主义招牌的派别。资产阶级社会主义只要求推翻金融贵族的统治，免除工商业的旧有束缚；小资产阶级社会主义则把现代社会理想化，幻想消除阶级斗争，企图使全部运动服从运动中的一个阶段。马克思说，无产阶级社会主义与资产阶级社会主义根本不同，与小资产阶级的空想社会主义也有原则区别。无产阶级社会主义不仅要推翻金融贵族的统治，而且要推翻资产阶级共和国，通过无产阶级专政，对整个社会经济关系实行彻底改造。因此，这种社会主义"就是宣布不间断革命，就是实现无产阶级的专政，把这种专政作为必经的过渡阶段，以求达到根本消灭阶级差别、消灭一切产生这些差别的生产关系，消灭一切和这些生产关系相适应的社会关系，改变一切由这些社会关系产生出来的观念"②。

马克思在《路易·波拿巴的雾月十八日》中对无产阶级专政和国家问题作了更加实际而具体的论述。他指出，一切国家政权，一定阶级的政治表现，都代表一定阶级的物质利益；争夺国家权力，表面上好像是个人之间的斗争，实际上是由一定阶级的物质利益决定的。在法国，"正统王朝不过是地主世袭权力的政治表现，而七月王朝则不过是资产阶级暴发户篡夺权力的政治表现。所以，这两个集团的彼此分裂……是由于各自生存的物质条件，由于两种不同的所有制形式"③。马克思指出，资产阶级国家政权的主要特征是庞大的官僚机构和军事机构。在路易·波拿巴王朝，它包括50万官僚和50万军队，是一个像密网一样缠住法国社会全身并阻塞其一切毛孔的可怕的寄生机体。这个军事官僚机构是在君主专制时代，在封建制度崩溃时期产生的。自从封建制度崩溃以来所发生的历次资产阶级革命，不仅没有触动它，摧毁它，反而使它不断发展、完善和巩固起来。那些争夺统治权而相继更替的政党，都把夺得这个庞大的国家建筑物作为自己胜利的主要战利品。马克思指出，与

---

① 马克思：《1848年至1850年的法兰西阶级斗争》，《马克思恩格斯全集》第7卷，第37页。
② 同上。
③ 马克思：《路易·波拿巴的雾月十八日》，《马克思恩格斯全集》第8卷，第149页。

以往历次革命不同,无产阶级革命把打碎资产阶级官僚军事机构,建立无产阶级国家机器作为自己首要的任务。后来马克思一再强调了这个结论。他曾对库格曼说:"如果你读一下我的《雾月十八日》的最后一章,你就会看到,我认为法国革命的下一次尝试不应该像以前那样把官僚军事机器从一些人的手里转到另一些人的手里,而应该把它打碎,这正是大陆上任何一次真正的人民革命的先决条件。"① 他说,只有实行无产阶级专政,才能消灭现存的压迫条件,"而无产阶级专政的首要条件就是无产阶级的军队。工人阶级必须在战场上争得自身解放的权利"②。

1852年3月5日,马克思在给魏德迈的著名信件中,对无产阶级专政的性质、作用及其在马克思主义中的地位作了精辟的概括。他写道:"无论是发现现代社会中有阶级存在或发现各阶级间的斗争,都不是我的功劳。在我以前很久,资产阶级的历史学家就已叙述过阶级斗争的历史发展,资产阶级的经济学家也对各个阶级作过经济上的分析。我的新贡献就是证明了下列几点:(1)阶级的存在仅仅同生产发展的一定历史阶段相联系;(2)阶级斗争必然要导致无产阶级专政;(3)这个专政不过是达到消灭一切阶级和进入无产阶级社会的过渡。"③

马克思不仅对无产阶级专政进行理论论证,而且用这个理论武装工人政党,使它成为国际无产阶级的行动纲领。1850年4月,他与恩格斯一起,签署建立世界革命共产主义者协会议定书,宣布"协会的宗旨是推翻一切特权阶级,使这些阶级受无产阶级专政的统治,为此采取的办法是支持不断的革命,直到人类社会制度的最后形式——共产主义得到实现为止"④。1871年,他在《法兰西内战》中详尽地论证了打碎资产阶级国家机器和建立巴黎公社式的无产阶级专政的重大意义,深刻地指出:"工人阶级不能简单地掌握现成的国家机器,并运用它来达到自己的目的";"公社的真正秘密就在于:它实质上是工人阶级的政府,是生产者阶级同占有者阶级斗争的结果,是终于发现的、可以使劳动在经济上获得解放的政治形式"⑤。1875年,他在《哥达纲领批判》中再次强调,从资本主义社会到共产主义社会过渡时期的国家,"只

---

① 马克思:《致路·库格曼》(1871年4月12日),《马克思恩格斯选集》第4卷,第392页。
② 马克思:《纪念国际成立七周年》,《马克思恩格斯全集》第17卷,第468页。
③ 马克思:《致约·魏德迈》(1852年3月5日),《马克思恩格斯全集》第28卷,第509页。
④ 《"世界革命共产主义协会"协议》,《马克思恩格斯全集》第7卷,第605页。
⑤ 马克思:《法兰西内战》,《马克思恩格斯全集》第17卷,第355—361页。

能是无产阶级的革命专政"。① 无产阶级专政这个大胆的革命战斗口号,在革命实践中具有重大的意义。

八 反对维利希—沙佩尔的分裂活动

正当马克思、恩格斯改组同盟的工作获得很大成就,同盟在德国和欧洲一些国家的组织逐渐恢复和发展的时候,同盟中央以维利希—沙佩尔为首的分裂主义集团,进行了反对马克思、恩格斯的阴谋活动。同盟内部的斗争十分激烈,斗争的焦点是对形势的估计和党的策略。

维利希—沙佩尔集团从唯心主义出发,认为革命不是由一定的社会经济原因引起的,而是可以由少数人的意志和愿望"制造"出来的。他们不顾当时资本主义正处在繁荣时期,革命条件还不成熟的情况,硬要人为地去掀起革命高潮,制造革命形势。

维利希—沙佩尔集团还大搞宗派活动。从1850年7月起,他们便在伦敦德国工人教育协会上多次挑起论争,攻击马克思、恩格斯是"反动分子"、"靠笔杆活动的人",把自己封为"革命活动家";他们还与小资产阶级民主派勾勾搭搭,妄图破坏无产阶级政党的独立性,瓦解同盟组织,分裂工人队伍。

马克思、恩格斯以极大的耐心,对维利希—沙佩尔等人进行教育,希望他们改正错误,回到正确的道路上来。但是,他们拒绝了马克思、恩格斯的教育和挽救,越来越嚣张地进行阴谋和派别活动。

1850年9月15日,在同盟中央委员会上,马克思、恩格斯等多数派与维利希—沙佩尔少数派进行了坚决的斗争。马克思在会上发表重要讲话,对维利希—沙佩尔集团的错误认识和策略,作了严厉的批判。

马克思指出,维利希—沙佩尔集团完全违背《共产党宣言》所阐述的观点,用唯心主义代替唯物主义,用空话代替实际的革命工作,对革命形势作了错误的估计。按照唯物主义观点,无产阶级革命不仅要改造客观世界,而且要改造主观世界,因而革命不可能在一个早上实现,而必须经过长期的准备和斗争,"我们对工人们说:为了改变现存条件和使自己有进行统治的能力,你们或许不得不再经历15年、20年的内战,而他们却相反地对工人们说:我们必须马上夺取政权,要不然我们就马上躺下睡大觉。正像民主党的

---

① 马克思:《哥达纲领批判》,《马克思恩格斯全集》第19卷,第31页。

'人民'这个词是一句空话一样,他们现在使用'无产阶级'也是一句空话。为了实现这句空话,他们不得不把一切小资产阶级说成是无产者……他们不得不用革命的词句来代替革命的实际发展"①。

马克思指出,维利希—沙佩尔集团是小资产阶级的代表,而不是无产阶级的代表。他们的观点是反共产主义的,至少也是资产阶级民主主义。他们与小资产阶级民主派勾勾搭搭,同流合污,破坏无产阶级政党的独立性。

马克思严厉谴责维利希—沙佩尔集团的宗派活动。鉴于这个集团在同盟中央和伦敦组织中的分裂活动,为了保存同盟这个无产阶级革命组织,马克思从大局出发,建议:(1)把中央委员会从伦敦迁到科伦,由科伦支部组成新的中央委员会;(2)责成科伦中央委员会草拟新的盟章;(3)在伦敦组织两个平行的支部,由中央委员会直接领导。中央委员会通过了马克思的建议。当时,德国的组织还没有受到维利希—沙佩尔集团的影响,把同盟中央迁到科伦,是粉碎维利希—沙佩尔集团分裂活动的正确措施。

9月24日,马克思派遣豪甫特到德国,把同盟中央的决议通知科伦支部。与此同时,马克思写信给科伦支部领导人勒泽尔,把中央的决议和会议情况向他通报,要求科伦组织担负起中央委员会的担子。9月25日,勒泽尔写信给马克思,表示接受这个任务。他以科伦支部的名义写道:"我们将尽力阻止同盟的分裂……我们觉得,你是我党的最高的骄傲,假如你能领导我们,是再好也没有的,可惜,这是不可能的。因此,我们就只好履行我们的职责。"② 科伦支部很快组成新的中央委员会。中央委员会成员有勒泽尔、丹尼尔斯、毕尔格尔斯。

由于伦敦德国工人教育协会已成为维利希—沙佩尔集团的据点,因此,1850年9月17日,马克思、恩格斯和其他无产阶级革命家,公开发表声明,退出协会。与此同时,鉴于法国布朗基派在伦敦的代表支持维利希—沙佩尔集团,马克思、恩格斯决定与他们断绝关系。

根据科伦中央委员会指示,在伦敦成立了马克思派的支部。

维利希—沙佩尔集团拒绝执行同盟中央的决议和指示。他们非法成立中央,泄露盟内机密,歪曲同盟分裂的真相,破坏秘密协会的规章。1850年11

---

① 列宁:《关于目前形势和无产阶级的阶级任务问题的总结发言》,《列宁全集》第12卷,第337—338页。

② 勒泽尔:《致马克思》(1850年9月25日),《马克思恩格斯全集》第30卷,第700页。

月，科伦中央委员会根据伦敦支部的建议，决定把这个集团的首要分子维利希和沙佩尔等人开除出盟。

马克思、恩格斯与维利希—沙佩尔集团的斗争和决裂，得到同盟盟员的坚决支持。

1850年12月1日，同盟科伦中央委员会发表《告同盟书》，表示完全拥护马克思的观点和措施，认为以马克思为首的多数派的决定是深谋远虑的，是防止同盟完全瓦解的唯一正确途径；文件严厉批判维利希—沙佩尔集团的错误，指出他们已经成为资产阶级的应声虫，实际上代表资产阶级和小资产阶级民主派的利益，"他们只是口头上的革命家，当然不是事实上的革命家"。

同盟法兰克福支部领导人魏德迈，在1850年10月13日致马克思的信中，表示完全拥护马克思的革命路线。他写道："同盟的分裂无论怎样都是命定的，中央委员会迁址是你们可以采取的一项最好的决定。这个决定在这里得到全体赞同。"[①] 魏德迈批判了维利希—沙佩尔集团脱离实际的革命幻想，正确地指出：这个集团的观点，不过是反映小资产者的要求，在先进工人中是没有市场的。

住在瑞士苏黎世的同盟活动家威廉·沃尔夫，接到了关于伦敦发生的情况的通知后，立即表示坚决拥护马克思、恩格斯。他在1850年10月23日给恩格斯的信中写道，他非常了解维利希，这个人不是一个真正的共产主义者；分裂是必然的。

历史证明了马克思、恩格斯对形势的判断和策略完全正确，维利希—沙佩尔集团的主张和分裂活动是完全错误的。这个集团的革命空谈、冒险活动和密谋组织，给革命事业造成很大损失，为反动派的特务活动提供方便。以后发生的科伦共产主义者的被捕和被判刑，与他们的错误言行有很大关系。

在事实的教育下，后来沙佩尔认识了自己的错误，作了诚恳的自我批评。他公开声明说，历史表明，马克思、恩格斯是"完全正确的"，他当时支持维利希，是完全错误的。1859—1860年，当福格特挑起反对马克思的诽谤活动时，沙佩尔坚决站在马克思一边，支持马克思反对福格特的斗争。

---

① 魏德迈：《致马克思》（1850年10月13日），转引自米哈伊洛夫《共产主义同盟》，第214页。

马克思欢迎沙佩尔勇于承认和改正错误的态度，恢复了对他的友谊和信任。第一国际成立后，根据马克思的提议，他被选为国际总委员会委员，在晚年仍然积极参加工人运动。维利希后来在美国南北战争中担任起义军将军，在起义中发挥了积极作用，马克思对他作了公正的评价。

同盟中央委员会迁到科伦后，马克思仍然非常关心它的情况，经常与科伦中央委员会成员勒泽尔、毕尔格尔斯、丹尼尔斯通信，了解同盟的工作，指导他们的活动。

1850年12月，同盟科伦中央把一份《盟章》草稿寄给马克思。马克思对草稿详细审阅。关于同盟的目的，盟章表述很含糊，只提出"破坏旧社会"，马克思加上了"推翻资产阶级"。这是非常重要的改动。马克思对盟章的整个结构也提出了自己的意见。

在马克思的指导下，同盟科伦中央委员会进行了积极的活动。他们发表了《告同盟书》，草拟了新《盟章》，派出了特使，在各地建立了新的组织。马克思对同盟的活动表示满意。1851年5月21日，他在给恩格斯的信中写道：弗莱里格拉特从德国"带来了非常好的消息。科伦人很活跃。自9月以来，他们的使者旅行各处。他们在柏林有两个很老的代表，一班民主主义者不断地来科伦请教，所以他们不断地阻碍其他先生们的行动"。"科伦的人们将在几星期内开一个共产主义者会议。"①

正在这个时候，同盟特使诺特荣克在莱比锡被捕，科伦中央委员会遭到破坏，普鲁士反动政府制造了骇人听闻的科伦共产党人审判案。同盟的活动完全停止了。马克思为揭露普鲁士反动政府的阴谋，救援科伦被捕盟员，进行了紧张的活动。

九　反对流亡中的大人物

19世纪50年代初期，马克思、恩格斯在重新聚集革命力量、领导共产主义者同盟的同时，还对伦敦的德国小资产阶级流亡者进行了无情的揭露、抨击和斗争，这是他们为巩固无产阶级独立组织、捍卫无产阶级革命策略的斗争的重要组成部分。

当时，聚集在伦敦，被马克思讽刺地称做"流亡中的大人物"的小资产

---

① 马克思：《致恩格斯》（1851年5月21日），《马克思恩格斯全集》第27卷，第280页。

阶级流亡者，是"一堆法兰克福议会、柏林国民议会和下院的前议员，巴登战役中的英雄，表演了帝国宪法这出喜剧的泰斗们，没有读者的作家，民主俱乐部里和代表大会上的空谈家，第十流的报刊作家等人物组成的混合体"①。

流亡中的大人物，都是自命不凡、妄自尊大的人物。他们从不认真研究革命问题，不联系革命群众，不从事实际的革命工作，唯一的本领就是胡吹瞎扯、夸夸其谈、钩心斗角、争权夺权，"把流亡变成一种营业或官职"，拿着"革命"的招牌到处招摇撞骗乞求施舍，整天在"杯中乐融融，烟雾腾腾起"的酒店政治中神气十足地议论所谓国家大事和革命勋业；为了分配虚无缥缈的政府职位而吵闹不休，为了争夺几文乞来的小钱而互揭伤疤；把卑鄙无耻当做最高的美德，把毫无原则当做最高的信仰，把废话连篇和无所作为当做创造世界历史的伟大动力。正如马克思所说："这堆人类渣滓愈是没有能力……完成任何实际工作，他们就愈是需要热烈地从事不切实际的、毫无益处的活动……总是非常夸张地宣布想象的活动情况、想象的政党、想象的战斗和想象的利益。这些废物愈是没有能力真正唤起新的革命，他们就愈是不得不只在想象中考虑这个未来的可能性，老早就分好了位置，并且预尝了当权的滋味。"②

流亡中的大人物，是德国为数众多的庸人心目中的英雄和偶像，在德国国内和欧美各国政治流亡者中都有一定的影响。在伦敦，他们竭力拉拢和腐蚀工人阶级，瓦解工人组织，妄图以团结、友爱之类的陈词滥调抹杀工人阶级的特殊阶级利益，把工人阶级变成他们的附庸。因此，批判流亡中的大人物，是抗拒小资产阶级影响、巩固无产阶级独立组织的重要措施。

流亡中的大人物，对革命理论一窍不通，把革命当做儿戏。他们不顾客观条件的许可，硬要凭着主观的想象制造革命。在他们看来，搞革命就像建铁路一样，只要有钱，要铁路就可以有铁路，要革命就可以有革命。他们对革命前途丧失信心，却以胡说八道的豪言壮语和荒谬可笑的冒险行动来欺世盗名。他们玩弄各种无聊的把戏，组织什么流亡政府、欧洲委员会、中央委员会、国民委员会，发表庄严堂皇的文告，以此满足渺小的权力欲望。但是，他们的行径，却为特务活动提供了良好的机会，实际上成了反动政府迫害革

---

① 马克思、恩格斯：《流亡中的大人物》，《马克思恩格斯全集》第8卷，第300页。
② 同上。

命者的帮凶和工具。因此，批判流亡中的大人物，是粉碎各国反动派的政治迫害、捍卫无产阶级革命策略的重大斗争。

流亡中的大人物，对马克思、恩格斯和其他无产阶级革命家进行了无理的攻击和诽谤。由于马克思、恩格斯坚决反对他们的胡闹，揭穿他们的伪装，触及他们的肮脏灵魂，他们便攻击、诽谤和诬蔑马克思：把"反动分子"、"靠剥削工人血汗过活"、"进行特务活动"等恶毒的罪名，强加在马克思的头上，妄图败坏革命导师的声誉，挑拨革命队伍的关系。因此，批判流亡中的大人物，是加强无产阶级的团结、维护无产阶级革命家崇高威望的严肃斗争。

从1850年开始，马克思、恩格斯就进行反对流亡中的大人物的斗争。他们在同盟组织和伦敦工人教育协会会议上，在给各地盟员和政治活动家的书信中，在《流亡中的大人物》、《高尚意识的骑士》等著作中，深刻地剖析了这伙人空虚的精神世界、荒谬的哲学观点、摇摆不定的政治态度和庸俗的生活作风，严厉斥责他们利用革命争名夺利的可耻行径，对他们作了无情的揭露、辛辣的讽刺和深刻的批判。

在反对《流亡中的大人物》中，马克思、恩格斯集中批判了金开尔、卢格、维利希、司徒卢威，把他们的荒谬行径暴露在光天化日之下。

哥德弗利特·金开尔是一个既没有正统派的毅力，又缺乏客观地理解神学能力的牧师，是多愁善感、装腔作势的小资产阶级无聊诗人。他没有诗人的才华，却企图以牧师的饶舌来证明自己的伟大；他苦于自己的诗集堆在仓库里无人问津，又幻想充当一名喜剧演员登上舞台；他热烈欢呼君主立宪的美妙，又挨户叫卖民主政治的破烂；他戴着诗人的桂冠挤进文人雅士的沙龙，却又装模作样地在手工业者面前痛哭流涕，表示对他们的处境的无限同情。这是一个投机成性、善于钻营、利欲熏心、毫无气节的人物。

1849年初，金开尔混上了钦赐柏林第二议院议员，稍尝了议会官僚的滋味。但是好景不长，由于"皇上"解散议院，他也就失去了这个梦寐以求的席位。

在维护帝国宪法运动中，金开尔发现参加起义有利可图，因而背起了一支据说是很美的、富有艺术性的火枪，可惜他既不会装弹，也不会瞄准，不会射击，不懂步法。他在为掉队者准备的马车上度过大部分时间，偶然一颗流弹轻轻地抹伤了他的头皮，他大叫一声："我被打死了！"便倒在路上，成了普鲁士军队的俘虏。

在被俘和审讯期间，金开尔可耻地背叛革命，向普鲁士反动政府屈膝投降。他在军事法庭上公开声明自己并不是革命者,把多情的诗人与野蛮的革命者相提并论完全是历史的误会;他大肆吹捧"普鲁士国王殿下",劝说这个反动统治者奉行强有力的政策,用宝剑统一德国;他无耻地当众高呼:"德意志帝国万岁!霍亨索伦帝国万岁!"表示对反动统治者耿耿忠心;他出卖被俘的前普鲁士士兵、指责他们用"在为祖国服务时可能获得的军事知识来反对祖国",使这些士兵不久就被反动政府杀害;他出卖自己的党、向法庭提供革命党的计划,但声明自己与这些计划毫不相干;他为了自己的性命和"那被遗弃的妻儿"痛哭流涕地向敌人乞求饶恕。金开尔在敌人法庭上的态度表明,他已经堕落成为一个可耻的叛徒。

1848—1849年革命运动中,许多革命战士在战场上英勇战斗,光荣牺牲;许多人在敌人的监狱里忍受折磨。就在同一个军事法庭上有26位革命者被判死刑,英勇就义。同革命烈士的高大形象相比,金开尔是多么卑鄙和渺小。

马克思、恩格斯对金开尔的叛徒行径无比愤慨,在《哥德弗利特·金开尔》一文中,对他进行了尖锐的揭露和批判,指出他留在革命队伍里"完全是出于误会";他是普鲁士反动政府的走狗,"如果普鲁士政府继续把他关在监狱里,那完全是毫无意义的残酷折磨"①。可是,金开尔的叛徒行径,在德国不仅没有受到批判和谴责,反而博得普遍的赞扬和同情。报纸连篇累牍地登载他的轶事、特写、诗篇、回忆,无限夸大他在狱中的苦难。人们怀着沉痛的心情怀念他、敬仰他,他成为庸人心目中的"伟大的蒙难者"。但是,正如马克思、恩格斯所说:"他之所以伟大并不是由于他所做的一切,而是由于他没有做的那一切;他之所以伟大并不是由于坚强和反抗,而是由于软弱和恭顺。"②

不久,金开尔演了一出越狱潜逃的喜剧来到伦敦,成了伦敦流亡者中轰动一时的人物。他在一些人眼中是诗人,在一些人眼中是不折不扣的爱国者,在一些人眼中是美学教授,在一些人眼中是蒙难的基督。他熟练地利用时机,四处奔走,成立小小的流亡者俱乐部,制造一幕幕自相残杀的闹剧;又造谣言,放暗箭,对无产阶级革命家恶毒攻击;他最拿手的好戏是高唱革命赞歌,挥舞流亡者的乞食袋,在大洋两岸诈骗钱财,把人们的软心肠变成硬金币。

---

① 马克思、恩格斯:《哥德弗利特·金开尔》,《马克思恩格斯全集》第7卷,第354页。
② 马克思、恩格斯:《流亡中的大人物》,《马克思恩格斯全集》第8卷,第300页。

阿尔纳德·卢格玩弄阴谋诡计有丰富的经验。他是一个不学无术的学者，把剽窃当做"最高智慧"和"正直创作"的作家，自封为最完美的理想人物的庸人。他由于无知而做了蠢事，却能毫无愧色地把蠢事当做独特的创造来夸耀；他经常陷入不可解脱的矛盾，却能心安理得地用荒唐的借口替自己摆脱困境；在理论家面前，他为了掩盖自己思维方面的弱点而装扮成埋头实际的人；在实践家面前，他又把自己在实践方面的无能和有始无终装扮成理论上的最高成就，并且大言不惭地宣布："正是这种对无法解决的矛盾的束手无策，正是这种对一切时髦词句的内容不加批判的胡乱信任，才能算是'信仰'。"①

卢格具有无与伦比的"勤奋"。他从来不愿多费脑筋去作认真的科学研究，却热衷于把自己头脑里所想的一切，白天听到、看到、想到的任何一件微不足道的小事，认真地记载下来，写成文章。他无法控制自己的写作冲动。不管什么题材，不管内容多么荒谬，不管多么粗制滥造和废话连篇，只要"创作"出来，发表出去，就是"伟大的业绩"。

卢格是德国庸人的又一典型。他把小市民的庸俗习气当成美德，把丑恶的利己主义装扮成自我牺牲的榜样，把怯懦描绘成最大的勇敢，把卑鄙变成了高尚，而粗鲁放纵的举止则被说成是坦率和心情舒畅的表现。总之，"一条把哲学中、民主中、首先是空话中的一切矛盾奇妙地混合在一起的阴沟，一个一身集中了一切道德上的缺陷、一切卑鄙下贱的品质、既狡猾又愚蠢、既贪婪又迟钝、既奴性十足又傲慢不逊、既虚伪又像一个被解放的农奴、像一个村夫一样朴实的人、庸人和空想家、无神论者和空话的信仰者、绝对的不学无术者兼绝对的哲学家"②。这就是阿尔纳德·卢格的形象。

在1848年革命中，卢格扮演了一个时期议会左派的角色。革命失败后，他到了科伦，以德国思想家的身份，自荐于老阴谋家马志尼，充当欧洲民主派中央委员会这辆马车的第五个轮子。

卢格是无产阶级的敌人。早在19世纪40年代中期，他就公开反对共产主义；流亡伦敦时期，他又编造大量谎言，无中生有地造谣、诽谤、攻击马克思和恩格斯。

发表宣言是卢格的擅长。他把这门艺术发展到无以复加的地步。他已记

---

① 马克思、恩格斯：《流亡中的大人物》，《马克思恩格斯全集》第8卷，第308页。
② 同上书，第310页。

不清自己发表的宣言有多少，宣言的内容更是忘得一干二净。他声明自己是无神论者，又为了"置身于欧洲最伟大的人物的集团里"而反对君主、保卫上帝；虽然好战与和平的意思正好相反，但这又有什么关系，反正都是"宣言"！

古代炼金术士据说能够点石成金，卢格却有本事把幻想变成金钱和社会力量。他面对千千万万虚构的听众喊道："我告诉你们：请认购一千万法郎债券，我们就将解放大陆。"①

学者卢格和诗人金开尔虽然风格不同，但在金钱上却有同样的爱好。如果你说他灵魂深处充满铜臭，他会理直气壮地回答："这是革命的需要！"

为了替欧洲强国的政府委员会披上合法外衣，为了证明在自己背后有"轮廓鲜明的人民"，卢格拼凑了一个鼓动者协会。可惜这个无人承认的强大团体，只有寥寥无几的几条"轮廓鲜明的"尾巴！

古斯达夫·司徒卢威的特点是思想僵化、愚蠢不堪而又自命不凡。他对一切科学知识深恶痛绝，却醉心于荒诞的面相术、手相术、兴亡术和骨相学。他"为了在同胞中显得出类拔萃，就不择手段地时而充当预言家，时而充当投机家，时而充当修脚师，把最离奇古怪的工作变成自己的主要职业，甚至宣传各种各样的荒诞无稽的思想"②。

1848年他担任巴黎临时政府委员，把自己管理的部门搞得混乱不堪。革命失败后他流亡伦敦，在那里宣布了伟大的发现：君主、贵族、官僚、常备军、钱袋和臭虫，是人类的六大祸害。可是他对这些祸害不仅没有痛恨，反而与它们非常友好。虽然君主是六害之首，他却心安理得地领取了下台君主卡尔公爵一笔相当可观的酬金；虽然贵族也被列为祸害，但他在任何社交场合，总不忘记"司徒卢威男爵"这个贵族头衔；虽然他充当官僚的时间不长，却千方百计为自己的钱袋增光；这个庸俗无聊的家伙，他自己就是第六个祸害——臭虫。

司徒卢威先生的杰作是《告德国民主派的通告》。他号召建立德国流亡者中央局，企图以此对抗马克思领导的社会民主主义流亡者委员会，阻挠无产阶级成为独立的组织。他还以巴登革命代表的身份参加德国事务委员会，在《告德国人！》上大声疾呼："请你们伸出手来，把你们的钱袋给我们！"这位

---

① 马克思、恩格斯：《流亡中的大人物》，《马克思恩格斯全集》第8卷，第311页。
② 同上书，第302页。

先生架子不小，但是人们对他并不十分推崇。

上面几位先生，是流亡中大人物的佼佼者。此外，还有金开尔的"小金虫"叔尔茨、泰霍夫、席梅尔普、芬尼希；卢格的"轮廓鲜明"的尾巴豪格、隆格、陶森玉等等。这些都是"二流的伟人"。他们与自己老师的面貌十分相似，马克思只用简洁的几笔就把他们揭露无遗。

从1851年开始，流亡中的大人物分裂成为两个对立的集团：以金开尔为首的《流亡者俱乐部》和以卢格为首的《鼓动者协会》。他们在欧洲和北美的德文报刊上展开了热闹非凡的唇枪舌剑。双方各不示弱，使出全部力气。个人之间的争吵，互相倾轧，玩弄诡计，无节制的自吹自擂——大人物们的全部力量都投到这些乱七八糟的事情中去了。

马克思、恩格斯严厉批判了这伙人把革命当做争名夺利的工具的无耻行径；明确地指出了他们的胡闹，给革命事业造成了严重的危害；无情地嘲笑了在他们看来是无比伟大的斗争，不过是一场老鼠与青蛙之战：

> 谁使这架小小的钢琴发出响声？
> 那是我吸取振奋人心的词汇的泉源，
> 为的是我能够用鲜明的色彩，
> 来描写世界上从未见过的战斗。
> 同命运注定要我歌唱的这次战斗相比，
> 一切以往的战斗都只是大宴会上的花朵：
> 因为一切有不可思议的勇敢精神的人，
> 都在这次光荣的战斗中拔剑相斗。

马克思、恩格斯指出，流亡中的大人物都是一丘之貉，根本没有什么本质不同。他们的争吵，完全是无聊的把戏，只不过是为了在彼此的攻击中显示自己的重要性。他们对反动政府没有任何危险性，"他们热烈希望的只有一件事——使德国国内呈现出一片死寂的沉静，好让他们的声音在这片死寂的沉静中显得更响亮；使公众的觉悟水平极度地降低，好让甚至像他们这样的人也可以成为出类拔萃的人"[①]。

马克思、恩格斯指出，流亡中的大人物都是铜臭熏心的人。他们之间的

[①] 马克思、恩格斯：《流亡中的大人物》，《马克思恩格斯全集》第8卷，第361页。

斗争，也是为着争夺通过"募捐"、"德美革命公债"骗来的钱财。虽然诗人金开尔多愁善感，学者卢格信奉"人道主义"，但他们都把莱茵资产阶级代表汉泽曼的名言"在金钱的问题上，是没有温情可言的！"当做座右铭。这些不可一世的伟大人物，为了争夺几文小钱，不惜在公众面前撕破脸皮，互相谩骂。卢格的《鼓动者》骂金开尔及其信徒是"偶像崇拜者"、"不成熟的政治家"、"非常愚蠢的人"、"玩弄各种幕后的阴谋诡计"的阴谋家；金开尔的《流亡者》骂卢格及其尾巴是"个人野心"、"妄自尊大"、"自夸的无所作为"和"政治上的零"。马克思、恩格斯幽默地写道："应当承认，这些先生们彼此都很了解，又几乎都达到了了解自己的地步。"①

马克思、恩格斯严肃地指出，虽然这伙人对反动政府毫无危险，但是他们的丑行却给反动派帮了大忙。他们卖弄虚构的同盟和臆想的阴谋的把戏，"给了政府以它所希望的借口，使它得以在德国逮捕许多人，在全国各地镇压一切运动，并且利用伦敦的可怜的稻草人……来吓唬德国的小市民"②。

历史早已把这些老鼠与青蛙扫进了垃圾堆，马克思、恩格斯在与这伙人的斗争中坚持原则、毫不妥协的精神是十分可贵的。他们的共同著作《流亡中的大人物》，把无产阶级坚定的革命立场、生动的艺术形式、尖锐泼辣的战斗风格和丰富多彩的表现手法最完美的结合起来，是马克思主义抨击性、政论性作品的精品。

十 普鲁士政府对科伦共产党人的迫害

1851—1852年，普鲁士反动政府制造了科伦共产党人案。这是一起蓄谋已久的，对马克思、恩格斯和其他无产阶级革命家的政治迫害。

1848—1849年革命失败以后，普鲁士反动政府加紧迫害德国革命者。为了破坏共产主义者同盟的组织和迫害马克思、恩格斯等无产阶级革命家，普鲁士反动政府组成了一个以柏林警察总监辛凯尔迪为首，包括行政、外交、警察部门在内的特务机构，专门调查和监视同盟的活动。

在伦敦的普鲁士驻英大使馆中，成立了由警监格莱夫领导的密探小组。他们潜伏在马克思住宅周围，从不间断地记下马克思家里来往客人的情况。马克

---

① 马克思、恩格斯：《流亡中的大人物》，《马克思恩格斯全集》第8卷，第378页。
② 同上。

思外出时，无论是坐公共马车还是进咖啡馆，都有特务尾随其后，跟踪盯梢。有时，普鲁士特务还化装成"革命者"，向马克思提出各种各样荒谬的建议，妄图引诱马克思上当。但这一切都是枉费心机。正如马克思、恩格斯所说："我们见惯了时常碰到的普鲁士使馆的鬼鬼祟祟的官员……我们听惯了这些挑拨者的疯狂的长篇大论和恶毒的建议，我们知道怎样对付他们。普鲁士使馆注意我们，我们并不觉得奇怪——我们能受到它的注意，很引以自豪。"①

在德国各地，普鲁士特务监视盟员，检查信件，千方百计企图破坏同盟组织。

1851年5月10日，同盟特使诺特荣克在莱比锡车站被捕，在他身上搜出《共产党宣言》、《共产党在德国的要求》、科伦中央委员会《告同盟书》、《共产主义者同盟章程》、中央委员会介绍信和一些盟员的地址。不久，同盟另一个特使豪甫特在汉堡被捕，他成了可耻的叛徒，供出了同盟的情况，出卖了科伦中央委员会。普鲁士政府认为这是一个彻底摧毁同盟组织，迫害马克思、恩格斯和其他无产阶级革命家的绝好机会，于是便在德国各地大肆逮捕，搜查盟员和其他革命者的住宅。同盟中央委员勒泽尔、毕尔格尔斯、丹尼尔斯先后被捕。

普鲁士政府大造舆论，胡说同盟是国际性的阴谋组织，吹嘘自己破坏了全欧性的革命密谋，以此为借口，勾结各国政府，进一步迫害流亡国外的革命者。

被捕盟员遭到普鲁士反动政府的残酷折磨。他们被关在狭小、潮湿、阴暗、肮脏的单人牢房里，禁止读书、写作和会见任何人；从早晨到深夜，还要做苦工，吃的是发霉的食物，还经常遭受毒打。反动政府企图通过这种卑鄙的手法迫使被捕盟员屈服。

为了捏造被捕盟员从事密谋活动，犯了"叛国罪"，政府动员了整个国家机构，进行了极其紧张的活动。但是结果仍然一无所获。由于"缺乏起诉所必需的客观的犯罪构成"，反动当局便用种种借口，把被捕盟员审前扣押达一年半之久。在这期间，他们采取了偷窃文件、篡改日期、栽赃陷害等卑鄙可耻的手段。

普鲁士反动政府指使密探罗伊特在伦敦砸开维利希—沙佩尔集团的秘书迪茨的抽屉，偷窃抽屉中存放的档案。据说里面有盟员的全部来往信件。警

---

① 马克思、恩格斯：《流亡中的大人物》，《马克思恩格斯全集》第8卷，第446页。

察顾问施蒂伯狂喜地说："全部线索都已经暴露在我的眼前了。"但是，这不过是一场空欢喜。维利希—沙佩尔集团是已经从马克思和科伦中央委员会中分裂出去的派别，他们早已被开除出盟。如果迪茨的档案中有密谋的证据，那与被捕盟员也丝毫无关。施蒂伯发现的唯一与马克思有关的文件，是马克思、恩格斯等人退出伦敦德国工人教育协会的声明。但是这份声明早在1850年9月就已经在德国多家报刊上公开发表了。可笑的是，警察头子施蒂伯竟然利令智昏，以至于发誓说，他在1851年8月5日收到的档案中，有柏林总区部1851年8月20日寄出的一封信。马克思讽刺地写道："如果有人一定要说，施蒂伯在作伪誓……那么他会振振有词地回答说，普鲁士王国顾问和福音书作者马太有同样的权利，例如有创造事件发生的时间顺序的奇迹的权利。"①

普鲁士反动当局宣称从迪茨的档案中发现了一个"德法密谋"的线索，于是施蒂伯赴巴黎，与法国警察头子卡尔利埃秘密勾结，据说终于破获了这个密谋，逮捕了一个名叫舍尔瓦尔的密谋策划者。

其实，这个人是普鲁士和法国警察局的密探。他打入维利希—沙佩尔集团的巴黎组织，制造所谓密谋活动的伪证件，甚至自己充当密谋活动的首脑。为了陷害马克思和被捕盟员，舍尔瓦尔胡说自己是马克思介绍入盟的，与马克思和同盟中央有联系。但是，这出丑剧很快就被揭穿。巴黎根本没有同盟的组织，舍尔瓦尔根本不了解同盟的活动，他与马克思根本没有往来。因此，他编造的谎言矛盾百出，以至于反动政府也不敢让他出庭作证，只好布置他"越狱潜逃"。

普鲁士反动政府是创造警察奇迹的能手。在"德法密谋"破产之后，又制造了所谓马克思派的"原本记录"，以此作为马克思和被捕盟员从事密谋活动的铁证。

所谓"原本记录"，是由警探希尔施制造的。希尔施曾一度钻入同盟伦敦支部，但很快就被发现并被清洗出盟。此后，他躲在伦敦一个阴暗的角落里，编造了一大本所谓的"原本记录"。在这个虚构的阴谋家组织的虚构的中央委员会的虚构的会议的虚构的记录里，没有一个名字是确实的，没有一个姓是真的，没有一句话是有根据的。特别可笑的是，在"原本记录"中，所有的

---

① 马克思：《揭露科伦共产党人案件——二、迪茨的档案》，《马克思恩格斯全集》第8卷，第470页。

人发表意见，都被迫使用普鲁士警察派出所的语言，而不使用自己本来的语言。这个离奇怪诞、矛盾百出的伪造品，却被施蒂伯当做宝贝，一再保证它是"正确的、可靠的"。但是，这种拙劣的骗局很快又被马克思揭穿。希尔施不得不公开承认自己是"原本记录"的伪造者。在无可否认的事实面前，连反动的国家起诉人也不得不承认，这是一个"倒霉的本子"。

揭穿"原本记录"等伪造文件，是对普鲁士反动政府的沉重打击，"随着原本记录的真相大白，案件已进入了一个新的阶段。现在陪审员们已无法承认，被告有罪还是无罪，现在他们必须承认的是，被告有罪还是政府有罪。宣判被告无罪，就等于宣判政府有罪"①。

于是反动政府又玩弄了一套栽赃陷害的把戏。它宣称没收了50本《红色问答书》，其中有一附函，指示收件人在深更半夜把该书悄悄地塞进人们的屋里。反动当局伪造笔迹，硬说附函"出自马克思之手"。但是，这个谎言更是不值一驳。只要浏览一下附函原件和马克思的亲笔，就完全可以拆穿伪造笔迹的骗局；即使只读过马克思著作一行字的人，也决不会相信这封充满戏剧性的荒唐可笑的附函，竟会出自马克思之手。这封所谓附函捏造得如此荒唐，连起诉书也不敢引用。反动政府这个阴谋又破产了。

虽然反动政府在每一种无耻勾当被揭穿之后，又立刻想出新的无耻勾当，但是，所有这些无耻勾当，都被马克思彻底揭穿。如果说，反动政府在一年半时间内找不到任何客观的"犯罪构成的材料"，那么它却轻而易举地物色了一批反动的陪审员：6个贵族，4个金融巨头，两个高级官员。这些反动家伙根本不愿细心分析各种证据，不愿听取辩护人的申诉，完全按照统治阶级的需要，对被捕盟员进行不讲道理的判刑。经过一年半的审前扣押和一个月的法庭审讯，勒泽尔、列斯纳等几位盟员被无理判刑，丹尼尔斯等4人无罪释放。

科伦审判案表明，反动政府对革命无产阶级的迫害是不择手段的。但是，真理在革命者手中，群众站在革命者一边，社会舆论对革命者深表同情。人们清楚地看到，在这个案件中，真正的罪犯不是科伦的共产主义者，而是那个伪造证件、迫害人民的反动政府以及它的官僚警察头子。正如列斯纳所说："在审判时我们并不感到我们是罪犯。全世界的人都认识我们并且做出了公正

---

① 马克思：《揭露科伦共产党人案件——四、原本记录》，《马克思恩格斯全集》第8卷，第470页。

的宣判，因为人民、舆论在这一审判开始的时候就为我们作了辩护。在这一审判中，被判罪的人比判罪的人内心要舒服得多。"①

在科伦审判案中，大多数被捕盟员表现了崇高的无产阶级革命品质。他们经受残酷的折磨，面对敌人的威胁利诱，毫不动摇，毫不妥协，在敌人的监狱和法庭上，大义凛然地宣传共产主义理想，宣传无产阶级革命原则。特别是工人列斯纳，在五年的监禁时间里，始终表现了崇高的无产阶级革命品质。他在日记中写道："我经受过各种各样的困苦……但是有这样一个思想鼓舞我和支持我，我是为正义的事业而受苦的……我认为，只有这样才可以考验出来，你能不能为自己的原则而牺牲，能不能忍受不幸，不抱怨，不诉苦……最重要的一点是：在任何情况下都忠于自己的信念，不违背自己的久经考验的原则，不放弃这些原则。"他每天都用这样的话来表示自己对革命原则的忠诚："使我感到高兴的是，我今天一如往昔，而我将来也永远一如今日。"② 他永远忠于自己的革命原则，把自己的一生完全献给了无产阶级革命事业。

十一 《揭露科伦共产党人案件》

科伦共产党人审判案，是普鲁士反动政府对马克思、恩格斯的迫害。反动政府把一切事情都推在马克思身上，诬蔑他是一切密谋活动的罪魁祸首。正如恩格斯所说，整个审判案"针对我们正如针对科伦诸人一样"。

马克思与普鲁士当局进行了针锋相对的斗争。他以坚定的革命立场，灵活多样的斗争方式，冲破重重困难，揭露了反动政府的罪行，把这桩由反动政府一手制造的审判案，变成以马克思为代表的德国工人阶级和广大劳动人民对反动政府的控诉、揭露和审判。

1851年5月中旬，马克思得到德国盟员被捕的消息后，立即写信告诉恩格斯，必须做好准备："无论如何，我会将一切收拾好的。你对于全部信件收拾一番，也是好的。"③

在案件侦查和法庭审讯期间，马克思密切注意普鲁士反动政府的活动。

---

① 列斯纳：《1848年前后》，《回忆马克思恩格斯》，第176页。
② 同上书，第177页。
③ 马克思：《致恩格斯》（1851年5月28日），《马克思恩格斯全集》第27卷，第287页。

他指示盟员魏德迈赶赴科伦,了解案件详情;通过盟员贝姆巴赫,向被捕同志和辩护律师转交有关证件。在伦敦,马克思进行了特别紧张的活动。他组织了一个精干的小组。马克思夫人描写当时的情况说:"两三个人抄写,另一些人跑腿,再有一些人设法筹款,以便使抄写者能维持生活并把闻所未闻的丑事的证据摆在腐朽的官员面前。"① 在马克思的领导下,盟员施拉姆、德朗克、维尔特、李卜克内西等人,从德、法、英等国收集大量证据,揭穿普鲁士警察当局的种种捏造。

要把辩护文件寄到科伦,是非常困难的。普鲁士驻英大使馆严密监视马克思的一举一动,普鲁士邮局对来往于科伦和伦敦的邮件进行彻底的检查,普鲁士警察局指责辩护律师与马克思有"罪恶的通信联系",威胁要对他进行法律追究。这一切的目的,都在于"切断对辩护人的武器供应"。但是,马克思采取各种办法,通过不同渠道,及时地把文件寄到科伦,为揭穿反动政府的阴谋和替被捕盟员辩护提供了有力的武器。

为了揭发普鲁士政府对无产阶级革命家的迫害,争取广大群众的支持,马克思、恩格斯在欧美各国报刊上发表了许多文章和声明,报道科伦审判案的真相,使普鲁士政府在公众舆论面前陷于孤立。

1852年10月28日,马克思、恩格斯等人在《致美国各报编辑部的声明》中,指出整个案件是普鲁士反动政府精心制造的卑鄙勾结,"这些勾当甚至在普鲁士政治司法史上都是没有先例的"。他们尖锐地指出,由于法庭干了一系列伪造证件、捏造罪名的卑鄙勾当,宣判被告无罪就无异于宣判政府有罪。现在法庭宣判被告有罪,就在大庭广众之前,彻底暴露了自己不过是反动政府和统治阶级的工具。

科伦盟员被判刑后,马克思立即组织救援受难盟员及其家属的工作,发表了《关于救济科伦被判罪的无产阶级代表及其家属的呼吁》,指出科伦被判罪的盟员,是"由于坚持先进的立场并为之进行英勇顽强的斗争以致最后落入敌人手中的人们",整个案件,"完全是封建贵族和金融贵族对工人阶级的阶级报复"②。

为了彻底揭露普鲁士政府的反动面目和阴谋诡计,批判维利希—沙佩尔

---

① 燕妮·马克思:《致阿克格斯》(1852年10月28日),《回忆马克思恩格斯》,第275页。
② 《关于救济科伦被判罪的无产阶级代表及其家属的呼吁》,《马克思恩格斯全集》第8卷,第644页。

集团在科伦审判案中的错误行径,阐述无产阶级政党的性质和任务,马克思于1852年底写了《揭露科伦共产党人案件》一书。

在《揭露》中,马克思深刻分析了无产阶级政党的性质和任务。他指出,共产主义者同盟是无产阶级革命组织,它有着伟大的革命目标。对于同盟来说,推翻德国现存专制政府,不过是即将来临的伟大斗争的过渡阶段;即将来临的决战,不仅将永远消灭暴君、专制君主和王位追求者的统治,而且将永远消灭无比强大的、极端可怕的权力——资本对劳动的支配权。同盟的任务,不是用密谋方式去推翻专制政权,而是向群众宣传共产主义,组织和训练无产阶级,为最后的决战准备力量。同盟之所以采取秘密活动的方式,那只是由于自从革命失败后,无产阶级政党在大陆上完全失去了出版报刊、言论自由和结社权,失去了一切合法活动的手段;在这种情况下,除了秘密活动以外,没有其他活动方法。同盟的性质和任务与一切阴谋家组织是根本不同的。普鲁士反动政府把"密谋"的罪名强加在同盟头上,不过是用合法手段烧死政治异教徒的一种借口而已。

《揭露》用大量确切的材料,证明整个案件是普鲁士反动政府对共产党人的蓄意迫害。案件审理时期,普鲁士一切国家机构都紧张地活动起来,从政府内阁到驻外使馆,从警察机构到陪审法庭,从邮局到反动报刊,无不用最卑劣的方式参与对革命者的迫害。马克思逐条揭穿了所谓"迪茨档案"、"德法密谋"、"原本记录"、"亲笔附函"的骗局,特别详细地揭穿了"原本记录"捏造的经过,指出:"原本记录并不是一个孤立的情节;它是政府活动的种种线索,即来自大使馆和警察当局,内阁和各地方当局,检察机关和邮政局,伦敦、柏林和科伦等方面的种种线索的集结点。原本记录对案件具有如此重大的意义,以致把它发明出来,完全是为了制造案件。派信使、发快信、扣留信件、违背誓言,无非都是为了使原本记录保持有效;伪造,无非是为了制造原本记录;企图收买,无非是为了证明原本记录是真的,原本记录的秘密被揭穿,就等于巨大案件的秘密被揭穿。"①

马克思深刻地指出,科伦审判案完全是反动统治阶级对无产阶级的阶级报复。以民主和自由伪装的资产阶级陪审法庭,不过是"特权等级的等级法庭,只有盗贼才能拯救财产,只有违背誓言才能拯救宗教,只有私生子才能拯救家庭;建立这种法庭的目的是为了用资产阶级的良心的宽广来填补法律

---

① 马克思:《揭露科伦共产党人案件——七、判决》,《马克思恩格斯全集》第8卷,第532页。

的空白"。在这样的法庭面前，什么真理、正义、平等，完全是骗人的鬼话。马克思写道：被告所代表的手无寸铁的革命无产阶级及站在由陪审法庭所代表的统治阶级面前，他们的"罪"是老早就被判定了的，"莱茵的贵族和莱茵的资产阶级用自己的判决：'有罪'来迎合法国资产阶级在12月2日以后所发出的狂吠：'只有混乱还能拯救秩序。'"①

《揭露》严厉批判了维利希—沙佩尔集团在科伦案件中扮演的不光彩的角色。

科伦逮捕刚刚开始时，马克思就写信给恩格斯，指出维利希—沙佩尔集团的大吹牛皮，是引起反动当局采取措施的重要原因。马克思写道："警察对密使等采取这种手段，完全是受了伦敦驴子们可鄙的叫嚣的影响。这些牛皮客知道自己既没有叛乱阴谋也不追逐一种实际的目的，在德国更没有一种组织为后盾。他们只愿意有什么事情好像带有危险性，并促成报纸的脚磨车旋转。这些无赖妨碍并危害实际的运动，而且使警察的目光敏锐起来了。"②

在《揭露》中，马克思指出，维利希—沙佩尔集团是一个阴谋家的团体。他们追名逐利，瞎吹牛皮，"一方面在秘密活动的那种庄严的、带有戏剧性的斗篷下面竭力掩盖自身的渺小，另一方面又打算在最近革命到来时满足自己的一点微不足道的功名心，但是首先千方百计地试图在目前就成为显要人物，在蛊惑宣传的成果中捞到自己的一份，获得那些民主主义的爱吵吵嚷嚷的饶舌者的拥戴"③。他们毫无原则，从来没有独立的思想；但是，如果认为他们是"行动派"，那也是不对的，"除非把行动理解为在下流的叫嚣、臆想的密谋和毫无结果的表面的联系掩盖下的那种无所作为"④。

马克思严厉批判维利希—沙佩尔集团在科伦案件审讯过程中的错误态度。他们的文件，通过某种可疑途径，落到警察当局的手里；他们最了解特务舍尔瓦尔，但却让他篡夺巴黎组织领导权；他们的成员赫斯是《红色问答书》的作者，明知马克思与这本书的写作和散发毫无关系，却若无其事地听任法庭对马克思栽赃诬告；他们的许多成员，公然以"王室证人"身份出现在法庭，与普鲁士警察当局狼狈为奸；他们的特使在德国各地进行反对同盟的活

---

① 马克思：《揭露科伦共产党人案件——七、判决》，《马克思恩格斯全集》第8卷，第522页。
② 马克思：《揭露科伦共产党人案件——六、维利希—沙佩尔集团》，《马克思恩格斯全集》第8卷，第522页。
③ 同上。
④ 马克思：《揭露科伦共产党人案件——一、宣言》，《马克思恩格斯全集》第8卷，第466页。

动，为反动政府在最后一瞬间恢复审讯提供借口。维利希本人是特务弗略里和希尔施的密友。他公开包庇希尔施，在希尔施的特务行径暴露后帮助他逃离英国；他把自己秘密协会的地址告诉弗略里，使普鲁士特务能在隔房偷听和记录会议情况。所有这一切，都说明了这个集团的活动是很不光彩的。

维利希—沙佩尔集团的一些成员，后来逐渐认识了错误，并在实际活动中有所改正。沙佩尔作了诚恳的自我批评，重新回到马克思主义队伍中。维利希积极参加美国解放黑奴的战争，为进步事业作出了一定的贡献。

1875年初，当马克思准备再版《揭露科伦共产党人案件》时，曾考虑是否删去关于维利希—沙佩尔集团一章。经过深思熟虑之后，还是保留下来。但他说明当时对这个集团采取严厉态度的原因，对于他们的功过作了历史的评价。马克思写道："革命遭到的暴力镇压，在参加革命的人们的头脑里，特别是在那些远离故土亡命他乡的人的头脑里留下了那样的震荡，甚至使坚强的人都在比较长的时期内失去了自制力。他们看不清历史的进程，他们不愿意理解，运动的形式已经改变。于是他们拿革命当儿戏，而这是对他们自己和对他们所从事的事业都有害的。沙佩尔和维利希的过失就是由此而来的。维利希在北美内战中证明了他并非单纯是一个幻想家，而沙佩尔终生都是工人运动的先进战士，他在科伦案件结束后不久就认识到并且承认了自己一时的迷惑。许多年以后，沙佩尔躺在临终的病榻上，用辛辣的讥讽口吻对我说起这个'流亡者的胡闹'的时期。从另一方面来说，写《揭露》时的环境，说明了这篇文章在攻击共同敌人的不自觉的帮凶时为什么采取了那样苛刻的态度。在危机时期失去冷静的头脑是对党的罪行，应当公开赎罪。"①

马克思的《揭露科伦共产党人案件》是在极端困难的条件下写成的。1852年12月7日，他写信给美国的朋友说："你们如果想到，这本小册子的作者由于没有裤子和鞋子，无异处于软禁状态，而他的家庭每时每刻都身经而且已在面临着陷于赤贫的绝境的危险，那末你们就会更加欣赏这本小册子的幽默。这个案件使我在贫困中越陷越深，因为五个星期当中我必须为党工作，同政府的阴谋诡计作斗争而不能挣钱谋生。"②

这部著作是在10月着手，12月完成的。手稿两份，分别寄给瑞士巴塞尔的莎贝利茨和美国纽约的克路斯。莎贝利茨对这本小册子称赞不已，认为

---

① 梅林：《马克思传》，第282—283页。
② 同上书，第281页。

它是一部杰作,将会引起极大轰动。可惜,巴塞尔印刷的 2000 册,于 1853 年 3 月运往德国途中,在巴登边境被普鲁士警察没收销毁。寄往美国的手稿,于 1853 年 3 月在《新英格兰报》分节发表,后来又出版单行本。恩格斯自费订印了 400 册,在德国各地广为散发,沉重打击了普鲁士反动政府。

十二　同盟已完成自己的历史使命

科伦共产党人案件表明,无论在德国或欧洲其他国家,共产主义者同盟已经不可能开展真正的活动。同时,在新的形势下,同盟这种宣传团体也根本不合时宜了。为了领导暂时遭受挫折的工人运动,需要建立一个更加坚强、更加成熟的无产阶级组织。同盟已经完成了自己的历史使命。1852 年 11 月 17 日,在同盟伦敦支部会议上,根据马克思提议,一致通过解散同盟组织。两天后,马克思写信给恩格斯:"同盟因我的提议,已经自行解散了。它在大陆方面的继续存在也不复适合,而且自毕尔格尔斯和勒泽尔被捕以后,它在大陆上实际已经告终。"①

共产主义者同盟是"一个极好的革命活动的学校",是当时德国"唯一有意义的组织"。同盟虽然解散了,但它培养了大批无产阶级革命干部,他们后来在各国工人运动和国际工人运动中发挥了积极作用;同盟的纲领——《共产党宣言》,成为全世界无产阶级的共同纲领;同盟的口号:"全世界无产者,联合起来!"成为全世界无产阶级团结战斗的誓言。

---

① 马克思:《揭露科伦共产党人案件——一、宣言》,《马克思恩格斯全集》第 8 卷,第 466 页。

第七章 动荡生活简记

一 贫困与饥饿

封建贵族和资产阶级的旧世界,没有能够用政治迫害和恶毒的攻击使马克思屈服,便采取了更加毒辣的手段,用贫困、饥饿来折磨马克思和他的家庭。在整个反动统治的50年代,马克思忍受了极大的牺牲,经历了很多痛苦,过着极端贫困的生活。

马克思一生不仅为革命事业贡献了全部时间、精力和智慧,而且牺牲了地位、财产和全家的安宁。革命时期,他拿出大笔款项资助革命同志、创办《新莱茵报》,当反动派的迫害日益加剧从而导致资产者股东全部退出后,马克思成了报纸的唯一所有者。后来,报纸停刊,"为了挽救报纸的政治荣誉,为了挽救科伦朋友的荣誉,他承担了一切重担,卖掉了快速印刷机,拿出了家中所有的积蓄。离开科伦前,还借了300塔勒来偿还报社租金,给编辑报酬……没有给自己留下任何东西"[①]。他卖掉全部家具,当光全部银器,才凑够到巴黎的旅费。从巴黎到伦敦时,他已经一贫如洗,没有任何可以出卖和典当的东西了。

在反动势力猖狂的年代里,马克思不可能靠写作来维持生活。出版社对他关门,报刊拒不刊登他的文章。科伦共产党人案件以后,情形更加严重。他在1852年12月7日给友人的信中写道:"这个案件使得德国的那些出版家完全离开了我,而我本来是希望同他们签订关于出版我的政治经济学合同的。"[②] 有的著作如《科伦共产党人案件》,不仅没有得到分文报酬,而且由

[①] 燕妮·马克思:《致约·魏德迈》(1850年5月20日),《马克思恩格斯全集》第27卷,第629页。

[②] 梅林:《马克思传》,第281页。

于出版后书籍被没收，还要赔偿出版社的印刷费。

这个时期，马克思唯一固定的收入，是替美国《纽约每日论坛报》撰稿。《纽约每日论坛报》是有20万订户的资产阶级大报。1851年8月，该报编辑德纳亲自到伦敦聘请马克思为该报撰稿人，每周撰稿两篇，每篇稿酬两英镑。德纳口头上鼓吹社会主义，实际上是一个资产阶级剥削者。他完全了解马克思的论文具有无比的科学价值，经常在读者面前拿马克思来炫耀，甚至时常把马克思的论文作为编辑部的文章来发表，还写信赞扬马克思是"最宝贵的撰稿人"。但是，他却以资产阶级剥削雇佣工人的手段来对待马克思。在报纸的营业稍微不好时，他就把稿酬降低一半，而且仅仅支付给已经发表的稿子，而把不合他口味的文章随意扔进废纸篓。有时候马克思一连三个星期甚至六个星期都没有从报社得到分文报酬，从而使他的生活更加困苦。他在给恩格斯的一封信中写道："跟这号人为伍，还不得不认为这是件幸事，这真是令人厌恶。一个人注定要在这种行业中进行政治工作，只不过是像习艺所里的贫民把骨头研碎熬汤一样。"①

在这个时期，马克思的生活非常贫困。他的家住在十分偏僻和荒凉的地方，周围都是垃圾，下雨天，又厚又黏的红泥牢牢地粘在鞋底，每次外出都必须"经过疲劳的搏斗，脚上带着一百斤黏土回来"②。他几乎每天都要为谋生而操心。家里经常缺乏粮食、蔬菜、煤等最必需的东西，债主经常上门讨债，纠缠不休。有的时候，由于衣服、鞋子送进当铺而不能出门，由于没有邮票而不能寄信，由于付不起房租而被房东赶出家门。所有这一切，马克思从来不向外人提及，只是在给恩格斯和其他最亲密的同志的书信中，才谈到这些情况。

19世纪50年代初期，是马克思最困难的几年，经常不断的惊恐，形形色色的困难，甚至连最必需的东西都没有。1852年2月27日，马克思在给恩格斯的信中写道："一星期以来，我已达到非常痛苦的地步：因为外衣进了当铺，我不能出门；因为不让赊账，我不能再吃肉。"③

1851—1852年，马克思以全部精力与拥有金钱、权力和其他一切优越条件的欧洲各国反动政府进行斗争。为了党的工作，他没有时间为自己谋生，

---

① 马克思：《致恩格斯》（1852年2月27日），《马克思恩格斯通讯集》第1卷，第368页。
② 同上。
③ 同上。

家庭生活更加困难。1852年9月8日,他写信对恩格斯说:"我的妻子在生病,小燕妮在生病,琳蘅害着一种神经热。医生,我过去不能请,现在也不能请,因为没有钱买药。8—16天以来,我们全家只靠面包和土豆过日子,而今天我是否能买到这些东西还成问题。给德纳的文章我没有写,因为我连买报纸的一个便士都没有……最好并且求之不得的一件事,就是房东太太会把我撵出去。那样我就至少可以摆脱一笔22镑的账了。此外,还有面包铺、牛肉铺、茶叶铺、蔬菜铺的账,以及肉铺的老账。我怎么能还清这一切鬼账呢?在最近8—10天中,我终于跟某些住户借了几个先令和便士,我最讨厌这种事,但是为了不致倒毙,非如此不可。"①

1857年,美国发生经济危机,《纽约每日论坛报》降低稿酬,马克思的收入又大大减少,境况更加困难。1月20日,马克思写道:"完全不知道应当怎么办,老实讲,我的境况比五年前还要没有办法。"②

1858年,马克思全力以赴地整理《政治经济学批判》手稿,准备出版。肝病的复发妨碍了他的工作。"这一年圣诞节,比任何时候都更加凄惨和没有希望。"《政治经济学批判》手稿虽然完成了,但是家里没有一文钱可以把它挂号寄往出版社,"恐怕没有什么人曾在这样缺钱的情况下写作关于金钱的著作了,在这个问题上写作过的大部分作者,他们与研究对象的关系都是极好的"③。

资本主义社会对马克思进行迫害的同时,也通过各种方式,千方百计地企图收买他、软化他,争取他放弃革命立场。德国反动统治者俾斯麦就曾经托人向马克思游说,劝告马克思采取"现实的"态度,也就是为反动派服务,或者至少不要坚持激烈的反对立场。但是,这一切都是枉费心机,马克思坚决拒绝了这一切妥协的诱惑,他坚定地说:"不管遇到什么障碍,我都要朝着我的目标前进,而不让资产阶级社会把我变成一架赚钱的机器。"④

二 死亡的威胁

资本主义社会的残酷迫害,给马克思全家造成极大的损失。马克思白天

---

① 马克思:《致恩格斯》(1852年9月8日),《马克思恩格斯全集》第28卷,第126页。
② 马克思:《致恩格斯》(1857年1月20日),《马克思恩格斯通讯集》第2卷,第194页。
③ 马克思:《致恩格斯》(1859年1月21日),《马克思恩格斯通讯集》第2卷,第419页。
④ 梅林:《马克思传》,第291页。

为了谋生的需要而奔忙，晚上则要紧张地从事经济学的研究。生活的困扰和过度的劳累严重损害了他的健康。19世纪50年代初期，痔疮把他折磨得精疲力竭；不久又患了肝病。由于缺乏治疗和休息，肝病经常复发，日益严重。马克思为了坚持工作，不得不忍受极大的痛苦。

马克思的夫人燕妮是一位品德高尚、意志坚定的人。在困难的日子里，她与马克思同甘苦、共患难，给马克思以最大的安慰、最宝贵的支持。但是，贫困的生活，反动派的迫害，坏蛋们的诽谤，给她造成极大的痛苦，严重地损害了她的健康。1851年8月，马克思写信给魏德迈，沉痛地谈到了妻子所受的打击。他说："你当然了解，我目前的境况很凄惨，如果这种状况长久持续下去，我的妻子会丧命的。接连不断的忧虑和极琐碎的日常生活上的烦扰正在消磨她的体力，此处还要加上我的敌人们的卑鄙无耻；他们甚至压根完全不想就实质问题攻击我，而是散布关于我的难以名状的诽谤，败坏我的名誉，来报复他们自己的无能……对于这些卑鄙龌龊的勾当，我当然只是一笑置之，从来也没有让他们妨碍过我的工作。可是你知道，我的妻子害着病，从早到晚都陷在最不愉快的日常穷困里，以致她的神经系统已经受到损害；而当那些愚蠢的搬弄是非的人给她带来传播民主主义文艺的阴沟里的恶臭时，这对她是不会起什么好作用的。"①

更加不幸的是，贫困从马克思家里夺走了他几个孩子的生命。

1851年11月19日，马克思一岁的儿子伏克希克因患肺炎突然死亡。这个孩子诞生在最困难的时候，"他总是生病，日日夜夜忍受着极大的痛苦。从他出生以来，没有一个晚上睡到两三个小时以上的。最近又加上剧烈地抽风，孩子终日在生与死之间挣扎"②。孩子的夭折，给全家带来无限的悲痛，马克思夫人更是痛苦万分。她在《动荡生活简记》中写道："我是多么伤心！这是我失掉的第一个孩子。我想再没有什么痛苦比这样的痛苦更难耐的了。"③ 马克思在给恩格斯的信中写道："她现在陷在一种极端的激动和疲惫中。她亲自哺乳这孩子，在最苦难的状况中，用最大的牺牲，换取他的生命。再想到这可怜的孩子虽不特别缺乏营养，但这是家庭痛苦中的一种牺牲。"④

---

① 梅林：《马克思传》，第266页。
② 燕妮·马克思：《致魏德迈》，《回忆马克思恩格斯》，第270页。
③ 燕妮·马克思：《动荡生活简记》，《回忆马克思恩格斯》，第256—257页。
④ 马克思：《致恩格斯》（1850年11月23日），《马克思恩格斯通讯集》第1卷，第133—134页。

1852年复活节，马克思家里又遭到新的不幸，一年前出生的小女儿弗兰雪斯卡因患了严重支气管炎而死去。这件事，在马克思夫人的《动荡生活简记》里有过一段动人心弦的描写："可怜的孩子和死亡搏斗了三天，受了许多痛苦。失去生命的小尸体停放在后面的小房间里，我们都搬到前面房间来，晚上我们睡在地板上——三个活着的孩子同我们睡在一起，我们都为停放在邻室的冰冷而苍白的天使痛哭。可怜的小女儿在我们生活上最穷困的时期死去了。……"①

不幸一个接一个降临在马克思的家庭。1855年4月6日，死神又从马克思怀里夺去了他9岁的儿子埃德加尔，这个小小年纪的孩子，已经显露出非凡的才能，有着温和而又独立的性格，受到全家的宠爱。他的身体从小就很虚弱，要是能够把他送到海边或者森林里疗养，并且得到细致入微的护理，也许能够活下来。但是，马克思没有这个条件。贫困的生活、狭小潮湿的住宅损害了孩子的健康，父母温柔的爱也没有能够把他挽救过来。孩子的死是对全家最沉重的打击。当时在场的李卜克内西写道："我永远忘不了这个景象：母亲伏在死了的孩子身上啜泣，琳蘅站在一边呜咽；非常激动的马克思断然拒绝任何安慰；两个女孩子低声地哭着依偎在母亲身旁。……悲哀万分的母亲痉挛地抱着女孩子们，好像要把她们同自己化为一体，保护她们不再被夺去她儿子的死神夺走。"②

孩子的死亡，使马克思受到极大的震动，久久不能平静。4月13日，他在给恩格斯的一封极为沉痛而动人的信中写道："亲爱的孩子是使全家生趣盎然的灵魂。不消说，自他死后，家里变得一片凄凉冷落了。我无法形容我们是如何一刻也不能离开这个孩子。我已经遭受过许多不幸，但只有现在，我才知道什么是真正的不幸……"③过了三个月，马克思在另一封信中写道："培根说：'真正杰出的人物同自然界和世界有这样多的联系，有这样多的事物可以引起他们的兴趣，以致任何损失他们都会很容易经受得住。'我并不是这样的杰出人物。我孩子的死使我的内心深处受到震动。他的死在我看来就像当天的事情一样历历在目。我可怜的妻子也是完全给悲痛压倒了。"④

无产阶级伟大导师马克思，就是这样年复一年地在贫病和不幸的袭击下

---

① 燕妮·马克思：《动荡生活简记》，《回忆马克思恩格斯》，第258页。
② 威廉·李卜克内西：《回忆马克思》，《回忆马克思恩格斯》，第123页。
③ 马克思：《致恩格斯》（1855年4月12日），《马克思恩格斯通讯集》第2卷，第104页。
④ 马克思：《致拉萨尔》（1855年7月28日），转引自梅林《马克思传》，第314页。

坚持革命、坚持斗争的。资产阶级社会，就是用这样极端残忍和无耻的手段，对伟大的革命导师进行阶级报复的。正如梅林所说，资产阶级对马克思的摧残和折磨，"表面看来也许不像古代的受难者的十字架和中世纪的火刑那样野蛮，但实质上却比这些刑罚更加残酷"①。

三　贫病交困的战友

资产阶级社会的迫害，也落在马克思的战友、无产阶级革命家们的身上。革命失败后，一些同志在贫病交困中不幸去世；一些同志被迫过着极端贫困的流亡生活；一些同志为了谋生的需要，远涉重洋，奔波异国，过着颠沛流离的生活。但是，他们全都始终不渝地忠于伟大导师马克思，忠于无产阶级革命原则。

威廉·沃尔夫，共产主义者同盟活动家，《新莱茵报》编辑，马克思、恩格斯的亲密战友。在革命失败后流亡瑞士。1851年春被瑞士反动政府驱逐出境，6月初来到伦敦。在伦敦，他积极参加党的活动，在揭露科伦共产党人案件、反对流亡中的大人物等斗争中，起了积极作用。

尽管处于最困难的时期，但是沃尔夫丝毫没有放弃科学共产主义的信仰和无产阶级的革命立场。因此，朋友和敌人都没有忘记他。1861年夏天，他曾回到阔别12年的祖国游览，"依然是布勒斯劳最受欢迎的人"②，而警察却对他严格监视，力图制造借口逮捕他。

马克思、恩格斯与沃尔夫保持着最亲密的友谊。沃尔夫对马克思无限热爱。他在给马克思的一封信中充分地表达了自己的感情。他写道："你很难相信我多少次回想起我在你家中度过的那些时刻。我多么愿意再同你以及你的夫人谈话。现在我多半认不出你的女孩子了，那个男孩子想必已经长得很大了。当然，你们不得不过悲惨的日子，但是，我知道你们是会像先前一样坚定地度过这些日子的。"③ 他逝世时，把自己的大部分遗产赠送给马克思，帮助马克思度过困难的岁月。

马克思对沃尔夫非常敬重和信赖，经常对朋友们称赞说："我们任何人都

---

① 梅林：《马克思传》，第314页。
② 转引自霍布斯鲍姆《革命家》，第213页。
③ 同上。

不像他那样写得通俗易懂。他是极其谦逊的。"① 沃尔夫在曼彻斯特的时候，恩格斯几乎天天与他在一起，共同讨论各种问题，后来，恩格斯回忆道："在许多年内，沃尔夫是我在曼彻斯特的唯一的同志，我们几乎天天见面，我在那里又经常有机会欣赏他对当前事件的几乎本能的准确的判断……"②

在伦敦和曼彻斯特，沃尔夫都靠当私人教师谋生，由于他为人直爽，忠于职守，和蔼可亲，无论老少，无论德国人、英国人，都非常敬重他。他虽然工作勤恳、努力，但收入微薄，生活十分清苦。1853年6月21日，他在《日记》中写道："我不得不在极度贫困之中度过自己的生日。"由于青年时期监狱生活的折磨和长期斗争带来的过度劳累，再加上贫困的生活，沃尔夫晚年经常生病。1864年5月9日，因患脑溢血不幸逝世。

在他生命的最后几天，马克思专程从伦敦来探视他，守护在他的病床旁。他去世那天，马克思沉痛地把这个不幸的消息写信告诉夫人燕妮说："在我们可敬的朋友和战友中间，又有一位离开了我们。他是一个再好不过的人。"③恩格斯也沉痛地写道："这个损失较之拉萨尔的死对党来说具有完全不同的意义。我们不会再有一位像他这样坚定不移的人，能够如此善于接近群众并在最困难的时刻永远坚守自己的岗位的人。"④ 由于沃尔夫的逝世，"马克思和我失去了一位最忠实的朋友，德国革命失去了一位价值无比的人"⑤。

1867年，马克思把他的主要著作《资本论》第1卷，献给这位"无产阶级的、勇敢的、忠实的、高贵的先进战士"⑥。

罗兰特·丹尼尔斯医生，共产主义者同盟科伦中央委员会委员。1851年夏天，因科伦共产党人审判案被捕，在监狱中受尽残酷的折磨。反动政府虽然找不到任何借口给他判罪，但却用一年半的监狱生活，严重地摧毁了他的身体。他在狱中患了肺结核病，由于得不到任何治疗，出狱后已经没有恢复健康的希望。为了劳动群众的利益，他忍受了极大的痛苦，去世以前一直在拼命工作。

丹尼尔斯对马克思无限热爱、深切关怀。1849年，当他听到法国政府决

---

① 转引自霍布斯鲍姆《革命家》，第209页。
② 恩格斯：《威廉·沃尔夫》，《马克思恩格斯全集》第19卷，第105页。
③ 转引自霍布斯鲍姆《革命家》，第214页。
④ 同上。
⑤ 恩格斯：《威廉·沃尔夫》，《马克思恩格斯全集》第19卷，第106页。
⑥ 马克思：《资本论》第1卷。

定把马克思驱逐到摩尔比亚的消息时,立即告诉马克思,那个地方沼泽遍地、疾病流行,有害健康,坚决不能去;并且愤怒地指出:法国政府的决定是一个极端卑鄙的阴谋。1851年春,丹尼尔斯把他的一部著作《小宇宙,生理学的人类学概论》的手稿寄给马克思,要求马克思作出"尖锐的、率直的批评"。出狱以后,他几乎天天都谈到马克思,渴望再次与马克思畅谈,但是,严重的疾病使他不能如愿以偿了。

1855年8月29日,年仅36岁的丹尼尔斯与世长辞。马克思听到这个消息后万分悲痛,立即写信给恩格斯说:"你也许已经从《科伦日报》上知道了我们的朋友丹尼尔斯去世的消息。他完全是作为普鲁士警察卑鄙龌龊的牺牲品而死去的。你我都应该给他的妻子写信表示哀悼……"[①] 1855年9月6日,马克思给丹尼尔斯夫人写了一封充满无产阶级深厚感情的慰问信,对自己朋友的高贵品质作了极高的评价,马克思写道:"他是一个温文尔雅的、高尚的人,在他身上,坚毅的性格、卓越的天才和美好的仪表以一种稀有的和谐结合在一起……他的早亡,不仅对于他的家族和友人,而且对于科学、对于劳苦大众,也是一个不可弥补的损失,因为他在科学方面是具有远大前途的,而对劳苦大众来说则是他们的忠诚的先进战士。……我失掉了一位我所最敬爱的友人。"[②]

格奥尔格·维尔特,《新莱茵报》编辑,共产主义者同盟活动家。他于1851年春,被普鲁士反动政府监禁三个月。出狱后,为了谋生的需要,经常东奔西跑,远涉重洋,在动荡不定的生活中度过了短暂的一生。

经过革命斗争的严峻锻炼,无产阶级诗人维尔特立场坚定、爱憎分明,与那些多愁善感、庸俗无聊的民主派诗人毫无共同之处。他说:"这些年来我见识的东西太多了,而每当想到许多朋友有的不在人世,有的囚禁狱中,有的奔波异国,我就特别对那些无聊的、非常世俗的排遣感到厌恶。"[③] "我感到,我的心灵一直到死都保持青春;我将永远爱憎分明,我的整个性格都是与庸人势不两立的。"[④]

自从《新莱茵报》停刊后,维尔特经常回忆与马克思、恩格斯相处的快乐日子,与马克思、恩格斯保持着深厚的友谊,经常把自己的诗歌寄给他们,

---

① 转引自霍布斯鲍姆《革命家》,第271页。
② 同上书,第276页。
③ 同上书,第352页。
④ 同上书,第358页。

他坚决支持马克思的经济研究工作，认为这对革命事业是很有意义的。

19世纪50年代头几年，维尔特远离欧洲，在西印度群岛度过许多时光。1855年10月，维尔特回到英国，与马克思、恩格斯最后一次聚会。他向自己的朋友畅谈在新大陆的有趣见闻，"听他讲述的旅行经历非常引人入胜。……如果说他现在不写小品文，那末他却在讲说小品文；这时，听众还可以有这样一种妙处，即可以看到生动的描述和全部表情，并听到充满热情的笑声"①。

1856年，维尔特在古巴得了黄热病，后来转成脑炎；7月30日，在海地不幸逝世。马克思接到这个消息十分震惊。9月20日，他写信给恩格斯说："维尔特亡故的消息使我极为悲痛，我不愿意相信这个消息。"② 马克思经常怀着深厚的感情，一再怀念这位早逝的战友，认为"这是一个不可弥补的损失"③。

康拉德·施拉姆，共产主义者同盟中央委员，《新莱茵报——政治经济评论》出版负责人。19世纪50年代初期，他在英国过着贫困的流亡生活。1851年底，他到一个小城市担任德语和法语教师，收入低微，不足糊口。他在叙述自己的境况时写道："在这个穷乡僻壤所过的头四十天当中，我的经常的旅伴除了饥饿，还是饥饿。"④ 这时，年轻的施拉姆肺结核病日益严重，"几乎不能动弹"，他的兄弟和亲戚却拒绝给他任何帮助。

1852年5月，施拉姆带病来到美国费拉特尔菲西。在那里很久没有找到工作，他气愤地说："懂得四种语言，熟悉商业，有可靠的介绍人，然而仍旧没有可能找到一个卑微的职位，实在糟透了。"⑤ 他在极端困难的条件下仍然坚持党的工作，与一些旅美盟员和先进人士建立联系，从事革命活动。

漂泊不定的生活，使施拉姆的肺病日益严重。1857年夏天，施拉姆从美国回到英国看望马克思时，病情已十分严重。马克思后来回忆道："他这个年轻英俊而匀称的身体已经被不治的肺结核弄垮了，同时他这种病状像光临似的笼罩着他那别致而漂亮的头部。"⑥

---

① 转引自霍布斯鲍姆《革命家》，第358页。
② 马克思：《致恩格斯》（1856年9月22日），《马克思恩格斯全集》第29卷，第69页。
③ 马克思：《致魏德迈》（1859年2月1日），《马克思恩格斯全集》第29卷，第550页。
④ 转引自霍布斯鲍姆《革命家》，第545页。
⑤ 同上书，第455页。
⑥ 马克思：《福格特先生》，单行本，第75页。

1858年1月15日，康拉德·施拉姆，这个"生活热情、大胆、有如一团烈火、从不为日常生活忧虑，而且有辨别力，独到的见解，机灵的诙谐和天真的善良"①的人，不幸逝世了，当时他只有36岁。由于失去"最好的朋友"而深为悲痛的马克思写道："近几年来，维尔特、施拉姆和丹尼尔斯医生的死给他们的朋友造成了沉重的损失，而我也是有幸属于这些朋友之列的。"②恩格斯无限惋惜地写道："我们的老近卫军是怎样在这漫长的和平岁月里逐渐消失的啊！"③

　　约瑟夫·魏德迈，共产主义者同盟积极的活动家。19世纪50年代初期，他作为同盟法兰克福区部的领导人进行了积极的活动，科伦共产党人案件发生后，反动政府到处追捕他，他在德国已经无法继续居住和开展工作，因而打算迁往英国，马克思对魏德迈非常关心，想方设法替他在英国找工作。因为他担心魏德迈迁往英国后，会从此沉没下去。"而我们又是这样缺少力量，我们总得非常关心地爱护我们现有的有才能的人。"④但是，在英国找工作没有成功，迁往美国就成为唯一的出路。既然如此，马克思、恩格斯认为，有一个最可靠、最有才能的代表驻在美国，对革命事业是有好处的。"而且，毕竟纽约也不在世界之外，至于魏德迈，我们可以有把握地说，在必要的时候，他是会一呼即至的。"⑤

　　1851年11月，魏德迈到了美国。正如马克思、恩格斯所期望的，他成了无产阶级党在美国的"有理论修养的常驻代表"⑥。他在美国出版革命刊物，建立革命组织、传播科学共产主义，成为美国社会主义工人运动的创始人，为美国工人运动和国际工人运动作了重大贡献。

　　魏德迈是深刻领会马克思和恩格斯革命理论的少数杰出的无产阶级革命家之一。1852年3月5日，马克思在给他的那封著名的信中，经典地表达了自己对阶级斗争和无产阶级专政理论的贡献。魏德迈在许多文章中，大力宣传马克思的伟大学说。

　　在美国南北战争期间，魏德迈不仅用笔杆，而且用枪杆，为消灭野蛮的

---

① 马克思：《福格特先生》，单行本，第76页。
② 马克思：《致斐·拉萨尔》（1859年2月2日），《马克思恩格斯全集》第29卷，第555页。
③ 恩格斯：《致马克思》，《马克思恩格斯通讯集》第2卷，第328页。
④ 马克思：《致魏德迈》（1859年3月5日），《马克思恩格斯全集》第29卷，第560页。
⑤ 恩格斯：《致马克思》，《马克思恩格斯通讯集》第1卷，第261页。
⑥ 转引自霍布斯鲍姆《革命家》，第300页。

奴隶制、为解放千百万黑人劳动者而战斗。1865年他被任命为圣路易军区司令。

在长期的革命斗争中，马克思与魏德迈建立了深厚的友谊。魏德迈对伟大导师无限钦佩，1853年，当德国小资产阶级民主派流亡者散布流言飞语，恶毒诽谤马克思的时候，魏德迈和其他两位同志克鲁斯、雅科比在美国报刊上分别发表声明，指出马克思为党作出了无与伦比的贡献和伟大的自我牺牲，"如果德国的工人政党允许一切混蛋对马克思这样的人进行诽谤，那末这个党应当受到每个人的审判"①。马克思经常以感激的心情，赞赏老友们的主动行动。随着时间的推移，他们的友谊也日益发展。马克思夫人在致魏德迈夫人的信中，很好地表达了这种感情："虽然时间和海洋把我们隔开，但是，像我们这些遭遇相同的党内老同志和老朋友怎么可以互相漠不关心呢？让我从远方同你这位刚毅的、忠实的、斗争和苦难中的同志握手吧！"②

1866年8月20日，魏德迈在自己政治活动最活跃的时期，因患霍乱不幸逝世。马克思对亡故的战友无限怀念。他以悲痛的心情写道："我们很不走运……丹尼尔斯、沃尔夫、施拉姆、魏德迈、维尔特都相继故去了，更不消说那些虽死犹生的人。"③

但是，正如马克思夫人所说："痛苦可以锻炼一个人，而爱则给我们以支持！"④

四 恩格斯的伟大友谊和自我牺牲

在那极端困难的岁月里，恩格斯的伟大友谊和援助，给马克思全家以极大的支持、鼓舞和安慰。1855年4月12日，马克思在给恩格斯的信中说："我真不知道怎样感谢你对我的友谊，感谢你为我进行的工作，感谢你对孩子的关心。尽管在这些日子里我受到一切可怕的痛苦，但是，随时在支持我的，是我对于你和你的友情的想念，以及我们两个人还可以在世上做一些有意义的事情这样一种希望。"⑤

---

① 魏德迈：《声明》，《回忆马克思恩格斯》，第226页。
② 燕妮·马克思：《致魏德迈夫人》，《回忆马克思恩格斯》，第276页。
③ 转引自霍布斯鲍姆《革命家》，第272页。
④ 燕妮·马克思：《致魏德迈夫人》，《回忆马克思恩格斯》，第276页。
⑤ 马克思：《致恩格斯》（1855年4月12日），《马克思恩格斯通讯集》第2卷，第104页。

恩格斯是马克思最亲密的战友。革命失败后，他们在伦敦共同领导共产主义者同盟，总结革命经验，开展广泛的革命活动。1850年底，为了从物质上帮助马克思，支持马克思完成自己的伟大经济学著作，保护党的最优秀的思想家，粉碎资产阶级对伟大导师的迫害，恩格斯毅然决然地放弃从事科学工作，回到曼彻斯特的"欧文—恩格斯公司"当办事员。从此，他不得不在20年的漫长岁月里，"把全部注意力灌注在这龌龊的商业上"①。

恩格斯具有非凡的才能和无与伦比的精力，对许多方面都有着丰富的知识和独到的见解，他毅然放弃从事科学研究工作，而去从事该死的生意，这是一个关系重大的决定，其目的不仅是为了援助自己的朋友，而且是为了用自己的物质援助，来支持马克思完成伟大的经济学著作，来保存党的最优秀的思想家。正如梅林所说："只是根据这一点，恩格斯才做出自己的牺牲，而马克思才接受他的牺牲。做出这样的牺牲和接受这样的牺牲，都同样需要崇高的精神。"②

恩格斯从自己微薄的收入中挤出一部分钱，一镑、两镑、三镑、五镑、十镑，有时甚至几十镑，不断地从物质上支持马克思，帮助马克思度过生活中最困难的时日。当时，恩格斯不过是一个普通的职员，收入不多。为了援助马克思，他节衣缩食，想尽办法。1853年3月4日，他在给马克思的信中写道："我现在深深陷入困境，因还债等等关系，2月份已付出50镑，本月和下月还需填补50镑左右。否则当多寄一点给你。我的私人用费迫切需要改革，并将于一星期内移居一个较廉价的住所，也将喝淡点的饮料。"③后来，恩格斯的职务改变，收入增多，就有可能较多地援助马克思。正如列宁所说："侨居伦敦时，贫困简直要把马克思和他的一家置于死地，如果不是恩格斯在经济上舍己援助，马克思不但不能写成《资本论》，而且定会死于贫困。"④

恩格斯不仅在经济上帮助马克思，而且经常替他为《纽约每日论坛报》撰稿。19世纪50年代初期，马克思还不能用英文熟练地写作，所以，恩格斯有时候把自己写好的英文论文直接寄给马克思，由马克思寄给《纽约每日论坛报》发表。著名的《德国革命和反革命》（共20篇），发表时是由马克思署名。原来人们一直以为是马克思的作品，50多年后，《马克思恩格斯通

---

① 《马克思恩格斯通讯集》第1卷，第363页。
② 梅林：《马克思传》第297页。
③ 《马克思恩格斯通讯集》第1卷，第513—514页。
④ 列宁：《弗里德里希·恩格斯》，《列宁全集》第2卷，第9页。

讯集》出版后，人们才知道是恩格斯写的。有时恩格斯把马克思的德文手稿译成英文，以便适合《纽约每日论坛报》的需要。这些工作都要花费很多时间。他白天在交易所工作，晚上为了写作和翻译，往往要工作到深夜。后来，马克思已完全掌握了英文，能够熟练地用英文写作，但为了使马克思有更多的时间和精力，完成伟大的经济学著作，恩格斯还是经常替他为报刊撰稿。

恩格斯具有无与伦比的精力和超群无比的才能。在曼彻斯特的20年中，他虽然不得不把大部分时间浪费在"倒霉的商业"上，但是，他仍然密切关注各国的阶级斗争状况以及广泛的革命活动，进行深入的科学研究，对无产阶级革命和科学共产主义作出了伟大的贡献。

在曼彻斯特时期，恩格斯深入研究各国语言。他认为语言是阶级斗争的工具。由于斯拉夫民族解放运动正在兴起，为了了解斯拉夫民族的历史、文学和社会制度，恩格斯开始研究斯拉夫语。他于1852年3月2日给马克思的信中写道："两星期来，正在切切实实用功学俄语，现对于文法已经比较清楚了，再有两三个月会使我获得必需的语素，于是可以开始干别的工作。今年必须将斯拉夫的各种语言学会，实质上，它们决不是很难的。除我所有的语言学上的兴趣外，也还有一种想法，即在下次主要行动和国家行动之中，我们中间至少有一人对于主要与之发生冲突的该民族，懂得它们的语言、历史、文学和社会制度的细节。"① 19世纪50年代中期，东方局势复杂化，他开始注意东方语言，研究阿拉伯语和波斯语。19世纪60年代发生什列斯维希—霍尔斯坦问题时，他研究了斯堪的纳维亚语言；而当爱尔兰问题再度发生时，他又研究了爱尔兰语言。与此同时，他还研究德国的各种方言和古代语言。他在给马克思的许多信中，谈到他在这个时期研究语言的情况，例如，在一封信中写道："我完全陷到乌尔菲拉里面了。真该学完这该死的哥特语，而我直到现在，还只是顺便学学。使我吃惊的是，我断定我知道的比我所想象的要多得多；如果我能再找到一本参考书，我估计完全能在两星期内把它学会。然后，我将转到古挪威语和盎格鲁—撒克逊语上来，这两种语言我感到有点底了。"② 恩格斯的惊人渊博的知识，使他有可能直接对各国无产阶级革命家和工人运动活动家进行教育。

在曼彻斯特时期，恩格斯还苦攻军事学。恩格斯认识到，无产阶级只有

---

① 恩格斯：《致马克思》（1852年3月2日），《马克思恩格斯通讯集》第1卷，第375页。
② 恩格斯：《致马克思》（1859年11月4日），《马克思恩格斯全集》第29卷，第492页。

通过暴力革命，才能战胜资产阶级，夺取国家政权，因而他深入研究各国军事史，研究各国军事科学，包括各种具体的军事技术学，写作了大量的军事理论和军事学论文。他的军事论文，使许多有名的军事家佩服不已。有一次，马克思在谈到恩格斯的著作《波河与莱茵河》在德国的影响时写道："高级和最高级的军界（卡尔·腓特烈亲王也在内）都视你的著作为普鲁士一个秘密将军的作品。"① 由于恩格斯在军事科学方面的热心钻研和极高的造诣，由于他对当时发生的几次大战役的军事形势的分析和判断十分准确，朋友们给他起了个绰号，叫做"将军"。他的军事论文是无产阶级军事科学的经典著作。

在曼彻斯特时期，恩格斯还研究各种自然科学，用自然科学的最新成就，进一步论证和阐明马克思主义哲学的原理。

马克思、恩格斯长期分居两地，但他们始终保持密切的联系，几乎每天都要通信，像以往一样一起工作、一起生活、一起欢笑。在四大卷的《马克思恩格斯通讯集》中，差不多有一半多是50年代写的，仅仅1852年，保存下来的信件就达95封。在这些"充满革命精神的书信"（列宁语）里，他们讨论了各种重大的理论问题和政治事件，确定了无产阶级革命政党的革命原则，继续共同创造科学共产主义。这些书信，是科学共产主义理论的重要组成部分，是国际共产主义运动的伟大历史文献，是无产阶级最珍贵的财富。伟大的革命导师列宁对这些书信作了最正确的评价。

列宁写道："这些通信的科学价值和政治价值是非常重大的。在这些通信里，不仅马克思和恩格斯的活动充分地、特别突出地呈现在读者面前，而且马克思主义极其丰富的理论内容也阐述得非常清楚，因为马克思和恩格斯在通信中一再地谈到他们学说的各个方面，强调并且说明了——有时是共同讨论和互相说服——最新的（针对先前的观点来说）、最重要和最困难的问题。

读者从这些书信中可以生动地看到工人运动的历史，看到这个历史中的最重要时期和最重大的地方。尤其宝贵的是工人阶级的政治史。马克思和恩格斯在各种不同的历史时期，根据旧大陆各个不同国家和新大陆所发生的各种事件，探讨了有关工人阶级政治人物问题提法的最有原则意义的东西。而通讯集所包括的时代，正是工人运动突起的时代，确定无产阶级策略和政策原则的时代。……这些材料可以使人看到，他们非常深刻地理解到无产阶级的根本目的，并从这些革命目的出发异常灵活地制定策略任务，对机会主义

---

① 马克思：《致恩格斯》（1861年5月7日），《马克思恩格斯通讯集》第3卷，第19页。

或者革命空谈不作丝毫的让步。

"如果我们想用一个词来表明通讯集的焦点,即其中所发生所讨论的一切思想的集结的中心点,那末这个词就是辩证法。用唯物辩证法从根本上来改造全部政治经济学,把唯物辩证法应用于历史,自然科学,哲学以及工人阶级的政策与策略——这就是马克思和恩格斯最为注意的事情,这就是他们作的最重要、最新颖的贡献的地方,这就是他们在革命思想史上英明地迈进的一步。"①

五 动荡生活中的小块绿洲

无产阶级伟大导师马克思,以最大的革命毅力,克服无数艰难困苦,战胜资本主义社会的种种迫害,在极端黑暗的岁月里,他始终目标如一,立场坚定,对革命前途充满着无限的信心。

马克思认为,1848—1849年革命,不过是现代社会两大对抗阶级——无产阶级和资产阶级剧烈搏斗的序幕和插曲,不过是欧洲干硬外壳上的一些小裂缝,"伟大的斗争还在后头,这次革命虽然失败了,但是,它进一步暴露了旧社会内部的各种尖锐的矛盾,暴露了隐蔽在干硬外壳下面的深渊。在似乎坚硬的表层下面,现出了一片无边无际的海岸,只要它一旦动荡起来,就足以把坚硬岩石构成的整个大陆撞得粉碎……"②

马克思认为,资本主义生产力的发展,是一个伟大的革命力量,"蒸汽机、电气和自动车曾是比巴尔贝斯、拉斯拜尔和布朗基诺公民更为危险无比的革命家"③。他嘲笑欧洲现有的反动势力,他们幻想革命已被窒息,而没有想到自然科学正在准备一次新的革命。马克思深刻地指出:"经济革命之后一定要跟着政治革命,因为后者只是前者的表现而已。"④

19世纪50年代初期,马克思、恩格斯就预言"新的革命只有在新的危机之后才有可能。但是,新的革命的来临像新的危机的来临一样是不可避

---

① 列宁:《马克思和恩格斯通信集》,《列宁全集》第24卷,第275—276页。
② 《马克思恩格斯通讯集》第1卷,第336页。
③ 同上。
④ 威廉·李卜克内西:《忆马克思》,《回忆马克思恩格斯》,第100页。

免的"①。从那时起,马克思密切注视资本主义各国的经济状况,分析危机的各种征兆。1857年,资本主义经济危机发生了。危机从美国开始,然后波及美国以及其他欧洲国家。虽然由于危机的影响,马克思为《纽约每日论坛报》撰稿的数量减少了,稿酬也降低了,他的经济状况更加恶化了,但是,他仍然以无比兴奋的心情迎接危机的到来。他完全抛弃个人的不幸遭遇和贫困生活,恢复了先前的工作能力。1857年11月13日,他写信给恩格斯说:"尽管目前我很贫困,然而从1849年以来,我还从来不曾像这次危机爆发时这样高兴。"②他每天极其用心地注视着危机的发展,研究危机对整个资本主义制度的冲击,分析危机对无产阶级革命的影响。1857年12月18日,他写信给恩格斯说:"目前我的工作极为繁忙,大都要工作到早上四点钟。工作是双重的:(1)研究经济学的基本原理……(2)研究当前危机。除去给《纽约每日论坛报》写文章外,关于这个危机,我只做记录的小册子,以便再一次提醒德国公众不要忘掉我们,知道我们依然健在。"③

由于对革命前途充满信心,马克思的精神永远都是乐观的。无论是反动派的残酷迫害,流亡者的卑鄙诽谤,还是日常生活中琐事的烦扰,都不能妨碍他的革命工作。就是在这样的黑暗统治的年代里,在极端贫困的条件下,他完成了自己在政治经济学中的伟大科学变革,写成了《资本论》最初的手稿和一部重要的科学著作《政治经济学批判》。

在紧张的工作之余,马克思还经常与最亲近的同志、朋友和家属孩子们一起聊天、散步、游玩,精神奋发而开朗。19世纪50年代里,差不多每个星期日,马克思全家经常到离家不远的汉普斯泰荒埠郊游。

汉普斯泰荒埠是伦敦北部的一个当时还很荒凉的小山埠。那里遍地生长着野花和小树丛,布满了小山和山路,从山上往南眺望,可以看到伦敦城里圣保罗教堂的圆顶和威斯敏斯特教堂的光塔;北面则是人烟稠密、阡陌相连的村落。远处山峦起伏,风景秀丽。星期日早晨,马克思和大家一起步行一个半小时到荒埠去。到了目的地,他和大家一起做游戏、唱歌、读报、讨论各种各样的问题。当时经常参加郊游的李卜克内西,对此做了极其生动而逼

---

① 恩格斯:《卡·马克思〈1848年至1850年的法兰西阶级斗争〉一书导言》,《马克思恩格斯通讯集》第4卷,第514页。
② 马克思:《致恩格斯》(1857年11月13日),《马克思恩格斯通讯集》第2卷,第223页。
③ 马克思:《致恩格斯》(1857年12月18日),《马克思恩格斯通讯集》第2卷,第305页。

真的描写,他说:"在汉普斯泰荒埠,除了读报和讨论政治问题之外,还举行赛跑、角斗、投石和其他运动。有一个礼拜日我们在附近发现了一棵果实已满的毛栗树。'让我们看谁打下来的最多',有人叫道。大家一声欢呼便干了起来。摩尔像个疯子一样,不停地打着树上的毛栗子。不过他像我们大家一样,毫无倦意。直到最后一颗毛栗子也在胜利的狂叫声中到手后,我们才停止了轰炸。……郊游中最大的乐趣是骑驴子。大家笑啊,叫啊,闹啊,那些情景真有趣,马克思很会逗趣,他的骑术很糟糕,而他却又大肆夸张说他对骑术很有造诣,这就使我们更乐了。"①

这样的郊游,活跃了生活,消除了疲劳,增强了体质,扩大了知识领域。许多年以后,李卜克内西无限向往地回忆道:"想想我们在汉普斯泰荒埠的散步吧,再活一千年我也不会忘记。"②

19世纪50年代,马克思遭到巨大的不幸,死神从他怀中夺去了几个孩子。"但痛苦可以锻炼一个人,而爱则给我们以支持。"③ 马克思夫人在给友人的一封信中,向我们描写了马克思生活中最愉快的一面。大女儿燕妮、二女儿劳拉,都心地善良、举止文雅、性格开朗,她们都很聪明,在学校里经常获得一等奖。她们的英文能够运用自如,法文学得非常好,可以看懂意大利文的拉丁作品,西班牙文也懂得一些。燕妮具有特殊的绘画天赋,她的钢笔素描是家里最好的装饰品;劳拉则能够唱非常动听的英文和法文歌曲。1856年诞生的杜希是全家的珍宝。他从小就非常聪明,说话特别动听,也特别会讲故事。天真活泼的孩子们给家庭增添了欢乐的气氛,他们愉快的笑声和歌声,仿佛是一曲响彻云霄的凯歌,宣告资产阶级社会迫害伟大导师的阴谋的彻底破产。

---

① 威廉·李卜克内西:《忆马克思》,转引自《回忆马克思恩格斯》,第128页。
② 同上书,第126页。
③ 燕妮·马克思:《致魏德迈夫人》,转引自《回忆马克思恩格斯》第276页。

第八章 塑造一个完整的艺术品

一 钻研经济和历史资料

从1850年开始,马克思重新进行中断了两年的经济学研究。整个50—60年代,是马克思经济学研究的决定性阶段。正是在这个时期,他建立了《资本论》这部伟大著作的理论体系,撰写了三部篇幅浩瀚的《资本论》手稿,出版了《资本论》第1卷,创立了完整的剩余价值理论,完成了他在科学史上的第二个伟大发现。

在1849年夏天,马克思离开德国侨居巴黎时,就打算重新进行政治经济学研究,为自己"在五年前就已动笔编写的一部政治经济学史再多收集一些材料"[①]。1850年夏天到来的时候,马克思深刻地认识到,资本主义经济繁荣的时期已经来临,新的革命形式暂时不会出现。他决定利用这段十分宝贵的时间,继续进行在巴黎和布鲁塞尔已经开始,并已取得重大成就的经济学研究,为无产阶级政党取得科学上的胜利而进行理论上的准备。为此,他坚决摆脱小资产阶级民主派和维利希、沙佩尔等革命空谈家的纠缠,过着"离群独居"的生活。他认为,这种真正的离群独居状态,完全符合自己的立场和原则。因为这样既可以抛弃一系列的互相让步,出于礼貌而不得不容忍的模棱两可的做法,以及必须在公众面前同维利希等空谈家一起对一些可笑的事情分担一部分责任;又可以利用这段时间钻研经济和历史资料,吸取人类优秀的文化成果,为无产阶级锻造犀利的理论武器。

客观情况也为马克思的经济学研究提供了不可多得的条件。当时,英国是资本主义生产方式的典型国家。与德国不同,英国已经不存在古老的陈旧的生产方式以及伴随着它们的还在苟延残喘的过时的社会关系、政治关系;

---

① 马克思:《致〈新闻报〉编辑》,《马克思恩格斯全集》第6卷,第630页。

除了资本主义的灾难以外，不存在历史遗留下来的灾难。首先，马克思生活在伦敦这个最典型的资本主义国家首都和资本主义世界贸易中心，能够广泛、及时地掌握资本主义生产和市场的变动情况，深入了解资本主义基本矛盾及其在经济、政治等各个方面的表现形式，是观察资本主义社会的一个方便的地点。其次，伦敦大英博物馆图书馆收藏着43万部珍贵图书，包括大量的政治经济学文献，为马克思的经济学研究提供了取之不尽的思想资料。最后，美洲加利福尼亚金矿的发现，促进了交通的发展，工业的繁荣，"甚至把最倔强的野蛮民族也拖进了世界贸易—文明世界"①，资产阶级社会似乎跨入了新的发展阶段，资本主义固有的各种矛盾进一步暴露出来。所有这一切，促使马克思"从头开始，用批判的精神来透彻地研究新的材料"②。

1850年6月中旬，马克思获准在大英博物馆图书馆进行阅览和写作。从此，他在许多年时间里，每天从上午9时至晚上7时，在图书馆工作10个小时，是这个图书馆最勤奋的研究者。从图书馆回家后，还要继续工作至深夜。有时甚至通宵达旦，彻夜不眠。他的研究是如此专心致志，"谁要是到他那里去，那他不是用客套话来应酬，而是跟你谈经济学范畴的问题"③。

马克思认为，研究必须充分占有材料。他在大英博物馆的主要工作，就是阅读堆积如山的文献，摘录各种文献的要点，发现其中的问题，吸取有益的思想资料。他阅读的范围非常广泛，对有关政治经济学原理的著作尤为关注。除了再次阅读和摘录了李嘉图的《政治经济学和赋税原理》、亚当·斯密的《国民财富的性质及原因的研究》外，他还研究了约翰·斯图亚特·穆勒的《政治经济学原理》、马尔萨斯的《价值尺度》、托伦斯的《论财富的生产》、凯里的《政治经济学论文集》、霍吉斯金的《通俗政治经济学》、琼斯的《政治经济学绪论》、拉姆赛的《论财富的分配》等著作。

货币流通和银行理论引起马克思极大的兴趣。这一方面是当时社会上正在进行货币与信用政策的争论；另一方面也是处于进一步研究劳动价值论的需要。为此，他仔细研读当时争论的双方——通货理论和银行理论的代表作，如李嘉图的《金银条块价值高昂》、《答博赞克特先生的具体意见》，博赞克特的《具体意见》、《硬币》，图克的《对货币流通规律的研究》、《价格史》，托

---

① 马克思、恩格斯：《国际述评（一）》，《马克思恩格斯全集》第7卷，第263页。
② 马克思：《〈政治经济学批判〉序言》，《马克思恩格斯选集》第2卷，第84页。
③ 皮佩尔：《致弗·恩格斯》（1851年1月27日），转引自《马克思恩格斯全集》第27卷，第188页。

伦斯的《皮尔爵士法案原理》、《1844年的银行条例法》，富拉顿的《论通货的调整》，吉尔巴特的《银行论》，加尔涅的《货币史》，杰科布的《贵金属》，贝利的《货币》，凯里的《信用制度》，以及其他经济学家关于货币流通、信用问题和银行制度的著作。

土地所有制和地租理论是马克思另一个感兴趣的课题。有一个时期（1851年3—6月），他差不多主要研读和收集与此有关的资料。他十分熟悉地租理论的真正发现者詹姆斯·安德森的著作，也广泛摘录李嘉图、凯里、斯图亚特、汤普逊、威克菲尔德、威斯特等人有关地租理论的材料，还对东方的土地问题作了专门的研究。

李嘉图曾经把土地肥力递减与人口增加联系起来，马克思不同意这个看法。在研究土地问题时，他也同时研究人口问题，详细摘录了托伦顿的《人口过剩》，艾利生的《人口原理》以及巴顿、达布尔德、马尔萨斯、桑顿、塔克特等人有关人口问题的论述。

资本主义的发展是与殖民制度密切联系的。马克思从普莱斯科特的《墨西哥征服史》、《秘鲁征服史》，伯克斯顿的《非洲的奴隶贸易》，威·豪伊特的《殖民和基督教》，威克菲尔德的《英国和美国》，以及霍克斯金、塞姆佩雷等人的著作中，了解到资本主义制度如何在征服殖民地、剿灭殖民地土著居民，把非洲变成商业性黑人猎夺场所等肮脏活动中发展起来的历史事实。他在《资本论》第1卷中，就曾引用豪伊特下面这段一针见血的评述："所谓的基督教人种在世界各地对他们所能奴役的一切民族所采取的野蛮和残酷的暴行，是世界历史上任何时期，任何野蛮愚昧和残暴无耻的人种都无法比拟的。"①

早在《德意志意识形态》等著作中，马克思已经阐明了生产力与生产关系的辩证关系。为了研究人类社会各种生产关系发展的历史，特别是为了研究资本主义生产关系的运动规律，马克思十分重视科学技术的发展及其在生产过程中的运用。在伦敦研究经济学时，他阅读和摘录了许多科学技术著作。1851年10月13日，他写信对恩格斯说，"近来我继续上图书馆，主要是钻研工艺学及其历史和农业，以便对这些问题有所了解"②。这个时期，他读了赖特迈耶尔的《古代各民族的采矿业和冶金业》，约翰斯顿的《农业化学和地

---

① 马克思：《资本论》第1卷，《马克思恩格斯全集》第23卷，第820页。
② 马克思：《致弗·恩格斯》（1851年10月13日），《马克思恩格斯全集》第27卷，第379页。

质学讲义》以及德国科学家李比希等人的著作。仅在《伦敦笔记》的第Ⅶ和第Ⅷ本中，摘录李比希的材料就达20页。

马克思阅读和研究的范围，还扩展到经济史、文化史、伦理史、妇女问题和外交政策等方面，为自己的科学大厦打下了坚实的知识基础。

写作读书笔记是马克思研究工作的重要方法。从1850年9月至1853年8月，马克思紧张工作，写下了24本笔记。马克思亲自在这份被称为《伦敦笔记》的手稿中用罗马数字标上Ⅰ—ⅩⅩⅣ，并编上前后连贯的页码，总共有1250多页。[①] 每一页都密密麻麻地摘录了阅读过的论著、文献和资料，有的地方还加上简短的评论。像在此前的《克罗茨纳赫笔记》、《巴黎笔记》、《布鲁塞尔笔记》一样，《伦敦笔记》使人们有可能了解马克思研究工作的进展和许多重要理论观点的形成过程，并从其中许多精辟的论述和评注中得到极大的启示，它是研究马克思主义形成史和马克思生平事业的十分珍贵的历史文献。

《伦敦笔记》从摘录伦敦《经济学家》发表的统计资料和理论文献开始。这份被马克思称为"工业资产阶级的最稳健、最理智、最温和的刊物"[②]，经常系统地发表批发物价指数、国际收获量、原料市场、生产发展等方面的统计资料，为研究资本主义经济史和现实经济运动提供可靠的依据。

《伦敦笔记》还详细摘录了当时社会上关于通货原理和银行理论的论战材料。以通货原理为依据而制定的1844年英国银行法，由于1847年的经济危机而失败。大多数资产阶级经济学家把经济危机的原因归之于错误的货币和信用政策，企图用改变货币政策来制止危机。从马克思摘录的材料和一些评注中可以看出，他当时已经认识到，资本主义经济危机的根源不在流通领域，而在生产领域；货币和信用政策对危机会产生一定影响，但不是决定危机到来的根本原因。通货原理的理论基础是货币数量论。马克思指出，认为货币的需求由货币的价值决定，货币的价值又由货币的数量决定这个观点"非常混乱"[③]；用货币数量论解释危机是错误的。他详细摘录了银行理论的代表富拉顿、图克等人反驳通货原理的论点。1851年2月3日，他在给恩格斯的信中总结自己研究的初步成果时写道："我断定，除了在实践中永远不会出现但

[①] 《伦敦笔记》全文收录于《马克思恩格斯全集》国际版新版第4部分第7、8、9、10卷。
[②] 马克思：《选举中的舞弊》，《马克思恩格斯全集》第8卷，第399页。
[③] 马克思：《关于大卫·李嘉图〈政治经济学及赋税原理〉》，《马克思恩格斯全集》44卷，第81页。

理论上完全可以设想的极其特殊的情况之外，即使在实行纯金属流通的情况下，金属货币的数量和它的增减，也同贵金属的流进或流出，同贸易的顺差或逆差，同汇率的有利或不利，没有任何关系。图克提出了同样的论断，但是我在他1843—1847年出版的《价格史》一书中没有发现任何的论述。

"你知道，这个问题是重要的。第一，这样一来，从根本上推翻了整个的流通理论。第二，这证明，信用制度固然是危机的条件之一，但是危机的过程所以和货币流通有关系，那只是因为国家政权疯狂地干预调节货币流通的工作，从而更加加深了当前的危机，就像1847年的情况那样。"①

《伦敦笔记》使我们看到马克思研究工作的进展。他不仅对资产阶级经济学家的观点进行比较和评论，批判其错误的东西，肯定和吸取其科学的成分，而且不断克服自己不正确的认识。例如在《哲学的贫困》中，马克思曾经接受李嘉图的土地收益递减理论，认为"由于人口逐渐增加，人们就开始经营劣等土地，或者在原有土地上进行新的投资，这新的投资的收益比原始投资的收益就相应地减少"②。在伦敦的研究，使他改变了这个不正确的观点。这时他认识到，科学技术的发展及在农业生产中的应用，会使农业生产力大大提高。他说："毫无疑问，随着文明的进步，人们不得不耕种越来越坏的土地。但是，同样毫无疑问，由于科学和工业的进步，这种坏的土地和从前的好的土地比起来，是相对的好的。"③

马克思指出，李嘉图的地租理论与历史事实相矛盾，存在着明显的缺陷。马克思把地租规律与整个农业劳动生产率的提高结合起来，认为在农产品价格下跌时，地租可以提高；地租不是以土地肥力递减为前提，而是以土地肥力各不相同或连续使用于同一土地上的资本所产生的结果各不相同为前提；土地的改良进行得愈普遍，被改良的土地的种类就愈多，虽然农作物价格普遍下跌，但全国的地租总额能够提高。马克思的新地租论得到恩格斯的肯定和赞赏。恩格斯半开玩笑地说："你对问题的解决是正确的，这使你有进一步的理由获得地租问题经济学家的称号。如果世间还有公理和正义的话，那么至少一年的全部地租现在应该归于你，这是你有权要求的最低数目。"④ 当

---

① 马克思：《致弗·恩格斯》（1851年2月3日），《马克思恩格斯全集》第27卷，第193页。
② 马克思：《哲学的贫困》，《马克思恩格斯全集》第4卷，第183页。
③ 马克思：《致弗·恩格斯》（1851年1月7日），《马克思恩格斯全集》第27卷，第176页。
④ 恩格斯：《致卡·马克思》（1851年1月29日），《马克思恩格斯全集》第27卷，第189—190页。

然，马克思很清楚，自己的地租理论还处在草创阶段，当前的成就只是使他"获得了任何一个老实人所必然追求的自信心"①。

《伦敦笔记》为我们提供了马克思一系列重要经济理论观点形成的清晰图景。例如，他在对李嘉图著作的评论中进一步阐述了资本不是物品，而是一定生产关系的总和；资产阶级全部生产的目的不是满足需要，而是"价值生产的增长"；他驳斥了资本家获得的"全部余额"即剩余价值来源于流通领域的流行理论，强调指出："虽然个别的特殊利润可以由商业来说明，但商业却不能说明余额本身。如果提出关于整个工业资本家阶级的余额问题，那么，这样的说明一开始就毫无意义。因为用资本家作为阶级自己窃取自己的说法，是决不能说明这一余额的……每一个有产阶级的原有收入必然来自生产。余额是这样产生的：工人从花费了20个工作日的产品中，只得到值10个工作日的产品。随着劳动生产力的增长，工资的价值按同一比例降低。"②在这里，他虽然还没有使用剩余价值的概念，但已经明白无误地指出了剩余价值的来源，有着重要的理论意义。在劳动价值理论的创立上，马克思也取得了可贵的进展。他认为，商品的价值，不取决于任何商品，而取决于生产商品的活动；因此，也不取决于得到报酬的劳动，而取决于生产的劳动。③ 马克思已经确定了货币的价值尺度和流通手段的职能，并且指出货币作为流通手段的后果，是把交换行为分裂成为买和卖两个彼此独立的行为，从而奠定了危机的基础。他在评论詹姆斯·穆勒的货币理论时指出：认为在商品量不变的前提下，如果货币量增加或减少为10倍，商品的价值必然增加或减少为10倍，这是不对的。只有当全部货币数量乘以每一货币单位平均在一年中所实现的平均购买数所得的积增加或减少时，货币的增加或减少才开始表现出来。从这里可以看出，马克思对货币流通规律的认识已相当深刻。

在《伦敦笔记》中，有一份标题为《反思》的手稿，篇幅不长，但包含着关于再生产理论、危机理论和货币理论的一些深刻的见解。马克思从亚当·斯密区分两种贸易——实业家与实业家的贸易和实业家与消费者的贸易出发，实际考察了社会生产两大部类的相互关系。他认为，实业家与实业家之间的交换，受到实业家与消费者之间交换的限制；但是，世界市场的存在、

---

① 马克思：《致弗·恩格斯》（1851年2月3日），《马克思恩格斯全集》第27卷，第192页。
② 马克思：《关于大卫·李嘉图〈政治经济学及赋税原理〉》，《马克思恩格斯全集》第44卷，第140—141页。
③ 同上书，第115页。

不同消费者消费水平的变化、由投机引起的虚假需求等，使实业家之间的贸易具有相对独立性。就是说，虽然实业家之间交换的生产资料（第Ⅰ部类的产品）必须受到实业家与消费者之间交换的消费资料（第Ⅱ部类的产品）的限制，只有向消费者出售的产品才能成为最终产品，只有适应出售的价格才是最终价格；但第Ⅰ部类的生产，又可以脱离消费者而相对独立。其结果，必然要导致在产品实现上"最终碰壁"。

从两种贸易的相互关系中，马克思探讨了危机的原因。当时无论资产阶级经济学家或蒲鲁东等小资产阶级经济学家，都把危机归因于货币制度的存在，已经包含着商品与货币分离的现实性，但这些改良家们仅仅希望通过"改变货币"来避免危机。危机总是最先发生在实业家与消费者的贸易中。就是说，生产与消费不相适应，从而出现生产过剩的危机。但"生产过剩不只归因于生产的不合比例，而且也归因于资本家阶级和工人阶级之间的关系"①。

马克思还探讨了货币在资本主义社会所起的作用。他区分了货币作为单纯的购买手段和作为资本的不同作用，认为"没有货币，就没有雇佣劳动，因而也就没有利润和处于另一种〔社会〕形式上的利息，因而也就没有不过是利润一部分的地租"②。在货币制度充分发达的资本主义社会，人们在货币面前一律平等。同封建特权比较起来，这是一个很大的进步。以往只有有特权的人物才能获得的东西，现在每个人都能按照自己拥有的货币数量获得。货币虽然掩盖和抹杀了阶级差别，造成平等的假象，但它也给工人阶级提供了更大的活动余地。工人阶级可以用货币形式的收入去购买书籍，充实自己的精神生活，提高自己的文化水平。这样，在货币制度充分发达的资本主义社会，"工人阶级有了更大的手段来占有像精神力量这样的普遍社会力量"③，这对于工人阶级的解放是至关重要的。

《伦敦笔记》表明马克思已经掌握了丰富的经济学知识，已经为建造自己的科学大厦占有了充分的材料。正是在这种广泛、深入研究的基础上，马克思在19世纪50年代初就做出了这样的结论：政治经济学"从亚当·斯密和大卫·李嘉图时代起就没有什么进展，虽然在个别的常常是极其精巧的研究

---

① 马克思：《反思》，《马克思恩格斯全集》第44卷，第156页。
② 同上书，第161页。
③ 同上书，第162页。

方面做了不少事情"①。这个评论又是多么正确和深刻。自李嘉图以后，随着无产阶级登上历史舞台，无产阶级与资产阶级的矛盾成为社会的主要矛盾，资产阶级庸俗政治经济学取代了古典经济学，坏心恶意的资产阶级辩护论取代了严肃的科学理论探讨。资产阶级经济学堕落了。

19世纪50年代初期在伦敦的研究工作，使马克思深深认识到，无论古典经济学或庸俗经济学，都是为资产阶级利益服务的，其全部秘密"不过就在于把一个特定的历史时期独有的、适应当时物质生产水平的暂时的社会关系，变为永恒的、普遍的、不可动摇的规律"②。因此，创立无产阶级政治经济学，阐明资本主义生产方式的历史过渡性，是无产阶级革命刻不容缓的任务。这个任务历史地落在马克思身上。

二 精心设计科学大厦的蓝图

马克思在撰写自己科学巨著的整个过程中，时时都在考虑如何把劳动与资本的关系充分而又互相联系地叙述出来，如何把资本主义经济机体各种问题放在应有的地位和正确的联系之中，如何把这些错综复杂的问题阐述得简单明了、清楚易懂。1866年2月20日，当他写完《资本论》三部完整的手稿，正在整理第一批付排稿时写信对恩格斯说："我亲爱的，你明白，在像我这样的著作中细节的缺点是难免的。但是结构、整个的内部联系是德国科学的辉煌成就，就是单个的德国人完全可以承认的，因为这决不是他的功绩，而是全民族的功绩。"③

马克思认为，无产阶级政治经济学必须在批判资产阶级政治经济学的基础上创立。19世纪40年代中期，他把自己的政治经济学著作命名为《政治和政治经济学批判》。1845年3月，他曾经与德国达姆斯塔德的列斯凯出版社签订出版《政治和政治经济学批判》（两卷本）的合同。这部著作由于种种原因未能出版。1851年底，他曾经考虑把自己的巨著分为三大卷：第1卷《政治经济学批判》；第2卷《社会主义者批判》；第3卷《政治经济学史》。当时他与恩格斯认为，必须先对资产阶级和小资产阶级经济理论进行批判，

---

① 马克思：《致弗·恩格斯》（1851年4月2日），《马克思恩格斯全集》第27卷，第246页。
② 马克思：《战争问题。——英国的人口和商业报告书。——议会动态》，《马克思恩格斯全集》第9卷，第280页。
③ 马克思：《致弗·恩格斯》（1866年2月20日），《马克思恩格斯全集》第31卷，第185页。

然后才阐发"正面的东西",即本来想写的东西。这种写法虽有困难,但"也有优点,就是在最后才把人们十分渴望知道的秘密揭示出来"①。

1857年8月,马克思开始撰写自己经济学巨著的第一部手稿,并把这部手稿命名为《政治经济学批判》。1859年,他以《政治经济学批判》的书名出版自己多年研究经济学的批判,但从手稿和著作的内容看,"正面的东西"已经优先考虑,放在主要地位。

《政治经济学批判》出版不久,马克思产生了把自己的著作改名为《资本论》的最初想法。1860年初,他写信对恩格斯说:"我还在加工我的《资本论》。"② 过了将近三年,在写作经济学巨著的第二部手稿时,他把改变书名的想法作了详细说明。1862年12月28日,他在致库格曼的信中写道:"第二部分终于已经脱稿,只剩下誊清和付排前的最后润色了。这部分大约有三十印张。它是第一分册的续篇,将以'资本论'为标题单独出版,而'政治经济学批判'这个名称只作为副标题。"③ 马克思改变著作名称,是经过深思熟虑、反复推敲的。名称的改变,第一,表明这部著作无论从结构、内容到表现形式,都将以阐述和论证"正面的东西"即资本主义生产方式的运动规律为主;第二,表明著作所包含的范围已经缩小,重点更加突出,更加集中。马克思说,其实,《资本论》只包括本来应该构成《政治经济学批判》第一篇第三章"资本一般"的内容,没有包括资本的竞争和信用。"这一卷的内容就是英国人称为'政治经济学原理'的东西。"④ 他认为,这一部分是精髓,只要完成这一部分,别人就容易在已经打好的基础上去探讨其余的问题了。

在改变著作名称的同时,马克思也周密地考虑改变著作结构的问题。大体上这部著作有过"五篇结构"、"六册结构"和"四卷结构"几个不同的结构方案。

"五篇结构"最初是在著名的《〈政治经济学批判〉导言》中提出来的。1857年8月,在《导言》的第三节中,马克思拟订了《政治经济学批判》的第一个结构方案:

"显然,应当这样来分篇:(1)一般的抽象的规定,因此它们或多或少属于一切社会形式,不过是在上面所分析过的意义上。(2)形成资产阶级社会

---

① 恩格斯:《致卡·马克思》(1851年11月27日),《马克思恩格斯全集》第27卷,第396页。
② 马克思:《致弗·恩格斯》(1860年2月3日),《马克思恩格斯全集》第30卷,第24页。
③ 马克思:《致路·库格曼》(1862年12月28日),《马克思恩格斯全集》第30卷,第636页。
④ 同上。

内部结构并且成为基本阶级的依据的范畴。资本、雇佣劳动、土地所有制。它们相互之间的关系。城市和乡村。三大社会阶级。它们之间的交换。流通。信用事业（私的）。(3) 资产阶级社会在国家形式上的概括。就它本身来考察。'非生产'阶级。税。国债。公的信用。人口。殖民地。向外国移民。(4) 生产的国际关系。国际分工。国际交换。输出和输入。汇率。(5) 世界市场和危机。"①

这个"五篇结构"方案，体现了马克思关于政治经济学研究对象和方法的看法。马克思认为，政治经济学研究的不是生产的局部关系，而是一个具有许多规定和关系的丰富的总体。这个结构方案以"一般的抽象规定"为出发点，进而研究资产阶级社会的内部结构，从经济基础到国家形式等上层建筑，从资产阶级在民族国家内的活动到生产的国际关系，最后通过对世界市场这个反映了资本主义社会许多规定和关系的总体的研究，完成对资本主义生产方式运动规律的全面考察。这个结构方案也是政治经济学从抽象层面到具体的叙述方法的实际运用。它一步一步地向人们揭示了从抽象的一般规定到资本主义关系的具体现实的进展，从理论上、逻辑上对资本主义生产方式的总体作了辩证的分析。随着研究的深入，马克思对自己经济学著作的分篇计划和结构方案多次作了修改，但基本的原则并未改变。第一个结构方案为以后的方案奠定了基础。

大约在1857年11月上旬，马克思对"五篇结构"的方案作了修改。主要内容是：第一，把第一篇"一般抽象的规定"的内容具体化了，指出这里要考察的是交换价值、货币、价格，而"商品始终表现为现成的东西"；② 第二，强调世界市场是资本主义生产方式的前提和具体承担者，包含着资本主义的一切矛盾；第三，指出经济危机表明资本主义不能解决自身存在的矛盾，预示着"以交换价值为基础的生产方式和社会形式的解体"③ 以及"新的历史形式"必然到来。

1857年11月中旬，马克思对"五篇结构"又作了两次修改，主要是把第二篇"资产阶级社会内部结构"进一步具体化。

此后不久，大约在1858年初，马克思对整个写作计划和结构方案作了重

---

① 马克思：《〈政治经济学批判〉导言》，《马克思恩格斯选集》第2卷，第111页。
② 马克思：《〈政治经济学批判〉大纲草稿（1857—1858）》，《马克思恩格斯全集》第46卷上册，第177—178页。
③ 同上书，第220页。

大调整，提出了"六册结构"。他在 1858 年 2 月 22 日、3 月 17 日致拉萨尔和同年 4 月 2 日致恩格斯的信中，提出了"六册结构"的框架和第一分册《资本一般》的分篇计划：

第一分册　资本

　　（绪论：商品和货币）

　　（一）资本一般 { 1. 资本的流通过程　2. 资本的生产过程　3. 两者的统一，或资本和利润 }

　　（二）资本的竞争

　　（三）信用

　　（四）股份资本

第二分册　土地所有制

第三分册　雇佣劳动

第四分册　国家

第五分册　对外贸易

第六分册　世界市场和危机

在"六册结构"中，商品和货币不再作为单独一册，而作为绪论。从历史上来说，商品和货币是资本主义生产方式的前提；从逻辑上说，商品和货币包含着资本主义一切矛盾的胚芽。作为商品一般和货币一般，它们又不是资本主义社会所特有的经济关系，因此把它们作为绪论是很恰当的。"六册结构"把"资本"作为中心，表明这部著作是以分析资本主义生产方式的运动规律为目的，因为"资本是资产阶级社会的支配一切的经济权力。它必须成为起点又成为终点"①。同"五篇结构"一样，"六册结构"也是一个十分庞大的体系，马克思不准备每一册都探讨得同样详尽。他认为，前三册专门阐述基本理论，有时可能不免要作详细的解释；而在最后三册中，只打算作一些基本的叙述。②恩格斯完全赞同马克思的"六册结构"，他仔细研究了马克思 1858 年 4 月 2 日来信中提出的著作计划和简单纲要后认为"全部材料分为六本书，是再恰当没有了"③。

---

① 马克思：《〈政治经济学批判〉导言》，《马克思恩格斯选集》第 2 卷，第 110 页。
② 马克思：《致斐·拉萨尔》（1858 年 3 月 11 日），《马克思恩格斯全集》第 29 卷，第 534 页。
③ 恩格斯：《致卡·马克思》（1858 年 4 月 9 日），《马克思恩格斯全集》第 29 卷，第 306 页。

马克思在写作1857—1858年手稿的过程中，尤其是在写作《资本》一章的过程中，越来越感到为了实现这个庞大的计划，需要研究的问题和材料过多，阐述这些问题所需要的篇幅过大，即使阐述其中某一部分（例如第一分册第一篇《资本一般》）篇幅也相当浩瀚；考虑到未来革命形势的变化有可能会随时中断研究工作，由于谋生的需要不得不花费大量精力四处奔忙，以及19世纪50年代中期以后身体素质不断下降等情况，马克思对于能否按照"六册结构"系统整理自己的全部草稿，持保留态度。他在《〈政治经济学批判〉序言》中谈到自己著作的"六册结构"时写道："我面前的全部材料都是专题论文，它们是在相隔很久的几个时期内写成的，目的不是为了付印，而是为了自己弄清问题，至于能否按照上述计划对它们进行系统整理，就要看环境如何了。"① 这个时候，他可能已在考虑压缩整个计划的问题。大约在写作《序言》（1859年1月）的同时，他写了一份相当详细的《政治经济学批判》第三章（即《资本一般》）提纲草稿。提纲分为：Ⅰ.资本的生产过程；Ⅱ.资本的流通过程；Ⅲ.资本和利润；Ⅳ.其他问题。这份提纲是"六册结构"第一分册第一篇《资本一般》的进一步具体化。② 此后不久，他开始考虑把自己的经济学著作更名为《资本论》，而保留《政治经济学批判》作为副标题。《政治经济学批判》第三章的提纲草稿，是《资本论》"四卷结构"的雏形。事实上，1857—1858年手稿、1861—1863年手稿、1863—1867年手稿，基本上就是按照这个结构编写的。

《资本论》的书名是在1862年确定下来的，《资本论》的"四卷结构"则是在1866年最终确定下来的。1866年10月13日，马克思在致库格曼的信中说："全部著作分为以下几个部分：第一册资本的生产过程。第二册资本的流通过程。第三册总过程的各种形式。第四册理论史。"③ 很明显，这个"四卷结构"是"六册结构"总体方案的压缩，又是"六册结构"中第一分册第一篇《资本一般》的扩展。

从《资本论》三部完整的手稿和后来整理出版的《资本论》内容看，"四

---

① 马克思：《〈政治经济学批判〉序言》，《马克思恩格斯全集》第13卷，第8页。
② 关于这份提纲草稿的写作日期，《马克思恩格斯全集》俄文版编者认为可能写于1861年夏天；中文版题注认为"约写于1859年2—3月"。现暂以中文版题注为据。参阅《马克思恩格斯全集》第46卷下册，第539、570页。
③ 马克思：《致路·库格曼》（1866年10月13日），《马克思恩格斯全集》第31卷，第535—536页。

卷结构"已经大大突破了"六册结构"中《资本一般》的研究范围。例如"六册结构"中《资本一般》并不包括《资本的竞争》。这个问题是第一分册第二篇的内容;更不包括土地所有制和雇佣劳动,这些问题是第二分册和第三分册的内容。按照"六册结构"的安排,在《资本一般》中,"假定工资总是等于它的最低额。工资本身的运动,工资最低额的降低或提高放在论雇佣劳动的那一部分去考察。其次还假定:地产=0,就是说,地产这一特殊的经济关系在这里还不加以考察"①。但是在"四卷结构"中,却用较多篇幅论述了部门内部的竞争和部门之间的竞争、工资及其基本形式、级差地租和绝对地租等问题。可以说,这个"四卷结构",特别是理论部分的前三卷,已经吸取了"六册结构"中第一分册第一篇以外其余各分册、各篇的部分内容,包括了分析资本主义经济有机体的全部精髓。

当然,"四卷结构"远未包括"六册结构"的全部内容。无论"资本的竞争"、"信用"、"股份资本",还是"土地所有制"、"雇佣劳动",在"四卷结构"中都仅仅是在分析"资本一般"所需要的范围被论及,而没有进行系统的阐述。例如在工资问题上,《资本论》只考察了计时工资和计件工资两种基本形式,而对其余各种各样的形式,马克思打算在专门研究雇佣劳动的部分加以论述。在土地所有制问题上,《资本论》第3卷《地租》篇一开始就明确指出:"对土地所有权的各种历史形式的分析,不属于本书的范围。我们只是在资本所产生的剩余价值的一部分归土地所有者所有的范围内,研究土地所有权的问题。"② 至于"国家"、"对外贸易"、"世界市场"等问题,《资本论》均未进行专门的研究,后来也未按计划撰写专门的著作。这种情况是完全可以理解的。正如保尔·拉法格所说:"马克思有许多没有实现的计划。他还想写一本关于逻辑学的书和一本哲学史,后者是他早年喜欢研究的。要完成整个写作计划,要把他脑海里所保留的那一部分财富完全呈现给世界,他必须活到一百岁才行!"③

马克思对自己经济学著作的写作计划和结构方案的不断修订,表明了他的创作态度是多么严肃认真;表明了在建造《资本论》这座科学殿堂的过程中需要付出多么艰苦的思想劳动;也表明了像任何伟大著作的诞生一样,《资

---

① 马克思:《致弗·恩格斯》(1858年4月2日),《马克思恩格斯全集》第29卷,第300页。
② 马克思:《资本论》第3卷,《马克思恩格斯全集》第25卷,第693页。
③ 拉法格:《忆马克思》,《摩尔和将军》,第105页。

本论》体系的形成，也是一个从不成熟到成熟、从不完善到完善的过程。

三 《资本论》第一部手稿

从 1857 年 7 月至 1858 年 6 月，马克思撰写了一部篇幅达 50 印张的手稿《经济学手稿（1857—1858 年）》。这部以《资本论》第一稿闻名于世的著作，内容极其丰富，具有重大的科学价值。

马克思完成《伦敦笔记》后，继续进行经济学研究。1854 年 12 月至 1855 年 2 月，他阅读了自己在巴黎、布鲁塞尔和伦敦所作的政治经济学笔记，为这些笔记编了索引；他经常研读和收集有关政治经济学的文献资料，写了许多新的摘录和札记；他利用自己摘录的资料和研究的成果，为《纽约每日论坛报》等报刊撰写了多篇论述经济问题的文章。总之，他时时刻刻都不忘为自己的经济学巨著"掌握材料，为整理材料做好准备"[①]。

但是，有一段时间，他无法进行系统的经济学研究。由于过度的夜间工作和困苦的生活，他的健康状态不断恶化，为报刊撰写政论文章又占去了他大量的时间。例如为了给《纽约每日论坛报》撰写有关英国统治印度的论文，他研究了大量有关东印度公司及印度土地关系的材料；为了撰写有关丹麦的论文，他研究了丹麦的近代史，阅读和摘录了德罗伊森和扎姆韦尔的《公国》、奥尔斯豪森的《丹麦王室法》；为了撰写西班牙革命史的论文，他研究了西班牙历史，阅读了沙多勃利昂的《维罗那会议》，等等。贫困的处境更是严重影响了他的研究工作。1857 年 1 月 20 日，他写信对恩格斯说："我完全搁浅了。……我的处境的确比五年前更惨。我曾以为苦水已喝到头了。但是不然。而且最糟糕的是，这回的危机不是暂时的。我不知道如何才能脱身。"[②] 为了摆脱困境，他不得不把大好时光浪费在四处奔走和毫无效果的尝试上。他多么渴望能够得到哪怕一个钟头的安宁，以便有可能从事意义重大的经济学研究。

1857 年夏天，资本主义社会爆发的经济危机，使马克思深深感到完成自己经济研究工作的迫切性。他在 19 世纪 50 年代初就认为，危机必然引起革

---

① 马克思：《致弗·恩格斯》（1855 年 2 月 13 日），《马克思恩格斯全集》第 28 卷，第 432 页。
② 马克思：《致弗·恩格斯》（1857 年 1 月 20 日），《马克思恩格斯全集》第 29 卷，第 92—93 页。

命。因此，他希望赶在革命形势高涨以前完成自己的经济学著作。1857年12月8日，他写信告诉恩格斯："我现在发狂似地通宵总结我的经济学研究，为的是在洪水之前至少把一些基本问题搞清楚。"① 过了几天，他又写信对恩格斯说："我的工作量很大，多半都工作到早晨四点钟。工作是双重的：（1）写完政治经济学原理（这项工作非常必要，它可以使公众认清事物的实质……）。（2）当前的危机。"②

经过一年的紧张工作，马克思写成了一部《经济学手稿（1857—1858年）》，包括：（1）《巴师夏和凯里》（写于1857年7月）；（2）《导言》（写于1857年8月底）；（3）《〈政治经济学批判〉（1857—1858年草稿）》（写于1857年10月至1858年5月）；（4）《七个笔记本的索引》（写于1858年6月）。

《草稿》是《经济学手稿》的主要部分，共有七大册稿本，由马克思用罗马数字标上Ⅰ—Ⅶ。这部手稿作为《资本论》第一个稿本，基本上论述了《资本论》体系，在《资本论》创作史上具有特殊重要的地位。

按照《导言》指出的分篇计划，整个经济学体系必须从"一般的抽象的规定"出发。在《草稿》中，马克思是从货币理论开始的。这是因为，从货币到资本的分析进程中，符合从抽象到具体的叙述方法；而且在资本、银行、雇佣劳动等存在以前，货币已经存在。以货币理论为出发点，逻辑进程与历史发展相一致。不久，在进一步的研究过程中，马克思发现商品是资本主义经济的细胞形态，是比货币更抽象的范畴，因而把商品作为自己整个经济理论体系的出发点。

在《草稿》中，马克思第一次较完整地论述了科学的劳动价值理论。

马克思指出，商品具有使用价值和价值。商品在交换中是二重出现的。一方面作为使用价值，是满足人们某种需要的物；另一方面作为价值，取得了一个在物质上与商品分离的存在。使用价值是自然的产品，商品价值则与产品的自然属性完全无关，是"商品的社会关系"③。这不是对一种商品的关系，而是对一切商品的关系。

劳动是价值的唯一实体，价值是物化的劳动。马克思认为，单纯的自然物质，只要没有人类劳动物化在其中，就没有价值。在价值量的决定上，他

---

① 马克思：《致弗·恩格斯》（1857年12月8日），《马克思恩格斯全集》第29卷，第219页。
② 马克思：《致弗·恩格斯》（1857年12月28日），《马克思恩格斯全集》第29卷，第226页。
③ 马克思：《〈政治经济学批判〉1857—1858年草稿》，《马克思恩格斯全集》第46卷上册，第84页。

改变了价值量由"可能生产它的最低限度的时间"决定的观点，认为价值量由当时平均生活手段生产该商品的劳动时间决定，强调"由劳动时间决定的价值，只是商品的平均价值"。①

劳动二重性理论是马克思的伟大贡献，是理解政治经济学的枢纽。在《草稿》中，马克思对这个理论作了初步阐述，指出创造商品使用价值的劳动，是一种自然规定的、在质上与其他劳动不同的特殊劳动；而创造价值的劳动则是一种与自身的质相分离的、仅仅在量上不同的劳动；"对交换者来说，商品的使用价值包含着生产（劳动）的特殊的、个人的方面；但在它的作为交换价值的商品中，一切商品都同样表现为社会的、无差别的一般劳动的物化"。②

生产商品的劳动二重性，反映了私有制条件下生产的私人性与社会性的矛盾。在私有制下，每个商品生产者都是为了私人利益而独立地进行生产；由于社会分工，个人从属于像命运一样存在于他们之外的社会生产，而社会生产并不从属于把这种生产当做共同财富来对待的个人，因而包含着个人劳动不被社会承认的可能性。商品交换是商品生产者之间进行社会联系的唯一方法。这样，人与人的社会关系就表现为物与物之间的关系。在商品交换下，"劳动和产品的普遍交换已成为每一单个人的生存条件。这种普遍交换，他们的互相联系，表现为对他们本身来说是异己的、无关的东西，表现为一种物。在交换价值上，人的社会关系转化为物的社会关系，人的能力转化为物的能力"。③

货币是商品交换的产物。在《草稿》中，马克思批判了资产阶级社会主义者埃里蒙的"劳动货币"理论，对货币的起源、性质和职能作了深刻的论述，指出货币是从交换中产生的，而不是通过协定产生的。货币出现后，商品内部的矛盾，就表现为商品与货币的矛盾；货币的作用"从单纯流通手段这样一种奴仆身份，一跃而成为商品世界中的统治者和上帝。货币代表商品的天上的存在，而商品代表货币的人间的存在"④。具有价值尺度、流通手段

---

① 马克思：《〈政治经济学批判〉1857—1858年草稿》，《马克思恩格斯全集》第46卷上册，第80页。
② 马克思：《〈政治经济学批判〉第一分册第二章初稿片断和第三章开头部分》，《马克思恩格斯全集》第46卷上册，第476页。
③ 马克思：《〈政治经济学批判〉1857—1858年草稿》，《马克思恩格斯全集》第46卷上册，第103—104页。
④ 同上书，第171页。

等职能的货币,既解决了物物交换的矛盾,又在更广泛的范围内加深了这个矛盾;"货币的性质就在于:货币只是通过使直接的物物交换的矛盾以及交换价值的矛盾普遍化,来解决这些矛盾"①。

科学的劳动价值论,是剩余价值理论的基础。马克思说,"要阐明资本的概念,必须从价值出发"②。因此,他按照自己的分篇计划和结构方案,在1857—1858年手稿中,写作《货币》章以后,就转入了《资本》章的写作。这一章包括资本的生产过程、资本的流通过程、资本是结果实的东西(利息、利润、生产费用等),基本形成了剩余价值理论体系,是《草稿》的主要部分。

马克思指出,资本是在流通中保存自己,并且使自己永存。为了使自己永存和增殖,资本就必须购买到一种特殊的商品——劳动力。资产阶级古典经济学的李嘉图学派由于不能区分劳动与劳动力,未能在劳动价值论的基础上说明剩余价值的来源而走入绝境。马克思在1847年底发表的《雇佣劳动与资本》讲演中,也没有把"劳动"与"劳动力"两个概念明确区分。在《草稿》中,马克思第一次区分了劳动与劳动力,指出资本家购买的不是劳动,而是工人的劳动力。他说:"资本家换得的是劳动能力,这是资本家要支付报酬的交换价值。活劳动是这种交换价值为资本家提供的使用价值,从这种使用价值产生出剩余价值,并造成交换的扬弃。"③

资本家与雇佣工人的交换,第一阶段是在流通领域中进行的;这一阶段完成以后,接着进入其性质与这一阶段的交换完全不同的第二阶段,它是在生产领域进行的。资本主义生产过程是劳动过程与价值增值过程的统一。马克思在《草稿》中详细地论述了资本主义生产过程的二重性,揭示了剩余价值生产的全部秘密。他指出,资本家在流通领域购买到劳动力以后,在生产领域中把劳动力与生产资料结合起来。在这一劳动过程中,雇佣工人以具体形态的劳动转移并保存生产资料的价值,把抽象形态的劳动物化在新产品中,形成超过资本家支付给工人的工资的新价值。其中超过工资以外的价值,就是被资本家无偿占有的剩余价值。如果说,资本家与雇佣工人交换的第一阶段,形式上是平等的;那么,交换的第二阶段,平等的外观完全消失了,在

---

① 马克思:《〈政治经济学批判〉1857—1858年草稿》,《马克思恩格斯全集》第46卷上册,第149页。
② 同上书,第213页。
③ 同上书,第56页。

这里表现出来的是剥削与被剥削的关系,"在资本方面表现为剩余价值的东西,正好在工人方面表现为超过他作为工人的需要,即超过他维持生命力的直接需要而形成的剩余劳动"①。这样,资本主义生产过程的二重性质,使资本家"无偿地得到了两种东西:第一,得到了增加他的资本价值的剩余劳动,第二,同时得到了活劳动的质,这种质使物化在资本的各个组成部分中的过去劳动得到保存,从而使原有的资本的价值得到保存"②。

揭示了剩余价值生产的秘密之后,马克思第一次把资本划分为不变资本和可变资本,进一步研究了资本家榨取剩余价值的两种方法。他指出,资本家为了增殖自己的资本,迫使工人把工作日绝对延长到超过必要劳动时间,即超过公认为获得维持生存所必需的生活资料而劳动的时间,这就是绝对剩余价值的生产。资本家加强对工人的剥削、增殖自己资本的另一种方法,是缩短必要劳动时间,相对地延长剩余劳动时间,这就是相对剩余价值的生产。马克思强调指出:"资本的趋势是把绝对剩余价值和相对剩余价值结合起来;就是说,要使工作日延长到最大限度,并使同时并存的工作日,达到最大数量,同时一方面又要使必要劳动时间,另一方面也要使必要工人人数减少到最小限度。"③

马克思指出,资产阶级古典经济学家,包括斯密和李嘉图,总是把剩余价值的特殊形态和一般形态混淆起来,因而对特殊形态的研究是乱七八糟的。与资产阶级古典经济学家不同,马克思首先撇开剩余价值的各种特殊形态,透彻地研究剩余价值的一般形态,真正弄清剩余价值的来源和性质。只有达到这一步以后,他才着手研究剩余价值的特殊形态。在《草稿》中,马克思阐明了剩余价值生产的秘密以后,首次分析了剩余价值转化为利润的问题,指出利润是剩余价值的第二级的、派生的和变形的形式,即资本在一定周转时间内所创造的剩余价值用资本的总价值来计量所获得的形式。随着剩余价值转化为利润,第一,剩余价值起源的痕迹消失了;第二,资本剥削劳动的实际程度缩小了。资本越大,利润率所表示的比例就越虚假。马克思还阐明随着资本主义生产力的发展,利润率有下降的趋势。这个规律虽然十分简单,

---

① 马克思:《〈政治经济学批判〉1857—1858年草稿》,《马克思恩格斯全集》第46卷上册,第287页。
② 同上书,第336页。
③ 马克思:《〈政治经济学批判〉1857—1858年草稿》,《马克思恩格斯全集》第46卷下册,第292页。

但却非常重要,可是在此以前还没有人能理解,更没有被自觉地表述出来。

在《草稿》中,马克思不仅分析了利润和利润率的问题,而且研究了利润平均化,初步确立了平均利润理论。马克思认为,"资本家阶级在一定程度上是这样分配总剩余价值的:总剩余价值不是按照各个个别生产部门的资本所实际创造的剩余价值来分配,而是与他们的资本量成比例地大致平均地进行分配"。利润率的平均化,是不同部门价格竞争的结果。通过竞争,来源于该部门中实际创造的剩余价值的较高的利润,会降低到这个平均水平;而另一个生产部门的较低的剩余价值,由于该部门的资本被抽出并由此而形成有利的供求关系,就会把利润率提高到平均水平。这就是说,利润平均化不过是一部分剩余价值从一个资本家手中转移到另一个资本家手中,是剩余价值在资本家阶级内部的再分配。

马克思指出,资本主义制度在其历史发展中造成了生产力的发展;当资本本身成了生产力发展的限制时,资本的历史使命就完成了。这是不以人们的意志为转移的。雇佣劳动和资本本身是以往各种不自由的社会生产形式的否定,而否定雇佣劳动和资本的那些物质条件和精神条件则是资本主义生产过程的结果。资本主义私有制被消灭以后,代替它的是由社会成员共同占有和共同控制生产资料的共产主义社会。与资本主义社会生产无政府状态不同,共产主义将按照社会需要使劳动时间在不同生产部门之间有计划地分配。时间节约规律是首要的经济规律。在这里,"社会为生产小麦、牲畜等等所需要的时间就越多。……社会发展,社会享用和社会活动的全面性,都取决于时间的节省。一切节约归根到底都是时间的节约。……社会必须合理地分配自己的时间,才能实现符合社会全部需要的生产。因此,时间的节约,以及劳动时间在不同的生产部门之间有计划地分配,在共同生产的基础上仍然是首要的经济规律。这甚至在更加高得多的程度上成为规律"[①]。

《〈政治经济学批判〉1857—1858年草稿》表明,马克思"已经推翻了迄今存在的全部利润学说"[②],完成了对资产阶级政治经济学的批判工作,独立地创立了剩余价值理论。这是马克思一生中继唯物主义历史观之后的第二个伟大发现。正是这一发现,使社会主义从空想变成了科学。

---

① 马克思:《〈政治经济学批判〉1857—1858年草稿》,《马克思恩格斯全集》第46卷上册,第120页。

② 马克思:《致弗·恩格斯》(1858年1月14日),《马克思恩格斯全集》第29卷,第250页。

四 《政治经济学批判》的总导言

在《经济学手稿（1857—1858年）》中，马克思为自己的政治经济学巨著写了一篇总导言。这篇在马克思生前未曾发表、篇幅不长的手稿，精辟地论述了政治经济学的研究对象和方法，具有独立的科学价值。

《导言》写于1857年8月末，是《经济学手稿（1857—1858年）》的开头部分。它既是《资本一般》的导言。也是整个经济学体系的总的导言；既是1857年出版的《政治经济学批判》的导言，也是作为《政治经济学批判》续篇的《资本论》的导言，马克思原来可能打算把它同自己的经济学巨著一起发表，但鉴于这部巨著将分册出版，而且最先出版的《政治经济学批判》第一分册，实际上包括"绪论"部分还未涉及"资本一般"的内容。他"觉得预先说出正要证明的结论总是有害的"[①]，因而把这篇已经起草好的导言压下。

《导言》第一次详尽地阐述了政治经济学的研究对象不是"生产一般"或"一般生产"，而是一定社会历史阶段的生产方式。

《导言》指出，摆在我们面前的对象，首先是物质生产。资产阶级古典经济学家也把物质生产作为研究对象。但由于时代和阶级的局限，他们不是把社会的生产而是把孤立的个人生产作为研究的出发点，这是错误的。事实上，生产总是在社会中进行的，任何个人的生产都离不开社会。在原始社会，个人离开集体就无法同自然进行斗争以获取维持生存的物质资料。在资本主义社会，人们之间的社会联系空前密切，人成了最名副其实的社会动物。被资产阶级经济学家大肆颂扬的鲁滨孙式的单独个人的生产，不过是"缺乏想象力的虚构"。其实，鲁滨孙所以能在孤岛上生存下来，是由于他已经具有文明人的社会力量，能够使用在社会中生产的生产工具，掌握在社会生产中获得和积累的生产技能。所以，作为政治经济学研究对象的生产，不是孤立个人的生产，而是社会性质的生产。

任何生产总是在一定的社会发展阶段上进行的。虽然在不同历史阶段，生产必须具备一些共同的条件，例如生产资料和劳动力；但是，我们不应该只看到相同的方面而忽视了本质的差别。在不同的社会发展阶段上，生产资

[①] 马克思：《〈政治经济学批判〉导言》，《马克思恩格斯全集》第46卷上册，第18页。

料与劳动力的结合形式并不相同。政治经济学不是研究生产一般和一般生产，而是研究人类社会各个阶段或者某一历史阶段的生产，是研究生产力与生产关系统一的生产方式。《政治经济学批判》和《资本论》研究的对象，就是"资本主义生产方式以及和它相适应的生产关系和交换关系"[1]。

资产阶级经济学家把生产一般作为研究对象，其目的无非是为了掩盖资本主义社会的矛盾，把资本主义这个具有独特历史规定性的生产方式当做永恒的生产方式。如果说，资产阶级古典经济学家们的观点是不自觉地反映了他们的时代和阶级的局限性，那么，资产阶级庸俗经济学家们重弹这些枯燥乏味的陈词滥调，则完全是为了把资产阶级关系当做社会一般的颠扑不破的自然规律偷偷地塞了进来，为资本主义制度作辩护。

社会生产包括生产、分配、交换和消费四个环节。政治经济学研究人类社会发展各个阶段或某一历史阶段的生产方式，必须研究人们在生产和再生产过程中的生产、分配、交换和消费的联系。

资产阶级经济学家只看到生产是起点，消费是终点，分配和交换是中间环节；由此形成一个三段论法：生产是一般，分配和交换是特殊，消费是个别，全体由此结合在一起。"这当然是一种联系，然而是一种肤浅的联系。"[2]

马克思指出，社会生产过程的四个环节是辩证的统一。从生产与消费的关系看，它们具有直接的同一性。生产是消费，消费是生产。前者是生产资料和劳动力的消费；后者是人身的再生产。它们互相依赖、互为条件，每一方都以对方为媒介和手段。生产决定消费的性质、对象和方式，消费创造生产的目的和动力。两者的每一方不仅直接就是对方，不仅媒介着对方，而且由于自己的实现而创造出对方。生产的结果创造出消费的对象和具有一定消费能力、按照一定消费方式进行消费的消费者。消费的结果使生产的产品最终实现，并推动生产不断发展和完善。当然它们之间也存在着矛盾。在矛盾两个方面中，生产是起点，是起决定作用和支配作用的要素，消费则是包含在生产活动中的一个内在要素。

从生产与分配的关系看，生产决定分配。生产的结构决定分配的结构，生产条件的分配决定着产品的分配。马克思说："分配关系和分配方式只是表现为生产要素的背面。……分配的结构完全决定于生产的结构，分配本身是

---

[1] 马克思：《〈资本论〉第1卷德文第一版序言》，《马克思恩格斯全集》第23卷，第8页。
[2] 马克思：《〈政治经济学批判〉导言》，《马克思恩格斯全集》第46卷上册，第26页。

生产的产物，不仅就对象说是如此，而且就形式说也是如此。就对象说，能分配的只是生产的成果，就形式说，参与生产的一定形式决定分配的特定形式，决定参与分配的形式。"① 有些浅薄的经济学家，认为不是生产决定分配，而是分配决定生产；或者认为分配可以离开生产而独立存在，这些观点都是错误的。无论单独个人或整个社会，都是生产决定分配。例如对一个雇佣工人来说，并不是由于他通过工资形式参与分配而决定他在生活过程中的地位；恰恰相反，由于他没有地产和资本，只能出卖劳动力，从事雇佣劳动，才以工资形式参与消费品的分配。产品的分配不能离开生产而独立。在产品分配以前，先是生产工具的分配和社会成员在各类生产之间的分配。这种分配包含在生产过程本身并决定生产的结构，产品的分配不过是这种生产条件分配的结果。当然，分配对生产也有重要作用。作为生产要素的背面，分配关系和分配形式是"一定社会中的生产要素得以确定的最确切的表现"②。在一定条件下，分配决定生产，"例如，随着资本的集中，随着城乡人口的不同的分配等，生产也就发生变动"③。

从生产与交换的关系看。交换是生产的要素，交换的方式由生产决定。首先，生产过程发生的各种活动和能力的交换，直接属于生产；其次，生产资料的交换，也是生产过程的行为；再次，直接为消费而进行的交换，表面看来似乎与生产无关，实际上也是由生产决定的。这不仅因为没有生产就没有分工，没有分工也就没有交换，而且因为交换的深度、广度和方式都是由生产的结构及发展决定的。可见，交换就其一切要素来说，或者是直接包含在生产之中，或者是由生产决定。同时，交换也在一定条件下决定生产。当市场扩大从而交换范围扩大时，生产的规模也就增大，生产的结构也会发生变动。

马克思深刻地分析了生产、分配、交换和消费的辩证关系后认为，生产、分配、交换、消费并不是同一的东西，但它们构成一个总体的各个环节，一个统一体内部的差别。像每一个有机整体一样，在这个统一体中，生产居于决定和支配的地位，其他要素也在一定条件下决定生产，各个要素之间还存在着相互作用。广义政治经济学研究的对象，就是人类社会发展各个历史阶

---

① 马克思：《〈政治经济学批判〉导言》，《马克思恩格斯全集》第46卷上册，第32—33页。
② 同上书，第33页。
③ 同上书，第37页。

段包括生产、分配、交换、消费四个环节在内的物质资料生产方式。马克思研究政治经济学的主体，则是资本主义生产方式，重点是资本主义生产关系。他强调指出："现代资产阶级生产——这种生产事实上是我们研究的主题。"①

马克思还在《〈政治经济学批判〉导言》中第一次精辟地阐述了政治经济学的研究方法和叙述方法。

在资产阶级政治经济学的产生和发展过程中，曾经有过两种方法。第一种是从具体到抽象。这是17世纪威廉·配第等经济学家采用的方法。他们从生动的整体，从人口、民族、国家、若干国家等开始，然后从其中抽象出若干有决定意义的范畴和关系，如分工、货币、价值等等，到此就止步了。第二种是从抽象到具体。这是亚当·斯密和大卫·李嘉图等经济学家采用的方法。他们是从一些已经多少确定下来的抽象范畴出发，例如从劳动、分工、需要、交换价值等开始，上升到国家、国际交换和世界市场。马克思认为，后一种是科学的正确的方法。因为，具体虽然是实际的起点，从而也是直观和表象的起点，但却不能作为叙述的起点。例如人口是一个具体的范畴。但如果抛开构成人口的阶级，人口就是一个抽象；如果不了解这些阶级所依据的因素，阶级又是一句空话；而这些因素又是以交换、分工、价格为前提的。科学的叙述方法必须从抽象到具体，即从简单的抽象范畴出发，逐步上升到复杂的、具体的规定；只有这样，才能从理论上复制出完整的精神上的具体。经过思维的加工，呈现在我们面前的具体，"已不是一个混沌的关于整体的表象，而是一个具有许多规定和关系的丰富的总体了"②。

马克思认为，研究的方法与叙述的方法是不同的。"研究必须充分地占有材料，分析它的各种发展形式，探寻这些形式的内在联系。只有这项工作完成以后，现实的运动才能适当地叙述出来。"③ 这就是说，政治经济学的研究方法，必须从具体到抽象；叙述方法必须从抽象到具体。整个政治经济学的研究过程，是具体—抽象—具体的过程。

政治经济学从抽象到具体的叙述方法，逻辑的发展与历史的进程是统一的。历史发展过程是逻辑思维过程的基础，逻辑思维是历史发展的反映。马克思在安排自己经济学著作的分篇计划和结构方案时，按照逻辑的进程，首

---

① 马克思：《〈政治经济学批判〉导言》，《马克思恩格斯全集》第46卷上册，第22页。
② 同上书，第38页。
③ 马克思：《〈资本论〉第1卷德文第一版序言》，《马克思恩格斯全集》第23卷，第23页。

先叙述商品和货币，然后叙述资本和雇佣劳动。在这里，逻辑的发展符合历史的进程。因为，在资本存在之前、银行存在之前、雇佣劳动等存在之前，货币能够存在，而且在历史上存在过。……在这个限度内，从最简单上升到复杂这个抽象思维的进程符合现实的历史过程。当然，逻辑与历史的统一是指逻辑反映历史过程的趋势。由于历史的发展是纷繁复杂的，历史的进程常常是曲折和跳跃式的，历史发展的规律往往是通过许多个别的偶然的历史事件表现出来，因此，逻辑的叙述不能处处追随历史的足迹，恩格斯引用马克思的话说："历史从哪里开始，思想进程也应当从哪里开始，而思想进程的进一步发展不过是历史进程在抽象的、理论上前后一贯的形式上的反映；这种反映是经过修正的，然而是按照现实的历史过程本身的规律修正的。这时，每一个要素可以在它完全成熟而具有典范形式的发展点上加以考察。"①

五 政治经济学理论的第一次科学表述

1859年6月，马克思在德国柏林出版了《政治经济学批判》（第一分册）。在这部著作中，马克思第一次科学地表述了对于社会关系具有重大意义的经济学观点。

早在50年代初，马克思就考虑出版自己政治经济学著作的问题。当时，许多朋友也希望他的政治经济学著作早日问世。1850年9月14日，彼·格·勒泽尔以科伦共产主义者的名义要求马克思尽快完成政治经济学的写作，认为出版政治经济学著作对于宣传工作具有很大意义。1851年5月，拉萨尔写信对马克思表示，自己正在"以渴求的心情期待着"他的《政治经济学》的出版。恩格斯更是坚决要求马克思一年出一部巨著，在公众面前重新登台，以便打破由于他长期不在德国书籍市场上露面和出版商们的胆怯心理所造成的束缚；认为只要他出版"一两本富有教育意义的、学术性的、论据充分的，同时又很有趣的书，那末情况就完全不同了"②。

但是，50年代的出书计划未能实现。这一方面是革命失败不久，出版商们对革命家马克思的胆怯心理还未消除；更主要的是马克思研究的问题越来

---

① 恩格斯：《卡·马克思〈政治经济学批判〉》，《马克思恩格斯全集》第13卷，第532—533页。
② 恩格斯：《致卡·马克思》（1851年11月27日），《马克思恩格斯全集》第27卷，第396—397页。

越广泛、越来越深入，需要阅读的材料越来越多。而只要有一本他认为重要的书还没有读，他是不会动笔的。① 这样，出版政治经济学著作的计划也就拖延下来。

1858年1月，马克思的政治经济学研究已经取得了很大的进展，推翻了"迄今存在的全部利润学说"。整理出版政治经济学著作的条件成熟了。同时，马克思估计，随着1857年经济危机的爆发，历史将出现新的变化，革命高潮可能到来。这使他迫切希望把自己的研究成果公之于世。他在1858年2月给拉萨尔的信中说道："我预感到，在我进行了15年研究工作以后的今天，当我能够动笔的时候，也许会受到外部暴风雨般的运动的妨碍。这没有关系。如果我完成得太晚，以致世界不再关心这类东西，那显然是我自己的过错。"②

1858年3月，经过拉萨尔的联系，柏林一家出版社同意出版马克思的《政治经济学批判》。马克思鉴于当时既没有时间也没有金钱可以从容地把全部著作写完，为了使著作尽快与读者见面，他决定以分册的形式出版。为此，从1858年初开始，他对手稿进行加工整理。1858年8月至1859年1月写成《政治经济学批判》（第一分册）。

手稿的整理工作进展较慢。这是因为由于长期的夜间工作和困苦的生活，肝病的经常复发，严重影响了马克思的工作效率；同时，出于对科学的负责态度，他在准备付印稿上反复琢磨，一再修饰，往往为了润色几个句子而花费好几个钟头，这些都不能不影响写作的进度。马克思在说明这样做的必要性时写道："我有双重理由不允许这部著作由于医疗上的原因而受到损害：

1. 它是15年的，即我一生的黄金时代的研究成果。

2. 这部著作第一次科学地表述了对社会关系具有重大意义的观点。因此，我必须对党负责，不让这东西受肝病期间出现的那种低沉的呆板的笔调所损害。

我所追求的不是优美的叙述，而只是写出我平素的风格。"③

影响手稿整理进度的另一个原因是，多年来，马克思为自己的著作收集

---

① 恩格斯：《致卡·马克思》（1851年4月3日），《马克思恩格斯全集》第27卷，第252页。

② 马克思：《致斐·拉萨尔》（1858年2月22日），《马克思恩格斯全集》第29卷，第531—532页。

③ 马克思：《致斐·拉萨尔》（1858年11月12日），《马克思恩格斯全集》第29卷，第545—546页。

了极其丰富的材料，作了大量的笔记、摘录和札记。仅仅为了把1857—1858年写的手稿阅读一遍，就需要花费一个星期。特别是在整理手稿的过程中，往往发现新的问题，引起新的思考；或者出现新的文献，需要进行新的研究。例如1858年5月，当他正在整理货币问题的手稿时，伦敦出版了麦克拉伦的《通货简史》。从报刊的评价文章看，这是一本第一流的著作。他认为如果不对这本书研究一番，就不能继续写作。当时图书馆没有这本书，自己购买又没有钱，不得不写信要求恩格斯给他汇寄购书钱。他说："也许这本书对我来说没有什么新东西；不过，由于《经济学家》的推荐和我自己读了些摘引，我的理论良心不允许我不读这本书就写下去。"①

手稿的整理工作，是在极其困苦的生活景况下进行的。这个时期，马克思为《纽约每日论坛报》撰稿的微薄收入，难以维持全家最起码的生活，不得不经常为家庭琐事消磨大量的时间和精力。有一次，他愤怒地向恩格斯诉说："我在泥沼中已经挣扎了八个星期，而且，由于一大堆家务琐事毁灭了我的才智，破坏了我的工作能力，使我极端愤怒；像这样的泥沼，甚至是我最凶恶的敌人，我也不希望他在其中跋涉。"②

即使遇到各种各样的困难，马克思还是把经济学研究和写作的工作坚持下去。1858年6月，他从头至尾通读了《经济学手稿（1857—1858年）》，为这部手稿编制了《七个笔记本的索引（第一部分）》。从8月开始，集中力量撰写《政治经济学批判》（第一分册）。按照与出版社签订的合同，每一分册的篇幅是3—6个印张；但马克思考虑到这一分册叙述的内容是政治经济学最抽象的部分，如果写得过于简单，读者不易理解，因此把篇幅大为扩展。这一分册的标题是"资本一般"，原定分为三章，实际上包括两章，没有包括最重要的第三章："资本一般。"马克思说："从政治上考虑，我认为这是适当的，因为真正的战斗正是以第三章开始，我认为一开始就使人感到害怕是不明智的。"③由于商品和货币这两章的内容很抽象，学术性很强，这就迫使资产阶级辩护士们对这部著作不能单纯地随意谩骂，而必须采取十分严肃的态度。

1859年1月下旬，《政治经济学批判》（第一分册）的手稿已经写完并由马克思夫人誊清，但马克思身上一分钱都没有，付不起邮资和保险金，不能

---

① 马克思：《致弗·恩格斯》(1858年5月31日)，《马克思恩格斯全集》第29卷，第316页。
② 马克思：《致弗·恩格斯》(1858年7月15日)，《马克思恩格斯全集》第29卷，第330页。
③ 马克思：《致斐·拉萨尔》(1859年3月28日)，《马克思恩格斯全集》第29卷，第568页。

不请求恩格斯给予帮助,他十分感慨地写道:"未必有人会在这样缺乏货币的情况下来写关于'货币'的文章!写这个问题的大多数作者都同自己研究的对象有最好的关系。"①

但是,真理的阳光不可阻挡。1859年6月,马克思多年研究经济学的最初成果《政治经济学批判》(第一分册)终于在德国柏林出版。该书包括"序言"和"第一章商品"、"第二章货币或简单流通"。

政治经济学本质上是建立在唯物主义历史观的基础上的,马克思在《序言》中,简略地回顾了自己研究政治经济学的动因和过程,扼要地阐述了唯物主义历史观的基本原理,具有极其重要的意义。

马克思指出:法的关系和国家的形式属于上层建筑,都根源于物质的生活关系。人们为了生存,人类社会为了存在和发展,就必须进行生产活动。在生产活动的过程中,人们必然要结成一定的、不以他们的意志为转移的社会生产关系。生产关系必须适合一定发展阶段的物质生产力。生产关系的总和,构成了包括政治制度、法的关系和意识形态在内的全部上层建筑赖以建立的现实基础。

不是人们的意识决定人们的存在;恰好相反,人们的社会存在决定人们的意识;"物质生活的生产方式制约着整个社会生活、政治生活和精神生活的过程"②。所有历史上出现的一切社会的和国家的关系,一切国家的和法的体系,一切理论和观点,都只有在了解了每个相应时代的物质生活条件之后才能解释,而且所有这些上层建筑的各个组成部分以及它们的变革,只能从这些物质生活条件的矛盾中,从生产关系与生产力的矛盾和冲突中得到解释。

社会革命是由物质生活条件的内部矛盾所决定的。在生产方式中,生产力是最革命最活跃的因素,"社会的物质生产力发展到一定阶段,便同它们一直在其中活动的现存生产关系或财产关系……发生矛盾。于是这些关系便由生产力的发展形式变成生产力的桎梏。那时社会革命的时代就到来了。随着经济基础的变革,全部庞大的上层建筑也或慢或快地发生变革"③。由此可见,社会革命既不是由某一个伟大人物的大胆行动所引起,也不是由一些偶然事件所造成,它的根源深藏在物质的生产方式之中。

---

① 马克思:《致弗·恩格斯》(1859年1月21日),《马克思恩格斯全集》第29卷,第371页。
② 马克思:《〈政治经济学批判〉序言》,《马克思恩格斯全集》第13卷,第8页。
③ 同上书,第8—9页。

人类历史上每个社会经济形态都经历了产生、发展和向更高阶段转化的过程。社会革命推动着人类社会从低级向高级发展，这种发展归根到底是由社会生产力决定的。无论哪一个社会形态，当它们所能容纳的全部生产力发挥出来以前，是决不会灭亡的；而新的更高的生产关系，在它存在的物质条件在旧社会的胎胞里成熟之前，是决不会出现的。当生产力已经向前发展，旧的生产关系已经严重束缚生产力时，不管代表旧生产关系的社会腐朽力量如何挣扎和反抗，这种生产关系总是要崩溃，被新的生产关系所代替。相反，如果不具备一定的生产力水平，企图按主观意志超越社会发展阶段，冒险发动革命，也是注定要失败的。

资产阶级经济学家把资本主义当做永恒的社会形态。其实，同历史上任何社会形态一样，资本主义社会不过是人类社会发展的一个阶段。在资本主义社会以前，人类已经经历过原始社会、奴隶社会、封建社会。资本主义生产关系是社会生产过程的最后一个对抗形式。在这个充满着对抗的社会的胎胞里发展起来的生产力，已经创造着解决这种对抗的物质条件。

《〈政治经济学批判〉序言》具有极其重要的意义。《〈政治经济学批判〉序言》所阐述的历史唯物主义原理，是对唯心主义的致命打击。一切对于全部历史事物因袭惯用的见解，都被这个原理否定；全部传统的政治思想体系，都在这个原理的打击下崩溃。《〈政治经济学批判〉序言》所阐述的历史唯物主义原理，提供了科学地认识社会和社会发展规律的钥匙。在这个原理的指导下，"一切历史现象都可以用最简单的方法来说明，而每一历史时期的观念和思想也同样可以极其简单地由这一时期的生活的经济条件以及由这些条件决定的社会关系和政治关系来说明。历史破天荒第一次被安置在它的真正基础上……"[①]《序言》所阐述的历史唯物主义原理，是无产阶级革命的锐利思想武器。它证明了，自从人类进入阶级社会以来的全部历史，都是在阶级对抗和阶级斗争中发展的。如果说，阶级对抗的存在，是与生产力的不发达相联系；那么，资本主义生产力的发展，把人分成统治者和被统治者、剥削者和被剥削者的最终根据已经消失，社会生产力的发展，已为无产阶级夺取政权、消灭剥削和阶级提供了物质条件，历史的主动权已经转移到无产阶级手中，由此可见，这个原理不仅对于理论，而且对于实践，都具有革命的意义。只要进一步发挥唯物主义历史观的论点，并把它运用于无产阶级的实际斗争

[①] 恩格斯：《卡·马克思》，《马克思恩格斯全集》第19卷，第122—123页。

之中，"一个伟大的、一切时代中最伟大的革命远景就会立即展现在我们的面前"①。

《政治经济学批判》是马克思多年研究政治经济学的初步成果，在这部著作中，马克思第一次系统地阐述了以劳动二重性学说为基础，包括货币理论在内的科学的劳动价值论。

与《经济学手稿（1857—1858年）》不同，《政治经济学批判》不是以货币为出发点，而是以商品为出发点。《政治经济学批判》开头写道："资产阶级的财富表现为一个惊人庞大的商品堆积，单个的商品则表现为这种财富的元素存在。"② 商品是资本主义经济的细胞。从分析商品开始，可以周密地研究资本主义社会的经济结构，揭示资本主义生产方式产生、发展和灭亡的规律。

马克思指出，商品具有二重性，每个商品都表现为使用价值和交换价值两个方面。正如英国古典经济学家所说，使用价值是生活上必要的、有用的或快意的某种东西，是人类需要的对象。交换价值首先表现为各种使用价值可以相互交换的量的关系。不论商品自愿存在的形式怎样，不管商品作为使用价值所满足的需要的特殊性质怎样，商品总是以一定数量彼此相等。

商品二重性是由劳动二重性决定的。马克思在《〈政治经济学批判〉1857—1858年草稿》中，已经对劳动二重性理论作了初步阐述。《政治经济学批判》第一次对劳动二重性理论作了科学的论证，并把劳动二重性与商品二重性联系起来，指出与创造使用价值的具体劳动不同，创造交换价值的劳动是无差别的、抽象一般的人类劳动。作为交换价值，一切商品都只是一定量的凝固的劳动时间。由此可见，物化在各种商品使用价值中的劳动时间，是使用价值成为交换价值因而成为商品的实体，同时又是衡量商品的一定价值量。包含同一劳动时间的不同使用价值的相当量是等价物，换句话说，一切使用价值，在它们包含的已支出的物化劳动时间相等的比例上，都是等价物。

在《政治经济学批判》中，马克思第一次系统地阐述了科学的货币理论。货币问题是资本主义社会一个复杂而神秘的问题。资产阶级古典经济学

---

① 恩格斯：《卡·马克思〈政治经济学批判〉》，《马克思恩格斯全集》第13卷，第526—527页。

② 马克思：《政治经济学批判》，《马克思恩格斯全集》第13卷，第15页。

家虽然已经知道货币是一种商品,但困难不在于了解货币是商品,而在于了解一种商品怎样和为什么变成货币。这两个问题是马克思以前所有的经济学家都不能解决的。

马克思从商品经济的内部矛盾——使用价值和价值的矛盾出发,研究了货币的起源和本质,指出货币的根源在于商品本身;只要理解这一点,货币分析上的主要困难就解决了。他依据商品经济的历史进程,第一次分析了价值形成的发展。从简单价值形式中阐明了作为一般等价物的货币的作用。马克思认为,当某一种商品(例如麻布)从众多的商品中分离出来,成了一般等价物以前,"交换过程内部,各种商品以麻布的形式彼此作为交换价值存在或出现。原先,一切商品作为交换价值,只当作不同量的物化一般劳动时间彼此发生关系。现在,这一点表现为:它们作为交换价值只代表不同量的同种物品即麻布,因而,一般劳动时间又表现为一种特殊的物,一种站在一切其他商品之旁和之外的商品"①。这样,"一切商品的交换价值的最适当的存在的特殊商品,或者说,作为一种分离出来的特殊商品的商品交换价值,就是货币"②。货币作为一般等价物,执行着价值尺度、流通手段、贮藏手段、支付手段和世界货币的职能。

货币不是物,而是一定的社会关系。但是,同商品经济的其他关系一样,这种关系也被物的外壳所掩盖。在商品经济条件下,特别是在资本主义社会中,人们把充当货币的黄金、白银当做神秘的力量加以崇拜。其实,在历史上,牲畜、贝壳、谷物以至奴隶,都曾经充当过一般等价物,起货币的作用。因此,金银不是天然的货币,但货币天然是金银,纸币是代表贵金属执行流通手段职能的价值符号。表面看来,国家可以凭借自己的权力,把任何数量的纸币硬塞到流通中去。但国家这种权力纯粹是假象:"国家固然可以把印有任意的铸币名称的任意数量的纸票投入流通,可是它的控制同这个机械动作一起结束。价值符号或货币一经为流通所掌握,就受流通的内在规律的支配。……随着价格符号的总数的增加,每一符号所代表的金量就按同一比例减少。价格的上涨不过是流通过程强制价值符号去等于它们代替流通的金量而产生的反应。"③

---

① 马克思:《政治经济学批判》,《马克思恩格斯全集》第13卷,第36页。
② 同上书,第38页。
③ 同上书,第109—110页。

马克思对资产阶级古典经济学家的货币理论作了总结，肯定了他们的功绩，批评了他们在理论上的缺陷和错误。马克思认为小资产阶级社会主义者格雷、蒲鲁东等人完全不了解货币的本质。他们鼓吹通过"劳动货币"等方法来废除资本主义，这是一种幻想。当他们把这种谬论当做社会主义的核心而大力宣扬的时候，实际上维护了资本主义制度。

《政治经济学批判》对商品和货币问题的论述，为揭露资本主义剥削的秘密——剩余价值学说打下了坚实的理论基础。这一分册虽然还没接触到"资本"这个核心问题，马克思却把它标上了"资本一般"的标题，表明它是即将到来的"真正的战斗"的直接序幕。

《政治经济学批判》这部"以其严格的科学性和无情的批判而出类拔萃"的著作出版以后受到先进工人和进步人士的欢迎。德国工人哲学家狄慈根读了这部著作后写信向马克思表示敬意。他说："我认为没有一本书，不管它是怎样的巨帙厚著，能够比得上这本薄薄的作品，给了我如此丰富的新的真实的知识和教训，因为我耐心地期待着它的续篇，你是第一次用清晰的不可抗拒的科学形式阐述了今后科学自然发展的自觉的倾向，这就是，把以前生产的社会过程的盲目的自然力量从属于人类的意识。我最敬仰的先生，这是你不朽的功绩。……为此，时间必将给你带来普遍的赞许。"① 俄国革命民主主义者尼·伊·萨宗诺夫也写信对马克思说："您……赐给学术界一部杰出的著作（它的使命是改造经济科学，使之建立在新的坚实的基础上）的第一分册……希望能够尽快地读到您的出色著作的续篇。您的成就在有思想的人中间享有崇高的威望……您的学说在俄国得到广泛传播。"②

在此同时，资产阶级经济学界，却以"沉默的阴谋"对这部著作加以批判，在马克思的拥护者中，也不是人人都认识到它的伟大意义。许多人虽然赞扬《政治经济学批判》的成就，却"不愿意稍微费点力气在他们可以利用的杂志上发表一篇书评，或者哪怕是内容简介"③。在这种情况下，恩格斯亲自动笔写了一篇内容丰富的书评，深刻地揭示了政治经济学的研究对象和马克思的卓越贡献。他写道："经济学研究的不是物，而是人和人之间的关系，归根到底是阶级和阶级之间的关系；可是这些关系总是同物结合着，并且作

---

① 狄慈根：《致卡·马克思》。
② 萨宗诺夫：《致卡·马克思》（1860年5月10日），《马克思恩格斯全集》第14卷，第401页。
③ 马克思：《致路·库格曼》（1862年12月18日），《马克思恩格斯全集》第30卷，第638页。

为物出现；诚然，这个或那个经济学家在个别场合也察觉到这种联系，而马克思第一次揭示出它对整个经济学的意义，从而使最难的问题变得如此简单明了，甚至资产阶级经济学家现在也能理解了。"① 恩格斯还精辟地阐述了《政治经济学批判》写作的历史背景和主要观点，着重介绍了这部著作在内容和方法上的新东西，指出它"决不是对经济学的个别章节作零碎的批判，决不是对经济学的某些争论问题作孤立的研究。相反，它一开始就以系统地概括经济学的全部复杂内容，并且在联系中阐述资产阶级生产和资产阶级交换的规律为目的。"②

六　《资本论》第二部手稿

1861年8月至1863年7月，马克思用了近两年的时间，写成一部新的经济学手稿。这部手稿包括23册1472页，篇幅达200印张。这部手稿研究了《资本论》理论部分和历史部分所有主要问题，找到了阐述这一复杂理论的严整结构和科学形式，在《资本论》创作史上具有重要的意义。

1859年6月，马克思出版《政治经济学》第一分册以后，原定很快出版第二分册，即第三章《资本一般》。他认为，这个分册研究的问题"是全部资产阶级污垢的核心"，因而"具有决定性的重要意义"。③ 为此，他一方面积极联系出版社，另一方面继续进行研究。从1859年10月至1860年1月底，他整天在大英图书馆工作，除了重读恩格斯的《英国工人阶级状况》和斯密、李嘉图的主要著作外，还阅读琼斯的《政治经济学教程》、马尔萨斯的《政治经济学定义》、范德林特的《货币万能》、霍普斯金的《经济研究》以及其他经济学家的著作，研究1855—1859年英国《工厂视察员报告书》。工作速度虽然不快，但也有所进展。1859年10月26日，他写信告诉恩格斯，如果专心习作，第二分册"六个星期即可完成"。他希望第二分册将会打破资产阶级著作界"沉默的阴谋"，迫使他们对这部著作的倾向进行攻击。

但是，1860年1月20日前后，马克思听说福格特出版了一本小册子《我对〈总汇报〉的诉讼。速记报告、文件和评注》，对他进行疯狂的人身攻

---

① 恩格斯：《卡·马克思〈政治经济学批判〉》，《马克思恩格斯全集》第13卷，第533页。
② 同上书，第529页。
③ 马克思：《致弗·恩格斯》（1859年11月7日），《马克思恩格斯全集》第29卷，第483页。

击。为了维护无产阶级政党的声誉，他不得不被迫中断第二分册的写作，花了一年多的时间反击福格特的诽谤。直到 1861 年，才重新恢复经济学研究。

马克思的写作有一个特点，就是如果隔一个月重看自己所写的东西，便会感到不满意，于是又得全部改写。在《〈政治经济学批判〉1857—1858 年草稿》中，虽然已探讨了第二分册《资本一般》的内容，但时间已过了三年，不改写是不行的。因此，他决定创作一部新的手稿。

大约在 1861 年 6—7 月，马克思为撰写新的手稿进行两项准备工作。一是通读《〈政治经济学批判〉1857—1858 年草稿》，写了一份《我自己的笔记本的提要》。这主要是为了查阅资料，利用原来笔记的需要编写。二是写了一份《〈政治经济学批判〉第三章提要草稿》。这是为重新撰写《资本一般》，即为 1861—1863 年手稿所制定的最初计划。《〈政治经济学批判〉第三章提要草稿》包括：(1) 资本的生产过程；(2) 资本的流通过程；(3) 资本和利润；(4) 其他问题。其中前三篇后来成为《资本论》理论部分的内容；第四篇主要涉及政治经济学史的问题，后来成为《资本论》第 4 卷即历史批判部分的内容。

从 1861 年 8 月至 1863 年 7 月，马克思"埋头工作，拼命写作"[①]，用了两年时间，写作《经济学手稿（1861—1863 年）》。整个写作过程可分为三个阶段：第一阶段从 1861 年 8 月至 1862 年 1 月，写作笔记本第Ⅰ—Ⅴ册，其内容包括"货币转化为资本"、"绝对剩余价值"、"相对剩余价值"。这五个笔记本和第ⅩⅨ—ⅩⅩⅢ册是《资本论》第 1 卷的最早文稿。第二阶段从 1862 年 1 月至 1862 年 11 月，写作笔记本第Ⅵ—ⅩⅤ册。这一部分是对资产阶级政治学史作详细的分析批判，构成手稿的主要内容，后来以《剩余价值理论》闻名于世。第三阶段从 1862 年 12 月至 1863 年 7 月，写作笔记本第ⅩⅥ—ⅩⅩⅢ册，主要内容是《资本论》第 1 卷研究的问题，如"劳动对资本的形式上的从属和实际上的从属"、"剩余价值再转化为资本"、"所谓原始积累"等；同时还研究第 3 卷《资本和利润》的问题以及属于第 2 卷的一些内容。第三阶段，马克思除了写作手稿正文外，还从有关政治经济学史文献中补充摘录了 8 本资料，有些资料在正文中已被利用。

写作《经济学手稿（1861—1863 年）》，是《资本论》创作史上极其重要的阶段，正是在写作这部手稿期间，马克思最终确定把自己的经济学著作以

[①] 马克思：《致弗·恩格斯》(1862 年 5 月 27 日)，《马克思恩格斯全集》第 30 卷，第 246 页。

《资本论》为名出版,而把"政治经济学批判"作为副标题。这反映了马克思通过不断深入的研究,更加明确了"资本"是"全部资产阶级污垢的核心"。随着著作名称的改变,结构也相应发生变化,《资本论》"四卷结构"的科学体系基本完成,其中第1、3卷的纲目已相当完整。把历史批判作为单独部分,也是在写作这部手稿时考虑的。在《政治经济学批判》第一分册中,马克思是在相应的理论部分对资产阶级经济学进行批判的。撰写这部手稿开始不久,他觉得为了彻底批判地弄清17世纪以来的政治经济学史,必须把历史批判部分材料集中起来,单独置于《资本论》的理论部分之后。因而他中断了在笔记本第Ⅴ册中对机器的资本主义运用的论述,转入历史批判部分的写作。他后来曾说:"《资本论》实际上是从历史批判部分开始写的。"更为重要的是,这个阶段他在政治经济学研究中推翻了许多旧东西,"发现了一些有意思的极其新鲜的东西"[①],在理论上获得重大进展。

在《经济学手稿(1861—1863年)》中,马克思系统论述了劳动力商品学说。写作1857—1858年手稿时,马克思已经明确区分了劳动和劳动力,解决了曾经导致李嘉图学派解体的一个难题。在《经济学手稿(1861—1863年)》中,他对劳动力商品学说作了系统的论述,指出货币只有同活的劳动能力相交换才能转化为资本。他深刻地分析了劳动力成为商品的条件,劳动力的使用价值和价值,从生理的和社会的需要研究劳动力价值所包含的内容,认为"劳动能力的价值归结为工人为了维持自己作为工人而生活并且繁殖下去所必需的生活资料的价值。而这些价值又归结为由于生产那些维持和繁殖劳动能力所需的生活资料或使用价值而必须花费的一定的劳动时间,即耗费的一定量劳动"[②]。他研究了劳动力与工资的关系,认为工资无非是劳动力价值在货币上的表现。他用简单明了的文字阐明了资本主义生产过程不仅不违背价值规律,而且是在价值规律的基础上进行的。在此以前,这个问题完全不被人们所理解。资产阶级古典经济学家无法说明资本与劳动的交换符合价值规律;社会主义者则强调资本和劳动的交换与价值规律相矛盾,只有马克思的劳动力商品学说,卓越地解决了这个矛盾。

在《经济学手稿(1861—1863年)》中,马克思指出,任何以阶级对抗为基础的社会里,不劳动的人都是以劳动者的剩余劳动作为生活条件的。这

---

① 马克思:《致弗·恩格斯》(1862年6月18日),《马克思恩格斯全集》第30卷,第251页。
② 马克思:《经济学手稿(1861—1863年)》,《马克思恩格斯全集》第47卷,第42—43页。

就是说:"不劳动的社会部分的自由时间是以剩余劳动或过度劳动为基础的,是以劳动的那部分人的剩余劳动时间为基础的;一方的自由发展是以工人必须把他们的全部时间,从而他们发展的空间完全用于生产一定的使用价值为基础的;一方的人的能力的发展是以另一方的发展受到限制为基础的。迄今为止的一切文明和社会发展都是以这种对抗为基础的。"[1] 他从英国工厂视察员的报告中摘录了大量材料,揭露资本家为了从雇佣工人身上获得更多剩余劳动,而肆意延长劳动时间,提高劳动强度,虽然资本主义生产十分注意节约物化劳动,但比其他任何生产方式更浪费活劳动,不仅浪费劳动者的血和肉,而且浪费他们的智慧和神经。因此,劳动与资本的对立是不可调和的。资产阶级经济学家鼓吹劳动与资本"和谐"的理论是荒谬的。

在《〈政治经济学批判〉1857—1858年草稿》的基础上,马克思进一步研究了资本主义榨取剩余价值的两种形式:绝对剩余价值的生产和相对剩余价值的生产;指出绝对剩余价值的生产主要是资本主义生产方式的早期阶段,即资本主义生产方式代替封建生产方式的过渡时期的基本形式。在资本主义时期,资本家仍然没有抛弃采用绝对剩余价值的方式,但主要采取相对剩余价值的方式进行剥削。所谓相对剩余价值的生产,就是工作日长度不变,由于缩短必要劳动时间,相对延长剩余劳动时间;"假定劳动能力的价格等于它的价值,也就是说,工资没有被压缩到或者说下降到正常工资以下,那么,必要劳动时间的任何缩短就只有通过提高劳动生产率才有可能,或者也就是说,只有通过劳动生产力的更高的发展才有可能"[2]。马克思详细地分析了资本主义社会生产力发展的三个阶段:简单协作、工场手工业、机器大生产。特别强调科学的发展、技术的进步和机器大生产对资本主义生产方式的意义。他指出,科学技术的进步对社会发展有着重要的作用。在历史上,火药、指南针、印刷术的发明,瓦解着顽固的封建制度,预告着资产阶级社会的到来:"火药把骑士阶层炸得粉碎,指南针打开了世界市场并建立了殖民地,而印刷术则变成新教的工具,总的来说变成科学复兴的手段,变成对精神发展创造必要前提的最强大的杠杆。"[3] 在资本主义社会,科学的发展为大机器生产奠定了技术基础,大机器又对科学技术的发展提出了新的要求,创造了物质条

---

[1] 马克思:《经济学手稿(1861—1863年)》,《马克思恩格斯全集》第47卷,第215页。
[2] 同上书,第266页。
[3] 同上书,第427页。

件。在大机器生产中，"生产过程变成了科学的应用，而科学反过来成了生产过程的因素即所谓职能。每一项发现都成了新的发明或生产方法的新的改进的基础。"① 资产阶级为了获得更多的利润而发展和利用科学，科学成了资产阶级发财致富的手段。但资本主义科学技术的进步和机器的广泛使用，不仅没有缓和而且加剧了各种固有的矛盾。

马克思还精辟地论述了劳动对资本形式上的从属和实际上的从属。他说，随着表现为工业革命的生产力革命的发生，生产关系也必然发生革命。在资本主义生产方式刚刚诞生的时候，劳动仅仅在形式上从属于资本。在劳动过程中，劳动和工人本身，都受到资本家的监督和支配。在工场手工业的条件下，每个工人专门从事某一部分的特殊劳动，他们只有作为整个工场总体劳动的一部分，才能生产商品。现在工人从属于资本主义生产，受资本家支配，不仅由于他缺少生产资料，而且由于他的劳动能力已经片面发展，只能从事特殊操作。不过，这时工人劳动的技巧和熟练程度仍有重要作用，因此劳动还未完全从实际上从属于资本。在机器大生产条件下，劳动平均化、简单化了，劳动者个人的技巧和熟练程度在生产过程中已不起决定作用。人们在这里只不过是没有意识的、动作简单的机器体系的有生命的附件、有意识的附属物。因此，劳动对资本的关系，就从形式上的从属过渡到实际上的从属。这样，随着生产力的发展，资本主义生产关系形成和巩固下来，劳动与资本的矛盾加剧了。

在这部手稿中，马克思对属于《资本论》第 2 卷的再生产问题也作了深入的研究，批判了"斯密教条"的错误，提出关于社会总产品价值构成的原理，把社会总产品划分为两大部类。不过这时他认为 A 类指消费资料，B 类指生产资料。为了阐明社会资本再生产过程中产品的实现规律，在魁奈《经济表》的启示下，马克思也绘制了一张"简单再生产总过程经济表"，并对再生产过程的许多原理作了精辟的论述。

马克思在《经济学手稿（1861—1863 年）》中，还论述了属于《资本论》第 3 卷的内容，如剩余价值和利润，生产费用，平均利润率，利润率下降规律，利润分为产业利润和利息、商业资本、货币资本以及级差地租和绝对地租等问题。他科学地阐明了从剩余价值到平均利润，从价值到生产价格的中介环节，指出平均利润的形成是部门之间竞争的结果。他说："资本的竞争力图把每个资本家作为总资本的一部分来对待，并且根据这一点来调节每个资

---

① 马克思：《经济学手稿（1861—1863 年）》，《马克思恩格斯全集》第 47 卷，第 570 页。

本取得剩余价值的份额,也就是说,调节利润。""直截了当地说,这无非是资本家们努力(而这种努力就是竞争)把他们从工人阶级身上榨取的全部无酬劳动量(或这个劳动量的产品)在他们相互之间进行分配,而且这种分配不是根据每一个特殊资本直接生产多少剩余劳动,而是根据:第一,这个特殊资本在总资本中占多大部分;第二,总资本本身生产的剩余价值总量。"①

在地租问题上,马克思也取得很大进展。1862 年 6 月 18 日,他写信告诉恩格斯:"现在我终于顺便把地租这个烂摊子……清理出来了。很久以来,我就怀疑李嘉图的学说是否完全正确,现在我终于揭穿了骗局。"②马克思指出,李嘉图把地租理论与价值规律直接地、有意识地联系起来,这是他的理论贡献。但是,李嘉图把级差地租与所谓土地肥力递减规律相联系,认为劣等地不提供地租,这是错误的。李嘉图还"为了理论而否认绝对地租"。李嘉图认为,农产品的生产价格是预付资本加平均利润,因此,如果存在绝对地租,就要破坏价值规律。马克思认为,农产品的生产价格和价值并不一致,绝对地租存在的事实,并不违反价值规律,"只不过证明农产品属于价值高于费用价格的一类产品"③。

《经济学手稿(1861—1863 年)》主要部分的"剩余价值理论",对 17 世纪以来的政治经济学史作了十分详尽的分析批判,在批判中进一步阐明了理论部分的相关问题。

同马克思所有手稿一样,《经济学手稿(1861—1863 年)》是为了供自己进一步研究时参考,而不是准备发表的,因而带有手稿的一般特点。如有的问题较为展开,有的问题比较简略;有的理论作了严密的论证,有的则只有材料的摘录和简单的评注,思想的进程经常为一些与论题无关的东西所打断;有些内容不够连贯,有些内容存在重复;有些地方文字表达经过润色加工,多数地方未经琢磨等。但这些手稿内容博大精深,论述透彻精辟,解决了许多理论上的难题,是《资本论》的重要准备著作,具有极其巨大的理论意义。

七 《资本论》第三部手稿

马克思完成《经济学手稿(1861—1863 年)》后,认为这部稿子还不能

---

① 马克思:《剩余价值理论》,《马克思恩格斯全集》第 26 卷第 2 册,第 21 页。
② 马克思:《致弗·恩格斯》(1862 年 6 月 18 日),《马克思恩格斯全集》第 30 卷,第 251 页。
③ 马克思:《剩余价值理论》,《马克思恩格斯全集》第 26 卷第 2 册,第 270 页。

付排，无论从结构、内容和表现形式上，需要进一步修改和加工；同时，这部手稿对资本的流通过程、资本与利润的问题，还没有作系统的研究。于是，他从1863年8月开始写了一部新手稿。这是出版《资本论》的最后准备工作。①

1863年8月15日，马克思在向恩格斯介绍《资本论》写作的进展时说："我的工作（整理手稿，准备付印），一方面进行得很好。我觉得这些东西在最后的审订中，除了一些不可避免的G—W和W—G以外，已经变得相当通俗了。另一方面，虽然我整天整天地写，但是进展并不像我久经磨炼的耐心所希望的那样快。"②进展不快的原因，一是这时马克思经常生病，有时甚至几个月不能进行理论研究；二是自从1864年9月国际工人协会成立后，参加国际工人协会的活动，占去他大量时间；三是他对写作抱着极端严肃认真的态度，他对自己的著作字斟句酌，反复推敲，而且在全部著作没有完成以前，决不把任何一部分先行发表。他说："我不能下决心在一个完整的东西还没有摆在我面前时，就送出任何一部分，不论我的著作有什么缺点，它们却有一个长处，即它们是一个艺术的整体；但是要达到这一点，只有用我的方法，在它们没有完整地摆在我面前时，不拿去付印。③"

从1863年8月至1867年9月，马克思写成了一部包括《资本论》理论部分三大卷的手稿。

第1卷：《资本的生产过程》。现在保存下来的有：《第六章 直接生产过程的结果》，第441—495页，共55页。第1卷第一至五章，即第1—440页手稿没有保存下来，一些研究者认为，这一部分手稿已经由马克思最后定稿并直接送出版社付排。他原来打算把《资本的生产过程》和《资本的流通过程》合并为第1卷出版；但在发稿前决定把《资本的流通过程》单独编为第2卷。因此，作为从《资本的生产过程》到《资本的流通过程》过渡的《第六章 直接生产过程的结果》被抽了下来，未编入第1卷中。

第2卷，《资本的流通过程》第Ⅰ稿。这份手稿"大概写于1865年或1867年"，共有149页，包括《资本流通》、《资本周转》、《流通和再生产》

---

① 长期以来，人们认为《资本论》第三部手稿写于1863—1865年底。近年有些研究者认为，1863—1867年这段时间，是一个连续的写作过程。《资本论》第三部手稿中有些内容，可能是在1865—1867年写成的。这个问题有待进一步研究。

② 马克思：《致弗·恩格斯》（1863年8月15日），《马克思恩格斯全集》第30卷，第364页。

③ 马克思：《致弗·恩格斯》（1865年7月31日），《马克思恩格斯全集》第31卷，第135页。

三章，其结构与后来由恩格斯整理出版的《资本论》第 2 卷大致相同。恩格斯在整理马克思遗留的手稿时，发现属于第 2 卷内容的共有八个稿本。这个第Ⅰ稿是"最早的一个独立的、但多少带有片断性质的修改稿"①。按照马克思总是把最后的文稿作为根据的原则，恩格斯在编辑第 2 卷时，未直接利用这份手稿。手稿中还包括第 2 卷第Ⅲ稿和第Ⅳ稿。第Ⅲ稿一部分是引文和马克思札记本的提示汇编，一部分是经过修订的个别论点。由于有了后来的修改稿，恩格斯在编辑第 2 卷时也未加利用。第Ⅳ稿的部分内容，被恩格斯在适当的地方加以利用。

第 3 卷：《两者的统一，或资本的利润、利息》，共有手稿 575 页，是《资本论》第 3 卷唯一完整的手稿。恩格斯依据这个稿本整理出版了《资本论》第 3 卷。

同《资本论》前两部手稿一样，第三部手稿篇幅巨大、内容丰富，理论上有很大创新和突破，在《资本论》创作史上具有极其重大的意义。

现在保存下来属于《资本论》第 1 卷的《第六章 直接生产过程的结果》，分别考察了三个问题：（1）作为资本产物的商品；（2）资本主义生产是剩余价值的生产；（3）资本主义生产是整个资本主义关系的生产和再生产。

马克思指出，作为资本产物的商品与作为资本主义生产出发点的商品是不同的。首先，作为资本主义生产出发点的商品，只是一个物化着一定量的劳动时间的商品，但从商品本身完全不能确定也没有必要确定这个物化劳动是从谁那里来的；作为资本产物的商品，必然包含着物化了的有偿劳动和无偿劳动，其价值中除了包含不变资本价值外，还包含可变资本价值和被资本家无偿占有的剩余价值。其次，作为资本主义生产出发点的商品，是单个的商品；作为资本产物的商品，是一个再现这预付资本的价值加剩余价值的商品量。每一个单个商品只是这个商品量的一部分；耗费在单个商品上的劳动量，只有作为这个商品量的总劳动的一部分才有意义。最后，作为资本主义生产出发点的商品，只是价值的物质承担者；作为资本产物的商品，是价值和剩余价值的物质承担者，实际上是资本的转化形式。要实现这些商品中包含的全部价值，它们必须全部进入流通过程。如果进入流通过程的不是全部商品而是部分商品，其价值就不能全部实现。由此可见，作为资本产物的商品与作为资本主义生产出发点的商品有着明显的区别。

---

① 恩格斯：《〈资本论〉第 2 卷序言》，《马克思恩格斯全集》第 24 卷，第 7 页。

马克思深刻分析了资本主义生产的本质，认为从考察资本主义直接生产过程内部可以看出，资本形式虽然像简单商品一样，具有使用价值和交换价值的两重形式；但在两重形式中已经包含着进一步的规定。从使用价值方面来说，在简单商品条件下，一个商品只要具有使用价值，能够满足社会各种需要就可以了。但在资本主义生产过程中，生产资料必须分为劳动对象和劳动资料（即生产的客观条件），以及劳动力（即生产的主观条件）。从交换价值方面来说，生产过程的资本的交换价值少于预付资本的价值，因为可变资本价值没有进入生产过程。代替可变资本进入生产过程的是活的劳动。在资本主义生产过程中，活劳动一方面把不变资本价值转移到新产品中，另一方面创造出包括可变资本价值和剩余价值的新价值。资本主义生产的本质是："劳动过程只表现为手段，价值增值过程或剩余价值的生产才表现为目的。"①

在《第六章　直接生产过程的结果》中，马克思进一步论述了劳动对资本的形式上从属和实际上从属的问题。所谓劳动对资本的形式上的从属，是指资本主义关系对远在资本主义发生以前就已存在和发展的劳动方式的统治。这时生产工艺没有发生变化，剥削形式是绝对剩余价值的生产，但劳动的隶属关系已经不同，它具有自己的特点，既不同于劳动者没有人身自由的奴隶和农奴，也不同于劳动者具有独立性的自耕农和独立手工业者，又不同于中世纪的行会师傅与帮工、学徒的关系。所谓劳动对资本的实际上的隶属，是指在资本关系的统治下，劳动方式本身发生了变化。这是一种在工艺方面，在劳动过程的现实性质和现实条件方面都发生了变化的特殊的生产方式，其剥削形式是相对剩余价值的生产。它经历了协作、分工和机器生产三个阶段。随着资本家对相对剩余价值的追逐，"随着劳动对资本的实际上的从属，在生产方式本身中，在劳动生产率上，在资本家与工人的关系上，都发生了完全的（不断继续和重复的）革命"②。资本主义生产的扩大与有支付能力的社会需求的矛盾、资本家与工人的矛盾进一步加剧。

马克思还从资本主义生产关系的角度分析了资本主义生产劳动和非生产劳动的区别。他认为，从一般劳动过程的观点出发，实现在商品中的劳动表现为生产劳动；但从资本主义生产过程的观点出发，只有直接增殖资本的劳动或直接生产剩余价值的劳动，才是生产劳动。他说，在资本主义社会，生

---

① 马克思：《第六章　直接生产过程的结果》，《马克思恩格斯全集》第49卷，第60页。
② 同上书，第95页。

产劳动与雇佣劳动是有区别的。每一个生产工人都是雇佣工人，但并不是每一个雇佣工人都是生产工人。例如为资本家私人生活服务的仆役、医生等，虽是领取货币工资的雇佣工人，但他们不能为资本家提供剩余价值，因而不是生产工人。这就是说："当购买劳动是为了把它作为使用价值、作为服务来消费，而不是为了把它作为活的要素来代替可变资本价值和合并到资本主义生产过程中去的时候，这种劳动就不是生产劳动，雇佣工人就不是生产工人。"① 随着资本主义生产方式的发展，"生产工人"包括的范围也不断扩大。它不仅包括直接参加劳动过程的工人，而且包括工程技术和生产管理人员。总之，凡是其劳动能够为资本家增殖价值的，就是生产劳动；这种劳动能力的承担者就是生产工人。

在论述资本主义生产过程不仅是物质条件的再生产，而且是资本主义生产关系的再生产时，马克思分析了资本主义积累的一般规律和无产阶级贫困化，揭示了劳动与资本等价交换的假象，指出了资本主义生产方式是历史的产物，也像历史上其他生产方式一样，不可避免地走向灭亡："这种生产方式一方面创造出新的物质生产力，另一方面它只有在这种新的物质生产力的基础上才能得到发展，从而在实际上给自己创造出新的现实的条件。由此就会出现彻底的经济革命，这种革命一方面为资本对劳动的统治创造并完成它的现实条件，为它提供一种相应的形式；另一方面，在这个革命与工人相对立中发展起来的劳动生产力、生产条件与交往关系中，这个革命又为一个新生产方式，即扬弃资本主义生产方式这个对立形式的新生产方式创造出现实条件，因而为一种新形成的社会生活过程，从而为新的社会形态创造出物质基础。"②

1863—1867年经济学手稿中第2卷第Ⅰ稿，是《资本论》第2卷最早的一个独立的，但多少带有片断性质的修订稿。它所考察的范围与《资本论》第2卷大致相同。鉴于第Ⅰ稿中许多理论观点已包含在较晚时期写成的其他手稿中，恩格斯在整理第2卷时对第Ⅰ稿未加利用。但手稿中也有一些理论观点是第2卷没有的，有些内容是从不同角度对同一问题进行阐述和论证。研究这份手稿有助于我们了解第2卷理论体系和观点的形成过程。

---

① 马克思：《第六章 直接生产过程的结果》，《马克思恩格斯全集》第49卷，第102页。
② 同上书，第126页。

在第Ⅰ稿中，马克思对资本形态变化的分析与第2卷不完全相同。第2卷把资本的形态变化及其循环分为三种：货币资本的循环（G—W〈$^{A}_{Pm}$…P…W′—G′）；生产资本的循环（P—W′—G′—W〈$^{A}_{Pm}$…P）；商品资本的循环（W′—G′—W〈$^{A}_{Pm}$…P—W′）。第Ⅰ稿除了上述三种形态化外，还在货币资本的循环后面加上"第二个循环"，其公式是W′…P…W′—G′—W′，即不是作为生产过程的结果，而是作为生产过程前提的商品资本的循环。在这里，第二个循环的商品是用货币资本从市场上购买到但还未进入生产过程，没有包含剩余价值的商品；第四个循环的商品，是生产过程的产品，已经包含着剩余价值。后来马克思发现，第二循环实际包含在第四个循环中，因而最后把资本形态变化确定为三种，从这里可以看出马克思的理论有一个不断完善的过程。

第Ⅰ稿对资本周转问题，特别是关于资本周转速度对年剩余价值量和年剩余价值率的影响问题，作了详细考察，指出在剥削程度相同的情况下，劳动剥削量的多少取决于再生产过程重复的快慢。

固定资本与流动资本问题，也是第Ⅰ稿考察的重要内容。马克思明确指出固定资本与流动资本的区别，以及固定资本和流动资本与不变资本和可变资本的不同，分别阐述了固定资本与流动资本的特点，写了一份包括九项关于固定资本问题的需要更详细考察的提纲：

Ⅰ．(1) 固定资本的总周转期间也同固定资本的周转相联系，以及不间断的再生产过程的较长的生命周期（危机、劳动的不间断性）。

Ⅶ．(2) 固定资本和流动资本的比较：一个是形态变化，另一个是被使用。

Ⅷ．(3) 这两种资本中每一种在何种程度上成为较充分意义上的资本。固定资本同资本主义生产方式一起发展为这种生产方式所特有的现象；固定资本是信用制度等的基础，因为它总是预定要支取未来劳动本身。两种资本的神秘化。

Ⅸ．(4) 固定资本（它的大规模生产）。为了减少存在于生活资料中的资本量，使用过剩人口，等等。

Ⅴ．(5) 各种固定资本。货币在何种程度上可以被看做固定资本？种子、牲畜、肥料等是固定资本吗？

Ⅵ．(6) 固定资本同消费的关系。从物质上看，固定资本也进入消费。

其次是一切消费资料,如刀、叉,等等(在某种意义上来说还有家具)。

Ⅱ.(7)流动资本转化为不变资本。亚当·斯密说,任何固定资本都来源于流动资本,这种说法对吗?

Ⅳ.(8)固定资本可以出售,以有价证券等的形式进行的流通。

Ⅲ.(9)固定资本本身在何种程度上流通?例如买进的机器,等等?①

这份提纲使我们看到,马克思对问题的研究是如何缜密和细致。提纲包括的范围十分广泛,有的实际上超出后来第2卷的内容。在编写这份提纲时,马克思还反复推敲问题的顺序,亲自在写好的阿拉伯数字之前标上罗马字母,并且注明:"这些问题应当按罗马字母标出的顺序考察。"

在《流通和再生产》的标题下,第Ⅰ稿考察了《资本论》第2卷第三篇的内容。第2卷考察社会资本再生产时,马克思把影响再生产的许多因素抽象掉了。在第Ⅰ稿中,马克思较详细地探讨了物质资料再生产过程的一般规律,分析了影响物质资料再生产过程的一些重要因素,指出再生产过程中各个生产领域的联系具有平行性、相继性和循环的特点。所谓平行性就是各个生产领域是彼此并存和同时存在的。所谓相继性是一个生产过程为下一个生产过程提供生产要素,各个生产领域实际是逐步升级的生产过程。所谓循环关系是有些生产领域互相为对方提供生产资料。马克思还分析了影响再生产过程的各种可变因素,例如,固定资本的利用程度、劳动力的熟练程度和劳动组织的合理程度、科学技术的发展及其在生产领域的应用程度、自然资源的开发和利用程度,等等。所有这些因素都是可变的,因此,一定量资本和劳动力每年再生产出来的产品量也是可变的。马克思强调指出,这种伸缩性或可变性有着重要的意义。因为它"形成积累的自然基础,从有了这样一种基础时起,再生产的扩大就成为可能,而不需要由于被推动的资本和追加劳动力才能得以完成的那种再生产所需要的一切要素"②。这段话对于社会主义经济建设具有重大指导意义,它告诉我们,只要提高生产资料、劳动力和自然资源等的利用程度,在不追加投资和劳动力的情况下,生产规模也是可以扩大的。

1863—1867年经济学手稿的主要部分,是《资本论》第3卷的主要手稿。恩格斯就是根据这份手稿整理成第3卷的。这份手稿"第一次从总的联

---

① 马克思:《第二册 资本的流通过程》,《马克思恩格斯全集》第49卷,第395—396页。
② 同上书,第498页。

系中考察了全部资本主义生产,完全驳倒了全部官方的资产阶级经济学"[①]。这是一部论述精辟、光彩夺目的著作,"在学术上甚至超过了第一卷"[②]。

上述情况表明,到了1867年,马克思已经完成了《资本论》全部问题的研究,建立了严整的《资本论》体系,写成了包括理论部分和历史批判部分的三部篇幅巨大的手稿。《资本论》公开出版的条件成熟了。

---

① 恩格斯:《致弗·阿·佐尔格》(1885年6月3日),《马克思恩格斯全集》第36卷,第322页。
② 恩格斯:《致约·菲·贝克尔》(1885年6月15日),《马克思恩格斯全集》第36卷,第325页。

第九章 工人阶级的圣经《资本论》

一 研究政治经济学和撰写《资本论》的动因

《资本论》是马克思一生科学研究的伟大成果。从 1843—1883 年，马克思用了整整 40 年时间研究和撰写《资本论》，完成这部工人阶级理论的圣经，树立了一座永不磨灭的历史丰碑。

为了撰写《资本论》，马克思研究了大量经济学和其他科学著作，收集了有关工厂制度、劳动时间、土地占有、货币流通等现实资料，对工人阶级状况、工会运动等进行了多方面的深入调查，获得了极其丰富的理论和实践知识。

在研究和写作《资本论》期间，马克思还以大无畏精神参加民主革命和工人运动。斗争是他得心应手的事情。在写作《资本论》最紧张的 19 世纪 60—70 年代，也是他领导第一国际最繁忙的时期。他是把理论研究和实际斗争密切结合的光辉典范。

在马克思研究《资本论》的一生中，艰难的生活条件、过度工作和营养不良造成的病痛时时折磨着他。但他以无与伦比的坚强意志克服了种种困难，达到了光辉的顶点。

马克思说，科学决不是一种自私自利的享乐，凡是有幸能够献身科学研究的人，首先应该拿自己的知识为人类服务。马克思创作《资本论》，就是为了无产阶级和广大劳动者。

第一，推动马克思研究经济学的最初原因，是为了捍卫"政治上和社会上备受压迫的劳苦群众的利益"①，反对封建贵族和土地所有者对广大农民的盘剥。

恩格斯回忆道："我曾不止一次地听到马克思说，正是他对林木盗窃法和摩塞尔河地区农民处境的研究，推动他由纯政治转向研究经济关系，并从而走向社会主义。"②

第二，马克思创作《资本论》，是为了探索人类社会发展的规律，为历史唯物主义奠定牢固的基础。

历史唯物主义认为，人类的生产活动是最基本的实践活动。人们为了生存和发展，就需要衣、食、住及其他物质资料；在此基础上才有可能从事政治、科学、文化、艺术等活动。在物质资料的生产活动中，人们一方面同自然发生关系，一方面彼此发生一定的关系，即社会生产关系。政治经济学是研究社会生产关系发展规律的科学。只有研究政治经济学，才能了解人类社会从低级向高级发展的规律，了解国家和法律等上层建筑的阶级实质，了解每种生产方式的性质及其在人类社会发展中的地位。马克思正是在研究政治经济学的过程中，发现了人类历史的发展规律，使历史唯物主义获得了全副理论武装。

第三，马克思创作《资本论》，也是为了解剖资本主义社会，揭示资本主义制度的运动规律。

资本主义是在封建制度的基础上产生的。资本主义曾经指责封建制度违反理性，主张建立理性的国家和社会。当资产阶级夺取了国家政权，成为统治阶级时，所谓理性的国家和社会实现了。但是这个所谓理性的国家，不过是标榜着自由、平等、博爱的资产阶级王国；所谓理性的社会，不过是以金钱的特权代替等级特权的资本主义社会。

马克思在批判地研究黑格尔哲学时，得出一个重要结论：要解剖资本主义社会，"应该到政治经济学中去寻找"③。资本主义社会同以往的历史形态不同，虽然它对劳动者的剥削非常残酷和野蛮，但却具有虚假的外观。劳动力在市场上的自由买卖，掩盖了资本家对工人的剥削，"虽然工人每天的劳动只有一部分是有偿的，而另一部分是无偿的，虽然正是这一无偿的或剩余的

---

① 马克思：《第六届莱茵省议会的辩论》（第三篇论文），《马克思恩格斯全集》第1卷，第141—142页。
② 恩格斯：《致理·费舍》（1895年4月15日），《马克思恩格斯全集》第39卷，第446页。
③ 马克思、恩格斯：《神圣家族》，《马克思恩格斯选集》第2卷，第82页。

劳动构成产生剩余价值或利润的基础，但是从表面看来，仿佛全部劳动都是有偿的劳动"①。剩余价值转化为利润，利润转化为平均利润，进一步掩盖了资本家剥削收入的真正源泉。只有研究政治经济学，才能透过资本主义的表面现象，揭示其内在本质。马克思正是通过研究政治经济学，分析商品这个资本主义经济的细胞形态，才揭露了资本主义剥削的秘密，阐明了资本主义产生、发展、灭亡的规律。

第四，马克思创作《资本论》，还是为了批判资产阶级政治经济学，为无产阶级政党获得科学上的胜利。

资产阶级古典政治经济学，是在资本主义生产方式已经建立而无产阶级的阶级斗争尚未发展时期代表新兴资产阶级利益的经济理论。从配第到李嘉图，从布瓦齐尔，再到贝尔，再到西斯蒙第的资产阶级古典经济学家们，能够在资产阶级视野之内，以比较科学的态度研究资本主义生产关系，奠定了劳动价值的特殊形态，试图分析社会资本的再生产和流通等问题，对政治经济学作出一定的贡献。但由于阶级的局限性，他们不可能真正揭示资本主义制度的本质和规律。他们把资本主义看做永恒的。他们的学说既有科学的因素，也有庸俗的成分。

19世纪30年代以后，随着阶级斗争的激化，古典政治经济学为庸俗经济学所代替。以萨伊、马尔萨斯、西尼耳等人为代表的庸俗经济学者，成了资产阶级豢养的文丐。他们完全抛弃了古典经济学的科学因素，而把其中的庸俗因素加以发展。正如恩格斯所说："庸俗经济学的精髓，即替资产阶级剥削工人辩护。"②

马克思从无产阶级的利益出发，吸取古典政治经济学的科学因素，实现了政治经济学的革命转变。但为了驳斥资产阶级既要批判庸俗经济学，也要批判古典经济的庸俗因素。只有批判资产阶级政治经济学，才能建立无产阶级政治经济学。只有从理论上批倒为资本主义制度辩护的论调，才能为推翻资本主义制度扫清道路。

第五，马克思创作《资本论》，也是为了指导"组织成为统治阶级的无产阶级"进行社会主义建设。

---

① 马克思、恩格斯：《神圣家族》，《马克思恩格斯选集》第2卷，第184页。
② 恩格斯：《致保·拉法格》（1884年8月11日左右），《马克思恩格斯全集》第36卷，第197页。

在《政治经济学批判》、《资本论》中，马克思发现并阐述的社会发展规律，不仅适用于资本主义，同样适用于社会主义。在社会主义社会，生产力也是主要的、决定的力量。生产关系一定要适合生产力的性质和发展水平。

马克思在《资本论》中揭示的社会资本再生产的基本原理，也同样适用于社会主义社会。马克思在分析社会资本再生产时，曾不止一次地提到某些原理在社会主义社会中应用的情况。如在谈到第Ⅰ部类内部的实现问题时就指出：如果生产是社会主义的，不是资本主义的，那很明白，第Ⅰ部类的这些产品，将会同样不断地为再生产的目的，而且当做生产资料分配在该部类各生产部门之间，一部分直接留在它的生产部门，另一部分则转入别的一些生产场所，因此会在这个部类的不同生产场所之间，发生一种不断的来回运动。

在有些地方，马克思还专门研究社会主义特有的经济问题。例如在《资本论》第1卷中，他曾设想有一个使用公共生产资料进行劳动的"自由联合体"，个人消费品按照劳动时间进行分配。这样，劳动时间不仅调节着各种劳动职能同各种需要的适当比例，而且"又是计量生产者个人在共同劳动中所占份额的尺度，因而也是计量生产者个人在共同产品的个人消费部分中所占份额的尺度"[①]。

上述情况表明，马克思研究政治经济学，创作《资本论》，并不是为了满足个人的兴趣，也不是为研究而研究，而是为了无产阶级革命的需要。

二　《资本论》第1卷整理和修订

根据马克思"四卷结构"的安排，《资本论》第1卷是《资本的生产过程》，第2卷是《资本的流通过程》，第3卷是《资本主义生产的总过程》，第4卷是《剩余价值理论》。1863—1867年手稿撰写完毕，表明《资本论》全部理论体系已经完成。

马克思在撰写《资本论》手稿时，已考虑到出版问题。1861年马克思与德国一家颇有名气的出版社商谈，但未能谈成。1865年初，马克思通过共产主义者同盟盟员威廉·施特龙与汉堡出版商迈斯纳联系，结果令人满意。1865年3月21日签订的出版《资本论》合同，规定《资本论》共分两卷，

[①] 马克思：《资本论》第1卷，《马克思恩格斯全集》第23卷，第95—99页。

每卷 50 印张；1865 年 10 月出书。

签订出版合同以后，马克思着手整理第 1 卷付印工作。但是这时《资本论》第三部手稿即《经济学手稿（1863—1867 年）》还未完成，他必须完成这项工作之后，才能用主要精力修订第 1 卷。1865 年底，第三部手稿全部工作基本完成。马克思写信告诉恩格斯，从 1866 年 1 月 1 日起，对第 1 卷"开始修改和润色"。他用喜悦的心情写道："工作进展非常迅速，因为经过这么长的阵痛以后，我自然乐于舔净这孩子。"①

《资本论》出版的时机十分有利。当时，国际工人运动和欧洲革命形势重新高涨，第一国际已经成立，各种活动逐步开展，工人阶级为了进行革命活动需要科学理论的指导。因此出版《资本论》非常适时。

马克思对修订工作十分自信，认为理论问题已研究透彻，表述问题和其他问题不会有多大障碍。因此，他对工作进展较为乐观。但是困难接踵而来。由于长期营养不良、夜间紧张工作，病痛复发严重，"差一点送了命"。他在 1866 年 2 月 10 日告诉恩格斯说："'坐'自然谈不上，这在目前对我说来自然很困难，白天哪怕只有短暂的时间，我也还是躺着继续苦干。在理论部分我无法推进，脑力太差，对此不能胜任。"② 恩格斯立即回信："为了摆脱该死的病痛，你的确应该采取一些合理的措施了，即使因此让书耽误三个月也无妨。事情确实会逐渐变得非常严重，当你的脑子，如你自己所说的，不能胜任理论工作时，那你的确该休息一下，别管那些高深的理论吧。放宽一段时间的夜间工作，过一过多少有点规律的生活。"③ 严重的病痛，使得马克思不得不放慢修订的进度。

影响《资本论》修订工作的主要原因是马克思极其严肃的治学态度。虽然这时他已写完三部卷帙浩繁的手稿，第 1 卷出版工作不过是对手稿的"修改和润色"；但是，当他发现有关出版物和资料时，一定不会放过了解和利用。例如这时出版了约·瓦茨的小册子《工会和罢工·机器人·合作社》，此前还出版了罗杰斯的《美国农业史和价格史》。马克思要求恩格斯替他找到这些材料。后来，在《资本论》第 1 卷第 19 章中，他对瓦茨的小册子给予严厉的批评；在第 23 章和第 24 章中，则利用了罗杰斯书中的有关材料。

---

① 马克思：《致恩格斯》（1866 年 2 月 13 日），《马克思恩格斯全集》第 31 卷，第 181 页。
② 马克思：《致恩格斯》（1866 年 2 月 10 日），《马克思恩格斯全集》第 31 卷，第 177 页。
③ 恩格斯：《致马克思》（1866 年 2 月 10 日），《马克思恩格斯全集》，第 179 页。

这时马克思经济状况十分困难，不得不靠借债度日。因此，不是由于理论问题，而是由于身体问题和生活问题拖延了《资本论》的出版准备工作。

经过将近一年的时间，到了1866年11月10日，马克思告诉恩格斯一个喜讯：手稿第一部分终将在下星期就要"寄给迈斯纳了"[①]。恩格斯收到信后十分高兴，"得知手稿能寄出的消息，我真像心上的一块石头落地一样，现在终于到了如刑法典所说的'开始实行'的时候，因此我要特别为你的健康干一杯。你的灾难在很大程度上是由这本书造成的；你一旦摆脱了它，就又会成为另外的一个人了"[②]。

1867年4月2日，马克思告诉恩格斯："书已经完成。"[③] 他准备亲自带着书稿到汉堡与出版商安排出版事宜。恩格斯收到信后，情不自禁地欢呼："乌拉！当我终于在白纸黑字上看到第一卷已经完成，你想立刻把它带到汉堡去的消息时，我不禁这样欢呼起来。"[④] 他立即邮汇35英镑，为马克思提供必需的旅费。

马克思在4月10日从伦敦乘船到汉诺威。海上天气恶劣，风浪很大。但是在伦敦"离群独居"幽禁了很久之后，他"痛快得无以复加"。4月13日抵达汉诺威与出版商迈斯纳会面，经过简短磋商，一切安排就绪。迈斯纳经营的是一个规模不大的出版社，印刷工人不够，校对人员缺乏训练，只好把书稿转到莱比锡的维干德出版社印刷。迈斯纳要求马克思在汉诺威住下来，校对清样，完成书稿的最后修改。

马克思在汉诺威逗留了一个多月，住在好友库格曼医生家中。库格曼医生和夫人对马克思十分崇敬和热情，对他的照料无微不至，还介绍这个城市许多有名人物与他见面。这段时间，马克思心情愉快，情绪很高，在校对书稿的同时，利用休闲时间欣赏音乐，聆听朗诵，与友人谈天说地。他们的谈话内容涉及艺术、科学、诗歌、哲学等一切领域，谈论康德、费希特、叔本华与黑格尔，给所有见过他的人留下极其深刻的印象。马克思在汉诺威逗留的短短期间，是他生命的"沙漠中的一片绿洲"。

在汉诺威期间，马克思惊讶地发现，在"有教养的官场"中，他与恩格斯的影响很大。他们的学识才能使人们十分佩服。这里还出现一个小小的插

[①] 马克思：《致恩格斯》(1866年11月10日)，《马克思恩格斯全集》第31卷，第265页。
[②] 恩格斯：《致马克思》(1866年11月11日)，《马克思恩格斯全集》第31卷，第266页。
[③] 马克思：《致恩格斯》(1867年4月2日)，《马克思恩格斯全集》第31卷，第283页。
[④] 恩格斯：《致马克思》(1867年4月4日)，《马克思恩格斯全集》第31卷，第285页。

曲，德国首相俾斯麦专门派了一位律师，来拜访和拉拢马克思，希望马克思利用自己的天才为德国人民谋福利。这个建议遭到马克思理所当然的回绝。

马克思、恩格斯对《资本论》的出版，寄予了很大期望。他们期望《资本论》的出版和传播，会大大坚实工人运动的科学基础；同时，他们也期望通过这部伟大著作的出版，结束马克思艰难困苦的处境，使马克思的生活稍有改善。恩格斯对马克思说："《资本论》的出版，为未来展现了令人鼓舞的前景，我一直认为，使你长期以来呕尽心血的这本该死的书，是你一切不幸的主要根源，如果不把这个担子抛掉，你就永远不会而且也不能脱出困境，这个一辈子也搞不完的东西，使你的身体、精神和经济方面都被压得喘不过气来，我非常清楚地了解，现在你摆脱这个梦魇后，会感到自己像换了一个人一样，特别是这个世界只要你重新投身进去，也就会感到它已经不像过去那样黑暗。"①

马克思对完成全部《资本论》的修改和出版，也信心十足。他打算当年秋天就完成包括后来第2、3卷在内的第2卷，冬天就完成后来以《剩余价值理论》闻名的第3卷，但是这个计划没有实现。直到马克思逝世，除第1卷外，《资本论》其余各卷仍然只是草稿。

逗留一个多月后，马克思于1867年5月19日离开汉诺威，回到伦敦，继续校订《资本论》第1卷。1867年8月17日凌晨2时，最后一个印张（第49印张）校阅完毕，这一卷完成了。

1867年9月14日，《资本论》第1卷在德国汉堡出版，印刷1000册。

《资本论》第1卷德文第二版于1872年7月出版。在校对第一版时，马克思、恩格斯已发现在这部无与伦比的科学著作中，也存在一些表述不尽满意的问题。马克思每校完一印张，即寄给恩格斯校改和提意见，但当时时间紧迫，一些重要意见来不及修改；因此，马克思已考虑修订再版的问题。1871年11月，第一版已全部售完。马克思利用再版机会作了一次修改，出版了德文第二版。

德文第1卷第二版的科学内容、理论观点、逻辑体系与第一版基本相同，但在表述方式上有所改进。他接受恩格斯的意见，对篇章结构做了适当调整，使读者更易接受。第一版分为六大章，第二版改为七篇二十五章。第一版正文之外有一个附录《价值形式》；第二版改写了《价值形式或交换价值》的内

---

① 恩格斯：《致马克思》（1867年4月27日），《马克思恩格斯全集》第31卷，第295—296页。

容，把附录《价值形式》吸收进去，使价值形式的论述更加精辟，更有条理，更易理解。在劳动价值理论和商品拜物教等内容中，第二版也有所修改，使理论表述更加准确。第二版分九册出版，第一册出版于1872年7月，第九册出版于1873年4月，1875年6月出版九册合订本。

马克思逝世后，恩格斯于1883年底修订出版德文第1卷第三版，1890年修订出版第四版。在修订第三版和第四版时，恩格斯做了大量工作。他依据由马克思亲自修订和部分改写的法文版，以及由马克思做了标记的德文版，对正文做了修改，使《资本论》第1卷更加完善。他还在马克思幼女爱琳娜的协助下，核对了全部引文和注释。德文第四版成了世界各种文字所遵循的范本。

三　资本的生产过程

恩格斯说："自地球上有资本家和工人以来，没有一本书像我们面前这本书那样，对于工人具有如此重要的意义。资本和劳动的关系，是我们现代社会体系所依以旋转的轴心，这种关系在这里第一次作了科学的说明。"① 这部工人阶级理论圣经的第一卷即《资本的生产过程》，包括第一版序，第二版跋和正文七篇二十五章。在马克思精心整理下，这一卷逻辑严密，理论新颖，内容丰富，论述精辟，融科学性、创新性、革命性于一体。

在《序言》中，马克思论述了《资本论》研究的对象的阶级性。他说物质关系是社会各阶级最根本的关系，触及了私有者阶级的根本利益，因此必然要把他们心中最激烈、最卑鄙、最恶劣的感情，把代表私人利益的复仇女神召唤到战场上来，反对自由的科学研究。如果说资产阶级古典经济学还能进行一定的科学研究，具有一定的科学性，那是因为当时大工业刚刚出现，劳动与资本的矛盾还未达到尖锐的程度；1825年第一次经济危机的爆发和19世纪三四十年代英法工人运动的兴起，表明阶级关系已发生根本变化，劳动与资本的矛盾已成为资本主义国家的主要矛盾。从此，科学的资产阶级经济学的丧钟敲响了，不偏不倚的科学研究让位于豢养文丐的争斗，公正无私的科学探讨让位于辩护士的坏心恶意。《资本论》是无产阶级经济学的科学表述，是投向资产阶级的一颗炸弹，必然要遭到资产阶级的攻击。

---

① 恩格斯：《英国工人阶级状况》，《马克思恩格斯选集》第2卷，第269页。

《资本论》第 1 卷内容十分丰富。探讨第 1 卷的理论问题，是十分艰巨的科学工作，需要具备多学科的专门知识。这里仅就第 1 卷的基本内容和主要观点作简要的阐述。

第一，商品二重性论。

《资本论》第 1 卷开宗明义地写道："资本主义生产方式占统治地位的社会财富，表现为庞大惊人的商品堆积，单个的商品表现为这种财富的元素。因此，我们的研究就从分析商品开始。"[①] 这是非常科学的。商品生产是资本主义生产的历史前提，资本主义社会是发达的商品社会，或者说是商品生产普遍化的社会；分析商品，可以了解资本主义的本质。商品是资本主义社会最简单、最普通、最常见、最基本的现象；分析商品，可以揭示资本主义一切矛盾以及矛盾的萌芽。简单商品运动是资本主义运动的前提和基础，货币是资本最初的表现形式；分析商品，可以了解资本的本质和剩余价值生产的秘密。因此，从分析商品开始，历史进程与逻辑进程相一致，符合唯物辩证法的科学方法。

产生于原始公社末期的商品，是用来交换、能够满足人们某种需要的劳动产品。它具有两重性，使用价值和价值。商品的有用性，例如食物可以充饥，衣服可以穿着，房屋可以住人，这是它的使用价值。使用价值是商品的自然属性。在任何社会，使用价值都是社会财富的物质内容。商品是劳动产品，凝结着一般的人类劳动，这是它的价值。价值是商品的社会属性。与使用价值不同，它看不见、摸不着，必须通过与别的商品相交换，才能表现出来。商品就是使用价值与价值的矛盾统一体。

第二，劳动二重性论。

商品二重性是由生产商品的劳动二重性决定的。生产商品的劳动，既是具体劳动，又是抽象劳动。具体劳动创造商品的使用价值，抽象劳动形成商品的价值。具体劳动和抽象劳动，不是两次不同过程的劳动，而是同一过程既有联系又有区别的两个方面。

具体劳动的劳动目的、操作方法、劳动对象、劳动手段和劳动结果各不相同。人类社会生产的商品纷繁复杂，多种多样；具体劳动也千差万别，形式各异。随着分工的发展，科技的进步，人类社会生产的产品种类、品质、形式、规格越来越多，具体劳动也越来越多。具体劳动存在于一切社会，是

[①] 马克思：《资本论》第 1 卷，《马克思恩格斯全集》第 23 卷，第 47 页。

一个永恒的范畴。

抽象劳动是无差别的人类劳动。与千差万别的具体劳动不同，每个劳动过程，劳动者都需要耗费脑筋、肌肉、神经等，这种还原为无差别的劳动即劳动力在生理上的消耗，就是抽象劳动。抽象劳动是一个社会历史范畴。形成抽象劳动的，不仅仅是单纯的生理现象，而是体现了商品生产者的生产关系。商品的价值量由生产商品的社会必要劳动时间决定。生产商品所耗费的社会必要劳动时间越多，商品的价值量也越多。这是商品交换的基础。

劳动二重性理论是马克思的伟大创见。资产阶级古典经济学家虽然知道劳动创造价值，但他们不知道什么劳动创造价值，不能区分具体劳动和抽象劳动，因而他们的劳动价值理论是不完全、不彻底的。马克思区分了具体劳动与抽象劳动，论证了抽象劳动创造价值，把劳动价值论建立在科学的基础上。马克思在《资本论》中指出"商品中包含的劳动的这种二重性，是首先由我批判地证明了的。这一点是理解政治经济学的枢纽"[①]。马克思在1867年8月24日写给恩格斯的信中，谈到第1卷时说："我的书最好的地方是：在第一章就着重指出了按不同情况表现为使用价值和交换价值的劳动二重性（这是对事实的全部理解的基础）。"[②]

第三，货币本质论。

在商品社会，以黄金为代表的货币具有神奇的力量；谁有了它，谁就成为他想要的一切东西的主人。有了它，甚至可以使灵魂升入天堂。莎士比亚在《雅典泰门》中对那些疯狂追求金钱的市侩作了辛辣的嘲笑、尖刻的讽刺和无情的鞭挞：

  金子！黄黄的，发光的，宝贵的金子！
  只这一点点儿，就可以使黑的变成白的，丑的变成美的，错的变成对的，卑贱变成尊贵，老人变成少年，懦夫变成勇士。
  吓！你们这些天神们啊，为什么要给我这东西呢？
  嘿，这东西会把你们的祭祀和仆人从你们的身旁拉走，把健汉头颅底下的枕垫抽去；
  这黄色的奴隶可以使异教联盟，同宗分裂；

[①] 马克思：《资本论》第1卷，《马克思恩格斯全集》第23卷，第55页。
[②] 马克思：《致恩格斯》（1867年8月24日），《马克思恩格斯全集》第31卷，第331页。

> 它可以使咒诅的人得福，使害着灰色的癫病的人为世人所敬爱；
> 它可以使窃贼得到高爵显位，和元老们分庭抗礼；
> 它可以使鸡皮黄脸的寡妇再做新娘……
> 来，该死的土块，你这人尽可夫的娼妇……

但是，货币并不神秘。货币是充当一般等价物的商品。商品生产出现以后，为了交换，需要通过一定的价值形式。随着交换的发展，价值形式从简单的、个别的或偶然的价值形式，发展到总和的或扩大的价值形式，再发展到一般价值形式。当一般价值形式的等价物由金银代表时，就是货币价值形式。以货币（黄金、白银以及后来的铸币、纸币）表现的商品价值，就是价格。价格以价值为基础，按照市场供给与需求的关系上下波动，是价值规律作用的形式。价值规律是商品经济的基本规律，调节着商品供求关系和商品所有者的物质利益关系，决定着商品生产的发展和商品流通的方向。

货币具有五大职能，即价值尺度、流通手段、贮藏手段、支付手段和世界货币。其中价值尺度和流通手段是货币的基本职能。货币作为流通手段，商品交换分离为买与卖两个过程，包含着发生经济危机的可能性；货币作为支付手段，商品流通与货币流通相分离，经济危机的可能性进一步增加。

第四，资本本质论。

资本是能够带来剩余价值的价值。论述资本的本质和作用，是《资本论》的主要内容。资本首先表现为一定数量的货币，但货币并不是资本。只有能够在资本运动中实现价值增值的货币才是资本。资本的运动公式是：G—W—G+g。这个 g 叫做剩余价值。

资本家用资本在市场上购买了生产资料和劳动力，并且把生产资料和劳动力投放到生产过程，生产剩余价值。资本主义生产过程具有两重性，是劳动过程与价值增值过程的统一。所谓劳动过程，是指人们运用劳动手段和劳动对象，通过有目的的活动，创造使用价值（物质财富）的过程。这是一切社会形态所共有的。但资本主义生产的目的是为了价值和剩余价值。所以资本主义生产过程不仅是使用价值生产过程，而且是价值形成过程；不仅是价值形成过程，而且是剩余价值生产或价值增值过程。资本家生产的目的，就是为了剩余价值。所以剩余价值的生产，是资本主义生产的本质特征。剩余价值规律是资本主义的绝对规律。

资本家为了进行剩余价值生产，必须把资本分为两部分。一部分用来购买生产资料，一部分用来购买劳动力。这两部分资本，在剩余价值生产中的作用不同。用来购买生产资料的资本，在生产过程中，只是把价值转移到新产品中，资本量不会变化，马克思称之为不变资本，用 C 来表示。用来购买劳动力的资本，在生产过程中，劳动力不仅创造了相当于劳动力价值的价值，而且创造了更多的价值，即剩余价值。这部分资本，马克思称之为可变资本，用 V 来表示。把资本区分为不变资本和可变资本，意义十分重大。它清楚地表明，剩余价值是可变资本带来的，是雇佣工人创造的。雇佣工人的劳动分为两部分，必要劳动和剩余劳动。剩余劳动是剩余价值的唯一源泉。

第五，剩余价值论。

剩余价值理论是马克思经济理论的核心，是马克思的第二个伟大发现。人类历史发展规律和剩余价值规律的发现，使社会主义从空想变为科学。

马克思认为，资本运动公式，与简单商品流通公式不同。简单商品流通的公式是 W—G—W，其目的是为买而卖，交换两极是价值相同使用价值不同的物品。资本运动公式是 G—W—G+g，交换两极是使用价值相同（货币）价值不同，货币（G）通过交换已经变成（G+g）。从形式上看，资本运动公式是与价值规律相违背的。按照价值规律的要求，无论货币换成商品，还是商品换成货币，都不会发生价值量的变化。

那么，剩余价值是如何产生的呢？流通领域无论是等价交换或不等价交换，总体来说，都不会产生剩余价值。但是，如果离开流通，商品所有者或货币所有者只能与自己的商品或货币发生关系，也是不会发生价值增值的。这就是一个矛盾：剩余价值本"不能从流通中产生，又不能不从流通中产生，它必须既在流通中又不在流通中产生"①。这是资本主义生产的矛盾，也是解决矛盾的条件。原来，资本家在市场上购买到与生产资料不同的劳动力，劳动力的使用，不仅能够生产使用价值，而且能够创造价值；不仅能够创造价值，而且能够创造超过劳动力价值的价值。劳动力成为商品，是货币转化为资本的前提，劳动力的特殊性质是解决资本运动总公式矛盾和剩余价值来源的钥匙。

劳动成为商品需要两个条件：一是劳动者必须有人身自由，可以自由出卖属于自己的劳动力；二是劳动者必须一无所有，既没有生产资料也没有消费资料，只能靠出卖劳动力为生。这两个条件，只有在资本主义社会才存在。

---

① 马克思：《资本论》第 1 卷，《马克思恩格斯全集》第 23 卷，第 185—186 页。

劳动力作为商品，也与其他商品一样，具有使用价值和价值。劳动力价值是由生产、发展、维持和延续劳动力所必需的生活资料的价值来决定的。劳动力的使用价值，在被消费时，能够创造价值，能够创造出超过劳动力价值的价值。这个超过部分，就是剩余价值。剩余价值来源的秘密，就是劳动力特殊的使用价值。

榨取雇佣工人的剩余价值，是资本主义的剥削实质。资本家为了榨取更多的剩余价值，就要提高剩余价值率即剥削率。为了提高剥削率，资本家采取两种基本方法，即绝对剩余价值的生产和相对剩余价值的生产。绝对剩余价值就是通过延长劳动时间，提高劳动强度所生产的剩余价值。相对剩余价值就是在劳动时间不变的情况下，通过提高劳动生产率，降低劳动力价值，缩短必要劳动时间，相对延长剩余劳动时间所生产的剩余价值。在资本主义早期，资本家提高剥削率主要采用绝对剩余价值的方法，但延长劳动时间、提高劳动强度是有限度的。所以，当资本主义有了一定发展以后，相对剩余价值就成为生产剩余价值的主要方法。

第六，资本积累论。

资本家榨取了雇佣工人生产的剩余价值，一部分用于自己的消费，一部分用于投资，以扩大生产规模。与在原有生产规模基础上重复进行的简单再生产不同，资本主义扩大再生产是超过原来生产规模的再生产。

资本主义再生产的特点是扩大再生产。但简单再生产是扩大再生产的基础、出发点和重要组成部分。资本主义简单再生产和扩大再生产，不仅是物质资料的再生产，也是生产关系的再生产。马克思说："把资本主义生产过程联系起来考察，或作为再生产过程来考察，它不仅生产商品，不仅生产剩余价值，而且生产和再生产资本关系本身：一方面是资本家，另一方面是雇佣工人。"①

资本家把雇佣工人创造的一部分剩余价值合并到原有资本中去，用以购买追加生产资料和劳动力，扩大生产规模，榨取更多剩余价值。把剩余价值转化为资本，或剩余价值资本化，就是资本积累。资本积累是资本主义扩大再生产的重要源泉。

资本积累和扩大再生产是资本主义的必然要求。追求更多剩余价值的内部动力，资本主义竞争强制作用的外部压力，促使资本家需要不断进行资本

---

① 马克思：《资本论》第1卷，《马克思恩格斯全集》第23卷，第634页。

积累，不断扩大生产规模。

资本积累和扩大再生产表明，资本家利用无偿占有雇佣工人创造的剩余价值，来增加资本，扩大生产规模，占有更多的剩余价值。这就是资本积累的本质。

第七，无产阶级贫困化论。

在资本主义制度下，财富在一极积累，贫困在另一极积累。资本积累与无产阶级贫困化是必然的、不可避免的现象。

资本家为了扩大再生产，除了通过资本积聚即剩余价值资本化而使个别资本总量增大之外，还采用资本集中的方式，把分散的资本合并起来形成大资本，增大个别资本总量。资本积聚和资本集中，增强了少数资本家积累社会财富的能力。

随着资本积累和个别资本总量的增大，资本家能够发展技术，增加和改进机器设备，提高劳动生产率。因此造成的后果是，用于购买生产资料的不变资本在总资本中的比重增加，用于购买劳动力的可变资本在总资本中的比重减少。在资本总量不变的条件下，雇佣的劳动力减少了，形成了相对人口过剩。相对人口过剩是资本积累的必然结果，也是资本主义生产方式存在的必要条件。因此，相对过剩人口也叫产业后备军。它具有三种主要形态：流动的过剩人口、潜在的过剩人口和停滞的过剩人口。资本主义存在的大量失业，就是相对过剩人口的表现形式。

资本主义剥削和资本积累，必然造成无产阶级贫困化。马克思说："一极是财富的积累，同时在另一极，即在把自己的产品作为资本来生产的阶级方面的贫困、劳动折磨、受奴役、无知、粗野和道德堕落的积累。"[1] 无产阶级贫困化分为绝对贫困化和相对贫困化。绝对贫困化是指在资本主义发展的一定阶段，无产阶级的生活条件更加恶化。相对贫困化是指在资本主义国民收入中，无产阶级收入的份额减少。与资本家收入份额的增加相比，无产阶级相对贫困了。在当代资本主义，工人阶级生活条件有所改善，绝对贫困的现象有所改变，但相对贫困仍然存在。

第八，资本主义发展阶段论。

马克思论述资本主义有一个从产生、发展到被社会主义代替的过程。

资本主义是代替封建社会产生的。在资本主义产生和建立过程中，也就

---

[1] 马克思：《资本论》第1卷，《马克思恩格斯全集》第23卷，第708页。

是在资产阶级和无产阶级两个阶级形成过程中，经历了资本原始积累过程。

所谓资本原始积累，就是地主资产阶级用暴力手段剥夺农民，使小生产者成为无产者，又使地主资产阶级获得大量财富，并把这些财富转化为资本的过程。资本原始积累的特征是暴力掠夺。马克思说："资本来到世间，从头到脚每个毛孔都滴着血和肮脏的东西。"[①]

资本主义在资本原始积累的基础上产生，在剥削剩余价值和剩余价值资本化中发展。机器大生产是资本主义的物质技术基础，带来了社会生产力的快速发展，从而使资本主义生产方式在整个社会中占据统治地位。随着社会生产力的发展，生产社会性与资本主义私有制的矛盾不断发展，经济危机周期发生。

资本主义必然要被社会主义所代替。资本主义发展规律表明："生产资料的集中和劳动的社会化，达到了同它们的资本主义外壳不能相容的地步。这个外壳就要炸毁了。资本主义私有制的丧钟就要响了，剥夺者就要被剥夺了。"[②] 这是历史发展的必然趋势。

四　资本的流通过程

《资本论》第 2 卷的内容是资本的流通过程。在马克思生前，这一卷没有出版。马克思逝世后，由恩格斯整理、编辑和加工，于 1885 年 7 月出版。

从 19 世纪 60 年代开始，马克思就为《资本论》第 2 卷准备了多份手稿。早在 1861—1863 年手稿中，马克思已经涉及了第 2 卷的一些理论问题。大约在 1865 年或 1867 年，马克思撰写了第 2 卷最早一个独立的、但多少带有片断性质的手稿。这期间，马克思用主要精力整理出版《资本论》第 1 卷，直到 1870 年才恢复第 2 卷手稿的写作。注明写于 1870 年的一部相当完整的手稿，是第 2 卷的基础。此后由于马克思身体很差，难以进行复杂的理论研究，撰写《资本论》的工作暂时中断，直到 1877 年才恢复写作。在此期间，他又在上述材料的基础上写了四份手稿。恩格斯在整理马克思的这些手稿时感慨地说："只要列举一下马克思为第 2 卷留下的亲笔材料，就可以证明，马克思在公布他的经济学方面的伟大发现以前，是以多么无比认真的态度，以多么

---

① 马克思：《资本论》第 1 卷，《马克思恩格斯全集》第 23 卷，第 829 页。
② 同上书，第 831—832 页。

严格的自我批评的精神，力求使这些伟大发现达到最完善的程度。"①

《资本论》第2卷与第1卷一样，是一部异常出色的著作。但是，由于马克思生前未能对它进行整理，留下来的是在相当长时期内陆续撰写的一些草稿和片断，因而必然带有未完成手稿的特点：体系大致完成，观点非常精辟，论述极其深刻，但是结构不够严谨，文字没有仔细推敲，文体夹杂英、法两种文字的术语，用作例解的事实材料虽已收集，但没有分类和整理，以及明显的笔误，等等。马克思逝世前，曾对他的幼女爱琳娜说，希望恩格斯根据这些材料"做出点什么"来。

恩格斯十分重视马克思的嘱托。马克思逝世不久，他就放下手头许多重要工作，专心致志地从事第2卷的整理和出版。从1883年3月至1885年7月，大约用了两年多的时间，完成这卷著作的整理和出版。

整理和出版《资本论》第2卷，是非常复杂、困难和繁重的工作，恩格斯是最有条件完成这一任务的人。因为恩格斯参与了包括第2卷在内的全部《资本论》理论观点的研究和形成，对第2卷内容十分熟悉，并且可以说是能够准确辨认马克思潦草笔迹、清楚了解马克思独特的缩写符号和习惯用语的唯一的人。

恩格斯对整理工作十分严谨和认真。他完全忠实于手稿的内容和实质，把这些手稿尽可能逐字地抄录下来，在文体上，仅仅改动了马克思自己也会改动的地方。同时，他对全部手稿进行细致的选择、取舍、删减、补充、修订和润色，加上几句解释性的话和承上启下的字句，使该书既成为一部连贯的、尽可能完整的著作，又成为一部只是作者而不是编者的著作。可以想象，这样的工作是多么不易！

经过恩格斯的整理，《资本论》第2卷成为一部研究资本主义流通过程的极其科学、非常精确的著作。

关于资本流通过程与资本生产过程的关系，马克思作了精辟的概括。他说："在本书第一卷，我们把资本主义生产过程既作为流通过程，又作为再生产过程来分析，我们分析了剩余价值的生产和资本本身的生产，资本在流通领域所经历的形式变换和物质变换被假定为前提，而没有进一步加以论述。我们假定，一方面，资本家按照产品的价值出售产品；另一方面，他在流通领域找到使过程重新开始或连续进行所必需的各种物质生产资料。我们在那

---

① 恩格斯：《〈资本论〉第2卷序言》，《马克思恩格斯全集》第24卷，第4页。

里需要考察的流通领域的唯一行为,是作为资本主义生产的基本条件的劳动力的买和卖。"① 在第 2 卷中,生产过程只是在理解流通过程的范围内加以考察,主要是研究资本的流通过程,分析资本的形态变换和物质变换。

第一,产业资本循环的三个阶段和三种形式。

马克思说,资本的价值增值,既不能在流通中产生,又不能离开流通产生。个别资本的运动,必须经过三个不同阶段,采取三种不同形式。

第一阶段是购买阶段。资本家用货币购买生产资料和劳动力,从形式上看,对买者来说,他把货币转化为商品;对卖者来说,他把商品转化为货币。买卖过程是等价交换,价值量并没有发生变化。但资本家的货币是货币资本,他购置的生产资料和劳动力,是资本主义生产过程的物质要素,生产的目的是追求剩余价值。因此,在这里货币不仅作为购买手段和支付手段,不仅充当一般的货币职能,而且作为资本发挥作用,充当资本的职能。货币所变换的生产资料和劳动力,是资本主义生产的条件。货币资本转化为生产资本,货币职能转变为资本职能的最重要标志是购买劳动力。由于劳动力是能够创造出比自身价值更多的价值,是剩余价值的源泉,所以,获得劳动力是购买阶段最根本的内容和条件。生产资料的购买,是资本主义生产过程,也就是剩余价值生产过程不可缺少的物质条件。

第二阶段是生产阶段。货币资本通过购买阶段进入生产领域。生产资料和劳动力,是一切社会生产所必须具备的条件。在资本主义生产过程中,生产资料和劳动力以资本家的特殊方式和方法相结合,通过生产过程,生产了一个新的商品。这个新商品在物质形态上已与原来的商品不同,在价值量上已经大于原来的价值,实现了价值增值。生产资本转化为商品资本。这个阶段实质上是剩余价值的生产阶段,在资本循环中具有决定的意义。

第三阶段是销售阶段。生产阶段生产了新的商品,生产资本转化为商品资本。新的商品必须通过市场出售。出售的商品与原来购买的商品完全不同,商品的价值量大于原来商品中包含的价值量。商品销售阶段,是实现价值和剩余价值的过程。通过销售过程,产业资本家收回了原来预付的货币资本,又获得了剩余价值,开始了新一轮的资本循环。

产业资本循环,包括货币资本循环、生产资本循环、商品资本循环三种形式,产业资本循环是三种循环形式的统一。在产业资本运动过程中,资本

---

① 马克思:《资本论》第 2 卷,《马克思恩格斯全集》第 24 卷,第 391 页。

的各个阶段、各种职能形式是有机地联系在一起的。各种资本形式在空间上的并存和时间上的继起,是资本主义生产正常进行的必要条件。因此,每个产业资本家都必须把全部资本分配在三种资本形态上,必须使各种资本形态不断经过三个阶段。但是由于资本主义的基本矛盾,资本要不断地顺利地通过三个阶段是很困难的。资本运动连续性的中断,是资本主义基本矛盾的表现。

第二,流通时间和流通费用。

产业资本循环是生产过程和流通过程的统一。资本在生产过程停留的时间叫做生产时间,在流通过程停留的时间叫做流通时间。资本的流通时间包括购买商品的时间和销售商品的时间。货币是一般等价物,可以与任何商品相交换。因此,从货币形式转化为商品形式,比较容易实现。当然,由于生产资料供应情况和价格变动情况,以及其他具体的供求情况,购买时间有长有短,有快有慢,这是必然的。商品的销售时间,即商品转化为货币的时间,是资本形态转化中最困难的部分。对于产业资本家来说,他需要通过这个形态变化,实现商品价值和剩余价值,把商品资本转化为货币资本,开始新一轮的资本循环。但是市场条件不是由他能够自主决定的。如果市场上同类商品供过于求,如果市场价格降到价值以下,商品转化为货币就很困难,流通时间就要延长。

流通时间与生产时间是互相排斥的。流通时间既不生产商品,也不生产剩余价值,因而限制了价值增值。流通时间越短,资本的增值能力就越大。

资本在流通领域不仅需要一定的时间,而且需要一定的费用。流通费用分为两部分,一部分是与商品的使用价值运动有关的费用,如运输、包装、保管等费用,称为生产性流通费用,是生产过程在流通中的继续,可以创造价值和剩余价值;一部分是与商品的价值形态变化有关的费用,即商品买卖实现的费用,如广告费用、簿记费用、销售费用等,必须由剩余价值补偿,是纯粹流通费用。压缩这部分的费用,可以减少剩余价值的损失。

第三,资本周转时间和周转次数。

资本的循环,如果不是当做孤立的行为,而是当做不断进行、周而复始的过程,就是资本周转。资本周转对资本年剩余价值量和年剩余价值率有着重要的影响。因此,研究资本周转是研究价值增值的重要问题。

资本周转需要一定时间,包括生产时间和流通时间。资本的周转时间是从资本家垫付一定形式的资本开始,通过资本运动带来剩余价值,重新回到原有的资本形式，为此所需要的时间。由于不同产业部门的生产条件和流通条件不同，周转时间以及在一年里周转次数也不同。假定某一产业部门资本周转一次的时间是2个月，另一产业部门资本周转一次的时间是4个月，前者一年的周转是六次，后者一年的周转是三次。周转时间和周转次数，对年剩余价值量和年剩余价值率有着重要的影响。由于剩余价值是可变资本创造的，假定有一个工厂可变资本1000元，剩余价值率100%，每次周转时间2个月，一年周转六次；另一个工厂可变资本也是1000元，剩余价值率也是100%，每次周转时间4个月，一年周转三次。这样两个工厂获得的年剩余价值量和年剩余价值率就完全不同。前者每年获得剩余价值6000元，年剩余价值率600%；后者每年获得剩余价值3000元，年剩余价值率300%。资本家为了追求增加年剩余价值量，提高年剩余价值率，就要加快资本周转。

第四，固定资本和流动资本。

资本的周转速度受到许多因素的影响，其中生产资本的构成，即生产资本分为固定资本和流动资本，对资本周转速度有着重要的影响。固定资本和流动资本，是生产资本的不同部分。固定资本是购买厂房、机器、设备等的资本。在资本生产和流通过程中，固定资本的特点是在价值形态上全部投入，在物质形态上部分参加。它可以在较长时间和多次生产过程中发挥作用，其价值不是一次而是多次转移到新产品中；其物质形态也不是一次消耗，而是多次使用逐渐消耗。流动资本是购买原料、燃料、辅料和劳动力的资本。在资本生产和流通过程中，流动资本中的原料、燃料、辅料等周转的特点是：其物质形态在一次生产过程中被完全消耗，形成新的使用价值；其价值一次全部转移到新产品中。劳动力是生产过程中被消耗，其价值不是转移到新产品中，而是在生产过程中形成新的价值。这个新形成的价值，大于劳动力本身的价值。通过新产品销售，资本家不仅能够收回全部转移到新产品中的价值，而且能够获得雇佣劳动者创造的价值和剩余价值，实现价值增值。

由于固定资本的物质形态多次消耗，价值多次转移，因此需要根据固定资产的磨损程度，采取折旧的形式，提取折旧费用。固定资产的磨损有两种，即物质磨损和精神磨损。无论物质磨损或精神磨损，都必须从新产品中提取折旧基金进行补偿，维护再生产不断进行。马克思这个理论，对社会主义再生产也是适用的。

第五，第一部类和第二部类。

马克思从个别资本的角度，在分析资本主义生产过程和流通过程的基础上，进一步研究了资本主义的社会资本再生产，分析了社会总产品的构成和社会资本再生产的实现条件。

社会总产品指资本主义各个物质生产部门在一定时期（通常是一年）所生产的全部物质资料的总和。马克思按照社会总产品的物质形态，按照其最终的使用，分为生产资料和消费资料。相应的社会总生产也分为两大部类：第一部类即生产资料生产部类，其产品必须进入或至少能够进入生产消费；第二部类即消费资料生产部类，其产品必须进入资本家阶级和工人阶级的个人消费。马克思按照总产品的价值构成把两大部类生产的全部年产品价值分为三部分：（1）不变资本（c）；（2）可变资本（v）；（3）剩余价值（m）。把社会总产品在物质形式上分为两大部类，在价值形式上分为三个部分，是马克思社会再生产理论的两个基本原理。无论资本主义企业如何千差万别，无论产品如何种类繁多，归根到底，都是或者用于生产消费，或者用于个人消费。无论资本主义企业规模如何不同，形式如何多样，社会总产品价值构成都是 $c+v+m$。

第一部类和第二部类是对社会生产一切部门最概括的分类，其目的是为了说明社会再生产最主要的实现条件。在现实生活中，有些产品既可以用于生产消费，也可以用于个人消费。但从社会总产品来看，必然有一部分用于生产消费，一部分用于个人消费，这种分类准确地反映了社会总产品最终的用途。

第一部类和第二部类只是对社会总产品作了最概括的划分。事实上，每个部类都可划分为若干分部类，每个分部类还可划分为若干子部类，如此等等；但为了揭示社会再生产的本质特征，研究社会再生产的实现条件，两大部类的分类，已经可以说明问题了。

第六，社会资本简单再生产和扩大再生产的实现条件。

资本主义再生产的特点是扩大再生产而不是简单再生产，但简单再生产是扩大再生产的基础和重要组成部分，是研究扩大再生产的出发点。

在简单再生产中，我们把社会生产分为两大部类，每一个部类产品的价值分为不变资本（c）＋可变资本（v）＋剩余价值（m）。假定某个国家第一部类资本家年初预付不变资本4000，可变资本1000，剩余价值率100%，获得剩余价值1000；第二部类资本家年初预付不变资本2000，可变资本500，剩余价值率100%，获得剩余价值500，社会总产品构成如下：

$\text{I} \quad 4000c+1000v+1000m=6000$

Ⅱ　2000c＋500v＋500m＝3000

我们已经知道，第一部类产品的实物形式是生产资料，只能用于生产消费；第二部类产品的实物形式是消费资料，只能用于资本家和工人的个人消费。为了使第二年的生产能够在原来的规模上进行，两大部类产品都必须实现。通过市场交换，第一部类和第二部类资本家都必须恢复第一年年初的生产条件。在现实生活中，这些交换关系十分复杂。为了分析简便，我们只能抽象掉具体复杂的现象，归纳为三大交换关系：

```
           ①
Ⅰ   [4000c]  +  [1000v+1000m]  =6000
         ③
Ⅱ   [2000c]  +  [500v+500m]    =3000
           ②
```

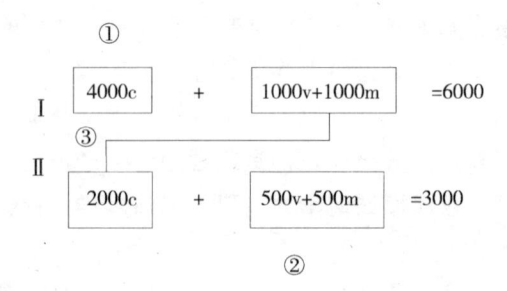

图式中①是第一部类内部交换。这个部类有许多企业，都需要生产资料，当年消耗的生产资料价值是4000，通过本部类内部交换，就可补偿。图式中②是第二部类内部交换。这一部类有许多工人和资本家，需要用于个人消费的消费资料。为了维持简单再生产，当年需要的消费资料 $500v+500m=1000$，通过第二部类内部交换就可满足。图式中③是第一部类与第二部类交换。由于第一部类有 $1000v+1000m=2000$，是工人和资本家的个人消费，不能在本部类内部解决；第二部类有2000c需要补偿已经消耗的生产资料，也不能在本部类内部解决。这样两大部类之间就需要进行交换。上述三大交换完成了，资本主义社会简单再生产也就实现了。

由此可见，在社会资本简单再生产的情况下，社会产品的实现条件是：(1) 第一部类的可变资本与剩余价值之和必须等于第二部类的不变资本：$Ⅰv+m=Ⅱc$。(2) 第一部类全部产品的价值，必须等于两大部类不变资本价值之和；$Ⅰc+v+m=Ⅰc+Ⅱc$。(3) 第二部类全部产品的价值必须等于两大部类可变资本与剩余价值之和：$Ⅱc+v+m=(Ⅰv+m)+(Ⅱv+m)$。

社会资本扩大再生产是资本主义社会再生产的特点。资本家为了获取更多剩余价值，就要进行资本积累。资本积累是社会资本扩大再生产的源泉。

但仅仅有追加资本还不能扩大生产。要扩大生产规模,必须有追加的生产资料和追加的劳动力。第一部类的产品,除了维持社会资本简单再生产所需要的生产资料外,还必须有追加的生产资料。这就要求第一部类的可变资本与剩余价值之和大于第二部类的不变资本。第二部类的产品,除了满足两大部类的工人和资本家的个人消费外,还必须有追加的消费资料。这就要求第二部类不变资本和用于积累的剩余价值之和,必须大于可变资本和用于资本家个人消费的那部分剩余价值之和。这是社会资本扩大再生产的两个必备的前提条件。社会资本扩大再生产的实现条件是:

(1) 第一部类原有可变资本的价值＋追加的可变资本价值＋本部类资本家用于个人消费的剩余价值的总和,必须等于第二部类原有的不变资本价值加上追加的不变资本价值之和。

$$\text{I}\ (v+\Delta v+\frac{m}{x}) = \text{II}\ (c+\Delta c)$$

(2) 第一部类全部产品的价值必须等于两大部类原有不变资本的价值＋两大部类追加的不变资本价值:

$$\text{I}\ (c+v+m) = \text{I}\ (c+\Delta c) + \text{II}\ (c+\Delta c)$$

(3) 第二部类全部产品的价值必须等于两大部类可变资本的价值＋两大部类追加的可变资本的价值＋两大部类资本家用于个人消费的剩余价值的总和:

$$\text{II}\ (c+v+m) = \text{I}\ (v+\Delta v+\frac{m}{x}) + \text{II}\ (v+\Delta v+\frac{m}{x})$$

马克思在社会资本再生产理论中,深刻地揭示了资本主义的基本矛盾。由于生产社会性和生产资料资本主义私人占有之间的矛盾,使社会再生产两大部类的比例关系经常遭到破坏,生产与消费之间、生产扩大与价值增值之间、再生产的实现条件与实现形式之间的矛盾不可克服。资本主义周期性经济危机就是再生产矛盾的深刻表现。

马克思关于社会资本再生产的许多原理,对社会主义再生产也是适用的。特别是其中关于两大部类相互关系的原理,关于积累是扩大再生产主要源泉的原理,关于技术进步和资本有机构成提高的原理等,对社会主义具有重要的指导意义。

五 资本主义生产总过程

第 3 卷研究资本主义生产总过程，是《资本论》理论部分的完成。

与第 1、2 卷一样，《资本论》第 3 卷也是"卓越的、出色的"，是对资产阶级经济学的深刻批判，对无产阶级经济学的科学表述，"只是由于这一点，我们的理论才具有不可摧毁的基础，我们才能在各条战线上胜利地发动起来"①。

马克思在 1857—1858 年手稿中，已研究了第 3 卷一些重要理论问题，如剩余价值转化为利润、商业资本和借贷资本等问题，拟订了一份研究计划。马克思在 1861—1863 年又写了一份庞大的手稿，共有 23 个笔记本，1472 页，约 200 个印张。这份手稿几乎包括《资本论》各个部分的主要问题，其中第 XVI—XVIII 本研究第 3 卷的内容。1864 年下半年至 1865 年初，马克思又写了一份第 3 卷的完整手稿。后来恩格斯就是以这份手稿为主要依据，编成第 3 卷。

马克思逝世不久，恩格斯就从马克思遗留下来的大量手稿中发现有关第 3 卷的材料。他在 1885 年 7 月整理和编完第 2 卷并交付出版商后，立即着手整理第 3 卷。当时，恩格斯认为整理第 3 卷的困难主要是技术性的，大概不会太大。但是整理过程障碍重重，从 1885 年至 1894 年，用了超过九年的时间。

首先，由于恩格斯视力不好，整理工作十分困难。整理马克思手稿，必须先辨认潦草的字迹，然后进行口述，由秘书抄录。这就需要花费大量时间和精力。

其次，马克思逝世前，各国工人运动活动家可以向两位导师请教，从他们那里得到指导。现在马克思去世了，指导工人运动的工作完全落在恩格斯身上；随着国际工人运动的发展、壮大，这项工作也相应增加了。

最后，恩格斯还要为自己和马克思各种著作的再版和译本进行核对，写作导言，帮助读者理解一些重要论著的写作背景和重要内容。这些工作又占去了恩格斯许多宝贵时间。

---

① 恩格斯：《致奥·倍倍尔》(1885 年 4 月 4 日)，《马克思恩格斯〈资本论〉书信集》，第 458 页。

但是，拖延整理和出版时间的根本原因，是第3卷手稿的内容和特点。我们知道，第3卷手稿与其他各卷一样，内容十分丰富，论述非常精辟；但是，这部著作只有一个草稿，而且极不完全，"每一篇的开端，通常都相当细心地撰写过，甚至文字多半也经过推敲，但是越往下，文稿就越是带有草稿性质，越不完全，越是离开本题谈论那些在研究过程中冒出来的、其最终位置尚待以后安排的枝节问题，句子也由于表达的思想是按照形成时的原样写下来的而越长、越复杂。在许多地方，笔记和叙述非常清楚地显露出，作者由于工作过度而得的病发作了，并且逐渐加重，这种情况起先让他独自进行工作越来越困难，最后时常使他的工作完全无法进行"①。

恩格斯在整理过程中，细心阅读马克思遗留下来的手稿、笔记和大量资料，根据马克思的思路加以系统化；有的章节，只有标题没有内容，恩格斯就根据马克思的理论和体系加以补写；有的章节，例如《利润分为利息和企业主收入。生息资本》，内容十分重要，理论非常复杂，但手稿只开了一个头，留下的是一堆未经整理的笔记、评述和摘录的资料，恩格斯不得不试写几次，直到满意为止；有些问题，为了把原文中没有充分强调的观点提到更重要的位置，恩格斯加以着重论述；同时，为了根据新的情况对一些较重要的问题进行补充，恩格斯写了《价值规律和利润率》、《交易所》等论文。但是，恩格斯强调指出："我最关心的是要编成一个尽可能真实的文本，即尽可能用马克思自己的话来表述马克思新得出的各种成果，只是在绝对不可避免的地方，才加进自己的话……像马克思这样的人有权要求人们听到他的原话，让他的科学发现原原本本按照他自己的叙述传给后世。"②

恩格斯是这样说了，也是这样做的。可以说，他的悉心整理，已经把自己的名字永远铭刻在《资本论》这部伟大著作的丰碑上。

《资本论》第3卷是研究资本主义生产的总过程；是要揭示和说明资本运动过程作为整体考察时所产生的各种具体形式，如产业资本、商业资本、生息资本、农业资本等各种具体形式；利润、商业利润、利息、地租等各种剩余价值转化形式。这些形式同资本在社会表面上，在各种资本的相互作用中，在竞争中，以及在生产当事人的意识中所表现出来的形式，是一步一步地接近了。我们在这里只介绍几个主要问题。

---

① 恩格斯：《〈资本论〉第3卷序言》，《马克思恩格斯全集》第25卷，第6—7页。
② 恩格斯：《〈资本论〉第3卷增补》，《马克思恩格斯全集》第25卷，第1003页。

第一，利润论。

在资本主义社会，剩余价值转化为利润。利润是剩余价值的具体形式。从本质上看，剩余价值是可变资本创造的；但从表面上看，好像剩余价值是全部资本带来的。在资本家看来，如果没有可变资本购买劳动力，固然不能获得剩余价值；但是，如果没有不变资本购买生产资料，资本家也不能进行生产，不能获得剩余价值。如果把剩余价值作为全部资本带来的，剩余价值就转化为利润。

资本家生产的目的，是为了最大限度地追求利润。在《资本论》中，马克思不仅揭示了利润的真正源泉，而且揭露了资本家唯利是图的阶级本质。英国人丁宁格的话深刻描述了资本家贪婪追逐利润的冲动："资本害怕没有利润或利润太少，就像自然界害怕真空一样。一旦有适当的利润，资本就胆大起来。如果有10%的利润，它就保证到处被使用；有20%的利润，它就活跃起来；有50%的利润，它就铤而走险；为了100%的利润，它就敢践踏一切人间法律；有300%的利润，它就敢冒任何罪行，甚至冒绞首的危险；如果动乱和纷争能带来利润，它就会鼓励动乱和纷争，走私和贩卖奴隶就是证明。"[①]

剩余价值转化为利润，剩余价值率转化为利润率，掩盖了资本主义的剥削实质和剥削程度。剩余价值如果与可变资本比较，剩余价值率较高；如果与全部资本比较，转化利润率就要低得多。资本主义社会有许多生产部门，各部门不变资本与可变资本的比例，即资本有机构成不同，有的部门较高，有的部门较低。假定各部门资本都是100，其有机构成分别是：40c：60v、50c：50v、60c：40v，剩余价值率都是100%，那么，各部门的利润率就是60%、50%、40%。

资本家生产经营的目的是为了获得利润，等量资本获得不同利润与资本主义性质不相符合。等量资本获得等量利润，是资本主义的必然要求。经过部门之间的竞争，形成利润平均。平均利润形成以后，投资于不同部门的等量资本，都可以得到等量利润。利润转化为平均利润，进一步掩盖了剩余价值的来源和资本主义的剥削实质。

第二，生产价格论。

在生产部门之间的竞争，剩余价值转化为利润，利润转化为平均利润的

---

① 马克思：《资本论》第1卷，《马克思恩格斯全集》第23卷，第829页。

条件下，商品价值转化为生产价格。现在，商品不是按照成本价格＋剩余价值出卖，而是按照成本价格＋平均利润出卖。这种由成本价格＋平均利润所构成的价格，马克思称为生产价格。

生产价格形成后，商品按照生产价格出售。那些资本有机构成高的部门，商品生产价格低于商品价值；那些资本有机构成低的部门，商品生产价格高于商品价值；只有那些资本有机构成中等的部门，商品生产价格与商品价值相等。

生产价格形成后，价值规律作用的形式发生了变化。商品的市场价格已经不再围绕价值波动，而是围绕生产价格波动。生产价格规律自发地调节资本主义生产与流通。

生产价格形成后，一些生产条件较好的企业，个别生产价格低于社会生产价格，除了获得平均利润以外，还可以得到超额利润；一些生产条件较差的企业，个别生产价格高于社会生产价格，就得不到平均利润。为了追求超额利润，部门内部进行着激烈的竞争。

生产价格理论是在劳动价值理论的基础上创立的。生产价格理论表明，资本主义社会等量资本获得等量利润，不仅不会违背劳动价值理论，而且是以劳动价值理论为基础的。从整个社会来看，商品价值总额与生产价格总额相等；平均利润总额与剩余价值总额相等；生产价格的变动归根到底取决于生产商品的社会必要劳动时间的变动。在平均利润和生产价格条件下，"每个生产部门的资本都应按照各自大小的比例来分享社会总资本从工人那里榨取来的总剩余价值；或者说，每个特殊资本都只作为总资本的一部分，每个资本家事实上都作为总企业的一个股东，按照各自资本股份的大小比例来分享总利润"[1]。

第三，商业资本论。

随着资本主义的发展，商品交换的深度和广度也不断发展，因此，商品资本的一部分就从产业资本中分离出来，成为独立执行职能的资本形态。与产业资本家的职能不同，商业资本家的职能是专门从事商品买卖，实现剩余价值。

商业资本家投资于商品流通，也要获得利润。但流通领域不能创造剩余价值。从表面上看，商业利润来源于商品购买价格与出售价格的差额，即商

---

[1] 马克思：《资本论》第1卷，《马克思恩格斯全集》第23卷，第221页。

品"加价";但这只是说明商业利润的获得方式,而不能说明商业利润的真正来源。从本质上看,商业利润的源泉也是雇佣工人在生产过程中创造的剩余价值。商业利润是剩余价值一部分的转化形态。

商业资本不参加价值形成和剩余价值创造的生产过程,为什么能得到商业利润呢?这是因为商业资本独立化以后,已经成为社会总资本不可缺少的一部分。为产业资本家进行采购、推销,商品服务的商业资本家,也参与部门之间的竞争,参与利润平均化的过程,也要得到平均利润。产业资本家为了得到商业资本家的服务,就不能不把剩余价值的一部分转给商业资本家。

第四,借贷资本论。

借贷资本是生息资本的一种形式,是为了获取利息而暂时贷给别人使用的货币资本。

在资本循环过程中,由于种种原因,经常会有一部分资本在货币形态上暂时闲置起来。这些货币形式的资本,具有资本的使用价值;当借贷资本家把资本让渡给职能资本家时,职能资本家可以用来投资,从生产过程获得剩余价值;借贷资本家让渡资本的使用价值,也要获得报酬,即借贷利息。

借贷资本的特点是同一资本所有权与使用权分离。借贷资本家有资本所有权,职能资本家有资本使用权。利息是借贷资本的报酬,是剩余价值一部分的转化形式。在借贷资本的条件下,平均利润分割为企业主收入和利息。

利息率经常发生变动,其变动的原因主要有:平均利润率水平,借贷资本的供求状况,习惯和法律传统的因素等。

第五,级差地租论。

资本主义社会雇佣工人创造的剩余价值,不仅在产业资本家、商业资本家和借贷资本家之间分配,而且有一部分采取地租的形式,归土地所有者占有。

以资本主义土地所有制为基础的资本主义地租,是租地农业资本家作为使用土地的报酬给土地所有者的一部分剩余价值的转化形式。

资本主义地租有两种形式:级差地租和绝对地租。级差地租就是租种较好的土地获得的归土地所有者占有的超额利润,是优等地和中等地农产品个别生产价格与社会生产价格的差额。土地是农业的基本生产资料,农产品价格是由劣等地的个别生产价格决定的,劣等地的个别生产价格就是社会生产价格;因而租种优等地和中等地的租地农业资本家能够得到超额利润,这部分超额利润必须以级差地租的形式交给土地所有者。

土地优劣程度的不同,是产生级差地租的自然基础;但只有与土地的经营垄断相结合,才能形成级差地租。在工业中,少数技术先进的企业可以获得超额利润,但这种超额利润不能长期存在。由于土地数量有限,特别是优质土地数量有限,一些农业资本家经营了较好的土地,因而垄断了这些较好土地的经营权。而社会上又需要劣等地生产的农产品,但经营劣等地的农业资本家也要获得平均利润。这样,劣等地农产品的个别生产价格决定了农产品的社会生产价格。经营中等地和优等地的农业资本家就能获得稳定的超额利润,为级差地租提供了条件。

级差地租有两种形态。由土地肥沃程度不同和距离市场远近不同引起的差别,马克思称为级差地租Ⅰ;由同一地块连续投资引起的生产率的差别,马克思称为级差地租Ⅱ。

第六,绝对地租论。

绝对地租是土地所有者凭借对土地私有权的垄断所取得的一种资本主义地租,是农产品价值超过生产价格的差额。

级差地租的自然基础是土地的级差性。只有优等和中等土地才有超额利润,形成级差地租;劣等地没有超额利润,不能提供级差地租。但是在资本主义制度下,土地所有者出租土地,必然要索取一定数量的地租。如果没有地租,他宁愿让土地荒芜,也不会让别人使用。因此,无论租种何种土地,包括租种最劣等土地,都必须缴纳地租。这种不论土地优劣,距离市场远近,都绝对必须向土地所有者缴纳的地租,马克思称为绝对地租。

绝对地租形成的条件,是农业资本有机构成低于社会资本平均有机构成。在资本主义发展的一定阶段,农业部门的生产技术装备落后于工业部门。农业部门与工业部门比较,同量投资中可变资本部分比重较大,可以雇佣更多农业工人,农产品价值高于生产价格。在这种情况下,如果农产品按照价值出卖而不是按照生产价格出卖,那么在价值与生产价格之间,从而在剩余价值与平均利润之间,就有一个差额,这个差额形成绝对地租。

农业部门资本有机构成低于工业部门,是绝对地租形成的条件,但不是它的原因;土地私有权的垄断,才是绝对地租的原因。土地私有权的垄断,决定了土地(包括劣等地)如果不交地租,就不能被耕种。这样由于农业部门资本有机构成较低,它的剩余价值不参加社会的利润平均化,而保留在本部门内部,就是绝对地租存在的原因。正如马克思所说:"十分简单,一定的人们对土地、矿山和水域等的私有权,使他们能够攫取、拦截和扣留在这个特殊生产领域即这个特殊投资领域的商品中包含的剩余价值超过利润（平均利润，由一般利润率决定的利润）的余额，并且阻止这个余额进入形成一般利润率的总过程。"①

六 《剩余价值理论》

按照《资本论》"四卷结构"，第4卷是剩余价值理论的文献部分。

马克思在创立科学社会主义，写作《资本论》过程中，非常重视吸取人类文化的优秀成果，继承和批判历史上重要理论家的重要思想和学说。正如恩格斯所说："和任何新的学说一样，它必须首先从已有的思想材料出发，虽然它的根源深藏在经济事实中。"②

马克思早年在巴黎和伦敦曾经研读了大量资产阶级经济学家的著作，写下了许多摘录和评论，奠定了写作剩余价值理论史的深厚基础；并且在后来的研究中，不断积累有关的历史文献资料。

在1859年出版的《政治经济学批判》第一分册中，马克思把历史文献部分作为理论部分的附论。接着他写了1861—1863年手稿，准备把这部手稿作为《政治经济学批判》的第二分册，即第三章《资本一般》。《剩余价值理论》是第三章第一部分《资本的生产过程》的附论，放在（1）货币转化为资本、（2）绝对剩余价值、（3）相对剩余价值、（4）相对剩余价值与绝对剩余价值的结合之后。

1861—1863年经济学手稿，是一部卷帙浩繁的巨著，包括23册笔记本，大约200印张。马克思准备用来作为"资本的生产过程"附论的第五节《剩余价值理论》，写于1862年3—11月，从笔记本第Ⅵ至第ⅩⅤ，共10本；在后面一些笔记本中，又插入一些评论和札记，总计共有110印张，占了1861—1863年手稿的一半以上。

马克思原来打算把这部手稿作为"资本的生产过程"的附论，后来改变这个想法。其原因，一是在写作手稿的过程中，马克思决定把《政治经济学批判》的书名改为《资本论》，把"政治经济学批判"作为副标题，因而整个内容需要重新调整。《资本的生产过程》已经不是1859年出版的《政治经济

---

① 马克思：《剩余价值理论》，《马克思恩格斯全集》第26卷（Ⅱ），第50页。
② 恩格斯：《反杜林论》，《马克思恩格斯选集》第3卷，第343页。

学批判》第二分册《资本一般》的一部分，而是《资本论》的第1卷。二是马克思已决定把历史文献部分作为单独一卷，而不是作为理论部分的附论。三是这部手稿的内容和篇幅已远远超过"资本的生产过程"附论的需要，它已经成为17世纪中叶至19世纪中叶政治经济学理论史，论述了"一方面，政治经济学家们以怎样的形式进行批判；另一方面，政治经济学规律最先以怎样的历史路标的形式被揭示出来并得到进一步发展"①。

写完《剩余价值理论》手稿以后，马克思忙于出版《资本论》第1卷和修改第2、3卷，完善《资本论》理论体系和表述方式，没有再回到历史文献部分来。因此，1861—1863年手稿是第4卷的唯一手稿。

马克思生前只整理和出版了《资本论》第1卷，没有能够整理和出版其余各卷。马克思逝世后，恩格斯在整理和出版《资本论》第2卷时，已经发现了这份手稿。1885年5月他在《资本论》第2卷序言中写道："1861—1863年手稿，包括了政治经济学核心问题，即剩余价值理论的详细的批判史，以同前人进行论战的形式，阐述了大多数后来在第2卷和第3卷中研究的问题。这一部分，我打算保留下来，作为《资本论》第4卷出版。"②

恩格斯原以为整理和出版《资本论》第3卷的工作比较容易，但实际情况比想象的困难得多。因此他在整理第3卷时，已考虑到第4卷的整理工作，必须后继有人。1889年1月，他决定教会当时德国党内两位年轻理论家考茨基和伯恩斯坦，辨认马克思"潦草的笔迹"，协助做些出版的准备工作，为此把一部分手稿交给考茨基。

整理完第3卷后，恩格斯虽然筋疲力尽，但他整理出版第4卷的决心未改。他强调："第四卷——剩余价值理论史，只要有可能，我就着手去编。"③1894年底，他还要求马克思的幼女爱琳娜承担抄写原稿的工作。直到1895年8月去世前，他一直在从事第4卷的整理。

恩格斯逝世后，受马克思遗稿继承人爱琳娜的委托，考茨基全力以赴进行第4卷的整理和出版。他为此进行了大量研究，确定基本框架，选择和编排材料，划分章节和结构，拟定标题和统一术语，以及其他编辑工作。经过十年努力，1905年出版第一分册和第二分册；1910年出版最后一册：第三

---

① 马克思：《剩余价值理论》，《马克思恩格斯全集》第26卷（Ⅰ），第267页。
② 恩格斯：《〈资本论〉第2卷序言》，《马克思恩格斯全集》第24卷，第4页。
③ 恩格斯：《〈资本论〉第3卷序言》，《马克思恩格斯全集》第25卷，第7页。

分册。

考茨基整理和编辑的以《剩余价值学说史》的书名出版的著作,第一次把马克思关于剩余价值的历史文献部分公之于世,具有重要的理论价值和政治意义。虽然整理和编辑中存在一些问题,但基本上按照马克思手稿的内容编排,成绩很大。有些学者对他的严厉指责,是不够实事求是的。

后来,在出版《马克思恩格斯全集》时,明确把《剩余价值理论》作为《资本论》第4卷,按照手稿原有顺序和逻辑进行编排,未对手稿进行删节和移动,保持了手稿的完整性。

《资本论》第4卷分为三个分册:研究了从17世纪中期到19世纪中期资产阶级重要经济学家的重要著作,对重要理论观点进行深入的分析和科学的评论,是一部系统的、完整的、科学的政治经济学理论史。

第4卷第一分册论述了李嘉图以前的资产阶级政治经济学的发展历史,重点考察了重农学派和亚当·斯密的理论。

马克思首先研究了重商主义代表人物詹姆斯·斯图亚特的学说。这个产生于15世纪末16世纪初的学派,反映了当时新兴商业资产阶级的利益,是资产阶级政治经济学的第一个派别;斯图亚特则是"重商主义体系的合理的表达者"[①]。这个派别关于利润来源于流通领域的观点是错误的。

马克思以很大篇幅研究重农学派,这个派别产生于18世纪中期的法国。与重商主义相反,它认为剩余价值来源不在流通领域,而在生产领域。它的重大功绩在于,"他们在资产阶级视野以内对资本进行了分析,正是这个功绩,使他们成为现代政治经济学的真正鼻祖"[②]。但是重农学派认为只有农业劳动才是剩余价值的唯一创造者,则是不正确的。

重农学派体系存在不可克服的矛盾。一方面它把剩余价值看做是对剩余劳动的占有;另一方面,它又认为剩余价值是"自然的赐予"。

重农学派主要代表人物弗兰斯瓦·魁奈的《经济表》得到马克思的高度肯定,认为是人类思想史上的杰出创作,是最早提出并试图解决社会总产品的再生产和流通这一复杂问题的尝试。

第一分册主要篇幅论述资产阶级古典经济学主要代表亚当·斯密的经济观点,对斯密的价值理论、剩余价值理论和生产劳动理论,作了详细的考察。

[①] 马克思:《剩余价值理论》,《马克思恩格斯全集》第26卷(Ⅰ),第13页。
[②] 同上书,第15页。

马克思说，斯密在价值决定上认为一切生产部门的劳动都创造价值，这就克服了资产阶级古典经济学创始人配第在价值决定上的局限性，比配第前进了一大步。但他的价值理论是自相矛盾的，几种价值定义同时并存。他一方面认为商品价值由生产商品所耗费的劳动决定，一方面又认为商品价值由购买到的劳动决定，不了解价值与交换价值的区别与联系。

斯密在分析利润、地租时实质上是把它们还原为剩余价值。他认为资本主义社会存在三个基本阶级：劳动者阶级、土地所有者阶级和资本家阶级。与此相适应，社会也存在三种基本收入：工资、地租和利润。他认为雇佣劳动者的工资是其劳动产品的一部分，而利润和地租则是雇佣劳动者创造的产品价值扣除工资后的余额。在这里，斯密已经"认识到了剩余价值的真正起源"[①]，是对剩余价值理论的重大科学贡献。但是他混淆了劳动与劳动力的区别，提出了收入决定价值的观点，在理论上有很大的局限。

斯密关于生产劳动与非生产劳动的理论，也受到马克思的关注。《剩余价值理论》第一分册，以很大篇幅分析斯密的生产劳动理论。

与价值论和剩余价值论一样，斯密的生产劳动理论也是矛盾的。他对生产劳动下了两个定义：（一）生产劳动是直接与资本相交换的劳动；非生产劳动是不与资本交换，而直接与收入交换，即同工资或利润交换的劳动；（二）生产劳动就是生产商品的劳动，非生产劳动就是不生产任何商品的劳动。马克思认为，第一个定义"触及了问题的本质，抓住要领，这是他的巨大科学功绩之一"[②]。第二个定义则是不科学的，错误的。

马克思在分析批判斯密生产劳动理论的同时，精辟地阐明了这一理论的科学内容，是对《资本论》理论部分的重要补充。

《剩余价值理论》第二分册的主要内容是分析研究资产阶级古典经济学完成者大卫·李嘉图的经济思想。

马克思认为李嘉图在价值理论上比斯密更彻底。他不仅主张劳动决定价值，而且提出了社会必要劳动量的概念，把商品的价值量决定于劳动时间作为其他经济关系的出发点。马克思认为，这个观点具有历史合理性和科学必然性。李嘉图的工资理论和利润理论也得到马克思的肯定，认为他关于工资的价值（因而还有利润的价值），完全取决于工作中工人为自己的劳动的那一

[①] 马克思：《剩余价值理论》，《马克思恩格斯全集》第26卷（Ⅰ），第58页。
[②] 同上书，第148页。

部分和归资本家所有的那一部分劳动时间的比例，"这一点在经济学上非常重要，事实上这只是对正确的剩余价值理论的另一种表达"①。李嘉图认为工资与利润是对立的。工资增加，则利润下降，说明了资本家与工人利益的对立。但是李嘉图混淆了劳动与劳动力的区别，因而妨碍了他理解商品与商品的交换及资本与商品的交换的特殊区别，妨碍了他进一步揭示资本主义剥削的实质。

马克思认为，李嘉图的生产价格理论是不科学的。他没有把资本分为不变资本和可变资本，没有建立资本有机构成理论，也没有区分部门内部竞争与部门之间竞争，甚至以部门内部竞争代替部门之间竞争，因而不能解释平均利润的形成和价值转化为生产价格。在他看来，等量资本获得等量利润是违背交换规律的。马克思深刻地论述了剩余价值转化为利润、利润转化为平均利润、价值转化为生产价格的必然性和合理性，建立了科学的生产价格理论。

在地租问题上，李嘉图的理论贡献在于把地租理论与价值规定直接地、有意识地联系起来，并且把级差地租分为两种形态；但他只承认存在级差地租，不承认存在绝对地租，"实际上否认土地所有权有任何经济影响"②。他还把级差地租与土地收益递减规律联系起来，这个错误观点受到马克思的严厉批判。

在资本积累和经济危机问题上，李嘉图的许多观点也有很大的局限性。马克思认为，在商品形态变化中，已经包含着经济危机的可能性。在资本主义商品生产条件下，随着资本主义矛盾的发展，经济危机从可能性发展成为现实性。生产过剩的经济危机，是以资本的一般生产规律为条件的。

《剩余价值理论》第三分册，马克思主要考察资产阶级古典经济学解体和庸俗经济学形成的历史过程，研究了许多经济学家及其著作。

马克思在第三分册开头，就对资产阶级庸俗经济学的创始人托马斯·罗伯特·马尔萨斯进行批判。他代表土地贵族阶级的利益，"只是在工业资产阶级的利益同土地所有者的利益，同贵族的利益一致时，马尔萨斯才拥护工业资产阶级的利益，即拥护他们反对人民群众，反对无产阶级；但是，凡是土地贵族同工业资产阶级的利益发生分歧并且互相敌对时，马尔萨斯就站在贵

---

① 马克思：《剩余价值理论》，《马克思恩格斯全集》第26卷（Ⅲ），第28页。
② 马克思：《剩余价值理论》，《马克思恩格斯全集》第26卷（Ⅱ），第97页。

族一边，反对资产阶级"①。

臭名昭著的《人口原理》是马尔萨斯的代表作。他在这部著作中宣称："人口在无妨碍时，以几何级数率增加。生活资料，只以算术级数率增加。"按照他的说法，结果必然是人口增长永远超过生活资料的增长。为此，他主张通过瘟疫和饥荒等所谓"积极抑制"的办法来抑制人口增长。马克思严厉批判了马尔萨斯的谬论，认为这是"伪造科学"。

在《剩余价值理论》第三分册中，马克思还对李嘉图学派解体过程中一批代表人物的经济学观点加以评论。他们是罗伯特·托伦斯、詹姆斯·穆勒、约翰·雷姆塞·麦克库洛赫等；并且介绍和评论了一批以李嘉图理论为依据的"无产阶级反对派"的观点，对莱文斯顿、霍吉斯金、布雷等人以及匿名发表的《国民困难的原因及其解决的办法》等，"用资产阶级自己的武器来和资产阶级进行斗争"②，在科学上的贡献给予肯定，也指出了他们在理论上的局限性。马克思还对资产阶级古典经济学解体过程中，古典经济学后期代表人物乔治·拉姆塞、理查·琼斯、安都昂·埃利图·舍尔比利埃等人的经济学观点，在肯定他们对政治经济学史科学贡献的同时，也指出他们理论中的庸俗成分。

《剩余价值理论》作为一部理论批判史和历史文献史，不仅考察和评论了17世纪中叶以来的重要经济学派、重要经济学家、重要经济学著作和重要经济学观点，而且对马克思创立的无产阶级经济学重要理论从不同角度作了精辟的论述，是一部理论批判与理论创新完美结合的卓越著作。

七 资本主义经济危机理论

马克思指出，货币产生以后，就存在着发生经济危机的可能性。

在货币产生之前，物物交换的条件下，买和卖的行为在空间和时间上是同步的。因此，总供给和总需求总是平衡的，没有什么生产过剩的危机。货币产生以后，商品内在的使用价值和价值的矛盾外化为商品和货币的矛盾。一方面，货币作为流通手段，使商品的买和卖在时间上和空间上分成两次过程，从而有产生买卖脱节、商品卖不出去的可能。另一方面，货币作为支付

---

① 马克思：《剩余价值理论》，《马克思恩格斯全集》第26卷（Ⅲ），第122页。
② 马克思：《资本论》第2卷，《马克思恩格斯全集》第24卷，第18页。

手段，会形成支付的连锁关系，一旦有债务人到期不能支付，就会引起连锁反应，使一系列支付关系不能实现，影响整个信用关系和社会再生产的正常进行。

马克思指出，要把发生经济危机的可能性转化为现实性，"必须有整整一系列的关系，从简单商品流通的观点来看，这些关系还根本不存在"①。在资本主义商品经济条件下，经济危机才会从可能转变为现实。其根源在于生产资料的资本主义私人所有制与生产社会化这一资本主义基本矛盾。这一基本矛盾从一开始就具有对抗性，并且随着资本主义的发展而日益尖锐，也使资本主义再生产过程的各种矛盾日益激化，主要表现在两个方面：第一，个别企业内部生产的有组织性与整个社会生产的无政府状态之间的矛盾；第二，生产无限扩大的趋势与劳动群众有支付能力的需求相对不足之间的矛盾。正如马克思所指出的："一切真正的危机的最根本的原因，总不外乎群众的贫困和他们有限的消费，资本主义生产却不顾这种情况而力图发展生产力，好像只有社会的绝对的消费能力才是生产发展的界限。"②

资本主义经济危机的实质就是生产相对过剩的危机。所谓生产相对过剩，是指相对于劳动人民有支付能力的需求来说社会生产的商品显得过剩，而不是与劳动人民的实际需求相比的绝对过剩。它有四个方面的含义：一是生产相对于有货币支付能力的需求的过剩；二是生产相对于一定价格水平下的需求的过剩；三是生产相对于一定市场规模的过剩；四是生产相对于保存资本价值和增殖资本价值的过剩，或相对于一定利润的过剩。生产相对过剩是资本主义经济危机的本质特征。

资本主义经济危机通常表现为大量商品卖不出去，大量生产资料被闲置，大批生产企业、商店、银行破产，大批工人失业，物品和设备大量毁坏，生产迅速下降，信用关系破坏，整个社会生活陷入混乱。

资本主义经济危机的发生具有周期性，从而使得资本主义再生产具有周期性。典型的资本主义再生产周期，包括危机、萧条、复苏、高涨四个阶段。危机是上一个周期的终点，又是下一个周期的起点。在萧条阶段，生产处于停滞状态，同时为复苏阶段做准备。在复苏阶段，生产和消费的矛盾进一步缓和，社会生产逐渐恢复，并进一步发展，使经济出现繁荣景象，形成高涨。

---

① 马克思：《资本论》第3卷，人民出版社1975年版，第490页。
② 同上书，第557页。

高涨又使资本主义经济各种矛盾加以积累，达到一定程度，又爆发新一轮经济危机。资本主义再生产周期性的物质基础，是固定资本更新。大规模的固定资本更新，会扩张生产能力，引起生产高涨，为下一次生产过剩危机奠定物质基础。

随着货币信用制度的发展，虚拟资本过度扩张，从而使得资本主义经济危机更加复杂，更加难以克服。马克思指出，虚拟资本是以有价证券形式存在的、能给持有者带来一定收入的资本。虚拟资本是在生息资本的基础上产生的。当商品经济不断发展，货币所有权与使用权相分离，生息资本就出现了。生息资本的出现表明：每一个确定的货币收入都表现为一个资本的利息，而不论这种收入是不是由这个资本自身产生。每一个有规律的反复获得的货币收入首先转化为利息，然后再把它按平均利息率来计算，把它算作是以这个利息率贷出的一个资本所产生的收益，从而使收入资本化了。收入的资本化表明了虚拟资本的形成。虚拟资本的价值有着自己独立的运动，它独立于现实资本，在现实资本的价值不发生变化时，虚拟资本的价值仍有变动，而且有着其独特的运动规律。当虚拟资本过度膨胀到一定程度时，就会导致独立的货币金融危机发生。

国际贸易出现后，马克思从货币充当世界货币职能以及国际信用关系的角度分析了经济危机在国际间的传染机制。马克思指出，在世界市场上，一国的进口过剩，同时就是另一国的出口过剩，就会出现巨额支付差额，从而产生国际信用中断的危机。国际贸易是经济危机跨国传染或转嫁的媒介。马克思还认为，贸易顺差有助于一国缓和经济危机，但这并不意味着顺差国就不会产生危机，他明确指出，出现贸易顺差和贸易逆差的市场会同时发生危机。

八 理论创作的光辉典范

马克思研究和撰写的《资本论》是理论研究的典范。他以高度的无产阶级革命责任感，无与伦比的刻苦钻研精神，极端严谨的科学态度贯穿创作的始终，为人们树立了光辉的榜样。

第一，理论创造与实践活动密切结合。

马克思认为："一个学者，只要他自己不愿降低自己的水平，那就决不应该不积极参加社会活动，决不应该永远把自己关在书房或实验室里，像一个藏在乳酪里的蛆虫，不过问生活，不过问自己同时代人的社会斗争和政治斗争。"

马克思既是学者，又是革命家。当革命需要的时候，他立即放下研究工作，从事实际活动。他密切注意了解和研究实际经济问题，深入到各个具体的经济领域，通过日常报刊活动传播自己的经济学说，指导实际的革命斗争。他也十分重视向工人群众进行经济理论教育，启发工人的阶级觉悟。1847年底，马克思在布鲁塞尔德国工人教育协会作了"雇佣劳动与资本"的讲演；50年代初，又在伦敦举办学习班，亲自向一批先进工人宣讲《资本论》的部分内容；1865年，还在国际工人协会总委员会上作了"工资、价格和利润"的讲演，在批判欧文主义者韦斯顿和工联主义的同时，精辟地阐述了《资本论》中许多经济学观点，帮助各国工人代表掌握《资本论》的内容。

第二，坚持彻底的唯物主义和革命的辩证法。

在从事经济理论研究的过程中，马克思始终坚持彻底的唯物主义。他反复强调，生产力是生产方式中最革命的、起决定作用的因素，生产关系是随着物质资料的生产力的变化和发展而变化和改变的。他认为，科学是生产力，新的科学技术的发明和应用所造成的生产力迅速发展，必然要引起社会制度的变革。

唯物主义要求尊重客观事实，忠实地反映客观世界的规律性。马克思在研究政治经济学时，十分重视调查研究。为了写作《工作日》一章，他几乎博览了伦敦大英图书馆藏的英国议会关于劳工问题的全部官方文献。他反对在研究问题时主观武断，反对随心所欲地歪曲客观事实，反对让事实迁就理论的模式，而"力图把自己的理论表现为事实的结果"[1]。

科学的态度是实事求是。同资产阶级经济学家相反，马克思否认资本主义是永恒的社会形态；与小资产阶级经济学家蒲鲁东不同，马克思也不是把资本主义制度看做绝对坏的东西。他认为，资本主义制度是人类历史发展的必经阶段。它不是永恒的自然形态，而是历史的过渡形态。它用资本主义私有制代替封建土地私有制，用剥削剩余价值代替榨取地租，用金钱特权代替封建等级特权，这同以往的社会制度比较起来，毕竟是个进步。因为它"更有利于生产力的发展，有利于社会关系的发展，有利于更高级的形态的各种要素的创造"[2]。马克思的论述，全面地、正确地反映了资本主义社会的本质和发展规律。

---

[1] 恩格斯：《马克思〈资本论〉第1卷书评》，《马克思恩格斯全集》第16卷，第257页。
[2] 马克思：《资本论》第3卷，《马克思恩格斯全集》第25卷，第926页。

第三，不畏劳苦攀登科学高峰。

为了创作《资本论》，马克思博览了从古代到他那个时期的各种著作，其中包括哲学、历史、法学、文艺以及数学、物理学、机械学、土壤学、细胞学、生理学、农业化学，甚至还学习意大利簿记。据不完全统计，他为写作《资本论》读了一千五百本以上的图书。仅仅《资本论》前两章，就从这些著作中摘录了二百条以上的材料。对于那些轻视知识、不爱读书、以不学无术为荣的人，他在给朋友的一封信中辛辣地讽刺道："我现在研究的材料多得要命。……民主派的'头脑简单的人们'，靠'从天上'掉下来的灵感，当然不需要下这样的工夫。这些幸运儿为什么要用钻研经济和历史资料来折磨自己呢？"①

马克思不仅研究的范围极广，而且在研究的每一个领域都有独到的见解。他是最勤奋的脑力劳动者。对每一个问题，他都用心思索，深入钻研，决不浅尝辄止。马克思在研究劳动价值论时，资产阶级经济学家看到物与物关系的地方，他却看到被物所掩盖的人与人之间的关系。在研究剩余价值理论时，资产阶级经济学家只考察了利润、利息、地租等具体形态，并认为问题已经解决，他却看到问题并没有解决。当问题没有透彻弄通之前，他决不罢休。19世纪50年代他专门研究过地租理论，但觉得问题没有完全解决，又重新进行研究，为此阅读了上古史、农业学、地质学、土壤学以及俄、美、爱尔兰的农业状况等大量材料。他所创立的严整的经济理论，就是这种彻底研究的成果。

《资本论》所展示的渊博知识，使每个阅读过这部伟大著作的人惊叹不已。这种渊博知识，除了马克思罕见的天才条件之外，主要是靠非凡的勤奋获得的。工作是他的一种癖好。他每天从早晨八九点钟直至深夜，不知疲倦地紧张工作，经常通宵达旦、彻夜不眠。吃饭的时候，往往还没咽下最后一口饭菜，又匆匆跑回工作室。许多年里，他每天都到大英图书馆工作十个小时，是这个图书馆最勤勉、最准时的工作者。从图书馆回家，还要继续研究。即使健康欠佳、病魔缠身的时候，他也一刻不停地坚持工作。1863年夏天，他患重症肝炎，四肢麻木，反应迟钝，完全不能写作，但他利用这个时间研究俄国、波兰、普鲁士的历史和外交文件，阅读和摘录各种经济史文献资料。1864年夏天旧病复发，医生要他绝对休息，他却趁机阅读大量生理学、细胞

---

① 马克思：《致约·魏德迈》（1851年6月27日），《马克思恩格斯全集》第27卷，第582页。

学、解剖学著作。1866年2月,他写信告诉恩格斯,由于严重病痛和极度虚弱,不能坐着工作,躺着继续苦干。这种长期的、不知疲倦的劳动,使他积累了多得令人难以置信的知识。《资本论》就是长期脑力劳动的结晶,科学的高峰就是历经无数艰难险阻才登上的。

第四,严肃认真,一丝不苟。

马克思对自己的作品要求极其苛刻。为了把最好的东西献给工人阶级,马克思创作《资本论》时,从逻辑体系到理论观点,从材料运用到表达方式,都匠心独具地作了仔细琢磨,因而一再推迟著作的定稿和出版。1851年4月,他计划五个星期完成经济学研究,实际却用了32年,超过原来计划的320倍!他说过,"不论我的著作有什么缺点,它们都有一个长处,即它们是一个艺术的整体,但是要达到这一点,只有用我的方法,在它们没有完整地摆在我面前时,不拿去付印"①。他是在写完了三部内容丰富、卷帙浩繁的手稿之后,才着手整理出版第1卷的。这时距他开始研究政治经济学已经24年。

《资本论》中引用了大量文献资料和统计资料。马克思选择和引用材料非常慎重。任何材料和数字,他都力求取自最可靠的来源,得到最有权威的人士所证实。他从不满足第二手材料,总是不厌其烦地寻根究底,查对原始出处。有些材料往往要查阅数种书刊,核对各种文字,考证多种版本。有时为了一个并不怎么重要的材料,他也要不辞辛劳,专程去大英图书馆核对。他引用的每条材料,无论是作为批判对象还是作为简单例证,都准确地符合原作的文字和精神。那种对别人的著作胡乱引用、断章取义、牵强附会、把自己的意见强加于人的做法,是他绝对不能容忍的。正是这种严肃认真、一丝不苟的态度,使他引证的每条材料都准确无误,始终保持完全的指证力。即使吹毛求疵的论敌,也不得不承认马克思的理论是建立在经得起严格考核的事实基础上的。

第五,精益求精,不断完善。

严格的自我批评,是马克思理论创作的一个重要特点。他丝毫没有自我满足、自我陶醉的庸人习气,从不认为自己的任何观点都是绝对正确、"终极真理"、不可改动。凡是他确信某个论点不正确,便毫不痛惜地加以抛弃。1865年,他在《工资、价格和利润》中,认为利润率有两种表达方式:一是

---

① 马克思:《致恩格斯》(1865年7月31日),《马克思恩格斯〈资本论〉书信集》,第196页。

剩余价值与可变资本的比率；一是剩余价值与全部预付资本的比率。这种表达方式是不够妥帖的，不仅两者容易混淆，而且不能充分说明剩余价值率的本质。不久，在整理《资本论》第1卷付印稿时，他把第一种表示方式叫做剩余价值率。这样就把剩余价值率和利润率区别开来，使两者的内容更加明确，更易掌握，更反映客观实际。在《雇佣劳动与资本》中，马克思曾采用资产阶级经济学流行的说法，认为工人为了取得工资而向资本家出卖的是自己的劳动，劳动是商品，工资是劳动的价格。这显然是不正确的。在1857—1858年手稿中，他改正了这一不正确的论点，明确区分了劳动与劳动力，指出劳动是创造物品的活动，劳动力则是作为可能性存在于生命的主体里，因而是作为劳动者而存在的。在1865年写成的《工资、价格和利润》中，更明确指出，劳动不是商品，不能出卖，也没有价值和价格；劳动力才是商品，可以出卖，具有价值和价格，工资就是劳动力价值或价格的转化形态。在《资本论》第1卷中，他不仅详尽地论述了劳动与劳动力的区别，而且深刻地说明为什么在资本主义社会里，劳动力的价值会采取"劳动的价值"的形式。把劳动与劳动力区别开来，这不是咬文嚼字，而是牵涉到全部政治经济学中一个极重要的问题。马克思改变这个重要论点，是他深入研究政治经济学的重大成果，对于揭示资本主义剥削的秘密，有着重大的意义。

九 恩格斯对《资本论》的贡献

《资本论》的创作和传播，倾注着恩格斯的大量心血。马克思在世的时候，他热忱地支持《资本论》的写作，参与马克思主义经济理论体系的创建；马克思逝世后，他把整理和出版《资本论》手稿作为最紧迫的任务，为此花费了大量的时间和精力。

恩格斯研究经济学，比马克思稍早。1844年2月恩格斯在《德法年鉴》上发表的《政治经济学批判大纲》，对马克思有很大影响，是促使马克思研究经济学的重要原因。

马克思、恩格斯在巴黎会面的时候，已经通过不同的途径完成从唯心主义到唯物主义、从革命民主主义到共产主义的转变。当时他们积极参加工人运动，并且在一部分知识分子中得到拥护。为了向广大群众传播他们刚刚形成的唯物主义历史观，批判各种资产阶级理论，制定政治经济学的理论基础，他们在1844年合写《神圣家族》，1845—1846年合写《德意志意识形态》。

这些著作全面系统地阐述了历史唯物主义的基本原理，标志着政治经济学理论基础初步确立。

马克思在从事《资本论》创作，建立经济理论体系的过程中，不断与恩格斯交换意见，共同探讨许多复杂的理论问题。可以说，恩格斯自始至终参与了马克思经济理论体系的创建。

马克思在推翻资产阶级经济理论，创建无产阶级经济学体系过程中碰到的许多重大问题，总是要预先同恩格斯商量，取得共同的认识。1851年初，他们研究了地租问题。马克思写信告诉恩格斯，李嘉图把地租理论建立在土地肥力递减规律的基础上，其论点处处都和历史相矛盾。因为科学和工业的进步，正在使农业劳动生产率提高；"在这里，主要问题仍然是使地租规律和整个农业的生产率的提高相符合；只有这样，才能解释历史事实，另一方面，也才能驳倒马尔萨斯关于不仅劳动力日益衰退而土质也日益恶化的理论"①。恩格斯完全同意马克思的观点，半开玩笑地对自己的朋友说："毫无疑问，你对问题的解决是正确的，这使你有进一步的理由获得地租问题经济学家的称号。如果世间还有公理和正义的话，那末至少一年的全部地租现在应该归于你，这是你有权要求的最低数目。"② 恩格斯对新地租理论表示满意，使马克思十分高兴。

在研究经济学问题时，马克思经常需要了解资本主义企业经济活动的详情细节，得到一些实际材料的解释，这些在理论著作中是找不到的。因此他经常写信向"实践家"恩格斯请教。恩格斯每次都给予满意的答复，有时还附上详细的计算。

在《资本论》第1卷排印过程中，马克思随时把清样寄给恩格斯，请恩格斯把要求、批评、问题等都写到清样上，认为这对他是十分重要的。恩格斯极其认真地看完清样，对自己的战友在科学上取得的辉煌成就赞赏不已。他写信对马克思说："我祝贺你，只是由于你把错综复杂的经济问题放在应有的地位和正确的联系之中，因此完满地使这些问题变得简单和相当清楚。我还祝贺你，实际上出色地叙述了劳动和资本的关系，这个问题在这里第一次得到充分而又互相联系的叙述。看到你掌握了工艺术语，我也感到很满意，

---

① 马克思：《致恩格斯》（1851年1月7日），《马克思恩格斯〈资本论〉书信集》，第29页。
② 恩格斯：《致马克思》（1851年1月29日），《马克思恩格斯〈资本论〉书信集》，第31—32页。

这样做对你来说一定有许多困难，因此曾引起我的各种各样的担心。"① 恩格斯指出，《资本论》与1859年出版的《政治经济学批判》比较起来，在辩证发展的明确性上前进了一大步。关于货币转化为资本和剩余价值的产生等章，叙述和内容都十分精彩，是最光辉的两章。整个理论部分十分出色，剥夺者被剥夺的概括也非常精辟。在这部严整的科学著作面前，资产阶级经济学者找不到他们可以突破的任何一个弱点。恩格斯所表示的满意，对马克思来说，"比世界上其他人可能做出的任何评价都更为重要"②。

恩格斯也细心研究了全书的结构、内容和表达方式，认真提出了一些修改意见。他看了大部分手稿后，认为内容虽然十分出色，但外部结构却存在一些缺陷。这部篇幅达50印张的巨著，第一版时才分为六章，不便于读者了解和掌握。于是，他写信向马克思提出意见："你怎么会把书的外部结构弄成现在这个样子！第四章大约占了二百页，才只分四个部分，这四个部分的标题是用普通字体加空排印的，很难找到。此外，思想进程经常被说明打断，而且所说之点从未在说明的结尾加以总括，以致经常从一点的说明直接进入另一点的叙述。这使人非常疲倦，在没有密切注意的情况下，甚至会使人感到混乱。在这里题目分得更细一些，主要部分更强调层次一些是绝对合适的。"③ 他还认为，价值形式这一节，内容十分抽象，又没有多分一些小节和多加一些小标题，对于不懂辩证法的读者来说有一定的困难。他建议把这一节再分成若干简短的小节，用特有的标题来突出每一个辩证的转变。马克思非常重视恩格斯的意见，专门写了一个《价值形式》的附录。

马克思生前，恩格斯为《资本论》的出版日夜操心。马克思逝世后，恩格斯用全部晚年时间投入《资本论》第1卷再版和整理第2、3卷出版工作，为《资本论》体系和理论的严整作出了不可替代的贡献，使这部无与伦比的科学著作永世长存。恩格斯为《资本论》的创作和传播所作的贡献，是不可磨灭的。

---

① 恩格斯：《致马克思》（1867年8月23日），《马克思恩格斯〈资本论〉书信集》，第223—224页。
② 马克思：《致恩格斯》（1867年6月22日），《马克思恩格斯〈资本论〉书信集》，第215页。
③ 恩格斯：《致马克思》（1867年8月23日），《马克思恩格斯〈资本论〉书信集》，第224页。

十　维护《资本论》科学性的斗争

《资本论》是射向地主资产阶级的炮弹。

在这部具有高度科学性的著作面前，资产阶级学者丧失了答辩的勇气。于是他们认为，最保险的是在经济领域内没有任何科学。资产阶级发言人，包括博学的和不学无术的人，最初企图以不理不睬的办法来扼杀《资本论》。当这个"沉默的阴谋"被粉碎以后，他们便对这部伟大著作进行肆无忌惮的攻击，妄想以此抵消《资本论》的影响，"镇静资产阶级的意识"①。

为了维护《资本论》的科学性，马克思、恩格斯进行了长期的斗争。其中对杜林、洛贝尔图斯、布伦坦诺、洛里亚的反击和批判，具有重要意义。

德国小资产阶级社会主义者，伪科学的最典型代表之一欧根·杜林，在《资本论》出版不久，就在刊物上发表文章，对《资本论》妄加评论，肆意攻击，认为劳动价值论并非无可争辩，劳动力价值由生产劳动力所需要的生活资料的价值决定这个观点不一定正确，并把资产阶级经济学家李嘉图的局限性强加在马克思身上。

马克思看到杜林的攻击文章后指出，这是一个极为傲慢无礼的家伙，他完全不懂《资本论》的科学内容，不了解《资本论》与以往政治经济学著作不同的崭新的东西。"他做了一件具有两重性的事情。首先，他出版过一本（以凯里的观点为出发点）《国民经济学说批判基础》（约五百页）和一本新《自然辩证法》（反对黑格尔辩证法的）。我的书在这两方面都把他埋葬了。"②这就是他迫不及待地公开攻击《资本论》的原因。

几年以后，杜林连续出版《国民经济学和社会主义批判史》（1871）、《国民经济学和社会主义教程，兼论财政政策的基本问题》（1873）、《哲学教程——严格科学的世界观和生命形成》（1875），集中攻击马克思的剩余价值理论，胡说这个理论是"轻率的意见"、"荒谬的观念"、"历史幻想和逻辑幻想的杂种"、"在严谨的国民经济学中引起混乱"，等等。他采用卑劣的手法歪曲《资本论》的内容，指责《资本论》是"神秘的杂货摊"、"不成体统的思想和文字"、"混乱而错误的观念"，等等。

---

① 马克思：《资本论》第 1 卷，第 18 页。
② 马克思：《致路·库格曼》（1868 年 3 月 6 日），《马克思恩格斯全集》第 32 卷，第 525 页。

杜林的著作发表后，德国一些雇佣的煽动家和浅薄之徒跟着大喊大叫，肆意攻击马克思。这种情况，理所当然地引起工人群众的强烈不满。

在李卜克内西等人的坚决要求下，恩格斯决定放下其他工作，收拾无聊的杜林。1876年5月24日，恩格斯写信对马克思说："在德国，一批受雇佣的煽动家和浅薄之徒大肆咒骂我们党。……这些人以为，杜林对你进行了卑鄙的攻击，就使我们对他无可奈何，因为倘若我们讥笑他在理论上的无稽之谈，那就会显得是对他的人身攻击进行报复！结果是，杜林愈蛮横无理，我们就应该愈温顺谦让……这件事把我气坏了，试问，难道不是认真考虑我们对待这些先生的态度的时候了吗？"① 次日，马克思回信完全赞同恩格斯的打算。从1876年5月至1878年4月，恩格斯用了两年时间，写成一部伟大著作《反杜林论》。在这部著作中，恩格斯对杜林攻击《资本论》的种种谬论作了彻底的驳斥。

恩格斯指出，马克思在《资本论》中创立的剩余价值理论，用纯粹经济学的方法，解决了剩余价值的来源，揭示了整个资本主义社会制度的核心。"这个问题的解决是马克思著作的划时代的功绩。它使社会主义早先像资产阶级经济学者一样在深重的黑暗中摸索的经济领域，得到了明亮的阳光的照耀。科学的社会主义就是从此开始；以此为中心发展起来的。"②

恩格斯指出，杜林把资本家的利润看做是"暴力的产物"，是完全错误的。这样一来，杜林就把问题从经济领域转移到政治领域，从而掩盖了利润的真正来源。恩格斯明确指出，暴力虽然可以夺取利润，但却不能生产利润，"在一无所有的地方，皇帝也和任何其他暴力一样，丧失了自己的权力"③。

杜林攻击剩余价值理论，还有着不可告人的个人动机。恩格斯指出，杜林一方面攻击剩余价值理论；另一方面又在所谓"纯收益"、"财产租金"的名义下，偷偷地剽窃这个理论，并把它歪曲得面目全非。由此可见，他对剩余价值理论的攻击，"不过是一种军事计谋，狡猾手腕，借以掩盖他在《教程》中对马克思所作的粗暴的剽窃"④。

德国庸俗经济学者洛贝尔图斯及其信徒到处宣扬，马克思在《资本论》中"剽窃"了洛贝尔图斯。

---

① 恩格斯：《致马克思》（1876年5月24日），《马克思恩格斯全集》第34卷，第13页。
② 恩格斯：《反杜林论》，《马克思恩格斯选集》第3卷，第243页。
③ 同上书，第256页。
④ 同上书，第260页。

马克思对于所谓"剽窃"的离奇谣言，虽然也有所耳闻，他觉得这不过是庸俗经济学者的无聊把戏，不屑加以理睬。但在马克思逝世后，这种谬论却被当做不容置疑的事实加以宣扬，甚至在德国社会民主党理论刊物《新时代》上，也发表了类似的言论。这就不能不引起恩格斯的严重关注。

1884年7月，恩格斯看到《新时代》上发表的机会主义者席佩耳歪曲剩余价值理论创立史的文章后，立即写信向该刊主编考茨基提出强烈抗议。恩格斯指出："洛贝尔图斯……根本未能在经济学上创立什么新东西；只有马克思才前进了一步，推翻了整个旧的经济学。"① 1885年2月，恩格斯写了《马克思和洛贝尔图斯》；同年5月写了《〈资本论〉第2卷编者序言》，对洛贝尔图斯所谓"剽窃"的诽谤作了严正的驳斥。

恩格斯指出：早在19世纪40年代末，马克思不仅已经非常清楚地知道资本家的剩余价值是从哪里产生的，而且已经非常清楚地知道它是怎样产生的。马克思是在1859年前后，才从拉萨尔那里知道还有洛贝尔图斯这样一个经济学家。而这时马克思的剩余价值理论不仅在纲要上已经完成，而且在最重要的细目上也已经完成了。现在出版的《〈政治经济学批判〉1857—1858年草稿》就是最好的证明。洛贝尔图斯对马克思的指责，是"因热狂而进行诽谤"②。

恩格斯指出，洛贝尔图斯宣称被马克思"剽窃"的是什么东西呢？原来他在1842年出版的《第三封社会问题书简》中说，租（他把利润和地租之和称为"租"）之所以产生，不是由于对商品价值的"价值追加"，而是由于"工资所受到的价值扣除"。马克思在1861—1863年手稿中，曾用讽刺的笔调对洛贝尔图斯的"发现"作了批判，指出他所研究的是土地占有和资本占有还没有分离的国家。他关于"租"即无酬劳动的论述，无论前提和结论都是错误的。

恩格斯指出，洛贝尔图斯自封为剩余价值理论的创立者，这是对普鲁士以外的事情，特别是对社会主义和经济学文献的惊人无知。资产阶级古典经济学的优秀代表亚当·斯密已经知道剩余价值是在生产过程中由工人创造的。资产阶级古典经济学另一个优秀代表大卫·李嘉图比斯密前进了一大步。他

---

① 恩格斯：《致卡·考茨基》（1884年7月11日），《马克思恩格斯全集》第36卷，第176页。
② 马克思、洛贝尔图斯：《卡尔·马克思〈哲学的贫困〉德文第一版序言》，《马克思恩格斯全集》第21卷，第206页。

把剩余价值理论建立在劳动价值理论的基础上。洛贝尔图斯的所谓发现,斯密早已作过论述,在李嘉图的著作中也可找到。同二三十年代社会主义者们的著作相比,他说过的东西别人早已说过。这就是说,他在科学上没有提供任何新的东西,他所自吹自擂的"发现",不过暴露了自己惊人的无知。

恩格斯指出,马克思在劳动价值理论和剩余价值理论上的贡献,对洛贝尔图斯来说,不仅望尘莫及,而且是他所不理解的。马克思是剩余价值的真正发现者,洛贝尔图斯不过重新发现了一种陈词滥调。他是一个怀有偏见的经济学家,"老是重复他第一本书已经说过或暗示过的同一思想,他感到自己不被人所了解,在没有东西可供剽窃的地方发觉被人剽窃,最后,并非无意地拒绝承认自己只是重新发现了实际上人家早已发现的东西"。[①]

为了贬低《资本论》的科学性,英、德等国资产阶级学者曾经发动一场诽谤运动,无中生有地胡说马克思在《资本论》中捏造引文。马克思、恩格斯和马克思的幼女爱琳娜,对这场诽谤运动进行了长达20年的斗争,又一次粉碎了资产阶级扼杀《资本论》的阴谋。

我们知道,《资本论》中引用了大量的经济学文献资料、统计资料和其他有关资料,这是这部著作具有高度科学性的重要方面。马克思对每条引文,都非常认真地进行核对,完全忠实于原作的文字和精神,因此,每条引文都十分确切,具有充分的说服力。

在1867年出版的《资本论》第1卷中,马克思引用了英国财政大臣格莱斯顿1863年4月16日在英国议会所作的预算演说中的一句话:"……财富和实力这样令人陶醉的增长……完全限于有产阶级。"这段话正好证明马克思关于资本积累必然引起贫富鸿沟加深这个论断的正确性。

还在《资本论》出版之前三年,马克思已于1864年在《国际工人协会成立宣言》中引用了这句话。《成立宣言》是首先在英国用英文发表的。就是说,它是当着英国广大公众,当着格莱斯顿的面发表的。《成立宣言》在英国和欧洲广泛传播,从来没有人对这段引文提出任何疑问。但是,在这段引文初次发表七年之后,德国讲坛社会主义的主要代表路约·布伦坦诺却利用它大做文章,掀起一场诽谤马克思的运动。

1872年3月,布伦坦诺在德国工厂主联盟的机关刊物《工人问题杂志》

---

① 马克思、洛贝尔图斯:《卡尔·马克思〈哲学的贫困〉德文第一版序言》,《马克思恩格斯全集》第21卷,第219页。

上匿名发表一篇文章《卡尔·马克思是怎样引证的》,指责马克思捏造引文。他写道:"在格莱斯顿的演说中根本没有这句话。他在演说中说的和这句话正好相反,马克思在形式上和实质上增添了这句话。"① 此后,他还接二连三地写文章,与马克思纠缠不休,破口谩骂,什么"假引文"、"无耻地撒谎"、"完全是捏造"、"近乎犯罪的轻率"等,不一而足。

马克思看到布伦坦诺的诽谤文章后,立即进行反击。他先后写了两篇文章,逐点驳斥布伦坦诺的造谣。马克思指出,《资本论》引用的格莱斯顿这句话,在英国尽人皆知,毋庸置疑。这句话在伦敦畅行无阻地载遍了一切报刊,被著名学者和专门著作经常引用,只有德国工厂主的"博学之士"才对此一无所知,居然发现它是"捏造",这倒是一件空前的奇闻。接着,马克思列举格莱斯顿讲话第二天,即1863年4月17日,伦敦三家最有影响的报纸,包括格莱斯顿的机关报《泰晤士报》关于预算演说的报道。这些报道一字不差地记载着与马克思的引文完全相同的那句话:"财富和实力这样令人陶醉的增长,完全限于有产阶级。"事实证明,无论从文字和精神看,这段引文是绝对确切的。所谓"捏造"和"增添",完全是无稽之谈。

布伦坦诺指责马克思捏造的唯一根据,是英国半官方刊物《汉萨德》没有刊载这句话。马克思指出,《汉萨德》所刊载的发言记录,是经演讲人事后修改的。伪造文件和议会发言是英国议会的传统,是资产阶级政客的惯技。《汉萨德》中没有刊载这句话,并不等于格莱斯顿没有说过,而是因为"格莱斯顿先生非常明智地从事后经过炮制的他的这篇演说中删掉了无疑会使他这位英国财政大臣声誉扫地的一句话"②。因此,作为经过事后修改的伪造品,《汉萨德》刊载的记录是不可靠、不足为据的。以此作为唯一根据,只能说明布伦坦诺之流的险恶用心。

资产阶级辩护士对马克思的诽谤,有其反动的目的。正如马克思指出的"我的《资本论》一书引起了特别大的愤恨,因为书中引用了许多官方材料来评述资本主义制度,而迄今为止还没有一个学者能从这些材料中找到一个错误"③。德国工厂主们为了阻止《资本论》的传播而不择手段地造谣诬蔑,暴

---

① 转引自布伦坦诺 CONTRA 马克思《文件。——二、布伦坦诺和马克思》,《马克思恩格斯全集》第22卷,第161页。

② 布伦坦诺 CONTRA 马克思:《文件。——二、布伦坦诺和马克思》,《马克思恩格斯全集》第22卷,第165页。

③ 同上。

露了他们不过是一些"无耻的庸俗或庸俗的无耻达到顶点"的家伙。但是，不管他们对于伪造商品多么内行，他们对鉴别文字商品却是一窍不通，就像驴子弹琴一样。

马克思的反驳，粉碎了布伦坦诺的诽谤。资产阶级辩护士在引文问题上挑起的第一次进攻垮台了。

事情过了11年。这个时期，马克思的学术成就得到更广泛的承认，拥护马克思学说的先进分子越来越多，资产阶级对马克思学说的敌视也与日俱增。马克思逝世不久，他们再次掀起早已垮台的诽谤运动。

1883年11月，英国剑桥大学一个资产阶级小人物塞德莱·泰勒在《泰晤士报》上旧调重弹，又在引文问题上大做文章。但他心亏理屈，回避争论中心，不敢重复早已被驳倒的"捏造"、"增添"的说法，而把问题转到别的方面，指责马克思"狡猾地断章取义"，"歪曲"格莱斯顿演说的内容。马克思的幼女爱琳娜起而应战。她指出，由于马克思以无可争辩的事实证明这段引文确切无误，戳穿资产阶级"博学之士"的无知和无耻，使得这些家伙恼羞成怒，但又不得不放弃"捏造引文"这个唯一的争论点。这种转移争论问题的做法，最清楚不过地说明了他们阴谋的破产。爱琳娜再一次严正指出，马克思"既没有删掉任何值得一提的东西，也绝对没有'增添'任何东西。他只是把格莱斯顿在演说中确实说过，而又用某种方法从'汉萨德'的报道中抹掉的一句话重新恢复，使它不致被人们遗忘"①。爱琳娜的文章，驳得泰勒哑口无言，只好用"沉默是最好的答复"作为脱身之计。

但是事情并没有结束。1890年6月，恩格斯在《资本论》第1卷德文第四版序言中指出，在出版《资本论》英文版时，爱琳娜不辞劳苦，对所有引文的原文进行了核对，结果表明，除了极个别的引文需要作细微的改正外，"其余的引文都仍然具有充分的说服力，甚至由于现在更加确切而更加具有说服力了"②。恩格斯利用《资本论》新版的机会，回顾了关于引文的争论，宣布英、德两国资产阶级学者所发动的诽谤运动的可耻破产。

在恩格斯这篇序言发表后，布伦坦诺不肯善罢甘休。他于1890年11月发表《我和卡尔·马克思论战序言》，接着又出版《我和卡尔·马克思的论

---

① 转引自布伦坦诺 CONTRA 马克思《文件。——三、塞德莱·泰勒和爱琳娜·马克思》，《马克思恩格斯全集》第22卷，第196页。

② 马克思：《资本论》第1卷，第39页。

战》，重弹所谓"捏造"的老调，并对马克思进行粗暴无礼的人身攻击，甚至搬出那个老朽的资产阶级政客格莱斯顿来替自己助威。

恩格斯看到布伦坦诺的文章后十分愤慨，立即决定对他进行"彻底地毫不迟疑地清算"①。他写信对李卜克内西说，"把布伦坦诺交给我吧，你会感到满意的"，"布伦坦诺将受到比他预料的更为厉害的斥责"。② 恩格斯立即开始工作。1890年12月13日，他写成论战文章：《关于布伦坦诺 CONTRA 马克思问题》，指示考茨基必须把这篇文章在最近一期的《新时代》上刊登出来。接着，他又在1891年初，编辑出版《布伦坦诺 CONTRA 马克思——关于所谓捏造引文问题，事情的经过和文件》一书，详尽地叙述了事情的经过，公布了三次论战的全部文件，一劳永逸地结束这场为期20年的斗争。

在马克思逝世后仅仅一个月，意大利庸俗经济学家阿基尔·洛里亚就匆忙发表一篇关于马克思的错误百出的传记，几年后又出版了《关于政治制度的经济学说》等著作，有意歪曲历史唯物主义理论，自称是这个理论的创始人。他还大肆攻击《资本论》，认为马克思的价值学说是建立在思辨论的基础之上；马克思完全知道根本不可能解决剩余价值量取决于可变资本而利润量取决于总资本的矛盾，但为了捉弄读者，却要求人们去看一个尚未出版的续卷；他预言马克思根本不打算写第2卷，更谈不上第3卷；认为《资本论》续卷"很可能是马克思在拿不出科学论据时使用的一种诡计"。

1885年和1894年，由恩格斯整理编辑的《资本论》第2、3卷陆续出版了。包含着十分出色的研究成果的第3卷，极其精辟地论证了剩余价值转化为利润、利润转化为平均利润、价值转化为生产价格的问题，彻底解决了相等的平均利润率怎样能够并且必须不仅不违背价格规律，而且要以价值规律为基础来形成这个曾经使李嘉图学派崩溃的难题。洛里亚关于马克思从未写过第2、3卷的谎言彻底破产了。

但洛里亚是一个"追求个人名利最厉害的人"③。《资本论》第3卷出版后，他不仅不承认失败，反而变本加厉地对马克思进行攻击，认为马克思根

---

① 恩格斯：《致弗·阿·佐尔格》（1890年12月20日），《马克思恩格斯全集》第37卷，第521页。
② 恩格斯：《致威廉·李卜克内西》（1890年12月8日），《马克思恩格斯全集》第37卷，第510页。
③ 恩格斯：《致康拉德·施米特》（1890年4月12日），《马克思恩格斯〈资本论〉书信集》，第493页。

本就没有写作第2卷和第3卷，而是马克思用来掩盖其理论矛盾的遁词。

洛里亚的无耻谰言，理所当然地遭到恩格斯的严厉批驳。在《〈资本论〉第3卷编者序言》、《〈资本论〉第3卷增补》、《致康·施米特》等著作中，恩格斯对洛里亚的谬论进行了无情的抨击，指出《资本论》第1卷与第3卷在逻辑上的联系。《资本论》第3卷与第1卷不仅没有矛盾，而且是第1卷理论的完成。

至于洛里亚继续编造的马克思没有写过《资本论》续卷的说法，恩格斯根本不屑理睬。这样的谎言，在事实面前早已不攻自破。不过，洛里亚通过自己的拙劣表演，使我们看清楚了他的吹牛家和江湖骗子的面目。正如恩格斯所说："极端狂妄，混不下去时又像鳗鱼一样滑掉；挨了别人的脚踢还充英雄好汉；抢占别人的研究成果；死皮赖脸地大做广告；依靠同伙的吹捧捞取声誉——在这一切方面，还有谁比得上洛里亚先生呢？"①

马克思、恩格斯与形形色色资产阶级御用文人的斗争，捍卫了《资本论》在科学史上的地位，发扬了《资本论》的革命的、批判的、战斗的精神。

十一 《资本论》在全世界的传播

《资本论》的出版是人类科学史上的重大事件。在全世界传播《资本论》是工人运动活动家和科学家的庄严任务。

传播《资本论》的过程艰难曲折。各国反动派的查禁和压制，坏心的恶意豢养文丐的攻击，尤其是资产阶级学者妄想用1859年对待《政治经济学批判》策略，对《资本论》采取的"沉默的阴谋"都使这部伟大著作的传播障碍重重。虽然《资本论》出版商在书未出版时，已在德国报刊上刊登了50条出版消息，但该书出版几个月后，资产阶级学者几乎没有反应。马克思为此十分不安，对德国学术界的卑鄙和无能怒不可遏，写信对恩格斯说："德国人是非常奇怪的家伙。他们作为英国人、法国人甚至意大利人在这方面的奴仆所做出的功绩，的确使他们有权对我的书置之不理。我们的人在那里又不善于宣传。那就只好像俄国人那样——等待。忍耐是俄国外交成功的基础。

---

① 恩格斯：《马克思〈资本论〉政治经济学批判序言》，《马克思恩格斯全集》第25卷，第24页。

但是咱们大伙都只有一条命，等待到头来会等死的。"① 为了打破"沉默的阴谋"，恩格斯决定通过书评等形式强迫资产阶级学者开口。1867 年 9 月 12 日，他写信问马克思："你认为，为了推动事情，我是否需要从资产阶级的观点对书进行抨击？"② 马克思对这个策略十分赞赏，认为这个计划是"最好的作战方法"。为此"应当尽量设法在一切报纸上发表文章，不管这些报纸是政治性的，还是其他性质的，只要他们肯发表就行。既要有长篇书评，也要有短小简评，主要的是要经常写"③。总之，"整个事情就在于'制造轰动'，这比文章怎样写或写得如何有内容更重要"④。于是恩格斯从 1867 年 10 月至 1868 年 5 月，先后写出九篇《书评》，在报刊上发表。经过马克思、恩格斯的努力和许多工人运动活动家的大量工作，《资本论》逐渐在社会公众中传播。不久，资产阶级学者也被迫发表意见。"沉默的阴谋"被打破了。

真理的光辉是阻挡不住的。《资本论》的内容和精神通过工人运动活动家列斯纳、李卜克内西、拉法格、倍倍尔以及马克思的朋友库格曼等人，冲破重重障碍，在广大工人阶级和社会公众中得到迅速传播。欧美许多工人报刊，大量刊登《资本论》摘录和介绍《资本论》的文章，对马克思和《资本论》高度评价，极其推崇。

1868 年 9 月，国际工人协会布鲁塞尔代表大会通过了关于学习《资本论》的专门决议："建议所有国家的工人都来学习去年出版的卡尔·马克思的《资本论》，呼吁协助把这部重要的著作译成目前还没有翻译出来的各种文字。马克思的功绩是不可估量的，他是经济学家中对资本家和它的组成部分做出科学分析的第一个人。"当工人运动老战士列斯纳在大会上宣读从《资本论》中摘出的语录时，全场热烈鼓掌。德国、美国等工人团体都积极组织学习《资本论》。1871 年 4 月 25 日，李卜克内西写信告诉马克思："在全德国人们都在读着根据你的《资本论》所作的关于剩余价值和标准工作日的报告，为《资本论》布置了大规模的鼓动工作。"德国工人运动活动家威廉·艾希霍夫在第一国际柏林支部组织一系列报告会，介绍《资本论》基本原理。第一国际瑞士支部创建者约翰·贝克尔，收到《资本论》后，热情洋溢地写信对马

---

① 马克思：《致恩格斯》（1867 年 11 月 2 日），《马克思恩格斯全集》第 31 卷，第 378 页。
② 恩格斯：《致马克思》（1867 年 9 月 12 日），《马克思恩格斯〈资本论〉书信集》，第 233 页。
③ 恩格斯：《致路德维希·库格曼》（1867 年 10 月 12 日），《马克思恩格斯全集》第 31 卷，第 564 页。
④ 马克思：《致恩格斯》（1867 年 10 月 10 日），《马克思恩格斯全集》第 31 卷，第 364 页。

克思说:"对我来说,这是一件圣物,对世界来说,这是一个宝库……我满怀热望,想把它整个吞下去,并且感到自己有足够的力量去消化它。"他还写信给自己的战友列斯纳说:"《资本论》,这是我们的剑,我们的铠甲,是进攻和防守的武器。"在美国,《资本论》也在工人运动中广泛传播。曾任第一国际总委员会总书记的弗里德里希·佐尔格在《美国工人运动》一书中写道:"从1869年到1874年间,协会的数百名会员中,几乎没有一个人没有读过马克思的著作(《资本论》),自然,也有十几个人已经透彻地掌握和理解了最复杂的章节和术语,从而武装了自己,以抵抗大量资本家或中产阶级、激进派或改良派的任何进攻。"

《资本论》在各国工人阶级中广泛传播,迅速得到理解,对马克思的劳动是最好的报酬。

《资本论》严整的逻辑结构、新颖的理论观点、深刻的分析判断、优美的文字表述和丰富的文献资料,具有极高的科学价值。读过《资本论》的学术界人士和社会活动家,包括一些并不十分赞同马克思理论观点的人,也对这部著作十分欣赏,大加赞扬。

德国古典哲学的著名代表人物路德维希·费尔巴哈读了《资本论》之后,在1867—1869年撰写的一部重要著作《幸福论》中,引用《资本论》作为论据,并要读者进一步参阅这部著作,认为"这一著作提供了大量极其有趣的、无可争辩的、虽然是使人战栗的事实"[①]。

前《新莱茵报》编辑,德国著名民主主义诗人弗莱里格拉特写信对马克思说:"你知道我并不是一个专家……然而我可以说,在读过,或者研究过你的书之后,我已经获得了各种不同的启示和丰富的享受了……(我)乐于承认和钦佩你的精神、知识和可惊的涉猎,正是这样,你才在这部著作中为自己建造了青铜般不朽的碑记。"[②]

德国资产阶级政治家阿尔纳德·卢格,是马克思40年代的论敌,对马克思不怀好意,但是他也不得不承认:"这是一部划时代的著作,它清楚地、往往是尖锐地阐明了社会的各个时期的发展、灭亡、分娩时的痛苦和可怕的苦难日子。"他说:"马克思有渊博的学问和运用辩证法的出色才能。这部书超越了许多人和许多报刊作家的视野,它无疑会为自己开辟道路,尽管它研究

[①] 路·费尔巴哈:《幸福论》,《费尔巴哈哲学著作选集》上卷,第211页。
[②] 《马克思致库格曼书信集》,第60页。

的范围很广,然而正是由于这个缘故它将产生绝大的影响。"①

一家德国的贵族文化报纸《星期六评论》虽然对马克思的革命学说怀着恐惧心理,但也无法否认它的科学成就。这家报纸在一篇短评中写道:"虽然我们认为,作者的观点是危险的,但仍然不能不承认他的逻辑严密,文字有力,他甚至使最枯燥无味的政治经济学问题有一种独特的魅力。"②

对《资本论》的各种评论表明:"任何人,不管他对社会主义采取什么态度,都不能不承认,社会主义在这里第一次得到科学的论述。"③

《资本论》译成各种文本,使各个民族的工人阶级和广大公众能够直接阅读和研究这部著作,是很有意义、十分重要的事情。

《资本论》第一个外文译本是俄文版。1865年9月18日,俄国进步学者丹尼尔逊代表彼得堡出版社写信给马克思,请求他允许翻译出版《资本论》。马克思非常高兴,寄出了俄文版需用的自己的简历和照片。1872年4月,由丹尼尔逊和洛帕廷翻译的《资本论》第1卷正式出版。马克思认为这个译本"装订得很美观,翻译得很出色",是一个优秀的译本,初版印了3000部,很快销售一空,可见俄国进步学术界对《资本论》的重视。后来,恩格斯在编辑出版第2卷和第3卷时,与俄译者丹尼尔逊密切联系,因此第2卷和第3卷的俄译本也是最早的外文译本。

法文版第1卷是马克思亲自校订的唯一外文译本。早在德文第一版即将出版时,马克思就考虑出版法文版,以便在罗曼语系各国传播自己的科学理论。由于找不到合适的翻译人选,马克思甚至打算亲自到巴黎走一趟。1872年1月,经龙格介绍,他同意由约瑟夫·鲁瓦翻译。鲁瓦精通德、法两国文字,曾经翻译过费尔巴哈的著作。他用近三年时间,译完了《资本论》第1卷。

马克思认为,鲁瓦"非常认真地完成了自己的任务",但是由于他完全是逐字逐句地翻译,过分呆板,不易理解。马克思花了很多时间和很大精力,对译稿从头到尾认真修改。修改这部译稿甚至比自己亲自翻译还要费事。在校订过程中,马克思也发现作为依据的德文版的一些缺陷。如篇章结构要重新调整,有些论述要简化,有些论述要完善,一些补充的历史材料或者统计

---

① 阿·卢格:《致施泰因塔耳》(1869年1月25日),《马克思恩格斯全集》第32卷,第684页。
② 马克思:《致路·库格曼》(1868年1月30日),《马克思恩格斯全集》第32卷,第522页。
③ 恩格斯:《卡·马克思〈资本论〉第1卷提纲》,《马克思恩格斯全集》第16卷,第311页。

材料要加进去，一些批判性评注要增加，等等，因此需要作些修改。经马克思修改的地方有近百处之多，篇章结构也有所调整。全书分为八篇三十二章。第一篇和第七篇改动较大，其中有些地方改动不仅是文字表述方面，而且是理论内容方面。所以马克思说，法文版"在原本之外有独立的科学价值"①。

为了使该书更容易到达工人阶级手里，马克思同意出版社用分册的形式出版。每册篇幅较少，书价不高，便于销售。出版商莫里斯·拉沙特尔认为翻译出版这部著作是对人类的重大贡献，"因为在英国、意大利、西班牙、美国，总之在一切有进步人士渴望了解并传播那些必将在旧大陆和新大陆支配现代社会的原理方面，都将根据我们的译本来翻译这部著作"。

马克思毕生研究英国经济史和经济状况，《资本论》就是在英国写成的。《资本论》第1卷出版后，他希望能够翻译出版英文本，但没有找到合适的译者。19世纪70年代中期，他还为准备在美国出版的英译本写了一份材料《为〈资本论〉第1卷美国版所作的修改意见》，但这个计划未能实现。

马克思逝世后，恩格斯明显感到确实需要一个英文译本。这一方面是德文本出版已近20年，在英美两国的刊物和著作中，《资本论》经常被提到，被攻击或辩护，被解释或歪曲；只有出版英译文本，才能使广大公众能够直接从著作中了解其理论内容和精神实质。另一方面，随着资本主义矛盾的加深，慢性的萧条和严重的失业使英国劳动者难以忍受；因此，人们更需要了解经济形势，了解马克思的学说，了解《资本论》的内容。

《资本论》英文译者是马克思、恩格斯的老朋友塞米尔·穆尔和马克思的女婿艾威林博士。马克思的幼女也做了大量的工作。她核对引文，把引自英国作者和蓝皮书并由马克思译成德文的许多文句恢复成原文。这是一项十分繁重的工作。在恩格斯悉心指导和亲自校订下，第1卷英译本于1887年4月出版。

马克思、恩格斯逝世后，随着资本主义矛盾不断加深，工人运动不断高涨，《资本论》在全世界更加广泛传播，各种民族文字的译本更多出现。正如恩格斯所说："本书所作的结论日益成为伟大的工人阶级运动的基本原则，不仅在德国和瑞士是这样，而且在法国，在荷兰和比利时，在美国，甚至在意大利和西班牙也是这样；各地的工人阶级都越来越把这些结论看成是对自己

---

① 马克思：《资本论》第1卷，《马克思恩格斯全集》第25卷，第29页。

的状况和自己的期望所作的最真切的表述。"①

十二 《资本论》在中国的传播

在马克思写作《资本论》最紧张的19世纪五六十年代,中国发生了许多重大历史事件。英、法、俄等殖民主义国家对华进行掠夺,发动侵略战争,签订不平等条约。中国爆发太平天国革命,动摇封建统治的基础。马克思虽然研究工作十分繁忙,距离中国又非常遥远,有关中国情况的资料十分缺乏,既不全又凌乱,但马克思对中国情况还是十分关心。这期间他写了许多论文,如《中国革命和欧洲革命》、《英国在华的残暴行动》、《俄国的对华贸易》、《鸦片贸易史》、《新的对华战争》等,揭露了各个殖民主义国家对中国的侵略和掠夺,支持太平天国革命。

《资本论》曾数次提到中国。在第1卷中提到1854年清王朝币制改革的情况。当时户部右侍郎王茂荫主张将官票、宝钞(一种不能兑换白银的纸币)改为可兑换白银的钞票,以利货币流通、商品贸易。但朝廷却不同意,认为这个主张"专利于商品而不利于国",王茂荫因此遭到申斥,调离主管财政与钱币的管理机构。马克思从俄驻北京公使馆的著述中了解到这件事,在信用货币的注解中加以引用。《资本论》第2卷中,马克思以中国手工业为例,说明资本循环过程中商品转化为货币的作用。他写道:"例如,中国的手工业者就是这样,他只是为私人顾客劳动,如果没有新的订货,他的生意过程就会停顿。"②

但是《资本论》出版后相当长时间,在19世纪最后30年,中国人根本不知道马克思和《资本论》。20世纪初,一些留学国外的学者才陆续把《资本论》介绍到中国来。1902—1903年,著名学者梁启超在刊物上提到马克思和《资本论》,认为马克思是"社会主义之泰斗",《资本论》是著述甚多的马克思的主要作品,并且说明其最主要是"土地归公,资本归公,专以劳力为百物价值之源泉"。这是最早提到马克思和《资本论》的文献。

1906年,我国资产阶级民主革命派理论家和活动家朱执信发表《德意志社会革命家小传》,较详细地介绍了马克思的生平和《资本论》的内容,对劳

---

① 恩格斯:《〈资本论〉英文版序言》,《资本论》第1卷,第34页。
② 马克思:《资本论》第2卷,《马克思恩格斯全集》第24卷,第118页。

动价值论、剩余价值论、资本积累论、无产阶级贫困化理论等都有所论述，是我国介绍《资本论》主要内容、研究《资本论》重要理论的第一人。

《资本论》在我国的广泛传播，是俄国十月革命后五四运动和中国共产党诞生时期。由于第一次世界大战后资本主义性质的企业迅速发展，产业工人大量增加，具备《资本论》传播的社会条件和阶级基础；由于十月革命的胜利，《资本论》敲响的资本主义丧钟、剥夺者被剥夺从理论变为实践，《资本论》传播的条件成熟了。在传播《资本论》的主要人物中，中国共产党创始人李大钊、陈独秀起了极其重要的作用。

当时一批马克思主义者创办的《新青年》是宣传马克思主义、传播《资本论》的主要阵地。1919年5月，为纪念马克思诞辰100周年，《新青年》编辑了具有重要历史意义的《马克思号》，发表了介绍马克思生平事业和《资本论》的七篇专论，对《资本论》理论作了深刻的评析，对马克思撰写《资本论》艰苦卓绝的经历表示崇高的敬意。李大钊在《马克思号》上发表了长篇专文《我的马克思主义观》，以及随后发表的《马克思的经济学说》，详细论述了《资本论》的重要内容和重要意义。李大钊说："从前的经济学，是以资本为本位，以资本家为本位。以后的经济学，要以劳动为本位，以劳动者为本位了。"① 他写道："马克思是社会主义经济学的鼻祖，现在正是社会主义经济学改造世界的新纪元。"他在研究了价值理论、剩余价值理论、资本积累理论、生产价格理论之后，明确指出，按照马克思经济理论阐明的规律，资本主义灭亡和社会主义的胜利是必然的。他说："凡物发达之极，它的发展的境界，就是它的灭亡的途径。资本主义趋于自灭，也是自然之势，也是不可避免之数了。从前个人自有生产工具，所以个人生产的货品当作私有，现在生产的形式已经变为社会的，这种分配方式，也依随着改变为公有了。"②

陈独秀是《新青年》的创办者和主要编辑。1922年他先后在《新青年》上发表了《社会主义批评》和《马克思学说》，阐明了剩余价值理论的基本内容，论述了剩余价值的分配和利息、地租的来源，指出了随着资本家不断追求剩余价值和生产集中、雇工增加，经济危机发生，资本主义必然灭亡。他说："合起这几项结果，无产佣工的困苦一天比一天沉重，而他们的人数却一天比一天增多，他们的团结也就一天比一天庞大，这个随着资本集中产业扩

---

① 李大钊：《马克思的经济学说》，《李大钊文集》（下），第540页。
② 李大钊：《我的马克思主义观》，《李大钊文集》（下），第63—64页。

张而集中扩大的无产阶级必然团结起来，夺取国家政权，用政权没收一切生产工具为国有，毁灭资本主义生产方法之一日。"①

《资本论》直接译成中文在国内传播，经历了漫长的过程，克服了种种的困难，先后有多位译者和研究者为此付出辛勤的劳动。最早翻译《资本论》的是当时北大《马克思主义研究会》的一些青年学生，其译稿没有出版。后来陈启修教授参考了这个译稿，以德文版为依据，于1930年3月出版了《资本论》第一分册，这是中译本第一个公开发行的译本。此后，侯外庐和王思华以德文第四版为根据，参照日、英文版于1932年9月出版了《资本论》上册，1936年6月出版中、下册和第1卷合订本。

《资本论》在我国传播中，影响最大的是著名经济学家、翻译家、教育家郭大力教授和王亚南教授。

1928—1938年，郭大力、王亚南以异常勤奋的精神研究经济理论，经过翻译和出版亚当·斯密的《国富论》、大卫·李嘉图的《政治经济学及赋税原理》的准备，翻译了《资本论》第1、2、3卷，并于1938年8—9月公开出版，这是我国《资本论》传播史的重大事件。当时正处于抗日时期，书籍从出版社到读者手中，困难重重。有2000多部从上海运至广东时，毁于日寇炮火。运至大后方的书籍，则遭到国民党反动派的查禁，但还是有一批到了广大读者手中，在传播马克思主义中起了重大作用。

全国解放后，郭大力、王亚南对《资本论》中译本初版作了全面修订，译文质量显著提高。1963—1966年，两位译者又依据德文原版，参照英文版和俄文版，作了仔细校订。

1975年，中共中央编译局集体翻译出版了《资本论》三卷中文版，并编入《马克思恩格斯全集》第23、24、25卷。这个译本与郭、王译本各有特点，都有独立存在的价值。

《资本论》第4卷有两个译本。一个由郭大力翻译，依据考茨基编的版本，书名叫做《剩余价值学说史》。一个由中央编译局集体翻译，依据《马克思恩格斯全集》第26卷德文版并参照俄文版译出，注明是《资本论》第4卷，书名叫《剩余价值理论》，分为Ⅰ、Ⅱ、Ⅲ三个分册。至此，《资本论》全部四卷，包括理论部分和历史批判部分已经出齐。

研究《资本论》，是我国无产阶级革命者和广大劳动人民的重要任务。成

---

① 陈独秀：《马克思学说》，《新青年》第6卷第5号（1922年7月）。

绩显著的学者有陈启修、侯外庐、王思华、李达、郭大力、王亚南、许涤新等。宋涛教授在研究和传播《资本论》中起着重要的作用。他长期作为中国《资本论》研究会和中国马克思主义经济学说史学会会长，组织编写了《马克思主义经济理论全书》、《资本论辞典》、《资本论》教材，多年从事《资本论》教学工作，培养了一代又一代的《资本论》研究者、教育者和青年学生，是当之无愧的《资本论》研究导师。

随着我国社会主义建设的发展，运用《资本论》理论和方法指导社会主义市场经济实践，是新时期的迫切任务。《资本论》的理论内容，是我国广大青年学生和各级干部的必修课。《资本论》的光辉，永远照亮着我们前进的方向。

第十章　第一国际——从事社会活动的最重要时期

一　19世纪50—60年代欧美工人运动重新兴起

参加国际工人协会，是马克思一生的重大事件，也是马克思从事社会活动的最重要时期。国际工人协会的诞生，有着深刻的历史背景和社会背景。

19世纪50—60年代，欧美各国经济蓬勃发展。1848—1849年的民主革命运动，冲击了欧洲各国封建势力，为资本主义发展扫清了道路。在欧美各个主要国家中，机器生产代替手工工具，大大提高了劳动生产率；铁路不断延长，轮船代替了帆船；电话、电报的发明，促进了世界贸易的发展；农业开始采用机器，资本主义农场排挤了宗法式小农经济。所有这些，促进了经济的发展。1850—1860年，英、法、美、德四国，烟煤产量从6730万吨增至11950万吨，铁产量从342万吨增至612万吨，各国铁路总长度从38568公里增至108012公里。世界贸易发展速度更快。当时经济最发达的英国，从1843—1863年，进出口贸易总额增加了两倍。正如马克思所说：这个时期，工业的发展和贸易的增长，"是史无前例的"[①]。

随着资本主义的发展，生产力与生产关系的矛盾日益尖锐。正当全世界资产阶级兴高采烈地举行工业博览会，陶醉于财富和实力的增长的时候，1857年爆发了第一次世界性经济危机。危机从美国开始，迅速波及英国和欧洲大陆各国。危机深刻地表明了，资产阶级已经无力支配那越出了它的权力范围的生产力。

早在1850年，马克思就预言："新的革命只有在新的危机之后才有可能。

[①] 马克思：《国际工人协会成立宣言》，《马克思恩格斯全集》第16卷，第5页。

但是新的革命的来临像新的危机的来临一样是不可避免的。"① 历史的发展证明了这个预言非常正确。

随着资本主义的发展，资产阶级与封建势力之间的矛盾日益尖锐。经过50年代革命低潮以后，欧洲一些国家资产阶级民主革命运动重新兴起。德、意等国争取国家统一的斗争，又重新发展起来。

在世界市场形成过程中，欧洲资产阶级把殖民地、半殖民地人民卷入资本主义剥削的旋涡里，宗主国与殖民地之间的矛盾也日益尖锐。印度、中国人民的斗争和起义，标志着殖民地人民的觉醒。

60年代初期，波兰民族独立运动蓬勃发展。1863年，波兰人民举行起义，反对沙皇俄国的统治，争取波兰的独立。波兰人民的斗争，得到欧洲各国人民的同情和支持。

美国南北战争，是19世纪60年代上半期的重大事件。1861—1865年，美国人民为解放南方黑人奴隶而战斗。美国内战鼓舞和促进了欧洲工人运动。马克思说："正像18世纪美国独立战争给欧洲中等阶级敲起了警钟一样。19世纪美国南北战争又为欧洲工人阶级敲起了警钟。"②

19世纪60年代初期，欧洲各国工人运动重新觉醒。工人阶级对资产阶级的斗争，经过长期的沉寂之后，又开始发展起来。

1848—1849年革命的失败和随之而来的反动统治，使工人阶级的力量遭到严重的摧残。革命失败后，"大陆上工人阶级所有的党组织和党的机关报刊都被暴力的铁腕所摧毁，工人阶级最先进的子弟在绝望中逃亡到大西洋彼岸的共和国去，短促的解放梦已随着工业狂热发展、道德败坏和政治反动的时代的到来而破灭"③。

但是，工人运动的低潮是暂时的。在资本主义蓬勃发展的"黄金时代"，也是工人阶级遭受最惨烈的剥削和奴役的黑暗时期。资本主义最发达的英国，资产阶级财富大量增长，而英国贫民人数也大大增加。工人的生活水平，比犯人还要低下。正如马克思所说："在这种令人陶醉的经济进步时代，在不列颠帝国的首都，饿死几乎已成为一种常规。"④ 在法国，工人阶级贫困化日益严重。1848—1865年，男工工资平均增加20%，女工工资平均增加12%—

---

① 马克思、恩格斯：《国际述评（一）》，《马克思恩格斯全集》第7卷，第51页。
② 马克思：《资本论》第1卷"序言"，《马克思恩格斯全集》第23卷，第9页。
③ 马克思：《国际工人协会成立宣言》，《马克思恩格斯全集》第16卷，第10页。
④ 同上。

15%，但物价却上涨一倍以上，工人的实际生活水平大大下降。在德国，工人的劳动条件非常恶劣，工资很低，不足以维持最低生活。

19世纪50年代，马克思一方面深入总结革命经验，创造革命理论；另一方面密切注意各国政治经济状况，关心各国工人运动。

50年代初，马克思在总结1848—1849年革命斗争经验时指出：无产阶级是一个具有伟大历史使命的彻底革命阶级，无产阶级的利益和任务就是："不间断地进行革命，直到把一切大大小小的有产阶级的统治都消灭掉，直到无产阶级夺取国家政权，直到无产阶级的联合不仅在一个国家内而且在世界一切占统治地位的国家内都发展到使这些国家的无产阶级间的竞争行业，至少是直到那些有决定意义的生产力集中到了无产者的手里，不掩盖阶级矛盾，而在于消灭阶级，不在于改良现存社会，而在于建立新社会。"①

马克思指出，无产阶级为了实现自己伟大的历史任务，就必须建立独立的政党，加强国际团结，以对抗反动势力。

50年代，马克思在《新莱茵评论》、《纽约每日论坛报》、《人民报》等报刊上，发表大量政论文章，结合资本主义国家政治经济形势和工人阶级状况，阐明和传播科学共产主义理论，以科学共产主义和无产阶级国际主义精神教育无产阶级，提高无产阶级广大群众的阶级觉悟。

马克思指出，资本主义是一个历史过渡的社会形式。同历史上其他社会一样，它必然要灭亡。经济危机的周期爆发，表明资本主义生产关系早已阻碍了生产力的发展。资产阶级经济学家关于资本主义永恒存在的言论，是完全错误的。

马克思大力宣传工人阶级建立独立组织的重要意义。工人阶级只有形成独立的社会力量和政治力量，才能反对现代统治阶级的特权以及对工人阶级的奴役。

马克思认为群众性的罢工是资本主义社会中劳动和资本的阶级战争，对于制止工厂主的专横，保障工人的生存条件，加强工人阶级的团结有着重要意义："如果现代产业不是在周期性循环中经过停滞、繁荣、狂热、发展、危机和极度低落这些彼此交替、各有相当时期的阶段，如果工资不是因这些阶段彼此交替有高有低、如果工厂主和工人之间不是进行着经常的、与工资和

---

① 马克思、恩格斯：《中央委员会告共产主义者同盟书》，《马克思恩格斯全集》第7卷，第292页。

利润这些密切联系的战争,那么,大不列颠和全欧洲的工人阶级就会成为……任人宰割的群众,这样的群众是不能用自己的力量取得解放的,正如古希腊罗马的奴隶不能用自己的力量取得解放一样。"①

经过长期积蓄力量之后,50年代末和60年代初,工人运动重新蓬勃发展。由于资本主义在各个生产部门的扩张,工人阶级的人数和力量不断增长,工人运动的声势和规模也越来越大。

英国有着一支人数众多的产业工人大军。从1857年开始,工人阶级的群众性斗争逐渐开展起来。1859年7月伦敦工人举行要求九小时工作日大罢工,得到了许多工人团体和各行业工人的支持,表现了工人阶级的团结。60年代初期,工人组织逐渐从分散走向联合。1860年成立了伦敦各行业工人联合会,1867年产生了全国性的工联组织。工人运动从经济斗争发展到政治斗争。工人阶级在支援美国解放黑奴战争、支援波兰独立运动、争取选举制度改革等政治斗争中,都发挥了积极作用。

法国工人阶级有着光荣的革命传统。1848年6月革命失败后,工人阶级遭到残酷的镇压。60年代初期,巴黎、马赛等城市开始出现一些工人团体。1862年,巴黎工人派遣代表参观伦敦工业博览会,与英国工人进行联系;1864年成立了细木工人、炼铁工人联合会和石印工人反抗协会。由于工人阶级的斗争,迫使政府取消禁止结社的法令。

德国产业工人的队伍,在50年代有了很大发展。60年代初,工人阶级普遍要求建立自己的独立组织。1861年在莱比锡成立全德工人联合会筹备委员会。1863年5月,全德工人联合会正式成立。德国各地掀起工人运动的新浪潮。

各国工人阶级在反对资本主义的斗争中,深深感到工人阶级国际联合的必要性和重大意义。1857年经济危机和危机以后的萧条时期,资产阶级竭力把危机的灾难转嫁到工人阶级身上,引起了工人的反抗,发生了罢工浪潮。英国资产阶级在罢工时期,经常用欺骗的办法从大陆各国招募工人,破坏罢工。工人阶级在斗争中深深感到,各国工人的团结一致和联合行动,是战胜资本统治的重要条件。英国工人在致法国工人的信中写道:"各国人民的友好团结,对于劳工的事业是极为必要的,我们发现,每当我们要求减少工作时

---

① 马克思:《俄国对土耳其的政策。——英国的工人运动》,《马克思恩格斯全集》第9卷,第191页。

间或者增加工资以图改善我们的生活条件时,我们的雇主总是恫吓我们,要招募法国人、德国人、比利时人来干我们的工作;我们感到遗憾的是,这样的事情已经发生过了,虽然大陆兄弟方面并不是有意来损害我们,而是由于世界劳动阶级之间缺乏经常而有系统的联系之故。我们希望这种联系能很快建立起来……不允许雇主在我们中间挑拨离间,以便把我们拖进最恶劣的境地,便于他们做贪婪的买卖。"

当欧洲工人阶级强大到足以重新对统治阶级政权发动进攻的时候,当各国工人阶级认识到在反对雇主的斗争中,国际联合行动的重要性的时候,国际工人协会产生的条件成熟了。

二 第一国际的灵魂

1864年9月28日,伦敦圣马丁堂举行了一次具有伟大历史意义的国际工人大会。参加大会的有英国、法国、德国、意大利等国工人代表和工人群众,共两千多人。这次大会是英国工人为欢迎法国工人代表团而召开的,实际上是第一国际成立大会。

大会的组织者——英国工联领袖邀请马克思参加大会,马克思接受邀请,并帮助德国工人埃卡留斯在大会上发言。

马克思亲自参加国际工人协会,这是马克思为无产阶级解放事业而斗争的新阶段。我们知道,自从1849年革命失败以后,马克思利用难得的平静时期,专心致志地从事研究工作。1852年共产主义者同盟解散以后,马克思一直没有加入任何秘密的或公开的团体,谢绝参加一切群众集会。他认为自己的理论研究比参加任何组织和活动对工人阶级更有裨益。

现在情况已发生重大变化。随着危机的到来,新的革命高潮也将到来,工人阶级的重新觉醒显然开始了;同时,参加国际工人协会委员会的,都是各国工人运动中有影响的人物。总委员会中的英国委员是英国工联的领袖,是"伦敦真正的劳工首脑"。法国工人代表也是工人运动中的"实力人物"。马克思认为,参加这样的大会,可以对工人运动发生重大影响,因而改变了多年来谢绝参加一切组织的惯例,接受邀请,参加集会。马克思写信告诉他的朋友、共产主义者同盟的老战友魏德迈说:"虽然多年来我一直避免参加各种各样的'组织',但是这一次我接受了建议,因为这是一桩可以取得显著成就的事业。"①

大会上，英国工人和法国工人宣读贺信，表达两国工人阶级建立国际联系的强烈愿望。

英国工人在给法国工人的信中写道："我们响应你们发出的各国人民友爱团结的号召，作为一种反对现存的滥用权力的手段，让来自法国、意大利、德国、波兰、英国和其他一切愿为人类幸福合作的国家的代表会集在一起。让我们召开自己的代表大会，现在我们来讨论对国际和平关系重大的问题……"

法国工人在呼吁书中写道："全世界希望得到解放的工人们，现在是轮到我们有自己的各种代表大会的时候了。人民正在走上历史舞台，意识到自己的力量，起来反对政治秩序中的专制，反对社会经济秩序中的垄断和特权。劳动者之间的团结一致，是反对工业奴隶制度的有效办法。"

大会决定建立国际工人协会，总部设在伦敦，各国首都成立分会。大会选出有各国代表参加的中央委员会。马克思当选为中央委员会委员。后来这个中央委员会改名为总委员会，马克思继续担任总委员会委员。

马克思毕生致力于无产阶级解放事业。"以某种方式参加推翻资本主义社会及其所建立的国家制度的事业，参加赖有他才第一次意识到本身地位和要求、意识到本身解放条件的现代无产阶级的解放事业，这实际上就是他毕生的使命。斗争是他得心应手的事情。而他进行斗争的热烈、顽强和卓越成效，是很少见的。"②

在马克思为无产阶级解放事业而奋斗的光辉历程中，领导国际工人协会（第一国际）是一个重要的里程碑。第一国际是国际无产阶级第一个群众性的革命组织。第一国际的诞生，是马克思为创建无产阶级政党而进行的长期斗争的丰硕成果，是马克思主义和国际工人运动相结合的产物。

马克思是第一国际的伟大缔造者。从40年代中期开始，马克思创立和传播了科学共产主义理论，组织和领导了布鲁塞尔共产主义通讯委员会和共产主义者同盟，培养和训练了一批无产阶级革命骨干，批判了各种资产阶级和小资产阶级思潮和代表人物，为第一国际的建立做了组织和思想的准备。

马克思是第一国际的灵魂。他直接领导了第一国际总委员会，使它成为

---

① 马克思：《致魏德迈》（1864年11月29日），《马克思恩格斯全集》第31卷，第435页。
② 恩格斯：《在马克思墓前的讲话》，《马克思恩格斯选集》第3卷，第776页。

欧美各国无产阶级的战斗司令部。国际总委员会所发表的许多主要文件，从1864年的《成立宣言》到1871年的《法兰西内战》，以及其他许多重要的报告、决议、声明、书信，几乎都是由他起草的。在这些文件中，科学共产主义理论与工人阶级斗争实践紧密结合，指导了国际工人运动向前发展。正如恩格斯所说："叙述马克思在国际中的活动，就等于编写这个协会本身的历史。"[①]

制定宣言和章程，是国际工人协会总委员会的第一件工作。在第一次总委员会会议上，马克思被一致选为负责起草工作的九人小组委员会委员。但是因为身体不好，他没有参加最初几次小组委员会和总委员会会议。

在起草宣言和章程的过程中，协会发生了真正的思想混乱，提出了一份"文字冗长，杂乱无章的纲领"[②]。意大利马志尼主义者沃尔夫少校提出的章程草案，通篇充满了道德、正义、上帝和人等的陈词滥调。由法国蒲鲁东主义者吕贝加以整理及提出的文件，包括一个序文和四十条章程，内容十分肤浅和拙劣，却被总委员会原则上通过。

当时，总委员会第二主席、德国工人、前共产主义者同盟盟员埃卡留斯把讨论章程的情况详细写信告诉马克思，并且希望马克思能参加会议；他说，如果马克思不出席会议，这些拙劣的文件就有被通过的危险；而总委员会中许多人都认为，只有马克思是起草宣言和章程的"最适当的人选"。他迫切要求："在欧洲工人组织的初生儿身上，你一定要用简洁的文字表达丰富的内容。"[③]

在这种情况下，马克思不得不带病参加工作。10月20日，小组委员会在马克思家里举行会议，讨论章程草案。意见分歧很大，争论很激烈。讨论四十条章程中的第一条，就到深夜一点钟。最后，大家决定把文件留给马克思，由他全权修改。

马克思认为，原来起草的那些文件，无论思想内容和表达方式，都是要不得的，一行也不能保留。他的工作不是修改，而是重写。经过十天的紧张劳动，国际工人运动的伟大纲领性文件《成立宣言》和《临时章程》诞生了。

1864年11月1日，国际工人协会中央委员会（总委员会）全体会议一致通过了马克思起草的《成立宣言》和《临时章程》；并且通过决议，对马克

[①] 恩格斯：《卡尔·马克思》，《马克思恩格斯全集》第16卷，第409页。
[②] 马克思：《致恩格斯》（1864年11月4日），《马克思恩格斯全集》第31卷，第17页。
[③] 埃卡留斯：《致马克思》（1864年10月12日），《马克思恩格斯全集》第16卷（附录），第732页。

思"制定这样一个卓越的宣言表示感谢"。当时,要写出一份能够被大家一致接受的文件,是很艰巨的任务。这是因为,国际工人协会是一个群众性的组织,参加协会的成分非常复杂。在英国,既有工联主义的工人贵族,又有老欧主义者;在法国,既有主张密谋活动的布朗基主义者,又有代表小生产者的蒲鲁东主义者;在德国,除了少数马克思的拥护者之外,还有拉萨尔主义者和合作主义者舒尔茨的信徒。所以,《成立宣言》和《临时章程》一方面必须坚持《共产党宣言》所阐述的无产阶级原则;另一方面又必须从工人运动的实际情况出发,使它不致把英国工联,法、比、意、西等国蒲鲁东派以及德国拉萨尔派拒之门外,成为团结广大工人阶级的纲领。马克思正确估计到这种情况。他在给恩格斯的信中写道:"重新觉醒的运动要做到使人们能像过去那样勇敢地讲话,还需要一段时间。这就必须实质上坚决,形式上温和。"①

马克思很好地完成了这个任务。《成立宣言》、《临时章程》继续坚持早在《共产党宣言》中就已经阐述的无产阶级革命原则,深刻论述了无产阶级的历史使命和根本目标;而在具体表述上又从工人运动的实际状况出发,尽量照顾各派工人的觉悟程度和接受能力。甚至不得不把"权利"、"义务"、"真理"、"正义"等词也用上去,不过已经把它们安置在不致有害的地方。这两份文件,是革命原则性和策略灵活性相结合的典范,是实质坚定、形式温和的榜样,正如恩格斯所说的,是"真正的艺术品"。

《成立宣言》指出,资本主义制度是工人阶级和广大劳动人民遭受贫困和奴役的根本原因。自从1848年以来,工业和贸易史无前例地发展,财富和实力"令人陶醉"地增加;与此同时,工人阶级广大群众的生活不仅没有任何改善,反而日益下降;在经济进步的所谓"黄金时代",失业、贫困、饿死是一种普遍的现象。事实使工人阶级深深懂得,资本主义制度是工人阶级一切灾难的根源。在资本主义制度下,"不论是机器的改进,科学在生产上的应用,交通工具的改良,新的殖民地的开辟,向外移民,扩大市场,自由贸易,或者是这一切加在一起,都不能消除劳动群众的贫困。在现代这种邪恶的基础上,劳动生产力的任何新的发展,都不可避免地要加深社会对比和加强社会对抗"②。因此,无产阶级为了改善自己的处境,必须团结起来,进行革命

---

① 马克思:《致恩格斯》(1864年11月4日),《马克思恩格斯全集》第31卷,第17页。
② 马克思:《国际工人协会成立宣言》,《马克思恩格斯全集》第16卷,第9—10页。

斗争，推翻资产阶级的统治。

《成立宣言》回顾1848年以来工人运动的状况，指出夺取政权是工人阶级的伟大历史使命。1848年革命失败后，各国资产阶级一方面对工人阶级进行残酷镇压，另一方面收买一部分工人，培植"政治工贼"，因而工人运动暂时受到挫折。即使如此，工人阶级广大群众仍然继续进行斗争。在这个时期里，工人阶级取得了两个重大胜利。第一，迫使资产阶级政府通过十小时工作日法案；第二，创办合作工厂。十小时工作日法案，使工人阶级的体魄有所增强，并且有时间增加知识和从事社会活动，在体力、道德和智力方面引起良好的后果。合作运动在一程度上改善工人阶级的处境，但它并不能消灭资本主义制度，不能根本改变无产阶级的贫困状态。因此，企图通过合作运动消灭资本主义，完全是一种幻想。马克思说："不管合作劳动在原则上多么优越，在实际上多么有利，只要它没有越出个别工人的偶然努力和狭隘范围，它就始终不能阻止垄断势力按几何级数增长，也不能解放群众，甚至不能显著地减轻他们贫困的重担！"① 无产阶级要获得解放，必须使土地巨头和资本巨头不能利用他们的政治特权维护和永久保持他们的经济垄断，无产阶级不应该仅仅局限于进行经济斗争和注意微小的改革，而应该把政治斗争放在首要地位。

《成立宣言》回顾1848年以来的国际关系，指出无产阶级必须洞悉国际政治的秘密，监督本国政府的外交活动，揭露和反对政府对外侵略和掠夺。这是争取无产阶级解放斗争的一部分。

《成立宣言》回顾1848年以来无产阶级力量的增长，指出无产阶级国际团结的伟大意义。随着资本主义的发展，无产阶级人数大大增加。这是革命的有利条件；但是仅仅有这个条件，还不足以战胜资产阶级。资本是一种国际力量。工人阶级在争取自己的解放中，必须加强国际团结，以便反对国际资本的联合。过去的经验证明："忽视在各国工人间应当存在的兄弟团结，应该鼓励他们在解放斗争中坚定地并肩作战的兄弟团结，就会使他们受到惩罚——使他们分散的努力遭到共同的失败。这种认识促使1864年9月28日在圣马丁堂出席公开大会的各国工人创立了国际工人协会。"②

《成立宣言》再次发出了伟大的战斗号召：

---

① 马克思：《国际工人协会成立宣言》，《马克思恩格斯全集》第16卷，第12页。
② 马克思：《临时章程》，《马克思恩格斯全集》第16卷，第13页。

"全世界无产者，联合起来！"

《临时章程》规定了国际工人协会的目的、任务、组织原则和活动方式，是国际无产阶级的共同行动准则。

《临时章程》指出，工人阶级解放斗争的目的，是要消灭一切政治特权和经济垄断权，消灭任何阶级统治。工人阶级的解放应该由工人阶级自己去争取，决不能够把自己的命运寄托在统治阶级的善心和个别天才人物的恩赐上。只有工人阶级广大群众的斗争，才能争得自己的解放。

《临时章程》指出：资产阶级在经济上的垄断地位，是一切形式的奴役即一切社会贫困、精神屈辱和政治依附的基础，是劳动者受剥削受压迫的根源。因此，工人阶级的经济解放"是一切政治运动都应该作为手段服从于它的伟大目标"①。《临时章程》指出："劳动的解放既不是一个地方的问题，也不是一个民族的问题，而是涉及存在有现代社会的一切国家的社会问题，它的解决有赖于最进步的各国在实践上和理论上的合作。"②

《临时章程》指出，国际工人协会的目的就是要把各国分散的工人运动联合起来，争取工人阶级的彻底解放。协会应该成为"追求工人阶级的保护、发展和彻底解放的各国工人团体进行联络和合作的中心"③。

《临时章程》规定了国际工人协会的组织原则。代表大会每年举行一次，任命中央委员会（总委员会），沟通各国工人运动的情况，进行国际联系和合作。

《成立宣言》和《临时章程》为国际工人协会奠定了思想的、组织的和活动的基础。

三 总委员会的实际领导者

马克思是第一国际历届总委员会委员、德国通讯书记和实际领导者。在马克思领导下，第一国际总委员会组织和领导了劳资斗争中的国际联合行动，支援了各国工人阶级的罢工斗争。

实现劳资斗争中的国际联合行动，"一般说来，是国际协会最主要的活

---

① 马克思：《临时章程》，《马克思恩格斯全集》第16卷，第15页。
② 同上。
③ 同上。

动:因为协会的目的就在于把至今仍然分散的各国工人阶级争取自身解放的斗争联合起来,把它纳入共同的轨道"[1]。

在马克思领导下,总委员会经常了解和研究各国工人阶级状况,组织和协调工人阶级的国际联合行动。马克思对各国工人阶级和工人运动的情况进行了深入的调查研究。他亲自拟定调查大纲,与各国工人运动活动家经常通信,收集至关重要的实际情况和统计资料,了解劳资斗争的详情细节。这样,当某一国家发生罢工时,马克思便立即洞悉整个事件的情况,给予具体的指示和帮助。根据马克思的提议,第一国际日内瓦代表大会通过了《关于劳动反对资本斗争中的国际互助》的决议。马克思领导总委员会成功地声援了1865年8月德国莱比锡排字工人罢工,1866年3月英国伦敦裁缝工人罢工,1867年1—3月法国巴黎铜器工人罢工,1867年2月比利时沙勒罗瓦煤矿工人罢工,1868年3—4月瑞士日内瓦建筑工人罢工等多次罢工的国际声援活动。

马克思在领导第一国际的活动中,把阐述和传播科学共产主义理论,提高工人阶级的觉悟水平,作为一项重要的任务。

马克思认为,工人阶级在反对资本主义的斗争中,具备了人数众多的有利条件。但是要使这个条件发生决定作用,工人阶级必须用革命理论武装起来。掌握革命理论,是工人阶级战胜资产阶级的一个首要条件。

国际工人协会是对工人阶级进行共产主义教育的最好学校。马克思通过自己起草的各种文件,通过在委员会中的讲话和活动,通过与各国工人运动活动家的直接接触,深刻而具体地阐明了科学共产主义的基本原理和无产阶级的政策策略,教育了广大工人群众。

马克思经常在总委员会中作报告,结合国际工人运动和当时发生的重大政治经济、外交和社会事件,对工人进行教育。1865年6月25—27日,马克思在总委员会全体会议上作了著名的《工资、价格和利润》的讲演。这篇讲稿以通俗的语言,阐述了剩余价值学说的内容,揭露了资本主义剥削的秘密,论证了工人和资本家利益的根本对立。[2]

在总委员会上,马克思还就资本主义制度下使用机器的问题作了演讲。

---

[1] 马克思:《临时中央委员会就若干问题给代表的指示》,《马克思恩格斯全集》第16卷,第214页。

[2] 马克思:《工资、价格和利润》,《马克思恩格斯全集》第16卷,第169页。

马克思指出,在资本主义条件下,使用机器给工人阶级带来了灾难性的后果:它延长了劳动时间,提高了劳动强度,造成了过剩人口,降低了工人工资。但是,工人阶级不应该像蒲鲁东主义者一样,把机器看成是绝对坏的东西。使用机器使劳动集中化、组织化。因此,"一方面,机器成了资本家阶级用来实行专制和进行勒索的最有力工具;另一方面,机器生产的发展为用真正社会的生产制度代替雇佣劳动制度创造必要的物质条件"[①]。

1869年8月,马克思在总委员会上就资本主义社会的普及教育问题作了发言。他说:"最先进的工人完全了解他们阶级的未来,从而也是人类的未来,完全取决于正在成长的工人一代的教育。"[②] 马克思指出,无产阶级的教育制度要求把智育同体力劳动,同体育和综合技术教育结合起来。马克思认为,在资产阶级社会的学校中,学生不可能得到科学世界观的教育;工人阶级的子女应当在日常生活和斗争中,从老一辈工人那里获得这种教育。

马克思经常与各国工人运动活动家和工人群众直接接触、个别交谈或者通过书信,对他们进行教育和指导。第一国际西班牙通讯书记拉法格,在回忆马克思对他教育时写道:"许多年来我总是陪他在汉普斯泰荒埠上作晚间散步,就是在沿着草地散步的时候,我从他那里获得了经济学的知识,也许他自己不自觉地就把《资本论》第1卷的全部内容,随着他当时写作的情节,一步一步地解释给我听了。有一天晚上,马克思以只有他所特有的丰富的旁征博引和见解向我解释了他那人类社会发展的辉煌理论。就像在我眼前揭开了一道帷幕一样,你有生以来第一次清楚地把握住了世界历史的逻辑,并且能够找到思想发展表面上如此矛盾的现象的物质原因,这一切使我非常惊讶,好多年后这一印象还留在我的脑海中。"[③]

马克思为第一国际总委员会和历届代表大会起草的指示、报告、声明和决议中,用无产阶级革命精神,帮助工人群众摆脱资产阶级、小资产阶级和各种机会主义思潮的影响。

在第一国际期间,马克思的伟大学说,通过国际的各种文件、会议、报刊和代表的活动,深入传达到工人阶级广大群众中去,对于提高工人阶级的

[①] 马克思:《在资本主义制度下使用机器的后果的决议草案》,《马克思恩格斯全集》第16卷,第357页。

[②] 马克思:《临时中央委员会就若干问题给代表的指示》,《马克思恩格斯全集》第16卷,第217页。

[③] 拉法格:《回忆马克思》,《回忆马克思恩格斯》,第74页。

觉悟，促进革命运动的发展，起了极大的作用。在马克思直接关怀和教育下的英国工人阶级，革命热情大大提高。1870年初，马克思讲到国际在英国的影响时写道："英国人拥有进行社会革命的一切必要的物质前提。他们所缺乏的是总结的精神和革命的热情。只有总委员会能够弥补这个缺陷，从而加速这个国家的以及任何地方的真正的革命运动。我们在这方面已经取得巨大成绩，得到了统治阶级最聪明的和最有影响的机关报刊，例如《派尔察尔新闻》、《星期六评论》、《旁观者》、《双周评论》的证实，更不用说下院和上院中那些不久前还对英国工人领袖有很大影响的所谓激进的议员了。"①

国际工人协会在马克思领导下，坚持无产阶级国际主义，支持各国人民争取民主权利和民族独立的斗争。

1861—1865年美国爆发了南北战争。马克思坚决支持为解放黑人奴隶而战的北方，反对无耻地维护黑人奴隶制度的南方奴隶主，强调指出欧洲工人阶级把美国人民反对奴隶主的战争，当做与自己的阶级命运紧密相关的事情。

马克思一贯关心波兰的民族独立运动，并把这一运动同欧洲各国的民主运动、无产阶级反对资产阶级的革命运动联系起来，认为没有波兰的独立，欧洲的自由也不能确立。在国际工人协会总委员会波兰问题会议上，马克思就这一问题作了多次发言，详细分析了波兰的历史和工人阶级的政策。

在马克思领导下，第一国际坚决支援爱尔兰人民的斗争。马克思在第一国际总委员会会议上，在伦敦德国工人教育协会的报告中，详细论述了爱尔兰运动的原则、意义和工人阶级的态度，指出：爱尔兰人民的斗争，与工人阶级有着密切的关系。英国资产阶级通过对爱尔兰的强制移民来降低工人工资，使英国工人阶级处境更加恶化。同时，又挑拨英国工人和爱尔兰人的关系，利用无产者的分裂以维护自己的统治。爱尔兰人民的斗争，将给英国地主资产阶级以沉重打击。

马克思在第一国际中多方面的活动，获得了辉煌的成就。在领导第一国际的工作中，马克思经常是在幕后。他不同意担任主席的职务，但实际上他是协会中大家一致公认的领袖。

国际工人协会的工作，花费了马克思很多时间和精力。他除了经常参加每周举行的总委员会会议之外，还受总委员会委托，参加和领导一些专门问

---

① 马克思：《总委员会致瑞士罗曼语区联合委员会》，《马克思恩格斯全集》第16卷，第438页。

题的小组委员会，与各国工人运动活动家个别联系和通信，解决国际和各国工人运动中的各种问题。这段时期，他往往不得不把写作《资本论》的工作移到夜里，而白天的时间为国际事务奔忙。他在1865年3月13日给恩格斯的信中写道："除痔疮的继续生长外，近来工作多得要命；例如昨夜到早上四点钟才上床。除我写书的工作外，国际协会占去我极多的时间，因为我实际上是它的领导人。丧失了多少时间啊！"[①] 他在信中详细列举了一个星期主要的活动情况。

2月28日，中央委员会开会，解决法国支部问题，至深夜12点，会后还要在200张卡片上签名；

3月1日，波兰大会；

3月4日，关于法兰西问题的小组委员会会议，至深夜一点钟；

3月6日，同一问题的小组委员会会议，至深夜一点钟；

3月7日，中央委员会会议，至夜间12点钟。

这封信报道的情况，还没有包括马克思为各种会议所准备的大量工作和其他活动；但这里也大体可以看出他在国际协会付出了多大的时间和精力。

第一国际最初几年的辉煌成就，为马克思赢来了巨大声誉。各国工人运动活动家和广大工人群众都对马克思十分崇敬。但他从不计较任何荣誉，十分厌恶个人迷信和对个人的歌功颂德。他后来曾经说过："由于厌恶一切个人迷信，在国际存在的时候，我从来都不让那许许多多来自各国的使我厌烦的歌功颂德的东西，我甚至从来不予答复，偶尔答复也只是加以斥责。"[②]

国际工人协会的辉煌成就，吸引着一批投机家、阴谋家和形形色色派别人物的关注。许多人都想跻身总委员会，掌握这个影响日益增大的组织。第一国际成立不久，总委员会的人数便从35人增至58人，成分复杂，意见分歧，难以有效开展工作。法国小资产阶级社会主义者路易·勃朗要求吸收他为名誉会员，英国资产阶级激进派代表人物艾德蒙·比耳斯曾被提名为中央委员候选人；如果让这些资产阶级、小资产阶级代表人物进入总委员会，协会的无产阶级性质就会遭到损害。正如马克思所说："我认为让比耳斯先生加入我们的委员会将使整个事业遭到破坏。"[③]

---

① 马克思：《致恩格斯》（1865年3月13日），《马克思恩格斯全集》第31卷，第100页。
② 马克思：《致威·布洛斯》（1877年11月10日），《马克思恩格斯全集》第34卷，第289页。
③ 马克思：《致维·吕贝》（1865年2月15日），《马克思恩格斯全集》第31卷，第451页。

为了坚持国际工人协会的无产阶级性质,为了维护马克思在协会的领导地位,马克思采取了三项重要措施。一是在1864年11月1日和8日两次会议上,增选4名共产主义者同盟老战士弗·列斯纳、卡·普芬德、格·洛赫纳、卡·考布为中央委员会委员;二是在中央委员会(总委员会)中成立常务委员会,由主席、总书记和各国通讯书记组成,马克思及其拥护者欧·杜邦、海·荣克和保·拉法格先后以各国通讯书记身份参加常务委员会;三是规定严格的组织纪律,任何委员如果没有出席中央委员会并参加其工作,或者不交纳会费,不得被选为中央委员;规定任何人不能成为荣誉会员等。这些措施,有效地防止了各种投机钻营者进入国际的领导机构,维护了马克思在国际的领导地位。

马克思在国际中崇高的威望,引起了一些人的忌妒。意大利独裁者马志尼、英国工联领袖克里默、法国蒲鲁东主义者托伦等,都曾多次策划阴谋,妄图把马克思排挤出去。托伦几次提出国际不能吸收脑力劳动者参加的荒谬意见,目的都是为了反对马克思。但是他的意见无论在总委员会或代表大会上,都遭到大多数人的反对。英国工联领袖克里默,在马克思因病不能参加总委员会会议时,企图篡夺总委员会和国际机关报编辑部的权力,结果都未能成功,只是使自己丢脸。马志尼及其代表沃尔夫,也多次玩弄阴谋诡计,甚至不惜挑拨总委员会中各国工人代表的关系,妄图达到排斥马克思、篡夺领导权的目的。当他的阴谋破灭时,又到处诬蔑马克思具有"破坏性的头脑"、"不容异己的性格"等等。对此,恩格斯尖锐地反驳道:"马志尼之所以如此仇恨马克思,显然是因为马克思成功地破坏了马志尼对国际策划的阴谋,不容异己地反对老阴谋家掩饰不住地贪求权力的野心,从而使他永远无法危害协会。所以国际应该为自己的会员中有这样一个人而感到十分满意,这个人的'头脑'和'性格'是如此具有'破坏性'和'不容异己',以致他能保证国际存在七年之后,获得今天的光荣地位,他所做的事比任何人都多。"①

第一国际成立的第三年,1867年9月1日马克思在给恩格斯的信中,以自豪的心情写道:"在这期间我们的协会有了很大的进步。本来想完全不理睬我们的那个卑鄙的《星报》,昨天在社论中说我们比和平代表大会更重要。舒尔采—德里奇阻止不住他在柏林的'工人联合会'加入我们的组织。英国工联主义者中曾经认为我们走得太远的那些猪猡们,现在也向我们跑来

---

① 恩格斯:《马志尼及对国际的言论》,《马克思恩格斯全集》第17卷,第419页。

了。……在下一次的革命——这也许会比表面看起来的更快些——中我们（也就是你和我）手里就能握有这种强大的引擎。请把这一点和马志尼等人30年来的活动的结果比较一下吧！而且我们没有经费！在巴黎有蒲鲁东主义者的阴谋，在意大利有马志尼的阴谋，在伦敦有怀着忌妒心的奥哲尔、克里默和波特尔的阴谋，在德国有舒尔采—德里奇和拉萨尔分子！我们可以十分满意了！……"①

四 日内瓦、洛桑和布鲁塞尔代表大会

国际工人协会最初几次代表大会，马克思由于整理和出版《资本论》第1卷等原因未能亲自参加，但他为代表大会的召开做了大量准备工作。

日内瓦代表大会于1866年9月3日举行。出席大会的有国际所属22个支部和参加国际的11个组织的代表共60人。马克思从实际情况出发，拟定大会的议程；就议程内容给代表写了书面指示，大会根据马克思指示的内容，进行了热烈的讨论。最初几次代表大会，主要是与蒲鲁东主义者的分歧和争论。

第一，关于协会性质。日内瓦代表大会是国际的第一次代表大会，因此，讨论《章程》是大会的主要问题。

蒲鲁东主义者企图把国际变成蒲鲁东主义的世界合作协会。他们在提交大会的报告书中写道："本协会的宗旨在于为会员在本国和欧洲各国寻找职业，协会将在这些地方设置联络局；联络局应尽可能开设商店，协会会员可以通过这些商店等价地交换商品和劳务，除了补偿登记这些商品和劳务所需的费用外，无需任何额外附加费。联络局将开设国际办事处，以便把协会会员制造的产品卖给公众。"大会拒绝蒲鲁东主义的提案，通过由马克思起草的《章程》，明确指出工人阶级的解放应该由工人阶级自己去争取；国际的目的在于把工人阶级的自发运动联合起来，争取工人阶级彻底解放，消灭任何剥削和阶级，建立没有阶级的新社会。工人阶级的经济解放是一切政治运动应作为手段服从的伟大目标。

第二，关于合作运动问题。蒲鲁东主义者夸大合作社的作用，鼓吹通过合作社改造资本主义。马克思在写给代表的指示中深刻地批判这种理论。马

---

① 马克思：《致恩格斯》（1867年9月11日），《马克思恩格斯全集》第31卷，第347页。

克思指出，在资本主义制度下，合作运动只是证明生产联合完全可以代替雇佣劳动制度。但是，合作运动决不能改造资本主义社会。正是由于合作运动不仅不能触动它的基础，不会危害资本主义的剥削制度，而且在工人阶级中制造了改良主义的幻想，因此，那些面善口惠的贵族，资产阶级的慈善空谈家，以至机灵的经济学家，都一改过去的反对态度，突然对合作运动大加捧场。这也从反面教育了工人阶级，如果把这种运动当做争取自身解放的主要形式，那就是上了资产阶级的当，就是在实质上维护了资产阶级的剥削制度。马克思指出，改造资本主义社会，必须进行社会基础的变革，这就是说，必须消灭资本主义生产资料私有制，消灭资本主义生产关系，"而这种变革只有把社会的有组织的力量即国家政权从资本家和大地主手中移到生产者本人手中才能实现"①。因此，夺取政权已成为工人阶级的伟大使命。

第三，关于工会问题。当时除了英国之外，其他国家工会组织正在萌芽。蒲鲁东主义者反对一切工会。蒲鲁东就认为，组织工会是与社会的公共秩序相违背的，工人联合起来进行罢工斗争是违反雇主的自由权利的。蒲鲁东主义者的观点，在大会上遭到大多数代表的批驳。大会通过了马克思起草的给代表的指示。马克思指出，资本是一种集中的社会力量。工人阶级必须集中自己的力量，才能战胜资本的统治。工会不仅对于阻止资本家的不断进攻，反对资本家降低工资、解雇工人、延长劳动日等劳资之间的游击式的斗争是完全必要的，而且在斗争的实践中，工会已成为工人阶级组织的中心。因此，它"作为消灭雇佣劳动制度本身和消灭资本权力的一种有组织的力量就更为重要了"②。

过去，工会过多地局限于地方性的日常经济斗争；但是，随着工会运动的发展，它越来越认识到自己的伟大历史使命，因而越来越积极地参加政治运动。各国工人阶级必须积极建立工会组织，支持社会运动和政治运动，为千百万被压迫者的解放而斗争。

第四，关于劳资关系问题。大会讨论了限制工作日、劳资斗争中的国际联合行动等问题。蒲鲁东主义者在讨论中反对限制劳动日立法，认为劳动日的长度是由资本家与工人缔结的契约决定，无论国家或工会都无权干涉。这

---

① 马克思：《临时中央委员会就若干问题给代表的指示》，《马克思恩格斯全集》第16卷，第219页。

② 同上书，第220页。

些意见，都遭到大会的拒绝。大会根据马克思指示通过的决议指出，限制劳动日不仅对于恢复工人阶级的健康和体力是必要的，而且对于保证工人有机会发展智力、进行社会活动和政治活动也是必需的。因此，建议通过立法手段把劳动日限制为八小时，以此作为全世界工人阶级的共同要求和共同行动纲领。大会指出，组织劳资斗争中的国际联合行动，是国际工人协会的一个特殊职能。协会必须尽自己一切力量，反对各国资本家利用外国工人作为破坏本国罢工的做法；必须使各国工人阶级在反对资本和争取自身解放的斗争中，不仅有兄弟和同志那样的感情，而且像兄弟和同志那样地行动。

日内瓦代表大会在其他许多问题上，也通过了马克思的主张。

马克思对日内瓦代表大会的结果十分满意。1866年10月9日，在库格曼的信中写道：

"我曾经很为第一次日瓦内代表大会担心。可是从整个情况看，结果要比我预期的来得好。在法国、英国和美国的影响是出乎意料的……巴黎的先生们满脑子都是蒲鲁东的空洞词句。他们高谈科学，但什么也不懂。他们轻视一切革命的即产生于阶级斗争本身的行动，轻视一切集中的、社会的、从而也是政治的手段（例如，从法律上缩短工作日）来实现的运动；在自由和无政府主义或反权威主义的幌子下——这些他们16年来一直泰然自若地忍受着并且现在还在忍受着最可耻的专制制度——他们实际宣扬庸俗的资产阶级的生意经，只是按蒲鲁东的精神把它理想化了。"①

洛桑代表大会是第一国际第二次大会，于1867年9月举行。出席大会的代表共71人，其中瑞士代表38人，法国代表18人，他们大多是蒲鲁东主义者。马克思这时正在最后审校《资本论》第1卷，没有出席大会。

在大会上，蒲鲁东主义者把日内瓦大会已经解决的问题，例如工作日问题、普及教育问题、女工问题、交换银行问题等又重新提了出来，企图利用自己在人数上的优势推翻日内瓦的决议。马克思的拥护者与他们作了严肃的斗争，在一些主要的问题上取得了胜利。

大会讨论的最主要问题是工人阶级对待政治斗争的态度。早在伦敦代表会议上蒲鲁东主义者就反对工人阶级参加政治斗争；在日内瓦代表大会上，他们又以工人阶级不应参加政治斗争为理由，反对支持波兰独立运动。在洛桑代表大会上，许多代表以具体事实说明：工人阶级的经济斗争与政治斗争

---

① 马克思：《致库格曼》（1866年10月9日），《马克思恩格斯全集》第31卷，第531页。

是密切相关的；在没有集会、结社、出版、言论等政治自由的国家，工人运动的发展就受到很大影响；反之，在一些存在较广泛的政治自由的国家中，工人运动就获得较快的发展。因此，参加政治斗争，争取政治自由，是无产阶级获得彻底解放的必要条件。

经过激烈的争论，大会通过决议："鉴于国内缺乏政治自由，阻碍无产阶级的社会解放，大会声明：（一）劳动者的社会解放和他们的政治解放是不可分割的；（二）取得政治自由，对每个国家都是绝对必要的。"为了强调工人阶级参加政治斗争的必要性和重大意义，大会决定今后每次大会都重申这项决议。

大会讨论的另一个主要问题是所有制问题。《共产党宣言》明确宣布："共产党人可以把自己的理论用一句话表示出来：消灭私有制。"①蒲鲁东主义者主张土地应归个人所有，反对土地公有化。蒲鲁东主义者托伦说："我的公式是：土地归农民，贷款给产业工人。"另一个蒲鲁东主义者库勒里说："我是自由的拥护者，因而也就是私有制的拥护者。"由于蒲鲁东主义者的阻挠，大会在土地所有制问题上未能作出决议。但是大会认为交通、邮电和大型企业国有化是合适的。

虽然这次大会在一些次要问题上通过了蒲鲁东主义者的决议，但这些决议都没有什么实际作用。

国际工人协会第三次代表大会于1868年9月在布鲁塞尔举行。出席代表大会的代表共99人，其中比利时代表人数最多，达55人。

马克思没有亲自出席大会，但他为大会做了充分的准备。在总委员会会议上，他就大会议程的各项问题（土地所有制问题、资本主义制度下使用机器的后果问题、缩短工作日等）作了发言，提出了决议草案，写了《国际工人协会总委员会第四年度报告》。

大会首先宣读了马克思代表总委员会所作的报告。马克思指出"1867—1868年是国际工人协会历史上的一个重要时代。在平稳发展时期之后，它的影响增强了，以致引起了统治阶级的恶毒诽谤和各国政府的迫害。协会进入了斗争新阶段"②。马克思详细论述了各国工人阶级在与反动派的斗争中不断

---

① 马克思、恩格斯：《共产党宣言》，《马克思恩格斯全集》第4卷，第489页。
② 马克思：《国际工人协会总委员会第四年度报告》，《马克思恩格斯全集》第16卷，第360页。

成长壮大的事实，热烈赞扬各国工人阶级的斗争精神，坚决反击各国反动派对国际工人协会的诬蔑和迫害，再次庄严宣布：“国际工人协会不容许离开正确的道路。今后它的命运将同人类复兴所依靠的那个阶段的历史发展不可分割地联系在一起。”①

布鲁塞尔代表大会继续讨论所有制问题。在会上一些蒲鲁东分子坚持土地私有制的观点，认为土地是个人的幸福和进步的前提。大会驳斥了这种言论，认为小农仅是名义上的私有者。土地私有制不仅没有给他们带来任何幸福，反而使他们负债累累，成为高利贷者和商人盘剥的对象；土地私有制不仅没有起任何进步利用，反而是把农民束缚在土地上，使他们斤斤计较眼前利益，而不能积极参加争取社会进步的斗争；同时由于农民无力采用新技术，也使农业生产长期停滞不前，更谈不上有任何进步了。大会决定"社会有权废除土地私有制并把土地变为公有"。大会不顾一些蒲鲁东主义者的反对，通过决议，要求实现矿山、矿井、铁路、森林、公路、邮电等国有化。

在罢工问题上，大会认为罢工是无产阶级争取自身解放的手段之一。大会建议组织互助储金以支持罢工斗争；成立职工代表委员会，以研究和决定有关罢工的问题。在缩短劳动日问题上，大会通过了马克思起草的决议草案，重申"从法律上限制工作日是今后任何一种社会改革所不可缺少的先决条件"②。在资本主义制度下使用机器的问题上，大会通过了马克思的决议草案，指出了机器不仅是资本家用来加强剥削的工具，而且为社会主义代替资本主义创造了必要的物质条件。

代表大会根据德国工人代表团的提议，通过一项特别决议，号召工人阶级学习马克思的《资本论》。决议指出："卡尔·马克思作出了不可估量的贡献，他是经济学家当中第一个对资本进行科学分析并把它分解为原始成分的。"

1887年，恩格斯在回忆这段历史时写道：二十年来国际工人运动获得何等巨大的进步：十年前，蒲鲁东的著作是罗曼语区的工人的唯一精神食粮，现在，蒲鲁东的著作早已被遗忘而由《资本论》、《共产党宣言》和其他马克思主义的著作所代替，"马克思的主要要求——由上升到政治独占地位的无产

---

① 马克思：《国际工人协会总委员会第四年度报告》，《马克思恩格斯全集》第16卷，第365页。

② 马克思：《关于缩短工作日的决议草案》，《马克思恩格斯全集》第16卷，第359页。

阶级以社会的名义夺取全部生产资料——现在也成了罗曼语区各国一切革命工人阶级的要求"①。在比利时、意大利、西班牙、法国这些蒲鲁东主义曾流行一时的国家里，现在都已经由马克思主义占统治地位了，例如，"现在法国工人已经完全抛弃蒲鲁东。他只是在激进资产阶级和小资产阶级中还有些信徒，这些作为蒲鲁东主义者，也自称为'社会主义者'，可是社会主义的工人却对他们进行最激烈的斗争"②。

五 在讲台上扮演"哑角"的特殊贡献

马克思自己曾经幽默地说，在国际协会中，他总是"在讲台上扮演哑角"③。他默默无闻地为国际协会做了大量工作，花了许多精力，却从来不愿出头露面，不追求权力和声誉。国际在欧洲举行五次代表大会，他除海牙代表大会外，都没有出席，但是会议的议程、内容、报告和决议草稿，几乎都是由他事前拟定的。他不仅扮演"哑角"，而且不在讲台上露面，广大公众难以了解他的作用。但正是这位"哑角"，比任何人对国际工人协会，对历次代表大会，对总委员会所作的贡献都要大得多。他在每次代表大会前为大会做了充分准备，把大会引到正确的轨道。

1866年9月举行的日内瓦代表大会前，马克思写了《临时中央委员会就若干问题给代表的指示》，就国际协会的组织、劳资斗争的国际联合行动、限制工作日、男女儿童和少年的劳动、合作劳动等11个问题提出了明确的意见。

《临时中央委员会就若干问题给代表的指示》写道，一般来说，实现劳资斗争中的国际联合行动，包括国际协会全部活动。"因为协会的目的就在于把至今仍然分散的各国工人阶级争取自身解放的斗争联合起来，把它纳入共同的轨道"④。协会的伟大目的之一就是要尽力使各国工人在解放斗争中不仅有兄弟和同志那样的感情，而且像兄弟和同志那样的行动。

各国工人阶级为了更有把握地实现"国际联合行动"，必须进行深入的调

---

① 恩格斯：《〈论住宅问题〉第二版序》，《马克思恩格斯全集》第21卷，第373页。
② 同上书，第374页。
③ 马克思：《致恩格斯》（1864年11月4日），《马克思恩格斯全集》第31卷，第12页。
④ 马克思：《临时中央委员会就若干问题给代表的指示》，《马克思恩格斯全集》第16卷，第214页。

查研究，收集有关工人状况的实际情况和统计资料。《临时中央委员会就若干问题给代表的指示》详细列出进行调查的参考提纲。例如：该生产部门从业工人的人数；计日工资或计件工资；平均周工资和平均年工资；工作日长短，夜工和日工；劳动条件的评定，劳动对身体的影响；是季节性生产还是全年均衡生产，等等。从调查提纲可以看出，马克思了解和收集工人情况是多么具体和细致。

马克思说，教育具有非常重要的作用，"最先进的工人完全了解，他们阶级的未来，从而也是人类的未来，完全取决于正在成长的工人一代的教育"[①]。教育包括智商、体育和技术教育，必须把劳动与教育结合起来，必须按照儿童少年不同年龄循序渐进地授以智商、体育和技术教育课程。

关于合作运动问题，马克思指出，合作运动是改造以阶级为对抗的现代社会制度的各种力量之一，它的伟大功绩在于表明资本主义雇佣劳动制度由自由平等的生产者联合的制度所代替是可能的；但它决不能改造资本主义社会。为了改造社会，必须进行全面的社会制度基础的变革。为此，必须把"国家政权从资本家和大地主手中转移到生产者本人的手中才能实现"[②]。

马克思十分重视工人阶级的组织——工会的作用。在《临时中央委员会就若干问题给代表的指示》中，他认为工会不仅成了工人阶级的组织中心，正像中世纪的市政局和公社是资产阶级的组织中心一样，而且他们对于进行劳资之间的游击斗争也是必要的，"它们作为消灭雇佣劳动制度本身和消灭资本权力的一种有组织的力量就更为重要"[③]。

国际工人协会于1868年9月6—13日在布鲁塞尔举行第三次代表大会，马克思为代表大会写了《国际工人协会总委员会第四年度报告》，由总委员会的代表在会上宣读。马克思认为，由于国际协会的有效活动，影响不断扩大，引起各国政府的敌视，从平稳发展时期进入斗争阶段，法国、德国、奥地利、意大利、比利时、英国等国政府，都以各种方式对国际会员进行迫害，对协会进行镇压。马克思说："各个军国主义政府尽管经常都准备着彼此厮杀一

---

① 马克思：《临时中央委员会就若干问题给代表的指示》，《马克思恩格斯全集》第16卷，第217页。
② 同上书，第219页。
③ 同上书，第220页。

场,但在对自己的共同敌人——工人阶级进行十字军征讨时,却总是一致的。"① 但是工人组织却愈来愈强,并且正在日益摆脱一切旧政党的影响而取得完全的独立。

工人阶级与资本的斗争,组织的成熟是一个重要的条件。由于工人的斗争,北美许多地方已通过八小时工作日的法律,但是资本家却利用一切手段阻挠这一法律的实行。"这一事实表明,即使在最有利的政治条件下,工人阶级要取得任何重大的胜利,都有赖于培养和集中工人阶级力量的那个组织的成熟程度。"②

所有国家都在世界市场上竞争,都彼此互相影响,工人阶级为了在斗争中取得最终胜利,必须建立国际性的联盟。"正是由于这种需要,才产生了国际工人协会。因此,'国际工人协会'并不是某一个宗派或某一种理论的人为的产物,它是无产阶级运动自然发展的结果。"③

这次代表大会还通过了马克思提出的关于八小时工作日,关于机器在资本主义使用的决议,关于建议各国工人学习马克思《资本论》的决议,通过了关于把铁路、地下资源、矿井和矿山、森林和耕地转交公共所有的决议,表明了马克思的理论和主张在代表大会上取得了胜利。

按照一贯做法,代表大会前,总委员会需要举行若干次会议,拟订议程,研究准备在代表大会上讨论的问题。1869年9月举行的布鲁塞尔代表大会,早在大会开幕前两个月,马克思就参与议程的制定。大会议程包括:(1)关于土地所有制的问题;(2)继承权;(3)工人阶级在多大程度上可以立即利用信贷;(4)关于普及教育的问题;(5)工会对工人阶级解放的作用。马克思根据大会议程,先后于7月6日、7月20日、8月10日和17日在总委员会会议上对土地问题、继承权问题和普及教育问题作了发言。马克思说,土地所有制问题实际是小私有制问题。国际协会没有人反对矿井和森林转为公共财产。只是法国的蒲鲁东主义者主张应该保护小农经济的小私有者。但是无论在英国和法国,土地私有制都造成严重的后果:"小农——仅仅是名义上的私有者,然而也是最危险的,因为他们直到现在还认为自己是实际上的私有者。在英国,凭议会的一道法令,在两个星期里就可能使土地变为公共财

---

① 马克思:《国际工人协会总委员会第四年度报告》,《马克思恩格斯全集》第16卷,第363页。
② 同上书,第365页。
③ 同上。

产；在法国，这却要通过土地所有者负债累累和担负重税才能实现。"①

关于继承权问题，马克思在发言中认为，对于一无所有的无产阶级来说，这个问题没有什么意义。无产阶级主张"一切生产资料公有化，以便保证每个人都既有权利，又有可能来使用自己的劳动力，如果我们能达到这种情况，继承权就不需要了"②。

在普及教育问题上，马克思认为教育应当是义务教育，无论中学或小学，都应该开设自然科学、文法等科目，应该实行综合技术教育，以便弥补分工所造成的缺陷。

马克思还受总委员会委托，于1869年8—9月，写了《总委员会向国际工人协会第四年度代表大会的报告》，在9月7日布鲁塞尔代表大会上宣读。《报告》详细叙述了过去一年震荡欧洲大陆的罢工，以及国际工人协会在各国影响的扩大。在法国，1868年12月里昂等地工人反对降低工资而举行罢工，要求国际工人协会支援。国际工人协会发动英国工人召开声援大会并进行捐款，对法国工人给予有力的支持。马克思说，这是一次非常适当的时机来向资本家表示，他们通过降低工资的办法时而在这个国家时而在那个国家进行的工业战争，最终将因工人无产阶级的国际团结而无法继续进行。在过去一年中，奥地利工人阶级与资产阶级也进行了激烈的斗争。斗争的情况表明，资产阶级的利己本能、智慧的贫乏和对工人阶级的切齿痛恨暴露无遗。他们不是去反对王朝、贵族和教会对自己利益的侵犯，却"不惜耗费自己的精力，卑鄙地企图剥夺工人阶级的结社、集会和出版自由的权利"③。

在劳动反对资本的斗争中，各国政府都把矛头指向国际工人协会，认为工人的反抗不是由贫困和资本的专横所引起的，而是国际工人协会的阴谋。于是，他们就把工人局部冲突变为国家权力对国际工人协会的十字军征讨。但是，国际工人协会对工人罢工斗争的支持和声援，使协会的宗旨得到各国工人的拥护。国际影响不断扩大，许多国家的工人组织，纷纷要求加入国际。英国伯明翰工联代表大会通过决议：建议全国的工人，特别是所有工人组织，支持这个协会，并且恳切希望加入协会。

过去一年中最值得庆贺的就是德国组织了工会，德国、奥地利和瑞士15

---

① 《马克思关于土地所有制的发言记录》，《马克思恩格斯全集》第16卷，第649页。
② 《马克思关于继承权的发言记录》，《马克思恩格斯全集》第16卷，第652页。
③ 马克思：《总委员会向国际工人协会第四年度代表大会的报告》，《马克思恩格斯全集》第16卷，第423页。

万多名德国工人代表成立了德国社会民主党，采纳了国际工人协会纲领的基本原则。

马克思为历次代表大会撰写报告和指示，对许多重要问题的论述和主张，引领国际工人协会沿着正确的轨道前进。马克思扮演"哑角"所作的贡献，是任何人无法比拟的。

六　英国工联、《工资、价格和利润》

在第一国际中，马克思十分重视英国工联的作用，也对工联领导人在许多问题上的错误言行进行严肃的批判。

英国是资本主义的中心。19世纪中叶，英国已经完成产业革命，成为世界工厂。英国资产阶级把整个民族变成自己的雇佣工人，用资本控制世界。马克思说："大不列颠是资本专横和劳动被奴役达到了顶点的国家。在任何一个国家中，对于拥有一批产业大军的百万富翁和勉强度日的雇佣奴隶之间的中间阶层都没有消灭得这样彻底，"[1] 在任何一个国家中，"组成现代社会的两个阶级之间的战争都没有这样巨大的规模，没有这样清晰可见的轮廓"[2]。

马克思非常重视英国的工人运动。当时，英国是唯一具备进行社会革命的物质条件的国家。只有在英国，资本主义几乎笼罩了整个生产部门，绝大多数居民成了雇佣工人；土地集中在少数大地主手中，不存在小农经济；工人阶级的组织比较成熟和普遍，因此，"如果说英国是一个典型的大地主所有制的资本主义的国家，那末从另一方面说，在英国消灭大地主所有制的资本主义的物质条件也比任何地方都更加成熟"[3]。而且，由于英国在世界市场的支配地位，英国发生的任何变革，都会对整个世界革命发生深刻的影响。因此，马克思把推动英国的社会革命和工人运动作为国际工人协会的重要任务。

英国工联成立于1860年5月，是英国工人运动的领导中心，在国际工人协会筹建和初期活动中，起了重要的作用。工联领导奥哲尔和克里默与法国工人代表托伦等人，于1863年7月会晤时，认识到工人阶级国际团结、建立国际工人联合组织的必要性并且进行积极的筹备，促成了国际工人协会的成

---

[1] 马克思：《工人议会》，《马克思恩格斯全集》第10卷，第135页。
[2] 马克思：《给工人议会的信》，《马克思恩格斯选集》第2卷，第76页。
[3] 马克思：《总委员会致瑞士罗曼语区联合委员会》，《马克思恩格斯全集》第16卷，第437页。

立。1864年9月国际工人协会成立时选举的35位中央委员（总委员会委员）中，英国工人占了24位；由9人组成的小委员会中，工联占了3位。奥哲尔担任国际工人协会中央委员会主席，克里默担任中央委员会书记。英国工联许多基层组织也参加了国际工人协会。1866年日内瓦代表大会召开前，英国工联有17个基层组织参加了国际，国际协会中的工联会员达到2.5万人，为国际工人协会奠定了群众基础。马克思对英国工联十分重视。他在给库格曼的信中写道："协会——或者确切些说它的委员会——具有重大的意义，因为加入协会的有伦敦的工联的领导人。"①

在国际工人协会最初几年的活动中，无论是在组织和领导工人阶级的国际联合行动，或是在总委员会和代表大会讨论一些重要问题时，英国工联领袖们提出了许多正确的意见和主张，支持马克思的观点，在与蒲鲁东主义者的错误观点作斗争中，起了重要的作用。

但是，英国工联成分复杂，其领导人是一些自由主义、改良主义代表人物，有的甚至被资产阶级政府收买。他们在争取普选权，在对待爱尔兰等问题上，都采取错误的态度，违背了工人阶级的利益，受到马克思的严肃批判。特别是他们反对消灭雇佣劳动制度，把工人运动局限于提高工资、缩短工作日等经济斗争的范围内，把"正直的工作，公平的工资"作为自己的主要原则和最后目的，不是坚持《成立宣言》和《临时章程》中提出的革命目标，而是要把工人运动引上改良主义的道路。

1865年5月，国际总委员会委员韦斯顿在讨论工会问题时，系统地散布一套错误理论，硬说工资水平的普遍提高对工人阶级没有好处；反对工人阶级组织工会，举行罢工，认为这些对工人都是有害的。

1865年6月20日和27日，马克思在总委员会会议上，批判了韦斯顿的观点，阐明了资本主义剥削的秘密，论证了工人阶级的最终目标和当前斗争的关系。这篇后来以《工资、价格和利润》为题发表的讲演稿，是科学共产主义的重要著作。这篇讲演稿包括12个问题，内容丰富，论述精辟，言简意赅，通俗易懂。

马克思详尽地阐述了资本主义制度下工资的本质和工资变动的规律，揭示了剩余价值的秘密。马克思指出，工资是劳动力的价值或价格的转化形态。在资本主义制度下，劳动力成为商品。同其他一切商品一样，它的价值也是

---

① 马克思：《致路·库格曼》（1864年11月29日），《马克思恩格斯全集》第31卷，第436页。

由生产它所必需的劳动量决定的。具体来说,劳动力的价值,是由生产、发展、维护和延续劳动力所需的生活资料的价值决定的。但是,劳动力的使用,则只受工人工作能力和体力的限制。也就是说,一定时间劳动力的价值,与同一时间内劳动力所创造的价值,是全然不同的。资本家按照一天的劳动力价值购买了劳动力,他就获得了在这一天内使用它的权利。如果劳动力一天的价值相当于6小时创造的价值,但资本家可迫使劳动者劳动12小时,因而能获得6小时的剩余劳动时间。在这个时间里创造的价值,构成资本家不付任何等价所获得的剩余价值。剩余价值是资本主义各种剥削收入的源泉。地租、利息和产业利润不过是剩余价值不同部分的不同名称,它们都是同样从这个源泉并且只从这个源泉产生的。由于直接向工人榨取剩余价值的是产业资本家,"所以整个雇佣劳动制度和整个现代生产制度,正是建立在企业资本家和雇佣工人间的这种关系上"①。

马克思深刻地批判了工联主义劳资协调的理论,指出,工人阶级和资本家的利益是根本对立的。因为资本家和工人所能分配的仅仅是工人在一定时间所创造的价值,这个价值是一个定量,所以一方分得愈多,另一方分得就愈少。工资下降,利润就上升;工资上升,利润就下降。资本家为了增加自己的利润,一方面就要拼命延长劳动日;另一方面就要压低工资。现代工业的发展本身,愈来愈有利于资本家而不利于工人,所以资本主义生产的总趋势不是平均工资水平的提高,而是使它降低,也就是在或大或小的程度上使劳动力的价值降低到它的最低限度。工人阶级的生活越来越相对和绝对贫困化了。

马克思从工人阶级的根本利益出发,论述工人阶级经济斗争的积极意义。马克思驳斥韦斯顿所谓提高工资会使物价上涨,从而会使工人得到的好处化为乌有的说法,指出这是维护资本家利益的论调,也是对政治经济学常识的一窍不通。事实上,提高工资并不会影响商品价值,而只会影响工人所创造的价值在工人和资本家之间分配的比例。马克思指出,反对工人为提高工资而斗争,就是维护资本家的专横掠夺;不用斗争的手段争取提高工资或反对降低工资,任随资本家为所欲为地延长工作日;如果工人驯服地接受资本家的意志,接受资本家的命令,并当做最高的经济规律,他就一定要接受奴隶所受的一切痛苦,而又得不到奴隶所享有的生存保障。"如果工人在和资本的

---

① 马克思:《工资、价格和利润》,《马克思恩格斯全集》第16卷,第152页。

日常冲突中表示畏缩让步,他们就决不能开展任何规模较大的运动。"①

马克思指出,工人阶级争取提高工资和缩短工作日的斗争,虽然对于改善工人阶级的处境,锻炼工人阶级的斗争精神是有积极意义的,但是,决不能夸大这种斗争的意义。这种斗争只能稍微改善工人的状况,没有根本改变工人的地位;只是在反对结果,而不是反对产生这种结果的原因;只是在阻挠这种下降的趋势,而不是改变这一趋势的方向;只是在用止痛剂,而不是在除病根。工联的根本错误,正是完全局限于进行游击式的斗争以反对现存制度所产生的结果,而不同时力求改变这个制度,不运用自己组织的力量作为杠杆来最终解放工人阶级,也就是最终消灭雇佣劳动制度。工联的活动,实际是为维护和巩固资本主义制度服务的。

马克思号召工人阶级冲破工联主义者为工人运动设下的重重障碍和框框的束缚,为消灭资本主义剥削制度,争取自身的彻底解放而奋斗。马克思写道:"工人不应当只局限于……游击式的搏斗。他们应当懂得:现代制度除了带来一切贫困外,同时还造成对社会进行经济改造所必需的种种物质条件和社会形式。工人应当摒弃'做一天公平的工作,得一天公平的工资!'这种保守的格言,而要在自己的旗帜上写上革命的口号:消灭雇佣劳动制度。"②

七 支持普选权斗争

支持英国,指导英国工人在争取普选权斗争中的主张,是马克思在国际工人协会中的重要活动。

19世纪60年代,争取普选权是英国工人运动的中心问题。英国工人阶级曾经为改革选举权进行长期的斗争。但是由于本身力量还不够强大,特别是由于缺乏无产阶级政党的领导,因而没有取得重大成果。1832年的选举改革运动并没有触动旧的选举制度,财产资格的限制基本保留。持续十年的宪章运动也失败了。随着1857年经济危机和工人阶级的进一步贫困化,工人阶级重新觉醒,争取改革选举制度的斗争又重新开始。

马克思非常重视英国工人争取普选权的斗争。当时,资产阶级还没有建立完善的官僚机构,英国工人阶级占全国人口绝大多数,享有集会、结社和

---

① 马克思:《工资、价格和利润》,《马克思恩格斯全集》第16卷,第168页。
② 同上书,第169页。

出版自由。在这种情况下,普选权有可能给工人带来积极的结果。马克思写道:"英国是唯一的国家,它的工人阶级的发展和组织程度,能使这个阶级利用普选权来真正为本身谋利益。"① 但是,马克思并不幻想工人阶级可以通过议会道路夺取政权。他明确指出:"英国资产阶级在它还垄断着表决权时,总是表示接受多数的决议。但是……一旦它在自己认为是生命攸关的重大问题上处于少数时,我们就会在这里遇到新的奴隶主的战争。"②

马克思积极指导英国工人阶级争取普选权的斗争,为工人阶级制定了争取普选权的纲领。纲领要求对选举制度进行改革,取消财产资格限制,给全国成年男子以普遍选举权。

1865年初,英国选举改革同盟成立。第一国际是这个同盟的核心。马克思力图通过这个组织,使工人阶级摆脱资产阶级的影响,开展独立的政治斗争。马克思在给恩格斯的信中写道:"改革同盟是我们的工作。在十二名(资产者六人、工人六人)小组委员会中,六个工人都是我们委员会的委员(内中有埃卡留斯)。我们对于居间的资产者引导工人阶级走上歧途的企图,已予以挫折。"③ "整个领导操在我们手中。"④

在马克思的指导下,英国各地争取普选权的群众运动蓬勃开展起来。许多地方举行工人群众大会,通过了总委员会提出的争取普选权的纲领;伦敦工人阶级举行多次群众集会和示威游行。运动正在超出资产阶级和机会主义者制造的种种障碍向前发展。1866年10月9日,马克思在给库格曼的信中写道:"由我们中央委员会……号召起来的此地的改革运动,现在已经达到广泛而无可抗拒的程度。"⑤

英国工联领袖虽然也参加选举改革运动,但他们的目的不过是为一部分工薪较高的工人争取选举权,为自己取得进入议会的资本。因此,他们竭力把运动控制在议会斗争的狭小范围内。

全国选举改革同盟成立不久,以工联机关报《蜂房报》编辑乔治·波特为首的机会主义者,就进行分裂活动,成立与改革同盟对立的全国改革斗争协会,利用《蜂房报》作为反对国际和改革同盟的工具,公开宣传与

---

① 马克思:《纪念国际成立七周年》,《马克思恩格斯全集》第17卷,第468页。
② 《马克思同〈世界报〉记者谈话的记录》,《马克思恩格斯全集》第17卷,第685页。
③ 马克思:《致恩格斯》(1865年5月9日),《马克思恩格斯全集》第31卷,第117页。
④ 马克思:《致恩格斯》(1865年2月25日),《马克思恩格斯全集》第31卷,第82页。
⑤ 马克思:《致路·库格曼》(1866年10月9日),《马克思恩格斯全集》第31卷,第531页。

资产阶级妥协，支持政府提出的欺骗法案，放弃国际总委员会的纲领。他们指责改革同盟中坚持无产阶级立场的人是"鼠目寸光"、"利己的关门主义者"。

马克思早就了解波特是一个沽名钓誉的机会主义者，对波特分裂活动进行了严肃斗争，揭露了他的资产阶级代理人的真面目。1865年5月9日在致恩格斯的信中写道："在伦敦的工人中和到处一样，自然也有一批驴子、蠢材和流氓，围绕在一个恶棍的周围。在这种场合，这个恶棍是乔治·波特，一个像老鼠般的人……资产者支持他来反对我们的人，因为他们觉察出他可以被收买，并知道我们的人是真正的。"[①] 为了反对波特的分裂活动，马克思、恩格斯动员一些同志收买报纸的股份，把报纸置于自己的领导下。马克思反对波特的斗争，巩固了刚刚成立的改革同盟。不久，政府提出了格莱斯顿法案，少数工薪较高的工人获得选举权。工联领袖立即表示欢迎，公开号召工人"不要反对该法案而是要支持它"。这时，马克思指示宪章运动领袖琼斯等人在报刊和公众集会上针锋相对地号召工人阶级反对这个法案。根据马克思的指示，琼斯在报上写道："改革法案是资产阶级为了达到自身狭隘的阶级利益而对工人阶级的欺骗。"琼斯指出："工人们，你的敌人（是的，敌人，这正是他们的名字）几乎向你们隐瞒了他们的目的。他们之所以推荐这个法案，只是因为该法案给予极少数的工人和颇大一部分的资产阶级以投票权。这个法案的目的是要使资产阶级的阶级统治达到登峰造极的地步……"广大工人群众的斗争，迫使政府不得不把它取消。

1867年8月，政府通过新的选举改革法，稍微放宽财产资格的限制。根据这个法案，全国选民由135万人增至225万人。拥有2000万人口的国家中，工人阶级广大群众和城市贫民、农民仍然得不到选举权。工联领袖们完全支持这个改革法案。停止了争取普选权的鼓励，轰轰烈烈的争取普选权遭到失败。英国工联首领奥哲尔、里尔斯、波特都成了资产阶级的领取津贴的奴仆，为"伟大的自由党"效劳"按照资产阶级方式行事"。[②] 根据马克思的提议，国际工人协会撤销了工联领袖奥哲尔总委员会主席的职务。

---

① 马克思：《致恩格斯》（1865年5月9日），《马克思恩格斯全集》第31卷，第117页。
② 马克思：《致恩格斯》（1865年5月1日），《马克思恩格斯全集》第31卷，第112页。

八 美国南北战争、波兰和爱尔兰民族独立运动

第一国际活动时期,正是美国解放南方黑奴运动,波兰人民和爱尔兰人民争取民族独立运动高涨时期,马克思满腔热忱地支持为解放黑人奴隶制而战的北方,支持波兰反对沙皇俄国、争取民族独立运动,支持爱尔兰民族求生存、求解放的斗争。

1861—1865年美国南北战争,为欧洲工人阶级敲响了警钟。马克思十分关心战争的进程,高度肯定和赞扬英国和欧洲各国工人阶级反对实行奴隶制的南方,反对英国和欧洲各国政府干涉美国内战的阴谋。马克思说:"使西欧避免了在大西洋彼岸永久保持和推广奴隶制进行可恶的十字军征讨的,并不是统治阶级的智慧,而是英国工人阶级对于他们那样罪恶疯狂行为所进行的坚决反抗。"① 马克思在赞扬英国工人这种立场时写道:"英国工人对他们的资产阶级说,你们想要战争,就让你们得到它;但不是在美国,而是在英国。"

第一国际成立不久,马克思在1864年11月底,受国际工人协会总委员会委托,写信祝贺林肯当选美国总统,表明欧洲工人阶级坚决站在反对南方奴隶主叛乱一边,支持解放黑人运动。当南方奴隶主在世界历史上第一次把"奴隶制"这个词写在武装叛乱的旗帜上的时候,"欧洲工人阶级立即了解到,奴隶主的叛乱是一次财产对劳动所进行的普遍的十字军征讨的信号,在大西洋彼岸进行的这一大规模的战争关系着劳动者的命运,关系着他们对未来的期望,甚至关系着他们已经获得的果实"②。"欧洲的工人坚信,正如美国的独立战争开创了资产阶级取胜的新纪元一样,美国反对奴隶制的战争开创了工人阶级的新纪元。"③ 不久,林肯总统被南方奴隶主暗杀,马克思对林肯的功绩和作为伟大人物的特性作了深刻的概括,认为"这是一个不会被困难所吓倒,不会为成功所迷惑的人;他不屈不挠迈向自己的伟大目标,而从不轻举妄动,他稳步向前,而从不倒退;他既不因人民的热烈拥护而冲昏头脑,也不因人民的情绪低落而灰心丧气;他用仁慈心灵的光辉缓和严峻的行动,

---

① 马克思:《国际工人协会成立宣言》,《马克思恩格斯全集》第16卷,第10页。
② 马克思:《致美国总统阿·林肯》,《马克思恩格斯全集》第16卷,第20—21页。
③ 同上书,第21页。

用幽默的微笑照亮为热情所蒙蔽的事态；他谦虚地、谨慎地进行自己的伟大工作，决不像那些天生的统治者们那样做一点点小事就大吹大擂。总之，他是一位达到了伟大境界而仍然保持自己优良品质的罕有的人物。这位出类拔萃和道德高尚的人竟是那样谦虚，以致只有在他成为殉难者倒下去之后，全世界才发现他是一位英雄"①。

马克思一贯关心波兰的民族独立运动，并把这一运动与欧洲各国的民主运动、无产阶级反对资产阶级的革命运动联系起来，认为没有波兰的独立，欧洲的自由也不能确立。早在1847年，马克思就指出："对波兰民族压迫的根源，是现存的资本主义所有制关系。因此，无产阶级对资产阶级的胜利同时就是一切被压迫民族获得解放的信号。"② 1849年，马克思在《新莱茵报》上热烈支持波兰人民对俄、奥、普统治者和泛斯拉夫主义者的斗争，赞扬他们在斗争中表现了高度的政治意识和真正的革命精神。1863年，波兰人民举行起义，反对沙皇俄国的民族压迫。虽然起义被沙皇政府镇压下去，但欧洲各国工人阶级把支援波兰当做自己义不容辞的国际义务。他们每年都举行集会，纪念波兰起义。1867年1月29日，国际工人协会总委员会和波兰流亡者联合会伦敦支部共同组织纪念波兰起义的群众大会。

马克思在会上发表重要讲话，分析了波兰问题与欧洲革命的关系。马克思指出，压迫波兰民族，是沙皇俄国实现世界霸权的巨大野心；波兰的解放将给沙俄反动派以沉重的打击，使它不能够用自己的力量充当欧洲各国反动势力的支柱，从而使欧洲工人阶级和民主力量能够得到时间，完成本身的社会改造。

马克思说："波兰是实现俄国对世界霸权的贪欲的最重要工具。"③ 波兰人民的反抗和斗争，是俄国实现世界霸权不可逾越的障碍；波兰人民的斗争，与欧洲人民反对各国反动势力的斗争息息相关，俄国正在把欧洲的所有特权阶层、各国反动势力征募到它的队伍里，成为这些反动势力的"君"、"父"。在所有的欧洲交易所里，俄国人的每次胜利或失败，都会影响证券的行情。俄国人胜利，证券上涨；俄国人失败，证券下跌。"总之，对欧洲来说只能有

---

① 马克思：《国际工人协会致约翰逊总统的公开信》，《马克思恩格斯全集》第16卷，第109页。
② 马克思：《在伦敦纪念波兰起义大会上的演说》，《马克思恩格斯全集》第16卷，第226—227页。
③ 同上书，第229页。

一种选择:要么是以俄国为首的重要的野蛮势力像雪崩一样压到它的头上,要么它就应当恢复波兰,从而以2000万英雄为屏障把自己和亚洲隔开,以便赢得时间来完成本身的社会改造。"①

马克思领导国际工人协会期间,正是爱尔兰解放运动重新兴起、蓬勃、发展时期。对待爱尔兰人民解放运动的态度,是衡量各派政治立场的重要标志。马克思领导国际工人协会总委员会大力支持爱尔兰民族的斗争。支持爱尔兰人民求生存、求解放,这是马克思在第一国际的重要活动。

爱尔兰是英国第一个殖民地,从12世纪开始,英国侵入爱尔兰,进行了700年的殖民统治。1801年,英国强行合并爱尔兰。19世纪中叶,英国在爱尔兰强占农民土地,毁灭整个村庄,把耕地变成牧场,实行野蛮政策。1841—1866年,这个仅有800多万人口的国家,有100万人死于贫困和饥饿,100多万人被迫逃亡国外。1855—1866年,爱尔兰人口减少100万,而牲畜却正好增加了100万头,"流血、破坏,使整个的郡荒无人烟,将它们的居民移往别处,把许多爱尔兰人卖到西印度群岛做奴隶"②。这就是英国殖民政策的实质。正如马克思所说:"爱尔兰问题不单纯是个民族问题,它是一个土地问题,生存问题。"③ 爱尔兰人民除了对英国统治者进行殊死的决战之外,没有别的出路。

1857年,流亡英国的爱尔兰爱国者建立了芬尼亚党,密谋在爱尔兰推翻英国统治,建立独立的爱尔兰共和国。1865年和1867年,芬尼亚党在爱尔兰发动起义,被英国统治阶级镇压下去。许多爱尔兰爱国者被捕,在狱中遭到残酷折磨。

马克思非常重视爱尔兰民族独立运动,认为爱尔兰人民的斗争具有重大的意义。

第一,爱尔兰人民的斗争,是爱尔兰民族生存的唯一出路。在英国统治下,爱尔兰几乎没有任何工业,土地遭到破坏,人民极端贫困,整个民族濒于毁灭。只有摆脱英国的殖民统治,爱尔兰才能生存和发展。

第二,爱尔兰的解放,为英国无产阶级革命提供了有利条件。因为"爱尔兰是英国地主贵族统治的堡垒。对爱尔兰的剥削不仅是他们物质财富的主

---

① 马克思:《在伦敦纪念波兰起义大会上的演说》,《马克思恩格斯全集》第16卷,第229页。
② 马克思:《关于爱尔兰问题的报告的提纲》,《马克思恩格斯全集》第16卷,第509页。
③ 恩格斯:《"爱尔兰史"的片断》,《马克思恩格斯全集》第16卷,第572页。

要来源之一，而且是他们最大的精神上的力量。……爱尔兰是英国贵族用来维持他们在英国本土统治的最重要的工具。"① 因此，"如果大地主的所有制在爱尔兰崩溃了，它在英国也必定要崩溃"②。

第三，爱尔兰人民的斗争，对国际无产阶级革命也有重大的意义。因为，当时英国是资本主义的首都，英国资产阶级剥削着全世界，控制着世界的每个角落；对英国资产阶级的打击，必然大大削弱世界的反动势力，为各国革命造成有利条件。因此，"国际的任务就是到处都把英国和爱尔兰的冲突提到首要地位，到处都公开站在爱尔兰方面。伦敦中央委员会的特殊任务就是唤醒英国工人阶级，使他们意识到：爱尔兰的民族解放对他们来说并不是一个抽象的正义或博爱的问题，而是他们自己的社会解放的首要条件"。

英国地主和资产阶级在对爱尔兰人民血腥统治的同时，竭力在英国工人阶级中散布民族沙文主义思想，挑拨英国与爱尔兰两国无产阶级的关系，使两国无产者处于严重的对立状态，"资产阶级知道，无产者的这种分裂状态是保存它的势力的真正秘诀"③。

马克思一贯同情和支持爱尔兰民族解放运动。当时，发生了芬尼亚党人用暴力对付英国统治者的事件。英国资产阶级发出了一片沙文主义叫嚣。工联领导人充当资产阶级政客的尾巴，通过了指责爱尔兰人的决议。工联分子鲁克拉夫特在国际总委员会会议上指责芬尼亚党人使用暴力，违反和平和合法的原则。工联机关报《蜂房报》还大量登载所谓芬尼亚党人"阴谋和罪行"的耸人听闻的材料，在工人中煽动沙文主义情绪。总委员会中马克思的拥护者列斯纳、杜邦等人发言，痛斥工联领袖的言行。杜邦说，爱尔兰人民用暴力抵抗英国统治者，正如暴力抵抗拦路抢劫的强盗一样，是完全合法的。

1867年11月19日，马克思带病出席了总委员会会议。他原来打算对这个问题作专门发言，为此写了详细提纲。但是在开会前，英国政府处决了三名芬尼亚党人。人民义愤填膺。在这种情况下，马克思认为由英国工人代表发言效果更好，因而临时取消自己的发言。过了几天，他就爱尔兰问题在德国工人教育协会作了报告。马克思以大量材料，深刻论述了英国对爱尔兰的

---

① 马克思：《致迈耶尔和福格特》（1870年4月9日），《马克思恩格斯全集》第32卷，第651页。
② 马克思：《总委员会致瑞士罗曼语区联合委员会》，《马克思恩格斯全集》第16卷，第439页。
③ 同上。

侵略和掠夺所造成的严重后果，指出了爱尔兰民族独立运动的意义，号召英国工人阶级支持爱尔兰人民的斗争。马克思指出："爱尔兰问题不单纯是个民族问题，它是一个土地问题。不革命，即灭亡，这就是当前的口号。所有的爱尔兰人都深信，如果应该有所行动的话，那就得立即动手。英国人应该要求爱尔兰分离，让爱尔兰人自己解决土地所有制问题。别的一切措施都是无益的。"①

1869年，爱尔兰和英国许多地方举行集会和示威游行，抗议英国政府对被捕的芬尼亚党人的迫害，要求立即释放他们。马克思和第一国际坚决支持爱尔兰人民的正义要求。马克思亲自参加伦敦工人的示威游行，揭露英国格莱斯顿政府对被捕芬尼亚党人的残酷迫害，严厉谴责格莱斯顿政府背弃信义的行为，揭穿政府玩弄土地改革的骗局。马克思指出，格莱斯顿大力宣扬的所谓整顿土地问题，无非是一个骗局，最终的目的是给欧洲造成一种错觉，以大地主和租佃者进行无休止的诉讼的远景来引诱爱尔兰的法律和律师，以国家发给救助金诺言来博取大地主的欢心，以某些微小的让步来欺骗较富裕的租佃者。马克思的夫人燕妮，根据马克思的指示，在法国《马赛报》上写了一系列关于爱尔兰问题的文章，揭露格莱斯顿政府对爱尔兰人的残酷迫害，在大陆各国引起极大轰动，使格莱斯顿政府威信扫地。

根据马克思的提议，国际工人协会总委员会于1869年11月16日开会讨论爱尔兰问题。在第一次会议上，马克思提出了《总委员会关于不列颠政府对被囚禁的爱尔兰人的政策决议草案》，并作了重要发言。马克思严厉地谴责了格莱斯顿政府，指出格莱斯顿对爱尔兰人的全部政策，是十足的、长期的征服政策。决议对爱尔兰人民表示同情，对他们反对政府的措施做出评价，希望英国工人阶级彻底摆脱资产阶级和工联分子的沙文主义影响，真正认识到支持爱尔兰民族解放运动，是符合英国无产阶级利益的，必须与统治阶级的政策一刀两断。

马克思的发言，中肯而深刻，但一些工联主义首领却竭力反对。莫德斯赫特在会上作了冗长的发言，吹捧格莱斯顿的"功绩"，颂扬他"诚心诚意地关心"爱尔兰，把这个资产阶级政党描绘成人民救星。奥哲尔完全支持莫德斯赫特的发言，宣称格莱斯顿"比他以前执政的一切人都好"，反对对格莱斯顿的揭露和谴责。奥哲尔和莫德斯赫特的言论，暴露了这些工联主义者是英

---

① 马克思：《总委员会关于不列颠政府对被囚禁的爱尔兰人的政策的发言记录》，《马克思恩格斯全集》第16卷，第666页。

国贵族和资产者的传声筒,是他们压迫和奴役殖民地人民的工具。他们的民族沙文主义和机会主义言论,遭到总委员会绝大多数委员的反对和驳斥。

11月23日,马克思在总委员会上作了第二次发言,对工联主义领袖言行作了彻底的批驳。马克思指出,格莱斯顿的"政绩",就是用野蛮的惩罚对待要求民族独立的爱尔兰革命者;在所有欧洲国家里,没有一个地方比"自由主义的"英国对待政治犯更坏的;它要强迫爱尔兰革命者放弃自己的原则,这就是精神上侮辱他们和整个爱尔兰民族;而这种做法,比欧洲任何专制统治者都更加野蛮和反动,拿破仑并没有要求人们放弃共和原则,普鲁士也没有提过这样的条件。① 这就充分暴露了格莱斯顿这个"自由党人"的反动本质。马克思坚决反对奥哲尔袒护格莱斯顿的态度。严正指出:"问题在于,是争取爱尔兰人的信任,还是使决议变成格莱斯顿可以接受,这两者哪个更为重要。"经过"非常热烈、紧张而又激昂"的辩论,马克思获得了胜利。总委员会一致通过马克思的决议草案,坚持了无产阶级国际主义原则。

在同工联分子的斗争中,国际总委员会采取措施,与工联机关报《蜂房报》断绝一切关系。这家报纸宣扬劳资协调,反对协会的章程和纲领;经常隐瞒或歪曲总委员会的决议和活动,任意删去总委员会会议上批判资产阶级的最重要的言论;在爱尔兰问题上,它公开宣扬民族沙文主义,完全以下流的资产阶级报刊的口气来撰写争取释放被囚爱尔兰人的运动。1869年11月1日,恩格斯在致马克思的信中愤怒地写道:"《蜂房报》现在如此放肆而愚蠢地显示自己的资产阶级色彩,这真是大好事。我从来还没有看见过像昨天那样卑鄙的报纸。"②

1870年4月26日,马克思在总委员会会议上建议与《蜂房报》断绝一切联系,马克思指出:《蜂房报》一贯以工人阶级唯一的机关报自居,"但事实上它已经成为一小撮人的机关报;这一小撮资本家妄图支配无产阶级运动,并利用它作为达到他们的阶级目的和党派目标的工具"。因此,"对我们来说,即使完全没有喉舌,也要比利用《蜂房报》更好些"。③ 会议一致通过马克思起草的决议,并把这一决议通知国际所属各国支部,这是对工联主义分子的

---

① 马克思:《总委员会关于不列颠政府对被囚禁的爱尔兰人的政策的发言记录》,《马克思恩格斯全集》第16卷,第666页。
② 恩格斯:《致马克思》(1869年11月1日),《马克思恩格斯全集》第32卷,第363页。
③ 《关于各爱尔兰支部和不列颠联合会委员会的相互关系》,《马克思恩格斯全集》第18卷,第88页。

又一沉重打击。

马克思为了阐述无产阶级国际主义原则,在《总委员会致瑞士罗曼语区联合会委员会》、《机密通告》、《致库格曼》、《致齐·迈耶尔和奥·福格特》等文件和书信中,向各国工人运动活动家详尽地阐述了总委员会对待爱尔兰问题的原则立场,多次申明"国际协会……的主要任务是加速英国的社会革命。为了达到这个目的,必须把爱尔兰的冲突提到首要地位,到处都公开站在爱尔兰方面。伦敦中央委员会的特殊任务就是唤醒英国工人阶级,使他们意识到:爱尔兰的民族解放对他们来说并不是一个抽象的正义或博爱的问题,而是他们自己的社会解放的首要条件"[①]。马克思一再教育英国工人:"压迫其他民族的民族是在为自身锻炼镣铐。"

马克思、恩格斯非常关心爱尔兰工人阶级的成长,积极帮助他们建立国际支部,反对政府对他们的迫害。工联分子要求国际的爱尔兰成员服从英国联合委员会的领导,以资产阶级民族主义代替无产阶级国际主义,"在国际内部实行英国人对爱尔兰的压迫"。他们的荒谬要求,遭到马克思、恩格斯和总委员会大多数委员的坚决反对。马克思在1872年4月21日会议上、恩格斯在1872年5月14日会议上,先后作了重要发言,对工联主义分子作了严厉的批判。恩格斯指出:爱尔兰在各方面都组成了自己的独立民族。要求爱尔兰人接受英国联合委员会的管辖,这是对爱尔兰的侮辱。恩格斯声明,爱尔兰支部的独立存在,不仅是正当的,而且是完全必要的。马克思、恩格斯的态度,维护了爱尔兰工人阶级的尊严。

---

① 《关于各爱尔兰支部和不列颠联合会委员会的相互关系》,《马克思恩格斯全集》第18卷,第87页。

第十一章　反对拉萨尔主义

机会主义是资产阶级在工人运动中的代理人。为了搞垮国际工人协会，各国政府不断采取派进来、拉过去的办法，在工人运动中安插代理人。拉萨尔主义、巴枯宁主义，都是直接为各国反动派效劳的。上述情况，决定了协会内部的不断斗争。早在协会成立初期，恩格斯就指出："我猜想问题一旦稍微明确，这个新协会就会很快地分裂为理论上的资产阶级分子和理论上的无产阶级分子。"历史证明恩格斯预言是多么正确！

马克思领导国际工人协会中的无产阶级革命派对各种机会主义进行坚决的斗争，揭露和批判了拉萨尔主义和巴枯宁主义。

在反对机会主义的斗争中，马克思团结和教育了广大工人阶级，争取和改造了一批曾经受过机会主义影响的工人阶级活动家，为各国工人阶级锻造了统一的无产阶级斗争策略，把工人阶级纳入统一行动的轨道，巩固和发展了国际工人协会组织。

一　装腔作势、爱好虚荣的人

拉萨尔主义是小资产阶级社会主义，或普鲁士国家社会主义。它的创始人斐迪南·拉萨尔（1825—1864）是钻进工人运动中的资产阶级个人野心家和两面派，是德国工人运动中机会主义的始祖，也是国际工人运动中一切机会主义者和修正主义者崇拜的偶像。

拉萨尔出身于德国的犹太人资产阶级家庭。少年时代在莱比锡学习经商；青年时代先后在尤勒斯劳大学、柏林大学学习古典艺术、语言学和哲学；大学毕业后在柏林当律师。以包揽哈茨费尔德伯爵夫人离婚案而闻名。

拉萨尔是一个"装腔作势、爱好虚荣的人物"①。当时盛行的封建等级制度，妨碍他挤进上层阶级的行列；由于个人欲望没有得到满足，便投机革命。以民主主义者的面目进行活动。他曾经自我暴露地说："如果我生而为王侯，我就要尽心尽力做一个贵族，而今我不过是一个普通市民的儿子，我将是这一代的民主主义者。"革命失败后，拉萨尔远离政治运动，"故意疏远工人，奢侈自乐；向'贵族血统'的代表人物献媚。……经常利用党去干私人的肮脏勾当"②。这个时期，他研究各种资产阶级理论，写了《冯·济金根》、《赫拉克利特》、《工人纲领》、《公开的答》等一系列宣扬唯心主义、机会主义的文学、哲学和政治著作。1864年8月，拉萨尔由于婚姻问题与人决斗，负伤而死，"这是他一生所犯的许多轻率行动之一"③。

50年代末期，拉萨尔社会政治观和哲学观点基本形成。这种观点基本上是各种小资产阶级社会主义、国家社会主义、黑格尔客观唯心主义哲学、费希林主观唯心主义哲学的折中混合物。其个人思想主要可归结为以下几点：

第一，拉萨尔拥护普鲁士反动国家贵族统治，对其忠心耿耿，并竭力维护容克贵族的反动统治，掩盖这个封建专制国家的阶级性质，宣扬国家是超阶级的、永恒的机构，"国家的目的是把人的本性教导而实现积极的成长和进步，它教育人民，使人类发展获得自由，这是国家的根本的天生的职能……是它的真正的崇高的职责"。

第二，反对无产阶级革命，鼓吹议会道路。主张以和平方式争取普选权，是工人阶级获得政治解放的唯一道路。他在《工人联合章程》中写道："只有普遍、平等、直接的选举权才能保证德国工人阶级的社会利益得到充分的代表，并且能导致社会中阶级矛盾的看法。联合会从这个信息出发，采取和平方式，首先争取社会舆论，为恢复普遍、平等、直接的选举权而进行活动。"④他再三强调说："你们不要向右看也不要向左看，对于一切不叫做普通、直接的选举权或者与它没有联系、不能导致它的东西都不要听。"⑤用一

---

① 马克思：《致路·库格曼》（1865年2月23日），《马克思恩格斯选集》第3卷，第354页。
② 恩格斯：《致马克思》（1856年3月5日），《马克思恩格斯选集》第3卷，第29页。
③ 马克思：《致恩格斯》（1864年8月），《马克思恩格斯选集》第3卷，第217页。
④ 《马恩列斯论历史人物评价问题之论拉萨尔》。
⑤ 《德国社会民主党史第三卷——拉萨尔的鼓动党派的争论（1863—1869）》第3卷，第39页。

切合法的手段在这方面进行和平的和合法的鼓足干劲工作，就是工人阶级"在政治方面所要做的一切"。

第三，鼓吹通过国家帮助的合作社实现社会主义。拉萨尔反对以革命手段推翻资产阶级统治，消灭雇佣劳动制度，鼓吹通过帮助的合作社，使每个工人都变成主人，"同资本家进行自由的、力量平衡的竞争"；据说，这样就可以消灭资本主义剥削，实现"社会主义"。其实，这并不是什么新鲜的东西，这不过是法国天主教社会主义者毕舍的翻版；而毕舍提出这些口号的目的，完全是为了"反对法国的真正的工人运动"[①]。

第四，提出工资铁律，反对提高工资的斗争。拉萨尔以资产阶级反动经济学家马尔萨斯的臭名远扬的人口理论为根据，提出了一条所谓"工资铁律"，反对工人阶级提高工资、争取改善自己生活条件和劳动条件的斗争。他硬说，工人能够得到的平均工资，始终只能停留在为了维持生存和延续后代的所必需的最低的生活限度上。他说，最低的生活必需品是工资水平围绕其旋转的中心点，"工资不能经常超过这个平均数，否则由于工人的状况有所改善，就会增加生产率，增加工人人口，从而增加了又把工资降低到从前的水平甚至降低到那个水平以下的人手的供给。工资也不能长期处于必要的生活费用下面，因为这样一来就会产生移民、不结婚、节育，最后由于贫困的产业工人人数的减少，因而又减少人手的供给，又使工资恢复到从前的水平。因此真正的平均工资处于变动之中，经常在它必须不断地落回的重心周围旋转，有时比它高些……有时比它低些……"[②] 拉萨尔以这个所谓的"规律"为根据，认为工人阶级争取提高工资的斗争是徒劳的，为争取提高工资而组织工会、进行罢工，是无益而有害的。

第五，诬蔑农民阶级，反对工农联盟。拉萨尔反对工人阶级和农民的联盟，荒谬地宣称，除了工人阶级以外，包括劳动农民在内的其他阶级统统是"反动的一帮"。

第六，维护普鲁士王朝利益，主张通过王朝战争自上而下统一德国。拉萨尔竭力主张通过王朝战争，由普鲁士吞并各小部，"自上而下"地实现德国统一，坚决反对通过"自下而上"的革命方式实现国家统一，建立民主的德

[①] 马克思：《致施韦泽》（1868年10月13日），《马克思恩格斯选集》第3卷，第371页。
[②] 《德国社会民主党史第三卷——拉萨尔的鼓动党派的争论（1863—1869）》第3卷，第31—32页。

意志国家。这一理论其真实目的在于维护普鲁士王朝的利益。

恩格斯曾经指出，拉萨尔实际上是"普鲁士国王的宫廷民主派"。这个论断，明确地指出了拉萨尔一切政治活动的目的、他的反动本质，击中了他的要害。

19世纪60年代初期，普鲁士内部发生尖锐的政治斗争，以普鲁士国王为代表的封建容克贵族和以进步党为代表的资产阶级自由派在统一德国、改革政治和军事拨款等问题上发生矛盾。1862年国王威廉一世任命俾斯麦公爵为首相。俾斯麦是普鲁士最反动的容克贵族的代表，是最顽固的君权主义者和最狂妄的民族沙文主义者。他不遗余力地维护霍亨索伦王朝的统治和容克贵族的特权，决心通过王朝战争用"铁与血"来实现德国统一，把普鲁士专制制度推广到整个德国。

俾斯麦上台以后，拉萨尔对他百般献媚，吹捧他是"明智的政治家"、"德意志的大丈夫"；宣称俾斯麦的许多见解与自己的理论相一致。

1863—1864年拉萨尔多次与俾斯麦书信往来，暗中会谈，密谋消灭革命力量，出卖工人阶级利益。拉萨尔对俾斯麦说，工人阶级"自始至终是本能地倾向于独裁的政治的"，他本人就是普鲁士君主制度的忠实的拥护者；只要国王能够采取一种所谓"真正的革命政策"，工人阶级就会一致承认君主制度是"社会独裁的天然的体现者"。拉萨尔把刚刚成立的全德工人联合会的章程、组织状况、工人阶级的状况、工人运动的行动计划和今后的打算，统统告诉俾斯麦，一再向这个反动头子保证：工人阶级的利益与普鲁士君主制度的利益是完全一致的；工人运动不仅不会威胁容克贵族的统治，而且可以为他的统治效劳；他以工人阶级的名义保证，完全拥护俾斯麦的"铁血政策"。决定"把合并什列斯维帝—霍尔斯坦一事放在我的纲领里"，对此，俾斯麦微笑地回答："您的纲领的这一点大概是会实现的。"拉萨尔还为俾斯麦出谋划策，劝说俾斯麦实行普选权，指出普选权是避免革命的唯一途径，是争取工人的拥护、反对资产阶级自由派的有效方法，完全符合普鲁士王朝的利益。他替俾斯麦起草了一份改革选举制度的法律草案。拉萨尔亲自把自己的经济学著作《巴师夏—舒尔采·冯·德里奇先生，经济的尤利安，或：资本和劳动》献给俾斯麦，证明自己为了封建贵族的利益而反对资产阶级的诚意。

反动头子俾斯麦深知拉萨尔这条走狗的作用，对他的忠君思想表示赞赏。15年后，俾斯麦在帝国议会的演说中说：拉萨尔的思想彻头彻尾是君主主义的,"他所追求的理想是德意志帝国,我们的接触点就在于此"①。俾斯麦对他的亲信说:"既然拉萨尔的宣传工作同普鲁士王朝的利益并不矛盾,就可以并且必须帮助他进行工作。"

上述事实证明,拉萨尔已经完全卖身投靠俾斯麦,"纯粹为俾斯麦服务"②。

拉萨尔在德国工人运动中有着较大的影响。他在德国工人运动中树立了一面机会主义的旗帜,组成了一个机会主义的派别,妨碍了科学共产主义理论的传播,阻碍了德国工人阶级与国际工人运动的纯洁性、战斗性和工人组织的发展。

拉萨尔主义产生在19世纪中叶的德国,并不是偶然现象。这是因为,第一,1848年革命后,随着德国工业的迅速发展,工人阶级人数虽然有很大增长,但是农村无产阶级和手工业工人的人数仍然远远超过工业无产阶级。1863年后,普鲁士工厂工人只有75万,手工业工人有100万,农村独立劳动者有350万。在工厂工人中,许多人也是刚刚从农村和手工业中转来的,小资产阶级思想在工人队伍中还有广大的市场。第二,1848年革命失败后,工人阶级革命团体遭到破坏,工人报刊被查封,工人运动活动家遭到迫害,科学社会主义的著作被严禁出版和传播。第三,资产阶级合作主义者舒尔茨·德里奇之流又在工人队伍中大肆活动,组织各种工人互助会、合作社和教育团体,麻醉工人阶级的革命意识,这些情况,为拉萨尔主义的活动提供了适宜的土壤。

为了传播科学共产主义,提高德国工人阶级的觉悟和战斗力,加强德国工人运动与国际工人运动的团结,促进德国工人运动的发展,马克思、恩格斯与拉萨尔主义进行了斗争,取得了伟大的胜利。

二 与拉萨尔主义的斗争——第一国际成立之前

第一国际成立以前,马克思、恩格斯就进行了反对拉萨尔和拉萨尔主义

---

① 《德国社会民主党史第三卷——拉萨尔的鼓动党派的争论(1863—1869)》第3卷,第113页。

② 马克思:《致恩格斯》(1863年6月11日),《马克思恩格斯选集》第3卷,第163页。

的斗争。

1848年革命时期，马克思认识了拉萨尔。后来，马克思移民英国。拉萨尔不断给马克思写信，一再表示自己是"马克思的学生"，完全拥护马克思的学说，属于马克思所代表的无产阶级政党。拉萨尔还经常以马克思的密友自居，骗取工人阶级信任，掩盖自己卖身投靠俾斯麦的叛徒面目。但是，他的理论观点和实际活动，与马克思主义完全背道而驰。

马克思、恩格斯早已了解拉萨尔的唯心主义、机会主义观点和追求名利、爱慕虚荣的资产阶级本质，曾经不断对他进行教育，"坦率地向他提出自己的批评性意见"①，希望他改正错误，转到无产阶级革命立场上来。但是，拉萨尔一再拒绝对他的教育。19世纪50年代末期，拉萨尔的机会主义理论基本形成。马克思、恩格斯对他的斗争也日益尖锐。

1858年1月，拉萨尔出版了一部哲学著作《爱非斯的晦涩哲人赫拉克利特的哲学》。这是一部用唯心主义观点写成的幼稚而拙劣的作品，"每句话都是错误的，但都是用令人惊奇的自命不凡的口气表现出来的"②。拉萨尔用这部唯心主义著作，反对马克思的唯物主义哲学，反对科学共产主义在德国的传播。

马克思严厉批判了书中重复的黑格尔唯心主义哲学，指责它那冗长杂乱的形式。马克思指出，拉萨尔把本来只需1个印张就能说清楚的事情，拉长到60个印张。旁征博引，用无数的废话充塞自己的著作，无非是为了炫耀自己的博学，"但是每一个知情人都知道，只要有时间和金钱，并且像拉萨尔先生那样能随心所欲地叫人直接从波恩大学图书馆把书送到家里去，那么要举办这一类引文展览会是轻而易举的。可以看出，这个家伙自以为戴上这种闪闪发光的语言学的装饰品就显得非常'伟大'，他的一举一动都完全像一个生平第一次穿上时髦衣服的人那样文明娴雅"③。

无产阶级怎样对待农民，这是一个关系革命成败的重大问题。

马克思、恩格斯在总结1848—1849年革命运动经验时，一再强调工农联盟的重要性。在《1848年至1850年的法兰西阶级斗争》中，马克思深刻地指出，工人阶级和农民阶级都同样受到资产阶级的剥削，他们的根本利益是

---

① 马克思：《致索·哈茨费尔特》（1864年9月12日），《马克思恩格斯全集》第30卷（下）第669页。

② 马克思：《致恩格斯》（1858年2月1日），《马克思恩格斯〈资本论〉书信集》，第99页。

③ 马克思：《致恩格斯》（1858年2月1日），《马克思恩格斯全集》第29卷，第262页。

完全一致的，只有无产阶级革命取得胜利，才能结束农民经济上的贫困和社会地位上的衰落；没有农民的支持，工人阶级就"不能触动资本主义制度"。他们热情地歌颂了16世纪德国伟大的农民战争和农民起义的领袖，指出农民战争对于推动历史前进的重大意义。1856年，马克思又一次强调指出："德国的全部问题取决于是否有某种再版的农民战争来支持无产阶级革命。"①

同马克思、恩格斯的无产阶级革命观点相反，拉萨尔站在封建贵族立场上，仇恨农民阶级，把劳动农民当做"反动的一帮"，加以反对。

拉萨尔在他的历史剧《弗兰茨·冯·济金根》中，从根本上抹杀了农民战争在反封建斗争中的伟大意义。

1859年4月19日，马克思写信给拉萨尔，严厉地批判了拉萨尔以及他的唯心史观和对农民阶级所采取的错误态度。马克思指出，反对封建制度的主要力量是农民，把骑士的反抗看做高于农民的反抗，是完全错误的。至于骑士阶级的代表，他们反对封建领主的斗争，不仅没有进步意义，而且是反历史的。他们自己既没有力量，又不能联合城市平民和农民，因而其失败是必然的。这正是他们的悲剧的原因所在。恩格斯完全同意马克思的意见。他指出，拉萨尔描写的仅仅局限于反封建领主斗争中的官方分子，而对非官方的平民和农民却没有给予应有的注意。但是，农民运动的规模却比贵族运动大得多，遭到了失败的农民运动的那种巨大的斗争规模，与贵族运动的那种轻举妄动的斗争比较起来，正是一个鲜明的对照。恩格斯指出，由于拉萨尔把农民运动放在次要的地位，因而对贵族运动做了不正确的描写，也不能揭示贵族运动失败的真正原因。

拉萨尔拒绝了马克思、恩格斯的批评，顽固地坚持自己的反动观点。他在给马克思的信中写道："农民战争按其性质来说，大概也不是像你们所认为的那样。相反地，（1）它们不是革命的；（2）归根到底甚至是极端反动的，其反动性丝毫不亚于历史上的济金根和历史上的贵族党派。"拉萨尔坚持这种荒谬见解，目的就是为自己背叛无产阶级和劳动人民、投靠封建容克贵族作辩护。

50年代末，德国统一的问题又重新提到日程上。国家的统一，是资本主义发展的重要条件。只有统一才能使德意志国家"在国内和国外强大起

---

① 马克思：《致恩格斯》（1856年4月16日），《马克思恩格斯全集》第29卷，第48页。

来"①。在这个统一问题上,马克思、恩格斯和拉萨尔进行了更加尖锐的斗争。

在当时阶级力量对比的条件下,德国统一可能通过两种方式实现:一种是由无产阶级领导,通过自下而上的革命,打倒各邦封建王朝,建立统一的民主共和国;另一种是由普鲁士王朝领导,通过"自上而下"的王朝战争进行兼并,把普鲁士反动封建专制制度推广到整个德国。

马克思、恩格斯坚决主张通过无产阶级领导的人民革命斗争,来实现德国的统一;拉萨尔却站在普鲁士容克贵族的立场上,鼓吹通过王朝战争,把德国统一在普鲁士中。

1859年爆发了意、法对奥战争。当时,意大利遭受奥地利统治。法皇路易·波拿巴伪装同情意大利发动对奥战争,企图通过对外战争巩固自己在国际上的政治霸权和在国内的反动统治。

意大利战争与德国统一关系密切。当时,奥地利与普鲁士正在激烈地争夺德意志的领导权。普鲁士妄想通过意大利战争削弱奥地利,把普鲁士反动统治推广到整个德国,因而在战争中表面上伪装中立,却在暗中支持波拿巴。

马克思、恩格斯在许多文章中,特别是在恩格斯的《波河与莱茵河》中,全面阐述了德国无产阶级的立场和政策。马克思、恩格斯揭穿了波拿巴所谓解放意大利的假面具,指出:"法国永远不会容许一个统一的独立的意大利存在,波拿巴不过企图以援助为名,侵占意大利领土,'以法国霸权代替奥地利霸权'。波拿巴发动意大利战争,它进攻波河,最终目的是为了夺取莱茵河,阻止德国统一。打麻袋,赶驴子。如果说,意大利被迫当了麻袋,德国决不应当驴子,不应屈服于波拿巴的武力之下。德国各部以及普鲁士统治集团在战争中的态度,是完全错误的。以所谓'调停大国'的面目出现,避免参加战争,目的无非想通过战争与它争夺德国霸权的对手奥地利,希望有朝一日用诈骗的手段去贴现德国霸权的期票,实现在普鲁士统治下的德国统一。"②无产阶级主张反对波拿巴法国,决不是为了维护奥地利在意大利的统治地位。恰恰相反,无产阶级严厉谴责奥地利在意大利的统治和暴行,坚决反对"把占领别国领土和镇压别国民族……当作自己力量的源泉"③。

---

① 恩格斯:《波河与莱茵河》,《马克思恩格斯全集》第13卷,第299页。
② 恩格斯:《萨瓦、尼斯与莱茵》,《马克思恩格斯全集》第13卷,第640页。
③ 恩格斯:《波河与莱茵河》,《马克思恩格斯全集》第13卷,第281页。

无产阶级主张反对波拿巴法国；也决不是为了建立以奥地利为首的所谓"中欧大国"。恰恰相反，无产阶级坚决反对反动的奥地利充当"执行天意的主角"，也坚决反对以奥地利王朝为盟主的大德意志计划。

无产阶级主张反对波拿巴法国，是从无产阶级和广大人民的利益出发的。当时，波拿巴法国和沙皇俄国是欧洲民主派的主要敌人，是德国统一的主要国际障碍。挫败波拿巴法国，就有可能引起法国革命，推翻波拿巴帝国。同时打击与法国勾结的沙皇俄国，促进德国革命力量的发展，为通过革命道路统一德国奠定基础。马克思、恩格斯希望，反法战争将为德国革命力量造成有利条件，"如果法国人和俄国人同时进攻我们，如果我们面临着灭亡的危险，那末战争对我们来说真是求之不得的事情，因为所有的政党，从当前执政的政党到齐茨和勃鲁姆都将要在这种绝望状态中垮掉，而人民为了拯救自己必将求助于最有果敢行为的政党"①。

《波河与莱茵河》一书，实际上是无产阶级政党关于意大利战争的宣言。马克思完全同意恩格斯的观点。他读了这部著作的手稿后，写信给恩格斯说："写得极其出色；问题的政治方面也写得极好，这是非常难得的。小册子一定会获得很大的成功。"②

尽快出版恩格斯的著作，迅速传播这部著作所体现的无产阶级党的观点则是欧洲革命形势的迫切需要。但是，拉萨尔却千方百计地拖延出版。拉萨尔完全不同意马克思、恩格斯的观点。他在看了恩格斯的手稿后，立即赶写出一本《意大利战争与普鲁士的任务》的小册子，来与恩格斯的著作相对抗。

同马克思、恩格斯相反，拉萨尔完全赞同波拿巴对奥地利的战争，宣扬波拿巴正在完成欧洲民主派所"需要希望和追求的东西"——意大利的统一。普鲁士王朝的所谓"中立政策"，反对德国人民以武力对抗波拿巴的进攻，硬说反对波拿巴战争会阻碍任何文化的进步和政治的进展。在此同时，拉萨尔还与波拿巴的特务福格特暗中勾结，指使福格特拉拢民主派人士。

拉萨尔完全站在普鲁士王朝的立场上，坚决反对奥地利。他认为彻底摧毁奥地利是德国统一的首要条件；说什么必须把奥地利割裂、消灭、压碎，把它的灰撒到四面八方；只有这样，德国统一才能实现。

拉萨尔坚决主张由普鲁士王朝用武力吞并德国各部，建立以普鲁士为首

---

① 梅林：《马克思传》，第349页。
② 马克思：《致恩格斯》，《马克思恩格斯选集》第3卷，第436页。

的德意志帝国。他写道:"唯一的、体面的、伟大的、符合德意志民族也符合普鲁士人的利益的态度是下述的普鲁士的话,'拿破仑根据民族原则在南方修改欧洲的地图,那么好吧,我们在北方也这样做。拿破仑解放意大利,那么好吧,我们就占领什列斯维帝—霍尔斯坦'。在这样宣布的同时,我们的年轻人就被派去与丹麦人作战。"①

马克思、恩格斯指出拉萨尔的观点是"莫大的错误",发表这种意见是严重的反党行为。1864年夏天,当普鲁士与丹麦为了争夺什列斯维帝—霍尔斯坦而发生战争时,拉萨尔本来决定要到靠近前线的德国城市汉堡,进行沙文主义宣传,以工人阶级名义"迫使"俾斯麦兼并这两个公国。"可惜拉萨尔没有能演出这幕喜剧!否则这出戏一定会使他显得极其愚蠢可笑!而所有这一类企图也一定会以此永远结束。"② 1859年6月10日,马克思在给拉萨尔的信中严肃指出:"关于小册子,决不是我的观点。"③

19世纪60年代初期,德国工人运动重新高涨,经过15年沉寂之后,到处出现活跃的革命气氛。这时,拉萨尔开始在工人运动中进行鼓动,系统宣传自己的机会主义观点。马克思、恩格斯与拉萨尔,在工人运动的一系列重大问题上,爆发了严重的斗争。

这期间,马克思和拉萨尔曾经有过两次会面。第一次是1861年5月在柏林,第二次是1862年7月在伦敦,在这两次会面中,马克思向拉萨尔详细阐明无产阶级的纲领路线、原则和策略,指出无产阶级的伟大历史使命,就是以暴力革命推翻资本主义统治建立无产阶级专政;无产阶级必须与劳动农民建立巩固联盟,在民主革命中共同反对封建势力,在社会主义革命中共同反对资产阶级;德国当前仍处在资产阶级民主革命阶段,容克贵族是工人阶级和广大人民的主要敌人,当资产阶级和容克贵族发生冲突时,无产阶级可以与它结成暂时的同盟,但是,无产阶级任何时候都不应该忘记自己独立的阶级利益,不能够充当资产阶级的尾巴,必须组成独立的政党。

马克思还对拉萨尔鼓吹的普选权、国家援助的合作社等机会主义谬论一一进行批驳。马克思指出,国家援助的合作社决不能帮助工人阶级消除资本主义剥削,更不能推翻资本主义统治。这种理论,法国天主教社会主义首领

---

① 梅林:《德国社会民主党史》第2卷,第300页。
② 马克思:《致路·库格曼》(1865年2月23日),《马克思恩格斯全集》第31卷,第176页。
③ 马克思:《致拉萨尔》(1859年6月10日),《马克思恩格斯全集》第29卷,第590页。

毕舍早已提出，其目的不过是为了反对真正的工人运动。工人阶级如果乞求国家帮助，"就不得不向普鲁士君主制、向普鲁士反动势力（封建派），甚至向教皇派让步"①。马克思说，德国没有最基本的民主自由，没有独立的工人阶级政治组织，因此普选权对工人阶级不仅无益，而且有害。路易·波拿巴第二帝国曾经玩弄普选权的把戏，制造军事独裁统治。德国工人阶级必须吸取这个教训，不能为了普选权充当容克贵族的工具。

马克思还批判拉萨尔的宗派主义活动，指出德国当前工人运动的兴起，是1848—1849年工人运动的继续，也是国际工人运动互相影响、互相促进的结果。工人阶级必须永远坚持无产阶级的国际团结。马克思这样耐心地对拉萨尔进行教育，目的是为了争取他转变立场，回到无产阶级革命路线上来，对工人阶级做点有益的工作。

但是，拉萨尔却在马克思面前自吹自擂，妄自尊大。他以"德国革命的代表"自居，吹嘘自己《意大利战争与普鲁士的任务》这本小册子，"阻止了普鲁士的干涉"，"实际上领导了最近三年的历史"；他胡说马克思"不抽象"、"不懂政治"；他夸耀自己科学的"成就"，在参观大不列颠博物馆时，突然问马克思，他是否可以从事埃及学，以便以自己更为渊博的学识使资产阶级社会"钦佩"。拉萨尔的自命不凡和厚颜无耻，使马克思又好气又好笑。马克思告诉恩格斯说："我何尝不是陷在这种可怕的状况中，而不恼怒这暴发户使我破费，但他又使我非常快乐。自我看见他的那一年以来，他是完全疯狂了……他现在不仅成为最大的学者，最深刻的思想家等，而且还是唐璜先生和革命的领袖。此外，使用虚伪的动作和教训式的语调，继续不断地胡说八道！"

在柏林，拉萨尔曾经向马克思提议创办一份工人报纸。他负责筹集资金，但是必须与马克思一道做总编辑。马克思问他："恩格斯怎么样？"他回答道："三个如果不多，恩格斯也可以做总编辑，不过你们两人不能有比我更多的投票权，否则我每次都要失败的。"拉萨尔企图借着马克思、恩格斯崇高的威望，抬高自己的身价，骗取工人阶级的信任。在伦敦时，拉萨尔又一次把这个问题指出来。马克思坚决加以拒绝，并且明确指出："我们在政治上，除了某些非常遥远的终极目的以外，没有任何共同之处。"②

---

① 马克思：《致施韦泽》（1868年10月13日），《马克思恩格斯全集》第32卷，第556页。
② 马克思：《致恩格斯》（1862年8月7日），《马克思恩格斯全集》第30卷（上），第272页。

拉萨尔对马克思采取两面派的态度。一方面，他言不由衷地宣称自己拥护马克思；另一方面，他又顽固坚持自己的机会主义观点。他已经堕落到无可救药的地步。

1863年初，马克思和拉萨尔最终决裂了。两年后，马克思在给库格曼的信中，详细说明决裂的原因："(1) 由于他大肆自我吹嘘，甚至还把从我和其他人的著作里无耻地剽窃去的东西也拿来吹嘘；(2) 因为我谴责了他的政治策略；(3) 因为早在他开始进行鼓动以前，我在伦敦这里就向他详细解释和'证明'过：认为'普鲁士国家'会实行直接的社会主义干涉，那是荒谬的。他在给我的信（从1848年到1863年）中像同我会面时一样，老说他是拥护我所代表的党的。但是，一当他在伦敦（1862年底）确信他对我不能施展他的伎俩，他就立即决定以'工人独裁者'的身份来反对我和旧的党。"①

1863—1864年，拉萨尔窃取全德工人联合会主席职务，在联合会中独断专行，贩卖机会主义货色，暗中与俾斯麦勾结，出卖工人阶级利益。

马克思严密注视拉萨尔的活动，对他的每篇文章、每次讲话，都作了严厉的批判。1863年1月21日，马克思写信给恩格斯指出，拉萨尔刚刚发表的《工人纲领》，"不过是《共产党宣言》和我们那时经常讲的其他东西的拙劣的庸俗化"②。1863年4月，马克思读了拉萨尔的《公开的答》后，立即写信告诉恩格斯说：拉萨尔完全以未来的工人独裁者自居，"借用我的词句，说得天花乱坠……他的'要把戏似的轻易的方式'（一字不差）解决了劳动工资和资本间的问题。就是工人们必须作普选权的煽动，于是选出像他那样的人，'用科学的灿烂的武器'武装着，送入代表院。他们然后组织工人的工厂，由国家投资，而此政策逐渐广布全国。这的确是意外新鲜的！"③ 恩格斯完全同意马克思的观点，他指出，拉萨尔纲领所反映的，不是真正工人阶级的观点，而是小资产阶级、手工业者、"落后职工"的观点，因此决不能对他妥协。

马克思、恩格斯虽然不知道拉萨尔已经暗中与俾斯麦勾结，但他们从拉萨尔的言论和活动中，从德国反动报刊对拉萨尔连篇累牍的赞扬中，从普鲁士反动政府给予拉萨尔非同寻常的特权中，已经看穿了拉萨尔实际上是俾斯麦的走狗。马克思指出，在普鲁士资产阶级与容克贵族的斗争中，拉萨尔正

---

① 马克思：《致路·库格曼》（1865年2月23日），《马克思恩格斯全集》第31卷，第176页。
② 马克思：《致恩格斯》（1863年1月21日），《马克思恩格斯选集》第3卷，第141页。
③ 马克思：《致恩格斯》（1863年4月12日），《马克思恩格斯选集》第3卷，第154页。

在"政府的监督下向'资产者'进攻"。从他的言论中,闻到了"可怕的忠于君王的味道"。恩格斯更直接地说:拉萨尔"现在直接为俾斯麦效劳……他不仅受到《奥格斯保报》的保护,还受到《十字报》的保护"①。他"在德国所做的一些事情和丑闻,现在变得令人发指了"②。历史证明马克思、恩格斯的判断多么正确。

为了反对拉萨尔机会主义,在德国工人运动中贯彻无产阶级革命路线,引导它走上科学共产主义的正确道路,马克思、恩格斯深入了解德国阶级斗争的形势和工人运动的状况,帮助和指导德国工人运动活动家李卜克内西等人进行活动。

威廉·李卜克内西(1826—1900)是同盟盟员,参加了1848年革命,之后长期流亡伦敦,受到马克思直接教育,成为马克思主义者。1862年7月,为了革命工作的需要,从伦敦潜回德国。他是在德国贯彻马克思的无产阶级革命路线的主要代表。

马克思、恩格斯十分重视李卜克内西在德国的活动,"李卜克内西住在柏林,对于我们,无论如何是有积极的意义的,因为这样,我们就有可能给伊将齐格(拉萨尔)一个措手不及,在适当的时机向工人们说明我们对他所抱的态度,我们一定要让李卜克内西在那里坚持下去,并且给他一些支援"③。

马克思同意李卜克内西加入全德工人联合会,但是必须与拉萨尔机会主义划清界限,对它进行斗争。李卜克内西完全接受马克思的意见。他在给马克思的信中写道:"你告诉我你对拉萨尔的态度,对于我是重要的,也是有益的。……我从来不打算同拉萨尔建立亲近的关系。……只要可能,我将保持着同他的关系。可是只要一旦我们不必要时,就可立即决绝。"④

在马克思的教育下,李卜克内西进行了反对拉萨尔机会主义的斗争。他在联合会中不断抵制和反对拉萨尔的独断专制和宗派主义,批判拉萨尔的机会主义,揭露拉萨尔与俾斯麦勾结的罪行。当那些拉萨尔信徒狂热颂扬这个偶像时,他勇敢地指出:拉萨尔"是一个叛徒,是俾斯麦的工具,他的政治活动完全是一个严重的错误"。

---

① 马克思:《致恩格斯》(1863年6月11日),《马克思恩格斯选集》第3卷,第163—164页。
② 马克思:《致恩格斯》(1863年5月20日),《马克思恩格斯选集》第3卷,第159页。
③ 马克思:《致恩格斯》(1864年6月9日),《马克思恩格斯选集》第3卷,第204页。
④ 威廉·李卜克内西:《致马克思》(1863年11月13日),《马克思恩格斯选集》第3卷,第184页。

三 与拉萨尔主义的斗争——
第一国际成立之后

第一国际成立后，马克思、恩格斯和马克思主义者，继续进行反对拉萨尔主义的斗争。

为了争取德国工人阶级加入国际组织，马克思进行了大量工作。第一国际成立后不久，马克思作为德国通讯书记，指示在德国工人运动活动家李卜克内西、济贝耳、克林格斯等人积极发展会员，建立组织。

这个时候，拉萨尔已死；但拉萨尔的信徒伯恩哈特、贝克尔、施韦泽等人，大肆反对国际，阻挠工人加入第一国际组织。

1864年12月27日，全德工人联合会在杜塞尔多大召开代表大会。马克思指示克林格斯，希望大会能够通过加入国际的决议。但是，伯恩哈特、贝克尔却公开发表《呼吁书》，攻击国际工人协会。由于贝克尔等拉萨尔分子的阴谋活动，大会没有做出加入第一国际的决议。

拉萨尔分子还在他们的机关报《社会民主党人报》上，展开了对国际的诽谤活动，诬蔑国际的法国委员会是波拿巴的奸细，企图败坏国际的声誉，削弱国际在德国的影响。

马克思尖锐地指出，拉萨尔分子之所以反对国际工人协会，一方面是为了篡夺工人领导权，另一方面是为了投靠俾斯麦反动政权，因为他们"知道我公开反对德国人称为'现实政策'的那种东西"[①]。

马克思、恩格斯坚决反击拉萨尔分子的进攻，向工人阶级公开揭露他们造谣中伤的罪行，对他们发出严厉警告，并且指示德国的马克思主义者积极宣传国际的宗旨，发展个人和团体会员。在马克思、恩格斯的努力下，第一国际在德国的影响不断扩大。1868年在全德工人联合会汉堡代表大会上，大多数代表冲破了拉萨尔分子的阻挠，通过了"同国际工人协会采取一致行动"的决议，拉萨尔分子的阴谋破产了。这个决议表明联合会已同自己的过去决裂，这样一来，联合会就离开它以前所坚持的宗派立场，走上了大规模工人运动的广阔道路。

拉萨尔死后，为了推行拉萨尔的机会主义路线，对抗马克思的无产阶级

[①] 马克思：《致恩格斯》（1863年2月23日），《马克思恩格斯全集》第31卷，第459页。

革命路线，争夺德国工人运动领导权，拉萨尔分子发动了一个吹捧拉萨尔的宣传活动，制造了许多关于拉萨尔的神话，把什么"工人阶级的先驱"、"独创的思想家"等头衔安在这个叛徒和工贼的头上。拉萨尔分子的喉舌《北极星》甚至公然宣称：不论是谁，只要是对拉萨尔的信条有丝毫侵犯，就是"大叛徒！"

在这种情况下，揭穿拉萨尔的机会主义面目和卑鄙的个人野心，粉碎对拉萨尔的难以容忍的迷信，对于引导德国工人运动走上马克思主义的道路，有着重大的意义。1865年1月27日，恩格斯在给马克思的信中提出要"公布整个事情的经过"，恩格斯指出，为了党的利益，必须揭穿拉萨尔的伪装。马克思完全同意恩格斯的意见。

马克思、恩格斯指出，拉萨尔根本不是什么工人运动的先驱。在他参加工人运动以前，马克思、恩格斯早已从事和领导工人运动，拉萨尔开始鼓动时所获得的某些成就，主要得益于马克思早在40年代就已经打下的基础。拉萨尔的活动，不仅没有推动工人运动的发展，反而把工人运动引上歪路。拉萨尔背叛了工人阶级的利益，毫无原则地卖身投靠了俾斯麦，与俾斯麦订立协定，为俾斯麦用武力统一德国效劳，"把整个工人运动出卖给普鲁士人"。

马克思、恩格斯指出，拉萨尔根本不是什么独创的思想家。他的著作的全部内容都是从马克思的著作中抄袭来的，"而且在抄袭时还作歪曲"[①]。在拉萨尔的鼓动小册子中，从马克思的著作中搬来的正确的东西和他自己的错误议论混在一起，以假乱真，把革命理论庸俗化。马克思在《资本论》第1卷初版序言中揭露说："拉萨尔经济著作中全部一般性的理论命题，例如关于资本的历史性质，关于生产关系和生产方式的联系等，几乎逐字从我的著作中窃取，连我创造的名词在内，但却未注明出处。"[②]

马克思、恩格斯指出，"拉萨尔是一个装腔作势、爱慕虚荣的个人野心家。他在科学上招摇撞骗，在政治上投机，对这种人来说，只有一种动力，那就是虚荣心，像一切爱慕虚荣的人一样，他们关心的只是眼前的成功、一时的风头。这样，那种例如使卢梭不断避免向现存政权作任何即使是表面上妥协的简单的道德感，就必然消失了"[③]。

[①] 恩格斯：《卡·马克思》，《马克思恩格斯全集》第16卷，第408页。
[②] 马克思：《〈资本论〉第1卷德文第一版序言》，《马克思恩格斯全集》第23卷，第11页。
[③] 马克思：《论蒲鲁东》，《马克思恩格斯全集》第16卷，第36页。

马克思、恩格斯指出，拉萨尔生前装作是马克思的学生，好像他的活动得到马克思的支持，这完全是卑鄙的。马克思公开声明，"我在拉萨尔活着的时候，没有同他的运动发生关系"①。恩格斯在说明这一情况时写道："拉萨尔向俾斯麦献媚……单单这一事实，就足以使我们在拉萨尔活着的时候就不希望同他的整个鼓动有什么共同之处，况且我们也有其他的原因。"②

十年以后，马克思以《哥达纲领批判》一书，最彻底地揭穿了关于拉萨尔的神话。

1864年11月，拉萨尔分子施韦泽写信给马克思和恩格斯，保证说，报纸将抛弃拉萨尔的口号和纲领，接受马克思、恩格斯的指导。要求他们参加《社会民主党人报》的工作。在这种情况下，马克思、恩格斯看到报纸的纲领上没有明显的拉萨尔谬论，又由于当时没有其他工人报纸，因此，为了直接影响德国工人运动。答应替它撰稿。马克思在报上发表了《论蒲鲁东》一文，强调指出对"现存政权"必须进行坚决斗争，即使是表面上的妥协都是违背简单的道德感。恩格斯把一首古老的丹麦民歌——《提德曼老爷》寄给它，通过对这首歌曲的解释来教育德国工人阶级，"必须同顽固不化的容克地主作斗争"③。

《社会民主党人报》编辑施韦泽是一个不可救药的拉萨尔分子，是钻进工人运动的资产阶级个人野心家，"他走过了种种错误道路之后才参加运动，运动对于他不是目的本身，而是达到目的的手段"④。拉萨尔死后，他完全按照俾斯麦政策的利益来指导全德工人联合会和《社会民主党人报》。他完全违背了办报初期向马克思、恩格斯所做的保证，在报上大肆宣传对拉萨尔的迷信，发表攻击国际的文章，一有机会就向俾斯麦献媚。

1865年1月，施韦泽在报上发表五篇标题为《俾斯麦内阁》的社论，狂热地吹捧俾斯麦的"铁血政策"，认为这个政策"把普鲁士历史的光荣传统由长期睡眠中唤醒"，要俾斯麦把这个反动政策"贯彻到底"，"在所走的道路上继续前进"。这家报纸还无耻地发表向普鲁士国王祝寿的文章，高呼"国王，

---

① 马克思：《致路·库格曼》(1864年11月29日)，《马克思恩格斯全集》第31卷，第437页。
② 恩格斯：《致魏德迈》(1864年12月24日)，《马克思恩格斯全集》第31卷，第430页。
③ 马克思：《关于不给〈社会民主党人报〉撰稿的原因的声明》，《马克思恩格斯全集》第16卷，第97页。
④ 奥·倍倍尔：《我的一生》第2卷，第3页。

穷人的保护者万岁！"①

马克思对施韦泽的叛卖行为感到愤慨，认为"施韦泽是不可救药的（他可能和俾斯麦取得了秘密的协议），《社会民主党人报》已经愈来愈俾斯麦化了"②。

1865年2月13日，马克思在给施韦泽的信中，详细地表述了自己对整个拉萨尔派政治路线的看法。马克思指出，拉萨尔派对普鲁士政府的态度是根本错误的。工人阶级的政党如果不对反动的封建专制政权采取革命态度，那还要它干什么呢？拉萨尔派把国家帮助的合作社作为自己的奋斗目标，这是十足的机会主义，"普鲁士王国政府对合作社的帮助……作为经济措施，完全等于零，同时这种帮助将会收买工人阶级中的一部分人，并使运动受到阉割"③。马克思说："工人政党如果幻想在俾斯麦时代或任何其他普鲁士时代，金苹果会因国王的恩典而落到自己嘴里，那就会出更大的丑。毫无疑问，拉萨尔关于普鲁士政府会实行'社会主义'干涉的不幸幻想将使人大失所望。"④

施韦泽对马克思的批评采取两面派态度。开始的时候，他为了骗取马克思的信任，一再强调"处境非常困难"，希望马克思谅解；后来，他索性撕下假面具，指责马克思没有处在运动中心不能确切了解实际情况，因此马克思对他的批评是"不公正"的，表示他将继续实行投靠俾斯麦的路线。

马克思、恩格斯在声明中写道：他们并没有忽视《社会民主党人报》的困难处境，没有提出过任何不合时宜的要求，但是他们一再要求报纸"至少要像进步党人那样勇敢地反对容克和封建专制政党。《社会民主党人报》所奉行的策略使他们不可能再继续为它撰稿"⑤。

马克思、恩格斯说，早在1847年9月，他们在《德意志—布鲁塞尔报》上，就已经阐明了无产阶级对普鲁士王国政府和资产阶级的看法。当时写道："相当多的德国社会主义者经常叫嚣反对自由资产阶级，而结果，除了德国各级政府，这种做法对任何人都没有好处；现在像《莱茵观察家》一类的政府报纸竟根据这些先生的词句，硬说代表无产阶级利益的不是自由资产阶级，

---

① 奥·倍倍尔：《我的一生》第2卷，第17页。
② 马克思：《致路·库格曼》（1865年2月23日），《马克思恩格斯全集》第31卷，第457页。
③ 马克思：《致施韦泽》（1865年2月13日），《马克思恩格斯全集》第31卷，第450页。
④ 同上。
⑤ 马克思：《致〈社会民主党人报〉编辑部的声明》，《马克思恩格斯全集》第16卷，第88页。

而是政府；共产主义者不论和前者还是和后者，都没有任何共同的地方。"①

"无产阶级……根本不想知道资产者想怎么样，他们想知道的是资产者被迫追求的目的是什么。问题就在于什么能使无产阶级取得更多的手段以达到自己的目的：是目前的政治制度即官僚统治，还是自由派想望的制度即资产阶级统治。他们只要把英国、法国和美国的无产阶级的政治地位跟他们在德国的地位比较一下就会相信，资产阶级的统治不仅使无产阶级在反对资产阶级本身的斗争中得到崭新的武器，而且还给他们创造了一种和过去完全不同的地位——他们已成为一种公认的力量。"②

"无产阶级当然不会对等级的权利发生任何兴趣。但假如议会能够提出实行陪审制，实现法律面前人人平等、废除徭役、实现出版自由、结社自由和真正的人民代议制的要求，假如议会能和过去一刀两断，根据目前的需要，而不是根据旧时的法律制定自己的要求，——这样的议会是可以指望得到无产阶级最热情的支持的。"③

在《致〈社会民主党人报〉编辑部的声明》中，马克思、恩格斯指出："今天我们仍然认为我们当时的声明中的每一个字都是正确的。"④

马克思、恩格斯公开与《社会民主党人报》决裂，公开揭露这家报纸为普鲁士封建专制政府效劳，这是对拉萨尔分子的沉重打击，使他们的报纸在工人阶级中威信扫地。

在反对拉萨尔主义的斗争中，恩格斯的《普鲁士问题与德国工人政党》一书，具有十分重大的意义。

60年代初期开始的普鲁士政府与议会之间关于改组军队、增加军事开支的所谓"制宪冲突"，是封建贵族与资产阶级之间争夺领导权的表现。冲突日益尖锐，斗争双方都向无产阶级寻求支持。拉萨尔派公开倒向封建贵族和政府方面，在工人阶级中制造混乱。因此，公开阐述无产阶级对待资产阶级和封建贵族的态度，反对拉萨尔的机会主义路线，引导工人运动走上正确的道路。是当时革命形势的迫切要求。

1865年1月27日，马克思建议恩格斯就制宪冲突的问题写篇文章，对

---

① 马克思：《〈莱茵观察家〉的共产主义》，《马克思恩格斯全集》第4卷，第207页。
② 同上书，第216页。
③ 同上书，第218页。
④ 马克思：《致〈社会民主党人报〉编辑部的声明》，《马克思恩格斯全集》第16卷，第89页。

普鲁士国王和资产阶级进步党"两者同时给予迎头痛击"①的同时，说明工人阶级政党在这个问题上的原则与立场，恩格斯接受了这个建议。2月9日文章写成，马克思对手稿评价很高，认为"写得很好"，必须"及时出版"②。1865年2月底，这本著作以《普鲁士问题与德国工人政党》为名正式出版，在德国引起了极大的重视。

在《普鲁士问题与德国工人政党》一书中，恩格斯指出，现代无产阶级是伟大的工业革命的产物；1848年以来，随着德国资本主义的发展，无产阶级也发展壮大了，无产阶级已经逐渐成为一种力量，受到社会各阶级的重视。在腐朽的封建贵族阶级和资产阶级的斗争中，双方都企图获得无产阶级的支持；但是，无产阶级已经意识到自己特殊的阶级地位、特殊的阶级利益和特殊的独立的未来，决不做任何阶级的附庸。无产阶级的态度，无论与封建贵族还是与资产阶级，都有根本的区别。

无产阶级清楚地知道，资产阶级是无产阶级的直接敌人。德国资产阶级曾经在1848年，背叛与他一道反对封建贵族的无产阶级。资产阶级害怕无产阶级的最小的独立运动甚于害怕封建贵族和官僚制度；他们完全是靠着剥削无产阶级过活的。无产阶级与他们的利益是根本对立的。但是，在德国当时的情况下，"在完全现代化的资本家和工人当中，还有一批非常令人吃惊的活生生的太古生物：封建老爷、领主裁判所、土容克地主、体罚、参政官、地方官、行会制度、职权范围的冲突、行政处分权等"③。只有把这些废物彻底埋葬，无产阶级与资产阶级之间才能进行直接的战斗。在反动的封建势力和资产阶级争夺政权的斗争中，"反动派的每个胜利都会阻碍社会的发展并且必然推迟工人阶级的胜利。相反，资产阶级对反动派的每个胜利在一定程度上也是工人阶级的胜利，有助于彻底推翻资本家的统治，能使工人阶级战胜资产阶级的日子更快地到来"④。

资产阶级为了争得自己的政治统治，就必然要求出版、集会和结社的自由，要求废除旧的等级制度，要求实行普选权和代议制。这些都是工人阶级的发展所必需的条件。资产阶级从反动派那里夺来的每个成果，都是有利于工人阶级的。因此，"在资产阶级还忠于自己时，支持它同一切反动分子进行

---

① 马克思：《致恩格斯》（1865年1月30日），《马克思恩格斯全集》第31卷，第49页。
② 马克思：《致恩格斯》（1865年2月10日），《马克思恩格斯全集》第31卷，第66页。
③ 恩格斯：《普鲁士问题与德国工人政党》，《马克思恩格斯全集》第16卷，第75页。
④ 同上书，第87页。

斗争，是对工人有利的"①。但是，德国资产阶级的软弱无能和对工人阶级的敌对态度，要求工人阶级必须对它有所警惕。工人阶级要迫使资产阶级进步党真正地进步，促使它制定和执行一个激烈的纲领，无情地抨击它的每个不彻底的步骤，与它的背叛行为进行坚决的斗争。

无产阶级必须以独立政党的姿态出现，决不能做它的尾巴。无产阶级必须"在一切问题上提醒资产阶级，工人的阶级利益同资本家的阶级利益是直接对立的，而且工人是了解这一点的。它将保持并发展自己本身的组织来同资产阶级的党的组织相对抗，而且只能像一种力量同另一种力量那样同资产阶级进行谈判。它将通过这样的途径保证自己有一个受人尊敬的地位，向各个工人解释他们的阶级利益，并且在最近一次革命风暴到来时——这些风暴现在像商业危机、像春分和秋分时的风暴一样有规律地重复着——准备好采取行动"②。

恩格斯的小册子既反对普鲁士政府，也反对资产阶级，击中了拉萨尔派的要害，"对于阻止工人目前接近反动势力，是大有好处的"。

四 德国社会民主工党的诞生

1869年8月，德国社会民主工党（爱森纳赫派）正式成立，这是马克思主义对拉萨尔主义的重大胜利。

马克思、恩格斯非常重视独立的无产阶级政党。在总结1848年革命经验时，他们强调指出，无产阶级肩负的伟大历史使命，要求无产阶级组成独立的政党，保持独立组织。在60年代重新苏醒的工人运动中，他们又再一次指出，无产阶级必须组成"完全与资产阶级不同的独立政党"。

60年代初期，拉萨尔派的全德工人联合会，是德国唯一的工人组织。但是，这个组织并不是无产阶级的政党，而是拉萨尔的机会主义宗派。拉萨尔"一开始就使自己的宣传鼓动带有崇敬的、宗派的性质"，"拉萨尔的追随者更是把阶级运动服从于特殊的宗派运动"。③

马克思认为，这个联合会的整个组织是建立在错误的基础上的，"应当加

---

① 恩格斯：《普鲁士问题与德国工人政党》，《马克思恩格斯全集》第16卷，第85页。
② 同上书，第87页。
③ 马克思：《致施韦泽》，《马克思恩格斯〈资本论〉书信集》，第228—229页。

以摧毁"①。德国无产阶级必须彻底与拉萨尔派决裂，建立自己的政党。60年代末期，建党的条件已经成熟。

第一，随着资本主义工业的发展，工人阶级队伍日益壮大，觉悟也在不断提高，逐渐意识到自己特殊的阶级地位和阶级利益。恩格斯指出：60年代德国工人运动的产生，"这是由于从1848年以来资本主义大工业在德国获得了空前的成就，由于它消灭了大量的小手工业者和其他处于工人和资本家之间的中间分子，直接把工人群众和资本家对立起来，简单地说是由于它在以前没有无产阶级或者无产阶级人数较少的地方造成了一个相当可观的无产阶级。由于这种工业的发展，工人政党和工人运动就成了一种必然性"②。

第二，马克思、恩格斯长期的工作。早在40年代，马克思、恩格斯创建和领导的第一个工人组织"共产主义者同盟"，培养了大批工人阶级先进分子，他们最后接受了科学共产主义教育，在德国工人运动中起了重大的作用。李卜克内西告诉马克思，在全德工人联合会中，"有许多是工人运动的老手，是以前共产主义者同盟的会员"。这批骨干力量，在工人群众中宣传科学社会主义知识，抵制和批判拉萨尔机会主义路线，团结广大先进工人，为建党做了组织上和思想上的准备。

第三，马克思、恩格斯反对拉萨尔主义的胜利。拉萨尔派拼命反对马克思主义的传播，反对建立独立的工人政党，反对工人阶级的革命斗争。马克思、恩格斯深刻地批判了拉萨尔的机会主义谬论，揭露了拉萨尔派的叛徒嘴脸，撕下了他们冒充工人阶级代言人的假面具，大大地教育了广大工人阶级，提高了工人阶级的觉悟。许多先进工人纷纷放弃拉萨尔主义，退出拉萨尔派组织。1868年全德工人联合会汉堡代表大会邀请马克思莅临指导。马克思由于国际的工作不能前去参加。大会不顾拉萨尔分子的反对。通过决议：（一）赞成争取彻底的政治自由；（二）同国际工人协会采取一致行动。这两项决议实际上是抛弃了拉萨尔的纲领，包含着与联合会的全部过去彻底决裂的因素。许多先进工人先后退出联合会，拉萨尔派迅速瓦解。拉萨尔派日益严重的俾斯麦化和拉萨尔派分子在全德工人联合会中的独断专行、贪污腐化，引起了联合会中有觉悟的会员日益强烈的不满。李卜克内西等先进分子早于

---

① 马克思：《致济贝耳》（1864年12月22日），《马克思恩格斯全集》第31卷，第442页。
② 恩格斯：《普鲁士问题与德国工人政党》，《马克思恩格斯全集》第16卷，第79页。

1867年就已退出联合会。1869年夏天,以白拉克为首的另一批先进分子宣布退出联合会。他们在《告全德工人联合会员书》中,揭露联合会已经成为敌视工人的反动政府的工具,成为一小撮拉萨尔分子谋取政治权力的资本,成为个别独裁者奴役工人的场所,号召会员们要掌握自己的命运,抛开联合会这具政治僵尸,建立一个与国际运动相结合的真正民主的无产阶级政党。工人运动中无产阶级革命派的力量大大增长。

在反对拉萨尔主义、创建德国工人政党的斗争中,德国和国际工人运动活动家李卜克内西和倍倍尔起了重大的作用。

奥·倍倍尔(1840—1913)是铣工出身的工人活动家。青年时期,即投身工人运动。在资产阶级自由派组织的莱比锡工人教育协会中工作。在工人运动的实际斗争中,逐渐提高了阶级觉悟,认清了工人运动的正确道路。摆脱了资产阶级的影响。60年代初,在李卜克内西的帮助下,他开始学习马克思的著作,接受和领会了科学共产主义理论,逐渐成长为一个马克思主义者和优秀的工人运动领袖。

李卜克内西、倍倍尔是无产阶级革命家,按照马克思、恩格斯的指示,坚决反对普鲁士王朝和俾斯麦的"铁血政策",与拉萨尔及其信徒施韦泽进行坚决的斗争;批判资产阶级合作主义,努力把工人阶级从资产阶级的影响下解脱出来。

1868年9月5—7日,以倍倍尔为主席的德国工人协会联合会在纽伦堡召开代表大会。大会不顾自由资产阶级的激烈反对,宣布完全同意国际工人协会的纲领和原则,以"国际"的原则作为自己的纲领;大会宣称,工人阶级的解放只能是工人自己的事情,工人阶级应该与资产阶级自由派决裂,组成独立的工人政党,大会为了工人阶级的完全解放、为了实现全世界工人团结战斗,决定加入国际工人协会。大会选出一个由16名成员组成的委员会并负责执行这项决议。1868年9月22日,国际总委员会批准德国工人协会联合会为国际正式委员;批判由代表大会选出的16名委员所组成的委员会为国际在德国的执行委员会。纽伦堡代表大会是创建工人政党的重大步骤。

在1869年8月7—8日,在爱森纳赫城召开了德意志社会民主派工人代表大会。参加大会的有德意志、奥地利和瑞士的代表262人,代表193个地方组织,大会的任务是在马克思主义指导下,统一德国工人组织,建立独立的工人政党,"引导党走上伟大工人运动的、正确的、建立在国际基础上的唯一能走向胜利的道路"①。

爱森纳赫代表大会正式宣布德国社会民主工党诞生。大会接受国际工人协会规章并正式加入国际。大会通过的党纲基本上反映了马克思主义的建党原则。党纲指出：工人阶级的解放斗争是"为了消灭阶级统治"，"政治自由是工人阶级经济解放必不可少的先决条件。所以社会问题是与政治问题分不开的，它的解决是以政治问题的解决为条件的，而且只有在民主国家里才有可能"；"劳动解放既不是一个地方的问题，也不是一个民族的问题，而是涉及存在有现代社会的一切国家的社会问题，它的解决有赖于最先进各国在实践上和理论上的合作。……社会民主工党在结社法允许的范围内把自己看作是国际工人协会的分支，并与它共同努力。"② 当然，党纲也存在不少缺点，反映了拉萨尔主义的影响还没有肃清。代表大会选举倍倍尔为党的主席。不久，李卜克内西代表德国社会民主工党参加第一国际巴塞尔代表大会。第一国际在德国取得了重大胜利。

一年以后，马克思在巴塞尔代表大会的报告中宣布："在普鲁士和德国的其他地方，去年一年最应值得庆贺的就是在全国组织了工会。在不久前召开的爱森纳赫代表大会上，代表着德国本部、奥地利和瑞士的15万多名德国工人的代表们成立了新的社会民主党，它的纲领逐词逐句地采纳了我们的章程的基本原则。因为法律禁止他们成立合法的国际协会支部，他们决定请求总委员会发行个人会员卡。"③

五　哥达纲领批判

1875年，马克思以《哥达纲领批判》一书，最彻底地揭穿了关于拉萨尔的神话。对拉萨尔主义的政治观点、经济观点和策略思想进行了严厉的批判，同时深刻地阐明了科学社会主义的基本原理。

在1869年召开的爱森纳赫代表大会上，成立了以马克思主义为指导的德国统一的工人政党——德国社会民主工党。这一政党的成立，标志着国际工人协会在与拉萨尔派争夺德国工人运动领导权的斗争中取得了重大胜利。但

---

① 奥·倍倍尔：《我的一生》第2卷，第74页。
② 马克思：《国际工人协会共同章程》，《马克思恩格斯选集》第2卷，第136页。
③ 《总委员会国际工人协会第四次年度代表大会的报告》，《马克思恩格斯全集》第16卷，第429页。

是，拉萨尔主义的影响还没有最终彻底肃清，党纲中依然存在着拉萨尔机会主义的印迹，拉萨尔派分子也并不甘心接受失败，始终在蠢蠢欲动，伺机重新夺取对德国工人运动的领导权。

1875年，德国工人运动中的两派，爱森纳赫派和拉萨尔派达成合并的协议。在制定统一的新党纲时，爱森纳赫派的领导人在协商中作了无原则的协妥，把一些拉萨尔主义的错误观点写进纲领草案中，这就是所谓的《哥达纲领草案》。"纲领草案证明，我们的人在理论方面比拉萨尔派的领袖高明一百倍，而在政治机警性方面却差一百倍：'诚实的人'又一次受到了不诚实的人的极大的欺骗。"①

恩格斯对这一纲领草案给予了严厉的批判，他在给奥·倍倍尔的信中详细分析了这一纲领草案所存在的机会主义、宗派主义错误，以及对马克思主义和国际工人协会指导原则的背弃。明确指出它"比爱森纳赫纲领还倒退一步"。同时他判断，建立在这一纲领草案上的两派合并时间不会长久，甚至"连一年也保持不了"，"分裂是一定会发生的"。如果一旦分裂，结果将是"我们将被削弱，而拉萨尔派将会增强；我们的党将丧失它的政治纯洁性……"②

最后，恩格斯指出，这个纲领草案"只能引起思想的混乱"，甚至"连文字也写得干瘪无力"，"差不多每一个字都是应当加以批判的"。并且郑重声明，"如果它被通过，马克思和我永远不会承认建立在这种基础上的新党，而且我们一定会非常严肃地考虑，我们将对它采取（而且也要公开地）什么态度"③。

马克思完全赞成恩格斯的观点，指出纲领草案完全是拉萨尔机会主义、宗派主义教条的体现，"即使这个纲领没有把拉萨尔的信条奉为神圣，也是完全不适宜的"④。直斥这是一个"应当根本抛弃并且会使党（指马克思主义指导下的德国社会民主工党——作者注）瓦解的纲领"⑤。

马克思认为，原则性纲领是在全世界面前树立起一些可供人们用以判定

---

① 恩格斯：《致奥·倍倍尔》（1875年3月18—28日），《马克思恩格斯全集》第19卷，第4页。
② 同上书，第9页。
③ 同上书，第8页。
④ 马克思：《给威·白拉克的信》（1875年5月5日），《马克思恩格斯全集》第19卷，第14页。
⑤ 同上书，第13页。

党的运动水平的界碑，因此，决不能降低党的理论水平，用原则来做交易。他写了《对德国工人党纲领的几点意见》，随函寄给爱森纳赫派的领导威·白拉克等人。这就是后来以《哥达纲领批判》著称的文献。

在书中，马克思系统地驳斥了拉萨尔主义的经济观点、政治观点和策略思想等，同时，再一次深刻地阐明了科学社会主义的基本原理。

在《哥达纲领草案》中，提出"劳动所得应当不折不扣和按照平等的权利属于社会一切成员"①。马克思在《哥达纲领批判》中则一针见血地指出"这里的'劳动所得'是拉萨尔为了代替明确的经济概念而提出的一个模糊的概念"，而所谓的"'平等的权利'仍然被限制在一个资产阶级的框框里"，对无产阶级而言"显然只是空话"。②

马克思指出，根据社会再生产理论，社会的总产品在分配给劳动者个人之前，首先要扣除如下三部分：用来补偿消费掉的生产资料的部分；用来扩大再生产的追加部分；用来应付不幸事故、自然灾害等的后备基金或保险基金。剩下的部分在进行个人分配之前，还得从里面扣除：和生产没有直接关系的一般管理费用；用来满足共用需要的部分（如学校、保健设施等）；为丧失劳动能力的人等等设立的基金。只有在这之后，"才谈得上纲领在拉萨尔的影响下褊狭地专门注意的那种'分配'，就是说，才谈得上在集体的个人生产之间进行分配的那部分消费资料"③。此时，"不折不扣的劳动所得"已经不知不觉地变成"有折有扣的"了。并且，"正如'不折不扣的劳动所得'一话消失了一样，'劳动所得'一词现在也在整个地消失"④。

为了科学地说明这个问题，马克思在《哥达纲领批判》中指出，共产主义是一个发展着的社会形态，它的形成和发展是根据一定的客观规律的。共产主义社会在其发展过程中要经历两个阶段：共产主义社会"第一阶段"（通常称为社会主义社会）和共产主义社会高级阶段。共产主义社会第一阶段是刚刚从资本主义社会中产生出来的，因此它在各方面，在经济、道德和精神方面都还带着它脱胎出来的那个旧社会的痕迹。在这个阶段，生产资料私有制和剥削已经被消灭，每个劳动者按照劳动贡献的大小，向社会领取相应的报酬。多劳多得，少劳少得。从这一点来看，每一个人的权利是平等的。但

---

① 马克思：《哥达纲领批判》，《马克思恩格斯全集》第19卷，第15页。
② 同上书，第19页。
③ 同上书，第20页。
④ 同上。

是，由于各人的天赋和工作能力等不可能完全相同；由于各人的家庭负担等不可能没有差别，在劳动成果相同、从而由社会消费品中分得份额相同的条件下，某一个人事实上所得到的将会比另一个人多些。"权利永远不能超出社会经济结构以及由经济结构所制约的社会文化的影响。"[①] 劳动者富裕程度上的差别，这种事实上的不平等，是实行按劳分配原则的体现。这种差别在共产主义社会第一阶段是不可避免的。共产主义社会的进一步发展将进入一个更高阶段。共产主义高级阶段和第一阶段虽然同属一种生产方式，但在发展程度上又存在重大差别。从前者发展到后者，是一个不断清除旧社会"痕迹"的过程，是一个生产力不断增长、道德思想水平极大提高和个人全面发展的过程。进入后一阶段，在各个生活领域将实行完全共产主义的原则，个人消费品的分配方式将由按劳分配转变为按需分配。

因此，马克思指出，把"所谓分配看做事物的本质并把重点放在它上面，那也是根本错误的"[②]。消费资料的任何一种分配，都不过是生产条件本身分配的结果。而生产条件的分配，则表现生产方式本身的性质。庸俗的社会主义仿效资产阶级经济学家把分配看成并解释成一种不依赖于生产方式的东西，从而把社会主义描写为主要是在分配问题上兜圈子。

马克思在《哥达纲领批判》中还概括地论述了共产主义社会高级阶段的一些基本特征。它指出："在共产主义社会高级阶段上，在迫使人们奴隶般地服从分工的情况已经消失，从而脑力劳动和体力劳动的对立也随之消失之后；在劳动已经不仅仅是谋生的手段，而且本身成了生活的第一需要之后；在随着个人的全面发展生产力也增长起来，而集体财富的一切源泉都充分涌流之后——只有在那个时候，才能完全超出资产阶级法权的狭隘眼界，社会才能在自己的旗帜上写上：各尽所能，按需分配！"[③] 这就是说，在共产主义社会高级阶段，社会生产力已高度发展，能够生产出数量、品种都极丰富的产品；不仅不存在阶级差别，而且社会成员已不再受社会分工的束缚，不存在脑力劳动者和体力劳动者的对立；每个社会成员的智力、体力、才能都能获得全面发展；每个劳动者都能自觉地、尽其所能地劳动，而社会也为每个成员发挥其聪明才智提供了充分条件，以尽其所能；人们已不再把劳动作为谋生的

---

① 马克思：《哥达纲领批判》，《马克思恩格斯全集》第19卷，第22页。
② 同上书，第23页。
③ 同上。

手段，而是把它作为生活的第一需要；个人消费品的分配方式由按劳分配转变为按需分配。《哥达纲领批判》没有对共产主义社会第一阶段作具体分析，不过它既已说明了共产主义社会高级阶段的基本特征，也就为高级阶段和第一阶段的区分划清了界限。

马克思在《哥达纲领批判》中批判《哥达纲领草案》关于超阶级国家的极端庸俗和反科学的观点时，彻底揭露了资产阶级国家的本质，指出，在不同的文明国度中的不同的国家，不管它们的形式如何纷繁，却有一个共同点：它们都建筑在资本主义多少已经发展了的现代资产阶级社会的基础上，都是资产阶级统治的工具。指望通过这种国家的帮助，和平地实现社会主义，只能是一种幻想。宣扬这类对国家的忠实信仰，或者对民主奇迹的信仰，是背离社会主义的对奇迹信仰的妥协。它强调指出，无产阶级要进行巨大的革命的社会改造，以实现从资本主义社会向共产主义社会过渡，就必须摧毁资产阶级国家机器，建立无产阶级专政。

马克思还提出：在未来共产主义社会里国家制度会发生怎样的变化呢？那时有哪些同现代国家职能相类似的社会职能保留下来呢？这表明国家的消亡并不意味着在新的社会制度胜利后，一切国家制度立即简单地消失。某些同现代国家职能相类似的社会职能将保留下来。但是，它没有谈到国家消亡的期限和具体形式等问题。因为当时还没有也不可能有掌握回答这些问题的材料。

在《哥达纲领批判》中，马克思还总结了关于过渡时期的理论，做出经典性的结论："在资本主义社会和共产主义社会之间，有一个从前者变为后者的革命转变时期。同这个时期相适应的也有一个政治上的过渡时期，这个时期的国家只能是无产阶级的革命专政。"[①] 在这里，把资本主义到共产主义的过渡时期和无产阶级专政看做是一个统一而不可分割的历史过程，把无产阶级专政看做是同这个过渡时期相适应的政治上层建筑。这就说明，无产阶级在推翻资产阶级经济统治，建立自己的政权后，并不能立即进入共产主义社会，而是要经历一个相当长的过渡时期，在这个时期无产阶级要用自己的阶级专政作为主要杠杆，来废除资本主义私有制，实现生产资料的公有制，来发展生产力，创造废除私有制所必需的大量物质财富。这也说明，这里所说的"共产主义社会"，指的是包括"第一阶段"在内的共产主义社会，而不是

---

① 马克思：《哥达纲领批判》，《马克思恩格斯全集》第19卷，第31页。

"共产主义社会高级阶段"。因为过渡时期既然还需要无产阶级专政，那就意味着还存在阶级和阶级对立，还必须以阶级专政为手段来镇压敌对阶级的反抗。

在马克思的《哥达纲领批判》中，虽然论战部分占据了主导，遮盖了正面论述的部分，但是，依然不能掩盖该书所具有的辉煌的历史意义。在这部著作中，马克思第一次指出了共产主义划分为两个发展阶段，论述了这两个阶段的基本特征和分配原则，并提出了从资本主义向共产主义的过渡时期的理论。并系统论述了关于无产阶级国家的作用等问题。从而对无产阶级政党具有重大的理论意义和实践意义。最终成为科学共产主义的重要纲领性文献之一。

第十二章　反对巴枯宁主义

一　《忏悔书》与"革命者"

在第一国际中,马克思、恩格斯和马克思主义者与巴枯宁无政府主义进行了尖锐的斗争。

第一国际成立以后,在各国工人阶级中的影响不断增长,成为公认的国际工人阶级的领导机关。为了破坏国际的组织和威望,各国反动政府对它进行残酷镇压,反动报刊对它大肆造谣诽谤。他们还在国际内部物色代理人,从内部进行颠覆和破坏。巴枯宁主义就是资产阶级和各国反动派颠覆和破坏国际的工具,是工人阶级的凶恶敌人,而由于它打着"革命"的招牌、唱着"革命"的高调,因而比公开的敌人具有更大的欺骗性和危险性。

巴枯宁主义的创始人米哈依尔·巴枯宁(1814—1876),出身于俄国贵族家庭。1848年革命时期,他曾参加奥地利和德累斯顿起义。革命失败后,被德国政府逮捕,不久被引渡给俄国政府。

巴枯宁是一个可耻的叛徒,他在被捕后立即背叛革命,向沙皇呈献《忏悔书》,无耻地请求沙皇宽恕。他在1857年2月14日的《忏悔书》中写道:"我将要用什么名词来称呼我的过去的生活呢?开始于空洞和无效的努力,结束于罪恶……我诅咒我的错误、我的荒唐和我的罪恶。"①

1857年,巴枯宁被流放到西伯利亚。当时的西伯利亚总督穆拉维约夫·阿穆尔斯勋爵是巴枯宁的亲戚。由于这种关系和他对政府的效劳,他在那里处于特殊地位,受到特别的优待。他结交官吏、接受贿赂、包揽诉讼、打击流放的革命者。他不仅可以在西伯利亚全境自由活动,而且还以政府官员的身份观察东部国境。1861年,他从西伯利亚一个港口奔赴日本,经由美洲抵

---

① 巴枯宁:《忏悔书》,转引自《巴枯宁言论》。

达英国，从而"实现了一次神奇的逃亡"。

巴枯宁重回欧洲后，一方面把自己打扮成"革命者"，钻进工人运动，组织反革命小集团，大搞阴谋活动，妄图夺取第一国际的领导权；另一方面系统地宣扬无政府主义理论，反对科学共产主义，妄图把工人运动引向邪路。

巴枯宁是"社会理论领域中一个最无知的人"①。但他却以一个宗教天才的姿态出现，拼凑了一个混乱而荒谬的"理论体系"。它的主要内容如下：

第一，宣扬无政府主义，反对无产阶级专政。巴枯宁认为无论什么样的国家，它的任务都是对内以强者欺压弱者，对外从事征服。因此，不管这个国家是剥削阶级专政，还是无产阶级的革命专政，都是坏的东西，都是剥削和专制制度的根源，都必须加以彻底地反对。他说："我们仇视专政、执政主义和权威主义的原则……他们在任何时候、任何地方都无条件地反对国家，反对它的任何表现形式。"② 他鼓吹以社会的无政府状态代替国家和一切组织，在这种无政府状态下，人人都有充分的自由，没有任何限制；人们自由地组成小型公社，各公社组成自由联邦；这样，"自由、平等、正义、新秩序和反对反动势力的革命力量本身一定会诞生出来"③。但是，正是这个无政府主义的鼓吹者，却是反动透顶的俄国沙皇的狂热崇拜者，无耻地吹捧当时的沙皇亚历山大二世是俄国历史上"一位最伟大的、最爱慕、最爱戴、最强有力的沙皇"④。

第二，破坏一切阶级政治斗争。巴枯宁以极左的面目出现，他只知道一门科学——破坏的科学。宣扬仇恨一切，破坏一切，毁灭一切，打倒一切，"最彻底、最迅速地破坏国家的、等级制的、所谓文明的世界的信念"，"毫不犹豫地消灭这个世界的地位、关系或者任何人"。主张革命者应该拒绝研究任何科学，"他们主张的革命，乃是无组织的盲动，无准备的冒险，脱离群众的个人恐怖和密谋暴动"。在他看来，任何革命运动，都既不需要根据客观的形势，也不必进行组织和计划，只要由少数几个亡命分子的自发暴动，就会使整个制度毁灭。

第三，把流氓无产阶级当做革命的主力军，反对产业无产阶级。巴枯宁根本不了解资本主义社会中无产阶级的伟大历史使命，不了解无产阶级的优

---

① 马克思：《机密通知》，《马克思恩格斯全集》第16卷，第466页。
② 巴枯宁：《给莫拉的信》（1872年4月5日），《马克思恩格斯全集》第18卷，第514页。
③ 巴枯宁：《国际社会主义民主同盟纲领》，《马克思恩格斯全集》第18卷，第512页。
④ 马克思、恩格斯：《巴枯宁沙皇》，《马克思恩格斯全集》第18卷，第495页。

秀革命品质，他把无产阶级革命战士与靠抢为生的盗贼混为一谈，胡说什么只有强盗才是"真正的、唯一的革命的"。这是极端错误的。历史的经验证明，流氓无产阶级是反动统治阶级反对革命的手段和工具，在革命过程中起着破坏作用。恩格斯明确指出："流氓无产阶级是主要集中于大城市中的、由各个阶级的堕落分子构成的糟粕，他们是一切可能的同盟者中最坏的同盟者。这帮浪荡之徒是很容易被收买和非常厚颜无耻的，如果说法国工人们在每次革命中都在墙壁上写着——'消灭盗贼'——并且把他们枪毙了不少。那末这并不是由于法国工人热衷于保护财产，而是由于他们正确地认识到首先必须摆脱这帮家伙。任何一个工人领袖只要利用这些流氓作为自己的近卫军或依靠他们，就已经足以表明他是运动的叛徒。"① 但是，正如马克思、恩格斯所指出的，当时俄国唯一的革命形式，是被资本家们商业化了的盗马活动，而所谓"不说空话的革命者"——强盗，则"不过是资本家手中的简单工具和牺牲品而已"②。

第四，反对工人阶级的政治斗争。巴枯宁从否定国家的理论出发，反对工人阶级从事任何政治斗争。在他看来，工人阶级在资产阶级国家制度下，进行争取民主、自由和其他政治权利的斗争，就是承认资产阶级国家的存在，因而也就是延缓资本主义的剥削制度的灭亡。这些统统都是要不得的。他认为，无产阶级"根本不应该从事政治活动"。无产阶级的任务，就是立即"破坏一切"、"一切的一切"。

第五，主张废除继承权。巴枯宁及其信徒从圣西门主义者的著作中抄来了废除继承权的教条，并把它作为消灭私有财产、改造整个社会的万灵丹药。他们认为，社会不平等的根源在于私有财产；而私有财产之所以存在，是由于有了继承权。继承权使财产一代一代继承下去，使少数人拥有大量土地和社会财富，成为私有财产的不可动摇的基础。因此，只要废除继承权，就可以消灭私有财产，从而可以消灭社会不平等，以至于消灭国家。因此，他们把废除继承权作为改革社会的基础和出发点。可笑的是，巴枯宁关于放弃斗争的谬论，束缚了工人阶级的手脚。1873年，当西班牙发生革命时，巴枯宁束手无策，不知道应该怎么办。他们只好对群众说："国际这个团体决不应该

---

① 恩格斯：《〈德国农民战争〉第二版序言》，《马克思恩格斯全集》第16卷，第452—453页。
② 马克思、恩格斯：《社会主义民主同盟和国际工人协会》，《马克思恩格斯全集》第18卷，第446页。

从事政治活动,但是国际的会员,由于每个人对自己负责,可以按照他们的意愿进行活动,加入他们所愿意的任何政党。"① 尽管巴枯宁憎恶继承制度,但是,他却为了取得赫尔空的遗产——俄国泛斯拉夫主义者的一笔宣传费,而不惜背弃自己的政治信仰,甚至与他的"亲密伙伴"、"国际兄弟"大动干戈,最终决裂。

第六,宣扬反动的泛斯拉夫主义。泛斯拉夫主义是沙皇俄国为了实现对外扩张而制造出来的反动种族主义理论,其目无非是要把俄国疆界向各方面挺进。巴枯宁是一个狂热的泛斯拉夫主义者。早在1848年,他就大肆从事泛斯拉夫主义的宣传。60年代继续宣扬这种谬论,鼓吹发动种族战争。他写道:俄国、波兰和全体斯拉夫人是不可分割的;"我们将同一切斯拉夫部族一起,力求实现斯拉夫人梦寐以求的理想:建立伟大的、自由的全斯拉夫族的联邦,即大俄帝国"②。为了实现这个狂妄的扩张主义的"理想",他公开鼓吹对土耳其人、日耳曼人进行种族斗争;为了这个反革命事业,献出"自己的全部生命"。

马克思指出:对于巴枯宁来说,学说完全是次要的东西,仅仅作为提高他个人身份的手段,"他在理论方面虽然只等于零,但作为阴谋家却是很内行的"。第一,他招降纳叛,组织秘密阴谋集团"社会主义民主同盟",在瑞士、西班牙、意大利、比利时、法国等国大肆活动,分裂、破坏工人阶级的团结,瓦解工人阶级的队伍。第二,他用欺骗手段钻进国际工人协会,大肆反对和攻击国际的领导机构——总委员会,攻击革命导师马克思,攻击马克思的无产阶级革命路线,妄图把他的无政府主义、机会主义和宗派主义的路线强加给国际工人运动,夺取国际的领导权。第三,他伙同堕落分子,盗用国际名义,在俄国招摇撞骗,敲诈勒索,行凶杀人,陷害无辜群众,败坏国际安全,充当沙皇政府迫害革命人士的帮凶,给革命运动造成巨大的损失。

巴枯宁主义的产生并不是偶然的。

第一,巴枯宁反映了破产的小资产阶级的绝望情绪。19世纪中叶,欧洲一些资本主义比较落后的国家(如俄国、西班牙、意大利和瑞士等地方),存在着大量的破产农民。这些人曾经遭受封建地主阶级的剥削,又由于资本主义的发展而破产。他们对当前的一切满怀不满和仇恨,对前途又感到悲观和

---

① 巴枯宁:《忏悔书》,转引自《巴枯宁言论》。
② 同上。

绝望。巴枯宁主义正是集中地表现了这种绝望的情绪，从而在这些比较落后的国家滋生和发展。

第二，巴枯宁主义也是适应各国反动派消灭国际的需要而产生的。国际成立后，在工人运动中影响不断扩大，引起了旧世界一切反动阶级、反动势力的恐慌。他们在对国际进行政治迫害的同时，还收买工贼、派遣特务、千方百计地从国际内部进行破坏。巴枯宁阴谋集团，基本上就是由叛徒特务、工贼和各种堕落分子组成的反动小宗派。

在第一国际期间，马克思、恩格斯与巴枯宁主义进行了激烈的斗争，严厉批判了巴枯宁的无政府主义、机会主义理论，把这个反革命阴谋集团从国际工人协会中清洗出去。在这场斗争中，纯洁了工人阶级的组织，提高了工人阶级的战斗力，培养了工人运动的骨干，为建立各国独立的工人政党提供了条件。

二 粉碎巴枯宁派篡夺"国际"领导权的阴谋

第一国际成立不久，马克思在反对蒲鲁东主义的同时，就开始进行反对巴枯宁主义的斗争。

1864年，巴枯宁在伦敦会见马克思，要求加入国际工人协会，表示将不断地为协会工作。马克思接受他的要求，发给他一些有关协会的文件。

巴枯宁对马克思采取了两面派的态度。这个时期，他给马克思写了许多"热情的"信件，表示拥护马克思的学说，说自己是马克思的学生。1868年12月22日，他在给马克思的信中写道："我的老友！……我现在比以前更加理解你是正确的。你选定了一条阳光大道，招呼我们追随你的足迹，而嘲笑我们当中那些在民族的或纯政治的事业的羊肠小道上迷失了方向的人。我现在做的，正是你早在20多年前就已着手的事情。……我是你的学生，而且我是以此自豪的。这就是我认为必须说的一切。"[①] 但是，在此同时，他却在给一个资产阶级政客的信中，诬蔑了马克思是控制国际工人协会的"德国人阴谋集团"。不久之后，更是对马克思造谣诽谤。离开伦敦以后，巴枯宁违背自己的诺言，不仅没有为国际工人协会做任何事情，而且于1867年在瑞士参加

[①] 梅林：《马克思传》，第505页。

为反对国际而建立的"和平与自由同盟",充当这个资产阶级团体的领导成员。

"和平与自由同盟"是资产阶级手中的玩物,在群众中毫无影响,参加这个团体的资产阶级分子只是把它的代表大会看做是把消遣散心的旅行同玩弄浮夸辞藻的讲演结合起来的一种手段。这样的组织,当然不能满足巴枯宁的政治野心。与此同时,国际的事业却蒸蒸日上,不断发展,于是,巴枯宁便在1868年伯尔尼代表大会上搞了一次"政变"。他向代表大会提出一系列决议草案,什么"阶级平等"、"废除继承权"以及与此类似的无稽之谈和一大堆唬人的胡言乱语。其目的是为了使资产阶级感到恐怖,而使自己能够大叫大嚷地宣布"与资产阶级决裂"而退出"和平与自由同盟",加入国际。就在这时,巴枯宁才正式加入国际工人协会(日内瓦)罗曼语区分部。

巴枯宁加入国际的目的是企图用他的机会主义、无政府主义纲领代替协会的共同章程,用他的个人独裁来代替总委员会,把国际变成实现自己政治野心的工具。他参加国际不到几天,就背着国际的领导机构——伦敦总委员会,建立了一个由他自己直接控制的秘密阴谋组织——"国际社会主义民主同盟"。这个同盟有着自己的纲领、章程、领导机构和地方组织,它"从产生之日起就对国际抱敌视态度"①,"完全融化在国际工人协会之中",要求国际总委员会承认同盟的章程,承认同盟是国际工人协会的"不可分裂的"组成部分。预谋改变国际的性质,夺取国际的领导权。

马克思觉察了巴枯宁的阴谋。1868年12月22日,国际工人协会总委员会讨论了"国际社会主义民主同盟"的问题,马克思指出,所谓的"国际社会主义民主同盟"这种既在国际之内又在国际之外进行活动的第二个国际性组织的存在,必将使协会陷于瓦解;任何地方的任何别的一伙人都可以仿效这种做法而把负有别的"特殊使命"的其他国际性协会引到国际工人协会里来;这样,国际工人协会很快就会变成任何一个种族和民族的阴谋手中的玩物。根据马克思的提议,会议决定:"(1)国际社会主义民主同盟章程中规定它同国际工人协会关系的所有条文一律宣布废除和无效;(2)不接纳国际社会主义民主同盟作为一个分部加入国际工人协会……"② 总委员会的决定,

---

① 马克思、恩格斯:《所谓国际内部的分裂》,《马克思恩格斯全集》第18卷,第7页。
② 马克思:《国际工人协会和社会主义民主同盟》,《马克思恩格斯全集》第16卷,第383—384页。

是对巴枯宁的沉重打击。他妄图瓦解国际的第一个阴谋破产了。

但是，巴枯宁并不死心。不久，他以国际社会主义民主同盟中央委员会名义写信给伦敦总委员会，表示愿意解散同盟，加入国际；但是有一个条件，总委员会必须承认同盟的"激进的原则"。巴枯宁的唯一目的是，利用国际作为一种手段，以便以一种秘密科学的献身者的身份出现在工人群众面前，这门科学的顶点是"各阶级在经济和社会方面的平等"[①]。

总委员会识破了巴枯宁的诡计。由马克思起草的《国际工人协会总委员会致社会主义民主同盟中央局》的信中，严厉地批判了关于"首先力求实现各阶级在政治经济和社会方面的平等，照字面上的理解，就是资产阶级社会主义者拼命鼓吹的'资本和劳动的协调'，不是各阶级的平等——这是谬论，实际上是做不到的——相反是消灭阶级，这才是无产阶级运动的真正秘密，也是国际工人协会的伟大目标"[②]。国际工人协会只接受为工人阶级彻底解放而斗争的工人团体，决不接受以"劳资调和"为纲领的资产阶级团体，因此，国际社会主义民主同盟如果要加入国际工人协会，必须：（1）抛弃所谓"阶级平等"的"激进"原则；（2）解放同盟组织；（3）把每一个新支部的所在地及其人数通知总委员会。

巴枯宁则采取两面派的手法。表面上，他宣布接受总委员会指示，解散同盟，加入国际；实际上，他继续保持同盟组织，在国际的日内瓦支部后面隐藏着秘密同盟的中央局；在意大利的那不勒斯、西班牙的巴塞罗那、法国的里昂、瑞士的汝拉等地的国际支部当中都存在着同盟组织。与此同时，巴枯宁还拒绝向总委员会提供每个支部的所在地和人数，继续牢牢地把这个秘密组织控制在自己手里，利用它作为反对国际的工具。

三　巴塞尔代表大会上的斗争

在国际巴塞尔（第四次）代表大会上，马克思主义与巴枯宁主义进行了尖锐的斗争。

大会召开以前，巴枯宁为了在大会上取得多数，把国际的领导权抓到自

---

① 马克思、恩格斯：《所谓国际内部的分裂》，《马克思恩格斯全集》第18卷，第45页。
② 马克思：《国际工人协会总委员会致社会主义民主同盟中央局》，《马克思恩格斯全集》第16卷，第394页。

己手里，采取了种种的卑鄙手段。巴枯宁告诉他的一个同伙说："我向各地写信，给我们所有的朋友写信，建议他们在 9 月份见面。你们应当力争人多势众。"①

巴枯宁的目的是：强迫代表大会通过他的谬论：把废除继承权作为社会革命的出发点；把总委员会从伦敦迁往日内瓦，完全置于自己的控制之下。通过各种不正当的手段，至少派了 10 名代表混进大会。他还大造谣言，任意诬蔑总委员会，说什么在总委员会中得势的是"资产阶级分子"。"看样子，这个俄国人将成为欧洲工人运动的独裁者。"②

为了粉碎巴枯宁的阴谋，马克思为大会做了充分的准备。他起草了《总委员会向国际工人协会第四次年度代表大会的报告》，在总委员会上详细阐述了将在大会上讨论的主要问题——土地问题、继承权问题、普及教育问题，并为代表大会准备了这些问题的专题报告；选派了一批马克思主义者参加和领导大会。

1869 年 5—6 月，国际工人协会第四次代表大会在瑞士巴塞尔正式举行。出席大会的 78 人，分别代表英、法、德、比、奥、瑞、意、西、美九个国家。

这次大会是在国际工人运动蓬勃发展、国际工人协会威望空前高涨的情况下召开的。马克思指出，过去的一年，国际工人运动蓬勃发展，震撼欧洲大陆的罢工运动——劳动与资本的游击战，此伏彼起，声势浩大。在瑞士、比利时，法国资产阶级政府妄图镇压罢工运动的同时，摧毁国际的阴谋可耻地破产了。罢工斗争把工人阶级推向国际。国际在工人群众中的威望越来越高。国际的队伍由于许多工人团体的加入而发展壮大了。

国际的事业在德国、奥地利、匈牙利获得重大的成就。虽然这些国家工人阶级被剥夺了结社、集会和出版自由的权利，但他们在极端困难的条件下坚持斗争。普鲁士、奥地利和瑞士的德国工人，于 1868 年建立了以国际章程的基本原则为指导的社会民主党。工人阶级团结在社会主义和国际的旗帜下进行战斗。

在英国，国际的活动提高了工人阶级的觉悟，使他们进一步认识到国际工人协会是保卫工人阶级共同利益的战争组织。1869 年 8 月 30 日在此明确

---

① 克·斯切茨凯维奇：《第一国际和第二国际简史》，第 96 页。
② 马克思：《致恩格斯》（1869 年 7 月 27 日），《马克思恩格斯全集》第 32 卷，第 331 页。

举行的工联代表大会号召全国工人群众和工人组织,积极支持协会的活动,加入协会的组织。

美国工人阶级热烈响应总委员会关于制止英、美两国资产阶级挑动战争的呼吁。他们庄严宣布:"我们的事业是共同的事业。贫富之间正在进行着战争。劳动到处都同样地受到压迫,而资本在世界的任何角落都同样是暴君。……我们已向它宣战,并且打算战胜它。"[1]

马克思欢呼道:国际工人协会正在胜利前进。在国际的教育下,在阶级斗争的实践中,工人阶级广大群众终于懂得,工人阶级的解放是工人自己的事情,"夺取自己的天赋权利的最可靠的办法是:不待他人的许可,每人奋不顾身地自动行使这种权利"[2]。

继承权问题是大会讨论的主要问题。在这个问题上,马克思主义与巴枯宁主义展开了激烈的斗争。

废除继承权,是巴枯宁主义的得意"杰作"。巴枯宁一贯坚持以废除继承权作为社会主义的出发点。代表大会召开以前,巴枯宁控制的国际社会主义民主同盟就坚决要求总委员会把这个问题列入大会议程,企图迫使大会通过巴枯宁主义的纲领,这是巴枯宁发动的对国际进行公开战争的信号。这个战争的矛头不仅针对总委员会,而且针对一切拒绝继承这个宗派集团纲领的国际支部。

在巴塞尔大会上,由巴枯宁分子控制的继承权问题分组委员会提出一项报告。报告说,继承权,使土地所有权和社会财富转入少数人手中,促进个人所有制的发展,损害多数人的利益。阻碍土地转为集体所有制,无论继承权怎样受限制,总是妨碍每个人在精神和物质获得同等发展的可能,从而构成社会和政治不平等的最根本的因素,因此,废除继承权是工人阶级彻底解放的基本条件和出发点。巴枯宁也亲自出面,重弹有关废除继承权是社会革命出发点的老调,硬说不废除继承权就不能废除私有制,不能实现公有制。

马克思早就预见到这个问题会成为巴塞尔大会上斗争的焦点,决定在这个问题上"给巴枯宁来一个迎头痛击"[3]。因此,提议总委员会事先进行讨论,取得一致意见。7月20日,马克思在总委员会上作了《关于继承权》的

---

[1] 马克思:《总委员会向国际工人协会第四次年度代表大会的报告》,《马克思恩格斯全集》第16卷,第420页。

[2] 同上书,第427页。

[3] 马克思:《机密通知》,《马克思恩格斯全集》第16卷,第468页。

报告，起草了《总委员会关于继承权的报告》，彻底驳斥了巴枯宁的谬论，透彻地阐述了无产阶级对于继承权的态度。马克思指出，继承权是私有财产的结果，而不是它的原则。

土地所有者、资本家和其他剥削分子之所以能够把自己的剥削成果遗留给别人，只是由于他们在生前借助自己的生产资料进行了剥削；继承权的社会意义，就在于它使继承人能够继承死者的剥削权利，用死者遗留给自己的财产继续剥削他人的劳动成果。继承权是一种法律，它与资产阶级国家的其他法律一样，是资本主义社会经济组织的反映，而这种经济组织是以生产即土地、原料、机器等的私有制为基础的。正如继承奴隶主的权利并不是奴隶制度的原因一样，继承权不是私有财产产生和存在的原因，恰恰相反，私有财产的存在才是继承权存在的原因。

无产阶级革命的目的是消灭生产资料私有制，消灭使剥削阶级能够借助生产资料私有制剥削他人劳动成果的社会经济制度。"我们应当同原因而不是同结果作斗争，同经济基础而不是同它的法律的上层建筑作斗争。"[①] 只要消灭了生产资料私有制，那么，建立在这个基础上的私有财产继承权，也就必然会自行消亡。当一个人在没有享受剥削的权利时，死后就不可能遗留给别人剥削的成果，更不可能遗留给别人剥削的权利。没有奴隶制度，当然不可能存在奴隶继承权。因此，继承权的消灭是废除生产资料私有制的社会改造的必然结果。

所谓废除继承权是社会革命的出发点，在理论上是错误的，在实践上是反动的。这是因为，首先，放弃继承权，就是以承认生产资料私有制的继续存在为前提。从而使得工人阶级违背了剥夺资产阶级私有财产、消灭资本主义剥削制度的历史任务。其次，由于所有的剥削阶级分子不可能同时死亡，他们也可以在生前把财产转移给别人。只要存在生产资料私有制，即使废除继承权，剥削制度、剥削权利也会继续保持，这会产生新的剥削分子。再次，废除继承权，直接损害广大小私有者的利益，有可能把他们推向工人阶级的对立面，增加了革命的阻力。因此，"废除继承权不会使社会革命开始，而只会使社会革命完蛋"[②]。

在无产阶级有了足够力量对社会进行彻底改造的时候，可以考虑通过提

---

① 马克思：《总委员会关于继承权的报告》，《马克思恩格斯全集》第16卷，第414页。
② 《卡·马克思关于继承权的发言记录》，《马克思恩格斯全集》第16卷，第652页。

高遗产税、限制遗嘱继承权等办法，作为消灭私有财产的许多过渡措施之一，为生产资料公有制创造条件。但是，无产阶级坚定不移的方向是：消灭生产资料私有制，实现生产资料公有制。离开这个方向的一切言论和行动，都是完全错误的。

马克思关于继承权问题的报告，粉碎了巴枯宁主义的谬论。从此，巴枯宁分子不敢再在国际代表大会上提出这个问题了。

组织问题是代表大会讨论的另一个主要问题。由于国际工人协会队伍日益扩大，任务日益艰巨，各国反动派对国际的迫害和破坏日益加剧，各种机会主义派别，形形色色的资产阶级个人野心家，为各国反动政府效劳的工贼和特务，不断乔装打扮，妄图混进协会；在这种情况下，只有扩大总委员会的权力，加强集中领导，严格党的纪律，才可能战胜一切内外敌人，实现工人阶级的伟大历史使命。为此，大会决定，总委员会有权接受或拒绝新的团体加入国际；有权在下一代表大会以前将违背国际原则的支部暂时开除；有权解决国际所属的各全国性组织之间的纠纷。大会关于扩大总委员会职权的决议，是巩固国际组织的十分重要的措施，在后来反对巴枯宁主义的斗争中具有重大的意义。

巴枯宁分子不仅在会上拥护加强总委员会权力的决定，而且还以极左面目出现，为实现把总委员会的领导权抓到自己手里的目的，企图通过扩大总委员会权力的办法，招降纳叛，排除异己，把一切反对他们的机会主义和宗派主义、妨碍实现他们的个人野心的组织开除出去，把国际完全变成他们阴谋活动的工具。但是，他们错误地估计了形势。大会否决了巴枯宁分子把总委员会迁往日内瓦的提案，决定总委员会继续设在伦敦。马克思和拥护马克思的先进工人代表继续当选为总委员会委员。巴枯宁分子夺取国际工人协会领导权的阴谋又一次破产了。

土地所有权问题，是马克思主义与蒲鲁东主义斗争的焦点。这个问题本来在布鲁塞尔大会上已经解决了，但右派蒲鲁东主义者仍不死心，蒲鲁东主义者认为，取消土地私有制就是消灭个人自由。私人占有土地是自古以来就存在的，是不可剥夺的天然权利。马克思对此作了深刻的批判，指出：用抽象的权利为土地私有制辩护，是极其荒谬的。抽象的权利曾经被用来为形形色色的压迫形式辩护。无产阶级应该坚决抵制这种论调。如果把土地私有作为天然权利，那么动物对土地也有天然权利，因为动物离开土地就不能生存。而且，土地最初到处都是公有财产，土地私有是剥削阶级通过各种暴力和欺诈手段掠夺和瓜分公有土地的结果。现在，取消土地私有制已经成为社会的必然要求。继续保持土地私有，就是听任土地所有者和资本家对小农进行残酷剥削，阻挠农民与城市无产者结成联盟，维护资本主义剥削制度。蒲鲁东主义者为了阻挠大会通过土地公有化决议，还提出这个问题必须由农民来解决。农民没有出席，因此大会不应做出结论。对此，马克思一针见血地反驳道："小农没有出席历次代表大会，但在历次大会上都有它自己的思想家参加。蒲鲁东主义者十分顽强地坚持个体小所有制的要求……"①

大会不顾蒲鲁东主义者的反对，以绝大多数与会者的赞成通过了消灭土地私有制实现土地公有化的决议。这个决议是对蒲鲁东主义的彻底清算。从此以后，维护生产资料私有制的谬论在国际中已经完全没有市场。许多左派蒲鲁东主义者转到马克思主义立场上来，右派蒲鲁东主义者也不敢再提出这个问题了。

巴塞尔代表大会是在国际工人协会的全盛时期举行的，是国际无产阶级力量的伟大检阅。大会自豪地宣布："三年前我们在日内瓦召开第一届代表大会的时候，人们都把我们看做地道的糊涂虫……如今我们的原则已被人们毫不怀疑地接受，到处都在宣布这些原则……我们已成为一支力量。我们克服了第一道障碍，奠定了巩固的基础。我们的实现目标的道路已经开辟，让我们携起手来，为达到这个目标而奋斗吧。"② 马克思对巴塞尔代表大会的结果很满意。国际已经成长壮大，科学共产主义的种子已经根深蒂固，从伦敦到巴塞尔，从巴塞尔到汉诺威，欧洲各国工人阶级都在国际的旗帜下团结起来，组织战斗，巴塞尔大会通过的土地公有化的决议，得到工人阶级最广泛的拥护。西班牙和意大利成立了第一批农业工人支部。伦敦成立了由国际领导的"土地和劳动联盟"，以实现"土地国家化"作为自己的首要任务。国际总委员会加强了在农业区的工作，宣传国际原则，建立农村支部，用各种方法"使农民加入工业无产阶级的运动"③。在欧洲各国反动派面前，共产主义再也不是"赤色函罗"。当巴塞尔代表大会在整个资本主义世界引起强烈震动的时候，马克思以满意的心情在德国旅途中写道："我为巴塞尔大会的结束和进行得比较顺利这一点感到高兴。……在我们沿途经过的德国城镇中，没有一

---

① 《卡·马克思关于土地所有制的发言记录》，《马克思恩格斯全集》第16卷，第649页。
② 克·斯切茨凯维奇：《第一国际和第二国际简史》，第81页。
③ 《伦敦代表会议关于瑞士罗曼语区的分裂的决议》，《马克思恩格斯全集》第17卷，第454页。

个城镇的地方报纸不对'这个可怕的代表大会'的活动充满了恐惧。"①

四 与巴枯宁主义的持续斗争

巴塞尔代表大会是对巴枯宁主义的沉重打击，粉碎了巴枯宁及其宗派集团篡夺国际领导权的阴谋。但是，巴枯宁分子并不死心。他们进行了更加猖狂的反对国际的活动。马克思主义与巴枯宁主义的斗争进一步深入展开。

巴枯宁主义者的原则是"谁不同我们在一起，谁就是反对我们"。在他们控制的地方，任何不服从他们的领导的支部，都被他们看做比资产阶级更可恨的人。在瑞士，他们把一些反对其错误路线、违背巴枯宁的绝对命令而参加政治运动的支部开除出国际。

1870年4月，他们在瑞士罗曼语区绍德封召开的代表大会上，搞了一次极不高明的阴谋。国际工人协会瑞士罗曼语区联合委员会的会员，绝大多数拥护总委员会的正确路线；巴枯宁的"国际社会主义民主同盟"的信徒只占会员的五分之一。但是，在此次代表大会上，巴枯宁分子采取伪造代表证等惯用伎俩，实现自己取得一两票的虚假多数。他们非法成立新的罗曼语区联合委员会，并决定把委员会驻地从日内瓦迁往绍德封，妄图篡夺瑞士罗曼语区联合委员会领导权。巴枯宁使用极其恶毒的语言，什么"错误的权威理论"、"独裁的作风"、"暗箭伤人的手法"、"卑鄙的阴谋"等，对马克思进行猖狂攻击，公开宣布要同马克思及其"国家共产主义"进行"你死我活的斗争"。

拥护国际总委员会正确路线的日内瓦各支部，与巴枯宁分子进行了坚决的斗争。不久，又把巴枯宁及其最积极的喽啰开除出罗曼语区联合会。

以马克思为首的国际总委员会坚决支持日内瓦各支部的革命行动。1870年6月28日通过的决定中指出，绍德封代表大会的所谓多数是虚假的；由这个多数选出的委员会不能取代原来的罗曼语区联合委员会；总部设在日内瓦的原罗曼语区联合委员会对总委员会、对国际工人协会始终如一地履行了自己的职责，并一贯按照协会章程办事；因此，日内瓦罗曼语区联合委员会继续保留自己的名称和原有职权，而绍德封选出的委员会只能采用一个地方性的名称。巴枯宁分子拒绝接受总委员会的正确决定，指责总委员会搞"权威

---

① 马克思:《致劳·拉法格》(1869年9月25日),《马克思恩格斯全集》第32卷，第621页。

主义",继续进行胡闹和捣乱。不久总委员会公开宣布同它断绝任何正式关系。巴枯宁分子篡夺瑞士联合会的阴谋破产了。

但是,巴枯宁集团依然继续着自己破坏国际的阴谋与活动。

第一,反对总委员会。巴枯宁阴谋集团"一旦失去了控制国际的希望,便开始反对国际。任何不服从它的领导的支部,都被它看作敌人,甚至是比资产阶级更可恨的敌人"①。巴塞尔代表大会以后,巴枯宁利用自己控制的《平等报》和《进步报》进行反对总委员会的活动。

从1869年11月起,《平等报》连续发表社论,攻击总委员会违反章程规定,没有按期出版关于各国工人阶级状况的通报;指责总委员会直接干涉英国工人运动,主张成立一个由工联分子控制的英国中央委员会来专门管理英国的事务,煽动英国工人阶级脱离国际总委员会的领导;攻击总委员会在爱尔兰问题上的正确立场,胡说总委员会关于帮助芬尼亚社社员的决定超出自己的职权范围;指责总委员会没有公开地对待德国的拉萨尔派,妄图把拉萨尔派拉进国际中来。同时,他们还故意歪曲国际共同章程,鼓吹工人阶级放弃政治斗争等极端无知的理论。

马克思坚决反击巴枯宁分子的进攻。1868年12月,总委员会讨论了巴枯宁分子的活动,通过了马克思起草的《总委员会致瑞士罗曼语区联合委员会》的文件,逐条批驳了巴枯宁分子的无耻谰言,深刻论述了总委员会在领导国际工人运动中的正确路线。

马克思指出:总委员会最坚决地执行了代表大会赋予它的任务。关于通报的出版,已经由国际的各个机关刊物完成了。巴枯宁分子要求发表国际机关刊物上没有发表的东西,其目的只能是帮助敌人窥视国际的内幕。

关于总委员会直接领导英国工人运动的情况,这是由英国的具体条件决定的。英国是这样一个国家,那里资本主义大生产已经统治着一切部门,绝大多数的居民是雇佣工人,工人阶级普遍参加工人团体,工人运动达到了一定程度的成熟。因此,如果说,英国是一个典型的大地主所有制和资本主义国家,那么在英国消灭大地主所有制和资本主义的物质条件也比任何地方都更加成熟。英国又是这样一个国家,它在资本主义世界市场中占统治地位,英国每一次变革都会在整个世界发生强烈的影响。因此,尽管革命的发起可

---

① 马克思、恩格斯:《社会主义民主同盟和国际工人协会》,《马克思恩格斯全集》第18卷,第428页。

能来自法国，但只有英国可以成为重大经济革命的杠杆。但是，由于资产阶级的腐蚀、收买，由于少数工人贵族的欺骗蒙蔽，英国工人阶级的觉悟程度、革命精神受到很大影响。为了加速英国真正的革命运动，帮助英国工人阶级摆脱工联机会主义的控制，总委员会的直接干预是完全必要的。"总委员会现在所以处在值得庆幸的地位，是因为无产阶级革命的这个伟大杠杆直接握在它手里。如果把这个杠杆完全交给英国人，那该是多么愚蠢，甚至可以说是多么严重的犯罪行为。"①

关于爱尔兰问题，国际协会的立场是完全正确的。爱尔兰是英国的第一个殖民地，是英国大地主所有制的支柱。英国政府以维护爱尔兰殖民地为借口，建立一支随时都可以用来对付本国工人阶级的军队，英国资产阶级在爱尔兰工人和英国工人之间制造民族矛盾、煽动民族情绪、分裂无产阶级队伍，维护自己的统治。爱尔兰反对英国殖民统治的斗争，是对英国大地主和资产阶级的统治的沉重打击，对于工人阶级革命有着重大的意义。因此，支援爱尔兰的斗争，决不是什么超出国际的职权范围之外的举动。以工人阶级彻底解放为目标的国际工人协会，在当时，"它的主要任务是加速英国的社会革命。为了达到这个目的，必须在爱尔兰进行决定性的打击"②。

关于德国社会民主工党与拉萨尔派的斗争问题。德国社会民主工党（爱森纳赫派）是国际会员，拉萨尔派则不是。拉萨尔派是一个拼凑起来的组织，它同工人阶级的历史的、自然形成的组织是相矛盾的。拉萨尔派公开拒绝承认总委员会的权威，反对总委员会的干预，顽固地保持自己的霸权和宗派组织，因而妨碍了总委员会在德国的工作。巴枯宁分子的指责是毫无根据的。

最后，马克思揭露了巴枯宁主义者援引被歪曲了的国际共同章程，宣扬放弃政治斗争的错误理论的卑鄙行径。马克思指出，所谓放弃政治斗争的理论，是极端无知的理论，实际上是为维护资产阶级统治服务的。

《总委员会致瑞士罗曼语区联合委员会》除了发给该委员会以外，也发给国际所属各国联合委员会和支部，得到广大国际会员的热烈拥护。罗曼语区联合委员会撤换了控制《平等报》的巴枯宁分子。日内瓦成立了由俄国青年学生组成的国际工人协会俄国支部。他们要求马克思作为他们在国际总委员

---

① 马克思：《总委员会致瑞士罗曼语区联合委员会》，《马克思恩格斯全集》第 16 卷，第 438 页。

② 同上书，第 440 页。

会的代表,保证坚决与巴枯宁主义作斗争,撕破巴枯宁的假面具,揭穿他的两面派政策。

第二,破坏国际的声誉——涅恰耶夫事件。1869年3月,一个名叫涅恰耶夫的俄国青年来到日内瓦。他冒充彼得堡学生运动的领导人,在日内瓦招摇撞骗,巴枯宁很快就与他勾结起来,建立秘密团体"秘密革命委员会",他们的活动使许多无辜的人遭到俄国秘密警察的逮捕和迫害。

1869年9月,涅恰耶夫持着巴枯宁的介绍信,以国际工人协会俄国分部的名义在俄国许多地方活动,在大学生中间散布巴枯宁的小册子和传单,宣传什么"破坏一切"、"消灭国家"、"鄙视任何科学"、"强盗就是英雄"、"抢劫是俄国人民生活最光荣的形式之一"等谬论。

沙皇政府利用涅恰耶夫的罪恶活动,逮捕大批俄国革命者组织,并进行公开审判,掀起一阵反对国际的喧嚣。几十名无辜青年被判处长期苦役和流放,卑鄙的涅恰耶夫却逃离俄国,在日内瓦和伦敦过着逍遥的生活。涅恰耶夫案件是巴枯宁假借国际名义,破坏国际声誉。谴责巴枯宁、涅恰耶夫的罪恶活动,公开宣布涅恰耶夫从来不是国际工人协会的会员或代表,国际工人协会与他们的活动毫无关系,马克思、恩格斯在许多文件和书信中,彻底揭露巴枯宁与涅恰耶夫的卑劣行径,严厉批判了他们的荒谬理论,反击了国际反动派的反革命叫嚣,维护了国际工人协会的声誉。

第三,破坏里昂起义。1870年9月,拿破仑第二帝国垮台了。法国第二大城市里昂爆发起义。国际工人协会里昂支部同资产阶级共和派共同组成革命政府,采取了许多革命措施,如实行全民武装、罢免旧政府官吏、建立各级政权机关、成立人民的警察局等。一切工作进行得十分顺利。

9月15日,巴枯宁来到里昂,他企图把运动的领导权抓到自己手里,并实现自己的无政府主义纲领。于是,他在一些巴枯宁分子的支持下,住进市政厅并发布"废除国家的行政统治机构"的荒谬口号,为了实践放弃政治的谬论,竟然拒绝在市政厅周围布置警卫。但是,当他还在大做无政府主义的迷梦的时候,几个反动的国民自卫军成员不费一枪一弹便占领了市政厅。起义被镇压下去了。马克思严厉批判了巴枯宁在里昂的活动。马克思指出,里昂起义的失败,是巴枯宁进行叛卖活动的结果。他那荒谬的废除国家、放弃政治的谬论,解除了起义人民的武器,帮助反动派取得了胜利。正如马克思所说:"起初一切进行得都非常顺利。巴枯宁来到里昂,把一切都弄糟了。里昂事件表明,仅仅是用一纸废除国家的命令远远不足以实现这一切美妙的预言。仅仅是资产阶级国民自卫军的两个连,就足以粉碎这个美妙的幻想,并且迫使巴枯宁收起他那创造奇迹的命令赶往日内瓦去。"①

此外,在巴黎公社失败后,巴枯宁分子又参加了资产阶级反革命大合唱,以极左面目对公社进行恶毒的诬蔑。巴枯宁派机关报《汝拉联合会公报》写道:"从实践的观点看来,3月18日给革命事业带来了极大的损害,革命的进攻由于公社的失败而延迟,可能延迟很长时间。"②

巴枯宁的阴谋活动给国际工人运动造成了极大的损害。特别是在巴黎公社以后,当国际资产阶级和一切反动势力联合起来掀起了一股强大的反对国际的反革命浪潮时,巴枯宁却仍在高声叫卖着他的反对工人阶级组成独立政党、从事政治斗争、反对无产阶级革命和无产阶级专政的无政府主义理论。巴枯宁分子在瑞士、西班牙、意大利、法国的猖狂活动,巴枯宁分子对国际无产阶级战斗司令部——总委员会的颠覆破坏活动,对国际工人协会造成了严重威胁。因此,反对巴枯宁主义,贯彻马克思的无产阶级革命路线,反击各国反动派消灭国际的阴谋,巩固和发展国际工人协会,成为马克思、恩格斯在这一时期的主要工作。

国际工人协会第二次伦敦代表会议,是马克思主义反对巴枯宁主义的重大战役。

自从巴塞尔代表大会以后,国际上发生了许多重大事件。由于普法战争、巴黎公社和巴黎公社失败后的整个形势,使国际工人协会没有可能按照章程举行年度代表大会。经总委员会与各国联合委员会协商,决定召开第二次伦敦代表会议,研究国际面临的各种重大问题,以及彻底反对巴枯宁主义的问题。

伦敦代表会议是在伟大的巴黎公社之后召开的。巴黎公社使国际工人协会的威望大大提高,威力大大增加,在许多国家得到蓬勃发展。在此同时,欧洲各国的反动政府——梯也尔和哥尔查科夫(俄国)、俾斯麦和博伊斯特(奥地利)以及西班牙和比利时,都联合起来反对它;旧世界的一切反动势力,军事法令和民事法庭、警察和报刊、反动地主和资产者,都在争相迫害国际,攻击国际,"在整个大陆上,恐怕没有一个地方不在千方百计地使这个

---

① 马克思:《致比斯利》(1870年10月19日),《马克思恩格斯全集》第33卷,第163页。
② 恩格斯:《行动中的巴枯宁主义者》,《马克思恩格斯全集》第18卷,第507页。

他们望而生畏的伟大的工人兄弟同盟处于不受法律的保护的地位"[①]。

1871年9月17日，国际工人协会第二次伦敦代表会议正式开幕。出席会议的代表共26人。

马克思、恩格斯亲自参加和领导会议，在会上作了极其重要的发言，并详细介绍了巴黎公社的情况以及国际目前的处境。经过热烈讨论，会议通过了由马克思、恩格斯起草的17项决议。这是马克思无产阶级革命路线的重大胜利，是对巴枯宁无政府主义的沉重打击。

会议最重要的成果，是通过了《关于工人阶级的政治行动》的决议。这个决议彻底粉碎了巴枯宁分子放弃政治、放弃国家的无政府主义谬论，给巴枯宁主义以沉重打击。马克思还就《关于工人阶级的政治行动》的问题作了两次发言。马克思指出，巴枯宁分子所谓放弃政治的谬论，完全适应各国反动政府的政策。在德国，这个政策的鼓吹者拉萨尔分子成了俾斯麦的工具；在法国，这个政策使反动分子法夫尔在9月4日取得了政权，在巴黎公社期间造成许多严重的错误。工人阶级必须明确认识到，各国政府是敌视我们的，因此，必须用我们所拥有的一切手段反击他们，"在必须用武器的时候，则用武器"[②]。

恩格斯在会议上就这个问题也作了发言。恩格斯指出，所谓放弃政治的谬论，是荒谬的，也是反动的。向工人鼓吹放弃政治，就是要工人阶级忍受资产阶级的政治压迫，把工人阶级禁锢在资产阶级的残酷剥削之中；特别是在巴黎公社已经为无产阶级的政治行动提供了光辉的先例，创造了丰富的经验以后，放弃政治的论调，更显得极端反动。无产阶级必须建立自己的政治统治，以达到消灭资产阶级的目的。革命是政治的最高行动。谁要想革命，就必须利用一切政治手段，进行政治斗争，以资产阶级交到我们手中的集会、结社、出版等自由权利作为推倒资本主义制度的武器。无产阶级的解放是无产阶级自己的事情。因此，无产阶级应当组成独立的政党，实行独立的无产阶级政策。"从事无产阶级的政治，而不要做资产阶级的尾巴。"[③]

由马克思、恩格斯起草的决议援引了《共产党宣言》和其他有关文件，说明工人阶级的政治解放与它的社会解放是分不开的。夺取政权是工人阶级

[①] 恩格斯：《桑维尔耶代表大会和国际》，《马克思恩格斯全集》第17卷，第516页。

[②] 马克思：《关于工人阶级的政治行动的发言记录》，《马克思恩格斯全集》第17卷，第700页。

[③] 马克思：《关于工人阶级的政治行动》，《马克思恩格斯全集》第17卷，第406页。

伟大的历史使命；在当前情况下，国际工人协会正面对各国反动势力的猖狂迫害，肆无忌惮的反动势力正在残酷地镇压工人的一切争取解放的尝试，并竭力用暴力来维持剥削阶级反动的政治统治，因此，工人阶级的政治行动，有着重大的现实意义。决议强调指出："工人阶级在它反对有产阶级联合权力的斗争中，组织成为与有产阶级建立的一切旧政党不同的独立政党，才能作为一个阶级来行动；工人阶级这样的组织成为政党是必要的，为的是要保证社会革命获得胜利和实现这一革命的最终目标。"①

为了开展广泛的政治斗争，密切国际与广大工农劳动群众的关系，会议要求加强与各国工会的联系，并在农业地区宣传国际的原则，建立农村支部，吸收农民加入无产阶级运动。

会议通过的反对宗派主义的决议，也具有重大的意义。伦敦代表会议以前，巴枯宁分子为了躲避国际的调查和揭发，宣布解散国际社会主义民主同盟，但又用"社会主义无神论派"、"社会主义宣传和行动支部"等名称混入国际，会议针对巴枯宁分子用各种宗派面目混入国际的阴谋，指出各级组织，今后不得再用宗派的名称；不得在各种宗派名称下成立违反协会共同目标的分立主义组织。马克思、恩格斯在解释这个决议时写道："无产阶级反对资产阶级斗争的第一阶段，带有宗派运动的性质。这在无产阶级运动的初期是必然的。如果说，宗派在开始出现时曾经有着一定的进步因素，当它们一旦被这个运动所超过，就会变成一种障碍，那时宗派就成为反动的了。"② 国际是在反对资本家和土地占有者、反对他们的组织成为国家的阶级统治的共同斗争中联合起来的全世界无产阶级的真正的战斗组织，它与一切宗派组织是根本不同的。巴枯宁分子在国际内部复活宗派组织，就是为了破坏国际真正的无产阶级性质，在"革命"口号的掩盖下为各国反动派镇压工人运动、消灭国际工人协会而效劳。伦敦代表会议关于反对宗派主义的决议，重申了国际的真正性质，"标志着国际发展的一个新阶段"，深刻地说明了宗派的时代已经过去了。

会议听取了马克思《关于社会主义民主同盟的活动》的报告。指出瑞士罗曼语区的分裂，是由巴枯宁分子制造的；巴枯宁分子或者重新加入罗曼语

---

① 《伦敦代表会议关于瑞士罗曼语区的分裂的决议》，《马克思恩格斯全集》第17卷，第454页。

② 马克思、恩格斯：《所谓国际内部的分裂》，《马克思恩格斯全集》第18卷，第36页。

区联合会各支部，或者单独成立"汝拉联合会"，但是决不能用罗曼语区联合会的名义。会议严厉谴责了巴枯宁分子的宗派活动，授权总委员会可以根据巴枯宁派的活动，采取纪律措施，直至暂时停止他们的会籍。会议还通过特别决议，再次声明，国际工人协会与所谓的涅恰耶夫阴谋完全无关，涅恰耶夫是用欺骗方法获得国际名义的，会议决定对这起事件进行调查和揭露。

国际工人协会第二次伦敦代表会议的各项决议，主要是关于工人阶级政治行动，关于瑞士冲突、涅恰耶夫事件等决议，"击中了同盟的心脏"[①]，造成了对巴枯宁和巴枯宁派的直接威胁。于是，巴枯宁分子立即开展了"军事行动"，疯狂反对伦敦代表会议，矛头直接指向国际工人协会，指向无产阶级革命导师马克思。

巴枯宁分子反对国际的反革命阴谋活动，在桑维尔耶代表大会上达到高潮。这个代表一小撮无政府主义者的"代表大会"竟然通过了两个致国际会员的《通告》，反对伦敦代表会议，反对参加代表会议的成员，反对代表会议通过的决议，使总委员会变成了所谓"权威主义和教阶制"的组织，"成了阴谋的策源地"，诬蔑总委员会是"俾斯麦所操纵的德国工人委员会"，攻击总委员会是保证少数几个委员的"特殊领导的统治"、"他们个人的学说"、"正统的学说"、"唯一在协会中具有公民权的正式理论"的统治，矛头直接指向革命导师马克思、恩格斯和马克思的无产阶级革命路线；宣扬极端的无政府主义，鼓吹小支部自治，自由联盟，抛弃"任何会导致权威主义和专政的原则"，把国际变成没有任何权威的"简单的统计通讯"，而且应当成为"未来社会的原型"。但是，所有这一切不过是巴枯宁分子妄图篡夺国际领导权的借口。在巴塞尔大会上，巴枯宁分子最热烈地拥护扩大总委员会的职权，因为他们估计自己有可能获得多数，从而能够把总委员会领导权抓在自己手里。现在，他们"发现葡萄原来是青的"，夺取领导权的阴谋破产了，因而便改变手法，对国际进行疯狂的诬蔑和攻击，妄图搞垮国际。

巴枯宁分子反对国际的阴谋活动，发生在巴黎公社以后、各国反动派联合起来对国际进行疯狂迫害、国际正经受着成立以来从未受过的危机的时候，为了彻底揭露巴枯宁分子的真实面目，揭露巴枯宁的"国际社会主义民主同盟"分裂国际的阴谋活动和巴枯宁无政府主义的实质，马克思、恩格斯写了

[①] 马克思、恩格斯：《社会主义民主同盟和国际工人协会》，《马克思恩格斯全集》第18卷，第395页。

《所谓国际内部的分裂》、《桑维尔耶代表大会和国际》等重要文章，给巴枯宁主义以沉重的打击。

马克思、恩格斯详细揭露了巴枯宁的阴谋组织"国际社会主义民主同盟"混进国际、在国际内部进行阴谋破坏活动的历史。马克思、恩格斯指出，同盟钻进国际的唯一目的是要"利用国际作为一种手段，以便以一种秘密科学的献身者的身份出现在人民群众面前，这门科学……的顶点是'各阶级在经济和社会方面的平等'"①。他们企图以自己的无政府主义、机会主义纲领"把国际改造过来"，篡夺国际领导权；而当这个目的不能实现时，就疯狂地进行反对国际的活动，妄图搞垮国际的组织。巴枯宁分子反对国际的活动，完全适应国际反动派的需要，为国际反动派效劳。

巴枯宁分子对总委员会的诽谤，对国际的攻击，也得到一切冒牌改革家——形形色色机会主义者的支持。在英国，支持他们的有资产阶级共和派；在意大利，支持他们的有一些所谓有自由思想的教育主义者；在德国，他们受到拉萨尔派，即俾斯麦派社会主义者的支持。他们是一切敌视工人运动的资产阶级代理人。

巴枯宁分子疯狂反对国际的阴谋活动，也反映了这个机会主义派别已经日暮途穷。伟大的巴黎公社完全证明了国际工人协会所坚持的科学共产主义理论和马克思的无产阶级革命路线的英明正确，使国际的威望大大增加，影响迅速扩大。与此相反，巴黎公社的伟大创举，充分证明了巴枯宁无政府主义理论的破产，在巴枯宁分子中间，许多人悲观失望，"有些人为了掩盖自己的无力而躲开"，"对许多人来说，已经造成的局势（在他们的队伍中）是分崩离析的征兆"，"汝拉联合会"所属的许多支部瓦解了，一些支部与"汝拉联合会"断绝往来，一些支部公开起来反对他们。巴枯宁派联合会的驻地——绍德封的工人群众，公开宣布与联合会断绝关系，决定将巴枯宁及其信徒吉约姆等永远赶出国际。出席桑维尔耶代表大会的 16 名代表中，竟有 14 名是已经瓦解或正在瓦解的支部的代表。他们除了代表自己以外，根本不代表任何人。巴枯宁分子反对国际的叫嚣，不过是他们的垂死挣扎，是为了挽救他们不可避免的覆灭。

马克思、恩格斯指出，无产阶级的革命组织，如果没有集中统一领导，没有严格遵守的纪律，没有强有力的执行机构，没有得到广大群众衷心拥护

---

① 马克思、恩格斯：《所谓国际内部的分裂》，《马克思恩格斯全集》第 18 卷，第 45 页。

的革命权威,就不能与强大的反动势力作斗争,不能实现自己伟大的历史使命,不能保持自己的无产阶级性质,"那时不仅可能产生警察的或者敌对的支部,而且游民宗派分子和资产阶级慈善家,也可能钻进协会而歪曲它的性质,这些分子在代表大会上就会以数量上的优势压倒工人"①。至于"简单的统计通讯局",这是一个"在国际正为自己的生存而斗争的时候,来瓦解国际并使它解除武器"②的阴谋计划。按照他们的主张,无产阶级根本不需要把自己组织起来,根本不要去进行反对政府和资产阶级的斗争,根本不要团结自己的力量,根本不要进行共同的行动,"没有任何服从纪律的支部!没有任何党的纪律,没有任何力量在一点的集中,没有任何斗争的武器!这样的组织难道是无产阶级的战斗组织吗?不,绝对不是,它不过是早期基督的寺院,是新耶路撒冷的原型"③。

"而这些向我们宣扬这种胡说八道的人,却自命是唯一的真正的革命者!"④ 当国际反动派正要置国际于死地的时候,宣布在无产阶级队伍中实行无政府状态,用无政府状态代替自己阶级的战斗的组织,用关于未来社会的空谈代替现实的阶级斗争,这是对无产阶级的可耻背叛,是对反动派的最好效劳,"为了替梯也尔的共和国披上皇袍,使之永世长存,国际上的警察再也不需要做什么事情了"⑤。

巴枯宁分子对总委员会的种种责难,不过是夺权的借口。马克思、恩格斯所写的《所谓国际内部的分裂》等文件,得到国际工人协会所属各级组织和广大会员的热烈支持,巴枯宁分子的处境更加孤立。许多原来受蒙蔽的人往往起来揭发和控诉巴枯宁分子的罪行,巴枯宁分子的反革命面目已经在广大群众面前暴露无遗。彻底清除巴枯宁分子的时机到来了。

五 海牙代表大会上的胜利

1872年9月举行的国际工人协会海牙代表大会,彻底清算了巴枯宁主义,宣告了马克思主义反对巴枯宁主义的伟大胜利,在国际工人运动史上有

---

① 马克思、恩格斯:《所谓国际内部的分裂》,《马克思恩格斯全集》第18卷,第40页。
② 同上书,第46页。
③ 恩格斯:《桑维尔耶代表大会和国际》,《马克思恩格斯全集》第17卷,第519页。
④ 同上书,第520页。
⑤ 马克思、恩格斯:《所谓国际内部的分裂》,《马克思恩格斯全集》第18卷,第53页。

着重大的意义。

巴枯宁派的活动清楚地表明，这个派别是第一个在工人阶级内部出现的，目的不是要摧毁资本主义剥削制度，而是要摧毁为反对这种制度而进行最坚决斗争的工人团体的秘密阴谋组织。他们的所作所为，是在最好地替资产阶级和各国政府效劳。对于这个由骗子手组成的团体，必须彻底揭穿它，消灭它的力量。海牙代表大会以前，马克思、恩格斯就已经决定在大会上对他们进行彻底揭发，给他们以"最猛烈的打击"①。

国际工人协会所属各国组织和广大会员群众，热烈响应马克思、恩格斯的号召。海牙代表大会以前，在比利时、西班牙、瑞士、意大利、英国等国家举行的国际各种会议和工人报刊上，拥护总委员会的马克思主义者，对巴枯宁分子进行了坚决的斗争。

在国际工人协会西班牙联合会，斗争最为激烈。近几年来，巴枯宁及其追随者一直控制着这个国家的全部宣传工作。他们的秘密同盟以西班牙联合会委员会为据点，在会员中制造纠纷，策划反对伦敦代表会议决议和总委员会的阴谋，散布各种诽谤言论，开除拥护国际的会员。为了维护国际的利益，马克思、恩格斯直接写信给西班牙各支部，向广大群众揭露控制西班牙联合委员会的巴枯宁分子的阴谋活动。马克思、恩格斯责令西班牙联合委员会必须调查同盟的性质、组织和活动；把同盟名单和在国际中窃取的职务报告总委员会。国际总委员会西班牙通讯社，马克思、恩格斯的亲密战友保·拉法格亲自到马德里领导反巴枯宁主义的斗争。在马克思、恩格斯的指导下，西班牙的先进工人组成国际工人协会新马德里联合会。马克思主义在西班牙获得重大胜利，一小撮巴枯宁主义者的处境越来越孤立。在萨拉哥沙代表大会上，巴枯宁分子被指出它已经背叛国际工人协会，成为按照巴枯宁秘密指示行事的敌视国际的团体。改组协会的阴谋遭到失败。这一事实再次证明："在西班牙也像在任何其他国家一样，只要诉诸工人阶级坚定不移地健全理智，就可以粉碎虚伪的改组派和冒牌预言家的局和宗派主义的阴谋诡计。"②

马克思、恩格斯预见到在海牙代表大会上将进行决定国际命运的激烈斗争。早在代表大会以前，巴枯宁分子就组织骨干力量伪造代表资格证，拉拢形形色色的同盟者，妄图在大会上占据优势。马克思、恩格斯早已看穿他们

---

① 恩格斯：《国际在美国》，《马克思恩格斯全集》第18卷，第129页。
② 恩格斯：《关于萨拉哥沙代表大会的发言记录》，《马克思恩格斯全集》第18卷，第721页。

的阴谋。为了保证大会的胜利，就得在力量上占优势。为此，马克思、恩格斯积极组织力量，动员各国马克思主义者参加大会。马克思在给美国工人运动活动家佐尔格的信中写道："在这次代表大会上将是有关国际生死存亡的问题。你们必须来，如果不是两个人，至少也得有一个人。至于不直接派代表的支部，它们可以发出委托书（代表委托书）。"① 在马克思、恩格斯的组织下，许多国家都选派出坚定的无产阶级代表，促使马克思主义在大会上占压倒的优势。

马克思、恩格斯还通过瑞士、西班牙、比利时、意大利等国的无产阶级革命派，收集了大量有关巴枯宁派秘密组织"国际社会主义民主同盟"阴谋活动的材料。第一国际俄国支部委员尼古拉·吴亭为收集巴枯宁和巴枯宁派的材料，特别是在揭露涅恰耶夫案件问题上，做了许多工作。这些材料，对于代表大会彻底清算巴枯宁分子，起了重要的作用。

1872年9月2日，国际海牙（第三次）代表大会正式开幕。出席大会的代表有64人，分别代表总委员会和15个国家和地方组织。这是国际历届代表大会中具有最广泛国际性的一次大会。

无产阶级革命导师马克思、恩格斯亲自出席大会。这是马克思亲自出席的唯一的一次大会。战友拉法格（西）、佐尔格（美）、贝克尔（瑞）、列斯纳（英）、库诺（德）、龙格（法）出席了大会。大会的全体代表，海牙的工人群众，全世界的无产阶级都注视着马克思。

马克思、恩格斯在大会上几乎用一半时间进行代表资格审查工作。由于巴枯宁派采取各种阴谋手段伪造代表资格证，一些乔装打扮的资产阶级分子和特务分子也妄图钻进大会。这就使得代表资格审查工作变得异常重要。马克思为资格审查委员会规定了明确的任务。它应该查明，委托书的发出是否正当；发出委托书的机构是否属于国际，是否遵守国际章程和决议，是否按时缴纳会费。

最终，由于马克思主义者的激烈斗争，代表资格审查工作取得了重大成功。巴枯宁派的"日内瓦宣传与行动支部"的委托书被宣布无效，因为这个支部并没有被国际承认；巴枯宁派的西班牙联合会的4名代表向总委员会补交一份入会申请，但是其资产阶级分子冒充工人代表的骗局被当场揭穿；纽约第12支部的代表被拒绝参加大会，因为这个由资产阶级分子组成的支部已

---

① 马克思：《致佐尔格》（1872年3月18日），《马克思恩格斯全集》第33卷，第431页。

经被总委员会暂时开除。在审查代表资格时，实际上是再一次讨论了国际工人协会与资产阶级和各种机会主义派别的斗争问题，涉及了总委员会的全部活动。最终，大会通过了代表资格审查委员会的决定，这实际上是对总委员会的信任，是对妄图削弱和取消总委员会的巴枯宁分子的打击。

马克思代表总委员会向大会作总结报告。马克思指出：国际工人协会已经取得辉煌成就，成为一支摧毁欧洲反动势力的巨大力量。也正因为如此，为消灭这个伟大的组织，各国反动势力正在进行一场反对国际工人协会的战争。这场战争按其时间、规模和激烈程度，远远超过其他的战争。

这场从法国开始的反对国际的战争，自从巴黎公社以来，已经扩展到欧洲一切国家和一切地方。在法国，梯也尔政府把国际当做"家庭、宗教、秩序和财产"的最危险的敌人，号召各国反动派进行一次全面的十字军征讨；在奥匈帝国，博伊斯特政府指责国际"日益危及整个欧洲"，对国际领导人进行逮捕和审判；在德国，国际著名活动家倍倍尔、李卜克内西被控有图谋叛国罪；在丹麦，社会主义思想被宣布为同丹麦国家的存在不相容，国际中央委员会委员被投入监狱；在意大利，国际被严令禁止活动；在英国，自由主义内阁使用警察等恐怖手段迫害爱尔兰支部；在罗马，教皇把"国际这个教派"当做"天主和人类的死敌"的异教徒，叫嚣"先把他们绞死，然后再为他们祈祷"。

在欧洲各国反动政府合力谋划的一切镇压措施的同时，文明世界一切造谣力量发动了一场诽谤战争。"强加于国际的各种无中生有的事件、对国际的秘密的揭露、无耻伪造的公文和私函、耸人听闻的电讯，接二连三地迅速出现；出卖灵魂的可敬的报刊所控制的一切诽谤的闸门一下子都打开了，卑鄙的洪流汹涌而出，要把可恶的敌人淹死。这场用诽谤来进行的战争，无论按其遍及所有国家的战场规模来说，还是按照统治阶级中各种色彩的人物参战的齐心协力的程度来说，在历史上都是无与伦比的。在芝加哥发生大火的时候，全世界传遍这样一个电讯：这是国际干的恶毒勾当；他们没有把荡平西印度的台风也说成是国际用魔法召唤来的，这倒是令人感到奇怪的。"①

无产阶级并没有被反动派气势汹汹的进攻所吓倒。尽管处于反动派的残酷迫害下，在英国、爱尔兰、荷兰、丹麦、葡萄牙等国，国际工人协会依然

---

① 马克思：《总委员会向海牙举行的国际工人协会第五次年度大会的报告》，《马克思恩格斯全集》第18卷，第151页。

获得了广泛的发展;在美国,国际组织进一步巩固;在南美、澳大利亚、新西兰,出现了第一批国际支部。无产阶级以革命斗争,反击反动派的猖狂进攻。

马克思最后指出,当前,国际的反动势力,旧世界的帝王们,正在柏林聚会,策划反对国际的新战争。面对各国反动派的联合进攻,国际工人阶级必须更紧密地团结在总委员会周围,"加强旨在解放劳动和消灭民族纠纷的协会的战斗组织"①。

与会全体代表热烈欢迎和拥护马克思的报告。这个同时用德、意、法、英语宣读的报告,不时为热烈的掌声打断,工人阶级代表们向伟大的导师马克思,向站在反对资产阶级和一切反动派斗争最前线的国际总委员会致以衷心的敬意。马克思在海牙代表大会的演说中曾经说过:"我们也不否认,有些国家,像美国、英国,工人可能用和平手段达到自己的目的。即使如此,我们也必须承认,在大陆上的大多数国家中,暴力应当是我们革命的杠杆。"②

新老修正主义者为了论证"和平过渡"的谬论,砍掉马克思"暴力应当是我们革命的杠杆"这一句至关重要的话,从而根本歪曲了马克思的原意。事实上,马克思当时只是为了驳斥巴枯宁主义者反对无产阶级革命、否认工人阶级政治行动必要性的谬论。正是为了论证无产阶级暴力的必要性而说的。

马克思这句话,决不意味着他认为可以利用资产阶级国家机器来"和平过渡"。其实,就是在英国、美国等国家,马克思也没有排斥暴力革命。恩格斯说:"马克思并不指望,美国的统治阶级,会不进行'维护奴隶制度的叛乱'就心甘情愿屈服在这种和平和合法的革命之前。"③

大会集中讨论了关于工人阶级的政治行动问题,彻底清算了巴枯宁绝对放弃政治斗争的谬论。本来,这个问题已经在伦敦代表会议上解决了。但巴枯宁分子仍不死心。他们诬蔑伦敦会议的决议违背了协会的最初原则,把协会引入歧途。巴枯宁派的干将吉约姆在会上宣称,他们的目的不是要夺取政权,而是要摧毁一切政权,因而不需要从事一切政治活动。

巴枯宁分子的谬论,遭到大多数代表的反对和批驳。德国代表赫普纳指出,所谓放弃政治,实质上就是实行资产阶级的政治;宣传放弃政治的人,

---

① 马克思:《总委员会向海牙举行的国际工人协会第五次年度大会的报告》,《马克思恩格斯全集》第18卷,第152页。
② 马克思:《关于海牙代表大会》,《马克思恩格斯全集》第18卷,第179页。
③ 恩格斯:《〈资本论〉第1卷第三版序言》,《马克思恩格斯全集》第23卷,第32页。

在政治生活的关键时刻就会成为资产阶级的政治传声筒。法国代表瓦扬以巴黎公社的经验为例,指出只有进行政治斗争、暴力革命才能使无产阶级取得胜利,"有人使用暴力来反对我们,我们也只有借助暴力才能制胜暴力。经济斗争必须和政治斗争融成一片,在革命过程中,借助于无产阶级专政,就能够实现消灭阶级统治"。

马克思彻底批判了巴枯宁分子的谬论。马克思庄严宣布:"工人阶级在政治领域内必须像在社会领域内一样,同正在崩溃的旧世界进行斗争。"① 要求工人阶级放弃政治的原则,对于工人阶级解放事业是极其危险和有害的。"工人阶级总有一天必须夺取政权,以便建立一个新的劳动组织;他们不愿意像轻视和摒弃政治的早期基督教那样,永远失去自己在尘世的天国,就应该推翻维护旧制度的旧政治。"② 工人阶级必须用革命暴力反对反革命暴力,"暴力应当是我们革命的杠杆;为了最终地建立劳动的统治,总有一天必须采取暴力"③。

在马克思、恩格斯和其他无产阶级革命家的坚决斗争下,大会肯定伦敦代表会议关于工人阶级政治行动的决议。大会再次庄严宣布:无产阶级革命的最终目的是消灭阶级;夺取政权是无产阶级的伟大历史使命;无产阶级必须建立独立的政党,才能为一个阶级进行活动,才能在与有产阶级联合权力的斗争中获得胜利。

加强总委员会权力的问题,是马克思主义反对巴枯宁无政府主义的另一个重大问题。伦敦代表会议以后,巴枯宁分子就猖狂攻击总委员会,反对所谓总委员会的权威主义。参加代表大会的巴枯宁分子早已得到严格指示,要他们坚持取消总委员会。吉约姆在大会上发出了最恶毒的攻击。他胡说总委员会在劳资斗争中没有任何作用,没有组织过任何一次罢工和任何一次革命。他重弹了要把总委员会变成"统计通讯局"的老调,要求剥夺总委员会的一切权力。

大会彻底批判了巴枯宁分子的无政府主义谬论。许多代表指出,巴枯宁分子的谬论,完全符合国际反动派的需要,是对工人阶级的可耻背叛。德国代表赫普纳指出,巴枯宁的反权威主义的叫嚣,目的在于"把有战斗力的国

---

① 恩格斯:《代表委员会向海牙代表大会提出的关于社会主义民主同盟的报告》,《马克思恩格斯全集》第18卷,第158页。
② 马克思:《关于海牙代表大会》,《马克思恩格斯全集》第18卷,第179页。
③ 同上。

际变成穿长衫和穿拖鞋的市侩党"。西班牙代表拉法格指出，没有总委员会，国际就不能成为战斗的组织；不能领导无产阶级反对资本主义的斗争；"如果我们现在没有总委员会，我们就必须立即把它建立起来"。美国代表佐尔格明确宣布，总委员会是国际无产阶级的总参谋部，"如果吉约姆希望看到没有头脑的国际工人协会，那末，他就由此把协会侮辱到低级动物的程度。我们愿意有一个不是简单的头脑，但是充满脑汁的脑。（出席者的眼光都集中于马克思）如果我们敌人用大炮射击，那末，我们就不愿用逗豆或弹尺来回答他们的炮头"①。

马克思作了关于加强总委员会权力的详细发言。马克思指出："如果总委员会变成简单的信箱，它的领导权一定会落到资产阶级分子的手里，这比把它取消更危险。但是，总委员会不仅不应成为简单的信箱，而且它的权力必须大大加强，它必须有权执行代表大会的决议，有权监督各地方联合会和支部的活动，有权暂时开除违背国际章程的地方组织。正当柏林召开君王会议，封建制度和过去时候的有权势的代表要在这个会议上采取新的、更残酷的镇压措施来对付国际的时候；正当各国反动派正在派遣大批特务、间谍钻进国际内部进行颠覆活动的时候；正当形形色色的资产阶级野心家、阴谋家企图混入国际，败坏国际的声誉、把国际引入歧途的时候；正当俾斯麦的走狗、法国的反动警探、奥地利的教皇至上主义者到处打着国际的旗号，建立伪支部的时候，如果总委员会没有包括暂时开除一些组织的权力，它就是自己解除武装，自取灭亡。除了我们的敌人之外，还有谁能对总委员会的权力感到惊慌呢？"②

海牙代表大会通过了关于加强总委员会权力的决议，指出"总委员会必须执行代表大会的决议，并且监督每一个国家严格遵守国际的共同规章和条例。同时，总委员会也有权把国际的分部、支部、联合委员会以及联合会暂时开除，直到应届代表大会为止"③。

在代表大会9月6日的全体会议上，马克思、恩格斯提议把总委员会驻地从伦敦迁往纽约。这项提案使许多人，包括马克思的拥护者们感到意外。八年来，在总委员会的直接领导下，国际工人运动取得了辉煌成就。海牙代

---

① 佐尔格：《关于马克思》，《回忆马克思》，第224页。
② 马克思：《关于海牙代表大会》，《马克思恩格斯全集》第18卷，第179页。
③ 马克思、恩格斯：《在海牙举行的全协会代表大会的决议》，《马克思恩格斯全集》第18卷，第166—167页。

表大会非常明显地表明，国际绝大多数会员是拥护马克思、信任马克思的；马克思主义与巴枯宁主义的斗争已经取得了决定性的胜利。在这种情况下，除了一小撮巴枯宁分子以外，包括许多中间派以及英国工联分子、法国布朗基分子在内的绝大多数代表，都希望总委员会继续留在伦敦，特别强烈要求马克思继续亲自领导总委员会。因此，他们对这项提议感到突然。马克思、恩格斯向代表们做了耐心细致的说服工作。马克思、恩格斯说：提出这个问题，是经过长时间深思熟虑的。总委员会驻在伦敦已经八年，需要变换一个地方，以免出现僵化现象。在伦敦，政党的分歧已经非常尖锐，总委员会成员之间的矛盾和斗争也比较严重。由于科学研究的需要，他们已决定不再担任协会职务，因此，在他们辞职以后，法国布朗基分子和英国工联分子将完全控制总委员会。国际有可能由于布朗基分子的冒险行动而遭到破坏；也有可能被工联分子出卖给自由资产阶级。只有把总委员会迁离伦敦，才能避免危险的成果。马克思说："在我退出之前，我至少要防止那些分裂分子破坏它。"① 从当时的条件来看，纽约最适宜作为总委员会驻地。那里正在成为一个以工人为主的世界，而且，欧洲大陆到处笼罩着极端反动的气氛，国际的文件和委员的安全根本没有保障，而纽约是比较安全的地方。国际已经变得十分强大；国际的会员包括美、德、意、法、瑞典、爱尔兰等国工人，比其他任何地方都更具国际性。在那里，还没有巴枯宁主义的地盘，国际可以免遭巴枯宁分子的干扰和破坏。因此，把总委员会迁往纽约，是反对巴枯宁主义、布朗基主义、英国工联主义篡夺领导权，保护和巩固国际工人协会的唯一正确措施。

经过马克思、恩格斯的耐心工作，大会通过了马克思、恩格斯的提案，把总委员会迁往纽约，选举马克思、恩格斯的亲密战友、美国和国际工人运动活动家佐尔格等人为总委员，由佐尔格担任总书记。

实践证明，马克思、恩格斯的决定是完全正确的。马克思为了从事无产阶级革命理论的研究工作，谢绝了要他担任国际领导权职务的建议。但是，他决没有退出战斗，而始终站在斗争的最前线。他庄严宣布："我将继续自己的事业，为创立这种对未来具有如此良好作用的所有工人的团结而不倦地努力。不，我不会退出国际，我将一如既往，把自己的余生贡献出来，争取我

---

① 马克思：《致路·库格曼》（1872年7月9日），《马克思恩格斯全集》第33卷，第500页。

们深信迟早会导致无产阶级在全世界统治的那种社会思想的胜利。"①

海牙代表大会在完成了这三项重要工作以后,就对巴枯宁分子进行彻底清算。恩格斯代表总委员会向大会作了《关于社会主义民主同盟的报告》。恩格斯指出:"在工人阶级斗争的历史中,我们第一次在工人阶级内部遇到了一个目的不是要摧毁现存的剥削制度,而是要摧毁为反对这种制度而进行最坚决斗争的协会本身的秘密阴谋。"② 这个阴谋的组织者巴枯宁及其工具"社会主义民主同盟"违背了国际共同章程的原则和精神,用造谣、伪装、欺骗等手段在国际内部制造混乱、依靠自己的秘密组织把它的宗派主义纲领强加于整个国际,利用秘密组织的力量企图夺取国际总委员会和各级组织的领导权,妄图把这个无产阶级的战斗组织蜕化为一小撮阴谋家手中的工具。

据马克思、恩格斯的提议,大会决定:(1)开除巴枯宁,因为他是秘密组织"社会主义民主同盟"的创建者,而且品行不良;(2)开除吉约姆,他是巴枯宁最得力的干将,反对国际的急先锋。

海牙代表大会是对欧洲无产阶级叛徒所进行的审判会,是马克思主义反对巴枯宁主义的决定性胜利。海牙大会的决议,得到国际各国组织和广大工人阶级的热烈拥护。从此,巴枯宁主义一蹶不振,日暮途穷,马克思主义在工人运动中获得更广泛的传播。海牙代表大会通过的关于工人阶级政治行动的决议,引导各国无产阶级为建立独立的工人政党而斗争。

六 对巴枯宁主义的彻底清算

海牙代表大会以后,斗争并没有结束。巴枯宁以《国家制度和无政府状态》等著作对马克思主义进行猖狂反扑,巴枯宁分子到处活动,拼命攻击海牙决议,巴枯宁主义在一些地区的一部分工人中还有影响。因此,需要继续清算巴枯宁主义,肃清巴枯宁主义的流毒,在斗争中不断发展和传播马克思主义。

马克思、恩格斯撰写的《社会主义民主同盟和国际工人协会》一书,是海牙代表大会反对巴枯宁主义的直接继续。海牙代表大会决定对巴枯宁派的

---

① 马克思:《关于海牙代表大会》,《马克思恩格斯全集》第18卷,第160页。
② 恩格斯:《代表委员会向海牙代表大会提出的关于社会主义民主同盟的报告》,《马克思恩格斯全集》第18卷,第158页。

活动进行全面调查，并向全世界工人阶级公开揭露他们的罪恶活动。这本著作完成了这一任务。它"向全世界工人揭露了一些自命不凡的天才人物的阴谋诡计、欺骗勾当和空谈，揭露了他们企图用这种手段使无产阶级运动为他们的狂妄野心和自私自利服务"①。

恩格斯在《行动中的巴枯宁主义者》中指出：这个巴枯宁的阴谋工具，"是一个戴着极端的无政府主义的假面具的，目的是要打击那些不接受它的教育和领导的革命者，而不是要打击各国现存政府的团体。这个由某一个资产阶级代表大会的少数派建立的团体，混入了工人阶级国际组织的队伍，企图先夺取这个组织的领导权，如果这个计划不能实现，就力图破坏这个组织。这个团体蛮横无理地用它自己的宗派主义纲领和自己的狭隘思想来偷换我们协会的广泛的纲领和伟大的意向；在我们的队伍中挑起了一场公开的战争。这个团体为达到自己的目的不择任何手段，不顾任何信义；造谣、污蔑、恫吓、暗杀，所有这一切同样都是它惯用的伎俩。最后，这个团体在俄国完全窃取了国际的地位，并且在国际的名义的掩饰下犯刑事罪，进行诈骗、谋杀，政府的和资产阶级的报刊却把责任加在我们协会身上"②。

马克思、恩格斯指出，"巴枯宁所谓的反权威主义、支部自治、自由联邦等无政府主义的叫嚣，完全适应各国反动政府消灭国际的需要。同时，这种无政府主义的叫嚣，实际上是一种假面具，而巴枯宁所要求的，只是一个由一百名革命思想的特权代表人物组成的秘密组织，一个自己任命自己的，在永恒的'公民'的统率下组成的，待用的参谋部。思想和行动的统一无非是教条主义和盲目服从"③。

马克思、恩格斯揭露了巴枯宁分子的"革命"伪装，剥去了它那无政府主义的奇装异服，指出这个阴谋集团的特点是：第一，把出身于剥削阶级的堕落者——流氓无产阶级的一切卑鄙龌龊的行为，宣布为革命进程中的益行美德；第二，腐蚀工人出身的不坚定分子，适合他们的落后思想，引诱他们脱离群众，促使他们进行阴谋和欺骗活动；第三，以极左的面目出现，瞎吹"超革命"的言论，欺世盗名，招摇撞骗；第四，"用刑事犯罪——这个革命的最高体现——的英雄们的破坏一切的行为来代替工人为争取自身解放而进

---

① 恩格斯：《行动中的巴枯宁主义者》，《马克思恩格斯全集》第18卷，第521页。
② 马克思、恩格斯：《社会主义民主同盟和国际工人协会》，《马克思恩格斯全集》第18卷，第371页。
③ 同上书，第385页。

行的经济斗争和政治斗争"①。这些就是这个由反动分子支配的、由奸细和密探组成的、受过严格训练的巴枯宁派的主要特点,他们由于破坏工人运动而对各国政府有不可估量的功绩。

马克思、恩格斯回顾了同巴枯宁主义斗争的历史,总结了反对一切敌视无产阶级的阴谋集团的重要经验,指出:"要对付这一切阴谋诡计,只有一个办法,然而是具有毁灭性力量的办法,这就是把它彻底公开。把这些阴谋诡计彻头彻尾地加以揭穿,就是使它们失去任何力量。"②马克思、恩格斯这个教导,至今仍然是对付一切阴谋集团的有效办法。

马克思、恩格斯彻底揭露了巴枯宁"革命家"的伪装,指出巴枯宁是一个以敲诈勒索、招摇撞骗为生的骗子手,是一个早已投靠沙皇的反动家伙,当巴枯宁把俄国全部吹捧为"善的沙皇"、"正义的沙皇"、"斯拉夫世界的救世主"、"各自由民族的自由联邦的首脑",当他狂热地高呼"跟着罗曼诺夫(沙皇)走"的时候,他的反革命保皇派的嘴脸已经昭然若揭。这位对自己的"农民沙皇"五体投地的"导师",为他的学生做出了榜样,为他那些在法国鼓吹复辟帝制、狂呼"农民皇帝拿破仑三世万岁"的学生做出了榜样。这是无政府主义的又一个绝妙典型。

为了彻底肃清巴枯宁无政府主义者所谓绝对放弃政治的流毒,马克思写了《政治空谈主义》。这篇文章透彻地揭露了放弃政治论的反动本质。马克思指出,尽管无政府主义者采用种种名词、采取种种伪装,但是放弃政治论可以归结如下:反对工人阶级组成政党,反对工人阶级建立自己的革命专政来代替资产阶级专政,反对工人阶级参加反对资产阶级的政治斗争和经济斗争,工人阶级除了高谈阔论资本主义制度存在的未来社会等废话之外,不应该对可恶的资本主义制度进行任何反抗;工人阶级应该成为反动国家的最忠顺的奴仆,尊重法律,害怕警察,毫无怨言地充当炮灰;工人阶级应当像真正的教徒一样,恬淡寡欲,虔诚温顺,相信老师的话,抛弃一切尘世的幸福,一心一意只去想升入未来社会的天堂。

马克思指出,宣扬这种谬论,就是要让工人阶级以真正基督徒的修行主义精神来忍受资本主义的残酷剥削、捍卫资产阶级的自由,这难道还不清

---

① 马克思、恩格斯:《社会主义民主同盟和国际工人协会》,《马克思恩格斯全集》第18卷,第485页。

② 同上书,第372页。

楚吗？

恩格斯《论权威》一文，从理论上透彻批判了无政府主义的反权威论。恩格斯指出：无政府主义者对他们的称之为权威原则的东西进行一次真正的十字军征讨，宣布权威原则是一个绝对坏的东西，而把自治原则说成是绝对好的东西。这是极端荒谬的。在社会生活中，在工业、农业、交通运输业这些构成现代资产阶级基础的经济关系中，人们的分散的活动正在愈来愈为人们的联合活动所代替。没有权威，怎么能够组织这些联合活动呢？在未来的社会——消灭了资本家、工人阶级集体占有生产资料的社会主义社会里，难道权威原则就不需要了吗？绝对不是。庞大的工厂，复杂的机器，相互依赖的生产流通过程，没有权威是不行的。如果没有权威，大工厂怎么进行生产，第一趟开出的列车会发生什么事情，怎么能够在大海中航行。如果我们不是从幻想中，而是从现实出发，我们就会看到，"一方面是一定的权威，不管它是怎样造成的；另一方面是一定的服从，这两者，不管社会组织怎样，在产品的生产和流通赖以进行的物质条件下，都是我们所必需的"①。不仅如此，随着工农业的发展，分工的扩大，生产和流通的物质条件日益复杂化，权威的范围也必然日益扩大。想消灭大工业中的权威，就等于想消灭工业本身。消灭一切权威，就等于想消灭生产和流通的物质条件和消灭一切的社会生活。

社会主义者认为，由于无产阶级革命的胜利，由于阶级的逐渐消灭，作为阶级矛盾和阶级斗争的产物的政治国家和政治权威将逐渐消失，社会职能将推动政治性质发生转变，变为维护社会利益的简单的管理职能。但是，第一，这必须在推翻了剥削者的政治统治之后；第二，这是一个逐渐消失的过程；第三，在这个过程没有完成以前，革命的权威是绝对必要的。而无政府主义者却要求在推翻资本主义统治以前就消灭权威，把消灭权威作为社会革命的第一个行动。但是没有权威怎么能进行革命？没有革命权威怎么能消灭剥削阶级的政治权威和政治国家？没有革命权威又怎么能镇压阶级的反抗？"这些先生见过革命没有？革命无疑是天下最权威的东西。革命就是一部分人用枪杆、刺刀、大炮，即用非常权威的手段强迫一部分人接受自己的意志。获得胜利的政党如果想要推动自己努力争取的成果，就必须凭借它的武器对反动派造成的恐惧，来维护自己的统治。要是巴黎公社不依靠对付资产阶级

---

① 恩格斯：《论权威》，《马克思恩格斯全集》第18卷，第343页。

的武装人民这个权威,它能支持一天以上吗?反过来说,难道我们没有理由责备公社把这个权威用得太少了吗?"①

恩格斯最后指出"二者必居其一。或者是反权威主义自己是不知道的,如果是这样,那他们只是在散布糊涂观念;或者是他们是知道的,如果是那样,那他们就是在背叛无产阶级运动。在这两种情况下,他们都直接为反动派效劳"②。

恩格斯的《行动中的巴枯宁主义者》一文,是对巴枯宁分子"实现革命活动"的最生动的揭露,也是对他们醉心的废除国家、消灭权威、解放无产阶级等极端革命的词句的深刻批判。1873年夏天,西班牙资产阶级民主革命运动达到高潮。巴枯宁主义者多年来鼓吹放弃政治,反对参加任何议会竞选,而在西班牙制宪议会选举时却宣布:"国际作为一个组织,根本不应该从事政治活动,但是国际的会员可以由自己负责去任意行动,并且可以参加他们认为适当的任何党派。"在这一个"政治破产的声明"③ 的掩护下,他们投身于最肮脏的资产阶级政治,成了资产阶级共和派的尾巴。

巴枯宁主义者多年来大唱"革命"的高调,但是当西班牙各地爆发反政府的武装起义时,拥有很大影响和力量的巴塞罗那巴枯宁组织却制造借口回避起义,背叛西班牙革命。

巴枯宁主义者多年来宣传反对权威主义,尤其反对一切政治权力,但是他们却争先恐后地参加各地的资产阶级临时政府,承担资产阶级政府的一切错误、暴行和罪过的责任,葬送第一国际在西班牙的威信和组织。

巴枯宁主义者多年来宣传自治、自由联合,地方自由支配运动,分散了革命的力量,让政府几乎没有遇到任何抵抗就把各个城市的起义镇压下去。④

巴枯宁主义者宣传极端革命的原则,声称与自由主义者势不两立,但是他们却与资产阶级政党同流合污,听任它政治上利用工人,用拳打脚踢对待工人。

巴枯宁分子在西班牙的活动表明,他们是一批毫无原则的野心家、阴谋家,"一遇到严重的革命形势,就不得不抛弃自己以前的全部纲领"⑤。他们

---

① 恩格斯:《论权威》,《马克思恩格斯全集》第18卷,第344页。
② 同上。
③ 恩格斯:《行动中的巴枯宁主义者》,《马克思恩格斯全集》第18卷,第524页。
④ 同上书,第539页。
⑤ 同上书,第538页。

的活动，严重损害了工人阶级的利益，破坏了国际的组织。如恩格斯所说："巴枯宁主义者在西班牙给我们提供了一个不应当如何进行革命的绝好的例子。"①

马克思、恩格斯反对巴枯宁和巴枯宁主义的斗争，使巴枯宁主义全线崩溃，使老阴谋家巴枯宁威信扫地，众叛亲离，不得不以健康不好为借口掩护退却。他无限悲哀地说："让另一些更年轻的人去干吧；我自己已经没有必要的力量，或许也没有必要的信心来为反对到处高奏凯歌的反动势力而继续滚动息息法斯的石头了。因此我们要退出斗争舞台，并且只向我的亲爱的同时代人请求一件事——忘却。从今以后，我不打搅任何人的安静，希望别人也不要打搅我的安静。"② 但是，这不过是争取喘息时间、伺机反扑的一种伎俩。

七　第一国际的解散

1873年巴枯宁发表了一部篇幅颇大的著作《国家制度和无政府状态》。在这部被无政府主义信徒们奉为"经典"的著作里，巴枯宁系统宣扬无政府主义的谬论，猖狂攻击马克思主义，大肆歪曲国际共产主义运动的历史，对革命导师马克思进行了极其恶毒的人身攻击。

《国家制度和无政府状态》出版不久，马克思就作了详细摘要和评论。这部大约写于1874年至1875年初的手稿，在批判巴枯宁无政府主义的同时，进一步发展了马克思主义关于国家、无产阶级专政和工农联盟等重要理论。

巴枯宁是一个唯心主义者，根本不懂得什么是社会革命。马克思指出，在他看来，社会革命不是由什么客观的经济条件决定，而是由少数的英雄人物，即由他这样的"革命者"的主观意志掀起来的。马克思严厉批判了这种"小学生的胡说"，指出："彻底的社会革命是同经济发展的一定历史条件联系着的；这些条件是社会革命的前提。因此，只有在工业无产阶级随着资本主义生产的发展，在人民群众中至少占有重要的地位的地方，社会革命才有可能。"③

---

① 恩格斯：《行动中的巴枯宁主义者》，《马克思恩格斯全集》第18卷，第539页。
② 梅林：《马克思传》，第617页。
③ 马克思：《巴枯宁〈国家制度和无政府状态〉一书摘要》，《马克思恩格斯全集》第18卷，第696页。

巴枯宁完全抹杀国家的阶级性，抹杀不同阶级的国家的本质区别，胡说"如果有国家，就必然有统治，因而也就必然有奴役"，认为如果无产阶级成为统治阶级，则必然还有另一个无产阶级要成为被统治和奴役的对象。这是对无产阶级专政的攻击。马克思在批判巴枯宁这个谬论时指出，无产阶级掌握政权以后，无产阶级的敌人还没有消失，旧的社会组织也仍然存在，无产阶级就必须同它们进行斗争。这个时候，无产阶级是在个别场合同剥削阶级进行斗争，由于它已经获得了足够的力量和组织性，也就是说，已经上升为统治阶级，因而能够在同敌对阶级作斗争时，采取强制措施和暴力手段，"如果无产阶级本身还是一个阶级，如果作为阶级斗争和阶级存在的基础的经济条件还没有消失，那末就必须用暴力来消灭或改造这种经济条件，并且必须用暴力来加速这一改造的过程"①。只有当阶级存在和阶级斗争的经济条件完全消失的时候，也就是说，只有当生产力已经高度发展，人们普遍具有共产主义觉悟和生产资料实现全民所有制的时候，无产阶级专政才会自然消失，无产阶级的政治统治才告结束。在此以前，无产阶级不仅不能削弱专政，而且必须不断巩固和加强专政，防止资本主义复辟。

　　巴枯宁故意挑拨工农关系，胡说取得政权的工人阶级将奴役劳动农民。马克思指出，这完全是捏造。工农联盟是无产阶级革命和无产阶级专政的根本保证。农民作为小私有者，不属于无产阶级；但是，它与无产阶级有着反对资本主义剥削制度，建立没有剥削、没有压迫的共产主义社会的共同利益。工人革命如果没有得到农民的支持，就要失败。因此，取得政权的工人阶级必须以政府身份采取措施，改善农民状况，把农民吸引到革命方面来。工人阶级绝对不能采取废除农民所有权等剥削农民的措施，也不能永远保存和巩固农民的小块土地私有制，而必须"促进土地私有制向集体所有制的过渡，让农民自己通过经济的道路来实现这种过渡"②。

　　十年后，恩格斯对马克思主义与巴枯宁主义这场斗争作了深刻的总结。恩格斯写道："从巴枯宁搬出目前这种无政府主义的谬论的第一天起，马克思就不断与之作斗争。这一点还要我专门说明吗？国际工人协会的全部内部历史就说明了这一点。从1867年起，无政府主义者就竭尽全力采取各种最卑鄙

---

　　① 马克思：《巴枯宁〈国家制度和无政府状态〉一书摘要》，《马克思恩格斯全集》第18卷，第694页。

　　② 同上书，第695页。

的手段来夺取国际的领导权。马克思是他们道路上的主要障碍。在1872年9月的海牙代表大会上，历时五年的斗争以无政府主义者被开除出国际而告结束。最主张开除无政府主义者的人就是马克思。"①

马克思、恩格斯反对巴枯宁主义的斗争，特别是海牙代表大会以来对巴枯宁主义从思想上、理论上、组织上的彻底清算，使巴枯宁主义者在工人运动中日益孤立，堕落成为一个僵死的宗派。但是，无政府主义并不是一种偶然的现象，作为一种社会思潮，它是农民、小生产者私有制的反映。只要这一经济条件仍然存在，无政府主义思潮就必然要一再出现。因此，我们必须以马克思主义为武器，结合阶级斗争的实际需要，不断批判和肃清无政府主义，维护无产阶级革命纪律，巩固无产阶级革命专政！

海牙代表大会以后，迁到纽约的国际总委员会，在马克思主义者佐尔格领导下，做了许多工作。

总委员会坚决执行海牙代表大会的决议，继续与巴枯宁分子以及已经与巴枯宁分子勾结在一起的英国工联分子进行坚决的斗争。鉴于在西班牙、英国、瑞士、比利时等一小撮巴枯宁分子和其他机会主义分子疯狂反对海牙代表大会决议、公开进行分裂活动，总委员会公开声明："凡是拒绝承认代表大会决议或故意逃避履行章程和组织条例的规定的义务的团体和个人，就是把自己置于国际工人协会的队伍之外，并且不再是协会的会员。"② 不久，总委员会把一小撮反对海牙代表大会的分裂主义分子开除出国际。

同时，总委员会用主要精力领导美国工人运动。总委员会的所在地——纽约，是美国最大的工业城市，也是美国工人运动的摇篮。在总委员会领导下，国际美国支部积极参加工人的日常斗争，建立工会，组织罢工，领导了1871年10月1日纽约工人争取八小时工作制的示威运动和1874年1月13日纽约失业工人大示威。当时美国工人运动领袖刚普尔斯写道："无疑地，在70年代的那些日子里，国际支配着纽约城的工人运动。"③

但是，巴黎公社之后，整个国际工人协会面临的环境表明，国际的形式已经不能满足形势发展的需要了。

列宁指出，19世纪70年代后出现的形势是："英国工人被帝国主义利润

---

① 恩格斯：《卡尔·马克思的逝世》，《马克思恩格斯全集》第19卷，第385—386页。
② 《告国际工人协会全体会员》，《马克思恩格斯全集》第18卷，第737页。
③ 刚普尔斯：《七十年间的生活与工人运动》，转引自福斯特《三个国际的历史》，第130页。

所腐化，巴黎公社遭到了失败，德国资产阶级民族运动刚刚获得胜利（1871），半农奴制的俄国还处在年代悠久的混沌状态中。马克思和恩格斯已确切地估计了时间，了解了当时的国际形势，理解到慢慢地走向社会革命的任务。"①

第一，国际这种形式，是"无产阶级共同的世界的利益被提到首要地位"时候的产物。巴黎公社失败后，资本主义世界进入一个和平发展时期，西方资产阶级革命暂时处于低潮，东方革命的条件还未成熟。这是一个积聚革命力量、准备未来战斗的时期，而不是直接准备世界性革命的时期。

第二，各国无产阶级力量已大大发展，工人阶级正在建立独立的工人政党。由于各国工人阶级面临的斗争条件不同，国际的形式不能满足这种形势的要求。

第三，自从巴黎公社以后，欧洲各国反动政府加紧了对各国工人运动进行反动的十字军征讨，从而导致了国际的活动条件比以往任何时候都更加困难，在一些国家（例如法国），几乎无法活动。

第四，国际成立以来取得的成就，特别是由于巴黎公社使国际成了欧洲一种道义上的力量时，各色各样的野心家、阴谋家都千方百计地钻进协会，妄图利用它的威望，达到卑鄙的个人目的。国际后期的历史，已充分证明了这一点。

马克思、恩格斯正确地分析了当时的形势，十年来，国际支配了欧洲历史的一个方面，取得了辉煌的胜利，完全能够自豪地回顾自己的工作。但是，这种组织形式毕竟已经过时，任何想使它获得新生命的进一步的努力，都不可能获得效果，因此，国际的结束是必然的，不可避免的。保存这种过时的形式，不仅对工人阶级的斗争没有任何好处，反而会为各国反动派利用作为镇压工人运动的借口，会被巴枯宁主义和其他机会主义者作为冒险活动的工具，会阻碍各国独立的工人政党的建立。从无产阶级长远利益出发，必须采取实际行动。"需要有勇气为了更重要的事情而牺牲一时的成功"②，马克思、恩格斯决定把总委员会迁到纽约，就是这个行动的第一步。

1873年4月，马克思写信给纽约总委员会总书记佐尔格说："我认为，从欧洲的形势看来，暂时让国际这一形式上的组织退到后台去，是绝对有利

---

① 列宁：《卡尔·马克思》，《列宁全集》第2卷，第443页。
② 恩格斯：《致奥·倍倍尔》（1873年6月20日），《马克思恩格斯选集》第4卷，第314页。

的。……事变和无可避免的发展以及情况的错综复杂将会自然而然地促使国际在更完善的形式下复活起来。在目前,只要同各个国家中最能干的人物不完全失去联系就够了。"①

实际上,自从总委员会迁到纽约以后,它与欧洲各国支部的联系基本上停止了。1873年在日内瓦举行第六次代表大会时,总委员会没有代表参加。由于内部斗争激烈,1874—1875年总委员会休会一年。1875年9月,佐尔格辞去总书记职务。1876年7月在美国费城举行的代表大会上,正式宣布解散国际。佐尔格在解散国际的声明中指出:"让我们不要被我们的敌人的叫嚷所影响!我们放弃国际组织,是目前欧洲政治局势所造成的原因!但是我们得到了补偿,我们看到整个文明过程中的进步工人承认了并且保卫了这个组织的原则。让我们给欧洲工人同志们一些时间去加强国内事务,他们将一定能够扫除他们自己与世界其他地区工人之间的障碍。"② 声明满怀信心地预言:各国无产阶级将在更加有利的条件下团结起来,共同战斗,"并且以较前更加昂扬的呼声再度发出呼喊。全世界无产者,联合起来!"③

---

① 马克思:《致佐尔格》(1873年9月27日),《马克思恩格斯全集》第33卷,第608页。
② 福斯特:《三个国际的历史》,第130页。
③ 同上书,第138页。

第十三章 向巴黎工人致敬

1871年3月18日,法国巴黎的无产阶级和广大人民群众,举行了英勇的武装起义,创立了巴黎公社。巴黎公社是震撼世界的无产阶级大革命,是无产阶级推翻资产阶级统治、建立无产阶级专政的第一次伟大尝试,是人类历史上出现的第一个无产阶级的政权,"是把人类从阶级社会中永远解决出来的伟大的社会革命的曙光"①。马克思是巴黎公社的伟大导师。马克思亲自缔造国际工人协会,在领导工人阶级反对资产阶级的斗争中,在批判各种机会主义思潮和派别中,团结了法国广大工人群众,传播了科学共产主义理论,提高了工人阶级觉悟,培养了大批革命干部,为巴黎公社做了思想上和组织上的准备。国际工人协会把巴黎的斗争看做自己的事业。在巴黎公社时期,总委员会几乎每天都讨论法国形势和公社活动,从政治上、道义上给公社以强有力的支持。

马克思是公社的直接参加者。他以无产阶级革命家的伟大气魄,热烈支持巴黎工人的伟大创举,满腔热情地赞扬巴黎工人的革命精神,号召工人阶级声援巴黎人民的斗争、反击各国反动派对公社社员的造谣、诽谤和迫害,捍卫公社的革命原则。

马克思高度重视人民群众的革命首创精神。他以洞察一切的敏锐眼光,从巴黎无产阶级的英雄业绩中,"看到了有极重大意义的历史经验,看到了全世界无产阶级革命的一定进步,看到了比几百种纲领和议论更加重要的实际步骤"②。在《法兰西内战》这部具有伟大历史意义的著作中,根据巴黎公社的经验,做出了"工人阶级不能简单地掌握现成的国家机器,并运用它来达

---

① 马克思:《巴黎公社一周年纪念大会决议》,《马克思恩格斯全集》第18卷,第61页。
② 列宁:《国家与革命》,《列宁全集》第25卷,第401页。

到自己的目的"① 的结论，大大地发展了无产阶级专政的学说。

马克思对巴黎工人阶级开创的无产阶级革命事业充满信心。当各国反动派的联合势力对公社进行反革命十字军征讨，当旧世界一切宣传机器掀起一股对公社造谣诽谤的狂流，当巴黎硝烟弥漫、战斗仍在进行的时候，马克思庄严宣布："即使公社被搞垮了，斗争也只是延期而已。公社的原则是永存的，是消灭不了的；在工人阶级得到解放以前，这些原则将一再表现出来。"② 马克思对待巴黎公社的态度，是一个革命者正确对待革命群众运动的光辉典范，马克思在巴黎公社时期的活动，是他的光辉革命历程的一个重要阶段。

一 援助法国工人运动

巴黎公社是法国无产阶级和资产阶级阶级斗争尖锐化的产物。

19世纪50—60年代，在路易·波拿巴统治下的法兰西第二帝国，资本主义经济迅速发展，这个代表土地贵族、金融贵族和大资产阶级利益的波拿巴帝国，在这一时期基本上完成了工业革命。蒸汽发动机的能力增加3倍，铁路长度增加6倍，蒸汽机车和轮船数量增加19倍，生铁产量增加1.5倍，煤产量增加2倍，棉花消费量增加1倍，对外贸易额增加2倍。全国建立许多大型工业企业和大银行，一百多个金融巨头控制着全国绝大多数工厂、商店、银行和运输公司，资本家的利润惊人增长。但是，在地主、资产阶级的残酷剥削和掠夺下，工人阶级和广大劳动人民的生活却日益困难。资本主义的一切卑鄙龌龊以不可遏制的力量爆发出来。以波拿巴为首的一小撮上层剥削分子对人民敲骨吸髓，过着荒淫无度的生活，耗尽国家资财。著名法国诗人维克多·雨果在一首讽刺诗中写道：

喂，快一点！骗子、强盗、白痴、奴才——围着桌子坐下来，拥挤在金钱身边！

这里所有的人都有座位。

把整个国家、森林卖掉，把时钟拆下，

---

① 马克思：《法兰西内战》，《马克思恩格斯全集》第17卷，第355页。
② 马克思：《关于巴黎公社的发言记录》，《马克思恩格斯全集》第17卷，第677页。

> 吮吸乳汁，喝干油池：
> 期待的日子来到了！

那时，工厂工人每天劳动12—13个小时，煤矿和其他一些部门劳动时间竟然长达14小时以上。劳动条件很坏，实际工资不断降低，大部分工人居住在狭小潮湿的贫民窟，生活非常困苦。当时的政府官员也不得不承认，最坏监狱中的囚犯的生活，也比工人生活强20倍。农民的状况也很差。广大贫苦农民没地少地，不得不外出当雇工，遭受地主、高利贷者和资产阶级国家的盘剥和奴役，过着牛马不如的生活。在资本主义大企业的压榨下，城市小手工业者、小店主、小商贩也日渐贫困破产，无法生活。当时的法国情况正如马克思所说："工商业扩展到极大的规模；金融诈骗庆祝了自己纵横世界的欢乐；民众的贫困，在卑鄙无耻的骄奢淫逸的景象对照下，显得格外刺目。"①

路易·波拿巴为了维护自己的反动统治不断强化国家机器，他养了50万军队和15万官僚，在全国各地建立密如蛛网的军事、警察等机构；他收买流氓打手，这批堕落分子把反动魔爪伸向社会的各个角落。通过这套空前庞大的专政机构，对全国人民进行反动独裁统治，取消人民民主权利，镇压工人和农民的反抗，对革命分子进行逮捕审讯、监禁和流放，还用行凶、暗杀等卑鄙行径制造恐怖气氛。他还利用教会麻醉人民，组成十万人的"黑军"，把教士当做"涂了圣油的警犬"。

马克思指出："路易·波拿巴利用法国的阶级斗争篡夺了政权，并且以不时进行的对外战争来延长自己的统治。"② 1852—1857年，路易·波拿巴曾多次对阿尔及利亚殖民地附近的非洲人民进行侵略战争，1857年占领阿尔及利亚附近的利比利亚。1854—1856年联合英国，同沙皇俄国进行瓜分地中海势力范围的克里米亚战争。1859年以援助意大利统一为名，进行反奥战争，夺取了意大利的萨依依和尼斯。1856—1860年，又伙同英国对中国发动第二次鸦片战争，侵入中国领土，烧杀掠夺，迫使清政府签订不平等条约。1864年还帮助清政府镇压太平天国革命。1861—1867年还派军远征墨西哥，等等。这些侵略性的殖民战争，耗尽了大量人力物力，加重了劳动人民的负担，给

---

① 马克思：《法兰西内战》，《马克思恩格斯全集》第17卷，第357页。
② 马克思：《国际工人协会总委员会关于普法战争的第一篇宣言》，《马克思恩格斯选集》第2卷，第337页。

劳动人民造成了更大的灾难。

第二帝国的反动统治和资产阶级的残酷剥削,使法国国内阶级矛盾和阶级斗争日益尖锐。

法国工人阶级有着光荣的革命传统。自从 18 世纪末法国资产阶级大革命以来,工人阶级都是革命的主力。1848 年 6 月,巴黎工人举行了英勇的六月起义,"这是现代社会中两大对立阶级间的第一次大交锋。这是为保存或消灭资产阶级而进行的战斗"①。虽然这次起义被反动派镇压下去,但巴黎工人以自己的英勇斗争向全世界表明,法国工人阶级已经"敢于作为一个政治上有自己利益和要求的单独阶级"② 来反对资产阶级了。

在第二帝国时期,随着资本主义的发展,工人阶级队伍也不断壮大。当时法国工人阶级人数有 300 多万,仅仅巴黎就有工人 45 万人。60 年代初期出现了一批工人组织。1863—1864 年,成立了木工工会、炼铁工会、工人反抗协会。由于工人阶级的斗争,迫使政府取消了禁止结社的相关法律。1864 年,巴黎工人与英国工人建立联系,1864 年又派代表团到英国,向英国工人阶级表达出国际团结、共同战斗的决心,为反对社会经济秩序中的垄断和特权而斗争。

60 年代开始,法国工人阶级不断展开争取改善生活条件和政治权利的罢工斗争,1867 年巴黎、马赛、西眠等地工人多次举行罢工斗争以争取结社的权利;1868 年 12 月里昂纺织工人为反对降低工资而举行罢工运动;1869 年 6 月卢西尔地区矿工为争取提高工资、实行八小时工作制而举行的大罢工,遭到反动政府的血腥镇压。军队向罢工工人开枪,打死打伤几十人,激起工人的反抗怒潮。1870 年初,克勒佐地区工厂工人掀起了反对资本家侵犯工人利益的斗争。这些斗争都深深地表明法国阶级斗争的日益尖锐化,工人阶级在斗争中经受了锻炼,革命的烈火越烧越旺。

第一国际成立后,法国工人阶级积极参加国际的活动。国际在法国获得很大发展。1865 年底,在巴黎、里昂、南特、马赛等许多工业城市已经建立国际的地方组织。国际会员积极参加和领导当地工人的罢工斗争,在工人运动中发挥了重大的作用。

广大人民群众对波拿巴政权的不满日甚一日。1870 年月 1 月,波拿巴的

---

① 马克思:《路易·波拿巴的雾月十八日》,《马克思恩格斯全集》第 8 卷,第 226 页。
② 马克思:《〈法兰西内战〉一书导言》,《马克思恩格斯全集》第 22 卷,第 219 页。

兄弟皮埃尔·波拿巴杀死共和派记者奈尔,激起巴黎群众的革命情绪。共和派的《马赛典报》发表文章,痛斥凶手以及波拿巴的血腥统治。1月12日,巴黎20多万群众给奈尔送葬,并举行声势浩大的示威。示威群众高呼"打倒波拿巴!共和国万岁!"的口号。

第一国际全体会员都参加了游行示威。"人民激动了;革命快要到来。"群众对波拿巴政权的不满,从两次全民投票中表现得特别明显。1869年议会选举时,尽管政府采取种种欺压手段,结果只获得450万张选票,而反对派却获得350万张选票。在工人占多数的城市里,人们对帝制更是恨之入骨,在巴黎,政府仅获得7.7万张选票,而拥护共和制的选票竟达到3.4万张。1870年5月的全民投票,又是波拿巴政权政治破产的明证。虽然波拿巴出动了全部反动军警,对广大群众严加控制,结果仍有1/3的人投票反对帝制。

革命形势不断发展,使路易·波拿巴的统治摇摇欲坠。这个政治冒险家看到,他的统治末日到来了,除了发动对外战争,转移革命目标以外,他看不出任何能够挽救自己统治的办法。波拿巴的母亲明白地说:"如果没有战争,吾儿将不能做皇帝了!"于是,这个政治冒险家就迫不及待地发动了普法战争。但是,正像历史上一切反动派一样,到头来只是搬起石头砸自己的脚。

二 普法战争与德国统一

1870年7月19日,路易·波拿巴向普鲁士宣战,普法战争正式开始。

普法战争是普鲁士和法国统治阶级为争夺欧洲霸权、维护自己的反动统治而发动起来的。

从普鲁士方面来说,以俾斯麦为代表的反动容克贵族,早已决心通过王朝战争的方式,从上而下地实现德国统一。1866年普奥战争的胜利,使普鲁士成为北德联邦的盟主,势力大为增强。但是,这时德国南部四个邦仍在北德联邦之外。俾斯麦"统一德国"的梦想仍然没有完全实现。俾斯麦吞并南德四邦的主要障碍,就是波拿巴法国。因此,发动对法战争,打垮波拿巴法国,是俾斯麦"铁血政策"的重要一环,俾斯麦还指望通过战争,侵战法国矿产丰富的亚尔萨斯和洛林,使自己能够称霸欧洲。

从法国方面来说,路易·波拿巴坚决反对德国统一。他曾经公开叫嚷:把统一的德国当做自己称霸欧洲的劲敌,因此,"德意志应划分为三块,永远不得统一"。他千方百计阻止南德四邦加入德意志联邦。他还企图向德国莱茵地区扩张，把天然资源非常丰富的莱茵地区归入法国版图。60年代后期国内革命形势的高涨，更迫使他不得不走对外发动战争的冒险道路。

普法两国统治者，为战争做了长期准备。1870年夏天的西班牙王位继承问题，成为发动战争的借口。

在马克思长期教育下的德、法两国工人阶级，高举无产阶级国际主义旗帜，坚决反对王朝战争。

普法战争前夕，第一国际巴黎支部就发表了《告全世界各民族工人书》（7月12日），发出了反对王朝战争的正义呼声。宣言写道："争夺霸权的战争，或维护某一王朝利益的战争，在工人看来只能是犯罪的胡作非为。"宣言坚决反对民族沙文主义的叫嚣，反对那些利用社会灾难来进行新的投机的人的无耻号召；宣言向全世界工人阶级庄严宣告："不论我们的共同努力在目前会产生怎样的结果，我们这些不分国界的国际工人协会会员，总是代表法国工人向你们表示良好的保证。"①

第一国际法国支部，也纷纷发表类似的宣言。国际塞纳河岸讷伊支部的宣言尖锐地指出"这次战争是正义的吗？不！这次战争是民族的吗？不！这完全是王朝的战争"。

法国工人阶级反对王朝战争的正义呼声和革命行动，得到德国工人阶级的热烈响应。7月16日，德国社会民主工党中央委员会在布伦瑞克举行的工人群众大会上，宣布完全赞成巴黎宣言，号召德国工人阶级反对王朝战争，防止这种深重社会灾难的重演。7月17日德国社会民主党在开姆尼斯举行工人大会，大会代表5万萨克森工人庄严宣布："我们很高兴地握住法国工人们伸给我们的兄弟的手……我们谨记着国际工人协会的'全世界无产者，联合起来！'的口号，永远也不会忘记世界各国的工人都是我们的朋友，而世界各国的专制君主都是我们的敌人。"第一国际柏林支部也发表宣言，向全世界工人阶级庄严宣誓："无论是军号的声音或大炮的轰鸣，无论是胜利或失败，都不能使我们离开全世界团结的共同事业。"德国工人运动活动家倍倍尔、李卜克内西在德国议会中表示对普鲁士政府的不信任，表示对波拿巴发动战争的谴责，坚持了无产阶级国际主义原则。

---

① 马克思：《国际工人协会总委员会关于普法战争的第一篇宣言》，《马克思恩格斯全集》第17卷，第4页。

第一国际总委员会密切注视普法战争的状况。战争爆发不久，总委员会立即发表了由马克思起草的《国际工人协会总委员会关于普法战争的第一篇宣言》，深刻地分析了这次战争的原因、性质和前途，号召德法两国工人阶级坚持无产阶级国际主义原则，坚决反对两国统治阶级的民族沙文主义叫嚣，坚决不做统治阶级"民族仇恨"的牺牲品。工人阶级既然不能阻止这场王朝战争的爆发，就必须在战争过程中，通过工人阶级和广大人民群众的团结战斗，粉碎德法两国统治阶级的阴谋，加速德法两国君主专制制度的解体，争取在比较有利于无产阶级的条件下实现德国的统一，从而促进德法两国和欧洲大陆各国民主民族任务的胜利实现，为进一步开展无产阶级的阶级斗争创造有利的条件。为此，马克思、恩格斯提出了具体的策略和任务。

马克思指出：普法战争是法德两国反动王朝制度的产物。无论波拿巴法国或俾斯麦德国，都对内压制民主，对外进行扩张。他们都把发动对外战争，作为维持自己反动统治的唯一出路。这也就是普法战争的真正原因。路易·波拿巴企图借助对外战争以继续表演复辟帝国的残酷笑剧。德国在战争第一阶段虽然处于防御地位。但是，谁使德国处于这种地位呢？正是以俾斯麦为首的反动王朝。这个反动王朝曾经与拿破仑法国暗中勾结，镇压内部的民主反对派，继续保存自己的旧制度的一切妙处——它的专制制度和虚伪的民主精神，政治欺骗把戏和财政欺诈手段，漂亮的言辞和最下流的诈骗行为。这一切都充分表明了这个王朝的统治阶级的极端腐朽和无能。在这种情况下，为了维护自己的反动统治，除了发动战争以外，没有别的出路。

普法战争本质上是两个反动王朝争夺欧洲霸权的战争。波拿巴利用西班牙王位继承问题对普鲁士一再挑衅；俾斯麦篡改爱姆斯电报，都是蓄意挑起战争的手段。但是，战争第一阶段，波拿巴法国处于进攻地位，德国处于防御地位。德国统治阶级野心勃勃，力图变防御战争为侵略战争。马克思号召法国工人阶级坚决反对路易·波拿巴发动的战争，号召德国工人阶级坚决反对俾斯麦把防御战争变为掠夺战争，指出如果德国工人阶级容许目前这场战争由纯粹防御性质转变为侵略法国人民的战争，那么无论胜利或失败，都同样要产生灾难深重的后果。

德国在整个战争中所遭到的那一切不幸，在战争之后又将更加残酷地压到工人阶级头上来。工人阶级团结一致的联合行动，是反对王朝战争的重要手段。全世界工人阶级的联合斗争，必将摧毁建立在人剥削人的基础上的旧世界，建立没有人剥削人的新世界，从而彻底根绝由于私有制而产生的一切战争，马克思指出德法两国工人阶级，为全世界工人阶级的联合斗争做出了榜样，官方的法国和官方的德国彼此进行同室操戈的斗争，而法国的工人和德国的工人都互通和平与友谊的音讯。单是这一件史无前例的伟大事实，就使人们可以展望更加光明的未来。

"这个事实表明，同那个经济贫困和政治昏暗的旧社会相对立，正在诞生一个新社会，这个新社会的国际原则将是和平，因为每一个民族都将拥有同一个统治者——劳动！"①

从德国当时的实际情况出发，马克思给德国社会民主工党规定了在普法战争这个复杂的历史时期的策略。1870年7月15日，恩格斯给马克思的信中把这个策略概括如下：(1) 参加保卫德国的民族运动；(2) 强调德国民族利益与普鲁士王朝利益的根本区别；(3) 反对兼并亚尔萨斯和洛林的一切企图；(4) 一等到巴黎由共和政府掌握政权，就力争同它建立光荣的和平；(5) 不断强调德国工人利益和法国工人利益的一致性；(6) 坚决反对俄国接手普法战争，反对普鲁士政府请求俄国的"援助"。恩格斯这个策略与马克思"已考察成熟的计划是完全一致的"。

三 对法国工人运动的指导

马克思指出，路易·波拿巴利用法国阶级斗争篡夺了政权，并且以不时进行的对外战争来延长自己的统治；但是，法国国内阶级斗争的情况表明，普法战争不仅不能挽救第二帝国，而且必将加速它的垮台，不管战争的结局如何。"第二帝国的丧钟已经在巴黎敲响了。"历史证明马克思的预言无比正确。

普法战争充分暴露了第二帝国的腐朽和无能。战争遭到广大人民群众的坚决反对，由于法国统治集团内部矛盾重重，加上将领的无能、士气的低落、物质准备的不足，使它在战争开始后连打败仗。8月初，普军进入法境。8月中旬，十万法军主力被困于麦茨要塞。9月1日，普法两军在色当决战，法军大败，路易·波拿巴向普鲁士军投降。9月2日，普军俘虏了路易·波拿巴和包括麦克马洪元帅在内的十万法军官兵。路易·波拿巴表演了18年的

---

① 马克思：《国际工人协会总委员会关于普法战争的第一篇宣言》，《马克思恩格斯全集》第17卷，第7—8页。

"复辟帝国的残酷笑剧可耻地结束了,第二帝国垮台了!以挑起战争开始,以屈膝投降告终,世界历史确实是最伟大的诗人"!①

色当投降的消息在法国引起强烈震动。人民群众的革命情绪迅速增长。

9月3日,巴黎街头,人民举行声势浩大的反对帝制的示威游行。

9月4日,巴黎爆发了革命。以工人阶级为主力军的广大人民群众要求打倒帝制,建立共和国;实行抗战,保卫祖国。

9月4日的革命推翻了第二帝国,建立了法兰西第三共和国,从此结束了法国历史上王朝统治的时代,但是,当时成立的"国防政府",是由一小撮反动分子组成的。政府首脑将罗是个凶恶的保皇党人,彻头彻尾的反动军阀;外交部长洁夫尔是屠杀工人的刽子手;内政部长甘必大是一个敌视工人阶级、惯耍两面派的反动律师;教育部长西蒙是一个插手政治的神甫。这是一伙从来没有见过的"卑鄙的流氓"②。国防政府的首要任务不是反对普鲁士侵略者,而是对付巴黎无产阶级,这个反动政府"在民族义务和阶级利益二者发生矛盾的时候,没有片刻的犹豫便把自己变成了卖国政府"③。在9月4日的革命中,工人阶级起了最重要的作用。但是,由于在第二帝国反动统治时期,工人阶级被剥夺了相互联系和建立组织的任何权利。因此,工人阶级虽然推翻了帝制的主力军,却没能直接掌握政权。马克思在论述当时一小撮反动分子为什么能够掌握政权时写道:"当时在惊慌无备的混乱中,工人阶级的真正领袖们被囚禁在波拿巴的监狱里,而普鲁士人已经迫近巴黎,巴黎只得容忍这些人掌握政权,不过附有一个明确的条件,就是他们只为国防的目的运用这个政权。"④ 这样,政权就落到了"狡猾的自由派"⑤ 手中。

色当投降和法兰西第三共和国的成立,使普法战争的性质发生根本变化。色当投降后,普军继续长驱直入,进入法国境内烧杀抢掠,胡作非为。这时,战争对德国来说,已完全不再是防御的性质,变成了赤裸裸的对外掠夺和侵略,而法国人民的抗战,则是反对侵略、保卫祖国的正义行动。

9月9日,国际工人协会总委员会一致通过马克思起草的《国际工人协会总委员会关于普法战争的第二篇宣言》。马克思分析了色当投降和法兰西第三

---

① 马克思:《路易·波拿巴的雾月十八日》,《马克思恩格斯全集》第8卷,第220页。
② 同上。
③ 马克思:《法兰西内战》,《马克思恩格斯全集》第17卷,第355页。
④ 同上。
⑤ 列宁:《关于巴黎公社的演讲提纲》,《列宁选集》第8卷,第178页。

共和国成立后的新形势,分析了已经变化了的战争的性质和工人阶级的任务。

马克思指出,国际关于普法战争的第一篇宣言的观点已经为战争的进程完全证实了,第二帝国已经垮台,德国反动派正在把防御性质的战争变为侵略法国人民的战争。战争的性质已经发生了根本的变化。普鲁士掌权的武人奸党早已决定对法国人民进行掠夺,现在他们正在野心勃勃地实现这个反动计划。德国无能和怯懦的资产阶级,扮演了山呼吼叫的爱国主义分子的角色,大声疾呼要把法兰西共和国撕成碎片。他们大肆鼓吹"侵略有理"的谬论,胡说什么吞并亚尔萨斯和洛林,从军事观点上说是为了德国安全防御法国侵略的"物质保证"。

马克思严厉驳斥了这种谬论。马克思指出,把军事上的考虑当成决定因素的原则,完全是一种无稽之谈。如果按照这条原则行事,奥地利就可以要求取得意大利的威尼斯,法国为了保卫巴黎就可以要求取得莱茵河一线,"如果国界应当根据军事利益决定,那末要求就会毫无止境,因为任何一条战线,都必然有其缺点,可能用兼并邻近新地区的办法加以改造;并且这种国界永远也无法最终和公允地划定,因为每一次总是战胜者强迫战败者接受自己的条件,从而播下新战争的种子"①。

马克思指出,如果军事上的胜利后的骄横以及王朝的阴谋把德国推到宰割法国的道路上去,那么它就会把法国推向沙皇俄国,从而使德国或者进一步充当沙皇俄国掠夺政策的工具,或者不得不面临一场与俄法联盟的战争。由此可见,兼并法国领土,给德国带来的将不是自由与和平,而是屈辱的战争。当前,德国工人阶级的首要任务,就是使法国获得光荣与和平并承认法兰西共和国,反对德国兼并亚尔萨斯和洛林。

德国工人阶级坚决履行了自己的国际主义责任。法兰西共和国成立的第二天,德国社会民主党中央委员会公开发表宣言,抗议德国兼并亚尔萨斯和洛林。《宣言》指出:"为了法国和德国的共同利益,为了和平和自由的利益,为了西欧文明向东方野蛮进行斗争的利益,德国工人决不能容忍兼并亚尔萨斯和洛林……我们将和我们全世界的工人同志们一起,忠实地拥护无产阶级共同的国际事业。"② 马克思十分满意地指出,德国工人阶级以自己的行动证

---

① 马克思:《国际工人协会总委员会关于普法战争的第二篇宣言》,《马克思恩格斯全集》第17卷,第288页。

② 同上书,第289页。

明自己忠于无产阶级国际主义原则，忠于自己的国际责任。

法国工人阶级面临着抵抗外国侵略者的民族任务和摆脱资本主义奴役的阶级任务。《宣言》指出法国工人阶级必须执行自己的公民职责，反对侵略，保卫祖国。但是不应该为了民族抗战而成为资产阶级的尾巴。马克思指出，法国虽然成立了共和国，但这个共和国并没有推翻王位，而只是依靠德国的刺刀占据了王朝留下的空位子。这个共和国的临时政府掌握在一小撮极端藐视工人阶级的反动保皇党人和资产阶级分子手中。政府最初的几个步骤明显地表明，它"不但从帝国那里承袭了一堆残砖断瓦，而且还承袭了它对工人阶级的恐慌"[①]。掌握政权的资产阶级首脑，力图把临时政府变成王朝复辟的跳板和桥梁。在这种情况下，法国工人阶级处境极端困难。这就需要工人阶级保持冷静的头脑。从当时情况看，推翻政府的条件还未成熟，工人阶级不应该轻举妄动。但是，工人阶级决不能对资产阶级抱有任何幻想。法国工人阶级必须镇静而且坚持地利用共和国的自由所提供的机会，加强自己的阶级组织，为法国的复兴和劳动人民的解放事业而奋斗。

《宣言》指出，援助法国工人阶级以及法国人民的斗争，是各国工人阶级应尽的义务，也是工人阶级利益攸关的事业。国际工人协会号召各国工人阶级积极行动起来，迫使各国政府反对肢解法国，承认法兰西共和国。

马克思关于普法战争的两篇宣言，卓越地表明了他的惊人的天才，"即在伟大历史事变还在我们眼前展开或者刚刚终结时，就能正确地把握住这些事变的性质、意义及其必然后果"[②]。马克思所作的预言，已经一字不差地被历史所证实。

马克思关于普法战争的两篇宣言，在分析战争的原因、性质和工人阶级的任务时，教育工人阶级，必须区分战争的性质，支持正义战争，反对侵略战争；必须坚持无产阶级国际主义原则，反对资产阶级提出的所谓的"爱国主义"；必须把当前斗争和长远的革命目标结合起来，既需要积极参加当前的斗争，又必须利用一切有利条件加强自己的阶级组织，争取工人阶级的彻底解放；必须担负起民族任务和阶级任务。

巴黎公社是"国际的精神产儿"。国际在法国的发展，国际的革命原则在

[①] 马克思：《国际工人协会总委员会关于普法战争的第二篇宣言》，《马克思恩格斯全集》第17卷，第292页。

[②] 恩格斯：《〈法兰西内战〉导言》，《马克思恩格斯选集》第2卷，第325页。

法国的传播，国际关于普法战争的宣言，为巴黎公社做了思想上和组织上的准备。法国工人阶级有着光荣的革命传统。自从法国资产阶级革命以后，法国工人阶级和资产阶级的斗争，比欧洲其他国家都更加尖锐、更加剧烈。1848年6月，工人阶级以武装起义进行了第一次夺取政权的尝试。60年代初，工人阶级又不断举行罢工，进行反对资本的斗争。马克思、恩格斯一贯非常重视法国的阶级斗争，而多年以来，马克思不仅研究了法国阶级斗争的历史，而且密切关注法国阶级斗争的现状和发展。马克思在《1848年至1850年的法兰西阶级斗争》、《路易·波拿巴的雾月十八日》等著作中，高度赞扬了法国无产阶级为消灭资本主义制度而进行的战争，总结了无产阶级斗争的经验，指出了无产阶级必须通过暴力革命，通过无产阶级专政，才能推翻资本主义的统治，获得自身的解放。

1864年9月，国际工人协会诞生，马克思积极吸收法国工人阶级参加国际组织。1865年1月，成立国际工人协会巴黎局。不久，在里昂、马赛、南特等许多法国工业城市，都建立了国际的地方组织。马克思亲自制定的《成立宣言》、《临时章程》和其他许多文件，用法文大量发表，在法国工人阶级中得到广泛传播。

马克思教导说，工人阶级与资产阶级的利益是根本对立的，工人阶级为了消灭资本主义私有制，消灭任何阶级统治，获得彻底的解放，就必须进行反对资产阶级的革命斗争。在马克思的教育下，法国无产阶级觉悟大大提高。许多先进工人逐渐认识到资本主义制度的本质，把消灭资本主义制度作为斗争的目标。恩格斯揭露了资本主义制度的罪恶，指出在这个制度下，"有些人饿死，而另一些人则撑死"。法国先进工人代表瓦尔兰指出："我们应当竭力反对法律的、经济的、政治的和宗教的旧制度"，必须消灭资本主义私有制，建立公有制，使工人阶级能够"充分地支配劳动工具"；弗兰克尔宣布：无产阶级的目的是要"消灭雇佣劳动制"。由于阶级觉悟的提高，工人们逐渐抛弃蒲鲁东的改良主义说教，积极组织工会，举行罢工，为反对资本主义剥削、争取工人阶级解放而斗争。

马克思教导说，工人阶级的解放应该由工人阶级自己去争取，"夺取政权已成为工人阶级的伟大使命"。马克思的这个光辉思想武装了法国广大无产阶级群众。

附录 1

推荐信(一)

萧灼基同志的《马克思传》在 2008 年马克思诞辰 190 周年之际出版,并同时再版了《恩格斯传》,同一个作者创作了两部革命导师厚实的、高水平的传记,这在我国社会科学研究领域是一个创举,在一定程度上反映了我国马克思主义理论界的研究成果,也是对世界马克思主义研究史的重大贡献。据我所知,以往只有苏联著名学者梁赞诺夫在 20 世纪 20 年代写过一部马克思恩格斯合传。其他学者有的只写过马克思传,如德国的梅林、英国的麦克莱伦,有的只写过恩格斯传,如德国的迈耶尔、苏联的斯捷潘诺娃。

萧灼基的这两部作品既有助于我们全面了解两位革命导师作为革命家和思想家的人生路程,同时又有助于马克思主义理论界进一步深入开展对马克思主义思想史和国际共产主义运动史的研究。

相对于其他学者撰写的有关两位革命导师的传记,萧灼基同志的作品有以下几个特点:

第一,注重把马克思、恩格斯的革命活动和理论创造结合起来,指出两位革命导师既是伟大的革命家,又是卓越的思想家。并同时突出了"马克思、恩格斯首先是革命家"的光辉形象。书中用翔实的材料叙述了马克思、恩格斯从革命民主主义者到共产主义者的转变过程,他们为创建无产阶级政党所作的不懈努力,他们在 1848 年欧洲革命中的英勇斗争,他们在第一国际时期为团结和壮大工人运动、反对各种错误思潮所作的突出贡献。结合两位导师各个时期的斗争实践,作者详细地叙述了他们的理论活动,阐述了相关著作的写作背景、基本内容。这样的阐述清晰地表明:马克思主义理论是同革命实践紧密结合在一起的,是深深扎根于实践斗争之中的。

第二,理论概括上有创新。作者在长期研究马克思主义理论的基础上,对于理论的系统归纳与概括有自己的独立见解。以《资本论》为例,作者在《马克思传》中,对于《资本论》创作史的分期提出了有别于其他学者的观点。作者根据马克思主义剩余价值理论的成熟程度和《资本论》整个科学体系的完善程度，把《资本论》创作史分为三个阶段：第一阶段（1843—1849）是创作《资本论》的准备阶段，马克思经济学说基本形成。这个阶段，马克思奠定了《资本论》的方法论基础，并且已经知道了剩余价值的存在和如何产生的。第二阶段（1850—1865）。写作《资本论》手稿。马克思经济学说基本建立。这个阶段，马克思写了《资本论》的三部手稿，研究了《资本论》理论部分和剩余价值学说史部分的所有重要问题，建立了《资本论》的科学体系。第三阶段（1866—1883）。《资本论》第1卷于1867年出版，马克思主义经济学说广泛传播，随后继续修改《资本论》第2、3卷。作者的历史分期，既不同于苏联学者列昂捷耶夫的划分，也有别于国内学者孙开镛等的划分，堪称一种新见解。

　　第三，两部作品结构严谨、重点突出。整体结构有创新，重点内容有深度。《马克思传》全书共13章。从创意特色上看，它把马克思生平活动与重大历史文献相交织，史论结合，论从史出。从篇幅上看，第八、第九两章约占全书篇幅的1/6，从作者耗费的巨大劳动看，这两章的写作却占全书所耗精力的一半，可以说是整个传记的灵魂所在。同样，《恩格斯传》也呈现出结构简洁明快、重点突出的特点。

　　总之，萧灼基同志的《马克思传》和《恩格斯传》从标题到文字，生动活泼，通俗易懂，对广大读者，特别是对广大青年同志学习两位革命导师崇高的无产阶级革命品质、坚定的革命立场和刻苦钻研的科学精神、严肃认真的治学态度，学习马克思、恩格斯的重要论著，学习马克思主义发展史和国际共产主义运动史，都有重要的帮助。此次参评政府图书奖，对于进一步推动马克思主义中国化必将产生深远影响。

　　特此推荐！

2010年10月10日
中国人民大学荣誉一级教授

附录2

推荐信(二)

　　萧灼基同志的《马克思传》和《恩格斯传》，是解放以来我国学者撰写的第一部马克思、恩格斯学术传记。从世界马克思主义研究史的角度来看，由一个人独立完成两位革命导师的单独个人学术传记，也是前所未有的。因此，这两部作品的出版，是我国马克思主义理论界的可喜收获，它既填补了我国社会科学研究领域的一项空白，更弥补了世界马克思主义研究史的一项缺憾，具有开创性意义。

　　撰写马克思、恩格斯的学术传记是一项很有意义的工作。两位革命导师把自己的一生献给了人类解放事业，这是我们晚学后辈学习的榜样；他们一起领导了国际工人运动和共产主义运动，共同创立了马克思主义的伟大学说，这是指导我们认识世界和改造世界最锐利的思想武器。过去，中国革命在马克思主义的指导下取得了胜利。今天，中国进行的社会主义建设仍然需要马克思主义的指导，特别是2008年爆发的全球性金融危机，更加凸显出以马克思主义为指导的重要性。因此，这两部作品的出版正逢其时，它们的问世不仅有重要的学术价值，更有非凡的现实意义。

　　相比于国内外其他学者撰写的马克思、恩格斯传记，萧灼基同志的这两部著作可以说有五大特点：

　　第一，结构新颖，灵活创新。作者基本上是按照两位革命导师一生的革命历程安排章节，但又不完全拘泥于时间顺序，而是把一些内容相关的事件和活动适当集中。比如，在《马克思传》中，作者创造性地总结了马克思撰写《资本论》结构处理上时时都遵循三个"如何"的原则，又创造性地运用此三个"如何"的原则撰写了《马克思传》，将四卷3000多页的《资本论》只浓缩为28页书稿，全面、系统、科学、精练地概括了《资本论》的观点。在《恩格斯传》中，作者在第九章《以应有的方式使摩尔永世长存》中，集中介绍了恩格斯对马克思的深情厚谊和整理出版马克思遗著的丰功伟绩；在

第十章《国际工人运动有求必应的顾问》中，集中介绍马克思逝世后恩格斯对各国工人运动和工人政党的指导；等等。采用这种写作结构，就使得有关问题的联系较紧密，重点较突出，阐述较充分。

第二，内容丰富，资料翔实。任何性质的研究首先要详细占有资料，学术传记尤应如此。两位革命导师一生参与了很多著名的政治事件和革命活动，他们既是共产主义者同盟的创始人，又是1848年欧洲革命的领导者，还是共产国际的缔造者，可以说，19世纪中后期发生的革命运动都是与马克思、恩格斯的名字紧密相连。这就需要传记作者通悉和把握当时欧美各国的政治史、战争史、民族史和国际工人运动史，并对两位革命导师的学术思想、革命理论有一个全面和准确的把握。萧灼基同志不畏艰辛，认真攻读经典著作，掌握了很多国内外其他学者并不熟悉的相关文献。除通读了巨帙厚著的50卷《马克思恩格斯全集》之外，还阅读了列宁相关著作和国内外有关文献数十部，特别是对很多新的研究资料的运用，如马克思在1844年左右写的很多哲学手稿以及对《马克思恩格斯通讯录》的发掘利用，都使得这两部作品在内容方面达到空前的丰富。

第三，文字生动，通俗易懂。马克思、恩格斯一生著述颇丰，但因篇幅巨大、理论高深并且专业术语较多，让人读来往往十分费力，因此，鲜有人能够通读马恩著作。比如《资本论》，正像德国作者梅林所说：" 对《资本论》惊讶的人多，读它的人少；惊叹的人多，理解的人少。"而作者萧灼基同志在精读《资本论》之后，以深入浅出的语言，通俗易懂的文字，仅用两章28页就将四卷3000多页的《资本论》精华尽收，如资本一般、资本的生产过程、资本的流通过程、资本主义生产总过程以及剩余价值理论等，作者都对此进行了高度凝练，化深奥为通俗，表现了作者对马克思经济学说的融会贯通。

第四，形式多样，史论结合。作者在书写两位革命导师生平事业的同时阐述他们同时期的思想理论，多种文体并用，既有文艺描写，也有历史分析，又有理论概括，还有个人评述，可谓"寓评于史、寓史于评"。例如在《马克思传》中，1847年8月马克思在布鲁塞尔参加区部活动，开展共产主义宣传，继而成立德意志工人协会，并在协会作多次政治经济学演讲，后来集成《雇佣劳动与资本》一书。1850年6月获准在伦敦大英博物馆图书馆阅读与写作，马克思写下24本《伦敦笔记》，其中凝练成若干经济学理论观点。1857年，马克思在处境异常困难的条件下，还坚持每天多半时间工作到早晨4点，写成一部《经济学手稿（1857—1858年）》，第一次对劳动价值论作出完整的阐述。作者在将读者引入当时的历史环境中，生动、形象地了解认识马克思生平事迹的同时，引人入胜地、生动而有效地宣传了马克思主义。

第五，记述全面，中西合璧。作者在两本作品中，既介绍了马克思主义形成和发展的过程，还介绍了马克思主义指导革命实践应用的过程；既介绍了马克思主义在欧洲、美洲传播的过程，还重点介绍了马克思主义在中国传播的过程，即马克思主义中国化的过程。例如，在介绍《资本论》引入中国的过程中，作者详细记述了清末以来相关专家、学者的贡献，从梁启超的著文介绍到资产阶级民主革命派理论家朱执信的《德意志社会革命家小传》，再到陈独秀、李大钊的《新青年》之《马克思号》七篇专论，再到陈启修、郭大力、王亚南、宋涛等著名学者的潜心研究与大力传播，作者如数家珍、娓娓道来。这种叙述全面、纵贯中西的记述形式，在其他有关马克思、恩格斯的传记中，是非常少见的，这也从另一个方面体现出作者萧灼基同志深厚的理论功底。

作者萧灼基同志为撰写这两部作品，孜孜不倦地学习和研究经典著作，广泛搜集国内外相关专著、论文和资料。这两部作品既是作者多年辛勤劳动的结晶，在一定程度上也反映了我国马克思主义理论界的研究成就。此次参评政府图书奖，必将有助于理论界进一步深入研究马克思、恩格斯的著作与生平。

特此推荐！

2010 年 10 月 10 日

参考文献

1. 《马克思恩格斯全集》第 1 卷，人民出版社 1956 年版。
2. 《马克思恩格斯全集》第 3 卷，人民出版社 1960 年版。
3. 《马克思恩格斯全集》第 4 卷，人民出版社 1958 年版。
4. 《马克思恩格斯全集》第 5 卷，人民出版社 1958 年版。
5. 《马克思恩格斯全集》第 6 卷，人民出版社 1961 年版。
6. 《马克思恩格斯全集》第 7 卷，人民出版社 1959 年版。
7. 《马克思恩格斯全集》第 8 卷，人民出版社 1961 年版。
8. 《马克思恩格斯全集》第 9 卷，人民出版社 1961 年版。
9. 《马克思恩格斯全集》第 10 卷，人民出版社 1965 年版。
10. 《马克思恩格斯全集》第 12 卷，人民出版社 1972 年版。
11. 《马克思恩格斯全集》第 13 卷，人民出版社 1962 年版。
12. 《马克思恩格斯全集》第 14 卷，人民出版社 1964 年版。
13. 《马克思恩格斯全集》第 16 卷，人民出版社 1964 年版。
14. 《马克思恩格斯全集》第 17 卷，人民出版社 1963 年版。
15. 《马克思恩格斯全集》第 18 卷，人民出版社 1964 年版。
16. 《马克思恩格斯全集》第 19 卷，人民出版社 1963 年版。
17. 《马克思恩格斯全集》第 21 卷，人民出版社 1965 年版。
18. 《马克思恩格斯全集》第 22 卷，人民出版社 1965 年版。
19. 《马克思恩格斯全集》第 23 卷，人民出版社 1975 年版。
20. 《马克思恩格斯全集》第 24 卷，人民出版社 1972 年版。
21. 《马克思恩格斯全集》第 25 卷，人民出版社 1974 年版。
22. 《马克思恩格斯全集》第 26 卷（Ⅰ），人民出版社 1972 年版。
23. 《马克思恩格斯全集》第 26 卷（Ⅱ），人民出版社 1973 年版。
24. 《马克思恩格斯全集》第 26 卷（Ⅲ），人民出版社 1972 年版。

25. 《马克思恩格斯全集》第27卷，人民出版社1958年版。
26. 《马克思恩格斯全集》第28卷，人民出版社1972年版。
27. 《马克思恩格斯全集》第29卷，人民出版社1972年版。
28. 《马克思恩格斯全集》第30卷，人民出版社1975年版。
29. 《马克思恩格斯全集》第31卷，人民出版社1972年版。
30. 《马克思恩格斯全集》第32卷，人民出版社1975年版。
31. 《马克思恩格斯全集》第34卷，人民出版社1972年版。
32. 《马克思恩格斯全集》第35卷，人民出版社1971年版。
33. 《马克思恩格斯全集》第36卷，人民出版社1974年版。
34. 《马克思恩格斯全集》第37卷，人民出版社1971年版。
35. 《马克思恩格斯全集》第39卷，人民出版社1974年版。
36. 《马克思恩格斯全集》第40卷，人民出版社1982年版。
37. 《马克思恩格斯全集》第41卷，人民出版社1982年版。
38. 《马克思恩格斯全集》第42卷，人民出版社1979年版。
39. 《马克思恩格斯全集》第44卷，人民出版社1982年版。
40. 《马克思恩格斯全集》第46卷上册，人民出版社1979年版。
41. 《马克思恩格斯全集》第46卷下册，人民出版社1980年版。
42. 《马克思恩格斯全集》第47卷，人民出版社1979年版。
43. 《马克思恩格斯全集》第49卷，人民出版社1982年版。
44. 《马克思恩格斯选集》第1卷，人民出版社1972年版。
45. 《马克思恩格斯选集》第2卷，人民出版社1972年版。
46. 《马克思恩格斯选集》第3卷，人民出版社1972年版。
47. 《马克思恩格斯选集》第4卷，人民出版社1972年版。
48. 《马克思恩格斯通讯集》第1卷，三联书店1957年版。
49. 恩格斯：《真正的社会主义》，《德意志意识形态》，人民出版社1961年版。
50. 《马克思恩格斯文集》两卷集第2卷，人民出版社1958年版。
51. 《马克思恩格斯〈资本论〉书信集》，人民出版社1976年版。
52. 《共产主义者同盟》，三联书店1976年版。
53. 《马克思恩格斯收集的民歌》，刘锡诚等译，人民文学出版社1958年版。
54. 《马克思家书集》，人民出版社1985年版。

55. 燕妮：《致约·魏德迈》，《回忆马克思恩格斯》，人民出版社 1973 年版。

56. 科尔纽：《马克思恩格斯传》第 1 卷，三联书店 1963 年版。

57. 梅林：《德国社会主义民主党史》第 1 卷，三联书店 1963 年版。

58. 梅林：《马克思传》，三联书店 1965 年版。

59. 梅林：《马克思和恩格斯是科学共产主义的创始人》，三联书店 1962 年版。

60. 保尔·拉法格：《忆马克思》，《回忆马克思恩格斯》，人民出版社 1973 年版。

61. 保尔·拉法格：《忆马克思》，《摩尔和将军》，人民出版社 1982 年版。

62. 爱琳娜·艾威林：《卡尔·马克思》，《回忆马克思》，人民出版社 1959 年版。

63. 威廉·李卜克内西：《纪念卡尔·马克思：生平与回忆》，《回忆马克思恩格斯》，人民出版社 1973 年版。

64. 威廉·李卜克内西：《一个革命士兵的回忆》，人民出版社 1980 年版。

65. 黑格尔：《法哲学原理》（序言），商务印书馆 1961 年版。

66. 莫·赫斯：《一位真正的哲学家》，《回忆马克思》，人民出版社 1954 年版。

67. 佐尔格：《关于马克思》，《回忆马克思》，人民出版社 1954 年版。

68. 安年柯夫：《随笔〈美妙的十年〉的片断》，《回忆马克思恩格斯》，人民出版社 1973 年版。

69. 卡尔·叔尔茨：《1852 年前的回忆》，《回忆马克思恩格斯》，人民出版社 1973 年版。

70. 燕妮·马克思：《动荡生活简记》，《回忆马克思恩格斯》，人民出版社 1973 年版。

71. 燕妮·马克思：《致丽·舍勒尔》（1849 年 7 月 14 日），《卡尔·马克思夫人传》，知识出版社 1983 年版。

72. 弗·列斯纳：《1848 年前后》，《回忆马克思恩格斯》，人民出版社 1973 年版。

73. 列宁：《卡尔·马克思》，《回忆马克思恩格斯》，人民出版社 1973

年版。

74. 列宁:《卡尔·马克思》,《论马克思恩格斯及马克思主义》,人民出版社 1973 年版。

75.《列宁选集》第 2 卷,人民出版社 1960 年版。

76. 列宁:《弗里德里希·恩格斯》,《论马克思恩格斯及马克思主义》,人民出版社 1973 年版。

77.《列宁全集》第 12 卷,人民出版社 1987 年版。

78.《列宁全集》第 24 卷,人民出版社 1990 年版。

79.《列宁全集》第 8 卷,人民出版社 1986 年版。

80. 爱琳娜:《关于青年马克思的一封信》,《回忆马克思》,人民出版社 1959 年版。

81. 路·费尔巴哈:《费尔巴哈哲学著作选集》下卷,商务印书馆 1984 年版。

82. 路·费尔巴哈:《基督教的本质》,商务印书馆 1995 年版。

83.《费尔巴哈哲学著作选集》上卷,三联书店 1962 年版。

84. 魏特林:《和谐与自由的保证》,商务印书馆 1960 年版。

85. 蒲鲁东:《什么是所有权》,商务印书馆 1963 年版。

86. 蒲鲁东:《贫困的哲学》,商务印书馆 1961 年版。

87. 米哈伊洛夫:《共产主义者同盟》,三联书店 1976 年版。

88. 转引自苏联科学院哲学研究所编写《资本论:哲学与现时代》,吉林人民出版社 1983 年版。

89.《马恩列斯论历史人物评价问题之论魏特林》,人民出版社 1985 年版。

90. [苏] 罗克加斯基:《〈共产党宣言〉是怎样产生的》,莫斯科政治书籍出版社 1962 年版。

91. 北京师范大学历史系世界近代现代史教研组编著:《世界近代史讲义》,高等教育出版社 1960 年版。

92.《马克思致库格曼书信集》,人民出版社 1957 年版。

93. 李大钊:《马克思的经济学说》,《李大钊文集》(下),人民出版社 1984 年版。

94. 陈独秀:《马克思学说》,《新青年》第 6 卷第 5 号(1922 年 7 月)。

95. 克·斯切茨凯维奇:《第一国际和第二国际简史》,三联书店 1960

年版。

96. 刚普尔斯：《七十年间的生活与工人运动》，转引自福斯特《三个国际的历史》，人民出版社 1958 年版。

97. 霍布斯鲍姆：《革命家》，人民出版社 1973 年版。

98. 巴枯宁：《忏悔书》，转引自《巴枯宁言论》，三联书店 1978 年版。

后 记

半个世纪的夙愿，终于得以实现，心中有太多的感慨。在书稿即将付梓之际，有太多的人需要感谢。

首先，我要感谢我的授业恩师，著名经济学家宋涛教授、苏星教授、李宗正教授、鲁有章教授、张朝尊教授和苏联马克思主义学说史权威卡拉达耶夫教授以及中国人民大学的许多老师。我从他们身上学到的，不仅是经济学知识，更重要的是严谨的学风、科学的态度和对马克思主义的执著信仰。正是由于他们的悉心指导，我才能取得今天的学术成就。他们对我的教诲，是我终生难忘的。

我还要特别感谢老一辈著名经济学家陈岱孙教授、许涤新教授、冯兰瑞教授、于光远教授、季啸风同志等对我的言传身教，使我获益匪浅。

在同辈经济学家中，经常与我参加学术会议研究问题、切磋学问的更多。其中，汤在新教授、胡一雅教授、杨国昌教授、熊映梧教授、曾牧野教授、于俊文教授等，对我的指教和帮助，使我难忘。

在学术界，我有许多年轻朋友。李晓西教授、魏杰教授、樊纲教授、韩志国教授等中青年经济学家的探索精神和创新思想，对我很有启发。

从教40多年，我指导培养了许多学生，有博士后研究员、博士研究生、硕士研究生，还有访问学者。他们中有的已经在党政军部门担任重要领导工作，有的已经成为教授、博士生导师，有的已经成为成就突出的企业家、金融家。在指导他们学习与研究时，师生之间共同切磋，互教互学，使我获益良多。

我要感谢在我病重期间给予我无私帮助的亲朋好友们，正是你们的关心和鼓励，汇成了我克服疾病、不断进取的意志。

在本书的编辑和出版过程中，我的博士研究生孙楠、鲍延磊、焦健帮助我整理材料，校对文稿。特别是董继华，他正处在撰写博士论文的阶段，为了本书的出版，奉献了很多时间，做了大量的不可替代的工作。在此表示我的谢意。

最后，我要特别感谢中国社会科学出版社责任编辑冯斌先生，他对本书的出版付出了辛勤的劳动，正是他给我的鼓励和帮助才能使本书如期与读者见面。

由于本人能力所限，疏漏、不妥之处在所难免，敬请读者原谅。

萧灼基

2008年3月于中海紫金苑